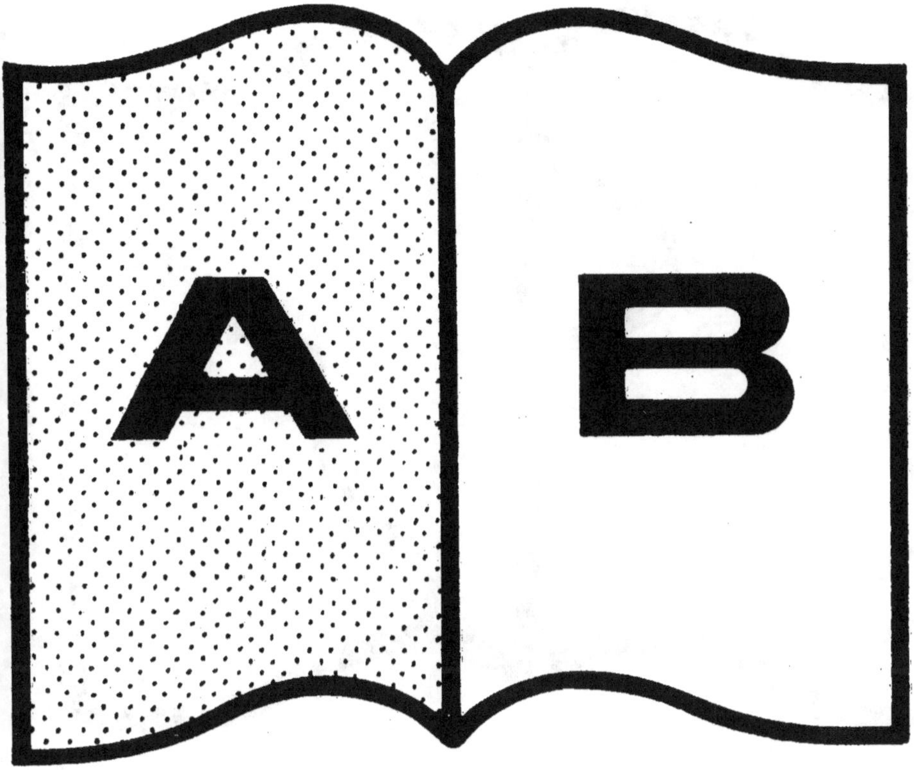

Contraste insuffisant

NF Z 43-120-14

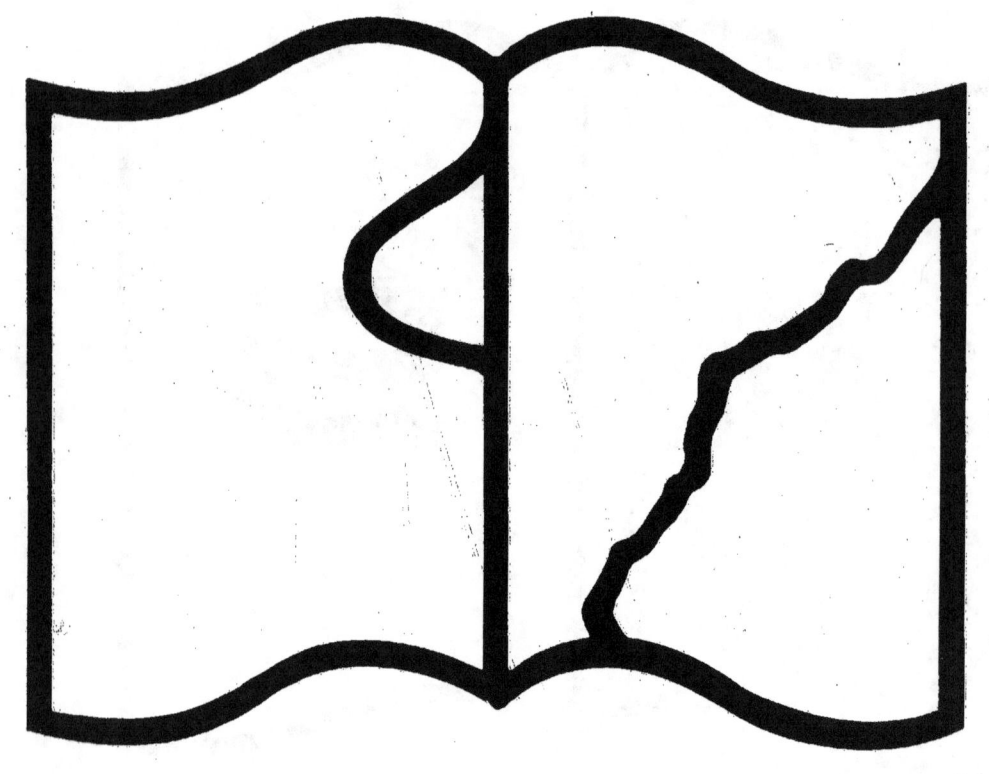

Texte détérioré — reliure défectueuse

NF Z 43-120-11

618(37)
1579

Y 8582

LA HIERVSALEM DV SEIGNEVR TORQVATO TASSO.

Renduë Françoise par BLAISE DE VIGENERE *Bourbonnois.*

A PARIS,

De l'Imprimerie d'ANTHOINE DV BRVEIL, au Mont S. Hilaire ruë d'Escosse à la Coronne.

M. DC. X.

A TRES-ILLVSTRE
BELLE, ET VERTVEVSE
PRINCESSE, MADAMOISELLE
de Guyse, Loyse de Lorraine.

Ien la publique resiouyssance (excellēte & benigne Princesse) qui n'agueres par vn benefice du ciel, & specialle grace de Dieu nous est venuë luire en nos cœurs, de ceste tant desiree reconciliation, chacun s'est deu mettre en deuoir d'en rendre grace, & se rallegrer: Ie ne dois non-plus demeurer derriere, tant pour le bien qui en redonde au repos & tranquillité de tout ce Royaume en general, que pour l'aise & contentement qu'en a deu auoir celle qui l'a si heureusement procuree, Madame vostre tres-honoree Dame & mere, l'vne de mes deux debonnaires Princesses, filles heritieres de feu tres-heureuse memoire Mōseigneur & Dame les Duc & Duchesse de Niuernois, que Dieu absolue; dont ie me puis dire le plus vieil, & ancien seruiteur. Que puis-ie moins doncques, qu'en ceste commune gratulation faire de mesme que les Nautonniers, lesquels lors qu'il content quelque dangereux fortunal, sur le point de faire naufrage, si d'auenture vne claire reluisante estoille vient à leur treluire à trauers ce gros sombre amas de nuées, dont le ciel s'estoit obscurcy, & pesle mesle auec les ondes, prests d'en estre tous submergez, ils se prennent à la saluer à grands cris, & ioyeuses acclama-

ã ij

EPISTRE.

tions, comme vne infallible annonciatrice de serenité & bonace, dont ils attendent leur salut. Moy aussi me suis enhardy de vous en venir icy par vne forme d'allegresse, & recognoissance de la treshumble seruitude que ie vous dois, estant fille d'vne telle mere, & doüee de tant de vertus, baiser en toute humilité les mains. Mais c'est trop audacieusement entrepris, me pourra lon dire, de m'adresser si priuement à vne Princesse qui n'a point de cognoissance de moy, ny moy aucun acces à elle. Me voudra lon donc imputer à temerité si ie tasche d'y en auoir? Deuray-ie estre tenu pour presomptueux, & blasmé, si ie m'esuertuë de me faire cognoistre d'vn si rare & exquis parangon de toutes perfections & merites, à qui il semble que le ciel d'vne liberalité extraordinaire ait voulu desployer les thresors de ses plus riches dõs de graces? Que si vous Princesse belle entre les plus belles, & tresgracieuse estes heritiere de l'humanité & douceur, comme il n'y a doubte que vous ne le soyez, d'vne si debonnaire accomplie mere, l'vn des ornemens de ce siecle. Vous le deuez aussi estre de ceste ancienne bien-vueillance que des le berseau elle a tousiours monstré d'auoir enuers l'vn de ses plus recommandez seruiteurs: lequel ne veut pas icy comparoistre la premiere fois deuant vostre excellence les mains vuides, comme il n'estoit iadis loisible à l'endroit des grands Rois de Prsse. Mais que vous peut-il offrir pour ceste heure, que de ce peu dont il a pleu a Dieu luy faire grace par vn labeur assiduel de vingt cinq ou trente ans, depuis qu'ayant perdu ses bons seigneurs & maistres, voz ayeuls, & oncles maternels, pere & fils, il c'est du tout absenté nõ que de la cour, mais du mõde presque? Ce seront donc a la bonne heure certains fruits dont les graisses ont esté apportez d'Italie, & antez icy dedans nos vergiers, la Ierusalem assauoir du Tasso, translatee en no-

EPISTRE.

ſtre langage, vn des plus eſtimez chefs d'œuure au ſien, ſelon le iugement de tous, qui ſe trouue entre les Modernes, contenans les glorieux faicts & geſtes de vos tres-valeureux anceſtres, au recouurement de la terre ſaincte, ſix ou ſept des plus nobles & fameuſes maiſons de la Chreſtienté, France, Bourbon, Boüillõ, Lorraine, Cleues, Ferrare, qui s'eſt puis n'agueres venue ſi eſtroittemẽt alliee auecques celle de Mantouë. De beaux fleurons certes, tous enrichis de pierreries, pour vous en baſtir vn chappeau Ducal, la fueille deſquelles pour leur donner luſtre, ſont vos merites & loüanges: l'or où le tout eſt enchaſſé, voſtre beauté corporelle rare entre les autres: & les eſmails y appliquez pour la decoration de l'ouurage, les dons de graces dont il a pleu au ciel vous doüer. Mais voicy qu'on m'alleguera, que ce n'eſt en fin qu'vn Roman, contenant fort peu de l'hiſtoire dont il eſt icy queſtion: & ce peu encore tout trauerſé de fictions poëtiques entrans par vne oreille, & ſortans par l'autre, & par moy degradé de ryme en proſe. Vn Romã ſoit, mais non pas tel que les vulgaires, où il n'y a rien à conſiderer qu'vne vaine delectation ſuperficielle, ſans aucune ſolide inſtructiõ pour le cours de la vie humaine, à quoy tous eſprits doyuent tendre, ains pluſieurs exẽples de deprauations & desbauchemẽs. Or rien icy de tout cela, ne qui peuſt tant ſoit peu offenſer les plus tendres & chaſtes oreilles. Ce ne ſont pas comptes de la cicoigne, du tout friuoles, comme en beaucoup d'autres farcis d'ennuyeuſes redictes: les fictions qui y peuuent eſtre ſemees pour en eſgayer la lecture, vont à pair de celles d'Homere, toutes remplies d'vn beau ſens moral & myſtique caché deſſous, dont ſe peuuent tirer infinis admoneſtemens & preceptes, la fin principalle deſquels viſe à l'honneur, la premiere, & plus recommandable des trois à quoy toutes nos actions doyuent tendre, l'honneur, le

ã iij

plaisir, le proffit. Ce n'est pas au reste vn honneur mondain, plein de vanité & ambition de peu de duree, ains qui regarde directement au seruice & gloire de Dieu: comme aussi les plaisirs qui nous y sont representez, ne consistent pas en des voluptez & delices charnelles: Le plus grand contentement de tous autres gist à aymer & seruir Dieu, à bien faire, & charrier droit en tous ses pensers & comportemens, dont vient à naistre ceste douce euthymie, la tranquillité d'esprit tant celebree des Philosophes, bien que destituez de la vraye lumiere, quand on ne sent rien en sa conscience qui la puisse remordre & troubler. Nil co[n]scire sibi, nulla pallescere culpa, diroit le Poëte. Le proffit de mesme ne depend pas d'vn brutal assouuissement de ses insatiables conuoitises, à s'aggrandir outre mesure au detriment de son prochain. d'vne mesme religion & creance, Ny en autre sorte que pour l'exaltation de la foy, la plus belle conqueste que on sçauroit faire, que de gaigner des ames à Dieu, & en frustrer son aduersaire. Au surplus ce n'est pas à dire qu'il se faille tousiours retenir si ferme attaché à la lecture des graues & serieux liures, qu'on ne s'en puisse par fois distraire pour se reiouyr l'esprit en quelques recreatifs & plaisans: la corde seroit en danger de se rompre, si par fois on ne la relasche.

Omne tulit punctum, qui miscuit vtile dulci,
Lectorem delectando, paritérque monendo.

Tout ainsi qu'on n'vse pas si precieusement en tous ses repas de seules viandes nourrissantes, que par fois on n'y entremesle quelques douceurs de fruicts, sallades, marsepans & autres, qui ne seruent qu'à remettre sus l'appetit où il seroit trop prosterné. Tout est sain & salubre à vn estomac valide & sain: & de mesme toutes parolles sont modestes & verecondes, au moint où il n'y a rien

EPISTRE.

de desbordé & deshonneste, aux chastes & pudiques oreilles. Comme vn iour certains ieunes hommes se baignans au Tybre, se fussent venus trop licentieusemēt presenter tout nuds deuant le coche de l'Imperatrice Liuie, femme d'Auguste, & que pour ceste occasion on les eust condamnez à mort: Mais à quel propos ceste cruauté? alla elle dire: De moy ie n'ay point d'yeux qui les ayent peu regarder, que pour autant de statues, dont tout est plein en ceste ville, & les temples mesmes. Le semblable est-il des Romans, dont on peut dire auec celuy de la Rose, que tout ainsi.

  Qu'on peut bien tel songe songer,
  Qui ne se trouue mensonger,
Aussi
  Peut on bien tel compte compter,
  Qui ne fait point à reiecter.

Les Romans se peuuent accomparer à l'arc triomphal d'vn theatre, où se ioueroyent quelques ieux de la vie noble: Dont les deux pillastres surquoy il pose, seroyent d'vn costé les preux & courtois gentils-hommes: Et de l'autre les belles & gracieuses dames. La clef suspendue au milieu de la voute, qui ioint & resserre les couppes ensemble, & les garde de se dementir & lascher, est l'amour honneste, qui apparie leurs volontez à vn bon effect: Et des couppes là sont les dons de graces octroyez, aux vns, & aux autres: Pour le regard du gentil-homme, d'estre vaillant de sa personne, hardy, courageux, entreprenant, & adroit aux armes, mais doux quant & quant, & courtois, benin, affable & debonnaire, nō ignorant, ains qui scache bien & à propos discourir, dāser, chāter, iouer d'vn Luth, & semblables bōnes parties, la pluspart desquelles sont aussi communes aux Dames. Mais à quel propos les particulariser icy dauantage, veu que vous

EPISTRE.

seule, tres-parfaicte & accomplie Princesse, estes côme vn exemplaire & patron, de tout ce qu'on en sçauroit rechercher en diuers suiets? Si qu'à bon droict vous pouuez estre rapportee à ceste absoluë figure, que l'excellent peintre Zeuxis contretira sur tout ce qu'auoyent de plus beau & plus singulier, les plus belles filles de la grand' Grece. Ce Poëte au xvj. chant a heureusement emprunté du 14.ᵉ de l'Iliade, pour en accōmoder les beautez & attraits d'Armide, ce fameux demy-ceint de Venus, tissu de toutes côtrarietez repugnantes, propres à rallumer vn amour qui s'amortiroit, ainsi qu'auec vn fuzil, & asmorce, d'amoureux attraits, & courroux, de benins accueils, & refus, de doux sousrires, & de desdains, de reconciliations, & despits, d'amiables octrois, & de rigoureuses respōses, d'esperāce, & de desespoir, de ris, & de pleurs, de ioye, & tristesse: & autres semblables renouuellement d'esguillons & espronnades, qui resucillent les endormis, & font plus aller qu'on ne veut.

   Teneri sdegni, e placide, & tranquille
   Repulse: e cari vezzi, e liete paci,
   Sorrise parollete, e dolci stille
   Di pianto, e sospir tronchi, e molli baci.

Mais vous n'auez que faire de tout cela: Il n'a rien de commun auec vous: Ce que la nature vous a octroyé de si accomply tant au corps comme en l'esprit, voz beautez & vos dons de graces n'ont point de besoin du secours de ces affectez artifices: Vn fruict exquis porte auec soy son succre. Vostre benin & gracieux naturel, côtemperé de majesté & de douceur, vne naïueté non feinte: vne simplicité prudente, forclose de toute dissimulation: vne debonnaire candeur de mœurs, sont ce qui vous rendent si recommendable enuers toutes sortes de gens: & qui attireront à vous desirer, ceux qui sont capables d'y

EPISTRE.

aspirer. Le tableau de vostre affection est tout blanc encore, pour y peindre ce qu'on voudra: Et vostre amour en son premier pennage sort sans auoir mué, ne s'est point iusqu'icy esbranlé à prendre nulle part sa vollee, pour s'aller asseoir plus en vn endroit qu'en vn autre, ains se retiēt clos & couuert, attendant que ce bienfortuné Prince auquel vous estes destinee, vienne au deuant, n'estant pas à croire que le ciel qui vous a esté si large d'honneur de ses graces, ne vous en ait par mesme moyen procuré vn qui correspōde à vos merites. Vous offrir dontques vn Romā, tel mesmement que cestuy-cy, c'est autāt que de vous presenter vn beau grand miroüer, ou vous puissez contempler vos beautez, & les dons de graces qu'il a pleu à Dieu, & nature vous departir, precellees de nulles autres, secondées de peu: Et ce qu'elles meritent qu'on face pour elles, cela assauoir surquoy sont establis, les Romans, & par ou l'Arioste enfourne le sien.

Le donne, i cauallier, l'arme, gl'amori,
Le Cortesie, l'audaci imprese io canto.

Et ainsi les armes exercice propre de la noblesse, dont les Princes tiennent le plus haut degré, les preux cheualiers, les belles dames amiables, & l'amour, sont le subiect de tous Romans. Le but des armes est la vaillance, que l'amour excite es cœurs genereux, de la beauté iointe à la grace, sans laquelle toutes beautez demeuroient non que fades & insipides, mais comme mortes & languissantes. Voulons nous ouyr comme en parlent les Philosophes? Amour est vn desir de iouyssance de beauté. Mais aussi dirons nous auec la prouerbe Italien: Non e bello quel che' bello, Ma e bello quel che piace: Car on n'aime que ce qui est agreable & beau, ou pour le moins qui le semble estre, n'y ayāt point de laides amours, De sorte qu'il y a deux especes de beautez, l'vne reelle & existēte,

EPISTRE,

& l'autre en l'opinion seulement. La premiere proprement est de l'ame, & la seconde du corps iointes en vous de telle sorte qu'on ne les sçauroit separer. L'vne plaist mais aux sensuels, & pour quelque espace subiete qu'elle est à mutation & deschet, si elle n'est illustree de celle de l'ame, qui s'accroist tousiours, & ameliore malgré toutes les iniures & efforts du temps, dont elle demeure victorieuse, sans iamais vieillir. Si dōques la beauté est double, double aussi deura estre l'amour, puis qu'il en depend: l'vn anchré en la beauté corporelle, & l'autre en celle de l'ame. Cestuy-cy ne s'enflamme point d'vne ardeur de concupiscence, ny ne se farde d'ypocrisie, feintes & adulations. Il n'est point subiet à se trauerser de ialousies defiances, & souspeçons, ny de noises, contentions & debats, courroux, riottes & disputes. Il n'a point d'aisles, qui le puissent rendre vollage, ny de bandeau deuant les yeux pour les luy ceigler : d'arc & de flesches pour naurer les cœurs de playe incurable, ny de brandon pour les embraser de cuisantes affections : mais est tousiours vn mesme, & à soy semblable, ferme stable, & clair voyant simple & naïf, sans affeterie d'appasts & amorces lubriques de fraudes, tromperies & deceptions : de sorte que s'attachant à vne ieune ame biennee, il a aussi accoustumé de se terminer en vne douce & aggreable au long-aller beneuolence, exempte de tous ces accidents.

 Ama amendue, non che da porre incontro
 Sien questi amori, l'vn e fiamma & furore,
 L'altro beneuolenza piu sh'amore :
Dit le mesme Arioste, ce qui nous apprend que le vray & parfaict amour doit astre fondé sur ceste beauté qui luy equipolle, celle de l'ame, & non pas de corps.

 L'amour charnel au feu ressemble,
 Et ont grand' conuenance ensemble:

EPISTRE.

L'vn & l'autre consume & pert
Ce que de le norrir luy sert.

La beauté d'autrepart corporelle, qu'Homere dit estre vn don des Dieux, si elle n'est accompaignee de la vertu, se peut dire semblable à l'eau, vne tres-bonne & vtile chose selon Pindare, mais qui s'escoulle facilement, & se perd bien tost en la terre ou elle est embeue, disparoissant en moins de rien: outre ce qu'elle est d'vn fort dangereux voisinage d'autant qu'elle mine, ronge, ramollist, & destrempe tout ce à quoy elle s'attache, iusques aux pierres les plus dures: ce que fait aussi la beauté du corps, n'estant bridée d'vne pudique modestie: si que l'amour sensuel, dont la sœur germaine est la volupté, s'il se loge en vne beauté qui luy corresponde, c'est amour la,

Lequel est nay d'vne mere, & norry,
Donc Mars iouist, & qui a pour mary
Le forgeron qui des deux hanches cloche,

Est ordinairement fier, despit, vollage, inconstant, variable, aueugle, inconsideré, pour s'estre attaché à vn subiect fragile de soy, & caduque, qui s'altere en moins de rien.

La beauté est vn bien de fort peu de durée,
Qui deperist soudain, & se trouue empirée
Du iour au lendemain, comme vne tēdre fleur:
D'vn froit vent, & du hasle abbatue en lāgueur.

Mais au contraire,

L'amour espris en la beauté de l'ame,
N'a de besoin pour attiser sa flame,
De faux appasts, & deceptifs attraits:
Les vertus sont le flambeau, & les traits,
Dont vn cœur noble il allume & entame.

Et c'est la routte que c'est proposee icy ce Roman de tenir, car les prouesses y mentionnees tendent toutes à l'honneur & gloire de Dieu, & s'employent pour son seruice

EPISTRE.

Les passionnez amoureux desirs qui y sont bastis sur vne concupiscence charnelle, reüssissent desastreusement. Tancred pour s'estre follement laissé transporter de celuy d'vne Sarrazine Clorinde, Dieu permet que sans en auoir receu que toute peine & desplaisir, il la met à mort de sa propre main par mesgarde. Hermine en semblable, de son ardente affectiõ enuers le mesme Tancred, estãt d'autre religion que la sienne, n'en obtient en fin autre chose, que trauaux, torments, ennuis, fascheries, & desconforts. Les beoutez d'Armide incomparables sur toutes autres, pource qu'elles ne tendent qu'à tromper, trahir, deceuoir, luy demeurent là inutiles, & sans effect, comme vne herbe desracinee, dont la fleur se senne plustost que d'estre espanouye. Et finablement les plaisirs voluptueux, & lasciuetez desbordees, que par ses charmes & sorcelleries elle a extorqué de Renaud, s'en vollent plus viste qu'vn songe, & se terminent en vn desespoir & confusion. Tout de mesme les outrecuidees Rodomontades de ces superbes & presumptueux Argant, & Solyman, sont en fin cause de leur perdition & ruine. Brief que tout ce qui est icy exprimé de mauuais exemple, se renuerse soudain les pieds contremont, afin de nous retirer de le suyure. Ce qui m'a fait tant plus volõtiers ingerer de vous l'addresser. Plaise donc à vostre humanité & douceur, debonnaire & tres-gracieuse Princesse en qui toutes vertus abondent, receuoir en gré ce petit labeur, entrepris pour vous donner par interualles quelque recreatif passetemps, & relasche, qu'en toute humilité vous presente, pour en estre fait part au Public sous vostre celebre & heureux nom.

De vostre tres-illustre excellence, Tres-
humble & tres-obeissant seruiteur,
B. D. V.

AVX LECTEVRS.

I'AVRAY icy commis (me voudra l'on dire) deux lourdes fautes entre les autres, & qui sont comme inexcusables: l'vne de ne m'estre retenu du tout à la lettre, ainsi qu'on est obligé es traductions, ou nous ne sommes pas à nous, ains loüez à l'autheur qu'on a entrepris de seruir, pour le representer non tant seulement en ce qu'il veut dire, mais en ce qu'il dit, & la maniere dont il le dit, si faire se peut: là où m'esloignant de cela, ie me suis emancippé la pluspart tu temps à paraphraser, & faire des courses & saillies à pogge & à ourse, hors la droicte routte, comme vn Nautonnier, qui n'auroit le vent à propos : ou à guise d'vn Musicien qui deschanteroit à voix desployee par des côtrepoincts sur le liure, au lieu de suyure le plainchant. L'autre est d'y auoir prophané les Muses, qui auoient tãt pris de peine & plaisir à cordõner leurs belles tresses, & les agencer en diuers entrelaz & compartimens à l'entour de leur sacré

PROLOGVE.

chef: Arraché outreplus, rompu, dissipé, & desordonné ces exquis boucquets, & guirlades, qu'elles s'y estoiét si industrieusement appliquées, en peruertissant leurs fleurs & verdures hors de ceste tant agreable tissure & aspect ou elles les auoient arrengées par vn singulier artifice. Et finablement partroublé, confondu & entrerompu ce si bien compassé ballet, qu'elles s'estoient estudiees de danser de mesure, en s'entretenant par les mains, sur la crouppe du mont Heliconien, à la cadance qu'Appollon leur sonnoit de sa lyre, concertee auec leurs doux chants. Tout cela ay-ie icy perpetré par vne forme de sacrillege, en broüillāt les rymes & nōbres de ces beaux elabourez vers, & les rauallant à vne basse prose champestre, le mesme que si i'auois demonté ces sainctes venerables deesses, de leur beau chariot triōphal, où elles se promeneroient magnifiquement en monstre & parade, pour les faire trotter à pied comme chambrieres apres leurs maistresses: De grands crimes certes, dont à peine toute l'eau du Nil me sçauroit lauer, fust-ce en sa plusgrande creuë du mois d'Aoust. Car à quel propos venir de gayeté de cœur enlamber ainsi sur les marches de nos Poëtes,

PROLOGVE.

qui ont tant fué fang & eau, apres ceſt oūurage, pour nous le repreſenter en de ſi beaux vers? Oyons nous pas ce qu'on nous en dit?

---*Procul, ô procul eſſe prophani*
(*Conclamant vates*) *noſtróque abſiſtite luco.*

Vn effort à la verité tres-laborieux & penible, & dont on leur doit non tant ſeulemẽt ſçauoir gré, mais les en loüer, honorer, & admirer, pour s'eſtre meſme rẽcõtrez en vn autheur aſſez reueſche, qui à guiſe d'vn caſanier ne deſloge pas volõtiers de chez ſoy pour aller s'eſbattre autrepart: ſi qu'en la liberté que i'y ay priſe, iay eſté bien ſouuẽt contraint de torner autour, ainſi que pour monter vn tertre droit deſrompu, qui auroit le panchant trop roide. Ie ne ſuis au reſte que leur precurſeur, pour à maniere de pionnier aller explaner tout plein de rabotteux paſſages, à ceux qui n'entendans la langue Italienne, & la poëſie, ſeroient cupides d'eſtre rendus participans de tant de beaux & riches ioyaux, qui leur ſont icy cõme renfermez ſous la clef: Ce qui a eſté autrefois practiqué en nos vieils Romãs, mis de rime en proſe pour les rendre plus intelligibles. Mais il ne faut pas (direz-vous) mettre les Poëtes du temps iadis en com-

PROLOGVE.

paraiſon auec nos modernes, trop plus orꝓ
nez & elegans, moins contraints, & s'expliquans mieux, noſtre langue s'eſtant peu à peu affinee & polie iuſqu'à ſe reduire à la perfection ou elle eſt, tant en la proſe qu'en la ryme. Et pour tout cela me voudrois-ie en rien meſurer aux Poëtes, & me mettre de leur eſcot? Dieu m'en garde, ie ne ſuis qu'vn de leurs moindres petits ſoubsdiacres. Ie vous ay touſious recogneus pour ſuperieurs, vous chers fauoris nourriſſons des ſacroſainctes Pieriennes, honorez, priſez, reuerez, comme auguſtes & diuins que vous eſtes, halenez en vos hautains enthuſiaſmes d'vn ſoufflement plus que celeſte.

Eſt Deus in vobis, agitante caleſcitis illo,
Sedibus æthereis nam furor ille venit.

Tout ce que nous auons de plus elegant, delicat, & elabouré, deſplendide, hautain, magnifique, pour en illuſtrer noſtre proſe pardeſſus le parler vulgaire, à pair d'vne tapiſſerie de ſayettes rehauſſee de ſoye & fil d'or: Toutes nos lumieres & fleurs de belles locutions figurees, ſemblables à des pierreries: les nombres cadences, & meſures dont ſe peut mignarder l'oreille ainſi qu'auec vn armonieux cócert de muſique, tout cela nous l'auons emprunté de vos inexpuiſables

PROLOGVE.

expuifables threfors. Vous eſtes comme vn gerfaut fot, qui au partir du poing en deux tours deſle ſe va perdre en haut dãs le ciel, Et nous reſſemblons à quelque vieils eſtomiſſeurs de facres de cinq ou ſix muës, qui pour leur peſanteur font contraints, hachans lentement, d'aller faire çà & là des courſes dans & à vau vent, ainſi qu'és repoſoüers d'vn eſcallier, pour ſe ſouſleuer la hauteur ſeulement d'vn clocher : Mais en recompence auſſi ſont-ils de plus longue haleine, & ſouſtiennent d'uantage en l'air, tels qu'vne meutte de chiens-courans, au prix d'vne l'aiſſe de leuriers à lieure. Qu'vn proſier donques, en quelque ſorte que ce ſoit, & quel qu'il puiſſe eſtre, ſe vouluſt en rien meſurer aux poëtes, ce ſeroit de meſme, que ſi vn pauure petit fãtachin picque ſeche, eſtoit ſi preſomptueux que d'attendre de pied coy en campaigne raſe le choc d'vn braue hôme d'armes, monté à l'aduãtage ſur vn puiſſant courſier bardé, & luy armé de toutes pieces à l'eſpreuue, la lance au poing, & le coutellas à l'arçon : la partie ſeroit mal faite, diroit-on pas? ſi ſeroit certes, & trop inegalle. Neantmoins nous liſôs en Froiſſart, & autres nos chroniqueurs antiques, que les François, & les Anglois és guerres qu'ils eurent ce temps là, mettoyẽt

PROLOGVE.

à tous propos pied àterre, pour se battre pl⁹ cōmodément, les cheuaux empeschans la plufpart du téps le deuoir de ceux qui sont môtez deffus. Et d'ailleurs, en allāt par païs à cheual, ou en coche, on a plaisir d'en defcēdre par fois, pour se defgourdir & defennuyer, & deuifer plus à son aife: ainfi eft-il de la profe au regard de la Poëfie. Mais fi on vouloit attribuer le nom de Poëte à tous ceux qui se meflent de rymer & faire des vers, ie ne sçay si tous les lauriers du mont de Parnafe feroyent baftans pour leur en faire des chappeaux.

   ---Neque enim conludere verfum
   Dixeris effe fatis: Neque fi quis fcribat vti nos
   Sermoni propriora, putes hunc effe poetam.
   Ingenium cui fit, cui mens diuinior, atque os
   Magna fonaturū, des nominis huius honorē.

Quand à l'autre point, De m'eftre vn peu trop licētieufement difpenfé à voltiger en ceft endroit, ou i'ay fort souuēt varié, chāgé, retrāché, adioufté plufieurs chofes, fortant dehors du contexte, on pourra, non à tort du tout, m'imputer d'eftre vn broüillevin, vn fophiftiqueur de drogues, & vn dōneur de qui qui pro quo. Que refpōdray ie doncq à cela? Que chacun fait cōme il l'entend de son anchre & de son papier, pourueu qu'il n'offenfe perfōne? Nō, cela ne fuf-

PROLOGVE.

firoit pas,& ne feroit pris pour argēt comptāt. Mais auffi n'eft-ce pas vn texte de l'Efcriture fainɛte, dont il ne foit loifible de fe deftorner tant foit peu: tout n'y tend qu'à deleɛter, & dōner plaifir; Parquoy nous n'auōs point fait de fcrupule de nous y extrauaguer par endroits, ou il a efté mefmemēt queftiō de dōner quelque efgayement à la profe. Les chiēs en chaffant vn cerf ne le courent pas toufiours fur les voyes, ains de fois a autre, le nez au vēt par les portees. Nous nous fōmes cōtentez d'exprimer à peu pres les cōceptiōs de l'autheur, fans le defrauder de fon droit: & y entrelacer d'abōdant quelque ornemens, cōme on feroit à vne efpoufee pour l'agēfer Ce qui ne feroit pas fi permis en vn œuure lequel ne tēd qu'à enfeigner. Les marchās & autres voyageurs femblables, allans d'vn lieu à autre pour leurs affaires, ne fortēt gueres du grād chemin, fi ce n'eft pour euiter quelque mauuais pas: Mais vn feigneur qui va à fes petites iournees tout à l'aife pour fō plaifir? pēdant que fon train gaigne les deuāts droit à la couchee, il luy eft loifible de fe deftourner de cofté & d'autre pour prendre fes efbattemēs à voller la perdris, & courre le lieure, felō que l'opportunité s'en offre: le fē-

ē ij

PROLOGVE.

blable auſſi noº doit-on ſouffrir, puis qu'il n'eſt queſtiõ que de plaire. Vollãt pour riuiere, quãd on a ietté vn faucon peregrin à mont, qu'on cognoiſt auoir l'aiſle bõne, on prẽd plaiſir de le voir eſleuer en haut dans les nues, & y faire de belles pointes & reſſources, gãbader, & ioüer des maheuttes, auãt que de faire vuider le gibbier ſous luy. Tout de meſme en courant vn cerf, on ne deſire pas de le voir ſi toſt rẽdre les abbois: Ny vn lieure au partir du giſte ſe laiſſer mettre au roüet, & enuelopper des leuriers dõt il ne ſe puiſſe plus demeſler: ains luy laiſſãt quelque aduãtage, qu'ils le voiſẽt requerir de forlõge, & luy dõner pluſieurs atteintes & bourrades, & luy alẽcõtre faire de belles equippees, & autres defaittes, premier que de ſe laiſſer prẽdre, ou ceſſe le deduit de la chaſſe. Ainſi eſt-il des paraphraſes, & ſemblables deſtours que l'on prend pour enrichir, & faciliter ce qu'on pourroit plus directemẽt exprimer en moins de paroles, ſans vireuoulter a l'entour. Et quelque ſorte que ce ſoit, ie vous offre ce peu que i'ay, & à quoy ma foible portee s'eſt peu eſtendre: Dont ie diray auec le Poëte,

Et veniam pro laude peto, laudatus abunde
Non faſtiditus ſit tibi lector ero.

L A

LA DELIVRANCE DE IERVSALEM, DV SEIGNEVR TORQVATO Tasso.

Chant premier.

ARGVMENT.

DIEV enuoye vn Ange à Tortose ville de Surie, là où Godefroy de Buillō assemble les Princes Chresticns, qui d'vn cōmun accord le créent leur chef. Et là dessus ayans fait faire vne reueüe & monstre generalle de toutes leurs forces, s'acheminent droit à Ierusalem; Dont le Roy ayant eu les nouuelles, en demeure fort partroublé.

IE CHANTE les proüesses & beaux faits d'armes d'vn tres-valeureux Capitaine, lequel meu de zele & deuotion s'en alla deliurer la Cité de Ierusalem, & le sainct Sepulchre, que les mes-creans detenoyent, au grād blasme & vitupere du nom Chrestien : Ce qui ne se demesla pas sans de longs

A

trauaux & mes-aises, sans la mort de plusieurs braues Cheualliers, qui voulurent espandre leur sang pour la querelle de celuy qui auoit espandu le sien pour leur salut & redemption: & sans beaucoup de courageux efforts de leur chef assisté d'vn souuerain sens & prudence: l'Enfer s'y estant en vain opposé, & en vain armé a l'encõtre toutes les forces de l'Asie & Affrique, Sarrazins & Mores meslez ensemble: car le Ciel presta sa faueur à ceste glorieuse entreprise, dont le cõducteur sceut fort biẽ retenir en deuoir & obeïssance sous ses saincts Estẽdars ceux qui s'estoyẽt associez auec luy, & depuis soubmis, quãd ils s'en cuiderẽt par fois fouruoyer. O saincte venerable Muse, qui ne cherches pas de parer ton beau diuin chef de lauriers fresles & caduques cueillis au mont d'Helicõ, ains t'es acquis là haut au Ciel sous les benoistes intelligences vne triõphãte corone d'or enrichie de claires immortelles estoilles, plaise toy inspirer dedans mõ haletante poictrine vne ardeur celeste: Illumine mes chãts, & me pardõne s'il te plaist, si parfois i'entrelasse quelques ornemens à la verité: si en partie ie m'ingere esgarer mõ dire d'autres delectatiõs que des siẽnes. Tu sçais que le mõde accourt volõtiers où le doux flatt'oreille amadoüeur Parnase verse le plus de ses emmiellées caresses: & que le vray cõfit & assaisonné en vers delicats allechãs les plus dégoustez, s'y acquiert aisemẽt creance. Ainsi à vn ieune garçõ malade on frotte de quelque liqueur doucereuse, les bords du gobellet où on luy veut faire prendre sa medecine, c'est le moyen de la luy faire aualler en le deceuant, & de ceste tromperie receuoir guerison. Vous dõcques tres-magnanime genereux Alphonse, qui contre les furieux assauts de fortune, côtre les impetueuses bourrasques de mes pauuretez & miseres, m'auez recueilli au port de salut, lors que sur le point de faire naufrage i'allois raudant en vne dâgereuse mer, parmi des escueils & rochers, battu des vents, gagné des flots, & englouty presque des ondes, qu'il voº plaise receuoir ce petit labeur d'vne chere gaye & contête, que ie vous offre côme vn sacré vœu. Vn iour viêdra parauenture, que ma plume prognostique de l'aduenir, s'enhardira de côduire à perfectiô vn ouurage de plus haute haleine, qu'elle trace & esbauche de vos merites & vertus. Il est biê raison s'il aduient iamais qu'on puisse voir le peuple de CHRIST vnis en paix les vns aux autres, auec de bônes grosses forces tât naualles côme terrestres, s'es-vertuer de retirer hors des mains du felon vsurpateur de la Grece, ce si grâd & iniuste butin dôt il s'est iniquemêt emparé, & qu'entre les vostres tât valeureuses soit côsignée ceste belle charge & côduite, à l'exêple de ce preux Godefroy que ie châte. Pêdât dôcques que vous-vous appareillerez aux armes, vostre Altesse daigne se rêdre vn peu attentiue à mes vers. Le sixiesme an couroit desia que l'Ost Chrestiê estoit passé outre mer és parties de l'Orient, à ceste haute & digne côqueste de la terre saincte: la ville de Nicée emportée d'assaut sur les Infideles, & celle d'Antioche d'êblée & surprise, puis apres defenduë courageusement contre vne innumerable fourmiere de gês de guerre venus de Perse à la rescousse, & de là pris Tortose, quâd pour l'inique & rude saison des froidures ayant esté côtrainct de se retirer dans les garnisons à couuert, attêdant le renouueau, qui n'eſtoit deſormais gueres loing, le père Eternel ſouuerain monarque de l'vniuers, de ſon haut throne aſſis en la partie du ciel la plus pure nette & tranquille, autant eſleué pardeſſus la Sphere eſtellée, qu'elle l'eſt ſur le plus profond creux des infernaux abiſmes, tourna çabas ſes tout voyans yeux, qui en vn moment d'vn tout ſeul regard parcoururent tout ce que le mõde enueloppe: Et ayant contemplé chaſque choſe, s'arreſta en fin ſur les Princes & Barõs Chreſtiẽs en Surie, où auec ceſte œillade ſienne qui penetre iuſqu'aux plus ſecrets cabinets des penſers humains, & deſcouure ainſi qu'au trauers d'vn treſclair tranſparẽt cryſtal leurs plº deſtournées cachettes, apperceut là l'outrepreux & deuot Godefroy tout plongé en zele & deſir de chaſſer de la ſainte Cité les peruers meſcreans iniques, toute ambition de mõdains honneurs, & de vaine gloire, toute cõuoitiſe d'Empires & de threſors poſtpoſées arriere de luy: Mais en Baudouyn il remarque vn eſprit ardẽt attẽtif apres les grãdeurs tẽporelles, où il aſpiroit ſouuerainement. Il voit d'autre part Tancred qui a ſa vie à cõtrecœur, ſi fort le paſſionne & martelle vn ſien fol amoureux deſir. Regarde en outre Bojamond occupé à dõner pied ferme à ſon nouueau Royaume d'Antioche: & y eſtablir de bonnes loix & couſtumes: le peupler d'arts, de meſtiers & de diſciplines, & ſur tout à y introduyre la vraye Religion & creance, ſi qu'il n'a le cœur autrepart, ſi fort il eſt anchré en ce penſement & ſollicitude, Il contemple en Renaud, vn courage ardent belliqueux, impatient de repos & oiſiueté: Rien de conuoitiſe en luy ne ſe trouue d'amaſſer des biens temporels; ny de s'accroiſtre de ſeigneurie, ains tant ſeulement vn boüillant deſir d'acquerir los & renommée, dependant au reſte du tout du valeureux Guelphe, & des vertueuſes inſtructions qu'il luy donne par les exemples de ſes beaux faicts. Apres dóques que l'vniuerſel moderateur euſt fort à loiſir & par le menu obſerué tout ce que ces valeureux champions conuoyent en leurs plus intimes pẽſées, il appelle à ſoy d'entre les ſplendeurs angeliques l'vn de ſes plus eſleus meſſagers, Gabriel, le ſecond du premier ordre ſeraphique, lequel cõme vn fidelle truchement d'entre ſa ſouueraine Majeſté & les ames les plus ſynceres, & à elles courrier agreable, porte icy bas les ordonnances faictes là haut, & remporte au ciel les vœuz & prieres des creatures mortelles. Il luy va doncques dire ainſi. Va preſentement trouuer Godeffroy, auquel tu diras de ma part, pourquoy il intermet ainſi à ceſte heure la pourſuitte de ſon entrepriſe, qu'il ne renouuelle deſormais la guerre, pour aller deliurer ma Ieruſalẽ oppreſſée des Infideles? Qu'il aſſemble donc au conſeil les Princes, & incite les plus refroidis à ceſte ſi hautaine conqueſte, dont il ſoit le chef; car ie l'ay eſleu icy à cela, & les autres le créeront là bas en terre, n'agueres, a ſes compagnons, & à ceſte heure ſe miniſtres au maniement de ceſte guerre. Cela dit, Gabriel s'appreſte ſoudain pour executer ſon commandement. Et en premier lieu enueloppe ſa forme inuiſible, d'air qui la rend apperceuable aux humains ſentimens, prenant la ſemblance d'homme en tous ſes membres & façons, le tout aſſiſté d'vne diuine repreſentation, d'aage entre l'adoleſcent & le puerile,

Sa blonde perruque ornée d'vn Diademe de clairs estincellans rayons. S'endosse vn vol de belles grandes aisles, d'vn pennage blanc surdoré és bouts, vistes, legeres, infatigables, auec lesquelles il fend les vents, & perse les plus espoix nuages en vn clein d'œil suspendu en l'air au dessus de la terre, & des mers. Ainsi equippé ce messager celeste, prenant du plus haut du ciel sa vollée vers les basses parties du môde, il s'en vient premieremēt faire vne pause sur le mont Liban, & de là descend droit à plomb deuers la plaine de Tortose, le nouueau Soleil ne faisant lors que se leuer du riuage de l'Orient, vne partie de son globe encor plongée dans les ondes. Godefroy estoit apres ses prieres matutinales selō sa coustume, quād l'Ange s'apparut à luy du costé d'Orient quant & le Soleil, mais trop plus lumineux que luy, & luy dit ainsi. Godefroy, voy-cy ce que le souuerain Createur te mande par moy l'vn de ses courriers. Désormais la saison s'approche opportune à faire la guerre: à quoy faire donc y temporiser d'auantage, ne plus differer d'aller deliurer ma Ierusalem de la seruitude de mes aduersaires? Va ten tout de ce pas assembler au conseil les Princes, & presse les plus paresseux de paracheuer ce bon œuure: car ie t'ay des-ja esleu pour leur chef : & eux ne se sousmettront à toy que trop volontiers. C'est le message qu'il m'enuoye te faire presentement: Et puis que ie te fais entendre sa volonté, quelle bonne esperance dois-tu auoir d'vne si hautaine & glorieuse victoire, qui t'est indubitablement promise? Quel soin faut-il que tu prennes doresnauāt de l'Ost qui t'est cōmis entre les mains? Là dessus ayant mis fin à son par-

Chant premier.

ler il disparoist en vn instāt, & s'en reuolle là haut au ciel, au plus clair & serein endroit d'iceluy. Des propos de l'Ange le Duc demeura tout estonné en son courage, & ses yeux esblouys de sa splendeur: Mais apres estre retourné a soy, & qu'il vint à considerer qui estoit celuy lequel l'estoit venu trouuer, de la part de qui, & ce qu'il luy auoit fait entēdre, s'il estoit auparauant desireux de mener à fin ceste guerre: il brusle à ceste heure de zele feruent qu'il en a, sans que pourtāt le cœur luy enfle d'ambition de se voir là haut preferé à tant de valeureux Capitaines : mais pour cognoistre sa volonté estre conforme à celle de son Createur, il s'enflâme de plus en plus, tout ainsi que la braise dans vn feu ardent. Parquoy il enuoye soudain cōuoquer au conseil tous les Princes ses cōpagnons, lesquels estoyent non gueres loin espandus de costé & d'autre. Leur redouble lettres sur lettres, courriers sur courriers, pour les faire diligenter. Toutes les exhortatiōs & prieres, tout ce qui peut poindre & alleicher des cœurs genereux, tout ce qui est propre à resueiller vne vertu endormie, tout cela il seble qu'il l'ait vnimēt recueilly en sō esprit: Et l'orne d'vne si pregnāte maniere, que nō seulemēt il leur vient à gré de luy obeyr volōtairement: mais y sont cōme attirez de viue force & cōtrainte, si fortes sont ses persuasions. Les Ducs y viennēt les premiers, & les autres Barons les suiuent: il n'y eut que le seul Boiamōd qui n'y voulut point cōparoistre: les vns se cāpans sous les tentes & pauillons, les autres se logeans dans Tortose, & aux fauxbours. Les plus grands donques de l'armée s'assemblent vn iour solemnel, (Ô quel

A iiij

braue & glorieux Consistoire) Et là au millieu de tous, le preux & deuot Godefroy d'vne belle Majesté de visage, & diuine voix claire & hautaine cõmence ainsi. Magnanimes Chãpions de Christ, que le Roy du ciel a esleus pour l'exaucement de sa foy, & en reparer les dommages: Qui vous a cõduits par deçà sains & sauues par tant de perils & dangers, à trauers les trompeuses incertitudes de la terre & de la marine, pleines de machinations & aguets, si que nous auons en si peu d'années soubmis à luy tant & tant de prouinces rebelles, & estẽdu les victorieuses enseignes du Crucifix parmy tant de peuples que nous luy auons subiuguez & suppeditez: Nous n'auons pas cy deuant delaissé nos trescheres femmes, & nos chers bien-aymez enfans: nostre naturelle demeure, ny (si d'auanture en cela ie ne m'abuse) exposé nostre vie à de si infidelles ondes, & aux trauaux d'vne si lõgue & ennuyeuse guerre, pour nous acquerir vn vulgaire bruit de courte durée, ni pour nous mettre en possession d'vne terre estrange: car nous-nous seriõs proposez vne bien maigre & affamée recompẽce: bien en vain aurions nous respandu nostre sang en vn trop hazardeux preiudice de noz cheres vies. Le dernier but de nos proiects & entreprises à esté Sion, & de retirer les captifs Chrestiens de l'indigne ioug d'vne seruitude si desplaisante, establissant vn nouueau regne en la Palestine, ou la religion Chrestiẽne puisse auoir vn siege asseuré: & n'y ait plus d'obstacle qui empesche les pelerins de venir rẽdre leurs deuots vœux au sainct sepulchre de nostre Redẽpteur IESVS-CHRIST. Or ce que nous auons exploitté iusqu'à ce iourd'huy, se peut à la verité dire grand, pour les hazards ou l'on s'est mis: & plus que grand pour les mesaises & trauaux qu'on y a soufferts: mais peu de chose quant à l'honneur, & comme rien pour le reste de nostre entreprise. Parquoy, soit que l'inuincible effort de nos armes s'arreste icy, ou qu'il se destourne autre part, que nous seruira-il d'auoir recueilly par deça de si grandes forces de tous les endroits de l'Europe, & apporté le feu dans l'Asie, si la fin d'vne si haute conception ne resulte pas à bastir des Royaumes de neuf, ains en ruiner de tous faits? Car celuy qui veut esleuer des Empires sur des fresles fõdemens mõdains, ou il n'y a rien de ferme & solide, ne se peut dire edifier, ains destruire: là ou mesmement entre infinis peuples Payens, & le peu d'attête qu'on doit mettre és Grecs, on a si peu de gens de sa Patrie, & religion: & dont le secours du Ponant est si esloigné. Celuy dis-ie derechef ne bastit pas, ains va remuant des ruines ou il demeure accablé dessous: si qu'il n'aura rien aduãcé que de s'y dresser pour soy seulement vn sepulchre. Turcs, Persiẽs, Antioche sont de beaux mots specieux, resonãs pour rẽplir la bouche, magnifiques termes, & de paroles, & d'effect: mais nous ne les pouuons pas dire nostres: car c'est vn don du Ciel qui noº a esté octroyé: & ces victoires signalees, vn vray miracle: Que si nous venõs à les destourner à autre fin que le donateur n'a entendu, il est à craindre qu'il ne nous en frustre; & que nos beaux cõmẽcemẽs qui ont tonné de toutes parts, ne deuiẽnent en fin vne ridicule fable du peuple, En l'honneur de Dieu, que persõne de nous ne vueille si mal appliquer de telles & si recommandables graces ny les respandre inutilement, ains faisons plustost que la trame corresponde à son ourdissure. Maintenāt que tous les passages nous sont libres & desgagez: maintenant que nous auons la saison propice, qu'est-ce qui nous sçauroit plus empescher de courir, nō qu'aller le pas, droit à la cité, qui est le but où aspirēt toutes nos victoires? Princes Chrestiens, ie vous proteste, & ces miēnes protestatiōs: ce siecle icy les entendra, & le siecle aduenir encores: les celestes mesmes les oyent biē, que la saison de nostre entreprise est meure, il ne reste que de la cueillir, si que tāt plus on attendra, tant moins sera elle propre peut-estre: est-ce qui est maintenāt asseuré, se rēdra cy apres incertain. Ie me le deuine desia, que si nous tēporisons d'auantage, les Palestins ne faudront d'auoir du secours de l'Egypte. AINSI parla le Duc Godefroy, & son dire fut accōpagné d'vn sourd bas murmure. Surquoy s'alla leuer le bō Hermite Pierre, qui parmy les Princes estoit là assis au cōseil, nonobstāt que persōne priuée, & sans charge & seance, bien qu'il eust esté le premier Autheur de ce grand passage: Et prenant la parole, va dire. CE A QVOY vous semōd le Duc Godefroy, magnanimes & illustres Princes, & que ie cōseille, n'a doute ny difficulté aucune, si le vray est chose certaine, & de soy cognüe, comme ie le vous feray voir apertement. Il ne reste que de l'approuuer: mais permettez moy d'adiouster encores cecy. Si bien ie me recorde, & r'amasse ensemble vos partialitez & discords, vos contentions & diuorce, dont vous-vous estes si honteusement entr'attachez comme à l'enuy les vns les autres: Vos diuers aduis opiniastres, & les artifices

Chant premier.

qui se sont mis à la trauerse pour retarder nos executions: i'y veux r'apporter, ainsi qu'a vne primeraine source, la cause de to9 nos retardemēs & disputes, qui n'est procedée que de ce que l'authorité de cōmander a esgallemēt esté diuisée en tāt d'opinions diuerses, & que chacun endroit soit a voulu que la sienne preuallust par dessus les autres, là où s'il n'y en a vn qui seul cōmande absolumēt, & que de son authorité priuée ne dependent tant les chastimens que les recōpences, pour departir les biēsfaicts, & les dignitez à ceux qui l'auront merité, il faut par necessité que le gouuernement aille mal. Bastissez doncques vn seul corps de plusieurs mēbres qui se correspondēt concordāment: Elisez vn chef qui redresse & bride les autres : donnez à vn seul plein pouuoir & authorité, & luy mettez le sceptre entre les mains, à fin d'auoir vn Roy en apparēce, & en effect, sous lequel nostre faict puisse mieux aller. L'à meit fin à son parler ce Religieux venerable vieillart. Or quels pensers, quelles cogitations si profondes te peuuēt-elles estre closes, sacresaincte ardeur & inspiration, que tu ne les penetres & manies comme il te plaist? Souffle doncques le sage aduis de ce bon Hermite procedant d'enhaut, és cœurs de ces belliqueux Cheualiers, & escarte d'eux ceste cōuoytise qui y est des leur premiere formation enchassée, de se preceder les vns les autres en honneurs & en dignitez. Guillaume, & Guelphe des plus apparens d'entre tous, furent les premiers à eslire le Duc Godefroy pour leur chef, & à le saluer pour tel : les autres puis apres approuuans leur nomination, les suyuirent. Que ce seroit à luy desormais d'auiser de qu'il faudroit faire, pour le leur commander à tous: donner aux vaincus telle loy qu'il aduiseroit: Porter la guerre cōtre qui, & où il verroit estre le plus à propos: car les autres qui luy souloyent estre compagnons coëgaux en authorité & pouuoir, luy obeïroient à ceste heure comme ses ministres & executeurs de ses cōmandemens. Cela conclud & arresté, le bruit en volle incontinent, & s'espand de costé & d'autre, trottant par les langues des hōmes au long & au large. Luy se mōstre aux soldats, qui le trouuent digne & capable du haut degré où on l'a mis: & il reçoit d'vn benin visage, ceux qui le luy viennent applaudir & congratuler. Surquoy apres auoir correspondu aux humbles & courtoises submissions qu'on luy defere d'entiere obeissance & fidelité, il ordonne que le lendemain tous cōparussent deuant luy, chacun rangé sous son enseigne, en vn spacieux chāp là aupres. Le Soleil faisoit desia son retour vers les parties Oriētales, clair & lumineux plus que de coustume, quād auec ses premiers rayons tous se presentent en ordōnance deuant les yeux de leur nouueau chef, les mieux equippez qu'il leur fut possible, faisant vne ronde à l'entour de la verdoyāte prairie, où il s'estoit placé pour les voir passer trouppe à trouppe, tant les gēs de cheual que de pied. O gentille & heureuse memoire ennemie des vieils loingtains ans, & de l'oubliance, fidelle gardienne & dispēsatrice de tout ce qui aduient çà bas au monde, assiste moy de ta faueur, Si que ie me puisse ressouuenir de tous les principaux Capitaines de ce braue cāp, & de leurs regimens & enseignes. Entonne moy, & m'esclarcis leur ancien bruit & renommée, renduë de la

longueur du temps desormais muette flacque &
languide: Tire de tes riches plantureux thresors,
pour orner ma plume, ce que tous les aages futurs
puissent ouïr d'agreable oreille,& pas vn l'assoupir
& esteindre. Les premiers qui se monstrerent sur
les rangs furēt les belliqueux Frāçois, sous la charge par le passé d'Hugues frere du Roy, gens choisis
& leuez à l'eslite en l'Isle de France, vne contrée de
païs close de quatre belles riuieres, & qui en fertile abondance de biens en a peu d'autres qui l'esgal-
lent, point qui la surmontent: mais apres le decés
de ce Prince, ils s'estoient rangez sous la baniere
des fleurs de lys cōduite par le cheualeureux Clotaire, auquel si chose aucune defailloit, c'estoit de
n'estre du sang royal. Mille hommes d'armes bardez estoyent ils la bien complets, & autant de cauallerie legiere, tous preux Normans sous la charge du Duc Robert, leur naturel Prince & Seigneur: ne differans au reste en riē des autres de discipline militaire, ny d'armeures, ny de prouësse
ny de courageux naturel, ny de ressemblāce. Apres
eux marchoyent dex magnanimes anciés Pasteurs
d'ames, qui desployerēt leurs bānieres, Guillaume
& Aymard, y ayant desia bonne piece, qu'ils s'e-
stoyēt cōsacrez au ministere de l'Eglise: mais à ceste heure auoyent changé pour l'exaltation de la
foy, leurs croces en lances, & leurs mitres en heaumes, dont on pouuoit apperceuoir s'espandre de
lōgues & venerables barbes, chenuës, qui s'en venoyent battre sur leurs plastrons, & du derriere du
casque, de grands flots de cheueux tous blancs.
Le premier auoit amené de la cité d'Orāges, & du
territoire d'autour quatre cens cheuaux tous cri-

stals, lestes & bien armez. L'autre estoit Euesque du Puy, auec pareil nōbre, & non moins biē equippez & vaillans. Baudouyn s'en venoit apres, suiuy de ses Boullenois, & des gens de son frere, qui les luy auoit resignez lors qu'il fut crée le Capitaine des Capitaines. Et de là le Cōte de Chartres puissant en conseil, & prompt à la main, sous lequel marchoyēt quatre cens hōmes: mais ceux du Cōte Baudouyn estoyent au triple, les vns & les autres montez & armez à l'aduantage. Guelphe se presente en vn canton du chāp proche de là, ayant esgallé par ses merites & vertus la haute fortune où il estoit monté. Cestuy-cy pour son progeniteur est Latin, qui par vne lōgue & certaine file d'ancestres tire son origine du tres-illustre sang d'Est: germain au reste de surnom & de seigneurie de la riche & puissante maison des Guelphōs, seigneurs de la Carinthie, & de tout ce que les anciens Sueues & Retiés souloyent posseder le long du Danube & du Rhin: auquel platureux heritage venu de l'estoc maternel, il adiusta de fort glorieuses conquestes. De ces parties-là il auoit amené des soldats qui sous sa conduite n'auroyēt qu'à vn ieu & esbat d'aller cōtre la mort propre par tout où il les voudroit mener, accoustumez en leurs cōtrées de r'amoderer l'hyuernale rigueur des froidures, dedās des poësles, & faire là, forte bonnes cheres & ioyeux repas à boire d'autant les vns aux autres. Cinq mille estoyēt-ils quād il les tira hors de leurs demeures: mais maintenāt à peine se retrouuēt ils la tierce partie, les demeurans à sçauoir des Perses. Suyuoit apres vne autre trouppe de beaux grands hōmes blanc & blōds, qui habitent entre la Frāce

Chant premier. 15

& la Germanie, en cest endroit où la Meuse & le Rhin par leurs inondations & regorgemés font de larges & spacieux marescages, fort fertiles tant en bleds cōme en bestail: Eux estās accompagnez de leurs insulaires, qui se rēparent contre les furies de l'Occean du mieux qu'ils peuuēt, auec des digues & leuées, c'est Occean qui englouttist non seulemēt les nefs & barques, auec leur dērées chargées dessus, mais des villes entieres, voire des Royaumes. Les vns & les autres peuuēt faire le nōbre de mille: Et tous ensemble marchēt de cōpagnie sous vn autre Robert. Mais les trouppes de l'Angleterre sont biē plus grādes, gouuernées par Guillaume Puisné fils du Roy: & sont to⁹ archers, ayans d'autres gēs auec eux des extremitez de la terre, & plus prochains du Pol Artique, qui habitēt vn païs herissé de forests profondes, les Irlādois à sçauoir, velus tout le corps cōme vn ours, & separez de la Cōtinente habitable en vn des derniers coins d'icelle. Tācred viēt apres, de qui parmy vn si grand nombre de vaillās guerriers, excepté seulemēt Renaud, se peut dire qu'il n'y en a pas vn qui frappe mieux de lāce & d'espée, ne qui soit de plus belle apparēce & maintiē, de plus magnanime & hardy courage. Que s'il y a la moindre ombre de tache qui puisse tant soit peu ternir sa tāt clair-sonnāte renōmée, & qu'on luy puisse reprocher, ce n'est autre chose qu'vn amour demesuré qui l'affolle, vn amour nay parmy les armes, & de courte veuë: qui se plaist d'ennuy & trauail, de fascheries & mes-aises, dōt il s'acquiert force & vertu. On dit qu'en ceste defaite des Perses, qui acquit vne si grand' gloire au nom François, Tancred poursuyuant chaudemēt la victoire, & desormais las d'aller apres ceux qui fuioyent à vauderoutte, comme il cherchoit quelque frescheur pour se soulager du trauail par luy enduré tant au côbat comme à la chasse, il se vint reposer sur vne fontaine pourplâtée de Sycomors tout autour, auec force siege dressez de gazons d'vne herbe odorante: Et comme il s'esgayoit là, cueillant l'air dessous ceste ombreuse frescade, y suruint pour le mesme effect vn grâd Cheualier armé de toutes pieces, d'vne taille forte & gaillarde, fier en contenance, & bien compassé en ses membres, Qui ne s'apperceuant pas qu'il y eust personne, met pied à terre, attache son cheual à vn arbre, & pend ses gantellets à l'arçon: Puis deslace son heaume, auec lequel viennêt à bas de grandes longues tresses dorées, qui ondoyans sur les espaulles luy battent iusqu'au gras de la iâbe. Ses yeux sont fiers & desdaigneux: mais tresbeaux par dessus to^s autres, & si beaux de toutes beautez, que parmy leur ferocité naturelle reluisent ie ne sçay quels amoureux attraits aigre, doux, ressemblâs propremêt ces deux iumeaux celestes feux, qui rapaisent la mer quâd elle est troublée, ou plustost deux esbloüissans esclairs, menaçans de n'en approcher quiconque ne se sentira de tres-haut merite. Tancred la regarde attêtiuemêt, tout esmerueillé tant de sa beauté, qui ne trouueroit pas aisemêt sa seconde, que de la veoir ainsi equippée en gêdarme, & seule en ce lieu si solitaire & escarté. Il admire son port hautain, son fier maintien & braue côtenâce, telle que de quelque roide & vigoureux Cheualier en fleur d'aage: Et n'a pas plustost ietté l'œil dessus, qu'il s'en enamoure, voire embrase

outre

outre mesure. Chose admirable: à peine cest amour est nay, que le voyla desia tout grand, & qui volle falastrant triomphāt, garny d'aisles, d'arc, & de flesches dont il fait de cruels exploits. Ceste superbe Damoyselle enflãbée d'indignation & despit de se voir ainsi apperceuë seule en vn endroit si desuoyé, relace à grād' haste son heaume, & tout à l'instant l'auroit attaqué, sans quelques sept ou huict cens cheuaux, de la cornette de Tancred qui l'alloient cherchās, lesquels arriuerēt là en ce mesme instant: mais la necessité à laquelle cedent les Dieux propres, & ce grād nōbre d'aduersaires ausquels ce ne seroit pas hardiesse, ains trop des-reiglée temerité, qu'vn seul cōbatant se voulust opposer, la cōtraindrent de quitter la place, y laissant ce siē prisonnier ja vāincu, captif, enferré, qui garde emprainte iusqu'au fonds de l'ame, ceste belle represētatiō & figure qu'il auoit là veuë reellemēt & viuante, si qu'il l'a, & l'aura d'icy à long tēps, en ses pensées & memoire, auec le lieu où il l'auoit premieremēt apperceuë, & ce qui luy estoit aduenu, amorse cette perpetuelle pour nourrir le feu qui s'estoit allumé en luy. Qui eust voulu prendre garde à sa contenāce, y eust peu facilemēt lire ainsi qu'escrit en grosse lettres, Cest homme-cy brusle tout vif, & n'a pas grande esperance de ses desirs, tantil souspiroit angoisseusement, le visage baissé vers terre, & terny de melancholie. Et là dessus auec la trouppe laisse ceste belle cāpaigne, vn chef d'œuure de la nature, qui monstroit s'en glorifier car les coustaux qui l'enuironnent semblent la vouloir muguetter, & luy faire l'amour, tant elle est plaisante, aggreable & delicieuse. Aprés

B

Tancred (pour retourner à la reueüe,) venoyent deux cens Grecs engombrez de fer tout le corps, auec de lourds & pesans cimeterres au flanc, & des carquois replis de flesches qui resonnoyent dessus leur dos: Ils ont des cheuaux allegres, deschargez d'encouleure, duits à passer de longues carrieres à toute bride, & faire de grandes traittes sans repaistre, se maintenans presque de rien. Quant à eux c'est leur faict que d'escarmoucher, plustost que de combattre de pied-ferme, prompts à la charge & retraicte : car ils combattent mesme en fuyant, tous escartez. Tatin est celuy qui les meine, seul des Grecs qui accōpaigne les forces Latines. Mais qu'elle vergoigne, quelle lascheté, ie vous prie, quelle reproche à toy Grece! Tu n'aurois pas à ceste fois ces guerres si proche voysines : mais tu t'es voulu rendre vne desidieuse spectatrice, & te tenir les bras croisez à voir comme en des ieux publiques, quelle seroit l'issuë de ceste si hardie entreprise. Puis que tu es d'vn si bas & seruile courage, sers à la bōne heure, obeys à ceux à qui tu soulois cōmander: Et ne te plains plus desormais de ceste tiēne seruitude: car tu ne souffres rien, que ce que tu as plus que dignemēt merité. Apres tous les autres vient pour le dernier esquadron : mais qu'en hōneur on peut biē mettre des premiers, & de valeur, & d'art militaire, les inuincibles Aduēturiers terreur de l'Asie, les foudres de Mars, deuāt lesq̄ls il faut que la fameuse nef Argo se cache, qui porta tāt d'Heroës si renōmez, à la cōqueste de la toison d'or, sous la conduitte du preux Iason. Que le Roy Artus de mesme se taise auec sa fabuleuse table ronde, & tous ses cheualiers errās, qui ont tout remply l'vniuers de songes. Il n'y a rien de l'ancien téps qui soit digne d'estre ramentu aupres de ces tant valeureux champions. Qui est donc celuy qui en a merité la charge? Le preux outrepreux Hugõ de Course. Mais pource que c'est chose ennuyeuse de se voir preceller de noblesse, de sang & vertu, les autres par certaine enuie s'opposerét vnanime-ment à son election: car il auoit trop pl⁹ fait, & plus veu qu'aucun d'eux: d'aage au demeurãt meur & graue, & qui sous vne fresche vigueur de teinct, monstroit ja vne barbe fleurie: des cicatrices quãt & quant, marques d'honneur & de loüange, des playes valeureusemét receuës en diuers combats. Puis-apres est Eustache entre les premiers, que le blason de ses armoiries faict assez cognoistre de quel illustre sang il est, sang qu'il soit besoin le spe-cifier autrement: mais plus encore l'annoblist son celebre frere, le Duc de Buillon. Gernãd est là pa-reillemét, fils du Roy de Noruege, qui se glorifie de tãt de Sceptres & Coronnes, & de ses hauts ti-tres. Ruggier de l'aune-ville se peut bien mettre au rãg des plus renõmez, pour son ancienne repu-tation: Enguerrãd aussi: & vn Iãtoine, vn Rãbaut, & les deux Gerards. Ceux qui en grade de loüange suyuent apres, sont Hubauld, & Rosemond heri-tier du Duc de Lenclastre. Mais ce ne seroit pas raison de precipiter le Thoscã Obizze au fonds de ceste oubliãce qui engloutist si auidement la me-moire des faicts humains : Ny de destrousser le monde nomplus de la cognoissance de ces trois vaillans Lombards freres, Achille, Sforze, & Pa-lamede, ny du braue Othon, qui conquit L'escu, auquel le petit enfançon nud sort de la gueule du

B ij

ser pent. Il ne faut laisser aussi en arriere, ny Gaston, ny Rodolphe, ny l'vn & l'autre des deux Guys tres-renōmez au faict des armes, ny d'outrepasser Euerard, ny Garnier, les laissant trop ingratement cachez sous vn perpetuel silence. Mais où me transportez vous, lassé desormais que ie suis de ce catalogue de tant de valeureux guerriers, vous Gilduppe & Oudard nouueaux mariez vo⁹ entr'aimans si cordiallemēt? Certes vous-vous estes si amoureusemēt accouplez en ceste guerre, que vo⁹ ne sçauriez estre separez l'vn de l'autre, quād bien mesme vous serez morts. Mais qu'est-ce qui ne s'apprend és escolles d'amour? Là ceste-cy s'est faicte vne guerriere si vaillante, si hardie, & si courageuse, qu'elle ne sabsente iamais du flanc de ce sien bien aymé espoux, si que la vie de l'vn & de l'autre ne depend que d'vn seul destin. Il n'y a coup qui soit pour ne nuire qu'à vn seulement de ceste loyalle paire d'amans: car la douleur de chaque playe leur est reciproquement commune par indiuis. Et souuentesfois il aduient, que l'vn estant frappé l'autre languist de ceste playe: Que celuy là verse son ame tout à faict, si ceste-cy espand tant soy peu de sang. Mais dessus tous se peut bien mettre le bel adolescent Renaud, ceux qui comparurent à ceste reueuë. Vous luy verriez d'vne benigne ferocité hausser ce royal front où chacun se mire. L'aage meur auant sa saison, & l'esperance qui s'en promet, & les fruicts naiz quant & les fleurs. Si vous l'obseruez foudroyant lors qu'il se polist en ses armeures, vous l'estimerez estre vn Mars: vn Cupidon, s'il hausse la visiere de son armet, dont se descouure le visage. Ce fut sur les riues de l'Athe-

Chant premier.

sis que Sophie l'enfanta à Berthold; Sophie la belle au puissant-redouté Berthold: Et à peine auoit-il quitté la mammelle, que Matide le voulut auoir petit garsõ encore, qui l'esleua fort soigneusemẽt, & l'endoctrina en toutes coustumes royalles, & mœurs genereuses, sans bouger depuis d'auec elle, iusqu'à ce que son ardẽt & ieune courage oït le sõ de la trompette resonner des parties de l'Orient, lors que n'ayant pas encore accõply quinze ans il se desroba tout seulet, & par des routes incognuës passant l'Archipel, & rengeant les costes de Grece, il arriua au cãp en des regions si loingtaines. Fuitte tref-noble, & bien digne d'estre imitée d'aucuns de ses courageux descendans : car la troisiesme année desia couroit qu'il portoit les armes, & à peine le premier poil de sa barbe luy cottonit il le menton. Passez que furent les gens de cheual, l'infanterie fait sa monstre, là où marche le Comte Raymond de Tholose deuant tous les autres, lequel auoit fait sa leuée entre les monts Pyrenées, la Garonne & la grande mer, quatre mille de nõbre fait: tous biẽ armez & equippez, endurcis au reste aux mesaises, & à supporter toutes sortes de peine & trauail, bons soldats certes, & qui ne pouuoient estre cõduits par vn plus expert Capitaine: mais les cinq millé qu'auoyẽt amenez Estiẽne d'Amboyse Comte de Bloys, & de touraine, n'estoyent pas autrement gens d'effort ny de fatigue, bien qu'on les vist reluire tout à l'entour d'eux d'vn clair & bien fourby acier: car les païs plaisans oysifs & delicieux produisent volontiers des habitans qui leur ressemblẽt. De plaine abordée ils ne viennent que trop furieusemẽt à la charge: mais de legier cela se

B iiij.

passe, & ceste primsautiere impetuosité rebouschée, tout leur effort languist apres. En troisiesme lieu côparoist Alcaste, d'vne contenance telle que jadis le fier Capanée au siege de Thebes. Il auoit quelques six mille Suisses recueillis és cantons des Alpes, gês Plebeyens: mais qui côbattoyent vaillâment, ayans employé le fer dôt ils souloyêt faire des coultres au labourage de la terre, en vn plus digne martial vsage : & la main dont ils souloyent mener aux châps le bestail paistre, monstre ne s'espouuâter à defier mesme des Roys. On voit en apres desployer au vent le grâd estêdard de l'Eglise, auec la tiare, & les clefs de S. Pierre, sous lequel sept mille hômes marchêt, que le bon Camille auoit amenez, tous chargez d'armes flâboyantes, se sentât heureux quât à luy, que le ciel l'eust esleu à vne si hautaine entreprise, là où il renouuelle l'ancien hôneur de ses ancestres, & monstre au moins qu'à ceste grâd' valeur Romaine, qui par son inuincible effort soumit à soy tout le rôd de la terre habitée, riê ne defailloit, si ce n'estoit l'anciêne discipline seuere & penible. Ce fut la derniere trouppe de toutes, qui passerent là en belle ordônance. Et lors Godefroy tire à part tous les Capitaines pour leur faire entêdre son intêtion. Ie veux, va-il dire, que demain si tost que l'aube du iour paroistra, le câp desloge & s'achemine en diligence droit aux murs de la saincte Cité, si qu'il y ariue lors qu'on l'y attêdroit le moins: Preparez-vous doncq' & au chemin, & au côbat, & à la victoire aussi, Dieu aydât. Ce hardy parler d'vn si sage & authorisé persônage solicite chacun, & les encourage, si que tous se trouuêt prests à partir à la pointe du iour, impa tiens d'attendre qu'il fist bien clair. Mais le prouident Prince n'est pas du tout sans quelque doute, cõbien qu'il n'en face pas le semblãt: pource qu'il a certain aduis que le Souldã d'Egypte s'estoit desia acheminé vers Gaza en vn tres-puissant equippage, cõme celuy qui frontegieoit la Surie: & ne se peut persuader, qu'vn hõme si accoustumé d'entreprẽdre, vueille maintenãt demeurer oysif sans riẽ faire : ains s'attẽd d'auoir cest aspre & redoutable ennemi auãt peu de iours sur les bras. Parquoy il fait venir à soy son fidelle courrier Henry, & luy parle ainsi. Va t'en de ce pas mõ tres-cher & loyal Henry embarquer sur vne fregate, & en toute diligẽce qu'il sera possible passe en la Grece, là où : car on me l'a ainsi mandé, & de bon lieu, où ie n'ay iamais trouué faute aux aduis que i'en ay receu, deuoit l'vn de ces iours arriuer vn Prince de cœur inuincible, qui nous vient assister en ceste guerre. C'est celui de Dãnemarch, qui nous ameine vn bõ nombre de gens des parties du Pol Artique : mais pource que l'Empereur de Grece selon ses accoustumez artifices le voudroit faire tourner arriere, ou biẽ l'enuoyer desployer ses vaillãces en quelque autre endroit loin d'icy, dispose-le selon tõ accoustumée dexterité à ce qui sera aduisé de vous deux le plus sortable pour luy & pour nous. Tu luy diras dõc de ma part, qu'il viẽne sans tẽporiser : car tout retardemẽt en cest endroit seroit trop indigne de luy. Et ne t'en retourneras pas quant & luy : ains demeureras pres de l'Empereur pour solliciter ce renfort que plus d'vne fois il nous a promis , & lequel il nous doit fournir par nos conuenances. Telle fut la charge qu'il luy donna, auec d'autres

B iiij

choses encores dont il eut des memoires & instructions, & fut cause ceste depesche que le Duc fit en cest endroit, de luy dõner trefue auec ses soucis. Le lendemain si tost que par le clair lumineux Orient les portes du Ciel furẽt ouuertes au portelumiere Soleil, se peut ouyr vn estrange bruit dans le camp de trompettes, phiffres & tambours, dont chasque soldat endroit soy s'excite au deslogemẽt. Le tonnerre n'est point plus aggreable es pl° chauds iours caniculaires, qui apporte aux personnes vne esperance d'auoir de l'eau, cõme à ces braues guerriers fut plaisãt ce hautain son d'instrumẽs belliqueux: si que tous eguillonnez d'vn ardent desir d'estre des premiers à marcher, reuestent leurs mẽbres de leurs vsitées armeures, & s'ornent de beaux hocquetons & pennaches. S'estans cõme en moins de rien mis en poinct, ils se rengent sous leurs Capitaines, & ainsi le camp mis en ordonnãce, desploye tous ses drappeaux au vent, où entre tous paroist la grande banniere Imperiale où la triomphante Croix est emprainte. Ce temps-pendant le Soleil qui par la celeste campagne va tousiours auant, & monte en haut, vient battre sur ce beau clair poly acier luisant lequel flãboye à ses rayons, dont s'eslãçent comme des esclairs qui viennẽt esbloüir la veuë qui veut contester à l'encontre. Il semble que l'air soit reduit en flammes qui prennent leur embrasement d'enhaut. Le cliquetis quant & quãt des armes s'accorde auec les fiers hennissemẽs des cheuaux dont la plaine en est assourdie. Mais le chef voulãt asseurer ses trouppes, de to⁹ les aguets & embusches que leurs aduersaires voudroient dresser par les chemins, enuoye vn bon nõbre d'a-

Chant premier.

uancoureurs pour descouurir tout alentour, & les Gastadours sous leurs escorte, pour r'habiller les mauuais passages, rēplir les creux, & en explaner les rabotteuses & inegalitez: pour dōner aussi ouuerture aux pars & destroits qui pourroyent auoir esté estouppez. Il n'y a aucunes forces Payennes là assemblées; il n'y a murailles ny fossez si profonds, rochers si droits, ny forests si espoisses, qui les puissent garder d'aller auāt, ny leur arrester leur voyage; nonplus que telle fois est que le superbe Roy des fleuues enorgueilly des eaux qui luy viennent faire la submission, & le recognoistre pour souuerain, s'enfle de sorte, que se desbordant à trauers les chāps d'vne grand' furie il s'espand & inonde tous les contours sans que rien s'y ose opposer. Il n'y a que le seul Roy de Tripoli, qui dans de bōs & seurs rampars bien gardez, tient ses gens, armes, & tresors en serre, qui auroit peu parauanture court arrester les trouppes Françoises: mais il ne les osa attaquer, ains les receut volōtairemēt dans sa ville se les ayāt rendus propices par des Ambassades & force presens, auec telles conditions de paix, qu'il pleut au Duc Godefroy luy imposer. Là du mont Seir qui haut esleué cōmande à la ville du costé du Soleil leuant, descendit vne grād' multitude de fidelles à la plaine en bas, meslez de tous aages & sexes, qui apporterēt force rafreschissemēs aux victorieux, se contentans de les contēpler & deuiser auec eux, estōnez au reste de voir là ces armes estrā geres. Le Duc en tira vne bonne & fort seure guide, qui mena sō cāp tousiours le long de la marine proche de là, pource que l'armée nauale qui alloit costoyant le riuage, les pouuoit commodement subuenir de toutes leurs necessitez, de bleds à sçauoir des Isles Grecques circõuoisines, & de tresbõs vins de Scio la pierreuse, & de Cãdie: si que les ondes proches de là seblent gemir sous le pesant faix de ces lours carraçons surchargez, & des autres vaisseaux plus legiers dont la mer est toute semée. Desormais il n'y feroit pas guerres bon pour les flottes Sarrazinesques: Car outre les nefs & galleres que S. Georges, & S. Marc ont ietté en mer à Gênes & Venise, l'Angleterre, & la France, & les pays bas, & la moissonneuse Sicile en ont enuoyé tãt & tãt qu'à peine les sçauroit-on nõbrer. Et tous ceux d'autrepart qu'il s'estoyent alliez & vnis ensemble en vn mesme cõsentement & proiect, s'estoyent pareillement chargez de tout ce qui pouuoit faire besoin aux forces de terre. Lesquels trouuans d'oresnauãt les passages libres & desgarnis sur les frontieres & aduenuës, s'en vont droit la teste baissée doublãt le pas, où le CHRIST voulut receuoir vne si douloureuse mort pour rachepter ses creatures. Mais la renõmée porte-nouuelles vraies & fauses, les auoit desia deuãcé, & publié auec sa grand' trõpe. cõme ce biẽ fortuné victorieux cãp reduit ensẽble estoit party, sans que riẽ le peust retarder en chemin: quelles, & cõbien grandes en estoyẽt les forces, les noms & reputatiõ des plus signalez & vaillãs, & en racõpte les proüesses & beaux faits d'armes, menaçant d'vne face effroyable les vsurpateurs de la terre saincte. S'opiniatrer d'attendre vn mal, est parauenture vn mal plus grand que le mal present ne pourroit paroistre. Il n'y a oreille qui ne demeure suspenduë, pensée qui ne se rende attẽtiue au bruit de ces incertaines rumeurs

Vn sourd & tacite murmure trotte & s'espéd parmy la dolente Cité, & parcourt tout le plat païs: Si que le Roy Sarrazin fort perplex des dāgers qui le vont tallonnans, des-vuide en son douteux courage tout ce qui s'y peut ourdir & tramer: mais à tard, de remedes pour y obuier. Aladin estoit-il nommé, puis-naguere instalé au Royaume, & pourtant l'esprit merueilleusemēt trauersé de cōtinuels soucis & de craintes, hōme par le passé fort cruel: mais l'aage meur luy auoit aucunement raddoucy ceste rude austerité de nature. Apperceuāt doncq' les signes si euidens & manifestes que les Chrestiens se deliberoyent de le venir assaillir dedans ses murailles, il adiouste nouuelles deffiances & soupçons à la precedente frayeur, dont il se trouuoit partroublé, tant des ennemis, que de ses subiects: pour-autant mesme qu'il se voyoit engagé dedans vne ville pesle-meslée de deux peuples de foy contraire, bien est vray que la moindre & plus foible partie estoit de ceux qui croyoyent en CHRIST, & la plus grande & efforcée, en Mahomet: mais quand il s'empara de Ierusalem, & qu'il y voulut establir son siege & demeure, il rabaissa les impositions de ses Sarrazins, pour les surcharger & accroistre sur les pauures Chrestiens miserables. Tous ces pensemens irritans en luy la ferocité, qui s'estoit eslangorée & comme assouppie par ses vieils ans, vindrent à la luy exasperer de nouueau, si que le voyla plus alteré de sang qu'onques-mais: ainsi qu'és chaleurs estiuales le serpent retourne en sa pristine malignité, qui durant l'hyuer és gellées se contenoit doux & paisible: ainsi le Lyon appriuoifé pour quelque temps & rendu domeftique, reuient à fon innée cruauté, pour en offenfer les perfonnes. Ie m'apperçois bien (difoit-il) de cefte nouuelle allegreffe, figne indubitable en ces infidelles canailles, que le dommage vniuerfel à eux feuls reuient à émolument & profit: car il n'y a qu'eux qu'on voye rire & fe refiouir en noftre cõmune trifteffe, que maintenant ils nous couuent en leur fecret, quelque trahifon & defloyauté, pẽfans en leurs cœurs comme ils pourront auoir la fin de nous, & occultement introduire nos ennemis en cefte ville, auec les autres de leur faction: mais il n'en ira pas ainfi, ie preuiendray leurs fauffes machinations & complots, & m'en efclarciray le cœur. I'en veux depefcher le pays, à fin qu'ils feruent d'exemple aux autres. I'arracheray iufqu'aux enfans à la mammelle, d'entre les bras de leurs triftes efplorées mere: mettray le feu à leurs manoirs, & en leurs Eglifes: ce ferõt les obfeques que leurs perfidie aura meritée; les fepulchres que leur dreferont ces defolations & ruines, pour eftre enfeuelis deffous: & là deffus en lieu d'offrandes, victimes, & holocauftes ie feray efgorger leurs preftres. Tout cela alloit propofant à part foy ce peruers Tyran deteftable: mais il ne l'effectua pas, nõ ja pour pitié aucune qui fuft en luy: mais de lafcheté feulement de courage, n'ayant pas eu la hardieffe de le mettre à execution. Que fi la peur l'efperonne à la cruauté, vne autre plus puiffante crainte le retient en bride, de ne pouuoir plus puif-apres paruenir à aucun accord. Et il craint trop d'irriter les victorieufes armes de fes aduerfaires; parquoy il ramodere aucunement fon incensée & forcenee rage, & cherche où il la pourra plus commodément employer. Tous les edifices de la campaigne il les abat à fleur de terre; & les lieux habitez il les donne en proye & butin aux impitoyables deuorantes flammes: Ne laisse chose quelcõque en son entier qu'il ne demolisse & ruine. Tout ce dequoy les François s'eussent peu aider & se preualoir, il le gaste perd & dissipe. Rien ne demeure où ils se peussẽt mettre à couuert. Empoisonne les puits & fontaines, & infecte les ruisseaux, lacs & riuieres de mortel venin. De ceste si inhumaine sorte, il pouruoit à son faict du moins mal qu'il peut: & n'oublie pas cependant de fortifier bien fort la ville, bien qu'auparauant assez forte de trois endroits: il n'y a que la partie du Septentrion qui est vn peu foible, mais des le commencement de la guerre, il l'auoit desia r'emparée: & munist le tout d'vn bon nombre de gens de guerre, tant de soudoyers mercenaires que d'habitans.

Chant second.

ARGVMENT.

L'ENCHANTEVR Ismen vient offrir au Roy Aladin de faire vn tel charme, que Ierusalem de là en auant n'aura rien plus à craindre d'estre prise par les

François, quand bien on lairroit les portes iour & nuict tout arriere ouuertes, sans aucune gardes : lequel n'estant point re-vscy, le Roy estime que çayent esté les Chrestiens, qui l'ont empesché: & se delibere de les faire tous mourir là dessus. Sophronie meuë de zele & pitié se va elle mesme accuser d'en estre la cause, & Olind, vn ieune gentil-homme qui en estoit desesperement amoureux, tous deux Chrestiens, & tous deux innocens du fait, dit que c'est luy: sur ceste contestation pitoyable, celle-là tendant à sauuer les siens, & cestuy-cy à la garentir de danger, suruient Clorinde qui les deliure l'vn & l'autre. Argant voyant que les François ne tiennent compte des offres & remonstrances que leur fait Arete de la part du Soudan d'Egypte, leur denonce guerre mortelle.

PENDANT que le Prophane Tyran s'appareille ainsi à la guerre, Ismen se presente vn iour deuãt luy. Ismen qui a le pouuoir d'euoquer de dessous les tũbes les mieux seelles, vn corps mort ja de longue-main, & faire qu'il respire & sente. Ismé, qui au seul secret murmure de ses fortes cõiurations, espouuante Pluton iusques dedans ses plus enfoncez abismes, dont il fait venir les demons pour s'en seruir en ses impies & detestables ministeres : & comme s'ils luy estoyent esclaues, les lie & deslie ainsi qu'il luy plaist. N'y a pas long temps que il estoit Chrestien : mais il s'est rengé depuis au Mahometisme, ayant encore quelque souuenance & ressentiment de sa premiere institution, & de ses anciennes cerimonies, si que bien souuẽt il broüille & confond ces deux religions ensemble, de luy mal cognuës, & appliquées à des vsages abomina-

Chant second. 31

bles. Car l'Apostat qu'il est, laissant à ceste fois
ses obscures solitaires cauernes, où à l'escart esloigné de toute frequentation & commerce il a
de coustume d'exercer ses sorcelleries, il s'en vient
au commun peril offrir à son naturel seigneur son
seruice, à vn meschant Roy pire conseiller encore. Sire, luy va-il dire, il ne faut plus faire de doute que ceste armée victorieuse ne s'en vienne tout
droit à vous, pour vous assieger cy dedans : mais
faisons mieux : le ciel vo^{9} prestera sa faueur, & chacun de nous endroit soy son aide, selon que iamais
la fortune ne manque & ne se desnie à ceux qui
sont d'hardy courage, & qui s'esuertuent. On
ne peut dire, que vous n'ayez toutes les parties
qu'vn sage Roy & vaillant aduisé Capitaine doit
auoir en luy; n'auez que tref-prudemment pre-
ueu & pourueu à tout ce qui faisoit besoin, de sorte que si chacun pour son regard fait de mesme,
il n'y a point de difficulté que ce territoire ne
serue de sepulture à tous ceux qui le sont cuidé
venir conquester. De moy ie m'en viens icy
pour participer à tous les perils & trauaux, à
tous les exploits & factions de ceste dangereuse guerre, & vous y seruir de toute l'industrie
& fidelité qu'y peut apporter le loyal conseil
d'vn ancien & experimenté aage tel que vous le
voyez icy deuant vous tout gris & chenu : ie vous
l'offre & promets, ensemble ce que par mes arts
magiques ie pourray d'abondāt pour cōtraindre
ces anges là, qui par leurs orgueilleux monopo-
les & attentats furent jadis bannis du Ciel, à porter sur eux vne partie de nos affaires : mais d'où ie

veux commencer mes enchantemens, & par quels moyens les pourſuyure, ie le veux auant racõpter. Dedans le tẽple des Chreſtiens il y a ſous terre vn autel caché: & ſur ceſt autel vne image de celle-là dont le peuple Chreſtien adore le fils qui s'eſtoit en elle incarné, & depuis endura la mort, fut enſeueli, & reſuſcita comme ils diſent, y ayant vne lãpe touſiours ardente dans ſon ſepulchre, alentour duquel ſont arrengez les vœus & offrãdes de ces deuotieux credules qui le viennẽt de toutes pars viſiter en pelerinage. Ceſte image leur eſtant de là enleuée, ie veux que de voſtre propre main vous la tranſportiez & alliez mettre dãs voſtre Moſquée, puis apres ie feray vn ſi puiſſant charme, que pendant qu'elle y ſera, quand les portes de ceſte ville demeureroyent iour & nuit toute arriere ouuertes, & les rempars deſgarnis de toute deffence, ſans aucunes ſentinelles ne Rondes, par ce nouueau fatal myſtere vous & voſtre Royaume ne lairrez de demeurer aſſeurez & inexpugnables dedans l'enclos de ces murs-cy; le ayant dit ainſi il le perſuade à ce ſol precipité Roy; qui ſans plus attendre s'en court ſoudain à la maiſon de Dieu, où tout reſpect poſé arriere il contraint les preſtres de la luy monſtrer, & de là l'enleuant malgré eux, la porte de ce pas à ce temple où ſouuent ſe irrite le ciel pour les fauſſes & impies ſuperſtitions que on y vſe. Là ſur la ſaincte & venerable image le magicien murmure bas à par ſoy ſes blaſphemes, & puis s'en vint: mais auſſi toſt que la nouuelle aube du iour enſuyuant apparut au ciel, les Secretains qui auoyent la garde de ce tẽple immõde, ne reuoyent plus l'image où on l'auoit miſe; & pour neant la vont cherchans

chans & recherchans de costé & d'autre, dont ils
aduertissent soudain de Roy, qui en entre en vne
trop extreme colere, s'imaginant que sçauoit esté
vn traict de Chrestiens, qu'il auoyent ainsi enleuée
à cachettes, & la recelloyent quelque part. Or soit
qu'il fust de ceste sorte, ou que le Ciel eust voulu
employer là endroit sa puissance, indigné de voir
sa Reyne & deesse contaminée en vn tel lieu : car
il ne fut pas bien aueré parmy eux si cela se deuoit
attribuer à quelque artifice des hommes, ou à vn
miracle, au regard de nous il vaut mieux croire,
& la pieté Chrestienne l'ordonne ainsi, que ce fut
vn œuure celeste. Quoy que ce soit, le Roy en
fit faire vne fort estroitte & seuere perquisitiõ, par
toutes les Eglises & les maisons, proposant de tres-
griefues peines à quicõque le receleroit, & de grãdes recõpenses à qui le viendroit reueler. Le magicien n'y oublie riẽ de sa part, il va, il vient, cherche
& recherche, & fait tout ce qui se peut faire pour
en descouurir quelque chose: mais il n'en peut venir à bout, car le Ciel le cache à la grãde confusion
& vergoigne de ses vaines sorcelleries : Apres que
le Roy apperçoit que cela se couure de plus en pl⁹,
le souspeçonnant estre procedé de la malice des
Chrestiẽs, il s'ẽuenime du tout à leur hayne & ruine, & s'enflame d'vn courroux forsené cõtr'eux : il
met sous le pied toute cõsideration & respect, &
en veut auoir la raison quoy qu'il en aduienne, &
en esclarcir son courage. Il n'en ira pas ainsi comme ils pensent, murmuroit-il entre ses dents, &
pourneant ne m'aura l'on itrité : le larron a beau se
cacher, quelque incogneu qu'il me puisse estre, il
n'eschappera pas, pour cela, ains mourra en faisant

C

mourir indifferemment tout le reste, & courra le cómun hazard auec eux. Pourueu que celuy qui a commis le fait en paye l'amende, ie ne me soucie que les autres qui en sont innocens soyent traictez de mesme: mais qui en peut-on dire innocent? car chacun d'eux en est coulpable. De toute ceste maudite engeance ne s'en est oncques trouué vn seul qui nous fust bien affectionné. S'il y a quelqu'vn parmy eux qui soit exempt de ceste faute, n'en ont ils pas assez commis d'autres parcy-deuant que trop suffisantes pour leur faire receuoir ceste peine? Sus dóc mes loyaux amis, sus mes fidelles seruiteurs, qu'on employe & feu & glaiues pour brusler & massacrer ces trahistres. Ainsi alloit-il disant à la multitude du peuple: dont le bruit en courut soudain aux Chrestiens, qui en demeurerent bien estonnez; la crainte de mort si prompte & presente les tenant suspendus en gráde destresse: car il n'y a personne qui ose s'ingerer de s'en fuir, de peur de s'arguer coulpable & encore moins resister & se mettre en deuoir de se deffendre, ny aussi peu d'y vser de prieres & intercessions, n'y d'en venir à des iustifications & excuses: mais ces pauurets ainsi craintifs & irresolus furent garentis du peril qui les menaçoit, d'où ils l'eussêt le moins esperé. Vne fille estoit parmy eux d'assez meur aage pour vne fille encore vierge: mais d'vn treshaut & genereux courage, belle au reste par excellence, peu soucieuse de sa beauté. O quelle chaste honesteté pare & decore ce clair Soleil de perfections vertueuses: dont le prix se réforce tousiours d'auantage, d'autant plus qu'il se tient renfermé à destroit dans l'anguste enclos d'vne petite mai-

Chant second. 35

sonnette, pour se soustraire des œillades & recherchemens importuns de ceux qui l'eussent voulu muguetter; s'y retenant seule à par soy sans se laisser voir en public que tres-rarement, comme fort chiche qu'elle estoit de se parer & attiffer pour donner lustre à ce que la nature & le ciel luy auoyent departy en grande opulence: mais elle a beau se cacher tant qu'elle voudra, il n'y a espoisseur qui puisse à la longue empescher qu'vne telle & si rare beauté ne se voye à trauers ainsi que si elle estoit de crystal. Aussi tu ne le conséns pas amour: ains la reuelles aux ardens desirs d'vn tres-beau & gracieux ieune hôme: Amour dis-ie qui n'agueres estoit aueugle, & maintenant es plus clair-voyant qu'vn Argus, ny vn Loup ceruier; il n'y a plus maintenant de voyle qui te bande les yeux: tu te les descilles & les oures en toute liberté; Tu les promenes & manies de costé & d'autre comme bon te semble: tout au trauers de mille surueillantes gardes tu portes les regards d'autruy iusqu'au fonds des plus chastes & pudiques virginales pensées. Ceste-cy s'appelloit Sophronie, & celuy-la Olind, d'vne mesme ville tous deux, & d'vne mesme foy & creance, luy autant modeste & attrempé, comme elle est belle & gracieuse. Il desire assez, espere peu, & n'ose rien requerir, ne sçachant cōme il doit descouurir son mal, ou n'en ayant pas la hardiesse. Et elle ou le mesprise, ou ne le cognoist, ou ne s'en aduise. De ceste sorte le pauure lāgoreux à serui amour iusqu' à maintenāt, qu'il n'a esté veu, ou à tout le moîs recogneu q̄ mal ou nō exaucé. Sur ces entrefaittes le bruit s'espād de ce pitoyable massacre qu'ō propo-

C ii

soit faire sur leurs confreres, dont il luy prend cõ-
passion:& estãt aussi magnanime que belle & hô-
neste, elle se met à pourpenser cõme elle le pourra
diuertir, dont ce braue & hardy pesement luy en
confirme la volonté: mais vne pudeur virginale y
met contredit & l'empesche, tant qu'à la parfin en
ceste altercation reciproque son haut & resolu
courage l'emporte & le gagne, ou plustost ces
deux s'en accordent, & se contêperent, si que l'audace deuient honteuse,& la vergogne audacieuse.
Or entre toutes ces contestations elle sort toute
seule atrauers le peuple, sans rien couurir de ses
beautez, ny par trop aussi les exposer en euidence,
& tenant les yeux retenus en soy s'en va restrain-
te en son grand voile, d'vne mine vn peu desdaigneuse, & remplie de fierté: ie ne sçaurois bonnement dire si agencée d'artifice, ou nonchalammēt
negligée, si vn cas fortuit ou si l'art ont ainsi disposé ce tant beau visage : car l'incuriosité sienne
est vne maistresse artisane fort aymée & fauorisée
de la nature, de l'amour, & du Ciel aussi. Oeilla-
dée attentiuement d'vn chacun elle passe outre
sans daigner regarder personne, tant elle est d'vn
hautain courage, & s'en va droit deuant le Roy.
Pour l'apperceuoir ainsi en courroux, elle ne re-
brosse pas en arriere ains soustient sans s'en effrayer son felon regard. Sire, dit-elle, (mais ie vo⁹ prie
ce pendant de suspendre vn peu vostre indignatiõ
& colere,& de refrener vostre peuple ainsi esmeu)
ie viens pour vous descouurir, & vous liurer entre
les mains celuy que vous allez recherchant du fait
dont il vous a tant offensé. Le Roy tout confus de
ceste asseurée hardiesse, & à demy conquis d'vne

telle fiere beauté qui à l'impourueu luy vint ainsi qu'vn coup d'esclair esblouyr la veuë, refreint son ire, & radoucist en ce qu'il peut son cruel semblāt. S'il fust d'vn cœur moins inhumain, ou elle d'vn visage moins aspre & seuere, il s'en fust enamouré tout à l'heure: mais vne desdaigneuse beauté n'attrappe pas guere aisement vn cœur desdaigneux: car les amiables caresses sont la vraye amorce d'amour. Ce fut doncques, si ce ne fut amour, vn estonnemēt tout subit d'vne beauté tant agreable, & vne delectatiō qu'il y prit, qui esmeurent ce vilain cœur. Elle passe outre à luy compter le surplus du faict. Voicy celle qui l'a commis: mais que cela ne preiudicie point s'il vous plaist à ces paures Chrestiens vos sujects : voicy le coulpable qui se presente deuāt vous: le larrecin dont il est icy question, est vn ouurage de ceste main : ie suis celle mesme qui ay desrobé ceste image que vous cherchez, celle que vous deuez faire punir, & non autre. Et ainsi offre son innocente vie pour deliurer les autres de la mort, qu'elle veut toute recueillir sur soy: magnanime mensonge certes, & où se pourroit retrouuer vne si belle verité, qui y peust estre nō que preferée: mais seulemēt paragonnée? Le Tyran demeure en suspens, & ne se laisse pas si tost transporter à la colere comme il souloit : puis il luy demande : Mais dites moy: car ie le veux entendre de vostre bouche, qui est celuy qui vous conseilla de ce faire, & qui y mit la main auec vous? Ie ne voulus, va-elle dire, faire nul autre participant de la moindre portion d'vne telle gloire, ie fus seule qui l'entrepris, & executay sans en dire mot à personne, i'y fus ma seule

C iij

conseglière. Sur vous seule doncques, repliqua-il, la vengeance de mon courroux & la punition meritée s'en deschargeront. Il est bien raisonnable, respondit-elle, puis que ie fus seule à l'honneur, que seule aussi i'en reçoyue & souffre la peine. La recõmença le Tyran à fumer & s'exasperer: & l'interroge qu'elle auoit fait de ceste Image, & où elle l'auoit cachée? ie ne la cachay pas (dit-elle): ains la bruslay tout à l'instant, & la bruslant estimay faire vn acte loüable: car à tout le moins ne pourra-elle plus estre prophanée par les iniurieuses mains de ces mescreans infidelles. Sire, vous recherchez ou le larrecin, ou le larron: quant au larrecin, vous ne le reuerrez iamais plus: le larron, vous l'auez icy deuant vous: combien que mon acte ne doiue pas estre appellé larrecin: ny ie ne suis pas larronesse aussi; C'est chose iuste de restituer ce qu'on a enleué à tort. Cela ouy par le Tyrã, d'vne voix courroucée il gronde & menace, & lasche desormais la bride à son maltalent. N'espere donc plus de trouuer en luy grace ou merci toy pudique cœur, cœur magnanime, face angelique: en vain, l'amour voudroit faire vn bouclier d'vne si agreable beauté, contre vne indignation si cruelle. La belle Damoyselle là dessus est saisie au corps, & par ce felon Roy condamnée à estre bruslée toute viue. On luy auoit desia osté le voyle qui luy couuroit son chaste chef, & le manteau dõt elle estoit enueloppée: on luy lie & garrotte ses tendres mains de durs & mal gracieux cordages. Elle ne sonne mot, ne s'epouuantant encore de rien: mais son courage genereux s'en d'espitte, si que ce beau coloré teint vermeil s'en altere & ternist, non d'vne

Chant second. 39

iaune paſleur morte: ains d'vne blancheur eſgallant la nege. Ce cas eſtrange ſe diuulgue tout incontinent, & deſia le peuple y eſtoit occouru à grand' foulle, Olind meſme quant & les autres: lequel comme il voit ceſte ſienne chere maiſtreſſe liée ainſi & garrottée comme priſonniere, non tant ſeulement criminelle: mais ja condamnée, & les bourreaux preſts d'en faire l'execution, il fend à l'eſtourdy la preſſe, & ſe fait fort bien faire large, criant à haute voix comme vn inſenſé vers le Roy, Ce n'eſt pas elle Sire, ce n'eſt pas elle qui eſt coulpable du larrecin dont elle ſe vante par vne fole & vaine outrecuidance, elle n'y penſa oncques: vne craintifue ieune pucelle n'auroit pas eu ſeule la hardieſſe d'entreprendre vne ſi haute & deſeſperée beſoigne, & moins encore de l'executer. Cóment auroit elle deceu les gardes de la Moſquée, ny par quel art & maniere enleué ceſte ſaincte Image? Qu'elle vous le die. Mais c'eſt moy ſans autre qui la deſrobay: puis me ſauuay par les feneſtres a l'obſcurité de la nuict, paſſant a trauers la grand' place, par les plus deſtournées ruelles. A moy ſeul en eſt deu l'honneur, & la mort auſſi: que ceſte-cy ne me vienne point vſurper l'vn ny l'autre, a moy appartiennent ces chaiſnes & liens, & pour moy a eſté allumé ce feu, où ie ſois conſumé en cendres.

Lors Sophronie hauſſant ſes benins yeux
Deuers Olind, d'vn parler gracieux
Va dire ainſi, ô pauure miſerable,
Quel fol conſeil, quel aduis dommageable
Te rend ainſi ſans cauſe audacieux?

C iiij

Quelle fureur aueuglée te tire
A endurer vn si cruel martyre ?
Laisse cest homme insensé furieux
Verser sur moy, qui suis seule coulpable
De ce mesfait, son courroux implacable,
Et n'en sois point autrement enuieux.
I'ay force assez, i'ay assez de constance
Pour receuoir en toute patience
Ce chastiment d'vn cœur gay & ioyeux,
Pour auerer des autres l'innocence.

Ainsi parloit-elle à ce sien amant : mais elle ne le dispose pas pour cela à se desdire, & changer de resolution. Quelle merueilleuse merueille, où l'on peut voir en contention l'amour auec vne inuincible vertu : où la mort doit estre pour le pris & guerdon du vainqueur, & tout le mal qu'en peut attendre le vaincu, est son eschappatoire & salut: mais de tant plus que l'vn & l'autre persistent & s'opiniastrent comme à l'enuy à qui sera suppedité, & en fin trouué le coulpable, le Tyran s'enflamme tousiours d'auantage : car il luy semble que par là on se mocque de luy, & le vilipende, & que par mespris de luy ils mesprisent la peine qui leur estoit là tout appareillée. Or que foy soit adioustée à tous deux (disoit-il) que m'importe cela ? que ceste-cy, ou celuy-là vainque, leur chappeau de triomphe sera tout tel qu'il conuiendra : & là dessus fait signe aux sergets, lesquels sont prompts & appareillez de les lier & garroter, si que les voyla tout en vn instant attachez à vn mesme potteau le dos tourné l'vn côtre l'autre, & la face destournée de la face. Tout alétour d'eux le bucher est desormais arrengé, & les soufflets y allument le feu,

Chant second.

quand Olind se va escrier en de griefues & doloreuses lamentations, disant à celle là qui est attachée auec luy.

Sont ceicy donc ces liens amoureux,
Dont i'esperois moy pauure langoureux
Ioinct auec vous ma treschere maistresse,
Passer mes iours en heureuse allegresse?
Est-ce feu nuptial, qui nos cœurs
Deuoit brusler de pareilles ardeurs?
D'autres Amour & flammes & cordages
Auoit promis à nos chastes courages:
Et nous voilà par vn inique sort
Liez ensemble à endurer la mort.
Qu'on souffre au moins qu'attachez face à face
Nous trespassions, & puis apres qu'on face
Ce qu'on voudra de nos corps innocens.
Mais trop heureux mille fois ie me sens,
S'il m'est permis qu'en ce cruel martyre
Ma dolente ame en vostre bouche expire
En nous baisant, si qu'en vn mesme temps
Nous deslogions tous ioyeux & contens
De ceste triste & langoureuse vie.

Ainsi s'alloit-il complaignant: & elle au contraire l'admonestoit en ceste sorte.

Las mon amy, icy n'ont plus de lieu
Tous ces regrets, il faut tourner à Dieu
Ses pensemens, & en nos consciences
Examiner nos fautes & offenses.
Il faut tourner à luy nostre soucy,
Et humblement implorer sa merci:
Mettre en oubly ceste vie incertaine,
Et pour son nom endurer toute peine.
Voyez le ciel comme tout y est beau,

Qu'elle clarté y iette son flambeau:
Il semble à voir que cela nous appelle
D'aller ioyeux à la vie éternelle.

Là endroit les Payens extollent leurs complaintes & doleances, les Chrestiens les deplorent: mais en voix basse. Ie ne sçay quelle in-vsitée tendreur pitoyable semble qu'elle persast lors le cœur du Tyran: mais soudain qu'il se sentit ainsi esmouuoir, & toucher de compassion outre l'ordinaire, il s'en indigne, & ne s'y veut pas laisser, ains destourne ses yeux de là, & se retire. Il n'y a que toy Sophronie qui seule n'accompaigne le dueil publiq', & estant plainte d'vn chacun ne te veux plaindre. Pendant qu'ils sont en ces alteres, voycy qu'vn cheualier arriue, tel au moins le sembloit-il estre, grand de corps, & bien façonné de ses membres, & d'vne tres-belle presence, monstrant à ses armes, & au reste de son equippage estre estranger, & venir de loingtaines terres. Le Tygre qu'il a pour tymbre au haut de son habillement de teste, tire à soy soudain les yeux de toute l'assistance, enseigne assez fameuse & recognuë pour celle que Clorinde auoit accoustumé de porter à la guerre, parquoy ils se persuadent que ce doit estre elle, & ne sont point deceuz de leur opinion. Ceste fiere & hautaine creature des son plus ieune aage commença à desdaigner, & auoir à contrecœur & mespris tous exercices & occupations feminines, ne voulant rabaisser ses superbes mains à filler ny besoigner de l'esguille & autres semblables ouurages vsitez aux filles. Abhorre & refuit tous habillemens delicats longs & empeschans, & les lieux ombreux fermez de murailles: car l'hone-

steté se peut aussi bien conseruer à la campagne
qu'és villes closes. Elle arme d'orgueil son visage:
& se plaist de rendre sa tant excellente beauté, &
son doux naturel regard, fier & farouche, Qui neantmoins auec ceste fiere ferocité ne laisse d'estre
plaisant, & agreable entre tous les autres. Toute
ieune encore s'adressoit à picquer les cheuaux,
leur faire passer carriere, manier à passades &
courbettes, courre la lance, manier la picque, &
combattre à l'espée à pied à cheual, se roidist les
membres à la lutte, & se les red par mesme moyen
prompts & agiles à la cource. Puis quand elle se
sent vn peu renforcée, s'adonne aux chasses, non
des Lieures ny des Dains & Cheureux, ou autres
telles bestes craintiues: ains à poursuyure les Liõs,
Onces & Ours par les plus profondes forests, &
les plus aspres & rudes montaignes, en si rendant
si assidue, qu'aux hommes elle paroissoit estre
beste sauuage, & aux plus dangereuses bestes,
homme d'elles tres-redoutable. A ceste heure
elle vient de Perse pour resister de tout son pouuoir aux Chrestiens, encore qu'assez souuent
autrefois elle ait parsemé leurs membres des
playes, & teint les ruisseaux de leur sang. A son
arriuée s'offre à elle de prime-face ce piteux appareil de mortel supplice, dont desireuse de sçauoir que ce pouuoir estre, & quelle faute auoyent
commise ces criminels, elle pousse auant son
cheual, & s'en approche. Le peuple tout soudain
fait large, & la laisse passer, tant qu'elle a moyen
de les regarder de plus pres, liez à vn poteau, &
s'esmerueille que l'vn se taist, & l'autre se plaint
& lamente, au contraire de ce qu'ils deuroyent,

le sexe qui deuroit estre le plus magnanime & constant, se monstrāt là endroit le plus mol & lasche. Elle voit celuy là gemir, à guise toutesfois d'vn homme touché de pitié & compassion, & non pas pour douleur qu'il sente, & qui ne se deut pas pour soy-mesme, & l'autre se taisant, les yeux ferme arrestez vers le ciel, qu'il semble que deuant que la mort l'ait saisie, l'ame luy soit ja partie du corps. Clorinde s'en attendrist le cœur, & a pitié de tous les deux, si qu'elle en iecte quelques larmes, neātmoins elle a plus de dueil de celle qui ne se deut point: plus l'esmeut à se condouloir le silence, & moins la plainte & querimonie. Sans donc attēdre d'auantage elle se tourne vers vn vieil homme qui estoit pres d'elle. Dictes-moy mon amy, qui sont ceux-cy? Qu'est-ce qui les a conduit à vn tel suplice, ou leur malheur, ou quelque faute qu'ils ayent cōmise? Ainsi s'enqueroit-elle, à quoy luy fut respōdu en peu de parolles ce que c'estoit. Dont tout esmerueillée elle s'imagine soudain qu'ils estoyēt tous deux innocens du cas. Parquoy elle se resolut de leur destourner ceste mort, autant que ses prieres ou son effort d'armes se pourront estendre, si qu'elle s'en court à la flāme qui gaignoit desia vers eux, & en fait retirer le feu. Alors s'addressant aux sergents, Escoutez, leur va elle dire, sçauez-vous qu'il y a nul de voꝰ tous tant que vous estes ne soit si osé ny hardy de passer à ceste executiō plus auāt, que ie n'aye parlé au Roy, & ie vous promets qu'il ne vous en sçaura point mauuais gré. Les sergents luy obeyrent meuz de sa royalle apparence. Et elle s'en va vers le Roy, quelle rencontra en chemin, lequel venoit au deuant d'elle. Ie suis

Clorinde, va-elle dire, si vous en auez oncques ouy parler, qui suis venuë pardeça pour me retrouuer auec vous à la deffence de nostre loy, & de vostre Royaume. Me voyla toute appareillée, ne faite seulemēt que dire, de satisfaire à tout ce que vous me voudrez employer, soit à la campagne, soit es villes closes, Ie ne refuse rien quelconque. Les grandes & hazardeuses entreprises & factions, ie ne les redoute point, ny ne mesprise les petites. Le Roy respond, Qu'elle terre est si separée de l'Asie, & de la routte du Soleil, tres-magnanime inuincible guerriere, ou vostre glorieuse reputation ne soit paruenuë, & le fameux bruit de vostre tant excellent renom n'ait volé? Maintenant doncq' que ceste redoutée espée vostre est ioincte à la mienne, ie me r'asseure de toute crainte, & me reconforte du doute auquel i'estois premierement. Vous soyez la tres-bien venuë: Ie n'aurois pas telle confiance si mes forces estoyent quadruplées & ioinctes à vn gros corps d'armée ensemble, que i'ay en vostre seule vertu & effort. Il me semble desia, & m'ennuye, que ce Godefroy qu'on reredoute tant, tarde desormais par trop à venir. Vous me requerez de vous employer, c'est bien raison: car les plus hauts & difficilles exploits d'armes vous sont tous deus, comme à celle qui seule est digne de les mettre à execution. Ie vous consigne de ceste heure, & vous remets entre les mains toute la charge de ceste guerre, & vous laisse l'anthorité absolue d'y commander: Tout ce que vous voudrez ordonner soit tenu pour vne loy irrefragable. Elle alencontre luy rend de gracieux remerciemens pour les loüanges qu'il luy donne,

Puis elle reprend ainsi son propos. Chose estrange, Sire, vous pourra peut-estre sembler que la recompence doiue preceder les seruices : mais ie me fie tant en vostre bonté, que pour ceux que ie desire cy apres vous faire, vous ne me refuserez point ces deux criminels : Ie vous les demande : car leur coulpe n'estant encore bien auerée, il me semble qu'on les a condamnez vn peu cruëment : mais ie laisse cela à part : ie me depars de ces coniectures dont on pourroit tirer vne preuue plus que certaine de leur innocence, & diray seulement que le cōmun bruit court bien icy que ce sont les Chrestiens qui ont enleué ceste Image : mais il me semble, & ne le dis pas sans raison, que ce fut porter trop d'irreuerence & contreuenir à nostre foy, de faire ce que le magicien vous persuada : car il ne nous est pas licite d'auoir des Images dans nos Mosquées, ny les reuerer, moins encore celles des autres : Parquoy ie veux referer à nostre Prophete la merueille qui en est aduenuë, Et c'est luy sans doute, & non autre, dont est procedé ce miracle : pour nous monstrer qu'il ne nous est point permis de contaminer nos saincts temples d'vne telle superstition. Laissons à Ismé ses enchātemēs, tout son effort cōsiste là, & ses sorcelleries luy sont en lieu d'armes : c'est à nous autres gens de guerre de manier l'espée & la lance, c'est nostre art & profession où il nous faut cōstituer nostre attēte. Le Roy bien que difficilement son felon courage se vueille fleschir à pitié, la veut neātmoins gratifier en c'est endroit, & se laisse vaincre à ses prieres, qu'il voit estre accompagnées de la raison, & sont de grand poix & authorité enuers luy. Qu'ils ayent dōcque

Chant second. 17

la vie, luy va-il dire, & soyent deliurez puis qu'il vo⁹ plaist inclyte & valeureuse Dame, on ne sçauroit pas rien desnier à vn si grand intercesseur. Soit que leur innocence le requiere ainsi, ou que de grace ie leur pardonne, ie les absous comme incoulpables, & vous les donne ainsi qu'atteints & conuaincus. Voyla comme ils furent deliurez. Et certes bonne aduenture eut en cest endroit le destin de Olind, où il peut en fin demonstrer vn acte d'amour non vulgaire, que l'amour luy auoit fait entreprendre, l'ayant resueillé en vn courage genereux: car du feu où il estoit prest à ietter dedans, il s'en va de ce pas à ses espousailles, & de criminel condamné à mort, il deuient non que d'amant contr'aimé de mesme: mais mary encore de sa chere aimée. Il voulut mourir pour la respirer de mort, ou à tout euenemẽt finer sa vie auec la siẽne, & elle ne le desdaigne pas puis qu'ils ne meurent ne l'vn ne l'autre, de viure auec luy pour tout le reste de leurs iours. Mais ce soufpeçõneux & defiant Roy repute à autant de danger pour luy, d'auoir desormais vne telle vertu iointe ensemble si proche voisine: Parquoy il les bannit tous deux hors de la Iudée: & outre-plus suyuãt sa cruelle deliberatiõ, plusieurs autres Chrestiens encore, qu'il confine en diuers endroits. O à quel grand creuecœur & regret les ieunes gens abãdõnoyent leurs vieils peres, les maris leurs femmes & enfans, auec leurs anciennes demeures! Dure separation certes, & ne chasse que ceux qui sont robustes, courageux, & entreprenans, retenant pres de soy le sexe doux & pacifique, & les foibles ans qui ne le pourroyent offenser, pour autãt d'ostages qui luy

demeurent. Plusieurs s'en allerent vagabonds de costé & d'autre. Plusieurs esquels l'indignation eut plus de pouuoir que la crainte, se rebellans s'en allerent rendre aux Chrestiens, qu'ils rencontrerent le propre iour qu'ils entrerent dans Emaus. Emaus est vne petite ville peu distante de Ierusalem, si qu'vn homme qui ne voudroit qu'aller le pas, partāt du matin y pourroit arriuer à trois heures. O combiē fut aggreable aux Chrestiens ceste nouuelle. Combien le desir les haste & sollicite de poursuyure leur entreprise: mais pource que le Soleil estoit ja bien haut, & comme monté au mytour, le chef de l'armée fait descharger les bagages, & tēdre les tentes & pauillōs. Chacun s'estoit desia campé, & peu lointaine desormais se voyoit la resplandissante lumiere s'aller plonger dedans l'Occean, quand voyci arriuer deux Barons de haute apparence, d'habit fort seigneurial: mais estranger, leur maintien pacifique au reste denotāt assez qu'ils venoyēt comme amis vers le Duc: car c'estoyent deux Ambassadeurs du Soudan d'Egypte, qui auoyent vne grosse suitte apres eux, de gētils-hōmes & de pages. Alet en est l'vn, venu de bas lieu: mais son beau parler courtisan, son esprit accort, & ployable à tous vents, sa dexterité sçachant fort bien s'accommoder à tout, & autres telles aggreables parties qui estoyent en luy, l'auoyent esleué aux plus hautes charges & dignitez du Royaume, hōme au reste caut & subtil, prōpt & propre à dissimuler ce qu'il vouloit feindre, versé en toutes sortes de finesses & tromperies, & grād forgeur de calōnies, qu'il sçauoit pallier de sorte qu'on les eust prises pour loüanges. L'autre estoit
Circasse

Circasse appellé Argāt, qui de lointaines terres estoit venu à la cour d'Egypte, où il fut fait l'vn des Satrapes du Soudan, admis aux plus grands honneurs, & employé au principal maniment de la guerre, cōme tref-vaillāt homme de sa personne: mais d'vn fier & arrogant naturel, impatient, rebarbatif, & haut à la main, inflexible, & infatigable au trauail des armes, ne tenant cōpte aucun de Dieu ny de religiō. Toute la iustice & raison qu'ō pouuoit attēdre de luy estoyent à la poincte de sō espée. Il demanderent audience, & là dessus furēt conduits à la tente du Duc Godefroy, qu'ils trouuerent simplement habillé, en vn siege assez bas entre les Princes & Capitaines de son armeé: Car la vraye valeur, quelque peu de cōpte qu'elle tiēne de soy, & encore qu'elle se neglige, a vn assez competant ornemēt sans auoir besoin d'autre pōpe ny de parade qui la rehausse. Argāt ne luy fit pas gueres de reuerēces ni de submissiōs, cōme fort presōptueux qu'il estoit, & qui tenoit beaucoup de soy, sans se soucier des autres. Mais Alet mettant la main deuāt le piz inclina la teste, les yeux abaissez en terre, & l'honora en toutes les sortes qu'il peut selon l'vsance de sa nation. Puis commēça, que de sa bouche decoulloyent des torrents d'eloquence plus doux que miel. Et pource que les François auoyent desia aucunement apris le parler Syrien ce qu'il disoit pouuoit bien estre entendu de tous, ou de la pluspart. O digne Soleil de toute valeur & prouësse, auquel daignēt maintenant se sousmettre & obeïr tant d'excellens & renommez Princes que ie voy presens : ayans cy-deuant recogneu leurs triomphantes victoires & conquestes estre

D

en partie procedées de vostre vaillance & sage cōduitte, le bruit de vostre renom immortel, qui ne
se contient plus au dedās des bornes jadis plātées
par le preux Hercule pour vne marque de ses tro-
phées & beaux faicts d'armes, resonne parmy no9
aussi, & s'est espandu par tous les cantons de l'E-
gypte, où il n'y a personne qui n'escoute trop volontiers celebrer vos loüanges, selon qu'on a accoustumé de prester l'oreille facile aux estranges
merueilles surpassans la commune opinion des
hommes: Mais de nostre Prince elles sont recueillies non seulement auec vne admiration tres-grā-
de: ains d'vn plaisir qui ne se sçauroit exprimer de
bouche. Et luy-mesme se sent grandement satisfait de les racompter quelquefois, aymant en vous
ce qui apporteroit à d'autres crainte & jalousie. Il
ayme & prise vostre incomparable valeur, & voudroit bien s'y allier & confederer, sinon de religion & creance, à tout le moins d'vne indissoluble
amitié: & pourtant meu d'vne si belle occasion, il
vous recherche de ceste alliance & de paix. Le
moyen doncque de vous fermement vnir l'vn à
l'autre, soit la vertu qui vous est commune à tous
deux, puis que la creance ne le peut estre. Mais
d'autāt qu'il a esté aduerty que vous vous estes ja
acheminé pour deposseder vn sien fort estroict
amy & confederé, il a mieux aymé preuenir que
de plus attendre de peur qu'autre mal ne s'en en-
suyuist, & vous faire par nous là dessus entendre
son intention, Qui est telle, Que si vous vous
voulez contenter de ce que vous auez conquis
en ceste guerre iusqu'à present, sans plus molester ny la Iudée, ny ses confins, si que ce Royaume

Chant second.

se puisse remettre en son ancienne splendeur, il vous promet en recompence de vous rendre le vostre asseuré, qui n'est pas encore bien estably, de maniere que vous deux estans ioints & associez, qu'est-ce que les Turcs, & les Perses pourroyent jamais plus esperer de recoquerir ce que vous leur auez eclipsé du leur? Excellent seigneur ramenteuez vous qu'en peu de temps vous auez fait de tresgrandes choses, que nulle longueur de siecles à l'aduenir ne pourra iamais effacer, assouppir ny esteindre. Vous auez mis à vouderoute de puissantes & grosses armées, pris des places tres-fortes, vaincu, deffait, & mis en routte ceux qui se sont cuidé opposer à vostre plus qu'inuincible effort: surmonté toutes sortes de difficultez & mesaises: passé par des inaccessibles chemins incogneus, si qu'au seul bruit de vos tant redoutées armes, non seulement les Prouinces circonuoisines: mais les plus esloignées encore en sont restées toutes esperduës, effrayees & espouuantées. Vous pouuez donc bien esperer d'estendre plus auant vos limites, & vous acquerir de nouueaux Royaumes, & nouueaux Empires: mais d'accroistre d'auantage vostre gloire, ce seroit s'y attendre en vain, car elle est paruenuë à son plus haut comble & sommet. Et pour l'aduenir vous deuez euiter les guerres dont l'issuë est incertaine & douteuse: car quelque part que vous vainquiez, vous ne vous pouuez augmenter que de Seigneuries, sans que vostre los & renom s'en augmente: là où si le contraire vous arriue, vous viendrez à perdre & la reputation ja acquise, & tout ce que vous auez conquis. Le ieu de fortune est fort hazardeux, &

seroit vne grand' simplesse de coucher contre ce
qui est peu, & incertain, le beaucoup, & tout asseuré. Mais c'est vn conseil de tel à qui parauanture il
pese & ennuye que vous conseruiez à la longue ce
que vous auez gagné sur les autres. D'auoir aussi
tousiours remporté victoire de vos entreprises, a-
uec ce feruent desir, ne es cœurs genereux, qui s'y
allume plus ardemment que non pas es bas & pusillanimes, d'auoir force subjects & tributaires.
Tout cela pourra estre cause de voꝰ faire tousiours
plustost fuir la paix, qu'on n'aura enuie de vous faire guerre. Ils vous exhorterons de poursuyure la
voye qui vous a esté ainsi largement ouuerte de
vostre bon-heur, & ne rengainer vostre espée (au
puissant effort de laquelle toutes victoires sont
certaines & apprestées) iusques à tant que la loy
Mahumetane soit du tout à bas, ou bié que l'Asie
n'ait esté de vous réduë deserte dépeuplée & inha-
bitée, choses specieuses & plaisantes à ouyr, amorces friandes de trōperies & deceptions: mais d'où
se produisent le plus souuēt de fort dōmageables
& pernicieuses desconuenuës. Que si d'auenture
vostre trop boüillante animosité ne vous bande
les yeux, & que la lumiere de la raison ne s'offusque en vous, il vous sera ben facile d'apperceuoir,
que si vous-voꝰ obstinez à recōmencer ceste guerre, il y a plus d'occasion de craindre que non pas
d'esperer qu'elle ne vous succedera gueres bien,
parce que la fortune se varie & change à tour de
roolle, vne fois bonne, tantost mauuaise: & à voller ainsi haut & soudain, le precipice ne faut guerres de s'en ensuiure. Dittes moy vn peu ie vous
prie, si l'Egypte vient à s'esbranler contre vous,

puissante comme elle est de deniers, & de gens de
guerre, & assistée de bons conseils, & par mesme
moyen s'il aduient que les Perses & Turcs, & le
fils de Cassan se desbandent dessus vos bras, & vo°
renouuellent la guerre, Quelles forces pourrez-
vous opposer à vn tel rauage & furie? Quel escha-
patoire pourrez-vous trouuer à de tels perils? Parauanture que l'Empereur de Grece associé auec
vous d'vne saincte & ferme alliance, comme vous
cuidez, est-ce qui vous y rencourage, & r'asseure:
Vous sçauez sa malignité, & combien il y a peu de
fiance à la foy Grecque, à qui cela n'est-il cogneu?
D'vne seule trahison comprenez le reste, ou plustost de mille desloyautez que ces gens peu fidelles, & tref-auares vous ont tendües en dix mille
sortes. Celuy là doncques qui parcy-deuant vous a
voulu clorre & empescher le passage, se disposera-
il à ceste heure d'exposer son Estat & sa vie pour
vous? Qui vous a voulu desnier les chemins, lesquels doyuēt estre communs à tous, vous voudra-
il faire largesse de son propre sang? Mais parauanture que vous auez logé vostre esperance en ces
trouppes dont vous estes accompagné. Auez vous
donc opinion de pouuoir aussi aisément venir à
bout de ceux que vous auriez defaicts escartez,
quād ils seront vnis & reduits en vn corps d'armee
maintenāt encore que ces forces vostres sont ainsi
affoiblies & escornées, tant des guerres & mesaises
passez, que de ceux qui vous tallonnent & menacent, mesmement si les Egyptiens viennent à se
ioindre auec les Perses, & les Turcs? Or quand
bien vous-vous persuaderez cela vous estre promis du destin fatal de ne pouuoir iamais estre

D iij

vaincu par armes, ie le veux, ie le vous accorde, l'ordonnance du ciel soit telle que vous le vous voulez proposer : mais pourrez vous surmonter la faim : à ce mal quel refuge cuidez-vous estre? dites-le moy ie vous supplie, Quel remede, quelle resistance y pourrez vous trouuer ? Brandissez cōtr'elle de tout vostre effort vostre lance, dardez y vostre iauelot, & y desgainez vostre espée, bien couuert d'vne grand rondache & d'vn corcelet à l'espreuue: mal-aisement vous en pourrez-vous garentir, ny venir à bout. Tout le pays d'icy autour est ars & destruit, la preuoyante main du peuple Sarrasinesque y a soy-mesme fait le gast: Tout est retiré dans les villes closes, mis à sauueté dans les places fortes plusieurs iours auant vostre arriuée. Vous qui iusques icy estes procedez courageusemēt, d'où esperez vous nourrir vostre caualIerie & infanterie? Vous me direz, l'amée de mer qui nous costoye, & pouruoyra. Des vents doncques qui sont si variables, incertains & mal asseurez, vos victuailles dependent elles? Vostre bonne fortune cōmande-elle aux vents, & aux tēpestes & orages, les lie-elle & deslie cōme bon luy semble, ou plustost s'ils luy cōmandent? La mer sourde de soy & implacable à toutes lamentations & prieres pour voᵘ exaucer se ployera-elle à vos vueils & desirs? Les nostres vnis & alliez ensemble, Turcs & Perses, & Egyptiens, ne pourront-ils mettre vne flotte aussi puissante que la vostre, & qui soit bastāte pour s'y opposer? Certes Seigneur il vous cōuiendra obtenir double victoire, à sçauoir par mer & par terre, si vous voulez à vostre honneur poursuiure à fin ceste entreprise: & il ne faut qu'vne

seule perte pour vous apporter vne grand' vergoigne & dommage. Que si nostre armée de mer, met
la vostre en routte, il conuiendra à vostre camp
mourir de faim. Et si vous estes desconfit par terre, pourneant vos forces naualles pourront emporter la victoire. Estans doncq' reduicts à tels
termes, si vous refusez la paix ou la trefue auec le
grand Souldan d'Egypte (permettez-moy de vo⁹
parler librement & de verité) ie ne voy pas que
vous soyez bien cōseillez, ny que ceste vostre resolution se puisse esgaller aux autres vertus & bōnes parties qui en vous reluysent : mais plaise au
ciel de vous faire chāger d'aduis si d'auēture vous
balācez plus à la guerre, & voulez suyure le party
le plus desauātageux & inique; si que l'Asie desormais puisse aucunemēt respirer de tant de desolations & ruines:& vo⁹ iouyr des fruicts de vos glorieuses conquestes. Nō que ie vueille vous appa-
rier de perils & de peines auec mō Roy & seigneur
souuerain, ny vous rendre en cela esgaux, ny de la
gloire nō plus qui en prouiēdra, Car la faueur que
la fortune vous a monstrée iusques icy, vous flat-
te, & semond de rentrer d'vne guerre à autre: mais
ainsi qu'vn sage pillotte, qui des fallacieuses incertitudes de la marine apres plusieurs grandes agita-
tions de vagues a rendu son vaisseau dans le port
desiré de luy, vous deuriez desormais racueillir &
ployer vos voiles, que vous auez par vn si long
temps espanduës à la misericorde des vents, sans
vous cōmettre de nouueau au hazard d'vne mer
de guerres, qui de sa nature est douteuse, voire impitoyable. Là il mit fin à son parler, qui fut tout
à l'instant suiuy d'vn bas murmure de ces vaillans

D iiij

Princes: mais qui monstroit assez à leur côtenance indignée, combien ceste ouuerture leur auoit despleu à tous. Le chef au reste ayant trois ou quatre fois roullé ses yeux tout alentour de l'assistance pour voir à leur mine ce qu'ils pouuoyent auoir au cœur, vint finalement les asseoir droit à la face de celuy qui en attendoit la respôce, & parla ainsi. Certes Sieur Ambassadeur vous nous auez gracieusemét exposé le contenu de vostre Ambassade, sémée en partie de courtoises & fauorables paroles, & en partie de menaces assez poignantes. Si vostre Roy me prise & ayme de la sorte que vous le dites, & a en admiration ce que nous auons fait iusqu'icy, cela vient de sa grace & honesteté, dont ie ne puis moins que de me sentir obligé à luy, de la bône volôté qu'il me porte, & de l'opinion qu'il a, mais quant à ce poinct que vous nous protestez la guerre de tout le Paganisme vny ensemble. Ie vous respondray en peu de paroles selon ma coustume, qui n'est pas de beaucoup langager : que c'est ce que nous desirons le plus, à fin d'abbreger d'auantage, quand nous aurôs à les côbatre tout à vne fois, & non les vns apres les autres par les menus, où iroit bien plus de têps. Sçachez doncques, que nous n'auôs pas souffert iusqu'icy tant de peines, tant de mesaises & perils tant par terre que par la mer, en temps tantost bonace, & tantost rude & orageux, sinon que pour nous ouurir le chemin à ces sainctes & venerables murailles où gissent les marques de nostre salut & redemption, à fin de nous acquerir quelque grace & merite enuers celuy qui y voulut respandre son precieux sang pour nous rechepter des peines d'Enfer, retirans ce sien heritage de la dure oppression où il est, si que iamais il ne nous sera grief ny moleste pour vne si saincte & deuote entreprise d'exposer la vie & les biës, & tout ce que nous sçaurions auoir de plus cher en ce monde. Car l'ambition n'y l'auarice, ny le desir de nous accroistre ne nous y ont pas attirez, ny les plaisirs & concupiscences mondaines esté les guides & conducteurs, le pere eternel de la haut a fort bien deschargé nos courages d'vne peste si dangereuse, si d'auenture elle s'est autrefois hebergée en quelques vns, & ne permettra s'il luy plaist, qu'elle no° empoisonne & infecte de ce nouueau & mortel venin, qui en aggreant au corps meurtrist l'ame: ains sa saincte & debōnaire main qui r'amollist les plus durs cœurs les sçaura fort bien disposer à ce qui sera le plus conuenable pour son hōneur & sō seruice. Voila ce qui nous a meus, & ce qui nous a retirez de tant d'empeschemēs & obstacles: c'est ceste forte & robuste main qui applanist quād bō luy semble les pl⁹ hautes & esleuées mōtaignes, & esleue les basses plaines en de fertiles & terrestres coustaux: Qui tarist & reduict à sec les plus profōds & inōdans fleuues, qui nous ramodere les ardētes chaleurs de l'Esté, & relasche les glacées froidures: qui calme & appaise les plus tempestueux flots de la mer, qui la rend nauigable & bonace, & qui lasche & resserre la bride aux vents. C'est de là que se fait bresche & ouuerture aux plus forts rempars & murailles, pour y entrer à main armee & les saccager s'il luy plaist: De là nous naist & nous prouient la hardiesse & l'esperance, & non pas de nos foibles & imbecilles forces entant qu'hommes: mais inuincibles comme Chrestiens, qui militons pour la seule exaltation de sa foy. Ny nos forces naualles, ny ce grand nombre de tref-valeureux hommes de guerre, ny tout ce que nous pouuons attendre de supplémét de là où il n'y en aura iamais faute, ny l'assistáce & renfort que nous pouuons attendre de la Grece tant de combattans que de viures, & autres nos commoditez : car ils courent vne mesme fortune auec nous, & auons espousé vne mesme querelle, tout cela ne nous fera pas parler plus haut : Pourueu que la grace de celuy en qui nous auons mis & remettons toute nostre attente, ne nous defaille, comme aussi croyons nous fermemét qu'elle ne fera, nous ne nous deuons soucier que toutes autres choses nous manquent. Qui sçait comme elle preserue ceux qui s'y fient, & rudement heurte ceux qui s'y opposent, il ne cherche point ailleurs de secours, en to⁹ les perils & hazards qui s'offrent. Et ores que la fortune nous fust contraire, & que ceste puissante diuine main nous vouslust priuer de son aide pour nos fautes & demerites, ou par quelque sien secret iugement, Qui est celuy d'entre nous tous qui refuse de finer ses iours, & d'estre inhumé où nostre benoist Redempteur le fut? Mais nous y mourrons tous, direz-vous. A la bône heure, nous ne porterós point d'enuie à ceux qui nous suruiuront, qu'els qu'ils soyent, car en mourāt pour son hôneur, & le maintienemét de la vraye foy & creance, ce ne sera pas sans vendre bien cher nostre peau : & l'Asie ne se rira pas de nostre desastre, ny nous n'aurós point de regret de mourir, pour vne si saincte & legitime occasion: Puis qu'aussi bien qu'en toutes sortes il nous faut

Chant second. 59

mourir quelquefois. Ne pensez pas pourtant que nous vueillions fuir la paix, ainsi qu'vne mortelle guerre: car à la verité l'amitié de vostre Prince ne nous deplaist pas, & n'auriós que tres-agreable de nous allier & confederer auec luy: mais vous sçauez sans qu'on vo' le die, si la Iudée luy appartiét. Pourquoy donc s'en remüe-il ainsi fort? Or qu'il ne nous vienne point trauerser nos conquestes, mesmement où il n'a point d'interest, & qu'il se contente de iouyr du sien en paix & repos. Ainsi respondit le Duc aux Ambassadeurs, dont vn despit enflambé de courroux alla perser le cœur d'Argant, & ne le dissimula pas longuement: car il alla dire: Qui ne veut la paix ait la guerre, iamais les occasions n'en máquerent, ny n'en máquerót. Et puis que vous ne vous voulez point condescédre à nos offres, vous demonstrez assez par là que vous ne voulez point d'appointement. Là dessus il prend le pan de son manteau, & le cueillant en des plis le retrousse ainsi que s'il y auoit quelque chose, Puis poursuit le visage plus enflambé que deuant, & d'vn felon & depiteux regard s'en va dire. Vous Seigneur Duc qui tenez si peu de compte des plus scabreuses entreprises, & vo' autres qui luy adherez en ne sonnant mot, Tenez voycy que ie vous apporte dans mon giron & la paix & la guerre, choisissez laquelle que vo' voudrez de ces deux, & vous conseillez là dessus sans plus differer: Prenez ce que vous aimez le mieux. Ce fier acte, & son parler si haut à la main, les esmeut to' à demander d'vne cómune voix la guerre sans attendre que le Duc parlast: Dont cest audacieux desployant alors son giron, & le secouant,

Ie vous deffie donc à guerre mortelle: Ce qu'il dit d'vne si farouche menace, qu'il sembloit que de tout ce pas il s'en allast de fermer le teple de Ianº, pour en tirer hors vne enragée forcenerie de feu & de sang, & que de ses effroyables yeux flaboyast la torche ardente des trois Furies. Ce grand la qui jadis esleua encontre le ciel ceste enorme masse de confusion ressembloit peut-estre à cestuy-cy, ou cestuy-cy taschoit de le ressembler: Et en tel acte regarda Babel hausser son superbe front, & menacer les estoilles. Godefroy replique, Or rapportez à vostre Roy, que il vienne quāt il luy plaira, & se diligente: car nous acceptons de bon cœur la guerre dont vous nous cuidez estōner. Que s'il ne veut prendre la peine de nous venir voir, qu'il nous attende dans les digues, & rameaux de son Nil. Puis les licentie courtoisemēt, auec de fort beaux presens. A Alet vn heaume de grāde valeur, tout enrichy de pierreries, qu'il auoit eu pour sa part & butin à la prise de Nicée: & à Argant vne belle espée de fine trēpe, dont l'ouurier auoit fort artistement eslabouré la garde & pōmeau d'vn damasquin d'or & d'argēt, auec des pierres precieuses, où l'on mettoit pas aysémēt prix, & si l'art surmontoit encor les estoffes. Apres qu'il l'eut bié contemplée, & en eut essayé la pointe & trenchant, il va dire au Duc. Vous verrez bien tost comme ie me sçauray ayder du present que vous m'auez fait, C'est tout le remerciement que ie vous en puis faire. Et addressant sa parole à son compagnon: Allons nous en desormais d'icy, va-il dire, car nous n'y auons plus que faire: De moy ie m'en vois en Ierusalé, où les affaires me cōuient, & vous-vous en irez & retour-

Chant second.

nerez en Egypte: Vous à la lumiere du Soleil, moy aux raiz de la Lune: car ils ne peuuent auoir là besoin de moy pour ceste heure. Vous emporterez quant & vous la responce de ces gens-cy: mais ie ne me veux pas esloigner cepédant du lieu où l'on iouëra des cousteaux. Ainsi d'Ambassadeur voyle la deuenu ennemy ouuert, soit qu'vne hastiueté boüillante l'y eust induit, ou que d'vn propos deliberé il se fust ainsi laissé aller à contreuenir au droict practiqué de tous peuples, & au comun & ancien vsage. Mais si en cela il erre ou non, peu luy en chaut, & n'y pése pas, si que sans attendre autre depesche de sa legation, il s'en va par le coy silence nocturne à la clarté des estoilles droit aux murailles de la saincte cité, impatient de temporiser, & à qui ce peu retardemét encore qui luy peut rester iusque-là est fort moleste & ennuyeux. C'estoit lors l'heure de la nuit que les ondes & les vents se retiénét coys en vn profód endormy repos, & que tout le móde séble muet: Tous animaux las & trauaillez, tant ceux que l'ondoyante mer, & les lacs liquides hebergent en leur plus creux gouphres, que les autres qui se recellent en leurs tasnieres & repaires, ou qui sont remfermez es estables, & les oyseaux esmaillez de diuerses pareures & liurées sont comme enseuelis en vne profonde oubliance que sous le siléce aussi des frayeurs nocturnes toutes sortes de trauaux s'assoüppissent, & les cœurs humains se r'appaisent de leurs pensemens & soucis: mais pour tout cela ny le cáp du peuple Chrestien, ny le valeureux & magnanime Duc de se laissent pas suppediter au sommeil qui s'en vient chatoüiller leurs paupieres: Nul d'eux tous tant qu'ils font ne se repose, si grand est le desir qu'ils ont que desormais vienne au ciel à reluyre la ioyeuse & tãt desirée aube du iour qui leur descouure leur chemin, & les conduise à la cité, où le but tend de ce grand & signalé passage: Et à tous moments ne font qu'espier s'ils verrõt point esclorre le moindre rayon de la blancheur matutinale, qui puisse esclaircir ce brun manteau dont la nuict est enueloppée.

Chant troisiesme.

ARGVMENT.

Le camp des Chrestiens arriue deuant Ierusalem, où vne grosse escarmouche se dresse, & y fait merueilles d'armes: Clorinde, Hermine Princesse d'Antioche se rallume de nouueau de l'amour de Tancred, & luy de celle de Clorinde. Les aduenturiers perdẽt leur Capitaine Hugon, qui d'vn coup d'espée est mis à mort par Argant. On luy fait de fort solemnelles obseques. Le Duc Godefroy fait abbatre vne ancienne forest pour construire des machines & engins à battre la ville.

VN petit vent frais precurseur de la belle Aurore s'estoit ja espandu par l'air pour luy preparer son chemin, & y annoncer sa venuë, pẽdant qu'elle artisse ses blondes tresses, & les embouquette toutes de soüefues fleurs ordorantes freschemẽt cueillies dans le Pa-

Chant troisiesme. 63

radis terrestre, quand le camp François impatient de plus attendre le desiré son & signal tant des trópettes que des tambours, qui ne mirent gueres depuis à battre aux champs, ne peut plus estre retenu de s'acheminer à grãds & haut esleuez cris d'allegresse : & leur posé rassis Capitaine va sagement ramoderant ceste par trop bouillante ardeur : mais il seroit bien plus aisé de faire remonter en arriere les flots qui se seroyent ja esbranlez pour se aller engorger dans Charybde : ou d'arrester court les aspres bourrasques de l'impetueux Boreas, quand il bat les crouppes de l'Apennin, ou met à fonds les plus fermes vaisseaux en la spacieuse plaine de l'impitoyable Occean, que de suspendre d'auantage ces preux & vaillans champions : Parquoy il se met à les ordonner, & renger par files les gens de pieds, & par escadrons ceux de cheual en l'ordre qu'il deuoyent marcher au son des instrumẽs belliques, tantost à l'aise, & tantost à doubler le pas, & faire alte. Chacun d'eux a des aisles au cœur, & vn vol aux iambes : ce neantmoins pour tost qu'ils marchent, il leur semble d'auoir des ceps aux pieds, & qu'ils ne bougent d'vne place. Or si tost que le clair Soleil auec ses lumineux rayons fut venu à razer la plaine, ne faisant encore que poindre comme vne belle fleur qui se decloſt de son bouton où elle estoit enueloppée, voila Hierusalem haute apparoistre, se laisser voir, voila qu'on se la monstre les vns aux autres, voila que de mille voix coniointes ensemblement on oyt saluer la saincte Cité, non d'autre sorte que la hazardeuse troupe des nauigans, qui s'est muë d'aller en queste de nouueaux & estranges riuages à tra-

uers vne large marine douteuse, sous vn autre pol
incogneu, après auoir par plusieurs iours esprouué
l'incertaine fallace des ondes, & des vents infidelles, si finablemēt ils viennent à descouurir la tant
desirée terre, ils la saluent de tout loing à grands
cris & ioyeuses acclamations, & se la monstrans
reciproquement, mettent en oubli tous les maux
& mes-aises qu'ils ont enduré en chemin. A ce
grand & extreme plaisir que ceste première veuë
sainctement leur inspire en l'ame, succede vne a-
mere cōtrition de courage, entremeslée d'vne re-
uerente crainte & deuotion, qu'à peine osent-ils
leuer les yeux vers ces dignes & venerables murailles, qui autrefois hebergerent leur Redēpteur,
& où il prit mort, fut enseuely, & puis apres resu-
scita. La voix basse, les tates prieres entrerompuës
de frequens douloureux sanglots, de souspirs &
gemissemēs lamētables de ces deuots soldats, qui
tout ensemble se rallegrent & se contristent, font
qu'vn murmure s'espād en l'air de toutes parts, tel
à peu près qu'on peut ouÿr dans les forest, quāt le
vent en s'y entonnāt meut les branches & feuilles
des arbres: ou tel que dans des concauitez des rochers le long de la mer, où les ondes siflās & bruiās
d'vn enroüé son viennent heurter & se rabatre.
Chacun va auant les pieds nuds à l'exemple de
leurs Capitaines : chacun deuest ses riches hocquetons & pareures, & met bas ses superbes pennaches & tymbres pour s'humilier d'auantage, &
quant & quant despoüillent leurs cœurs de tout
orgueil & presomption. De leurs yeux degoutte
vne pluye de chaudes & angoisseuses larmes, &
comme si la voye leur estoit desormais estouppée
& for

Chant troisiesme.

& forclose aux complaintes & doleances, tous se viennent en leurs consciences à accuser, & battre leurs coulpes de leurs offenses & meffaits, disans ainsi bas à part-eux:

Helas mon benin Redempteur,
 Qui as souffert vn tel martyre
Pour moy miserable pecheur,
 Pourquoy est-ce que ie ne tire
 Du fonds de mon cœur endurcy,
 Mille souspirs en ce lieu cy?
Tous ces monts cy & tous ces vaux,
 Les champs, les villes, & les plaines,
 Sont les tesmoins de tes trauaux,
 Et de ces angoisseuses peines
 Que pour nostre fragilité
 Endura ton humanité.
Vostre precieux sang mon Dieu,
 Ny plus ny moins que de l'eau pure
 Qui coulle à ruisseaux en ce lieu
 Se versa à la grand' mesure,
 Estendu en la croix pour nous,
 Les pieds & mains persez de clous.
Desployez donc icy vos pleurs
 Vous mes yeux, deuenez fontaines
 D'amers regrets & de douleurs,
 Pour compatir auec les peines
 De ceste triste passion,
 Dont vint nostre redemption.
Cœur impiteux plus qu'vn rocher,
 Ne veux-tu point pour ceste angoisse
 De ton Createur te toucher
 D'vne au vif poignante destresse?

E

Tu es plus dur qu'vn diamant,
Si tu ne le fais maintenant.

Cela & plusieurs autres telles deuotes & tres-ameres cōpunctions & repētances de cœur alloyent ils meditās en leurs courages, & sur ces entrefaictes vn qui du haut d'vne sentinelle faisoit le guet dans la ville, d'où se descouurent & les collines, & la cāpagne d'alentour, voit esleuer vne grand' poussiere de ce costé là que l'armée Chrestienne approchoit, de sorte qu'il sembloit proprement, qu'vne grosse & espoisse nuée s'en espandist à trauers l'air: & qu'elle ardist toute en viues flāmes, cōme si elle eust esté empreignée d'esclairs petillans, & estincellans : Mais de là puis-apres il vient à discerner plus distinctement le lustre & la lueur des armes brillantes aux raiz du Soleil, & les hommes & les cheuaux, Parquoy il se met à crier, Qu'est-ce que ie voy mes amis ? quelle grosse poussiere apperçois-ie là s'insinuer parmy l'air? O cōme il semble qu'elle treluise, Sus sus citoyens armez-vous tost, courez à la defence de la muraille, depeschez vous qu'on se prepare à resister, & tout promptement sans attendre : car voyla l'ennemy qui approche, c'est luy sās doute, voyle-cy ja tout pres d'icy. Puis soudain redoublant ses cris, Que chacun se haste, qu'on prenne habillement les armes, ne les voyez vous pas cy tout contre ? Ne voyez vous pas la poussiere qui enueloppe tout le ciel d'vne noire & obscure nuée ? Les ieunes enfans tendres encore, & les vieilles gens qui n'en peuuent plus desormais, le foible & imbecille feminin sexe paoureux esperdu, qui ne sçauent ny frapper, ny se defendre & reuanger si on les frappe, se retirent dans les

Mosquées à belles supplications & prieres. Les autres plus renforcez & de mêbres, & de courage, estans hastiuement courus aux armes, les vns d'eux se rengent aux portes, & les autres sur les murailles. Le Roy se promeine tout à l'entour, & fait vne ronde, voit & pouruoit à chasque chose: & apres auoir donné ordre à tout, se retire là où s'esleue vn fort haut donjon entre deux des portes, & là est pres du besoin: car tous les contours s'en descourent. Mais il veut auoir pres de soy la belle & gracieuse Hermine, qu'il auoit retirée en sa cour deslors que sur son pere fut emportée la ville d'Antioche par les Chrestiens, où il perdit la vie. Cepēdant Clorinde est sortie sur les François, suyuie d'vne bône trouppe de gens de guerre, deuant tous lesquels elle marche la lance au poing. De ce costé là d'autrepart où il y auoit vne fausse porte, Argāt s'est placé pour soustenir ceux qui sont sortis, si d'auenture ils en auoyent besoin: & ceste magnanime guerriere rencourage ceux qu'elle meine, tant de paroles que de son asseuré maintien. Il nous faut icy compaignons (disoit-elle) fonder d'vn haut & braue commencement les esperances de l'Asie. Disant cela, elle apperçoit assez pres de là vne bande d'auācoureurs, qui emmenoyent vn trouppeau de bestes à corne, cōme c'est leur coustume de buttiner ce qu'ils rencontrent, & maintenant s'en retournoyent deuers le camp. Elle soudain s'en court à eux, Et leur Capitaine la voyant venir, marche droit à elle. Il estoit nommé Garde, homme vaillant de sa personne, & d'vn grand esfort: mais non pas pour luy faire teste. De ceste premiere rencōtre Garde est mis bas à la veuë des

E ij

François, & des Sarrazins, lesquels commencent à s'escrier, prenans de là vn bō augure de ceste guerre, qui neantmoins ne leur succeda pas pour cela comme ils s'attendoyent : & elle à poincte d'esperon va dōner à trauers le reste, où son bras en vaut cent des autres : & ses gens la suyuent par le chemin qu'elle leur ouure à coups d'espée, dont elle renuerse tout ce qu'elle atteint. Le butin fut bien tost recoux sur les butineurs, & l'esquadron François se retire peu à peu, tant qu'ils se r'allient au haut d'vn tertre proche de là, se seruans de l'aduantage du lieu. Alors, ainsi que d'vn orage esmeu en l'air se desserre & tombe des nuées vne foudre ardente, le preux Tancred au signal que luy en fait le general de l'armée posse son esquadron auant, la lance en l'arrest : Il la porte d'vne si bonne grace, & vient d'vne si fiere contenance, leste & poly en son harnois, que le Roy le voyant d'en-haut estime bien que ce soit quelque valeureux Cheuallier d'eslite, parquoy il dit à celle là qui séeoit pres de luy : mais qui se sentoit desia sousleuer le cœur, & se debattre en sa poitrine : dites moy ie vous prie, car vous deuez cognoistre tous les Chrestiens de marque pour la lōgue practique que vous en auez quelqu'emmurez qu'ils puissēt estre dans leur harnois, qui est cestuy-cy qui si gay & deliberé vient à la charge? certes il a bien la mine de quelque valeureux gendarme. A elle en lieu de respōce se viēt presenter vn profond souspir sur le bord des leurcs prest à sortir du tout dehors, & ses yeux s'arrousēt de larmes, qu'elle retirent neantmoins du mieux qu'elle peut, nō si bien toutefois que quelque chose n'en apparoisse à qui y eust voulu de pres pren-

Chant second.

dre garde: car elle se colora de vermeil vn peu plus que de coustume sa honteuse face, & le souspir se tranconna à my chemin par vn entrerompu sanglot. Puis elle va dire, dissimulant sous le faux semblāt d'vne hayne, l'amoureux vouloir qu'elle luy portoit. Helas ie le dois de vray bien cognoistre! i'ay assez dequoy le rasigurer entre mille: car ie l'ay souuentefois veu arrouser les chãs, & rēplir les fossez du sang de nostre miserable peuple. Las! que ses coups sont dāgereux, & combien cruel il est à frapper! Aux playes qu'il fait ne sçauroyent de riē profiter herbe, racine, ny autre medicamēt & drogue quelconque, non pas mesmes les plus forts charmes & enchantemens. C'est le Prince Tancred, que pleust à Dieu que quelque iour ie le peusse auoir entre mes mains prisonnier en vie, à fin de pouuoir descharger mon cœur dessus luy, de la vēgeance que i'en desire. Ainsi disoit-elle à la lettre: mais on l'interpretoit d'autre sorte qu'elle ne l'entēdoit: & auec ces derniers mots s'alla esclatter vn souspir, qu'ē vain elle s'efforça de restraindre. Cependant Clorinde s'appreste pour aller receuoir Tancred, & couche sa lance en l'arrest. Tous deux se dōnerent de droit fil dans la lumiere de leurs heaumes, & les lances vollerent en esclats de ce dur rencontre: mais elle en resta à chef nud, parce que les lacs de son armet de la force du coup se rompirent: coup estrange à la verité, dont sa sallade luy volla loin hors de la teste, si que ses belles & longues dorées tresses s'espandirent en toutes liberté voltigeans au vēt en plein abandon, & peut-on cognoistre que c'estoit vne belle Dame, qui estoit là emmy le chāp à combatre tres-vaillamment, non

E iiij

vn hôme d'armes tel qu'on la cuidoit. On eust dit proprement que c'estoit vn brillant esclair de ses yeux, tāt ils estincelloyent viuemēt, & de son embrasé regard vne foudre. Mais s'ils estoyēt si doux & agreables à contēpler en vne si courroucée alteration, quels deuoyent-ils estre les voyant en leur acoustumée serenité doucemēt sousrire? Pauure Prince à quoy penses-tu, que regardes-tu? ne recognois-tu plus ce fier desdaigneux & hautain visage? Et c'est toutesfois celuy mesme que tu remarquas si soigneusement autrefois en ceste fontaine où elle s'estoit venuë refraischir, & dont tu t'embrasas ainsi ardāment. Il est vray que tu ne l'as veuë depuis sinon qu'en ton cœur, où elle demeura si auant empreinte, qu'il te peut biē dire ce qu'il en sçait: mais luy n'ayāt eu lors le loisir de la remarquer à son tymbre, & au blason de sō escu, la voyāt icy maintenāt, deuiēt plus immobile qu'vne pierre. Elle du moins mal qu'elle peut se couurant la teste, luy vient courre sus, & l'attaque: mais il reculle, & s'en va employer son effort ailleurs. Elle pour cela ne le laisse pas en repos: ains le poursuit à grand' menaces: en luy criant, Tourne visage recreant Cheualier, tourne visage; Qu'as tu à fuir de la sorte ainsi grād & mēbru que tu es? Certes la nature y a mal employé son estoffe: & là dessus le defie de deux morts tout ensemble. Tancred pour coup qu'elle luy ruë, ne se reuange point pourtāt, ny ne s'amuse pas tant à parer aux coups, qu'à la regarder au visage, & à contēpler ses beaux yeux, dont amour luy descoche vne ineuitable sagette, en disant ainsi à par soy: Elle à beau fraper, tous les coups qu'elle me deschargera de ses bras s'en iront en vain: mais ceux qu'elle me tire de sa face, il n'y en a pas vn qui tōbe à faux: tous me viennēt atteindre au cœur. A la parfin il se resout, encore qu'il n'en attēde point de mercy, de ne mourir en se taisant, sans manifester l'amour qu'il luy porte: Il veut qu'elle sache que comme prisonnier sien il endure, & à voix humble & tremblante, Vous qui demonstrez entre tant d'ennemis cy presens, va-il dire, de n'auoir q̃ moy pour vostre aduersaire, faisons mieux, & sortōs de ceste meslée pour nous en aller en quelque lieu à l'escart esprouuer ensemble: car par ce moyen mieux se verra qui pourra emporter le prix de vaillance. Elle accepte ce defiement, Et comme il ne luy puisse challoir d'auoir la teste desarmée, braue & ineffroyable qu'elle est, s'en va deuāt, & il la suit tout esperdu en son courage. Elle s'estoit desia mise en poinct de cōbattre, & luy auoit deschargé vn biē rude coup, quand il luy va dire: Mais nous ne sommes pas d'accod des conuenances de nostre combat, il est bien raisonnable premier que d'y passer plus outre, de sçauoir comme elles seront. Elle s'arreste là dessus, & luy de craintif qu'il estoit, reprend courage: Ce fut l'amour desesperé qui le maistrisoit qui luy fit proferer cela. Nostre paction sera doncques, puis que vous ne voulez point de paix auec moy, que vous m'arracherez le cœur: ce cœur dis-ie qui n'est plus mien, si d'auenture il vous desplaist que plus il viue receura volōtiers la mort, pourueu qu'elle luy viēne de vostre main. Il est vostre il y a ja bonne piece & est temps desormais que vous le retiriez à vous, & l'ayez en vostre puissance, ie ne le dois pas empescher. Tenez, voicy que ie vous tends les bras, ie

E iiij

vous presente nom estomach tout à nud sans aucune cõtradiction ny deffence; que ne le fendez vous par le millieu tout presentement? Voulez-vous que ie vous facilite l'affaire? Ie suis contant de me desarmer de ce pas, si ma cuirasse vous empesche. Le pauuret se fust parauanture estendu en de plus longues querimonies: mais il en fut diuerty de la foulle qui arriua, tant des Sarrazins que Chrestiens. Les Palestins quittoyent la place, & se retiroyent estans rembarrez des François, fust de peur ou par feinte, & vn de ceux qui les poursuiuoyent, hõme certes trop inhumain, voyant ainsi venteller au vent ceste belle & longue perruque, vient par derriere, & au passer hausse le bras pour frapper la Dame où elle estoit desarmée: mais Tãcred l'escrie, qui s'en apperceut, & auec l'espée para au coup, Toutesfois il ne sceut si biẽ faire que de la pointe il ne l'atteignist au crouppet. La playe fut assez legiere: mais ses belles & dorées tresses se rougirẽt de quelques gouttes de sang qui vindrent à couller dessus, de la mesme sorte qu'vn bel or bruni pourroit faire du lustre esclattãt d'vn esmail rouge clair trãsparẽt, lequel auroit esté couché dessus de la main de quelque excellent orfeure. Dont le Prince tout forcené, se lance cõtre ce discourtois vilain l'espée traicte: mais il gaigna le haut, & Tancred le prochasse àbride abbatuë. Ils võt cõme vne flesche à trauers l'air, & elle en demeure esbaye, en les regardãt l'vn & l'autre, tant qu'ils furẽt fort esloignez. Au reste il ne luy chaut pas de les suyure: ains se retire vers les siens qui fuyoyent. Là tãtost elle tourne visage, & fait teste aux François, tãtost elle les quitte, & gagne païs. Elle tourne & retou-

ne va & reuient, fuit & donne la chasse à son tour.
Et ainsi fait par le menu sa retraitte à charges & recharges du mieux qu'elle peut, cõme vn fier Taureau furieux qui en la grand place d'Agone mõstre care aux dogues & Alãs qui le chassent, & ioüe des cornes alencõtre: mais il se tiret sagement arriere, & puis retournet & prennet cœur s'il se met à fuir, pour le ratraquer de nouueau. En ceste fuitte ou retraitte Clorinde se couurant la teste de son escu, pare aux corps, de la mesme sorte que les Mores de Barbarie es ieux de Caignes & Carrouzelles se reparent de leurs targues à la genette, en se retirant contre les coups qu'on leur eslãce. Desormais les vns en fuyant, & les autres en leur chaussant les esperons de pres, s'estoyent fort approchez des murailles, quand les Sarrazins hausserent vn horrible cry, & rebrousserent tout court arriere, prenãs vn grand tour pour aller enuelopper les Chrestiens, qu'ils vindrent lors charger par le derriere, par les flancs: & cependant Argant s'esbranle de la mõtaigne auec son esquadron pour les assaillir pardeuant, se mettãt le premier des autres, pour ce qu'il veut dõner le premier coup de lance, duquel celuy qu'il r'encontra fut tout plat estendu par terre luy & son cheual tout en vn mont l'vn sur l'autre: & premier que rompre son glaiue, assez d'autres tindres compagnie à cest abbatu: Puis il en iette le tronçon au loin, & vous sacque la main à l'espée, dont quiconque en est atteint à plein coup n'a plus que faire de Chirurgien. Il tue, il massacre, fend, & renuerse tout ce qui se rencontre audeuant, ou pour le moins blesse d'vne estrange maniere. Clorinde qui le regarde faire, voudroit volõtiers l'imi-

ter, si quelle met à mort le fort & braue Ardelion, homme desia auancé sur l'aage: mais d'vne vieillesse verte vigoureuse, ayant là auec luy deux grands & robustes fils: mais cela ne le sauua pas, car l'aisné Alcadre pour raison d'vne playe qu'il auoit receüe, ne peut s'esuertuer de le garantir. Et Polyferne le plus ieune, qui estoit demeuré pres de luy, à peine peut-il luy-mesme eschaper. Tancred d'autre part n'ayant peu ioindre ce Poltron qui auoit vn cheual plus viste coureur que le sié, regarde en arriere, & voit q̃ ses gẽs se sont plus aduãcez qu'ils ne doyuent: leur hardiesse leur pourroit parauenture couster bien cher: car il les apperçoit estre entourez de toutes parts: Parquoy il picque son cheual, & s'addresse là à bride abbatuë. Mais il n'est pas seul à les secourir: car ceste trouppe le seconde, qui a de coustume de subuenir à tous les plus forts dangers, & hazards, le tant renommé drappeau des auanturiers du preux Hugon, la fleur de tous les plus vaillans Heroës de l'ost, le nerf & vigueur de l'armée Chrestienne. Renaut le plus magnanime & plus beau de tous, les deuance, & à grãd'peine vn coup d'esclair est si viste. Il est soudain recogneu d'Hermine à son haut port, & fier maintien, & à l'aigle d'argẽt en champ d'azur qu'il porte en ses armoiries, à quoy le Roy auoit ferme arresté son regard, quand elle luy va dire. Voyez celuy la Sire, c'est vn qui sçait fort bien dõpter les plus vaillans & courageux. Il n'y en a pas vn qui l'esgalle à frapper de la lance & espée, & si à peine a-il encore vn seul poil de barbe au menton. S'il y en auoit six autres tels parmy les Chrestiẽs, croyez que desormais toute la Surie se pourroit tenir pour vaincüe & fuppeditée: la feroyent fubiuguez les plus lointains Royaumes du Midy & de l'Orient: & peut-eftre que le Nil auroit beau cacher fes fources pour les fouftraire de fes victorieufes conqueftes. Il s'appelle Renaud, & n'y a murailles fi fortes, repars fi fermes & folides qui ne craignēt plus fon effort, que de toutes les plus impetueufes bombardes. Tournez doncq' vos yeux attētifs la part que ie vous monftreray. Celuy qui a vn harnois vert doré, eft Hugō Capitaine de cefte trouppe d'auanturiers, vn tref-valeureux Cheualier, de haut lignage, fort expert au faict de la guerre: & y en a bien peu en cefte armee qu'il ne paffe d'aage, ne cedant au refte à nul d'eux de merites. Voyez ce grand armé de pied en cap d'armes brunes, c'eft Gernand le frere du Roy de Norvvegue: la terre ne porte point vn plus fuperbe homme que luy, & cela eft le feul defaut qui luy obfcurcift la renommée de fes beaux faicts. Ces deux que vous voyez marcher cofte à cofte, auec des cazaques blanches, & des pennaches de la mefme pareure papillotez d'argent, font vne trefloyalle coupple d'Amants, qui iouïffent de leur defirs en legitime mariage, Gildippe & Odoart, renommez en armes & fidelité. Ainfi fe deuifoit Hermine au Roy: & defia fe pouuoit veoir là bas comme le carnage & la tuerie s'y renforçoient, parce que Tancred & Renaud auoyent rembarré ce gros globe de Sarrazins quelque efpoix qu'il fuft, tant de combattans, que d'armeures: En apres la trouppe qu'Hugon conduifoit eftoit arriuée, qui auoit afpremēt donné dans les infidelles, Argant mefme, ie dis ce redoutable Argant y ayant efté terracé du rude chôc de Renaud, à peine s'estoit-il peu ressoudre en pieds, & parauanture qu'il ne se fust pas releué, n'eust esté que le destrier du fils de Berthold estant tombé, vn pied luy estoit demeuré engagé dessous, si qu'il fallut que chacun mit la main à luy aider de se r'auoir. Cependant ceux qui auoyent esté mis en fuitte, eurēt le loisir de se forlōger, gagnans au pied deuers la ville, & n'y auoit qu'Argāt & Clorinde qui tinssent bon, s'opposans ainsi qu'vne forte digue ou chaussée, à ce furieux mascaret qui les inondoit aux espaulles. Ils se retirent tous les derniers, si que l'impetueux effort qui les tallōnoit, s'arreste aucunemēt sur eux, & s'y rebouche, tellement que les autres se pouuoyent sauuer à moindre difficulté & peril, qu'ils ne faisoyent au precedant. Hugō pourchasse les fuyans chaut & ardant en sa victoire, & hurtant Tygranes du pis du cheual, l'esbranle prest à tresbucher : mais d'vn coup d'espée il preuiēt sa cheutte, & luy fait voller la teste de dessus les espaulles auāt qu'il fust acheué de cheoir. Le bō corcelet à l'espreuue qu'Algazar auoit, ne luy seruit de rien nomplus : ne l'armet de tres-fine trēpe au fort & robuste Corban : car il perça l'vn de part en part des espaulles à la poitrine, & l'autre de la nucque du col à la gorge. De sa main laisserent encore leurs cheres demeures les Ames d'Amurat, & de Mehemet, & du cruel Almansor aussi. Ny ce fier redouté Circasse à peine se peut-il seuremēt demesler de luy vn seul pas, dont il fremist de rage entre ses dents, & par fois s'arreste, & se tourne pour luy faire teste, puis luy fait place & se reculle. A la parfin il retourne tout court sur luy, & d'vn reuers à l'impourueu enfonce l'e-

spée si auant dans le flanc, qu'au retirer il en tire a-
uec. Le vaillant Cheualier tombe à terre, les yeux
qui à peine plus ne se peuuent defermer, assoupis
d'vn perpetuel endormissemēt & somme d'airain.
Ils entrebaillent par trois fois, cherchās encore de
iouyr de la douce lumiere du iour, & par trois fois
se recloent pour la derniere, luy qui s'estoit reaussé
sur vn bras estant plat retōbé par terre, où vn obscur & tenebreux voile luy vint pour iamais offusquer la veuë. Tous ses membres là dessus se relas-
chēt de leur vigueur accoustumée, en se roidissant
de mortels glaçōs, apres s'estre sur-baignez d'vne
froide moiteur: Mais le fier Argat ne s'arreste pas
sur ce corps: ains passe outre: & encore qu'il ne se
ferme en nulle part: ains tasche de gagner pays, si
ne laisse-il pas toutesfois de se retourner souuēt de
uers les François, leur criant fort arrogāmēt; Braues cōbattans de l'Europe, ceste espée que vous
voyez ainsi tainéte de vostre sang, est celle-la propre que vostre general me donna seulement hier,
dites-luy doncques de quelle sorte ce iourd'huy ie
l'ay mis en œuure: car il l'orra fort volontiers. Celuy doit estre chose fort aggreable que son beau
don ait esté si bien esprouué par moy d'estre d'vne
si parfaicte bonté, si que desormais il se peut attēdre d'en voir encore de plus clairs & euidens tesmoignages. Que s'il ne se veut haster de nous venir voir, ie l'iray moy-mesme trouuer ou, & à telle
heure parauēture qu'il ne me penseroit pas si pres
de luy. Les Frāçois indignez de ces braueries s'es-
brālloient ja tous d'vn accord pour luy courre sus:
mais il s'estoit reduit à sauueté auec les autres sous
la faueur de leurs murailles, de là où ceux qui

estoient le long de la cortine cõmencerent à faire plouuoir vne nuée de grosses pierres plus dru & menu que gresle, auec tant de coups de flesches y entrelasses, qu'il fut force aux Chrestiens de se retirer: ce qui donna moyen aux Sarrazins de rētrer à moins de contradiction dans la ville. Mais Renaud apres s'estre desempestré le pied de dessous son cheual, venoit pour prendre vne cruelle vengeance de la mort du vaillant Hugon, & estant arriué vers les siẽs, leur escria à haute voix: Et qu'attendez vous plus icy vous autres, puis que vostre Capitaine est mort? Pourquoy n'accourez-vous tout de ce pas pour le vẽger? Vne si debile muraille nous pourra elle aarester court en vne si iuste & griefue indignation? Non certes, quand bien elle seroit d'vn double acier, voire d'vn impenetrable diamāt, ce felon ne s'y sçauroit pas garentir de vostre redoutable effort: marchez seulemẽt, & ne faites que me seconder: Quant & quāt il se met tout le beau premier deuant tous les autres: car c'est inuicible courage ne peut estre estõné ny des coups de pierre, ny de flesches quelques frequents qu'ils puissent estre, ains croullant la teste hausse la face pleine d'vne espouuātable terreur, q̃ iusque dās les murs de la ville glace de crainte les plus vaillans & courageux, leur ostāt toute enuie de se defẽdre de son assaut. Pẽdāt qu'il anime les vns, & intimide les autres, en voicy suruenir vn qui reprime leur fougouse impetuosité: le preud'hõme Siger assauoir, dõt le Duc se seruoit à porter çà & là ses messages pl⁹ importās. Cestui-cy les tāce de ceste temeraire audace où ils s'ẽbarquẽt en tẽps mal propre: & leur cõmande de la part du chef souuerain de se retirer tout à l'heure. Reuenez sans plus differer, reuenez, alloit-il disant, le Duc Godefroy le commãde : car l'opportunité n'est pas icy d'y descharger vostre colere. A ce parler Renaud s'arreste, & se sert à soy-mesme de bride luy qui est l'esperon des autres, bien que dans son cœur il fremisse de rage & despit, & les trouppes tournent arriere, sans que les autres leur dõnent aucun arrest ny empeschemẽt en leur retraitte, se contentans de ce qui s'estoit passé au reste de la iournée. Mais le corps d'Hugõ n'est defraudé en rien quelconque du deuoir que ses merites requeroyent : car ses plus fidelles & estroits amis l'emporterent dessus leurs bras, fardeau certes tres-honorable, & qui ne leur pouuoit estre que trescher & recõmãdé. Cependant le Duc d'vn lieu haut recognoist & contẽple la situation de Ierusalem, & sa fortification manuelle. Ierusalem est assise sur deux collines à l'opposite l'vne de l'autre : mais non pas d'vne mesme hauteur, & entre les deux y a vn vallon qui les separe. Trois de ses pẽtes sont assez roides & malaisées, par la quatriesme on y peut aller qu'il ne semble pas que l'on monte : mais de ce costé là lequel est exposé au Septẽtriõ, les murailles sont fort esleuées, & massiues en recõpence. Dãs la ville y a force cisternes, qui reçoiuent les eaux des pluyes, & là se gardẽt pour l'vsage des habitans : Il y a des viuiers aussi, & des mares pour lauer le linge, & quelques sources de fõtaines : mais hors la ville tout alentour le terroir est pierreux, sec & aride, & despourueu d'eau, si qu'il n'y a herbe, ny arbres non plus, fors quelques palmiers dont la cõtrée puisse estre esgaiée de fleurs au Printemps, & d'ombrage aux ardãtes chaleurs de l'Esté, sinon qu'à quelques deux ou trois lieuës de là il y a vn bois sombre & broussailleux, en vn vallon destourné hors de tous chemins. Du costé du Soleil leuant est le fleuue Iourdain, & au couchant la mer Mediteranée: deuers le Septentrion la Samarie, & Bethel, où Ieroboam dressa des autels aux veaux d'or. Au midy, d'où leur viennent la plus grãd' part de leurs orages pluuieux, est Bethleem qui receut en son geron l'admirable enfantement de la Vierge. Pendant que le Duc est ainsi entétif à considerer les murailles & situation de la saincte cité, auec ses cõtours, & demesle en son esprit de quel costé il la pourra plus cõmodement assieger & battre, Hermine le va apperceuoir, & le mõstre au Roy Aladin. Voyla (dit-elle) le Duc Godefroy, celuy qui a ce manteau d'esclatte, d'vne apparence au reste si Auguste & Royalle: Certes il est nay pour paruenir à quelque grand Royaume ou Empire, tant il sçait bien l'art de cõmander & regner, & si n'est pas moins braue & preux de sa personne, que sage & aduisé Capitaine: ains a toutes les parties qui sont requises en l'vn & en l'autre. En vn si grãd nõbre de peuple ne s'en trouuera aysément vn plus valeureux, ny plus sage, excepté tant seulement le Cõpte Raymond pour le conseil, & pour mener brauemét les mains, Renaud, & Tancred. Le Roy respond, I'ay bien assez ouy parler de luy, & si le cognois: car ie le vis jadis en la cour de France, quand i'y allay Ambassadeur de la part du Soudan d'Egypte, se porter fort biẽ en vn tournoy qui s'y faisoit. Et encore qu'ils fust si ieune qu'à peine son menton commençoit-il à se cotonner de sa prime-barbe, si donnoit-il neantmoins tant

à son

à son parler qu'à ses sages & modestes comportemens vn presage de fort grande esperance pour l'aduenir, presage helas trop veritable : & là dessus baisse la teste d'vne façon fort melancholique; Puis la rehaussant aussi tost: mais dittes moy vn peu, qui est celuy qui a ceste cotte d'armes d'vn esclatant pourpre, & est à costé de luy? ô qu'il luy ressemble fort bien, exccepté qu'il est quelque peu plus haut : C'est le Comte Baudouyn, dit-elle, & luy reuient fort de visage, mais encore plus de ses faits. Mais oyez maintenant celuy-là qui est à son autre main, comme s'ils consultoyent ensemble; c'est ce Comte Raymond que n'agueres ie vous loüois tant de dexterité & prudence, desia tout chenu & blanc : il n'y a ny François, ny Italien qui luy sceust rien mostrer des tours & ruses de la guerre; & si est encore vaillant & vigoureux de sa personne: mais c'est autre qui est plus en là auec vn morio doré, est le preux Guillaume fils du Roy d'Angleterre, ayant Guelphe tout ioignāt luy, imitateur de ses vertus; d'illustre sang, & grād terrien; ie le cognois à ses espaulles ainsi carrées, & à son estomac releué. Mais ie ne puis point remarquer ce mien tant mortel aduersaire parmy aucucune de ces trouppes, & si ie guette de toutes parts Boiamond veux-ie dire l'homicide de mon feu pere, & le destructeur de toute ma Royalle race: Ainsi deuisoyent-ils ensemble. Et le Duc Godefroy apres auoir bien recogneu & ietté l'œil de toutes parts, redescent aux siens, s'estant assez apperceu que pour-neant voudroit-on assaillir la ville du costé de ses roides pentes; parquoy il s'alla camper deuāt la porte Septentrionalle, en ceste plaine qui

F

se va ioindre & amortir au cousteau, & de là estend son logis iusqu'à la tour angulaire, côprenant en ce circuit environ le tiers de la ville & non plus, car il ne l'auoit peu enclorre toute, tant elle est d'vne large enceinte: mais toutes les aduenues par où elle pouuoit recouurer quelques rafraichissemens & secours, à tout le moins s'efforce-il de les brider, & empescher qu'il ne leur en vienne rien là dedãs. Fait saisir outre plus tous les pas & destroits dont on y pouuoit aller & venir: & clorre son cãp d'vne bonne double trenchee, tant enuers les saillies qu'on y pourroit faire de dedans la ville, que contre les courses, alarmes & assauts de dehors. Apres toutes lesquelles choses, & auoir sagement pourueu à la seureté de son cãp, il voulut voir le corps d'Hugõ, & s'en alla où ce valeureux iadis capitaine estoit gisant entouré de toute l'armee qui le regrettoit en pleurant à chaudes larmes: & ses amis pl⁹ affectiõnez luy auoient preparé vne biere haut esleuee, magnifique, & paree fort pompeusement, A l'arriuée du Duc les plaintes & pleurs se renforcerent: mais le debonnaire Seigneur d'vn visage ny par trop triste, ny trop ioyeux, ains cõtéperé de l'ũ & de l'autre retient l'ennuy qu'il en auoit, & se taist: Puis ayãt tout pensif aresté quelq̃ temps ses yeux sur le corps, finalemẽt il alla dire. Certe on ne vo⁹ doit plaindre ny lamenter ô tres-valeureux Cheualier, car si vous estes mort icy bas, vo⁹ estes en recõpẽse renay là haut au ciel. Ici où vous-vous estes despouillé de ceste mortelle vesture, vo⁹ auez laissé de telles marques de vostre gloire engrauées si pfõdement, q̃ longueur aucune de siecles ne les pourra iamais effacer. Vo⁹ auez pardeça vescu cõme il conuenoit à vn si sainct & cheualeureux personnage, & tel vous vous en estes allé pardelà aussi. Iouyssez donques maītenāt ô biēheureuse ame de la beatitude q̄ vo² est acquise, & repaissez en Dieu vos yeux qui ont tāt desiré de le voir. Vo² auez de vos bōnes œuures, & de vos merites à ceste heure la palme & corone, & viuez en la cōpagnie des biē heureux. Ceste piteuse descōuenüe & triste accidēt nostre, & nō voftre, no² incite à l'armoier, puis que par voftre delogement d'auec nous vne si digne & puissante portiō de nous s'en est auec vous allee, & nō pas pour vous enuier voftre éternelle felicité. Que si ceste que le vulgaire appelle mort no² a priuez d'vn tel aide & secours terriē, vous no² en pouuez apporter maītenāt vn celeste, puis que le ciel vous a recuilly entre ses plus chers fauoris esleuz. Et cōme à nostre tref-grāde instructiō, si nous en sçauons faire nostre profit, nous auōs peu voir que homme mortel que vous estiez, vsiez d'armes immortelles, aussi esperōs nous de vous voir employer maintenāt pour nous les spirituelles de là haut. Apprenez donc desormais à receuoir les vœus & prieres cōme nous vous les addresserons, pour no² assister à nos necessitez & besoīs, & à vos heureux annōciateurs de nostre victoire, nous rendrons solennellement en l'Eglise des louanges & actiōs de graces. Ainsi alloit-il disant à ce corps deffunct. Et desia l'obscure nuict auoit esteint tous les clairs & lumineux rayons du iour, & auec vne oubliance de toutes facheuses sollicitudes s'imposoit vne trefue aux larmes & regrets qu'ō faisoit pour luy, le chef ne s'attendant pas que l'on peust expugner de si fortes murailles sans des bombardes & machines de batterie, pense d'ou se pourra recouurer du

F ij

marrein pour en faire, & de quelle sorte on les ba-
stira. Il dort peu tant que la nuict dure: tous ses
pensemens tendus à cela, & leue quant & le Soleil, voulant luy-mesme accompaigner le conuoy
des funerailles. On auoit desia dressé vn beau cercueil d'odorāt Cyprez, & accommodé vn monu-
ment au pied d'vn tertre non gueres loin de la trē-
chée, sur lequel vn fort haut palmier estendoit ses
branches: il fut là mis: & les Prestres cependant
chanterent le seruice eccoustumé pour le repos &
salut de l'ame. Là à tous les rameaux de cest arbre
furent penduës plusieurs enseignes & despoüilles
qu'il auoit en son viuant conquises sur les aduersaires de la foy Chrestienne, en diuers rencontres
& entreprises où il se'stoit valeureusement porté,
contre les Perses & Syriens: & le trōc du palmier
fut reuestu d'vn trophée de ses armeures, salláde,
hausse-col, cuirace, brassals, tassettes, cuissots,
greues & sollerets, auec son espée d'armes & ses
gantellets. Puis fut graué en grosses lettres sur
la tombe.

Cy gist le corps du valeureux Hugon,
Preux Cheualier d'vn immortel renom:
Priez pour luy, honnorez sa memoire:
Lequel mourut pour exhausser la gloire
Du nom Chrestien, pres les murs de Syon.

Le Duc au partir de ce lamentable deuoir, enuoye
tº les charpētiers du cāp sous vne bōne & seure escorte, à ce bois cy dessº mētiōné. il estoit caché entre des vallōs desuoyez, mais vn Syriē l'auoit reuelé aux Frāçois: là ils s'en allerent couper des arbres
pour faire leurs machines & engins belliques, cōtre lesquels les murailles ne peussēt subsister: & se

parforcent à l'enuy les vns des autres d'abbatre en toute diligence, voire par vn extraordinaire & inaccoustumé desordre & outrage, degrader ceste grand forest, mettans par terre à coups de haches & coignees sans aucun respect de l'antiquité, fresnes: peupliers, charmes, fousteaux, les cyprez funebres, les ormes fermes & loyaux maris des vignes, qui s'y appuyent, & de leurs rinsseaux & sarments, les accolent & s'y entortillent amoureusement depuis le pied iusqu'à la cime. Ils n'espargnent non plus les Ifs, bien que plus propres aux archiers: & ne pardonnent point aux chesnes, sacrez receptacles des Hamadryades, qui par tant de fois y ont renouuellé leurs perruques, que la memoire n'en est restee qu'és Annales de leurs rabouteuses rides imprimées par de longues suittes de siecles dans leurs fermes & constantes tiges, qui ont de fort longue main tenu bon sans ployer cōtre le plus impetueux heurtemēs des vents & orages, & les ont repoussez & domptez quelque furieusement courroucez qu'ils fussent. Les autres chargēt cest impitoyable abbatis sur des chariots, dont les roüages & essieux monstrent gemir dessous le faix. Mais à ce tant resonnant tintamarre, accompagné de cris des hommes, & du cliquetis des harnois, les bestes sauuages effrayées, & les oyseaux espouuantez quittent d'heure leurs tasnieres, nids & repaires, auant que d'estre tout à fait contraints de les delaisser pour n'y auoir plus de seure residence pour eux.

F iij

Chant quatriesme.

ARGVMENT.

LE Prince des tenebres fait venir à luy toutes les infernales puissances, pour consulter comme ils pourront porter quelque dommage signalé aux Chrestiens: En quoy il ordonne que chacun desploye toutes ses malices, & ce qu'il sçait de ses artifices damnables. Hidraot aspire d'eux, tourne son entente a vne cauteleuse machination, dont il veut que sa niepce Armide par ces amorces amoureuses, & doux attraits luy en prepare le chemin: ses beautez puis apres, & astuces assistees de ses enchantemens, parferont le reste.

PENDANT que les Chrestiens sont ainsi attentiuemēt occupez apres leurs preparatifs & ouurages, pour s'en preualoir ou plustost à assaillir Ierusalem, le grand & inueteré ennemy mortel du gēre humain tourna ses esraillez yeux pleins d'vne enuieuse animosité & rancune sur leurs efforts: & les apperceuant ainsi bien acheminez, de rage & despit qu'il en a, se mord les leures, & verse sa douleur dehors, de la meme sorte qu'vn Taureau qui se sent frappé brait & mugle hideusement. De là ayant tourné tous ses penses à leur pourchasser quelque grief ennuy & encombre, il fait conuoquer sa sequelle, & que prōptemēt on s'assēble (horrible cōsistoire certes) dans la grand' salle de son palais, cõme si celuy estoit chose aysee, le fol maladuisé qu'il est, de s'opposer à la diuine volonté: Fol de vray & tresmaladuisé est-il de vouloir s'esgaller à Dieu, & mettre en oubly de quelle espouuentable sorte tõne & foudroye la haute dextre du Tout-puissant, quand il se courrouce. Il fait donc appeller & venir à soy tous les manans & habitans des ombres eternelles à l'enroüé son de l'infernale buccine, qui fait trembler d'vn bout à autre ces spacieuses & enfoncees cauernes, & resonner l'air aueugle caligneux de ce bruit enorme. Onques ne fut entẽdu en nulle part vn si estrange tintamarre, à quoy cent tonnerres des plus hautains & esclatans ne se sçauroiẽt accomparer, quand mesme de chacun d'iceux se desserreroiẽt cent bruyantes foudres. Ny iamais la terre en tous ses tremblemens plus horribles ne receut vn si rude choc & secousse, empreignee lors qu'elle est des vapeurs encloses dedans le fonds de ses entrailles. Soudaĩ toutes les deitez du profond abysme comparoissent & accourent de costé & d'autre en diuerses bandes & esquadrons à la grãd' porte de l'obscur palais Stygien: mais de quelles estranges & horribles formes! quelle insupportable frayeur, quelle hideuse mort portẽt ils en leurs espouuentables yeux! Les vns laissent les marques de leurs vestiges semblables à celles des Gryphons Ours, Lyons, & Tygres, imprimees par où ils marchent: leurs perruques entortillees de serpens, viperes, & couleuures alentour d'vne face d'homme: d'homme ayant vne par trop cruelle & farouche mine, vne longue queüe leur pendant derriere q̃ se desploye & retortille ainsi qu'vn foüet de char

F iiij

retier. Là vous pourriez voir dix mille ordres & salles Harpyes, mille Centaures, mille Sphynges, & autant de pasles gorgones: infinies rauissantes scylles abbayer trop horriblement: sifler tout de mesme des hydres, ronfler des Pytons, & vrler des Chimeres vomissans le feu par trois demesurees gueules, auec de noires & puantes soulphreuses fumées: de trop enormes polyphemes & Geryons, & infinis autres tels monstres, honte & diffame de la nature: oncques nulle part veus ny oiz de diuerses formes confonduës & meslées ensemble. Les vns s'en vont prendre place à la droite, & les autres à la gauche du fier Tyran: il y en a d'assis derriere son enflambé throsne, qu'il a fait planter au milieu, ayant au poing vn gros pesant sceptre de bois tortu, & tout noüeux, mal rabotté. Il n'y a si grand escueil en la mer, si haute creste de rocher emmy les Alpes, Calpé mesme, ny Abyla, ny le haut esleué Atlas, qui ne parust en comparaison de ceste lourde gigantalle mace, vne petite butte à tirer de l'arc, tant il rehause son superbe front, & ses sept cornes demesurees. L'horrible fierté de sõ insupportable regard accroist l'espouuantable frayeur de sõ enfumée & hideuse troigne, dõt il seroit impossible de tollerer la moindre œillade de ses yeux pl^9 rouges que cochenille, pl^9 estincellãs que charbons ardés: empoisonnez au reste d'vn mortel venin pestifere, qui reluysent & flamboyent à guise d'vne desastreuse Comette, vne grande longue barbe noirsie, herissee luientournãt tout le mẽ tõ, & les ioües iusques dans les yeux, d'où elle viẽt s'espandre en plusieurs mal testonnez flocs sur sa noire veluë poitrine: mais à ressemblãce d'vn pro-

Chant quatriesme.

fond gouphre, sa grād' gueulle baille toute souillée d'vn noir caillé sang. Telles que sont ces puātes fumées souphreuses estincelles de vertes, iaunes, & indes flammes, que par fois on voit s'eslancer hors du Montgibel, auec l'infection qui s'en exhalent, & leurs effroyables tonnerres, telles sont ses halenees s'englotantes de ceste detestable gorge, dōt la moindre seroit plus q̄ suffisante pour empoisonner & estouffer toute en vn instāt tout ce qui a vie icy bas. Pendant qu'il parle, Cerbere contient ses rauques abbayemens, l'hydre y demeure coye attentiue & muette, Cocyte arreste son cours, & les abismes plus enfoncez s'en esbranlēt de fonds en cōble, trēbloyās à cest horrible esclattāt son de tōnerre, qui en fin se viēt relascher en tels termes. Deitez tartarines, dignes d'auoir plustost vostre demeure establie là haut par dessus le Soleil, d'où premier vint vostre origine, qu'ē ses obscures & tenebreuses cauernes, où voꝰ trebuchastes iadis auec nous, à vous ne sont que trop cogneües & manifestes les anciēnes souspçōs defiāces, & indignatiōs que de tout temps les celestes noꝰ ont porté pour nostre insolēte & ambitieuse entreprise: Celuy la mesme qui nous a ainsi mal menez, cōmande à ceste heure à sō bō vouloir & plaisir là haut és cieux, là où sās contradictiōs à son appetit il gouuerne & cōmāde aux astres, nous ayās declarez rebelles: & en lieu de la claire & seraine lumiere du doré & luisant Soleil, & des estoilles tornoyātes, il nous a icy releguez bannis, cōfinez dans ces enfumees obscuritez, ne voulāt pas que nous aspirions iamais plus à nostre pristin Estāt & hōneur. Qui pis est (las cōbien dure nous en est la remembrance, car c'est ce qui nous afflige & tourmente plus griefuement, & qui redouble nos martyres (il a appellé l'homme pour remplir nos sieges: l'hôme si vile & abiecte creature, procreé de fange & ordure en terre. Et si ne se contente pas de cela, ains a liuré en proie a la mort mesme son trescher & vnique fils, le destructeur de nostre Empire, pour nous porter plus de dommage, lequel vint autrefois icy enfondrer & briser nos portes, pour en retirer les ames qui nous auoient esté laissées en partage, & remporta là haut au ciel auec luy, triomphant & victorieux de nous tous, vne si riche despouille opime, y plâtant à nostre perpetuel vitupere les trophees de la subiugation de l'enfer, & de la mort, nostre treschere & tres-amee sœur vnique. Mais à quoy faire allons nous icy parcourant nos tristes douleurs & les vostres? Qui est celuy de tous vous autres qui ne sçache assez les torts & iniures qu'ō nous a fait tāt & tāt de fois? En quel lieu ce nostre aduersaire s'est-il iamas trouué, ny quand est-ce qu'il se soit desporté d'entreprendre sur nous à sa façon accoustumee? Mais nous ne deuons plus penser aux outrages qui sont passez, ains à ceux qui nous touchent presentemēt de plus pres, car ne voyez vous pas desormais comme il tasche par tous moyens de retirer à son seruice tous les habitans de la terre, & se faire recognoistre & adorer d'eux? Boirons-nous cela doux comme laict, sans en monstrer ressentiment? Passerons nous & iours & heures accroupis icy en oysiueté sans nous mettre en deuoir de s'en reuancher? vn si digne esmoy, vne si importante sollicitude ne nous enflammeront ils point

Chant quatriefme.

le cœur? souffrirons nous que son fidelle peuple se voise accroissant ainsi sur nos bons & loyaux subiects de l'Asie? qu'il subiugue toute la Iudée? que son nom, son honeur & sa gloire s'en aillent tousjours de plus en plus augmentans & amplifians? qu'il resonne en diuers langages, & ce celebre en de nouueaux hymnes & cātiques? que ses trophees & conquestes soient grauez & cizelez en bronze & en marbre pour durer eternellement? que nos idoles & leurs autels soient renuersez, mis par terre, & qu'à luy seul on pende ses vœux & offrandes, qu'on luy adresse ses prieres? que là où il n'y auoit temple aucū qui nous fut fermé, il n'y en a vn tout seul à ceste heure qui nous soit ouuert? que l'accoustumé tribut de tāt d'ames nous soit tout à plat desnié? Et finalement que c'est Empire Plutoniq̄ demeure desert & reduit en friche, depeuplé & destitué de subiets? Ah il n'en ira pas ainsi. Car encores ne sont pas esteintes en vos rancunes ces viues estincelles de vostre premiere valeur, lors qu'equipez de fer & de flāmes nous enuahismes ainsi magnanimement les Celestes. Nous n'y eusmes pas du bon à la verité, cela ne se peut pas nier, mais à tout le moins le courage ne nous māqua point en vne si hautaine entreprise. La victoire voulut ployer deuers ceux qui se trouuerent les mieux fortunez, mais à nous demeura la gloire d'vne inimitable hardiesse. Mais pourquoy vous amuser icy plᵘ longuement de ce vain & superflu langage? Allez ô mes fidelles compagnons, toute ma puissance, ma force, allez vous-en tout de ce pas, & m'exterminez qu'il n'en soit iamais plus de nouuelles, tous ces miserables, premier que leurs presom-

ptueux attentats se voysent renforceans d'auanta-
tage: Premier que le Royaume de Iudee soit reduit en cendres, esteignez ceste ardente flame qui
y est esprise, & s'estend par trop desormais. Entrez
dans eux, enfoncez-les, fourrez vous parmy, & à
leur derniere ruine employez y tantost la fraude &
deception. Soit tenu pour vn destin fatal inuiolable ce que ie veux & vous ordonne. Escartez les
vns, massacrez les autres: Plongez les autres dedãs
des amoureux desirs dont ils ne se puissent plus demesler. Qu'vn doux regard, vn beni gracieux sous-
rire soit leur idole qu'ils adorẽt. Leurs armes propres, s'il est possible, se conuertissent contr'eux
mesmes, se rebellans contre leur chef, & qu'ils se
partialisent entr'eux, si que cest outrageux camp
soit du tout ruiné & perisse, sãs qu'il en reste marque aucune. Ces maudits esprits rebelles de leur
Createur n'attendirent pas que le Tartarien Monarque eust du tout finé sa harangue, quãd les voila voller dehors à aller reuoir les estoilles, se iet-
tans desia à grandes trouppes hors de la profonde
& obscure nuict, non d'autre sorte que les resonnans
& impetueux tourbillons de vents qui s'eslã-
cent de leurs naturelles cauernes, pour s'en aller
troubler le ciel & porter la guerre à la large estenduë campagne de la marine & de la terre. De mesme ces desesperez esprits desploiayans leurs enormes aisles bigarrées de diuerses couleurs comme
celles des papillons, se furent comme en moins de
rien espandus en tous les endroits du monde, où
ils se mirent à forger diuers artifices de deceptions, & à vser de leurs fraudes accoustumées.
Mais dy moy ô ma Callioppe cõme c'est qu'ils tra-

merẽt les premiers ennuys aux Chrestiens, & de quel endroit ils les enfournerent, car tu sçais le tout, là où à grãd peine noꝰ en est-il peu arriuer de si loin la moindre ondée de certitude. Hydraot pour lors dominoit en Damas, & és citez circonuoisines, vn fameux & expert magicien sur tous autres, qui de ses premiers ans s'estoit addõné aux sciences de predire les choses futures, & en deuint tousiours de plus en plus desireux. Mais dequoy luy seruit cela, s'il ne peut venir à bout de preuoir le dernier succez & euenement d'vne si incertaine guerre? Car ny les aspects des estoilles errantes & fixes, les responces de l'enfer ne luy en manifesterent pas le vray. Cestuy-cy iugea, (ô combien humain esprit tes iugemens sont vains & tortus:) que ie ciel apprestoit mort & ruine à ceste iinuincible armee de l'Occident; parquoy presumant que les forces Egyptiennes d'eussent en fin obtenir la palme de ce grand exploit, conçeut de là vn ardant desir que son peuple peut participer à l'honneur de ceste victoire, mais pource qu'il auoit sur tout en grand estime la valeur Françoise, & la redoutoit, craignant le dommage qui en pourroit venir si d'auenture elle estoit sanglante, il va pourpenser en soy-mesme par quel moyen il pourroit auant que d'en venir là affoiblir en partie les forces Chrestiẽnes, afin que plus facilement le reste peust estre defait, tant par les siens, que par ceux d'Egypte reduits ensemble. Et sur ce discours luy va suruenir l'Ange inique, qu'il vint encore plus rechauffer: il le cõseille, & luy fournist de moyẽs dõt se peut faciliter l'ẽtreprise qu'il meditoit. Or y auoit-il vne siéne niepce, à qui tout le Leuāt cōcedoit le premier tiltre de beauté pardessus toutes les plus belles: toutes les ruses & cautelles, toutes les fraudes & deceptiōs plº occultes dōt iamais vsa magiciéne & sorciere, luy sont plus que cognües & familieres. Il l'a fait venir, & luy communique ses deliberations & proiets, & veut qu'elle en prēne sur elle l'execution, luy disant ainsi. O ma tres-chere plus que fille, qui sous tes belles & blondes tresses, & sous tes amoureux regards, couues vn sés desia tout chenu, & vn peu plus que viril courage: si que tu me precelles en ce que ie m'estimois des plus souuerains: ie pourpense en moy vne grande besoigne: où si tu me veux seconder, les effects sās doute accōpaigneront bien tost l'esperance: il ne te faut que tistre la toile que i'ay ourdie, en executant le dessein d'vn caut & aduisé vieillard. Va t'en dōcques ma chere fille au cāp ennemy, & là employe à la bonne heure tous les allechemens d'amour tous les appasts & amorces que ruze de femme peut excogiter. Baigne de pleurs tes lamētations & complaintes: emmielle tes feintes prieres, entrerompts & confonds de souspirs ardents tes querimonies: ta beauté dolente esploree: tō triste & pitoyable semblant ployeront plus qu'à ton vouloir les plus fermes & obstinez courages. Mais voile auec vne pudeur ceste inusitee hardiesse: & fais de la verité vn manteau à tes mēteries. Attrappe moy s'il t'est possible ce Duc Godefroy par tes doux & amoureux regards, de ton bien agencé ornement de lāgage, si qu'à luy ia enamouré comme ie le voy viēne en cōtrecœur desormais ceste guerre encommēcee & l'ē destourne. Si tu ne puis, tēds tes gluaux à quelqs autres des plus signalez de l'armée, conduits les en lieu dont ils ne se puissēt plus despestrer. Puis luy particularise plus par le menu ce qu'il luy faut faire : Et pour fin luy dit, Ne fais scrupule de rien, tout est loysible pour paruenir à ses attentes sous pretexte de la religion. La caute Armide, ainsi s'appelloit ceste bonne piece, fiere & hautaine de sa beauté, & des graces qu'il accompagnoyent, reçoit sur elle ceste charge, & s'en part si tost qu'il est nuict, ne prenant que sentiers destournez, & adresses non frequentées, toute en cotte, & purs cheueux, qui se promettēt biē de venir à bout de ces inuincibles guerriers, sans y employer autres armes que les feminines. De son partemēt puis apres se semerent expressement diuers bruits cōtrouuez par artifice, & cependāt elle ne mit gueres à se rendre au cāp des François. A la premiere cōparoissance de ceste nouuelle & rare beauté, vint à naistre vn bas murmure parmy l'ost : chacū y tourne son regard, ainsi que vers vne comete, ou nouuel astre qu'on verroit resplandir au ciel en plein iour. Tous se tirent alentour d'elle pour sçauoir ce que ceste tāt belle estrangere veut dire, & de la part de qui elle viēt. Oncques Argos, oncque Chypre ny Delos ne virēt riē de si admirable, soit de beauté, soit d'accoustremēs. Sa cheueleure est vn vray fil d'or, qui ores enueloppée d'vn deslié crespe estincelle & brille au dessous : ores se monstre à descouuert, de mesme qu'aucunes fois quād le ciel s'esclarcist & se rassereine, le Soleil treluist au trauers d'vne petite nuée argētine, puis sortant de là, espād ses raiz de toutes parts, & les desploye plus reluysans, dōt la clarté du iour se redouble. Vne petite ondée de vēt vient cresmillōner ses tresses, voltigeans en l'air, & les frise, desia crespez & ondoyees d'elles mesmes. Mais son regard chiche & auare de faire trop bon marché de ces doucefieres œillades, demeure racuelly en soy, comme bridé & retenu d'vne vergoigneuse craincte, cachant les thresors d'amour & les siens. Vn teint vermeil, vne couleur viue de belles incarnates roses, en ce beau visage s'espend pesle mesleé & cōfondue parmy l'Iuoire & le chrystal: mais la bouche, dont s'exhale vne fragante & ambrosiéne haleine d'ambre & de muscq, seule rougist sans aucū meslange d'autres couleurs dont la sienne naïfue peut estre tant soit peu ternie; sa belle gorge monstre vne nege tombée du ciel toute à l'heure, dont le feu d'amour, (chose par trop miraculeuse) se nourrist & paist, voire s'allume. Et partie de ses durs & petits rondelets tetins apparoist, partie tache à se desrober de la veuë des regardans parmy les replis de son enuieux vestement, qu'ils desdaignent ce neantmoins, & le repossent, s'ennuyans rebelles qu'ils sōt, d'estre aīsi emprisōnez, & tenus en subiection. Enuieux de vray le peut-on biē dire & trop enuieux puis qu'il ferme ainsi le passage au regard, mais il ne peut pas arrester de mesme l'amoureuse apprehension, qui ne se payant pas seulemēt de l'exterieur où gist le gibier de la veuë, penetre bien plus-auant iusqu'aux plus destornez secrets, car ny plus ny moins qu'vn raiz de Soleil passe à trauers l'eau, ou vne verriere sans la rompre ne separer, de mesme la pensee des regardans ose biē trauerser la robe, & dix redoubles s'ils y estoiēt sans que tout cela peust empescher de donner iusqu'aux plus secrettes parties, pour s'y promener à

son

son aise, & les contēpler sans obstacle: Puis elle en vient faire son rapport au desir, pour luy en allumer ses flāmes. Armide ainsi prisee & souhaittee passe à trauers ceste trouppe halletante apres ses beautez, s'en estāt fort biē opperceuë, mais elle n'ē fait pas sēblāt, encore qu'elle en rie dedās sō cœur, s'en promettāt bien d'autres plus riches & opulētes despouïlles, si le ciel ne luy est durement contraire. Or pendant que comme suspenduë en doute de ce qu'elle doit faire, elle attend quelqu'vn pour la conduire vers le chef, Eustace arriue là, qui estoit son frere germain. Ny plus ny moins qu'vn papillō qui vollette autour des flābeaux, esblouy de leur clarté ne cesse qu'il ne se brusle dans la flāme où il se cuidoit esgayer: cestuy-cy soudain se retourne à la splendeur de ceste beauté, & la voulāt contempler de plus pres, il ne se donne garde que l'ardeur qui en estincelle se viēt embraser dās son cœur, cōme fait le feu en l'amorce qui luy est prochaine, si qu'il luy va dire, excité d'ū desir chaleureux qui luy esperōnne ses ieunes ans, Damoiselle la belle des belles, si d'auenture ie ne mespres de vous attribuer vn nom mortel, car certes vous ne le semblez pas, & n'estime qu'en toute la postetité d'Adam il y eust oncques creature à qui le ciel fust si large donneur de ses graces: que cherchez-vous en ces parties: & d'où venez vous? Quelle aduēture, ou plustost nostre fauorable bō-heur vous y a cōduite? faites nous ceste courtoisie de noꝰ le dire s'il voꝰ plaist, afin que ie ne me mescōte à voꝰ honorer cōme il faut, mesme si le deuoir le requiert ainsi, de me prosterner deuāt vous. Elle respōd, Les loüages que vous me dōnez, mōtent trop haut,

G

& nostre peu de merite n'arriue pas à vne telle sublimité. Vous voyez icy deuant vous, tres-courtois Seigneur, vne chose non que mortelle, mais desia morte à ioye & plaisir, ne viuant que de dueil & tristesse. Ma fortune aduerse plus qu'elle ne deuroit, m'a icy amenee, pauure fille vierge desemparee de tout support, estrangere & fugitiue: qui s'en vient au dernier recours à vostre charitable chef: car ie n'ay plus d'autre ressource, ny attente qu'à luy: tout mon espoir y est logé, tant est grande la renommee de sa preud'hommie & debōnaireté qui s'espād iusqu'aux derniers bouts de la terre. Impetrez moy doncques accez à luy, si vous auez l'ame si benigne & si pitoïable que vostre gracieux semblant le demonstre. Luy là dessus. La raison veut qu'ū frere vous addresse à l'autre, & vous y serue d'intercesseur : Vous ne vous pouuiez pas mieux rencōtrer : & certes vous n'y recourrez pas en vain: car le lieu que nous y tenōs n'est des moindres: Cependant asseurez vous, que de tout ce qui depēdra de son pouuoir & authorité, & de la pointe de ceste espee, vous en pouuez disposer, comme de ce qui est du tout plus que vostre. Mettant la fin à son propos, il la meine où le Duc son frere s'estoit retiré à part au conseil auec les plus apparens de l'armee: Elle luy fait vne grande reuerence: & comme esperdue à demy de crainte & pudeur, les ioües arrousees d'vn teinct vermeil haut en couleur, ne sonnoit mot : Mais le Duc rasseure ceste chaste & pudique honte qui luy estoit montee au visage, & la conforte: de façon qu'elle commence lors à desployer ses premeditees trames & deceptiōs, en paroles qui par leur

Chant quatriesme.

douceur lieroyent & entraueroient tous les sentimens plus reuesches. Inuincible Prince, dont le grand renom admirable volle par tous les plus esloignez endroits de la terre, illustré de si excellentes vertus, & de si exquis ornemens de toutes sortes de louanges, que les Prouinces plus puissantes, & les plus redoutez monarques tiennent à grande gloire & honneur d'estre de vous suppeditez à force d'armes: Vostre valeur n'est que par trop cognuë de toutes parts: & comme il aduient que iusques à vos aduersaires propres chacun l'a en admiration & l'aime: aussi les inuite elle à vous rechercher, & leur donne toute confiance de recourir à vostre bon ayde & support en leurs plus poignantes necessitez. Moy donques bien que née d'vne si differente religion & creance que vous auez si rabaissee, & vous parforcez d'esteindre du tout, ne laisse pas pour cela d'esperer de r'entrer par vostre moyen en mon paternel heritage. Que si les autres, comme est l'ordinaire, sont coustumiers d'aller à refuge requerir secours à leurs proches parés & amis contre des ennemis estranges, moy au rebours suis à ce reduitte & contrainte de le venir mendier à nos aduersaires contre mon sang propre, puis qu'il ne s'y trouue point de mercy & cōpassion. C'est vous doncques Prince tres-magnanime que ie viens implorer, c'est vous en qui seul i'espere, qui seul me pouuez remettre en la hautesse & dignité dont on m'a trop iniquemēt deiettee. Ceste vostre victorieuse dextre n'est moins inclinee à soulager & releuer, que de prosterner & abatre: & n'est point plus renōmee de zele, pieté & deuotiō, que des triomphes de ses ennemis. Que si

G ij

vous auez peu oster à tāt d'autres leurs Royaumes & seigneuries, ce ne vous sera moins de gloire & reputation de me restituer au mien. Et si la diuersité de nos religions vous incitoit à ne tenir cōpte de mes prieres ainsi iustes & raisonnables, l'asseuree neantmoins & certaine foy & creance que i'ay en vostre debonnaireté, m'y doit faire trouuer accez, si qu'il ne seroit pas conuenable à vostre grādeur de m'en defrauder. I'atteste & appellée à tesmoin le grand Dieu Iuppiter, Dieu & pere commun de tous, que iamais vous n'aurez donné vn plus iuste & plus legitime secours à personne, ne qui y soit mieux & plus charitablemēt employé. Mais à fin que vous en soyez mieux informé au vray, vous orrez de vostre grace & benignité s'il vous plaist, ma desconuenue, ou plustost le tort & iniustice, la fraude & mauuaise foy dont on m'vse. Ie suis la fille de cet Arbilā qui fut iadis Roy de Damaz, bien que non venu autremēt de si grād lignage, mais il eut à femme la belle Chariclee, qui le voulut rendre participant de son Royaume. Elle mourant preuint ma naissance presque, car elle rendit l'ame au mesme instant qu'elle m'enfanta, si qu'vn mesme iour, & vne mesme heure nous fut fatal, à toutes deux, à elle de passer le pas, & à moy de venir au mōde, mais à peine auois-ie parfourny encore cinq ans, du iour qu'elle se despouilla de ceste mortelle vesture, quand mon pere succombāt à la destinee s'alla reunir au ciel auec elle, laissāt la tutelle & curatelle de moi à sō frere, qu'il aimoit si parfaitement, que si la pieté & la loyauté font leur residēce en aucun courage mortel, il se deuoit tenir pour tout asseuré de sa foy & sincerité enuers moy. En ayant prins sur soy la charge, il se monstra si soigneux & si desireux de mõ bien, qu'il obtint par dessus tous autres le tiltre & renom d'vne parfaite fidelité paternelle, & pieté incomparable: fust que sa mauuaise volõté & peruerse intention se couurist pour lors d'vn voile contraire, ou qu'à la verité il ne fust point encore ainsi peruerti comme il s'est demonstré depuis, à cause pourroit estre qu'il se proposoit de me dõner en mariage à vn siẽ fils. Cependant ie vins à croistre, & son fils aussi, mais iamais il ne fut possible de luy imprimer rien de bon ny de vertueux en la fantasie, comme il appartient à vn venu de noble race: rien de ciuil & d'honneste, & n'eut non plus le cœur addonné aux grandes choses. Sous vne difformité de visage, vn lasche cœur: & ce cœur arrogant au reste, fier & despit, accompaigné d'auarice & tacquinerie, rude & grossier en toꝰ ses faits & ses dits, & de meurs barbares & aggrestes: somme qu'il estoit seulemẽt esgal & semblable à soy-mesme en tous vices, & deprauations. Que ce mien tuteur doncques se deliberast de me donner en mariage à vn tel homme, & le rendre par ce moyen participant & de mon lict, & de mon Royaume, cela est assez cognu de tous. Il m'en parla par plusieurs fois, & y employa tout ce qu'il peut d'artifice & de langage, à ce que ce qu'il desiroit si ardamment peust sortir effect: mais pour tout cela il ne luy fut iamais possible d'en tirer vne seule bõne parole: ains le desdaignant ne luy en faisois point de responce, ou l'en esconduisois tout à plat, tant qu'à la parfin il se departit de moy vne fois fort mal content & satisfait, d'vn visage courroucé, où l'õ pouuoit lire à trauers ce qu'il couuoit en son courage, si qu'il me sembla deslors voir en son front figurée l'histoire de ma desconuenuë. Là dessus, le repos que ie deuois prendre la nuit commença à se partroubler d'estranges songes & visions, & ie ne sçay quelle horreur bien auãt imprimée en l'ame, m'estoit vn presage clair euident des maux qui me deuoient bien tost arriuer apres. Souuentesfois l'ombre de ma feu mere se venoit à moy presenter en songe, d'vne face blesme decoloree, & d'vne mine tresdouloureuse: (Las combien differente de ce qu'elle auoit autrefois esté: car i'auois veu sõ pourtrait.) Fuy t'en ma tres-chere fille, me disoit elle, sauue toy, euite vne si desastreuse mort qui t'est apprestee: desormais ne differe plus de partir, car ie voy desia le poison mixtionne, & le cousteau esmoulu de frais, que le Tyran apreste pour te coupper la gorge. Mais helas dequoy me pouuoit il seruir que mon cœur s'allast ainsi deuinant le danger qui me tallõnoit, si la peur me rendoit si irresolue de chercher quelque expedient de m'en garentir? Ce m'estoit vne chose bien griefue & amere de m'enfuir, & prendre vn exil ainsi volontaire hors de mon Royaume, dénuee de tous moyẽs: Cela dis-je m'estoit si grief, que ie ne me souciois pas beaucoup de clorre mes yeux là où ie les auois premieremẽt ouuers, & finer ma vie où ie l'auois receuë du Ciel. Ie craignois la mort, & n'auois (qui le pourroit croire en la sorte?) la hardiesse de m'abseter: & si ie n'osois pas descouurir ma crainte de peur d'auãcer mon heure. Ainsi inquiete & troublee ie viuois en grãd confusiõ, & martyre perpetuel, ny plus ny moins qu'vn qui seroit condamné à mort, & à qui

l'on a ia bandé les yeux, qui n'attend que de receuoir le coup. Estant reduitte en tel estat, fust ma
bonne aduenture, ou qu'elle me voulust reseruer
à pis: vn des officiers du Roy, lequel auoit accoustumé me seruir de couppe, me vint aduertir que
ie ne gardois l'heure, que le Tyran auoit presise à
se defaire de moy: quant à luy, qu'il en auoit esté
non que recherché, mais pressé & contraint de luy
accorder de m'empoisonner me donnant à boire,
& ce mesme iour: Me disant de plus, qu'il ne me
voyoit qu'vn tout seul moyen me de garentir. C'e-
stoit me desrober tout à l'heure, & m'enfuyr: Il n'y
auoit autre eschappatoire que celuy-là, à quoy il se
offroit me prester la main. Il me sceut si bien conforter, que prenant courage, sans qu'aucune bride de peur me peust plus retenir suspenduë, ie me
resolus si tost que la nuict seroit arriuee, de me sauuer auecques luy: & laisser là à la bonne heure, ma
patrie, & ce mien bon oncle & tuteur. Ceste nuict
de fortune suruint plus obscure que de coustume,
qui sous ses fauorables tenebres couurit nostre
fuyte & euasion: si que i'eus moyē de sortir du Palais en toute asseurance, auec deux de mes Damoiselles à qui ie me fiois le plus, & pour telles les a-
uois choisies entre toutes autres pour m'accompagner en ce mien desastre. Ie ne me pouuois engarder de tourner à tous propos mon regard, mes
yeux tous surfondus de larmes, vers mes tant ay-
mees iadis murailles, encore que cela ne seruist de
rien, car pour si peu distante que i'en estois, à peine
en pouuois-ie discerner l'ōbre pour raison de l'obscurité. Dōt il me sembloit que c'estoit me separer
de moy-mesme, m'esloignant de ce tant agreable

lieu de ma naiſſance, ſi qu'vn meſme chemin faiſoient l'œil, & mes penſemens, & fort à regret pouuois-ie mettre vn pied deuant l'autre : ainſi que quelque vaiſſeau à la radde, qu'vn impetueux tourbillon malgré luy deſancre de ſon ſeur riuage pour le tranſporter en la haute mer. Tout le long de la nuict nous marchaſmes, & le iour enſuyuant encore, par des chemins peu frequentez, & des lieux où peut eſtre onques perſonne n'auoit paſſé, tant qu'à la fin nous arriuaſmes à vn chaſteau ſitué és derniers confins de mon Royaume, lequel appartenoit à Aront : celuy-là qui me retira ainſi de danger, & me ſecourut au beſoin. Mais quand le Tyrā s'apperceut que ie luy eſtois eſchappee, lors tout embraſé de fureur & de mal-talent enuers l'vn & l'autre, il retorqua cõtre nous la meſchanceté qu'il auoit braſſee, & nous accuſa de ce crime, dont il eſtoit luy meſme coulpable : allant cõtrouuer que i'auois ſuborné Aront pour l'empoiſonner en ſon boire, à fin d'en auoir plus perſonne quand il ſeroit mort, qui me controllaſt & retinſt de me deſbaucher, & de me donner en proye aux mignõs qui me muguettoiẽt : Mais pluſtoſt le feu du ciel deſcende ſur moy, que deiamais violer tes ſainctes & pudiques loix, venerable chaſteté ! De voir ainſi ceſt inhumain Tyran tranſporté d'vne inſatiable conuoitiſe : & ſi alteré d'vne inextinguible ſoif de mon pauure ſang innocent, m'eſtoit vne choſe bien dure & inſupportable, mais plus encore me greuoit-il qu'il vouluſt ainſi fouller mon honneur. Ce deteſtable ayāt peur que le peuple ne ſe mutinaſt pour ma departie, car il m'eſtoit fort affectionné, ſceut ſi bien pallier ses mensonges & calõnies, quelque impudẽte qu'elles fussent, que la ville incertaine encore de la verité ne s'esmeut ny ne prist les armes. Mais ce felõ ny pour se voir assis en mon throne, & porter mon sceptre & corone, ne se contenta pas encore, ny ne desista de poursuyure plus outre ma finale destruction, & ma honte, tant sa barbare cruauté l'esperonnoit aux plus damnables malheuretez: & enuoye menacer Aront qu'il l'iroit brusler dedãs son chasteau, s'il ne me rend entre ses mains, & ne se va rẽdre de son bon gré prisonnier: me denonçant, ensemble à quiconque m'assisteroit, nõ seulemẽt guerre mortelle à feu & à sang, mais toutes sortes de tourmens & supplices. Il les menace d'ainsi le faire, parce qu'il espere par là se lauer la face de la vergõgne q̃ sa trahisõ y auoit emprainte, & reparer le blasme qu'il auoit acquis à son Royal sang, par ma departie & absence, craignant au reste que ce sceptre duquel il s'estoit faussemẽt emparé ne luy fust osté, n'y ayant que ma seule desolation & ruine qui le luy puisse rendre asseuré. Certes il n'y a doute que ce sien inique desir detestable ne luy reüssisse, qu'il s'est desia si auant imprimé en la fantasie, si que son courroux se viẽdra estãcher dãs mon sang, sans que sa felõnie se puisse amortir par mes larmes, si vo⁹ ne l'ẽ diuertissez, tres-vertueux Sire. C'est donc à vous que ie recours, pour me garẽtir de ces maux qui me sõt sãs cela promis, à moy pauure miserable fille, orpheline, d'âge tẽdre & innocẽte de ce qu'il m'impute. A tout le moins que ces pleurs, dont ie baigne icy en vostre presence le marchepied de vostre authorité souueraine de cõmãder absolumẽt à vne si puissãte armee, me puissent valoir de sorte que mon sang cy apres ne s'espande. Par ceste valeureuse dextre dõt vous domptez les plus superbes, par ces victorieux pieds dõt vous les foulez, par cest inuincible courage qui ne s'est point encor' iusqu'icy ennuyé de supporter le droit des infirmes, par vos haut esleuez trophees, & par ces saincts sacrez deuots tẽples que vous vous parforcez de remettre en leur ancienne liberté: Ie vons requiers, ie vous implore, ie vous adiure de me secourir en ce miẽ besoin, & de m'octroyer ma requeste, puis que vous seul & non autre le pouuez faire, & me vueillez conseruer la vie auec ma corone, selon vostre accoustumee bonté & compassion: mais dequoy me seruiroit elle, si le droit & raison ne voua meuuent à l'effectuer? Vous dis-ie tres-Chrestien debonnaire Prince, à qui le ciel a octroyé, & vous l'a donné en destin, de vouloir ce qui est iuste, & de pouuoir ce que vous voulez. Vous me pouuez sauuer la vie, & vous aquerir mõ estat qui fut, car il sera vostre si ie le recouure. Parmy vn si grand nombre de si preux Cheualiers qui font icy auecques vous, donnez m'en dix des plus vaillans pour me remmener en mon Royaume, ils suffiront à m'y remettre, & ne vous eu demande pas d'auãtage, les principaux de mes suiets m'estãs tousiours bien affectionnez, & le peuple se resouuenant de la fidelité qu'il me doit: il y en a mesme vn des premiers & des plus apparẽs, qui a la charge de la poterne, lequel m'a promis de me l'ouurir & de m'introduire de nuit au Chasteau: il ne me requiert sinon de trouuer quelque peu de secours de vous qui face la premiere pointe, & que on luy laisse conuenir du reste, c'est là où il veut met-

tre aſſoir ſon eſperance, plus que ſi d'ailleurs il a-
uoit vne groſſe armee, tant vos victorieuſes enſei-
gnes, & voſtre ſeul nom ſont par tout redoutables
& eſtimez. Cela dit elle ſe teut, attendant la reſ-
ponſe qu'on luy feroit, auec vne contenance qui
ſans mot dire parle & ſupplie. Le Duc ſuſpédu en
diuers penſers va examinant ce qu'il doit faire en
ceſt endroit, & ne ſçait bonnement de quel coſté
il doit ployer. Il craint les fraudes & deceptiõs de
ces barbares infidelles, leſquels ne gardans la foy
à leur Createur, comment la garderoient-ils à ſes
creatures? mais d'autre part la pitié qu'il a de ceſte
pauure deſconſolee, ſe reſueille en luy, ne pouuãt
demeurer endormie en vn ſi noble & genereux
courage, ſi que non ſeulement pour ſa compaſſion naturelle il veut qu'elle iouyſſe de ſa grace,
mais l'vtilité publique l'y meut encore & l'y incite, car il ne repute pas à peu d'auantage qu'vn
Royaume de Damas tombe és mains de quelqu'-
vn qui depende de luy, ce qui luy ſera vn fort grãd
accez pour acheminer ſes affaires, que de là il puiſſe tirer gens, argét, armes & attirail pour s'en preualoir contre les Egyptiens, & autres qui s'aſſo-
cieroient auec eux. Pendant qu'il branſle ainſi &
flotte incertain alentour de ce qu'il doit faire, les
yeux abbaiſſez contre terre, elle s'en va aſſoir fermes les ſiens ſur luy, & s'y rend du tout attentiue,
obſeruant ſa mine & ſa contenance. Et pource
qu'outre ſon expectatiue il met plus à luy faire
reſponce qu'elle ne s'attendoit, elle commence à
ſ'en defier, & ſouſpire fort tendrement: à la parfin
il luy refuſe ſa requeſte, mais en fort doux & amiables termes. Si d'auanture, luy va-il dire, ce n'eſtoit

qu'il nous faut icy employer nostre effort pour le seruice de nostre Dieu qui nous a appellez à cela, vous y pourriez bien de vray fonder vostre espoir, & retrouuer non que pitié tant seulement, ains confort & aide, mais si premier nous ne ramenons ce trouppeau à sa bergerie, & ses sacref-sainctes murailles en leur pristine liberté, ce ne seroit pas raison, separant nos forces, de retarder d'autant le cours de nostre entreprise. Trop bien vous promets-ie, & de cela receuant pour gage ma foy, viuez desormais en ceste asseurance, que si iamais nous venons à bout de soustraire hors de son ioug & seruitude ceste belle cité tant aimee & cherie du ciel, que nous aurons soin de vous remettre tout aussi tost en vostre paternel heritage selon que la charité propre aux Chrestiens nous y conuie & en admoneste : mais ceste pitié nous rendroit moins pieux, & zelez qu'il ne nous faut estre pour la querelle de nostre foy, si toutes choses postposees arriere nous ne luy rendions ce premier deuoir. A ces mots elle fait vne grande reuerence, & s'incline bas iusqu'en terre, les yeux abaissez vne bonne piece, tant qu'à la parfin elle les sousleue tous rouges & baignez de larmes, & accompaignant dextrement ses doleances & complaintes de gestes & actes conuenables, se prit à dire,

Helas moy pauure miserable,
  En fut-il iamais de semblable,
  Ne si outree de douleurs?
A qui le Ciel par son enuie
  Ait onc destiné vne vie
  Plus trauersee de mal-heurs?

Chant quatriesme.

Tout ce qui est en la nature,
   Va & vient, & gueres ne dure,
   Fors mes ennuis tant seulement:
Il n'y a que mon infortune,
   Qui en tous temps est tousiours vne,
   Sans souffrir aucun changement.
Où dois-ie donc auoir fiance?
   Plus ne me reste d'esperance,
   Ie me deuls & lamente en vain.
On a beau prier & se plaindre,
   Puis cela ne se peut estreindre
   De pitié plus nul cœur humain?
Pour que d'vn Prince debonnaire
   En ce mien deploré affaire
   Ie n'ay point de protection?
Est-il à croire qu'vn inique
   Peruers rauisseur Tyrannique
   Aye de moy compassion?
Mais c'est la dure destinee,
   A moy contraire où ie suis nee,
   Qui me desnie ce support:
Et rend ainsi inexorable
   Vostre naturel pitoyable
   A me donner ayde & confort.
Parquoy le ciel seul i'en accuse,
   Et mon mal-heur qui me refuse
   De mettre fin à mes trauaux.
Icy plus demeurer ie n'ose,
   Et suis d'aller ailleurs forclose
   Pour trouuer relasche à mes maux.
Destin cruel, destin impie,
   Trenche le filet de ma vie,
   Que tu as tant à contrecœur:

A peine nee mere & pere
 Ie perdis, las quelle misere
 Deslors m'esbauchoit ta rigueur!
Ne m'estoit-ce assez de dommage,
 Sans me voller mon heritage
 Par vne telle desraison:
Tantost me detenant captiue,
 Tantost me rendant fugitiue
 Hors de mon bien & ma maison?
Sans cesse la mort se presente
 Deuant mes yeux toute apparente,
 Et ne l'euiterois qu'en vain:
Car ce Tyran par tout me guette,
 Mais la ruine qu'il m'apreste,
 Ie la preuiendray de ma main.
Ie veux estre mon homicide,
 Et ainsi finira Armide
 Sa vie en la fleur de ses iours,
Pauure bannie vagabonde,
 Errant ça & là par le monde
 Frustree de vostre secours.

Là elle se teut, & sebla qu'vne genereuse & Royalle indignation luy eust enflambé le visage, le pied quant & quant desmarchant arriere: monstroit de vouloir desloger de là d'vn maintiē despit attristé, car ses pleurs s'espandoient en grande abondance, sans que il y eust plus rien qui les arrestast, selō que le courroux meslé auec la douleur a de coustume de les produire : & les larmes qui venoyent à naistre dessus ses yeux, sembloyent à les voir, crystal & perles, ou plustost gouttes de rosee, qui brilleroyent aux estincellans rayons d'vn clair luisant Soleil. Les iouës surbaignees de ces viues sources, qui ia degouttoient dans son sein, paroissoient des œillets & des iassemins meslez ensemble, quand à l'apparoistre des premiers poignantes splendeurs du iour, ils viennent à s'espanouir aux fresches ondees de l'air moiste, dedãs le geron de l'Aurore, qui les regardant d'vn œil amoureux, semble les vouloir de la recueillir à grãdes poignees pour s'en parer & agenser ses belles blõdes tresses crespelues: Mais cest humeur claire & sereine qui en distilloit goutte à goutte, baignãt se tẽdres coleres ioües, & sa gorge qui est d'vn caillé tout freschement mis en presure, produit des effects d'vn vif bruslant feu, lequel se glisse couuertemẽt en mille poictrines où il s'allume. Merueilleux miracle d'amour, qui tire ainsi du dedans des humides pleurs, de si ardẽtes estincelles dõt il embrase les cœurs dans l'eau: Certes il a tousiours eu pouuoir dessus la nature: mais il se surpasse soymesme en la vertu de ceste-cy, dont la tristesse simulee tire de vrayes larmes à plusieurs, & brise & ramollist leurs plus durs courages, tellement que chacun s'afflige auec elle, & dit à par soy. Si ceste-cy n'obtiẽt de nostre chef la grace qu'elle luy demãde, certes on pourroit dire qu'il auroit esté allaité d'vne Ourse, & qu'vne roche l'eust enfãté dãs les plus inaccessibles crestes des Alpes, ou bien l'onde qui se desrompant en la haute mer, escume, & tẽpestueuse viẽt heurter contre le riuage, rauissant ce qu'elle peut engloutir dessous. Cruel est quicõque trouble & fait ainsi cõsumer d'ẽnuy & de desespoir vne beauté telle qui n'a nulle part sa seconde. Mais Eustace en qui le brandon d'vne tẽdre amoureuse compassion est le plus flãbant, pendant que chacũ des autres en murmure & grômelle tacitemêt bas à part soy, se tire auant: Et de grand'audace se met à dire. Mon tres-honoré seigneur & frere, certes vostre courage est par trop tenāt & ferme obstiné en sa premiere resolutiõ, si d'aueture il ne se ploye, s'accommodant à ce que tous d'vn commū acord desirent de vous, & vous en requierent. Ie ne veux pas neātmoins insister, à ce que ceux qui ont charge en ce camp se debandent de ce siege desia bouclé, & que le deuoir où ils sont tenus soit par eux negligé & laisse arriere mais nous autres aduanturiers, & qui sommes soldats de fortune, sans aucune charge ny commission, deuons par consequent estre moins obligez & subiets à tenir pied à boulle, que nous ne nous en puissions vn peu dispenser où l'aduenture nous semondra: & de tels vous en pouuez bien choisir iusqu'à dix, & plus encore si bons semble, car ce ne sera pas les retrâcher & distraire du seruice qui est deu à Dieu, quand ils prēdront la cause en main d'vne pauure innocente Princesse des-heritee à tort: & le ciel ne peut auoir que tres-agreables les despouilles qu'on luy apprendra conquises sur vn si detestable vsurpateur. Quand biē donques la toute apparente vtilité qui se doit attendre de ceste entreprise ne m'y encourageroit point autrement, le deuoir m'y incite à quoy nous oblige l'ordre que nous auons receu de Cheuallerie, de ne desnier nostre secours à celles qui en auroient besoin. Ah qu'en l'honneur de Dieu ia n'aduienne, qu'on die en France, ny autre part où la courtoisie soit en estime, que nous ayons refusé hazard ny fatigue pour vne si iuste & pieuse querelle. Si cela est, quāt à moy ie quite là &

fa|

Chant quatriesme. 113

sallade & haubergeon, & ne veux iamais ceindre espée, n'y employer si indignement cheual & armes, ny vsurper le nom & tiltre de Cheualier. Ainsi parla-il, & auec luy d'vn mesme accord toute sa cornette en hautes & ioyeuses acclamations approuuant cest aduis pour bon & vtile tout autour de leur Capitaine, qu'à prieres & enhortemens ils pressent d'y mettre la main. Ie m'y accorde dõcq', va-il dire, & me laisse vaincre à vn si vnanime consentemẽt de tant de valeureux prud'hommes vnis ensemble, que ceste-cy si bon vous semble obtiẽne ce qu'elle a requis, & ce de vostre propre mouuemẽt, nõ du mien. Mais si nostre souuerain chef, mon tres-honoré Seigneur & frere, trouue en vous l'obeissance qui y est requise, & que vous ne vueillez rien entreprendre outre son gré, comme aussi il ne le faut pas, moderez vn peu ce vostre si iuste desir. Il ne leur dit seulement que cela, & cela seul suffit assez, pour faire que chacun attendist de luy ce qu'il leur en voudroit permettre. Mais qu'est-ce que ne pourroient les plaintifs d'vne si belle & desirable Princesse, & ses douces paroles procedãs d'vne si affetee langue? Car de ces emmiellees leures sortoit vne chaine d'or, qui prend, lie & garrotte à son vouloir tous les courages plus reuesches & rabarbatifs. Eustace doncq' la r'appella, & luy va dire: O Damoyselle incomparable, douëe de toutes les perfections plus parfaictes, cessez desormais vostre desconfort: car en brief vous aurez secours, & tel que vous le demandez, voire plus ample s'il est besoin. Armide là dessus rassereine ses yeux vn peu ternis de son angoisse, bien qu'elle ne luy arriuast pas iusqu'au cœur, & les esgaye d'vn

H

souſ-rire ſi gracieux que le Ciel s'en amoureroit, Puis ſe les eſſuyant d'vn mouchoir, elle leur rend telles graces qu'il conuenoit de la grace qu'il leur plait luy faire en luy octroyant ſa requeſte, dont à tout iamais le bruit s'en eſpandroit par tous les quatre coings de la terre, & la memoire en demeureroit emprainte eternellemēt dedās le fonds de ſa penſee, demōſtrant par des geſtes exterieurs de plˢ amples remerciemēs que la lāgue n'en exprimoit: Et ſçait ſi bien couurir la machinatiō qu'elle braſſe, ſous vne cōtenance diſſimulee, que perſonne ne s'en apperçoit. De là voyant cōme la fortune luy rioit de ſon fauorable viſage à ce premier enfournemēt de ſes fraudes & deceptiōs, deuāt que quelque interuption & obſtacle ne ſe vint mettre à la trauerſe qui troublaſt ce quelle auoit ja eſbauché, elle ſe reſoult de pouſſer outre ſon entrepriſe, & de faire auec ſes amadoüemēs & careſſes, ſes beautez, mignardiſes & bonnes graces, plus que ne peurent oncque faire Circe ny Medée auec toˢ leurs charmes & ſorcelleries: & par ſes parolles plus attrayātes que des Serenes endormir les plus eſueillez. La malicieuſe employe tous ſes artifices, pour attirer en ſes filets quelque nouueau inconſideré pigeon: & ne garde pas vn meſme viſage à tous, ny touſiours eſgal: ains le varie de geſtes & ſemblans, ſelon qu'elle en voit l'opportunité. Tantoſt comme craintiue & vergoigneuſe elle contient ſes yeux chaſtemēt racueillis d'vne virginale pudeur: Tantoſt elle les deſploye en plus d'abandon, fretillans de coſté & d'autre d'vne ſaffrette affetterie. Aux vns elle met la houſſine en œuure, auec quelques coups d'eſperō, & aux autres elle ſerre le boutton,

& leur tient la bride plus roide, comme elle les voit plus lents ou plus prōpts à s'enflāmer de son amour. Si elle en descouure quelqu'vn qui mōstre de s'en vouloir soustraire pour defiance qu'il en a, elle n'est point chiche de luy ouurir à pleines œillades force benins & gracieux sous-ris, & luy dardant de doux regards qui tout autour de luy s'espandent, luy en enueloppe les sentimens. De ceste sorte elle talonne les plus tardifs, r'asseurant leur douteuse esperāce, & enflāme d'amour leurs vouloirs, bānissāt d'eux ceste peur glacee qui les pourroit auoir intimidez de paruenir à leurs desirs. Aux autres puis apres qu'elle voit estre plus entrans & aduantageux, cōduits de ce guide temeraire aueugle, elle se monstre chiche & auare, soit de deuis, soit de regards, & de ses autres amoureux attraits, pour leur introduire vn respect d'elle, neantmoins parmy le desdain dont son visage est sursemé, reluit ie ne sçay quel petit rayon d'vne pitoyable benignité, qui les rappelle en les chassant, si qu'ils en ont bien quelque craintifue reuerence : mais ils ne desperent pas pour cela : ains tant plus s'allumēt de son amour, de tant plus qu'elle se monstre fiere & hautaine en leur endroit. Telle fois est qu'elle se retire vn peu à part pour accommoder son visage, & façonner ses gestes à ses feintes dissimulations & proiects, comme dolēte & esplorée qu'elle seroit, & souuent tire des larmes iusques sur le bord de ses yeux, puis les ressuye la dedans : & par ces artifices vient à astreindre mille simple cœurs à souspirer & larmoyer auecques elle, qui les y ayant embarquez, les laisse là iouant aux faux compagnon, & se mocquant de les voir ainsi se venir

H ij

brufler à la chandelle, à fin qu'il n'y en ait vn seul de quelque complexion qu'il soit morne ou hastiue, qui se puisse demesler bagues sauues de ses aguets. D'autrepart comme si elle se desroboit elle mesme à ses pensemens, & que nouuelles esperances vinssent en elle à se resueiller, elle dresse ses pas deuers ses amants, auec des propos d'vne face reuestuë d'vn gay & resiouy semblant, faisant estinceller son regard comme vn Soleil double en son beau sous-rire celeste, sur les sobres espoisses nuees du dueil & tristesse, qu'elle leur auroit accueilly pres du cœur. Mais pendant que doux elle parle, doux elle sous-rit, & que d'vne redoublée douceur elle leur en-yure les sentimens, leur ame se separe presque du corps, pour n'auoir encore gousté de telles delices. Ha! cruel amour qui si egallement nous meurtris par ton aluyne & ton miel que tu espands emmy nos cœurs: ce n'est pas certes d'auiourd'huy: ains de tout temps que tes remedes & medecines nous sont tout aussi biē mortelles, que les maladies qui viennent de toy! Mais parmy vn si contraire temperament de glace & de feu, de ris & de pleurs, parmy le doute & l'esperance, ton Estat s'accroist, & ton authorité se renforce : dont ceste trompeuse affettee en prend les esbattemens & soulas. Que s'il y a aucun qui en paroles foibles & tremblantes s'aduenture de luy declarer sa langueur, elle feint ne l'entendre pas, ne sçachant que c'est que d'aimer, & ne cōprendre rien en ce qu'il luy dit : ou bien abbaissant vergoigneusement sa face, elle s'orne d'honnesteté, & rougist d'vne chaste honte, comme si elle s'en alloit cacher ses froides bruines sous de belles incarnates roses, dont elle s'empourpre son beau teinct delicat, Tout de mesme qu'au matin es plus fresches heures du iour, nous voyons quelque fois l'Aurore se colorer à son premier poindre : laquelle rougeur vient à naistre en elle de son desdain, qui se vient mesler & confondre auec vne vergoigneuse pudeur. Et ainsi tantost se desrobant de luy pour n'ouyr plus auant ses passionnées complaintes, tantost luy donnant audience, qui aussi tost luy est trauersée & entrerompuë, tout le long du iour elle l'amuse sãs qu'il s'apperçoyue de sõ erreur, demeurãt ainsi qu'vn Veneur, qui du matin iusqu'au seoir auroit couru vn Cerf à force, lequel à tous propos ruze & connille en des or-varriz deuant luy, pour luy faire perdre le temps, & lasser les chiens sans rien aduancer de leur chasse, tant que la nuit suruenant là dessus il le faict du tout demeurer en defaut, si qu'il est contrainct de le briser pour le renouueller le lendemain s'il luy est possible. Telles furent les astuces & les deffaictes dont elle eut le moyen d'attraper mille & mille cœurs, ou plustost les armes dont elle les conquit, & à force d'amour les rendit esclaues. Quelle merueille est-ce doncques si le preux Achille, l'inuincible Hercule, & le hardy Thesee se donnerent en proye & buttin à ce puissant Dieu, puis qu'il sceut ainsi estreindre de ses liens ceux qui pour le seruice de IESVS-CHRIST, auoyent ceint l'espée?

Chant cinquiesme.

ARGVMENT.

Gernant indigné que Renaud aspire au degré où il pretendoit, est cause de sa propre mort pour les outrageux propos qu'il luy tient: Renaud ne voulant endurer d'estre constitué prisonnier, se bannist soy-mesme. Armide s'en reua fort contente d'auoir si bien exploitté. Godefroy a de fascheuses nouuelles du costé de la mer.

PENDANT que la desloyalle Armide va ainsi allechant à son amour les vns & les autres des principaux: & ne s'attend pas seulement d'auoir les dix qu'elle auoit premierement demandé: mais s'asseure bien d'en emmener d'emblée encor d'auantage, le Duc Godefroy pourpense en soy-mesme à qui il pourra plus cōmodéement cōmetere ceste hazardeuse entreprise dont elle doit estre la cōductrice, & ne s'en peut gueres bien resoudre, pour le grand nōbre de ces tant valeureux Aduenturiers, & leurs hauts merites qui ne cedēt en rien les vns aux autres, ioint le desir que tous monstrent d'auoir d'estre de la partie: à la parfin d'vn meur preuoyant aduis il se delibere pour ne mescontenter personne, de remettre le choix de ces dix, à celuy d'entr'eux qui succederoit à la place du feu preux Hugō, & que celuy là prenne la charge de les nōmer, par ainſi il n'aduiendra point qu'il donne occaſion à pas vn d'eux de ſe plaindre de luy, n'y d'en murmurer, & par meſme moyen il fera paroiſtre qu'il a en telle eſtime qu'il doit, ceſte braue valeureuſe trouppe. Il les fait doncques venir à luy, & leur parle de ceſte ſorte. Vous auez peu ouyr quelle eſtoit mon opinion ſur la demãde de ceſte Dame, de ne luy refuſer pas tout a plat le ſecours qu'elle requeroit: mais de le luy dõner en ſaiſon plus propre pour la ſeureté de nos affaires: Ie vous la propoſe icy derechef, & pourra eſtre qu'elle ſera approuuée & ſuyuie de voſtre conſentement & aduis: car les choſes du monde eſtans ſi incertaines, & muables, c'eſt par fois conſtance de changer de reſolution. Mais ſi vous eſtimez encore que cela deroge à voſtre ancienne renommée de refuſer aucun hazard, & ſi ceſte genereuſe hardieſſe qui en vous reluiſt dedaigne ce qui luy ſemble proceder d'vn trop bien digeré conſeil, ja n'aduienne que ie vous retienne outre voſtre gré, ny que ie vueille reprendre & r'auoir ce que ie vous ay vne fois octroyé: car ie veux vſer enuers vous de l'authorité que vous m'auez deferee, ainſi que ie dois: tantoſt vous tenant la bride plus roide quand le beſoin le requerra, & tantoſt vous la relaſchant ſelon les occurrences qui s'offriront. Ie ſuis content doncques que de voſtre arbitre il depende de demeurer, ou d'y aller, trop bien veux ie que premierement vous eſliſiez vn voſtre chef & Capitaine au lieu du defunct, qui ayt la charge de vous conduire ſous ſon drappeau, & que celuy là en choiſiſſe dix tels que bon luy ſemblera, ſans outrepaſſer neantmoins ce nombre, C'eſt cela ſeul que je me reserue, en tout le reste je ne vous veux pour ce regard rien prescrire ne limiter. Ainsi dit le Duc & son frere le plus ieune des trois, Eustace prenãt la parole pour tous les autres alla respondre. Tout ainsi que ceste meure & lente vertu qui preuoit de loin conuient fort bien au lieu que vous tenez de nostre general cõducteur, aussi ce que vous deuez desirer de nous comme vne deuë redeuance, est vne vigoureuse promptitude de cœur & de mains: car vn tardif & trop consideré temporisement, qui en d'autres seroit loüable, & reputé pour prouidẽ-ce, nous torneroit à reproche & à lascheté. Puis doncques que le hazard & danger qui courent en ceste honorable entreprise est de peu de poix, si on le cõtrepese & mesure auec le profit qui s'en peut ensuyure, sous vostre bonne permission & cõsen-tement les dix qui seront esleus s'en iront à la bõ-ne heure auec ceste Dame. Ainsi cõclud-il, taschãt auec ceste bien agencée feinte sous le zele qu'il monstroit d'auoir à la publique vtilité, de couurir l'amour qui l'esguillonnoit: & les autres de mesme feignent ce voyage n'estre pour leur regard qu'vn desir d'acquerir gloire & renommée. Mais Eusta-ce sur ces entrefaites regardant d'vn œil jaloux le fils de Sophie Renaud, dont il admirent enuieuse-ment la vertu, pour estre enchassées en vn si beau corps, & ne le voudroit pas volontiers pour com-paignon en cest affaire, l'astute jalousie luy inspire de cauts & rusez pensemens dans l'ame, si que ti-rant à part ce suspect cõpediteur dangereux vient l'arraisonner d'vn malicieux artifice. Ô d'vn grand magnanime pere le fils plus grand & magnanime, qui estant encore si ieune auez ja acquis vn tel bruit aux armes, qui eſt celuy qui maintenant ſera eſleu pour Capitaine de ceſte valeureuſe trouppe dont nous faiſons vous & moy vne portion? Quāt à moy qui au feu renommé Hugō à peine voulois obeyr & ceder, encore n'eſtoit-ce que pour le reſpect de ſon ancien aage, moy eſtant frere comme vous ſçauez du general de ceſte armée, ie ne vois point à qui ie doyue quitter la place ſinon à vous: à vous dont la nobleſſe de race ſe peut parangonner à toute autre des plus illuſtres: & quant à la gloire dependante des beaux faicts d'armes, ie la vous cede, & n'en veux pas conteſter auec vous: car le plus aagé de nōs trois ne tiendroit pas à blaſme de s'en reputer inferieur, s'il eſtoit queſtion de decider quelque gros affaire. Parquoy ie vous appelle à eſtre noſtre Capitaine, là où vous-vōs voudrez deporter d'eſtre l'vn des dix reſtituteurs de ceſte Dame desheritée. Auſſi ie ne cuide pas que vous-vous deuiez beaucoup ſoucier d'vn hōneur qui ne s'acquerra qu'en tenebres, ſi d'auenture il s'en acquiert, là où icy ne vous manquera lieu ny ſubiect pour employer voſtre accouſtumee proüeſſe, auec vne renommee plus glorieuſe:& ie procurreray, ſi vous ne m'en voulez dedire, que tous les autres vous quitteront ceſte charge ſi honorable: mais pource que ie ne ſçay pas bonnement encore où ma reſolution balancera de l'aller ou du demeurer, ie vous prie que i'obtienne cecy de vous, qu'il me ſoit remis à ma diſcretion ou de ſuiure Armide, ou de me retenir icy. Là ſe teut Euſtace, dont les derniers mots ne furent pas ſans que la couleur luy montaſt au viſage, dont l'autre s'apperçeut biē de l'ardēt amoureux deſir qu'il le malstrisoit, & lequel il vouloit ainsi pallier, parquoy il s'en prit à sous-rire : mais pource que les coups d'amour auoyent esté plus lents & tardifs en son endroit, si qu'ils n'y auoyēt pas encore penetré plus auant que l'escorce, il ne se soucia pas autrement d'y auoir vn compediteur, ny d'accompagner & suiure les Dames. Bien plus profond en ses pēsers luy est anchree la mort d'Hugon, & tient à grand vitupere que l'audacieux Argant luy ait si long temps suruescu, pourtant ce langage ne luy deplaist pas qui le semond de son deuoir ; son ieune genereux courage se r'allegrant de se voir ainsi extoller. A la parfin il luy respond : Ie desire plus de meriter, que l'obtenir auant mon merite les premiers lieux plus honorables, ny n'ay point non plus grāde enuie de m'acquerir des Royaumes & Seigneuries, pourueu que ie me puisse aduancer en vertu. Mais si vous m'appellez à l'honneur, & que vous estimiez que ie sois aucunemēt digne de cestuy-cy, ie n'y veux pas faire du restif. Ie me dois bien resiouir en moy que vous ayez fait vne telle demōstration de priser ce peu qui y est : mais ie ne me prochasse pas ce que voꝰ me voulez deferer, ie ne le veux pas refuser aussi. Que si vous m'eslisez Capitaine de ceste magnanime trouppe, voꝰ pouuez bien vous asseurer d'estre du nombre des dix esleus. Et là dessus il le laissa. Eustace fort content de ceste responce, s'en va essayer de tirer ses cōpagnons à ce mesme aduis : mais le Prince Gernand poursuit à cor & à cry tout ouuertemēt ceste charge, cōbien qu'Armide luy ait descoché quelques coups de flesches de son amour, aussi bien que aux autres, neantmoins dans ce cœur superbe & am-

Chant cinquiesme. 123

bitieux elles n'ont pas penetré guere auant: le desir qu'il a de se pousser à quelque honeur, le chatouille bien de plus pres. Ce Gernand là estoit issu des puissãs & redoutez Roys de Norvvergue, qui domineërt autrefois beaucoup d'autres Prouinces, si que les tant de Sceptres, & tant de corones de son pere & de son ayeul le rendoyent ainsi fier & arrogant, là où Renaud se confie & rehausse sur sa valeur & ses merites, plus que sur les faicts & gestes de ses ancestres, encore que par plus de cinq cens ans tout de suitte, il y en ait eu de fort renõmez & à la paix, & à la guerre. Mais ce Gernant qui ne regarde qu'à s'accroistre de richesses & de Seigneuries, estimant toutes les vertus obscures de soy, si elle ne sont illustrees de Royal sang, ne peut souffrir que Renaud conteste auec luy de merite touchant ceste dignité qu'il pretend emporter d'vne haute lutte, & s'en tormente de telle sorte, que la colere & le despit le transportent hors des bornes de la raison: dont l'esprit malin qui se voit ouurir en cest homme vn si beau & large chemin se coule tacitement en luy, & en l'amadouant à son gré, se saisist du gouuernement & cõduitte de ses proiects, & luy enflãme & aigrist de plus en plus l'indignatiõ, le courroux, hayne & enuie qui y sont desia allumez. De là luy vient resonner en l'ame vne telle voix à toute heure. C'est icy Renaud qui iouste & conteste auec toy: mais ce vain ostentatif nõbre de ses ancestres si renõmez luy peut-il tant valloir à ceste fois? Que cestuy-cy qui se veut ainsi mesurer à toy te racompte vn peu les subiects qu'il a, & ses tributaires, Qu'il te monstre ses sceptres & corones, & parangonne ces siens là qui furent, aux tiens qui sont encore debout. Ha! combien ose vn petit Seigneur de ie ne sçay quel morfondu Estat, vn Seigneur dis-ie nay en l'assubiection d'Italie! or soit qu'il vainque, soit qu'il succumbe en ceste sienne contestation auec moy, & pource qu'il a de coustume d'estre par tout victorieux, qu'il se soit rendu mon emulateur, le monde dira (qu'il repute hardimēt cela pour la plus grand gloire qu'il sceust auoir) cestuy-cy vint jadis en debat & contention auec Gernant, du noble grade que le valeureux Hugō souloit tenir en l'armée de la terre saincte. Cela te pouuoit apporter de vray gloire & splendeur: mais il estoit bien raisonnable aussi que réciproquement il en peust receuoir de toy, là où son prix s'est raualé dés l'heure q̃ tu l'as voulu pourchasser, si qu'on ne respire plus autre chose, on ne parle de riē que de cest affaire: mais si le bō vieil preud'hōme Hugō sent & cognoist plus riē des choses de ce bas mōde, de quel noble & genereux courroux cuides-tu qu'il se doyue affliger là haut au ciel, pēdāt que vers ce ieune estourdeau superbe il lance ses flamboyās yeux, & qu'il prend garde à sa tāt presōptueuse arrogāce, lequel n'ayāt esgard à sō peu d'aage & demerite, inexperimēté encore qu'il est, & à peine hors de la coquille, se veut parāgōner à toy? Neātmoins il le veut & l'ose & s'y essaye, & en lieu de chastiment en rapporte hōneur & loüāge: & si tel y a qui le luy cōseille & met en la teste, (ô vergoigne cōmune à tous) qui luy en applaudist, & l'en cōgratule. Mais si Godefroy le voit, & qu'il endure q̃ de ce qui t'appartient de droit on te defraude, ne le souffre pas pour cela: car tu ne le dois pas souffrir: ains fais paroistre ce

Chant cinquiesme. 125

que tu puis, & ce que tu es. Au son de ces paroles, & autres seblables qui luy resonnēt dedās l'ame, le despit s'ēbrase & reforcé en luy, tout ainsi qu'vne torche que pour l'allumer on esbranle, si que son cœur n'estāt plus desormais capable de le cōtenir, s'en enfle & regorge tant par les yeux que par la lāgue qui ne se pouuāt desormais plus brider, declique tout ce qu'lle peut cōceuoir d'iniures, opprobres & indignitez cōtre Renaud, sans rien obmettre de ce qui peut redonder à son vitupere, & encore plus outre à deshonneur & diffame. Il le represente & depeint pour fier despit arrogant plein & enflé de vaine gloire: sa vaillance il l'appelle vne folle temerité & audace, & tout ce qui reluist en luy d'vne magnanimité de courage, il le retorque malignement à son blasme, comme si c'estoyent autant de vices & imperfections. Somme qu'il en detracte de telle sorte, que son concurrant entend ce que la voix publicque en seme & resonne, non que toutesfois pour cela ce presomptueux vueille mettre fin à ses mesdisances, & cesser de le deschirer de conuices, ny que ceste aueuglee impetuosité se refrene, qui a entrepris de le cōduire iusqu'à la mort. Car le malin esprit qui le meine & maistrise, & esmeut sa lange cōme feroit vn protocolle, fait qu'à tous ppos il rēgrege de plus en plus ses outrages rēplis de trop aigres indignitez & opprobres pour le pouuoir plus supporter, fournissant d'amorce à ceste forcenée indignation. Il y auoit vne place au camp assez large & spacieuse, où l'on auoit accoustumé de s'assembler souuent par trouppes, tantost pour courir la lance, tantost pour combattre à la barriere à coups de picque &

d'eſpée, pour courir, ſauter, lutter, ietter la barre & la pierre, & autres tels exercices militaires, où l'on s'addreſſe, agilite, & renforce ſes mêbres: là vn iour que l'aſſemblée y eſtoit plus frequente, Gernant que ſon mauuais deſtin pouſſoit, va inuectiuer plͦ outrageuſement que deuant, meſdire & detracter Renaud, & à guiſe d'vn dard poignant eſmoulu de frais deſcoche contre luy ſa langue infectée d'vn mortel venin. Renaud qui eſtoit pres de là l'entēd, de ſorte qu'il ne peut plus refrener ſa colere: ains s'eſcrie tout haut; Tu en as fauſſement menty par la gorge, & quant & quant ſe lance ſur luy l'eſpée traicte. Sa voix reſſemble à vn tonnerre: & l'acier qui reſplandiſt vn eſclair, qui annonce la foudre tombant auec, Si que Gernant treble de peur, & ne voit plus d'eſchappatoire à la mort prochaine, qui le menace de ſi pres: mais toute l'armée y eſtāt preſente comme pour teſmoigner du fait, il mon-ſtre ſēblant d'hōme courageux qui ne s'en effraye: ains attend de pied coy aſſeuré ce tant redoutable aduerſaire, l'eſpee au poing, faiſant quelque mine de ſe deffendre. Tout au meſme inſtāt mille autres eſpées flāboyantes en l'air ſe peuuent voir là deſ-gainees: car chacun y accourt en foulle de diuers endroirs pour les departir, ſe heurtans & preſſans l'vn l'autre, & l'air reſſonne tout alentour d'incer-taines voix tout confuſes, telles que du ſourd & rauque murmure qui ſe fait ouyr le long des pla-ges de la mer, où le vent meſle ſes ſiffleméns auec le bruit que font les ondes en ſe rebattant contre le riuage: mais pour tout cela ne ſe reprime pas l'a-nimeuſe impetuoſité du preux indigné Cleualier, qui ſe voit ainſi outrager à tort. Il meſpriſe les

Chant cinquiesme. 127

cris de ceux qui se cuident mettre entre deux, tout enflambé à sa vengeance, & se lançant à trauers homme & armes l'espée entoisee se fait bien faire place tout seul qu'il est, malgré tant de gens à leur grand honte & vitupere, qui ne le peuuent empescher de ioindre Gernant, & auec ceste courroucée dextre maistrisee de la colere, il luy tire plusieurs coups l'vn sur l'autre, ores d'estoc à la poitrine, ores de taille & defendans sur la teste: tantost il tasche de l'assener dans le costé droit, & tātost au gauche: marche & desmarche d'vne tresgrand' agilité qui trouble l'autre, l'esblouist, luy fait perdre sõ escrime: car là où il s'attend le moins qu'il vueille donner, c'est là où son coup impourueu assene, sans s'arrester qu'il ne luy ait passé deux & trois fois son espée à trauers le corps. Le miserable trebuche sur ces estocades, versant par là ses esprits vitaux, & l'ame par deux diuers endroits, à l'entree & sortie des playes. Renaud là dessus remet son espee au fourreau, teinte encore du sang de son aduersaire, & ne s'arreste plus sur luy: ains passe outre son cœur desormais deschargé du dueil & courroux qu'il auoit conceu. A ce tumulte suruenant le Duc Godefroy, voit vn fascheux spectacle impremedité: Gernant estendu par terre tout de son lõg, veautré dans son sang, les cheueux surbaignez d'iceluy, & sa cazaque toute souillée, le visage passe, decoloré, & remply de mort. Il oit les regrets, les souspirs & lamentations que la pluspart font sur le corps, & tout estonné il demande, à qui peut estre il conuenoit le moins qu'il s'addressast pour lors; Qui auoit esté celuy si osé ny hardy de commettre vn tel cas car au cāp? Arnaud l'vn des plus estroits amis du deffunct le luy compte, & en le comptant l'exaggere le plus qu'il peut, que c'estoit Renaud, qui pour vne biē legere occasion transporté d'vne trop precipitee colere, auoit destorné ceste espée par luy ceinte pour le seruice de IESVS-CHRIST, contre l'vn des principaux chāpions d'iceluy, au grand mespris & contemnement de l'authorité de luy leur chef souuerain, & des defences qu'il auoit fait reiterer plus que d'vne fois à son de trompe & cri public, de ne mettre la main aux armes dās l'enclos & pourpris du camp, dont personne n'en pouuoit pretendre cause dignorance, tellement que par les loix militaires il estoit coulpable de mort, & en deuoit estre puny selon que le portoyent les statuts, tant pour estre le forfait grief de foy, que pour auoir esté perpetré en vn lieu si priuilegé. Que si d'auanture il obtient pardon de ce crime, tous les autres à son exēple s'enhardiront d'en cōmettre de tels & plus grands : & ceux qui se sentirōt offensez, voudront eux-mesmes prendre vengeance de ce qui doit estre remis aux Iuges, dont viendroyent à naistre infinies querelles & debats de tion mesmemēt à autre. Et là dessus vient à ramāteuoir les seruices du deffunct, alleguant tout ce que la pieté & le courroux de la perte de son amy l'induisoit à dire. Mais Tancred s'y vint opposer, & y contredist courageusement, soustenant la cause de Renaud fort ferme comme pour iuste & raisonnable. Le Duc l'escoutte : mais d'vn si austere semblant, qu'au visage qu'il y apporte ont pouuoir plus conceuoir de crainte & defiance que de bon espoir. Dont à l'heure Tancred adiouste. Or souuenez vous tressage & equitable Sire,

remettez

Chant cinquiesme.

remettez vous deuant les yeux qui & quel est le Prince Renaud, Ensemble quel hôneur & respect luy sont deus, tant pour sa valeur, que pour le haut & illustre lieu dont il est issu, & encore pour l'amour de Guelphe son oncle, nõ que pour tout cela ie vueille inferer, que quiconque a l'authorité & puissance de cõmander en chef, ne doyue esgallemẽt la iustice à tous, & punir ceux qui ont forfait: mais vne mesme & pareille faute peut varier, & se rendre dissemblable selon la difference des qualitez de ceux qui l'auroyent commise: car l'esgalité de la Iustice est requise tant seulemẽt entre les pareils. Le Duc replique. Des plus grands & haut esleuez il faut que les inferieurs apprennẽt à obeyr cõme ils doyuent. Certes vous me conseilleriez biẽ mal, & vous mescõpteriez beaucoup, Seigneur Tancred, si vous me cuidiez persuader de laisser les plus apparens en leur liberté de mal faire. Quelle seroit donc mon authorité, si me constituant seulement chef des vulgaires & simples soldats, ie ne cõmandois qu'aux infimes? Ce seroit bien vn fort foible & impuissant Sceptre, & vne trop rabaissee charge, vergoigneuse encore, si me l'ayant dõnee à vne telle cõditiõ, ie luy auois acceptee: ie ne serois pas digne de cõmãder. Et si vous l'entẽdez de la sorte, ie la vous quitte, & m'en demets tout presentemẽt, ne la voulant plus exercer. Mais elle me fut dõnee libre & respectable de chacun de vous tous, parquoy ie ne veux permettre que personne pour tant haut monté qu'il puisse estre, me la prophane & vilipende, n'estant pas ignorant de la maniere dont il en faut vser, & cõme & quand on doit varier les peines, & les recompences, tantost les

I

diuersifiant, & tantost gardant vne mesme forme d'esgalité, sans faire distinction des grands aux petits. Ainsi disoit le Duc Godefroy, sans que l'autre repliquast rien alencontre, meu du respect de son parler, que le Côte Raymond, grand obseruateur de la roide & seuere antiquité approuuoit. Par ces moyés, alla-il dire, qui sçait cómāder cóme il faut, se rend venerable alendroit de ceux qui doyuent obeissance & subiection. Car la discipline n'est point complette, là où l'on attend pardon & non chastiment de ses fautes. Tout royaume & Estat court danger de se renuerser, & ruineuse est la clemence qui n'est plantee dessus. Tels estoyent leurs raisonnemens & deuis, dont Tancred sceut fort bien recueillir qu'il n'y faisoit pas bon pour Renaud, lequel pour ceste occasion, sans s'arrester là d'auantage il alla trouuer à bride abbatuë, qu'il sembloit que son cheual fust vn autre Pegase. Renaud apres auoir despoüillé son aduersaire de son orgueil, & de la vie quant & quant, s'estoit retiré en son pauillon, là où Tancred le trouue, & l'informe de tout ce qui s'estoit passé entre luy & le Duc touchant son affaire, y adioustant qu'encore que l'exterieure apparēce ne soit pas tousiours vn certain tesmoignage & indice du cœur, d'autant que les pensers humains sont par trop auant enfócez dans le creux de l'ame, si oserois-ie bien asseurer (disoit-il) qu'à ce que i'ay peu remarquer au Duc: car il ne s'en teut pas du tout, il veut vser en vostre endroit de son authorité absoluë, & ne vous espargner en cecy nomplus qu'vn des moindres. Renaud ne s'en fit que rire, & d'vn visage où estincelloit parmy ce sous-ris vn esclair d'indignation & despit; Or que les esclaues, alla-il respondre, & ceux qui sont digne d'estre mis en leur rang, plaident leur cause estans es ceps : Quant est de moy ie n'acquis libre, & tousiours depuis ay libre vescu, & esté nourry en ma liberté, deuant que souffrir d'estre lié & garrotté, ceste main vsitée à manier la lance & l'espée, coustumiere d'estre ornee de palmes & de victorieux lauriers, malaisement souffrira elle des entraues ny des manottes. Mais si nostre chef cuide ainsi remunerer nos merites, & m'auoir si facilement prisonnier ainsi que quelque friquenelle, & m'enuoyer pieds & poings liez dans vn cachot, qu'il y vienne luy-mesme en personne, ou y enuoye pour ce faire, Ie ne me bougeray d'icy, ce qui en pourra puis-apres aduenir, en aduienne, les armes en seront les arbitres. Piteuse tragedie certes, qui par de tels deportements s'apprestoit, au grand plaisir des ennemis. Cela dit-il demande ses armes, & vous endosse vn fort bon gros corcelet à l'espreuue, enueloppe son bras gauche d'vne grāde & forte rondache, & ceint son espée au costé, espee fatale à quiconque elle arriuera. Il resplandist en son harnois d'vn fier & courageux semblant, qui estincelle cōme vn esclair, tel que le Dieu Mars, lequel armé de toutes pieces descēdroit du cinquiesme ciel, equippé d'horreur & de mort pour apporter icy bas la guerre. Mais Tācred s'efforce de r'adoucir cest trop boüillāte animosité qui s'esleue ainsi dans son cœur. Cheualier inuincible, luy va-il dire, ie sçay assez qu'à vostre valeur seconde à nulle autre, toutes entreprises les plus ardues, & rabotteuses s'explanerōt facilemēt, que parmi les plus forts perils & hazards, parmy la

I iij

terreur, l'espouuantement & la crainte vostre incōparable vertu reluira tousiours, & se monstrera telle que tousiours elle s'est monstree tresconstāte & ineffroyable: mais Dieu ne permettra pas s'il lui plaist q̃ nous en veniōs là, ny qu'auiourd'huy elle paroisse ce qu'elle est, à vn si pernicieux preiudice pour nous. Dites-moy dōcq' ie vous prie, que pē-sez-vous faire? Voulez vous souiller vos victorieuses mains du sang de vos cōcitoyēs en CHRIST? les mouiller, baigner, arrouser des cruelles playes de ceux qui ont pris les armes, & passé tāt de mers vnanimemēt auec vous, pour l'exaltation & soustenemēt d'vne mesme foy & creāce? Transpercer de nouueau REDEMPTEVR, dont ils sont les membres? le respect d'vne vaine gloire, qui tout ainsi que les vagues de la mer vont & viennēt sans s'arrester fermes, passe aussi tost, pourra-il plus en vostre endroit que la pieté, le zele & feruent desir d'vne gloire eternelle perdurable au ciel en la cōpagnie des bien-heureux? En l'honneur de Dieu moderez ceste precipitee animosité & colere, laissez vous vaincre à vous mesmes, despouillez-moy ce fier orgueil, ce superbe indomptable courage: Cedez vn peu: car cela ne vous peut estre imputé à crainte & vergoigne: ains à vne sainte & charitable affection que vous porterez au bien public de de la Chrestienté, dont vous deuez attendre vne palme d'immortelle louiange, celebre pardessus toute autre. Que si ce mien ieune aage estoit digne qu'on s'y mirast & y prist exemple, ie fus bien autrefois prouoqué à vn iuste mescontentement & courroux: mais pour cela ie ne m'armay pas contre les fidelles: ains me retins d'en quereler auec

Chant cinquiesme. 133

eux lors qu'ayant conquis le Royaume de la Cilice, & là ayant planté les victorieuses enseignes du CRVCIFIX, suruint Baudouyn qui s'en empara, parce que s'estant tousiours monstré mon amy ie ne pris pas garde à sa conuoitise: Et si ie ne m'ingeray pas pour cela de le rauoir à force d'armes, encore que peut estre ie l'eusse bien peu faire. Que si d'auanture vous abhorrez tant la prison, & ne vo° voulez laisser engombrer de cheisnes & liens, côme indignes à la verité d'vn si magnanime courage, & vueilliez suyure la commune vsance establie sur le point d'hôneur approuué de si longuemain côme pour vn manteau & couuerture du respect que s'approprie la noblesse, laissez-moy icy ie vo° prie pour intercesseur enuers celuy que nous auôs esleu pour chef, & à luy promis & iuré obeissance & fidelité, & vous en allz cependant promener en quelque part, mesme à Antioche deuers Bojamond, que ie tient pour assez asseuré refuge à ce qu'en ceste premiere poincte d'aigreur, vous ne tôbiez sous l'austerité de son iugemêt. Ne tardera puis apres gueres, & i'en suis certain, soit que no° ayons icy sur les bras l'armée d'Egypte, ou autres forces Sarrazinesques, que durât vostre absence, vostre valeur n'apparoisse tout clairement pour la faute que vous nous ferez : car sans vous nostre camp se trouue fort manque, de la mesme sorte qu'vn corps qu'on auroit mutilé des bras. Sur ces entrefaictes va arriuer Guelphe qui approuue le conseil de Tancred, & veut que sans plus differer Renaud s'en aille, & parte de là. A leurs persuasiôs & enhortemens l'indigné cœur de cest audacieux iouuenceau se fleschist & ployé, & ne les veult

I iiij

point desdire qu'il ne desloge tout à l'heure : mais là dessus suruint vn grand nombre de leurs amis, chacun d'eux recherchant de l'accompaigner, dequoy il les remercie, & ne préd auec luy que deux Escuyers, auec lesquels il monte à cheual, & s'en va portant auec soy vn desir extreme de s'acquerir quelque fameux bruit & honneur, vray esguillon à to^9 courages genereux pour les esueiller à vertu. Toute son entête n'aspire qu'à quelque glorieuse entreprise où il puisse faire parler de luy, & executer ie ne sçay quoy de grand outre l'ordinaire, s'en allant à ceste fin donner dans l'Egypte : & pour la foy dont il s'est constitué l'vn des principaux champions, en rapporter Cyprez ou Palme : Puis parcourüe qu'il l'aura toute, passer outre iusque où le Nil a ses sources tant ignorees des anciens. Mais Guelphe apres que cest indomptable cœur se diligentant de partir pour les contenter, eut pris congé d'eux, ne s'arreste plus là endroit : ains s'en va viste où il cuide trouuer le Duc, lequel de tant loin qu'il le voit luy escrie, Ie vous attendois icy tout à point Seigneur Guelphe, & auois ja de toutes parts enuoyé au deuant de vous. Puis faisant retirer tous les autres, il luy dit bas. A la verité vostre nepueu est par trop boüillant & precipité en ses coleres, & s'y laisse trop impetueusement transporter, ne pésant pas qu'il se puisse bien aiseement iustifier de cest homicide, ny d'en rendre raison qui vaille. Ie voudrois bien qu'il y en peust apporter de bónes : mais c'est tout ce qu'il pourra faire. Il faut au reste que ie me monstre enuers chacun iuge equitable, & ie le feray, si Dieu ne m'oste & le cœur & l'entendement, me constituant en tous cas fidelle gardien & depositaire de l'authorité qu'on m'a mise es mains, & iuste deffenseur du droict de tous. Ie me garderay tousiours entāt qu'il me sera possible, de lascher la bride aux meffaits, & aux Tyraniques passions qui me voudroyent maistriser de les supporter, & cleignāt les yeux, n'y rien iuger iniquement, dont ie peusse estre cy apres repris & taxé. Que si vostre nepueu a esté forcé d'efraindre l'Edict, & violer le sacré respect & obseruation de la discipline militaire, comme aucuns dient, qu'il le demonstre se soufmettant à la Iustice; Ie luy permets d'y venir libre sans autre forme d'emprisonnement & capture, qui est tout ce que ie puis pour ceste heure octroyer à ses merites, & vser de ce passe-droit. Mais s'il veut faire du refractaire & de l'opiniastre, & qu'il s'en indigne: car ie cognois à peu pres son humeur, donnez ordre de l'y amener doucement, à ce que ie n'aye point d'occasion de sortir hors de mon accoustumee debonnaireté, me forçant de me monstrer roide & seuere obseruateur des loix, autant que la raison & Iustice le requerront. Il luy dit cela: & Guelphe respond. Vn cœur qui abhorre de soy les iniures & paroles diffamatoires, ne sçauroit cōporter de tels outrages, ny de s'ouyr ainsi villener, qu'il ne tasche de les repousser. Si mon nepueu s'est reuangé d'vn qui le vituperoit si indignement, & qu'il en soit aduenu ce que le commun hazard des armes porte, qui est celuy qui peust prescrire des limites pour se contenir en vne si iuste esmotion ? Pendant qu'on est le plus fort acharné au combat, qui viendra assigner par compte quels & combien de coups on se doibt ruer ? Qui pesera à la balance, ou voudra

I iiij

mesurer à l'aune l'offence qu'on aura receuë? L'instāce que vous me faites que ce ieune homme se vienne soufmettre à vostre arbitre & iugement, il me deplaist bien que ie ne le puis accomplir : car tout sur le champ il partit d'icy, & peut-estre desormais bien loin: mais ie m'offre à prouuer cōtre celuy qui si faussement l'a deferé enuers vous, ou à tel autre qui le voudra maintenir, que ce que mon nepueu en a fait a esté pour defendre son hōneur, se reuanger iustement de la honte qu'iniustement on taschoit luy faire. Il auoit raison, veux-ie dire, de rabaisser ainsi l'orgueil, l'insolence & outrage de ce presōptueux defunct: Tout ce enquoy il faillit, si faute y a, fut d'auoir mis en oubly vostre ban: de cela i'en suis bien marry, & ne l'en veux pas excuser. La il se teut. Et le Duc; Qu'il voise errant de costé & d'autre à la bonne heure, & porte ses querelles & fougositées autre part, ie ne veux pas que vous en semiez icy de nouuelles, ny ne souffriray que ce camp deuienne vn seminaire de contētions & debats: & en l'hōneur de Dieu mettōt sous le pied toutes vieilles animositées & rācunes. Pēdāt que les choses passent ainsi entr'eux, ceste desloylle affronteuse ne perd pas temps à solliciter son secours: tout le long du iour elle ne cesse d'aller & venir, & trotter de costé & d'autre, requerir tātost cestuy-cy, tantost celuy-là, en s'aidant de tout ce que ses malices & subtilités annexees à ses bonnes graces luy pouuoyent fournir. Puis quand la nuit venoit offusquer de son brun manteau le clair iour inclinātes parties de l'Occidēt, auec deux Cheualiers siens, & ses deux Damoyselles elle se retiroit à par elle en son pauillon. Neantmoins quelque maistresse ouuriere qu'elle puisse estre de fraudes & deceptions, & quelque subtile artisane de ruses, encore que ses affettees mignardises, amoureux attraits, & caresses iointes à son incōparable beauté, dont le Ciel n'en forgea onques auparauāt, ny ne forgera cy apres de semblable, n'ayēt permis à aucun des plus signalés de l'armee de euader sain & sauue de ses aguets, & ne soyent tōbés dās son piege, il ne luy a esté toutesfois possible de rien mordre ny empieter sur le Duc. C'est en vain qu'elle tasche de l'engluer de son amour, & auec ses mortelles douceurs l'attirer à vne vie doux-languissāte de son desir, non plus que de faire venir vn faucon où gerfaut desia peu d'vne gorge qui tient encore, au bransle du leurre ou d'vne carquasse. Tel est ce sage & aduisé Prince, qui a bien ses pēsees ailleurs: si que desormais saoullé du mōde il ne tient plus compte de ses caduques voluptés: ains viuāt d'vne tref-reformee vie, esleue au Ciel toute son entēte, dont toutes les machinations & embusches qu'amour luy auroit peu tēdre & dresser en cest angelique visage, se trouuent vaines & esuētees: & n'y a empeschemēt quel qu'il soit, qui le puisse desuoyer de la brisee qu'il a entrepris de suyure & tenir, de se donner du tout au seruice de son Createur, sans s'en detourner nulle part. Elle tente mille artifices & en mille sortes se presente à luy non d'autre façon qu'vn secōd Prothee, qui se deguise en telle forme qu'il luy plaist: & ses benins subtils regards amiables, qui auroyent reueillé le plus languide endormy amour, le reschauffe où il seroit le plus morfondu, embrasé où il seroit le plus gelé, en cest endroit ce neātmoins (merueilleuse grace diuine!)

tous ses efforts se trouuent vains, & ne luy seruiroit de rien de les ressayer de nouueau. Ceste beauté si admirable qui se promettoit d'enflammer les plus chastes cœurs au moindre clein de ses œillades, comme elle vient rabaisser icy ceste presomptueuse cõfiance sienne, & faste orgueilleux! Quel despit & quel creuecœur elle doit maintenant auoir, quel estonnement & merueille! A la fin elle se r'aduise de tourner ses forces où elle trouuera moins de resistance, ny plus ny moins qu'vn sage experimenté Capitaine, qui se voyant auoir attaqué vne place inexpugnable, las & ennuyé de n'y faire rien, la quite là, pour s'adresser en quelque autre part où il pourra mieux faire ses besongnes, pour ne consumer point le temps en vain. Mais contre les armes de ceste-cy, Tancred ne se monstre pas moins inuincible : non qu'il ne soit d'vn fort amoureux naturel: mais il est desia engagé ailleurs si rauy de ceste fiere & hautaine beauté qu'il a imprimee en son ame, qu'il n'y en peut conceuoir d'autre. Car tout ainsi qu'vn poisõ en rechasse vn autre, & l'empesche de faire son operation, de mesme vn amour garde les personnes de se passiõner autre part, ores que la beauté y fust plus-grãde. Il n'y eut que celui-là seul qui ne donnast dans ses filets, tous les autres ou peu ou prou s'y allerent prendre. Aiant doncques fait vn si beau butin de tant d'importãs personnages, encore qu'il luy fasche assez que ses desseins ne lui aiant si opulemment succedé comme elle cuidoit, elle s'en reconforte en partie & deuant qu'on s'apperçoiue plus appertemẽt de sa fraude, elle pourpense de les tirer en vn autre endroit où elle en puisse estre mieux

Chant cinquiesme. 139

asseurec: & ait le moyē de les entrauer de pl° fortes chesnes q̃ ne sont celles où elle les detient pour à ceste heure. Le terme escheu que le Duc lui auoit prefix de lui deliurer le secours qu'elle pchassoit, elle se va presenter deuāt lui en grād' reuerence, & d'vne pfonde humilité lui va dire. Seigneur, l'assignatiō qu'il vo° auoit pleu me dōner est escheuë. Que si d'auenture ce cruel Tyran a nouuelles que ie sois icy recouruë à vostre aide, il se tiendra plus sur ses gardes, & s'apprestera pour se defendre, dont par ce moyen nostre entreprise ne seroit pas puis apres si aisee à executer: Et pourtant premier qu'il en puisse estre aduerty, ne qu'il en ait quelque vent par le bruit commun, ou de quelque sienne secrette espie dont il n'a pas faute en ce camp, vostre debonnaireté s'il luy plaist en choisisse entre ces plus vaillans Cheualiers quelque petit nombre, pour les faire acheminer tout presentement auec moy : car si d'auanture le ciel ne vouloit regarder d'vn impitoyable œil les secrets des hommes, & mettre en oubly l'innocence, ie seray sans doute remise en mon Royaume, & vous aurez tousiours ma terre pour tributaire soit à la paix, soit à la guerre. Ainsi luy disoit elle, & le Duc luy accorde ce qu'elle demande, puis qu'il ne le luy peut refuser, encore que là où elle voudroit haster son partement, il cognoisse assez que sur luy retombera tout ce choix, & le mescontentement qui en prouiendra, parce que chacun voudra estre de ces dix esleus, & preferez les vns aux autres, dont ils faisoient toute instance à eux possible : car l'emulation qui s'en resueille en leurs courages les rend en cela plus pressās, & plus importuns. Elle qui remarque cauteleusement comme ils y vont à cœur ouuert, prēd vne autre addresse, & leur renflāme tousiours de plus en plus vne craintifue & defiante jalousie, qui leur chausse les esperons; cognoissant assez la pipeuse qu'elle est, qu'à la fin l'amour vient à s'enuieillir & eslangorer sans ces artifices, & se rend plus morne, & tardif: ainsi qu'vn Cheual deuenu plus lent & pesant à passer vne carriere, s'il n'y en a d'autres qui ayent gaigné les deuans, ou le tallonnent suiuans de pres. De ceste sorte elle sçait si bien cōpartir le langage qu'elle leur doit tenir, auec ses deceptiues amorces d'œillades, de sous-rires, & autres atractatifs apasts, qu'il n'y en a vn seul qui n'en porte enuie à son cōpagnon, & qui ne se trouue combattu de la crainte & de l'esperāce. Car ceste folle insensée trouppe d'enamourez, à qui la simulation d'vn feint desguisé semblant donne cent coups d'esperon à toute heure, s'en va courant à toute bride, sans estre retenuë de honte ny respect quelconque, si que c'est pour neant que le chef les en tanse & rabrouë, qui desireroit volontiers les pouuoir cōtenter tous, sans pancher de costé ny d'autre. Et encore que quelquefois, les voyāt ainsi hors des gonds, il s'en despite & mette en colere, puis qu'ils y sont si aheurtez, il va prendre vn nouueau party pour les mettre d'accord s'il peut. Il fait dōcq' escrire en des billets les noms de tous ceux qui y pretēdoyent: & leur va dire, Ne vous faschez de vous sousmettre à l'arbitre de la fortune: Puis les fait ietter dans vne capse, d'où apres les auoir biē secoüez pour les mieux mesler, vn ieune garçō les tire au sort. Le Cōte de Pembrosie Artemidor vient tout le premier:& Gerard apres:le troisiesme est Vencelaus, ce Vencelaus qui au precedāt souloit estre si posé rassis, & maintenant vieil grisart qu'il est, veut faire du ieune, & de l'amoureux. O quel ioyeux visage ils ont tous, leurs yeux surfondus de ce grand plaisir qui du fonds du cœur y regorge. Ce furent les premiers tirez, les desirs desquels la fortune propice à l'amour fauorise: Tous les autres suspendus encore de doute, dōnent des signes apparens de martel & de defiance, dont les billets estoyent restez au fonds de l'vrne, & depēd leur expectatiue de la prononciation de celuy qui les desployant lit ce qui y est escrit, cōme si c'estoit vne sentēce diffinitiue de mort ou de vie. Gaston viēt le quatriesme, auquel succede Rodolphe pour le cinq:& à Rodolphe Vlrich: Puis Guillaume de Rouciglion:& Eurard de Bauieres, & le braue Hēry. Rābauld fut tout le dernier, qui depuis renia la foy, si grande puissance a l'amour. Et se vint clore le nombre des dix, dont tout le reste fut forclos, lesquels forcenez de despit de jalousie & d'enuie maugreent la fortune cōme iniuste & cruelle, & t'accusent pour par trop incōsideré ô Amour, qui permets qu'en ton Royaume elle soit esleuë pour iuge & arbitre. Or pource que c'est vn instinct naturel né es cœurs des hōmes de desirer plus ardāmēt ce qui leur est plus desnié, plusieurs d'ent'eux se deliberent malgré qu'elle en ait, & pour luy faire honte & despit, de suiure Armide aussi tost que la nuict viendra: Ils la veulent suyure par tout & à l'ombre & au Soleil, & exposer leurs vies à tous perils en combattant pour sa querelle. Elle en delasche quelques mots, & en paroles entrerompuës de mignards gracieux souspirs les y appelle, & inuite, se condueillant tantost aux vns, tantost aux autres d'estre bien faschee de se partir de là sans eux. Ce pendant les dix aduenus au fort s'estoyent ja armez, & prenoyent congé du Duc Godefroy; lequel les admonneste fort sagemeut vn à vn combien la fidelité Sarrasinesque est legiere, doubteuse & suspecte,& vn gage mal asseuré,& de quel aduis & prudence il falloit euiter leurs aguets & machinations,& se garentir des accidens & desconuenuës qui en pourroyent sourdre : mais toutes ses belles remonstrances s'espandent au vent: car l'amour n'est point coustumier de receuoir le conseil & enhortement des gens sages. Il leur donne à la fin congé, & leur bonne guide ne differe pas à partir iusqu'à l'aube du iour ensuyuant: ains victorieuse & venuë à bout de ses pretentions, emmeine auec soy, ou plustost chasse deuant elle comme en triomphe ces prisonniers siens, & laisse le surplus de ses autres enamourez entre mille angoisseux tourments. Mais si tost que la nuict eust espandu dessus la face de la terre son offusqué tenebreux voile, & esblouy la fantasie des ensommeillez de mille formes & illusions de legers vagabons & incertains songes, plusieurs autres que les susnommez, selon que leur aueuglee passion les poussoit, allerent apres suiuans leur piste. Eustace tout le beau premier à peine eut-il la patience d'attendre la premiere ombre de la nuict : ains s'en va hatif doublant le pas le plus viste qu'il peut où le meine par l'aueuglee obscurité vn guide aueugle, si qu'il se fouruoya, le Ciel estant alors moiste & sombre: mais a l'apparoistre de la de-

Chant cinquiesme. 143

űree clarté il descouure Armide & sa trouppe, au sortir d'vn petit hameau où ils auoyent logé celle nuict. Tout soudain il s'esbranle au grand galop vers elle: mais Rambaud l'ayant apperceu de loin, luy escrie que c'est qu'il alloit cherchāt parmy eux & à quelle occasion il venoit ainsi courre sur leur marcher. Ie viens (dit-il) pour accompaigné ceste mienne Dame, qui n'aura moins prompte aide & secours de moy, si d'auenture elle ne le desdaigne, ny vn moins fidelle seruice que nul autre de ce monde. Et qui vous a appellé à vn tel & si haut honneur? replique l'autre. Amour, respond-il; C'est Amour luy mesme qui m'y a choisy, & vous la fortune: qui vous semble le plus iuste & certain Electeur des deux? Rābaud luy va dire; Rien ne vous peut valoir ce faux tiltre. Vous taschez d'vser d'vn artifice lequel vous sera toutefois inutile, & ne vous deuez entremettre du faict de ceste Royalle Princesse auec ses autres Cheualiers, seruiteur illegitime que vous luy estes. Et qui est-ce qui me le defend? dit Eustace, fort irrité de ces parolles. C'est moy (dit l'autre) qui vous le cōtrediray tant que i'auray la vie au corps, & se met audeuāt de luy. De la mesme animosité chacun des autres se meut: Mais là dessus ceste dominatrice de leurs cœurs, estēd sa main, & se met entredeux, disant aux vns, Dea! vous deuez vous ennuyer de voˢ voir accroistre de cōpagnie, & moy de rēfort? Si vous aymez ma saũueté, pourquoy me voulez vous priuer à vn tel besoin de ce nouuel ayde & secours? Et à Eustace, Certes voˢ soyez le tresbien venu, & venez bien à point pour me defendre ma vie, mon bien, & mon honneur: la raison ne veut pas que ie refuse vne si noble & aggreable compagnie que m'est la vostre. Ainsi parlant tiroit païs, & luy en suruenoit tousiours quelques autres à la file, dont l'vn l'atteint icy, l'autre là, sans en sçauoir rien l'vn de l'autre: ains se regardoyent de trauers, & elle les reçoit amiablemēt, leur mōstrāt à tous vn grand ressentiment de ioye & plaisir de leur venuë. Le Duc à l'obscurcissemēt du iour ne s'estoit encore apperceu de leur depart : mais quand il le sçait, son esprit n'en pronostiquāt rien de bon s'en afflige, & luy annonce quelque desastre tout prochain. Cependant qu'à cela il pense, voicy vn message arriuer tout poudreux & suant, presqu'hors d'haleine, d'vne mine triste & dolente, qui demōstre assez de n'apporter rien de bon : ains d'auoir comme escrit sur le front de fascheuses nouuelles. Cestuy-cy va dire: Seigneur tout incōtinent ceste grosse force d'Egypte se descouurira sur la mer: Guillaume voꝰ en enuoye aduertir par moy, celuy qui cōmāde aux vaisseaux de Gēnes, & m'a depesché deuers vous tout expres pour le vous faire entendre. Nostre flotte se trouuant trop foible pour leur resister, s'est retiree au port d'Edisse : laquelle ne craint pas seulemēt de sortir dehors : ains se defie de pouuoir demeurer sur la defensiue, n'estāt pas là bien asseurée quelque resserrée qu'elle y puisse estre, si que parauenture serōs nous cōtraints de tirer les vaisseaux à sec, & les hommes dans les murailles, à raison que la ville est forte tant d'assiette q̄ d'ouurage de main, scituee en dedās terre quelque peu esloignee du riuage. Adiousta puis apres, que les cheuaux, chameaux & autres bestes de voiture, qui chargees de viures venoyēt des vaisseaux

pour

pour la fourniture du camp, auoient eu vn mauuais rencontre en chemin, & que leur escorte se cuidāt defendre, ayans esté assaillis en vn vallon des volleurs Arabes, par le deuant, & par derriere, auoient esté partie taillez en pieces sur la place, partie mis à la cadene, Si qu'on tenoit que personne n'ē estoit eschappé. Que la forcenee hardiesse de ces Barbares, & la licence qu'ils prenoient s'en alloit desormais si grāde, qu'à guise d'vn deluge sans plus trouuer aucun obstacle, elle inondoit de toutes parts; dont il estoit besoin que pour les contenir en bride, on y enuoyast quelques trouppes de cauallerie pour la seureté des chemins qui la marine alloient au camp. D'vne à autre langue, & de nation à nation, ce bruit se seme en vn instant par lē camp, qui cōçoit de là vne crainte d'estre en peu de iours affamez: Dont leur sage & aduisé Capitaine qui n'apperçoit plus en eux ceste prompte & deliberee hardiesse, tasche auec vn ioyeux & riant visage, & des parolles conuenables, de les r'asseurer & recōforter du moins mal qu'il peut. O braues soldats de nostre Sauueur, va-il dire, nays pour restaurer les dommages de sa saincte foy, & creance: qui par mille dangers mille trauaux & mes-aises estes passez auecques moy en ces parties si esloignees de vos cheres anciennes demeures: Vous qui d'vne inuincible grandeur de courage auez surmonté les armes & effort des Perses: les astuces trōperies & amusemens des Grecs: les montaignes aspres & difficiles, la mer, les vents, & les tourmentes: les froidures, pluyes, neiges, & tant d'autres iniures de l'air: la faim, la soif, & toutes sortes de mes-aises: Aurez-vous dōques peur à ceste heure

K

Ce Seigneur là qui vous conduit, vous meut & adresse, que vous auez desia tant esprouué en de plus griefues mesaduentures & desastres, ne vous pourra-il pas rasseurer maintenant? comme s'il auoit destourné autre par la main de sa toute puissance & bonté, & son pitoyable regard. Bien tost viendra le iour que vous vous resiouyrez en vos cœurs, vous ressouuenãt de la grace qu'il vous aura faite de vo° auoir deliuré de tant de maux & de dangers: dont vous luy rendrez de condignes graces, & vous acquitterez de vos vœux. Ayez donc vn peu de patience, & prenez courage, magnanimes soldats de IESVS-CHRIST, reseruez vous ie vous prie à recueillir la recompence de vos merites & trauaux, par les prosperes & heureux succés que nous aurons de ceste guerre, Dieu aydant. Par le moyen de ces paroles & de sa ioyeuse asseuree face il reconforte ces volontez debilitees: mais cependãt mille fascheux poignans soucis luy mordent le cœur, engrauez iusqu'au fonds de l'ame: pensant en soy comme il pourra aduitailler son camp, & nourrir tant de bouches qu'il a sur les bras, & de si diuerses nations, parmy vne telle penurie & disette: Cõme leur armee de mer se pourra opposer à celle d'Egypte: & d'ailleurs refrener ces coureurs Arabes, qui battent ainsi les chemins, & leur causent tant d'incommoditez & dommages.

Chant sixiesme.

ARGVMENT.

ARGANT enuoye vn Heraud au camp des Chrestiens deffier les plus vaillans au combat d'homme à homme là où apres auoir fait de grandes preuues de sa proüesse, Tancred se presente, dont il n'a pas si bon marché que des autres: car ils y demeurent tous deux fort blessez: & la nuict suruenant la dessus, les separe. Hermine Princesse d'Antioche amoureuse extremement de Tancred, s'armant des armes de Clorinde pour se desguiser, se desrobe par les tenebres, pour venir au camp le penser, dont elle est destourbee par vn accident trop estrange.

MAIS d'autre part les assiegez conçoyuent vne bien meilleure esperance de leurs affaires, & commencent à se r'asseurer, d'autant qu'outre la prouision de viures qu'ils auoyent ia faicte, on leur en apporte d'abondant chasque nuict, & ont tresbien garny d'armes & machines de guerre la cortine à la partie du Septentriõ, qui estoit le moins fort endroit de la ville, mais ils l'ont rehaussee & munie au derriere d'vn bon gros rãpar de fassines & de gazõs auec des esperõs de maçonerie pour garder la terre de s'esbouller: des boulleuequars aux encoigneures,

K ij

flanquans le fossé & la contr'escarpe, & des plateformes au haut pour battre au loing, & en empescher les approches; Si qu'ils ne monstrent pas de craindre de là en auant aucun effort qu'on y puisse faire. Le Roy n'y intermet vne seule heure, & ne cesse de faire fort bien remparer tout le reste, soit que le Soleil luise dessus la terre, soit à la clarté de la Lune qui luy succede és tenebres. Les armeuriers d'autre part trauaillent iour & nuict à forger des armes. Et comme il est du tout occupé à cela, Argant le vient trouuer, qui luy parle en ceste sorte. Iusques à quant est-ce, Sire: que vous nous voudrez icy retenir enclos comme prisonniers, & renfermez dãs ces murailles en vn long, ennuyeux lasche & oysif siege? Ie n'entends que trop resonner les enclumes, & les marteaux battre pour forger heaumes, cuirasses, espees, & autres armes tãt ofēsiues q̃ defēsiues: mais ie ne voy poĩt à quel vsage on les reserue: permetãt aĩsi à ces volleurs là de dehors, qui nous tiẽnẽt icy encagez, de courir en toute liberté la campaigne, & de fourrager, piller, saccager à leur souhait nos bourgs, villages & chasteaux, sans qu'aucun se mette en deuoir de leur y donner vn tant soy peu d'empeschement, non pas mesme qu'on les ose aller resueiller au son de la trompette, & leur donner la moindre camisade. Certes iusques icy ils ne se sçauroient plaindre d'auoir esté troublez ny entrerompus de pouuoir prendre leur repos plus qu'à leur aise, ny leur repas, soit à disner en seureté, soit à soupper ioyeusemẽt, & à se donner du bon tẽps! a pluspart de la nuict en toute asseurance, sans auoir eu vne seule alarme: là où nous serons icy au lõg aller cõtraints de la faim & mef-aifes de nous rēdre comme vaincus & fuppeditez à leur difcretion, où de nous rendre comme lafches & pufillanimes, fi l'armee d'Egypte retarde vn peu trop à venir. Quant eſt de moy, ie ne veux pas qu'vne obſcure oubliāce d'vne mort ignoble vienne offuſquer & couurir mes iours. Et n'y aura-il point quelqu'vn qui entre ces portes me face iour, qu'au moins la claire aggreable lumiere du Soleil ainſi renfermee pour nous dehors nous vienne eſclairer icy dedans? Or que la fortune face de moy icy bas ce qui en aura eſté determiné là haut; elle ne pourra neantmoins faire, que ſans mettre la main à l'eſpee ie meure ignominieuſement, & ſans gloire, & que ie ne vēde bien cher ma mort, mais ſi d'auenture les eſtincelles de ceſte voſtre couſtumiere vertu ne ſont du tout eſteintes & amorties, ie n'eſpererois pas ſeulement ne mourir ſans quelque vengeance combattant magnanimemēt, ains de me garentir la vie auec vne glorieuſe victoire. Noſtre deſtinee fatale nous appelle & ſemond d'aller courageuſemēt attaquer l'ēnemy, & noº en promet vn heureux ſuccez, pourueu que nous y allions tous bien deliberez, & d'vn meſme accord, car ſouuētesfois il aduient que les plus hardies reſolutiōs ſont les meilleurs conſeils qu'on puiſſe prēdre. Mais ſi d'auēture vous ne voulez mettre voſtre cōfiāce à vne trop ſcabreuſe entrepriſe, ny voº hazarder de ſortir dehors auec toutes vos forces à vne fois, procurez au moins que par le corps d'ū ou deux de vos Cheualliers, ce voſtre ſi importāt differēt ſe termine. Et à celle fin que plus volontiers le chef des Frāçois ſe condeſcēde à vn tel offre, que luy-meſme ait l'ele-

K iij

ction des armes par deuers soy, telle que bon luy semblera pour leur aduantage: & du camp encore où se deura demesler l'affaire, auec telles conditiõs qu'il voudra. Que si l'ennemy tel qu'il puisse estre n'a tant seulemẽt que deux mains, & vn seul cœur & vne vie, pour hardy & vaillant qu'il soit, vous ne deuez auoir crainte aucune qu'il vous en mesaduienne en sorte quelconque, ny que vostre droit estant defendu par moy couure aucun danger de se perdre. Ceste espee que vous voyez, & le bras qu'il employera, vous peuuent au lieu de la destinee & fortune donner pleine & entiere victoire de vos ennemis: Laquelle d'elle mesme se vient desia donner en gage à vous, si vous y mettez vostre attente, vous-vous pouuez bien asseurer de la saueueté & conseruation de vostre corone. Cela dit, il se teut: & le Roy respond. Tres-hardy & vaillant Cheualier, cõbiẽ que vous me voyez ainsi chargé d'ãs, & tout r'attiedy d'vne tarde pesãte vieillesse, ces mains toutefois ne sõt poit encore si engourdies, ny mõ courage si relaché, qu'il voulut plustost mourir vitupereusemẽt, que d'vne glorieuse mort honorable. Ores que i'eusse peur ny doubte aucun de la disette que vous m'alleguez, & d'estre en danger de ieusner plus qu'il ne nous seroit besoin, (Dieu destourne de nostre vie vne fin si desastreuse & infame) ie veux bien vous manifester vne chose que cauteleusemẽt ie veux taire & dissimuler aux autres. Solyman de Nicee cherchãt de sa part de se venger des torts & dommages que nous auons tous receu des Chrestiens, r'allie les trouppes d'Arabes qui vont errans escartez de costé & d'autre iusqu'en la Libye, auec lesquel Il s'attend bien, donnant de nuict vne chaude alarme à ce camp là bas, de ietter cependant cy dedans vn bon renfort de viures & commoditez, & si ne tardera gueres à venir: si qu'encore que cependant nos chasteaux, & le reste du plat païs vinssent à estre occupez, il ne s'en donne pas grand peine, pourueu que nostre authorité Royalle, & ceste ville capitale nous puissent demeurer conseruees. Mitiguez doncques quelque peu ceste idomptable hardiesse vostre: ceste chaude boüillãte ardeur esprise en vostre impetueux courage, & attendez vne saison plus opportune pour vostre gloire, & ma vengeance. De cela s'indigua l'audacieux Sarrazin, parce qu'il estoit de lõgue main enuieux & emulateur de ce Solymau, & luy desplaist ameremẽt de l'ouyr mentionner à ceste heure, ny que le Roy dont il est fort affectionné seruiteur, se promette si confidamment tant de cest homme qu'il n'ayme pas. A vostre bon plaisir, Sire, va-il respõdre, soit ou la guerre, ou la paix. Vous en ferez cõme il vous plairra, ie ne vous en parleray iamais: temporisons à la bõne heure, & attendons ce que Solymã voudra faire, lequel ayãt perdu sõ Royaume, vous doit ainsi bien garentir le vostre. Qu'il vous vienne trouuer comme vn Ange descendant du ciel pour deliurer le peuple Sarrazinois, de moy ie me sens assez suffisant pour me deffendre, & n'y veux employer que la liberté de ce bras. Mais pẽdãt que les autres se reposeront qu'on me permettent à tout le moins, de descẽdre là bas à la plaine, pour m'y esprouuer cõme vn particulier Cheualier qui est à soy, & volõtaire, & nõ pas vostre soudoier. Ie veux aller là cõbatre hõme, pour hõme les

François. Le Roy replique. Encore que vous deussiez reseruer vostre effort à vne meilleure occasion & vsage, neantmoins que vous enuoyez desfier quelques vns de nos ennemis au combat, s'il vous agree de la sorte, ie ne le veux pas empescher. Cela dit, l'autre sans remettre l'affaire en longueur: Va t'en, dit-il à vn Heraut, & te coulle tout presentement là bas au camp des François, ou en presence de toute l'armee tu parleras en ceste sorte. Vn cheualier lequel s'ennuye d'estre si lōguement refermé dedans l'enclos de ces murailles, veut prouuer auec les armes à quiconque sera si hardy de le cōtredire, que ce n'est ny pour zele de vostre foy, ny pour autre telle legitime occasiō que vous Chrestiens à faulx tiltre vous estes ainsi esmeuz sur l'Asie, ains vne pure ambition, & vne insatiable conuoitise de dominer & vous agrandir aux despens d'autruy, qui n'est pas la voye d'acquerir honneur comme il faut. Et n'est pas appareillé de cōbattre tāt seulement vn ny deux de vous plus braues, ains apres le second, vienne le tiers, & le quart encore, voire le cinquiesme si besoin est, soit de noble, ou de basse race, il ne luy en chaut, & n'en veut refuser pas vn. Donnez-luy donc si bon vous semble, la seureté, & le saufconduit qui en tel cas seront requis: & que celuy qui sera mis au dessous, demeure prisonnier du vainqueur, pour en faire à sa volōté selō l'vsance de la guerre. Ainsi luy dit-il, & le Heraut vestit soudaī sa cotte d'armes d'vn velours cramoysi brū brodé d'or aux armoiries & deuises du Roy son maistre. Estant arriué en la presence de Godefroy, & des Barons, il leur demāde. Dōnez vous liberté entre vous messieurs à vn messager de vous dire ce qu'il a en charge, mesmement de telle qualité que ie suis? Ouy, nous la dōnōs respōdit le Duc; & pourtant dites hardiment ce que voꝰ voudrez sans rien craindre. Il poursuit adonc son propos. Or il y perra donc maintenant, si vne haute & braue Ambassade vous aura point esmeu le cœur. Puis leur declare son défiemēt en de magniques paroles? dōt pour les ouyr ainsi superbes toute l'assistance se prist à en murmurer & gronder. Mais sans attendre d'auantage le Duc luy respond. Vostre Cheualier quel qu'il soit, a entrepris vne forte & dure besoigne, dont il ne metttra guere à se repentir, si qu'il ne sera point besoin que le secōd s'y presente. Qu'il vienne donc tout de ce pas, nous luy octroyons telle seureté qu'il demande, & ne luy sera fait aucun tort, ains le combattra vn des nostres sans aduantage, ie le iure & le promets ainsi. Cela dit-il sans passer outre, & le Roy d'armes s'ē retourna par le mesme chemin qu'il estoit venu, sans s'arrester qu'il ne fut deuant le Circasse. Armez-vous luy dit-il, vaillant Sire, que tardez-vous plus? les Chrestiens ont accepté vostre offre & deffy: & le moindre d'eux, nō que les plus grāds se vantent bien de rabbaisser vostre caquet, & de vous faire trouuer menteur de ce que vous leur auez enuoyé reprocher par moy. I'ay veu, & les ay bien remarquez, parmy eux mille tres-furieux regards pleins de menaces, & mille bras deliberez de se bien employer contre vous. Leur chef vous octroye telle seureté que vous demandez, & le camp libre à vostre choix. Cela dit, l'autre demande promptement ses armes, & s'en equippe à tresgrand haste, impatient de plus attendre, & se diligente le plus qu'il peut de descendre à val à la plaine. Lors Clorinde alla dire au Roy, qui estoit present à le voir armer: Sire il n'est pas raisonnable que ce vaillant homme s'en aille ainsi seul, & vous demeuriez icy renfermé dans l'enceinte de vos murailles: Enuoyez donc mille soldats qui l'acompaignent pour luy faire escorte: mais laissez-le aller quelque peu deuāt pour parfournir son entreprise, & que vos gens cependant face alte non gueres loing de là. Apres que ces mille eurent pris leurs armes, Argant se mit deuāt garny de son harnois accoustumé, son cheual capparaçoné de mesme, si qu'on le pouuoit bien remarquer de loing, & là dessus on choisit vne place à my-chemin de la ville & du camp, fort esgale & bien applanie, telle au demeurant & si ample, qu'il sembloit qu'elle eust esté apprestée tout expres pour seruir de chāp de bataille. Là estant descendu tout seul il s'arreste à la veuë de ses aduersaires, d'vn fier visage menaçant, redoutable pour son grand courage conforme au grand cœur, & à la demesurée force qui y habitoient, tel que comparut autrefois le geant Encelade en Phlegre, & l'enorme Philistin en la valee du Terebynte: neantmoins il y en a la plusieurs qui n'ont pas telle crainte de luy que peut estre ils deuroient auoir, n'ayant encore esprouué la portee de son pouuoir. Godefroy n'en ayant encores choysi pas vn de tous ceux qui luy paroissoient les plus suffisans, on pouuoit voir à la contenance de la pluspart qui auoyent tous ietté leurs yeux sur Tancred, qui les designoyent pour le plus capable d'entrer en ce duel d'homme à homme: ce que mesme ils tesmoignoyent pas vn bas mur-

Chant sixiesme.

mure, à quoy le Duc aussi s'accordoit bien: car cōme les autres s'y presentassent, desireux d'auoir cest honneur d'estre preferez, iettant lors sa veuë sur luy il alla dire, Allez y doncques preux Cheualier, puis que vous en auez si bonne enuie, ie n'y veux pas contreuenir: Allez reprimer l'audace de ce temeraire qui vous vient ainsi brauer sur le nostre. Tout ioyeux de ceste licence, il demande son heaume & ses gantellets, car rien ne luy manquoit que cela de toutes ses armes, & ses escuyers les luy apporterent: son cheual luy fut par mesme moyen amené, sur lequel il se lancea d'vn plein saut, mettre le pied à l'estrié, puis prend sa lance, & se iette hors de la tranchee, accompaigné de plusieurs autres. Il n'estoit pas encore arriué au champ où Argant l'attendoit, quand il aduise là aupres sur vne butte, ceste braue guerriere qui auoit la clef de son cœur, armee de toutes pieces, & montee sur vn braue genet blanc de mesme qu'estoit tout son equippage de pannaches & de cotte d'armes, ressemblans proprem̄t quelque tas de nege freschement espandue sur vne colline, la visiere haussee, si que on luy pouuoit voir toute la face à descouuert. Dont non que Tancred, mais Mars mesme eust perdu tout le souuenir de combattre, pour contēpler ce beau paradis de delices. Aussi ne regard-il pas le Circasse, qui d'vn grand orgueil haussoit sa teste vers le Ciel, ains s'en va le beau petit pas droit à celle qui s'estoit plantée là sur ce tertre, & y arreste sa veuë ferme immobile, bouillāt d'vne amoureuse ardeur par dedans, & par dehors froid comme glace, il ne se soucie plus du combat qu'il a entrepris, car il en a biē icy vn autre qui luy touche au cœur de plus pres, & dont il luy sera plus difficile à se demesler. Cependant Argant se prit à crier d'vne voix effroyable deffiant non que au combat, mais à la mort, tous ceux qui se voudroiēt opposer à luy. I'estois venu icy tout exprés, disoit-il en grande arrogance, y cuidant trouuer quelque courageux Cheualier pour contendre auec luy de prouësse: où sont donc ces braues qui se faisoient tenir à douze? Et là dessus le hardy Normand Engerland, qui s'asseure biē de luy rabaisser son orgueil, & de reboufcher ceste si temeraire audace, obtient cōgé de s'aller esprouuer contre luy, mais le Duc fait quant & quant armer vne compagnie de gens de pied pour accompaigner ce sien combattant, comme les autres auoient fait de leur costé. Chacun d'eux en vn mesme tēps met la lance en l'arrest, & bien couuerts de leurs escus se viēnent rencōtrer de droit fil, mais le choc ne fut pas esgal, car Engerland luy ayant donné dans la visiere de son armet, Argant luy passe la lance au trauers du corps, & le porte par terre tout roide mort. Tel guerdon eut sa hardiesse, de finir ainsi tost ses iours, & à si peu de resistance. Ce fier Circasse met pied à terre, & le despouille de ses armes à luy acquises suyuant la pactiō accordee, mesprisant les Chrestiens comme gens de peu, voire tout le monde auec eux qu'il n'estime point vn boutō, Celuy de Norgalles, vn ieune Cheualier courageux, despité de tant de brauades, sort le secōd encōtre luy, où il rompt sa lance, sans faire autre chose, car il ne l'esbrāle nō plus qu'vne tour, & l'autre le va atteindre si rudement dās le hausse-col qu'il le perse de part en part, & le renuerse qu'il ne remuë pied ne main. Le corps priué de tuut sentiment est par luy soudain despoüillé comme l'autre: Puis à haute voix menace le reste & les defie. Voyla, disoit-ils vos despouilles vostresãg, ô les preux guerriers de l'Europe, Qui viẽdra dõcques de tous vo⁹ autres les venger & reconquerir? De ces arrogantes iactances le cœur s'en attise aux François, & ia Othon est à cheual. C'estoit l'vn de ceux qui s'estoient presentez au combat d'vn ardãt desir, mais il s'en estoit departy, & l'auoit quitté à Tãcred, s'estant mis à l'accompaigner auec les autres: & maintenãt qu'il l'apperçoit muser ainsi comme s'il eust fait du retif, il se pousse deuãt les autres,& embrasse chaudement ceste occasion, de peur qu'vn autre ne l'y preuiẽne: Vn tygre ny vn leopard ne descoche pas d'vne telle prõptitude & vistesse apres leur proye en vne plaine, que ce courageux Cheualier vient rencontrer le Sarrazin, qui auoit aussi couché sa lance en l'arrest: & là dessus Tancred cõme s'il se fut secoüé d'vn fort somme, quitte là son pẽser, & se r'aduisant crie apres Othon, Que voulez vous faire? ceste bataille m'appartient? Mais c'est à tard, car Othon l'auoit desia trop deuancé. Parquoy il s'arreste tout enflambé d'ire, de despit & vergoigne, le visage plus rouge que feu, parce que il repute à autãt de hõte & reproche qu'il y en ait ainsi vn autre qui ait gaigné les deuãts de ceste meslee: & cependant Othon a my carriere ayant atteint Argant dans l'escu, n'y faict pas autrement grand effet, mais le Circasse luy fausse le siẽ de part en part, & le porte par terre. Il faut biẽ que le coup soit grand & veuu d'vne roide main, puis qu'vn tel preud'homme en est arraché des arçons, car il n'auoit pas accoustumé de cheoir de legier: mais

mais celuy à qui il a affaire est de trop grande force, si qu'il ne l'accōpagnent pas à la cheutte, ny ne s'esbranle tant soit peu de dedans la selle, ains d'vn fastueux langage luy alla dire: Rends-toy, & ne tiēs pour outre: tu te dois assez contenter d'auoir ce iourd'huy obtenu tant de gloire, que d'auoir osé attaquer Argant, tu te pourras bien vanter cy apres d'auoir eu vne grande hardiesse. Non respōd Othon: l'on n'a pas accoustumé parmy nous de si tost se rēdre: vn autre pourra faire mes excuses de m'estre ainsi laissé tomber, mais i'en veux faire la vengeance, où mourir icy tout presentement. Le Circasse grinsse les dents, bruit & fremist comme vne Alecto, ou autre furie infernalle, & sēble qu'vne flāme luy sorte des yeux, par la bouche, & par les nazeaux. Esprouue donc maintenāt qu'elle est ma force, luy va-il crier, puis que tu refuses ma courtoisie: & de ce pas toute honnesteté & deuoir de cheuallerie postposez arriere, pousse son cheual contre luy. L'autre ne voulant attendre vn si rude encontre, s'en destourne, & au passer luy donne vn grand coup d'espee à trauers le flanc, si que l'espee en retourne toute sanglāte: mais que luy peut cela profiter, puis que ceste playe ne luy oste rien de sa force & vigueur, ains ne luy fait que redoubler son courroux & indignation? Argant arreste son cheual, & le tourne d'vne si grāde agilité qu'à peine l'autre s'en apperçoit: si qu'il le heurte à l'improuiste si rudement que les iambes luy en chancellent, & l'haleine presque luy faut, le cœur se relasche, & le visage luy pallist, tant que ne pouuāt soustenir ceste dure atteinte, il verse de rechef à terre. Argant de plus en plus fort s'enfellonne, &

luy passe le cheual sur le vêtre, en s'escriāt à haute voix, ainsi puisse aller de tous les outrecuidez tels que cestuy-cy, qui me gist icy sous les pieds. Mais le courageux Tancred ne retarde point d'auātage, car cest acte ainsi inhumain luy desplaist, & voulāt reparer la faute qu'il auoit faite de s'estre amusé ailleurs, luy escrie, cœur vilain, lasche, & infame, mesme en ta victoire, quel tiltre honnorable de louanges peux-tu attendre d'vn acte si discourtois & vituperable? Certes tu dois auoir pris ta nourriture, & fait ton apprentissage parmy les larrons d'Arabie, ou semblables manieres de gēs barbares & inhumains: va te cacher, que iamais plus on ne te voye q̄ parmy les bestes plus sauuages, & les plus farouches à trauers les profondes forests, & montaignes inaccessibles, pour exercer ta felōnie auecques elles. Là il se teut, & le Sarrazin mal accoustumé à souffrir de telles reproches, s'en mord les leures, & ard de rage qui le ronge de despit dans le cœur. Il veut respondre, mais c'est en paroles brutifues & confuses qui luy sortent en trop grande foulle & precipitation de la bouche, tout ainsi que brait vn taureau qui mugle, ou comme la foudre qui fend la nuée dont elle part, d'vn son esclattāt: de mesme tout ce qu'il disoit, sembloit vne longue trainee de tonnerre qui luy sortist, retenue à force de son enflambee poictrine. Les menaces & les furieux parlers de l'vn & de l'autre leur seruent de queux pour leur esguiser le courroux, & de soufflets pour leur embraser de plus en plus la colere, & sans plus riē dire chacū tourne bride pour s'esbrāler à la carriere. O Apollō rēforce moy icy la voix & m'inspire la mesme fureur que celle de ces redoutez combattans, si que mes vers ne soiët trouuez indignes de leur impetueux effort, que mon chant puisse exprimer cest horrible son que rendoient leurs armes à ceste effroyable rencontre. Ces deux incomparables chāpions mettans leurs lāces en l'arrest s'ē addressent de droit fil les pointes: oncques il n'y eut vne telle velocité ny de cource, ny de saut, ny d'aisles au plus viste & leger oyseau, ny furie esgalle, & qui se peut parangonner à celle-là dont ils se vindrent lors rencōtrer. Ils rompirent leurs lances iusqu'à la poignee en la lumiere de leurs heaumes, & les tronçons en vollerent en menus esclats embrasez de flammes qu'ils auoient conceuës en ce rude choc, dont le resonnement fait trembler la terre tout à l'entour, quelque immobile qu'elle soit, & les mōtaignes en retentirent là aupres, si impetueuse fut leur furie, qui ne leur fit pas pour cela ployer les reins, bien que leur cheuaux ne pouuans souffrir vn si dur rencontre, c'estans chocquez de droitte atteinte, tomberent espaullez l'vn d'vn costé, l'autre d'vn autre sās se pouuoir plus releuer. Mais les combattās duits aux armes les laisserent là sur le sable, & se dépestrās des estriers se vindrēt aborder les espees traittes. Chacun d'eux prend garde à son faict l'œil au guet, & les pieds attentifs à diuerses sortes de demarches & postures, se tenans fort bien sur leurs gardes, car ils voyent assez qu'il ne leur faut rien oublier au logis, si qu'ils viennent d'vn grand sens & aduis aux mains, tantost tornoyans, puis s'aduā-çās & se recullās. Ores ils fōt sēblāt de vouloir entrer d'vne feīte droit à la veuë, & soudain retenās leur coup, le déchargēt, en autre part où ils mon-

stroyent

le moins de donner. Ores ils se descouurẽt en vn endroit pour y inuiter l'aduersaire, & l'acueillir au despourueu, taschans de deceuoir l'art par art. Tãcred presente à Argant, le costé desgarny d'escu & d'espee, où il s'aduance de frapper laissant le gauche à descouuert: mais il pare au coup auec son espee, & quant & quant iette sans s'arrester en ceste assiette, ains se retirant au plustost, & se remettant sur sa garde. Le fier Circasse q̃ se voit tout mol & baigné de son sãg, grõmelle d'vne horreur inacoustumee, & souspire fremissãt de douleur & rage, & transporté de grand cholere hausse l'acier auec la voix, & rentre pour frapper Tancred, qui luy dõne cependant vn coup d'estoc où l'espaulle se viẽt ioindre au bras. Ainsi que dans les profondes forests vn Ours qui a receu quelque rude coup d'espieu à trauers le corps, monte en rage & forcenerie, & se lance esperduement contre le glaiue qui l'a frappé, & les Veneurs, s'y allãt courageusemẽt enferrer soy-mesme, & donner dedans les dangers de la mort: Tel deuiẽt cest indomptable Sarrazin, qui se voyãt playe sur playe. hõte accroistre à nouuelle honte, veut au prix de son sang achepter celuy de son aduersaire: & ne tasche pas tant de garentir sa vie, que de le priuer de la sienne. Vn fier despit, vn courroux atroce, vne hardiesse insensee, vne force extreme, vne haleine infatigable, font que d'vne telle impetuosité il s'escrime de son espee, que l'air en esclaire tout à l'enuiron, & la terre en croulle dessous ses pieds, dont l'autre n'a pas le loysir, non que de luy tirer, mais non pas mesme de parer aux coups, & y resister, ains se recueillant en soy sur sa deffensiue, en vain attẽd que ceste tõ-

L

pestatiue bourrasque de coups passe : tantost se couurant de son escu, & tantost se tirāt arrière, & se destournant de costé & d'autre d'vne artificieuse desmarche : mais quād il voit que le Sarrazin ne se lasse, ny ne se relasche, il luy est force à la parfin de s'abandōner, & remply d'ire & de collere, aussi biē que luy, de toute la force qu'il a entoisé l'espee, L'art & la raison sont icy surmontees de l'indignation & courroux, & la fureur leur fournist d'armes laquelle croist de plus en plus à chaque fois que le fer descend & se descharge sur l'vn d'eux, soit d'estoc, soit de taille, car aucun coup ne tombe en vain : La terre autour d'eux se voit semee de leurs armeures teintes de leur sang meslé auec la sueur: leurs espees en les ramenāt semblēt vrays esclairs, & leurs frappemens autāt de tōnerres & de coups de foudre. Là dessus l'ū & l'autre de ces deux peuples demeurēt comme suspendns d'vn si nouueau & cruel spectacle, ne sçachans qu'en dire ny que s'en promettre, ains en attendant l'issue entre le doubte & l'esperance, remarquās ores ce qui leur sert, ores ce qui leur nuist, mais parmy vn si grand nōbre de gens vous n'eussiez pas ouy vn seul mot, ny veu esbranler pied ny main : ny tant soit peu sourceiller de l'œil. De tout le corps de toutes parts est ferme & immobile, si d'auenture ce n'est le cœur, qui vacille en vne continuelle crainéte & esmotion. Desormais ils estoyent lassez l'vn & l'autre, & peut estre qu'ils se fussent là aduancez leurs iours : mais la nuict suruint si obscure qu'à peine pouuoit on voir entour soy : Parquoy vn heraut d'vn costé, & vn d'vn autre y accourur ēt pour les departir, & à la fin les separerēt, l'vn Fran-

Chant sixiesme.

çois nômé Aridee, & l'autre est Pindor, celuy qui auoit apporté le defiement, hôme sage & fort aduisé. Ceux-cy ont accoustumé d'interposer à la trauerse des combattans leurs masses, signals de paix, parmy les coups & les espees, auec ceste seureté que leur donne l'ancienne loy de leurs frâchises & priuileges, obseruee de tous les peuples. Vo' estes ô magnanimes combattâs, cômence Pindor, auec vn hôneur esgal, & force pareille, & pourtant que vostre estour cesse: Que les droicts & exemptions de la nuict ne soient par vous enfraints ne rompus: le temps est de trauailler pendant que le Soleil luict sur la terre, mais durant la nuict tous animaux prennent repos, & vn cœur genereux ne cherche point vn prix d'honneur qui soit nocturne, & qui se recelle & se taist. Argât respôd, Quâd à moy ie ne quitteray point mon combat pour obscur qu'il face, trop bien aurois-ie plus cher que le iour en fust le tesmoin, pourueu que cestuy-cy me promette de retourner. A quoy l'autre replique tout sur le champ: Mais promets aussi de reuenir auec ton prisonnier, & ces despoüilles que ie te challange, parce qu'autrement ie ne consentiray point de remettre nostre meslee d'vn seul momêt. Ainsi le promirent-ils, le iurans reciproquement l'vn l'autre, & esleurent les herauts pour prescrire le temps qu'ils retourneroient au côbat: lesquels à fin qu'ils eussent cependant espace de se faire pâser de leurs playes, remirent le tout au sixiesme iour ensuyuant. Ce dueil si horrible & espouuantable laissa emprainte dans les cœurs des Chrestiens & des Sarrazins vne merueille fort profonde, & tres-grâd esbahissemêt, qu'ils l'eussent peu si

L ij

long temps maintenir sans relasche. On ne parle que de leur estrange prouësse, & de l'effort que l'vn & l'autre y a monstré: mais lequel des deux en doit estre preferé à son compagnon, tous en deuisent diuersement, & n'en demeurent pas bien d'accord attendant quel euenemēt pourra auoir vne si douteuse meslee, & si la fureur emportera la victoire sur la vertu, ou si l'audace cedera à la hardiesse. Mais trop plus que nul autre en est en vne extreme peine & soucy la belle Hermine, qui voit ainsi dependre de l'arbitre & du iugemēt de l'incertain Mars, la meilleure partie de soy. Ceste pauure desolee Princesse qui fut fille du Roy Cassan d'Antioche, son Royaume ayant esté occupé des Chrestiens, parmy les autres despouilles d'iceluy, fut elle mesme aussi des despouilles, & paruint és mains du vainqueur Tancred, qui luy fut tres-bening & courtois, comme il estoit de sa nature: si qu'estant en son pouuoir, elle n'en receut aucū desplaisir ny indignité, ains fut parmy les ruines de sa patrie honoree tousiours de luy comme Royne: & la respecta & seruit, la fauorisa & remit en sa pristine liberté, luy laissant toutes ses bagues & ioyaux, ses thresors & ses pierreries, & toutes les autres choses de prix qui souloyēt estre en sa maison. Elle voyāt en ce ieune aage vne telle modestie & honesteté reluire auec sa vaillance & haute magnanimité de courage plus que Royalle: luy tant beau, gracieux, & auenāt en toutes ses actions & cōportemens, demeura si biē prise & enlacee de son amour, onques il n'y eut laqs courant qui peust attacher & lier si ferme, que celuy qui l'estreint & enuelope en cest endroit. Que si sa persōne demeura en son anciēne

Chant sixiesme.

liberté; son cœur resta emprisonné d'vne fort dure seruitude: Dont on peut croire que ce luy fut vn grand ennuy d'abandonner ce sien seigneur & dominateur de son ame, & se voir eslargir de ceste prison qui luy plaisoit tant: mais l'honnesteté requise à vn sang Royal, qui iamais ne la doit mettre à nonchaloir, de celles mesmemēt qui ont le cœur noble & genereux, la contraignit de s'en esloigner & s'en aller auec sa mere desia fort anciēne, en terre d'amis. Elle s'en vint donc en Ierusalem où elle fut fort humainement recuillie de celuy qui y regnoit lors: mais ne tarda gueres que sa mere alla de vie à trespas, parquoy il luy conuint se reuestir de nouueau dueil. Neantmoins ny tout le regret que pouuoit & deuoit auoir de sa chere mere vne pauure ieune orpheline destituee de tout support, ny l'ennuy & la fascherie de se voir estre depossedee de son Royaume, ne luy peurent iamais arracher de sa pensee l'amour qui s'y estoit enraciné, ne luy esteindre la moindre estincelle de la flamme ia y esprise. Elle brusle d'ardeur & ce peu d'esperāce qui luy peut rester estāt reduitte à vn si douloureux party, nourrie de ce feu qui secrettemēt s'embrase dans sa poictrine, y est plus maintenue de la souuenance qu'elle y tiēt imprimee de ses amours, que d'attēte certaine d'en receuoir gueres de ioye & de plaisir. Car cest embrasement fatal s'y va anchrant de plus en plus d'vne legere petite amorce dōt il s'est premierement allumé, & creu en bien peu d'espace à vn fort dilaté pouuoir: Et là dessus Tancred pour luy resueiller d'abondant ses desirs, & ses esperāces viēt au siege de Ierusalem. Tous les autres de là dedans commencent à s'espouuanter,

L iiij

y voyans arriuer vn si grand nōbre de gēs de guerre de tant & de si diuerses nations, si vaillantes & redoubtees: Il n'y a quelle seule qui s'en resiouist, quelqu'attristez que soient ses yeux du tout recēt dueil de sa mere, & d'vn gay allegre semblant voit camper les trouppes eunemies, où sur tous les autres elle cherche d'vn œil tres-actif & passionné sō tres-cher aimé non aimant. Elle le queste & requeste à tous propos parmy ce grād nombre, mais en vain: & souuent encore se le rassigure disant en soy: voy le-la sans autre, ie le cognois bien. Il y a vn donjō anciē qui s'esleue pardessus les plus hautes tours du pallais Royal, assez prochain de la muraille, du haut duquel se descouuroit tout l'ost Chrestien, auec les mōtaignes d'autour, & la plaine. Là desque le Soleil espand sa lumiere dessus la face de la terre, iusques à ce que la nuict luy succede à son tour, elle est incessamment au guet, sa veuë tournee vers le cāp, en se deuisant auec ses ses pēsers & souspirs, tant que de là elle apperçoit le cōbat attaqué entre Tancred & Argāt, dōt son cœur semble luy vouloir dire se debattant dans sa poitrine: Tō cher plus aymé est celuy-là qui court là bas vn si grād dāger de sa vie. Et ainsi pleine d'vn amer soucy, regarde quel en fin pourra estre le succez de ceste doubteuse meslee. Toutes les fois que le Payen hausse le bras pour donner sur son aduersaire, elle en sent iusqu'au fōds de l'ame le ferremēt & la blesseure. Mais quand elle fut informee de la verité, & sçeut qu'ils se deuoiēt encore r'attaquer de nouueau dans si peu de iours, vne crainte inaccoustumee la descourage de telle sorte, qu'il luy semble que tout le sang luy soit glacé: Et telle fois

Chant sixiesme. 197

est qu'elle en espand de chaudes larmes: telle fois mille soupirs & gemissemens, pasle & descoloree, & d'vn fort langoureux semblant, où s'estoiēt empraintes, comme si elles y eussent esté portraittes de la main d'vn excellent peintre, la frayeur, la crainte, la douleur, & la passion qui la molestoient d'horribles images de diuers pensers, qui la partronblent & desconfortent: si que le dormir luy est plus ennuyeux que la mort, tant il est inquietté de effroyables visions qui luy apparoissent en songe. Il luy semble voir ce sien tant aimé possesseur de sa dolente ame, deschiré des playes, & tout sanglant lequel implore son secours: dont se resueillant en sursaut elle se trouue le sein & les yeux to^9 baignez de larmes. Et non seulement la peur de sa future prochaine perte luy esmeut & creue le cœur d'vne doloreuse sollicitude, mais l'ennuy qu'elle reçoit de ses blesseures est-ce qui ne luy permet prendre aucun reconfort ny repos. Car le faux bruit qui va trottant des vns aux autres, a de coustume de sur-accroistre les choses incogneuës & esloignees, dont il luy semble desia voir que ce valeureux Cheualier est tout plat estendu par terre, rendant les derniers abbois de la mort. Et d'autāt que elle auoit apris autrefois de sa mere les secretes vertus des herbes medicinales, & les parolles qui ont faculté de guerir toutes les pl^9 fortes naureures, & d'en appaiser les douleurs: art qui en ces quartiers de delà estoit en vsage aux filles mesmes des plus grāds Princes, elle voudroit bien volōtiers en aller soulager celuy qui l'a aīsi mortellemēt nauree. Elle desire medicamēter celuy qu'elle aime, & encor^e qu'il soit du party contraire, si n'auroit elle point

L iiij

de peur de passer pour cest effect à trauers mille troûppes ennemies, ny par mille & mille dãgers, & hazards: car sous l'escorte de l'amour elle cuideroit bien aller seuremẽt parmy les plus cruelles & dangereuses bestes des deserts d'Afrique : mais à tout le moins deuroit elle auoir crainte, si elle ne craint autre chose, de souiller son hõneur & reputatiõ: si que deux puissans aduersaires, l'hõneur & l'amour font vn fort douteux & resistãt cõbat dãs cœur: où l'vn l'arraisonne de ceste sorte. Donc, ô Princesse vierge encore, qui as iusques icy reuerẽment contregardé mes pudiques loix durant que tu estois detenuë captiue en la seruitude des ennemis, où ie t'ay tousiours conserué ta pensee chaste: à ceste heure que tu es en pleine liberté hors de toute subiection, voudrois tu perdre & contaminer ceste belle fleur virginale, qu'estant prisonniere tu auois si soigneusement gardee? Qui est celuy qui desormais en tõ tendre cœur te puisse resueiller de tels pensemens? Que penses-tu faire, Qu'esperes-tu cy apres deuenir? Le nom & tiltre de pudique te sont-ils en si peu d'estime & respect? Ha combien precieux & digne est le prix de l'honnesteté! T'en iras-tu dõques à vne telle heure parmy ceste natiõ ennemie, en pleine nuict, cõduite d'vn fol eshonté desir, te pourchasser vn perpetuel blasme & mespris, dont ce tiẽ insolent vainqueur aït accasion de te reprocher d'auoir nõ seulemẽt perdu ton Royaume, mais ce cœur Royal que tu soulois posseder? Va tu n'es plus digne de moy. Va te prostituer & donner en proye à ceux-là qui n'en tiendront compte. D'autre part celuy à qui toute raison demeure assubietie, ce faux deceptif con-

Chant cinquiesme. 169

seiller par ses attractifs amadoüemmens luy vient attiser son ancienne flamme, & d'vne poignāte sagette entamer de nouueau le cœur, luy vsat de cest imperieux langage. Serois-tu bien donc si presomptueuse que de me vouloir resister? de me quitter là pour ie ne sçay quelle ombre vaine d'vn hōneur & reputation, qui d'eux mesmes ont vsurpé le credit qu'ils ont enuers les maladuisees personnes, & qui taschent de t'offusquer & la veuë & les sentimens? Tu n'es pas nee d'vne cruelle rauissāte Ourse, ny produitte d'vn dur froid & aspre rocher, que tu doyues ainsi mespriser le puissant & roidde arc de l'amour, & ses ineuitables sagettes, ny amortir en ton courage son inextinguible brandō. Tu n'es pas d'acier ny de Diamant pour pouuoir reboufcher de tels coups. Tiens tu à honte & vergoigne de succomber à vn si grand Dieu, & te dire aimāte? ne sois pas si outrecuidee: Ce que ie t'ordonne, & me plaist, doit tenir enuers toy lieu de loy, & d'vn edict irreuocable. C'est vne contrainte par corps, nonobstant toutes opositions & appellations quelconques : Rien n'y sert le contredire, & pourtant obeys à ce que ie dis, & pour toutes excuses remets en la faute sur moy seul, & en accuse mon authorité & pouuoir. Quelle lascheté, quel couardise te peut donc ainsi despouiller de toute hardiesse? Quel cruel vainqueur te veux tu imaginer & remettre deuāt les yeux? Ne sçais tu pas que de tes complaintes & doleances il en aura dueil, & qu'il voudra accompagner tes lamentations de ses ennuis & fascheries, qui viendront redonder en ton cœur ? Tu es bien cruelle de retarder tant à aller procurer la guerison, puis que tu en as le moyen & puissance, de ton pauure Tancred, qui languist ainsi de tant de douloureuses playes: & tu n'en as qu'vne qu'il a le moyen de guerir. Ne voudrois tu pas bien qu'il fist de mesme? Certes il le fera sans doute, s'il a ce secours de toy: Il n'est pas d'vn cœur si dur & ingrat, ny mescognoissant: mais au lieu de le secourir, tu t'amuses icy à penser son aduersaire. Pense donc, afin qu'il mette à mort celuy qui t'a deliuree de seruitude, & en ton desastre vse enuers toy de tant de courtoisies & honnestetez. C'est la belle recompense qu'il aura de toy. Mais peut estre que tu ne sçais pas le moyen d'eschapper d'icy pour l'aller trouuer, & n'as tant de confiance que d'entreprendre vne telle besoigne, scabreuse à la verité en vne telle heure. Or ne t'en soucie, laisse m'en conuenir: Ie seray ton guide, & t'y conduiray seurement, au desceu de tous, car quelle chose me sçauroit-elle estre non impossible, mais mal-aisee seulement? Propose toy deuant les yeux le contentement que ce te sera de t'estre acquitté d'vn si bon office, alendroit de celuy qui blesseroit trop son honneur, s'il mescognoissoit le bien qu'il aura receu de ta main en luy redonnant guerison, quand il se verra de pasle & decoloré qu'il est, renenu à son bon point, à son tein frais & vermeil, & en sa force accoustumee, que le sang perdu au combat luy auoit ainsi affoiblie. Quelle ioye & delectation d'autrepart te sera-ce de le manier & toucher en luy remuant ses blesseures, qu'en partie tu gueriras de tes amiables œillades, & de la pitié qu'elles te feront? Et l'ayant remis au premier estat, tu participeras aux loüanges de ses beaux faicts, chacun te mostrera au doigt par honneur, parmy les

Chant sixiesme. 171

Dames, & Cheualiers, apres que t'ayant espousee à grand ioye & contentement il t'aura restablie en ton Royaume : & de là emmenee en Italie, où est le siege de toutes beautez & bonnes graces, de valeur & de la vraye foy & creance. Allechee de ces vains espoirs, ceste simple mal-aduisee se rafigure en son ame vne souueraine felicité ; ce neātmoins elle se trouue enueloppee de mille doutes, defiances & soufpeços, comme elle se pourra seurement desrober. parce que les gardes & sentinelles veillent, & sans cesse fōt de trop exactes & rigoureuses rondes, tournoyans autour du Pallais, sur les murailles. Il n'y a porte ny porterne qui en vn tel danger s'ouure de nuict, & mesme à telle heure sās vne grande occasion, & par l'expres commandement du Roy, mais toy Amour, qui puis defermer les plus fortes serrures & cadenats : Qui puis demesler les plus empestrez tours & destours des pl⁹ embroüillez labyrithes, & en faire trouuer l'issue, inspire de grace en ceste tant belle pensee vne industrieuse hardiesse, manifeste luy la maniere & inuention de se pouuoir ietter dehors : Explane luy le chemin aux desirs que tu luy as imprimez au cœur, à ce que la fortune ne luy puisse donner aucun destourbier ny empeschement. Elle auoit ia de longue main vne si estroitte accointance & familiarité auec la valeureuse Clorinde, qu'elle ne se partoit gueres de sa compagnie de l'aube du iour iusqu'au soir, & des que le Soleil se couchoit iusqu'à l'aube du iour ensuyuant, si que la plusspart du temps elles ne faisoient qu'vn mesme lict, & ne se cachoient rien l'vne de l'autre que leurs amours, Hermine au moīs, car quāt à Clorinde, ceste passiō

n'auoit rien encore empietté deſſus elle: Cela ſeul
Hermine retiẽt en ſon plus deſtourné ſecret. Que
ſi par fois quelques complaintes luy eſchappoient
elle les reiettoit à d'autres occaſiõs, & les couuroit
ſous quelque ennuy de ſes pertes & deſcõuenues.
En ceſte priuauté ſi grãde rien ne pouuoit empeſ-
cher Hermine de venir à toutes heures qu'elle
vouloit trouuer ceſte ſienne compagne, ſans que
iamais la porte de ſõ logis luy fut fermee, ſoit que
elle y fuſt, ou qu'elle ſe trouuaſt au Cõſeil, ou qu'el
la fuſt allee quelque part à la guerre. Elle y vint vn
iour que l'autre n'y eſtoit pas, & toute penſiue demeura vne bonne piece ſuſpenduë ſur ce qu'elle
ſe reſoluoit de faire, diſcourant en ſon eſprit les
moyens de le mettre à execution, & comme elle
ſe pourroit deſrober de nuict pour aller au cãp des
François, trouuer ſon tant cher bien aymé Tancred, quand elle va ietter l'œil ſur les armeures de
Clorinde, que elle voit là arrengees ſur vne poté-
ce auec ſa cotte d'armes, ſon eſcharpe & le reſte de
ſon equippage. Alors iettant vn profond ſouſpir,
elle va dire; ô que tu es heureuſe braue & inuicible
guerriere: ie porte certes grand enuie à ceſte tienne beatitude, non pas pour tes beautez & bõnes
graces, car ie me contente de ce que la nature
m'en a deſparty, mais de ce que tu n'es point autrement ſubiette d'aller veſtue comme vne femme, de ces lõgs habits empeſchãs, ny de demeurer
recloſe tout le lõg du iour apres des rezeulx & ouurages de tapiſſerie, ne bougeant d'vne place, ains
armee de pied en cap tẽ vas par tout & à telle heure que bon te ſemble, ſans eſtre retenue de ceſte
crainte & honte feminine qui nous tiẽt plus ſerues

qu'esclaues. Las pourquoy est-ce que la nature & le ciel ne m'ont ainsi rendue forte & vigoureuse pour porter le trauail des armes, & pourueu d'vn courage y correspondant, si que ie peusse changer par fois ces accoustremēs, & ce voile à vne cuirasse, & armet, & au lieu de la quenoüille & esguille empoigner la lāce & l'espee? Il n'y auroit ny chaud ny froid, pluye, neige, vent & orage qui peut arrester ceste miēne ardeur, que ie ne me retrouuasse és plus clairs rayons du Soleil, & és plus obscures tenebres, fust en compagnie, fust toute seule là bas en ce camp ennemy tant aymé de moy. Tu ne serois pas ô felon Argant, entré au combat le premier contre ce rauisseur de ma liberté, contre cest inhumain Tyrā de moncœur, car ie t'y aurois preuenue, & parauenture que ie le retiendrois icy prisonnier en vne douce seruitude, & legiere subiection de son amante ennemie, qui ne seroit pas mal-aisee à contenter de sa rançō, ains la luy quitterois pour vn peu de soulagement de ce martyre qu'il me cause: ou biē que de son glaiue m'ayāt persé d'outre en outre, de ceste playe à tout le moins m'auroit-il guery d'vne plus griefue & doloreuse, que mon infortuné amour y a faite, si que ie serois hors desormais de ces tristes ennuys qui me rēdēt ma vie plus fascheuse que mille morts, reduitte en vn eternel repos & tranquillité, dans vn tombeau, que ce victorieux de moy & en la vie & en la mort, dargneroit peut estre honorer de quelques larmes & souspirs quand il cognoistroit ma mes-aduenture. Mais helas ie souhaitte des choses qui me sont du tout impossibles, & ne vois embrassans en mes vains desirs, que des pensees sans effect. Me retiendray-ie doncques ainsi craintiue à me consumer cœur & corps en vn perpetuel dueil & soucy, en tristesse & melancholie, côme vne simple femmelette de peu d'estoffe: Certes nenny, ie n'en feray rien. Prends tant seulement courage ô mon cœur, enhardis toy, qu'à tout le moins vne seule fois en ta vie tu ayes osé predre les armes. Et pour quoy n'en pourray-ie porter la peine, mesmement pour si peu d'espace, quelque tendre & delicate q̃ ie puisse estre? si feray, si: car amour ce puissant Seigneur dont ie suis vassalle, m'en donnera force & pouuoir, de luy les timides cerfs estans esguillonnez, s'erment quelquefois de courage, pour s'entrebattre les vns les autres à toute outrance. Mais ie ne veux pas guerroyer, ains seulement auec ces armes retrouuer quelque trôpeur expedient pour paruenir à mes ententes. Ie me veux feindre estre Clorinde, car desguisee en sa semblance ie mepuis seurement promettre de pouuoir euader d'icy à toute heure que ie voudray. Les gardes des portes, ny les corps de garde & les sentinelles, ny mille Rondes ne luy oseroient contredire, n'y l'empescher de sortir dehors. C'est ce qui me vient en pẽsee de faire, & n'en vois point d'autre expedient, il n'y a que ceste seule voye. Qu'amour dõques fauorise ceste mienne fraude, & deception, puis que c'est luy q̃ me l'inspire. La fortune aussi m'y vueille assister, selõ sa coustume de prendre en main les hazardeuses entreprises. Ie ne sçaurois trouuer d'heure pl⁹ opportune que ceste-cy, que Clorinde est encore auec le Roy à cõsulter des affaires de ceste guerre. Ainsi le resoult elle à par sa soy, & poussee d'vne impetueuse force d'amour, ne retarde point d'auātage, ains du logis d'elle cōtigu du siē se diligente d'apporter ses armes: Ce qu'elle peut faire fort aisément: car estāt arriuee en sa garderobe, les autres la laisserent là toute seule, & se retirerēt. La nuict outre plus qui se leuoit lors, luy vint fort à propos pour couurir ce sien larrecin, estāt de son ordinaire propice aux larrōs & aux amoureux. Elle apperceuant desormais le Ciel se parer de plus d'vne estoille, & les tenebres s'espandre de toutes parts dessus la face de la terre, & de plus en plus l'air se r'embrunir, sans temporiser plus auant, fait secrettement venir à soy vn sien escuyer fidelle, & vne de ses plus cheres Damoiselles, ausquels elles alla declarer vne partie de son dessein, & leur descouure comme elle a deliberé de se desrober de ses gens felons & iniques, mais elle ne leur en dit pas l'occasion, ains en feint & suppose vne autre qui la contraint de desloger. Elle luy dit doncques: Va & me selle trois cheuaux, que personne ny par signe que tu en faces, ny de parole qui t'eschappe n'en puisse rien apperceuoir, si tu aimes ma sauueté, parce que ie veux partir d'icy tout presentement, où ma vie n'est point asseuree: Tu sçauras le tout puis apres, mais mō eschappatoire n'admet point de plus longue dilation. Cestuy-cy luy appreste soudain tout son cas: cependant elle se despoüille de ses precieux vestemēs, qui luy traisnoiēt iusques en terre, & demeure en pourpoint, d'vne belle & disposte taille plus assez qu'on ne sçauroit croire, sans que nul lui aidast à s'equipper de ceste sorte, fors qu'Amour, & la Damoiselle qu'elle auoit choisie pour la mener auec soi. Er premierement elle enferme sa belle delicate gorge, d'vn dur haus-

fecol, & ses blondes tresses dorees d'vn fort cabasset: charge son tendre & charnu bras d'vne grande
targue, fardeau pour elle trop pesant & insupportable, & ainsi s'emmure toute d'vn acier luisant,
en se cōposant du mieux qu'elle peut à vn geste &
semblant militaire, à quoy elle façonne & maistrise son maintien feminin, & sa contenance. Amour
qui est là presēt, & qui assiste à tout, s'en rit du plaisir qu'il a, & s'en resiouist à par soy, de la mesme
sorte que lors qu'il contraignit Hercule, mais tout
au rebours, de prendre vn habit de femme. O auec
quel trauail & fatigue elle soustient ceste inaccoustumee pesanteur, trop inegalle pour sa portee? si
qu'elle marche lētemēt, s'appuyāt sur sa fidelle cōpagnie tant qu'elle est montee à cheual, qui luy aide à porter le faix : mais ses desirs & esperances luy
renforcent ses esprits, & la fournissent de vigueur
en ses foibles membres. Ainsi desguisee ils s'en vōt
prenans tout expres les plus secretes & moins frequentées ruelles, & neantmoins se rencontrent en
plusieurs personnes, qui voyans reluyre à l'obscurité de la nuict cest acier sourby & cazaque blanche, ne les osent pas arrester, non pas seulement
demādet qui va là, ains leur faisans voye s'en tirēt
arriere, tant estoit respectee & crainte Clorinde:
mais pour tout cela elle ne laisse pas de trembler
de peur, ainsi que iones & rouseaux qui seroient
esbranlez d'vn fort vent, craignant d'estre en fin
descouuerte, si que le moindre bruit qu'elle entēd
l'intimide, tant que finablement estans arriuez à
la porte, elle reprime la peur qu'elle a, & en con-
trefaisant sa voix, dit aux gardes d'vne grande audace; Ie suis Clorinde, ouurez moy tost, le Roy
m'en

m'enuoye quelque part qui importe pour son ser-uice. La parole semblable à Clorinde facilite la deception, Ioint qui croiroit de voir la armee des armes d'vne autre à cheual à telle heure, vne de celles qui ne sçauēt que c'est des armes? Si que le portier obeit soudain, & sans s'en enquerir plus oultre ouure la porte, & baisse le pont: mais aussi n'est elle pas paresseuse à sortir dehors, craignant encore d'estre arrestee: & pour leur plus grande seurté descendent à bas parmy ces vallons, prenans les plus longs sentiers, & des tornoyantes addresses. Apres qu'ils furent du tout descendus à la plaine, Hermine s'estimant desormais hors des premiers dangers, & en lieu où l'on ne la pouuoit plus retenir, va plus bellement, & pense de plus pres à ce qu'elle n'auoit pas auparauant biē examiné, qui lui semble plus difficile que le par trop precipité desir ne luy auoit representé du cōmencement. Elle apperçoit lors que de s'en aller ainsi desguisee en hōme de guerre parmi les ennemis, est vne trop hazardeuse temerité: mais d'autre part elle ne se veut pas manifester à persōne, deuāt qu'elle soit venuë à l'impourueu, en la presence de son cher amé, où elle desire arriuer gardant son hōnesteté & respect. Parquoy elle prēd vn nouuel aduis, qui luy semble estre le plus seur, & va dire à son escuyer. Il te faut icy m'estre vn fidelle precurseur de mon arriuee, & t'en aller diligēment droit au pauillon de Tancred, pour l'aduertir de ma venuë. Tu trouueras assez de gēs qui t'y menerōt, & lui diras qu'vne dame le vient trouuer, sans toutesfois dire qui c'est, pourpenser ses playes, & ne lui demande que paix & amour, puis que ce n'est qu'amour seul qui luy

M

fait la guerre, si qu'il puisse receuoir guerison d'elle, & elle soulagement de luy: asseuree au reste de sa courtoisie, qu'il ne permettra qu'on luy face aucune honte ny desplaisir, Qui est toute la recompence qu'elle en attend. S'il se veut enquerir plus auant qui ie suis, dis n'en sçauoir autre autre chose, sinon que c'est vne Damoyselle estrangere, qui se mesle de guerir les playes, & te haste de retourner: car ie t'attendray cependant icy. Cela luy dit-elle, Et il n'y fit autre demeure: ains s'en va viste comme si son cheual eust des aisles. Ceste nuict estoit fort sereine, & esclairee d'abondant de mille feux luisant là haut qui l'illuminoyent à l'enuy, sans aucun nuage qui s'y opposast: & la Lune au plein desployoit ses raiz argentius, desquels s'eslançoit icy bas vne douce soueffue rosee en forme de perles Orientales, si que l'enamouree Princesse s'en alloit confrontant ses flames vne à vne auec celles qui brilloyent au Ciel, les recognoissant d'auoir esté autrefois consachantes de l'amour par elle conceu és campagnes occupees des ennemis, en vn tel amiable silence: & de là addressant ses yeux où elle voyoit mille pauillons tendus, & tentes dressees dont elle n'estoit desormais guerres loin, s'en alloit ainsi disant en soy-mesme.

   O à mes yeux belles & aggreables
     Tentes sous qui reside tout mon heur,
     De vous depend le repos de mon cœur,
   Si vous volez luy estre secourables.
   Ce petit vent qui doucement respire
     De vous à moy vne soueffue odeur,
     Bien tost m'auroit iettee hors de langueur,

Chant sixiesme,

Si à mes vueils le Ciel vouloit soubscrire,
Et qu'il luy pleust seurement me conduire
   Iusques à vous, me prestant sa faueur
   Pour ramollir ceste dure rigueur
Qui me detient en si cruel martyre.
Tant que ie peusse vn iour à ma tristesse
   Trouuer confort, & relasche à mes maux:
   Que terminer se peussent mes trauaux,
Et paix auoir ma poignante destresse.
Si ie le puis obtenir, i'en veux rendre
   Graces à vous, & gré vous en sçauoir,
   Car de r'entrer en mes biens, & r'auoir
Mon Regne ancien, ie n'y veux pas pretendre.
D'en demeurer à tout iamais frustree,
   Ie le tiendrois à trop grande faueur,
   Si de ce vostre, & mien aussi Seigneur,
Ie pouuois estre en recompence aymee.
Mais si ie n'ay peu trouuer par mes larmes
   Nul reconfort en mon aspre soucy,
   A quel propos veux-ie chercher icy
Paix & repos estant ainsi en armes?
Armee suis, mais nompas pour offendre
   Celuy qui est ma ioye, & ma douleur,
   De mes desirs l'vnique possesseur,
Auquel ie veux humble esclaue me rendre.
Et ne partir iamais de ce seruage
   A moy si doux, Tu le sçais bien amours:
   Ains y passer, & y finir mes iours,
Dont ie te viens icy faire l'hommage.
Souuienne toy aussi de ta promesse,
   Qu'vn iour viendroit que de ma passion,
   Ce rendurcy auroit compassion,
Et tourneroit mon dueil en allegresse.

*Recueillez moy donc ô tentes heureuses
D'auoir vn gage en vous de si haut prix,
Et ne souffrez que de luy à mespris
Tenuës soyent mes langueurs amoureuses.*

Comme elle se deuisoit ainsi en ses secretes pensees, l'escuyer auoit fait de sorte que sans trouuer empeschemēt il estoit venu iusqu'au pauillon de Tancred, qui receut ceste Ambassade d'vn fort bō visage, pensant en soy de quelle part elle pouuoit venir: mais l'autre le laissant en ce pensement rebrousse chemin sur le chāp vers sa maistresse, pour luy faire entendre qu'elle y pouuoit seuremēt venir ainsi desguisee. Cependant elle impatiente de tant attendre, qu'vn moment luy duroit cent ans, Mon (Escuyer ce disoit elle) ne souloit pas estre si long & tardif: & comptoit sur ses doigts, à ceste heure il peut estre là, il y entre, il fait son message, & s'en retourne: parquoy il ne sçauroit estre plus guere loing. Que fais-ie donc icy? i'iray audeuant, ce sera tousiours gagner tēps & luy abbreger d'autant le chemin, si qu'elle s'aduance peu à peu, ne preuoyant pas le desastre qui s'apprestoit de l'accueillir. Or estoit elle desormais en lieu d'où elle pouuoit discerner les menues choses, qu'on pouuoit aussi descouurir à la clarté des estoilles l'estincellāt lustre & esclat de ses armes, & de sa cazaque de toille d'argent, plus blanche que nege tombee freschement du Ciel, qui n'a esté encor alteree, & le tygre d'or esmaillé de moucheteures noires, plaqué au haut de son armet sur le tymbre, parmi de grands pennaches blancs tous papillottez d'argent, si qu'on n'eust peu faire difficulté de la prendre pour Clorinde propre. Mais comme sa mes-aduenture, portoit deux freres Italiens, Alcādre & Polyferne commandoyent lors au corps de garde qu'on y auoit rēforcé tout expres, pour empescher qu'on ne fist entrer quelque bestail dans la ville, dont on auoit eu aduertissemēt. Que si d'auēture, l'Escuyer y passa sans obstacle, ce fut qu'il alla prēdre vn destour plus loing. Polyferne comme le plº ieune & boüillāt, le pere duquel auoit esté puis n'aguere occis de Clorinde en vne saillie, voyāt reluire de loing la cazaque, dōt il luy sembla que ce fust elle, ne se peust pas tant cōmander que conte le deuoir de sa charge, meu d'vn furieux appetit de vēgeāce, il ne descochast à bride abbatuë sur elle, en luy criant à mort, à mort, & quant & quant luy darde sa lance: mais il ne l'en accōsuiuit pas. Cōme vne bische q̃ la soif presse, s'en va galoppant pour chercher vne source ou ruisseau qui descoulle de quelque rocher, si elle descouure à trauers les brāches vne eau courante dōt les bords sont reuestus d'herbe verte, & que d'auenture elle oit les chiens courās qui la chassent prests de la ioindre & aborder, au lieu qu'elle cuidoit là recreer tant de l'eau q̃ du frais ombrage, son corps las & recreu, & ses mēbres eslāgorez, elle abādonne soudain tout, la fraieur luy faisant oublier sa lasseté & alteration, pour se garētir de vistesse. En semblable ceste-cy qui se proposoit d'estācher l'amoureuse soif dont son fieureux cœur brusle incessāmēt, en de doux gracieux recueils & caresses, & donner quelque relasche & allegeāce à son ame, outree de poignans soucis: A ceste heure que tout au rebours elle voit venir encōtre elle qui le luy destourbe & empesche, & oit le son des armes, & les menaces de la mort, elle s'abandõne soy-mesme auec ses premiers desirs, & à coups d'esperons s'esloigne d'où elle auoit tout son cœur d'aller, pasle & tremblante, & plus morte que viue. Elle fuit la pauurete, tant quelle peut, & sa Damoyselle d'vne autre part, Et les autres vont apres à bride abbatuë. Là dessus l'Escuyer retourne, qui voyant comme alloit l'affaire, se met aussi à gaigner le haut, non moins esperdu qu'elles pouuoient estre. Mais le plus sage des deux freres, qui auoit aussi bien apperçeu que l'autre celle qu'il prenoit pour Clorinde, ne voulut pas aller apres: ains se retint en son corps de garde pour guetter ce cõuoy de bestail, bien enuoya-il dans le cãp vn des siens pour dõner l'aduis de l'alarme, qui n'estoit autre chose q̃ Clorinde laquelle les estoit venu recognoistre, & son frere la poursuyuoit. Que malaisemẽt il croiroit au reste, aussi la raison ne vouloit pas, qu'elle qui n'estoit pas vn simple soldat: ains vn des principaux chefs qui fussent dans Ierusalẽ, eust choisy de sortir à vne telle heure, & ainsi seule, quelque hazardeuse & entreprenãte qu'elle peust estre, Neantmoins que le Duc aduisast ce qu'il en vouloit ordonner. Ces nouuelles vindrent au cãp, dans le quartier des Italiens premier qu'à nuls autres, & Tancred, qui estoit demeuré suspendu au message de l'Escuyer, oyant cela, pense à par soy, Si Clorinde ne se seroit point depuis r'aduisee du mespris où elle l'auoit cy deuãt tenu, dõt elle court vn tel danger: Et sans s'en informer d'auantage, quelque blessé qu'il fust il se leue, & prẽd vne partie de ses armes: Puis monte à cheual, sans en dire mot à persõne, & va apres sur leur piste, & au bruit qu'il oit, le plus tost qu'il peut.

Chant septiesme.

ARGVMENT.

HERMINE fuyant deuant les deux caualliers qui la chaſſoyent pour la mettre à mort, arriue à vne loge de Paſteurs, où elle s'arreſte, & y eſt fort reconfortee. Tancred qui va apres cuidant que ce ſoit Clorinde, tombe dans les aguets d'Armidè. Argant vient brauer le camp, & leur reproche leur coüardiſe, meſmement de Tancred, qui s'eſt abſenté, ce dit-il, de peur de retourner au combat cōpromis entr'eux: mais le Comte Raymond de Tholoſe ſe preſente tout vieil qu'il eſt pour tenir ſa place, & aſſiſté de ſon bon Ange ſe maintient valeureuſement, contre Argant: Dont Belzebuth le voyant auoir le deſaduātage, vient troubler & entrerompre, & les acharne à vne cruelle & ſanglante meſlée les vns contre les autres.

CEPENDANT Hermine gaigne vne foreſt, où ſe perdant deuant ceux qui la pourſuiuoyent parmy l'obſcurité des arbres, elle ſe ſubſtrait de leur veuë: mais de la frayeur qu'elle a, ſon cheual, auquel elle a laiſſé les reſnes en abandon, la tranſporte où bon luy ſemble: car elle ne le gouuerne plus, & paroiſt plus morte que viue. Partant de chemins & deſtours va tournoyant ce cheual là, que finalement elle ſe perd du tout de la cognoiſſance d'eux, & de ſoy-meſme leſquels voyans qu'ils ne gaigneroyēt

M iiij

plus rien à la suiure, s'en retournent au camp, la face teinte de despit & vergoigne: Tout de mesme que depuis vne lōgue & penible chasse, vne meutte de chiens couras s'en retournent tous penaux la queuë entre les iambes, tirās la lāgue, perdu qu'ils ont desormais du tout les voyes de la beste qu'ils couroyent à force, laquelle s'estant demeslee d'eux de forlōge, s'est en fin rebuschee en quelque gros espois hallier. Mais Hermine ne laisse pas pour cela de gaigner le haut esperduë de crainte, sans regarder derriere soy s'ils la suiuent encore ou non. Et ainsi continuë toute la nuict, & le iour d'apres, errāt sans aduis ne cōduitte; ny ne voyāt ou oyant autour d'elle que ses pleurs & gemissemēs, tāt que finablemēt à l'heure que le Soleil de son clair lumineux chariot detelle ses coursiers halletās pour les establer dedans le creux geron des ondes marines, elle vient s'embattre au fleuue Iourdain, où elle met pied à terre, & se couche platte estenduë sur l'herbe tēdre, sans auoir rien dequoy repaistre, cōme celle qui n'a rien apporté auec soy de viāde, que ses mal-heurs & defortunes, ny autre breuuage dōt elle peust tant soit peu estācher sa soif, que ses cuisantes ameres larmes. Mais le sōmeil, seul repos & soulagemēt gratuit octroyé aux hōmes en leurs plus poignantes destresses, assoupit pour lors les sentimēs de ses douleurs, desployant sur elle le plaisant ombrage de ses coyes & souëfues aisles. L'amour neātmoins pour cela ne laisse pas de l'entrerōpre en ce qu'il peut, & le luy troubler de diuerses sortes de songes, sans la reueiller tout à faict qu'elle n'oye gazoüiller les ioyeux petits oysellets qui de leurs gorges armonieuses saluoient les premieres splēdeurs de la belle Aurore? s'accordans cōme en vn cōcert de musique, auec le doux murmure des eaux, & l'aggreable remuemēt des branches des arbres, qu'vn petit vent frais esbrāloit, cōme s'il eust voulu follastrer auec elle, & les prochaines ondes du fleuue, qu'il frize & cānelle. Lors elle entr'ouure peu à peu ses enflez & languides yeux, quant & les fleurs qui à l'enuy les vnes des autres s'espanouissoient autour d'elle, & descouure ie ne sçay qu'elles pauures petites cabannes de pasteurs qui s'estoient là habituez, dont il luy semble ouir des voix, qui se meslās auec le sourd bruit des fueilles, & du fleuue, la r'appelloient à nouueaux larmoyemēs & souspirs. Or cependāt qu'elle renouuelle ses querimonies, & pleure sa rigoureuse destinee, ces cōplaintes siennes sont entrerompuës d'vn son, qui arriuant à ses oreilles lui paroist estre de quelques chansons pastourales, secondees de challamies & flageolets, d'vne notte grossiere & rurale. Elle se leue en son estant, bien que fort lasse & affoiblie, & voit là assez pres d'elle vn vieillart chenu, qui à l'ombre d'vn Sicomor tissoit d'ossier des clisses & chaserets, son troupeau paisant entour lui, & escouttoit les chant de trois ieunes pastoureaux, lesquels voians ainsi inopineement flāboier ce lustre d'armes, chose à eux inaccoustumee, en demeurēt comme esperdus. Mais lui la saluë courtoisemēt, esbloüi presque de ses yeux, & de ses belles tresses blondes à pair d'vn or bruni de frais. Hermine lui rend son salut, & les rasseure; Poursuiuez seurement, leur va-elle dire, gens fort bien fortunez & cheris du Ciel, vostre beau labeur & musique: car les armes que vous voiez ne vous y apporteront point de deſtourbe, n'en ayez ja peur. Puis elle adiouſte (Pere) & cõmet eſt-ce que tout ce pays eſt embrazé d'vne ſi furieuſe & mortelle guerre, pouuez-vous icy demeurer ſi paiſiblement, ſans craindre d'y eſtre moleſtez des outrages & inſolence des ſoldats? Mon fils, reſpond le preud'hôme, touſiours iuſquesicy graces à Dieu, ma famille, & noſtre pauure petit trouppeau, ſommes demeurez exẽpts de toutes violences & excez & le bruit eſpouuentable de Mars n'eſt point encore paruenu iuſqu'en ces parties ſi ſolitaires & eſcartees, ny ne nous a point partroublez, ſoit que la grace & faueur du ciel ait voulu ainſi preſeruer de pauures innocentes ames, où biẽ que tout de meſme que les foudres n'ont point tant accouſtumé de tomber és plaines & vallees, côme ſur les haut eſleuees creſtes des monts, & les tours & clochers, ainſi la fureur des glaiues eſtrangers ne s'eſt point icy arreſtee que ſur les hautains chefs des orgueilleux Roys & Princes pour les rabbaiſſer. Ma miſerable pauureté vile & negligee n'a point attiré la conuoitiſe des gens de guerre à s'y addreſſer, ſçachãs aſſez le peu d'acqueſt qu'ils y auroyent: ceſte pauureté diſ-ie aux autres contẽptible & meſpriſable : mais à moy ſi chere, que ie ne la voudrois pas eſchãger à tous les threſors, à tous les ſceptres & corones de l'Aſie. Iamais ſoin aucun, ne deſir d'amaſſer des biens, auarice ny ambition ne s'eſt encore iuſqu'icy hebergee dans la repoſee tranquillité de mon ame. Ieſtanche ma ſoif auec de belle eau freſche venant du puis ou de la fontaine, que ie ne crains pas qu'on nous empoiſonne. Et ce trouppeau, auec vn petit iardinet q̃ nous cultiuõs

derriere nostre pauure cahuette, fournissent abō-
dammēt nostre table de ce qui nous peut estre besoin, sans qu'il nous faille rien achepter. Peu est-ce
que nous desirons, & peu aussi ce qui nous est requis pour le maintenemēt de nostre vie. Ces iou-
uēceaux que voꝰ voyez sont mes enfās, les bergers
& gardiens de nostre troupeau: car nous n'auons
point autrement de vallets ny de chābrieres. Et a-
insi viuons en ceste solitaire habitation, où ie me
delecte au regard de moy à voir sauteller les aigne-
aux autour de leurs meres, & par fois bondir deuant nous quelques cheureux & fans de bische:
glisser les poissons dans les ondes, & les oyseaux
espandre leur pennage à l'air, esmaillez de diuerses
pareures. Vn temps fut lors que l'hōme en ses premiers ans a plus de coustume de follier, & s'addō-
ner aux vanitez apres les choses tēporelles, que i'a-
uois bien d'autres proiects que de la vie pastorale,
& d'aller garder les bestes aux champs; Ie desdai-
gnois trop ces exercices, parquoy ie me desrobay
de là où i'auois esté nay, pour m'en aller viure au
Caire, en la cour du Soudan, où ie fus receu au rāg
de ses domestiques, & combien que ie ne fusse que
jardinier, si vis-ie & cogneus assez les deprauations
qui regnent es cours des Princes: mais abusé d'vne
folle esperance ie souffris assez longuement ce qui
me desplaisoit le plus. Toutesfois quand ie fus vn
peu plus aduancé sur l'aage, cest espoir me vint à
manquer auec mon audacieuse attente: ie me pris
à regretter ceste plaisante solitaire vie, & à desirer
de nouueau la tranquillité que i'auois laissee, disāt
à par moy ! à Dieu madame la cour, ie me recom-
mande, ie ne vous seray iamais rien, ny vous

à moy. Et ainsi ie m'en retournay à mes anciens bien aymez paccages, où tousiours i'ay du depuis passé heureusement mes iours. Pendant qu'il deuise ainsi de son faict, Hermine l'escoute attétiuement, & se retient coye suspenduë à son dire qui luy plaist fort : & ses sages propos luy entrent bien auant au cœur, tant qu'en partie ceste bourrasque d'afflictiõs qui le luy partrouble vient à se calmer: Puis quand elle y a assez pensé, elle se resoult de patienter en ce solitaire destour, & a tout le moins y attendre que son retour luy puisse estre fauorisé de la fortune. Parquoy elle se prend à dire. O vous bien-heureux qui auez quelque temps cogneu pour l'auoir experimenté ce que c'est du mal & du bien, & des fallacieuses trauerses du monde: Plaise au Ciel ne vous enuier vne si douce condition, prenez donc pitié de la mienne si miserable me receuant auec vous en ce tant aggreable manoir où ie desire m'habituer: car parauenture il aduiendra qu'en ces solitaires ombrages mon cœur se deschargera de partie de ses tristesses & ennuis, & de tant d'angoisseux encombres dont il est sans cesse oppressé. Que si vous estes conuoiteux des richesses, que le fol populace adore comme ses Idoles & deïtez, i'en ay icy auecques moy, dont d'autres se contēteroyent bien, tant en or cōme en pierreries, il y a dequoy vous en assouuir. Ce disant elle versoit en abondance vn ruisseau de larmes, & luy racompte partie de ses defortunes, dont le pauure pasteur se prend à pleurer auec elle, & seconder ses pleurs des siēs: Puis la cõsole benignement, & luy fait vn fort doux accueil, tout ainsi que s'il fust son pere, la conduisant où estoit sa

Chant septiesme. 189

femme ja tout ancienne, que le Ciel luy auoit coniointe d'vn cœur vnanime & volonté conforme. Ceste Royalle Iouuencelle s'enueloppe de vieils haillons, & se coiffe d'vn gros & rude couurechef: mais pour tout cela aux estincellans rayons de ses yeux, & aux gestes de sa personne, à sa contenance & maintien, on ne l'eust pas prise pour vne rurale paysane habitâte dans les forests, le pauure malostru vestemēt ne peut couurir ny effacer ceste magistrale apparence qui reluist en elle à trauers ses desguisemens: nonobstāt tous les exercices agrestes ou elle s'ēploye & met la main. Elle meine le bestail aux chāps, & le r'ameine à la bergerie à tout sa houlette, & sa pānetiere: traict le laict, & de là le met en presure & en fait finablemēt des fromages.

Souuentesfois que sur le haut du iour,
En quelque fraiz & asseuré destour
Elle auoit mis ses brebis à l'ombrage,
Pour ruminer dessous vn verd ramage,
Elle grauoit en diuers entrelas
Ce chiffre aime, son seul bien & soulas,
Dedans l'escorce, en mille & mille guises,
Des arbrisseaux, auecques les deuises
De ses amours pleins d'vn triste soucy,
Et la rigueur dont ce cœur endurcy
La dedaignoit, les assauts & alarmes
De ses refus, qu'elle arrosoit de larmes:
Puis s'addressant à ce soud muet bois,
Disoit ainsi d'vne piteuse voix:
Croistre puissiez ô plantes amiables,
Auec mes maux qui vous sont pitoyables:
Il aduiendra peut-estre quelque iour,
Qu'vn qui sçaura que c'est que de l'Amour,

Viendra icy par vn cas d'auanture
Se recreer dessous vostre verdure,
Lequel voyant la peine & la langueur
Que i'ay souffert, s'attendrira le cœur.
Las, dira-il, comment se peut-il faire,
Qu'vn homme soit de si rebours affaire,
Qu'en fin n'ait eu quelque compassion
D'vne si tendre & douce affection?
Certes voicy piteuse recompence
D'vn tel amour, foy & perseuerance.
Mais si le ciel escoutte la clameur
D'vne personne outree de douleur
Pour loyaument aimer, & la fortune
Se vueille rendre à mes vueils opportune,
I'espere encor qu'vn iour il aduiendra,
Que ce dur cœur en ces forests viendra,
Qui ainsi fort me dedaigne à ceste heure,
Et se tournant vers la triste demeure,
Où il verra ce pauure corps gisant,
Sera esmeu à pitié, en disant,
La larme à l'œil de souspirs assistee,
Ceste-cy fut par trop infortunee.
Mais ce sera, helas, trop tard pour moy,
Qui cependant consumee d'esmoy,
Pleine d'ennuis & d'vn poignant martyre
Pour luy en vain nuict & iour ie souspire.
Mais estant morte, au moins apres ma mort
L'esprit aura quelque heureux reconfort,
Et iouyra ma cendre refroidie
Du bien qu'auoir ne peut estant en vie.

Telles complaintes, & assez d'autres faisoit ceste pauure Princesse ainsi passionnee de l'amour de Tancred: mais il auoit bien ses pensers ailleurs, &

Chant septiesme. 191

selon que la fortune le tire & conduit s'en va rodant de costé & d'autre tout au rebours de la brisee qu'auoit pris Hermine, dont il ne peut suyure la piste pour l'obscurité de la nuict, tant que d'vne forest il entre en vne autre, ou l'espoisseur des arbres, & les brossailleries dont elle est semee ne luy permettent d'aller auant qu'à la vollee en doute & incertitude, tendant à tous propos l'oreille s'il pourroit point ouïr quelque bruit ou des armes, ou des cheuaux. Que si la moindre ondee de vent bat les braches, ou si quelque beste ou oyseau fait brasler tant soit peu les rameaux & fueilles des arbres, soudain il torne celle part. A la parfin il sort du bois, & par des sentiers incogneus les raiz de la Lune le conduisans à vn soud murmure qu'il entend de loin, il arriue au lieu dont il procedoit, au pied d'vne roche, d'ou sortoit vn gros abondant sourjon d'eau clere viue, qui faisoit vn ruisseau s'escoullant en bas, les bords duquel estoyent reuestus d'vne gaye & plaisante verdure toute parsemee d'infinies sortes de fleurs. Là il s'arreste fort attristé, & appelle à haute voix pour voir si personne y voudra respondre: mais il n'y a que la seule Echo, qui resume ses derniers mots. Cependant l'aube du iour vient à apparoistre auec ses reluisans sourcils, & ses ioües teintes & rasserenees d'vn incarnatin de vermeilles roses. Le dolent Cheualier s'afflige & tourmente, gemist, & s'indigne contre le ciel, qu'il luy retrache si cruellement l'esperance par luy conceuë d'vne si hautaine aduéture: mais il promet bien de faire vne rigoureuse vēgeāce de sa Dame, ou on luy auroit fait le moindre tort ou desplaisir, & en fin se resout de s'en retourner au camp, combien qu'il ne soit pas biē asseuré d'en pouuoir retrouuer le chemin: car il luy souuient que le iour approche qu'il auoit pris pour retourner combatre Argant. Parquoy il part de là où il s'estoit arresté, & comme il passe outre par vn setier qu'il ne cognoist, il oit vn courrier, ce luy semble, qui tousiours s'approche plus fort, tant qu'à la fin il voit vn hōme de cheual hors du vallon, le foüet au poing droit il haste & sollicite sa monture, & vn huchet pendu derriere le dos à la mode des postillōs. Tancred luy demande où estoit le chemin pour aller au camp des Chrestiēs? C'est là où ie vois, luy respond-il en lāgue Italien: car Boiamōd m'y a depesché tout exprés, & en diligence. Tācred le suit, qui a grande enuie de sçauoir des nouuelles de son oncle, estimant que cestuy-cy soit l'vn de ses courriers, d'autant qu'il adiouste foy à ses paroles, qui sont neantmoins feintes & mensongeres, & le suit, tant qu'ils arriuent à vn marescage au milieu duquel estoit assis vn chasteau beau & fort au possible, sur le point q̃ le Soleil s'en alloit plōger en ce grād manoir ou la nuict a de coustume de s'heberger. Le courrier metāt sō huchet à la bouche, le sōne le pl⁹ haut qu'il peut: & soudain voila abaisser vn pōt leuis de la forteresse. Si vo⁹ estes Italiē (dit l'autre à Tācred, vo⁹ pourrés demeurer icy ceste nuict iusqu'à demain au matin: car il n'y a pas trois iours que le Cōte de Cozenee a osté aux Sarrazins ceste place. Tācred regarde ce lieu, qui lui sēble de toutes parts estre inexpunable tant d'assiette, que de fortificatiō manuelle, & entre en doute & defiance que dans vne si forte demeure il n'y ait quelque secrette trahisō & embusche fche cachee: mais comme aduentureux qu'il est, accouftumé aux plus dangereux perils & hazards, il n'en monftre pas le femblant: car par tout où le conduira foit fa deliberation arreftee, foit la fortune, il veut que fon efpee luy en affeure le chemin: Toutesfois l'obligation qu'il a de retourner à fa bataille fait qu'il ne fe veut pas cefte fois engager à vne nouuelle entreprife, fi qu'il s'arrefte pres du chafteau emmy vn pré, où le pont-leuis eftoit platé, Et eftant femonds d'entrer là dedans, il n'y veut pas fuiure fon guide. Cependant voyla que deffus le pont apparoift vn grand Cheualier armé de toutes pieces, d'vne mine fiere & audacieufe, l'efpee au poing, qui luy efcrire en parolles fuperbes & menaçantes: Quiconque tu fois qui par cas d'auanture, ou de propos deliberé t'es icy embattu fur les terres patrimonialles de Madame Armide, fi tu cuides t'enfuir, ce fera en vain: car il te faut icy laiffer les armes & le cheual pour le tribut de ton paffage, Parquoy tu auras meilleur compte de les quitter de ton bon gré que de te deffendre, ce qu'auffi bien ne pourrois-tu. Tends donc les mains prefentement qu'on te les garrotte pour te rendre prifonier de fon Alteffe: Et entre tout de ce pas cy dedans, foubs la condition par elle eftablie à tous ceux qui y abordent, de ne plus efperer de reuoir iamais le Soleil par aucune longueur de temps, ny pour changement de poil qui t'aduienne, fi d'auãture tu ne iures d'aller auec fes autres combattans contre ceux qui croyent en CHRIST. Tancred l'oyant parler fi arrogamment, le r'affigure de plus pres, & le recognoift à fes armes, & à fa parole que c'eft Rãbaud, lequel eftoit party du camp auec les autres pour suyure Armide, & pour l'amour d'elle s'estoit fait Payen, s'estant par son cōmandement mis à garder ceste detestable coustume qu'on maintenoit là : Dont Tancred le visage enflambé de colere luy va respondre d'vn grand despit. Miserable meschant apostat renié, ie suis ce Tancred qui n'ay ceint l'espee que pour soustenir la foy de mon Createur, que tu as si malheureusement delaissee, & en sa vertu i'ay souuentesfois chastié ceux qui luy ont voulu estre rebelle, comme ie te veux tout presentement. Ceste dextre est celle qui a esté esleué ministre du courroux du ciel pour en prendre sur toy la vengeance. L'autre oyāt ce glorieux nō en demeura tout esperdu de crainte & vergoigne, neantmoins le dissimulant, il va dire, Et comment as tu osé venir icy pauure desastreux que tu es, chercher ta mort ? Icy sera ce tant redoubté autre fois effort tien mis à bas, & ta superbe teste auallee honteusement de dessus tes espaulles, pour en enuoyer faire vn present à tes cōpaignons, qui ont esté si temeraires que de s'attaquer à nostre capitale ville, si d'auanture ce iourd'huy ie ne suis autre que ie soulois. Ainsi parloit ce Renegar. Et pource que desormais le iour s'en alloit esteint, si qu'à peine pouuoit on voir entour soy, furent apportees tant de torches & autres lumieres, que l'air en demeura esclairé comme en plein iour. Le chasteau reluist de toutes parts, cōme la scene d'vn theatre, ou l'on iöeroit de nuict vne tragedie : Et au haut d'iceluy es garites Armide s'est mise en vn treillis clissé, dont sans estre apperceuë elle peut voir tout ce qui se fait : Cependant le courageux Prince s'appreste & d'armes & de hardieſſe pour demeſler ceſte querelle, encore qu'il ne ſoit pas ſi bien guery de ſes playes qu'il luy conuiédroit. Et pource qu'il voit venir ſon aduerſaire à pied, l'armet en teſte, l'eſpee au poing, & biē couuert de ſon eſcu, il ne veut pas demeurer à cheual, ny auoir autre aduantage ſur luy, que ce que ſa vaillance luy en acquerra: ains met pied à terre, marchant à grand pas a l'encontre, d'vn fier regard & voix effroyable. L'autre le vient aborder de meſme, & d'arriuee luy tire vne feinte à la veuë: puis demarche ſoudain pour luy donner en autre endroit: mais Tancred qui eſt maiſtre paſſé de ces tours d'eſcrime, ſçait fort bien comme il en doit faire, combien qu'il ne ſoit pas ſi prompt & legier qu'il ſouloit, tant à cauſe de ſes bleſſeures, que du trauail qu'il auoit pris toute la nuict à ſuiure Hermine, dont il n'a membre qui ne s'en dueille, & marche de reſolution contre l'autre, le tenant de ſi court, qu'il ne ſçait de quel coſté ſe tourner. Il ſe lance ſur luy d'vne fort grāde legiereté, & le preſſe, luy preſentant dru & menu l'eſpee droit à la viſiere: Mais là où il donne de plus grand effort, c'eſt aux parties les plus vitales & perilleuſes, accompagnant les coups qu'il tire de fieres & hautaines menaces & reproches pour l'intimider. Rābaud ſe remuë d'vne fort grād'agilité auſſi, & deſmarche de coſté & d'autre pour lui faire perdre ſes coups en vain, & s'en deſtrobe du mieux qu'il peut tātoſt en parāt auec ſon eſcu, & tātoſt en les rabatant de l'eſpee, pour faire que ceſte bourraſque & furie de coups dōt le charge ſon aduerſaire retōbe à faux: mais parmi tout cela il n'eſt pas ſi prōpt & adroit à ſe couurir que Tancred eſt de le charger,

N ij

si que desormais son escu estoit tout par pieces, so͂ heaume embarré en la teste, & faussé en diuers endroits, & son harnois teint de son sang, sa͂s que pas vn de tous les coups qu'il auoit tirez à Tancred, eust porté, tant il s'estoit biē sceu destorner & courir, dont il se trouue tout esperdu: & sa conscience luy remord le cœur, outre la ho͂te & despit qu'il a de se voir ainsi malmener deuant celle pour l'amour de qui il auoit si mescha͂ment laissé sa créa͂ce. Parquoy en fin il se resout de iouer à quitte ou à double, & iettant là ce peu qui luy restoit d'escu, empoigne à deux mains son espee, qui est vierge encore & à ieun du sang de son ennemy, & se lançant sur luy rameine vn coup de toute sa force, auquel l'ame aucune ne peut resister qu'il ne luy face vne playe assez profonde à la cuisse gauche, puis en redouble vn autre encore au millieu du front au vollant, qui en tinte comme vne clochette: mais il ne le fausse pas pour cela: car le heaume est de trop fine trempe, trop bien le luy fait il varier en la teste, & les lacs s'en rompent. Le Prince s'enflamme & rougist tout de mal-talent, & du grand despit qu'il en a, les yeux luy estincellent ainsi que deux charbons ardents, & semble que de la visiere de so͂ armet sortent de viues flammesches de feu, martella͂t des dents l'vne co͂tre l'autre, si que le perfide ne peut plus soustenir vn si fier regard. Il oyt siffler l'espee qui vient d'en haut, & pense ja sentir l'acier enfoncé dedans sa poictrine, parquoy il tasche d'euiter le coup, qui par ce moyen vient à se descharger sur vn pillier de marbre tout ioignant le pont, dont les esclats & les estincelles vollent au ciel, & vn froid glaçon s'en congelle dans le courage de

Chant septiésme.

ce desloyal, qui se met à fuir vers le pont ou gist toute l'esperance de sa sauueté: mais Tancred le suit de si pres, qu'il est sur le point de l'atteindre d'vn grãd coup d'espee à trauers les reins, Quãd voycy (refuge certes fort à propos pour le fuyard) tout à coup les torches s'esteindre, & les estoilles à disparoistre qu'il n'en demeure vne seule, au pauure ciel desnué de toute lumiere, & mesme de celle de la Lune, Parmi ce sombre ombrage de la nuict, & de l'obscurité tenebreuse que les enchantemẽs y apportent, le victorieux ne le peut plus ny poursuiure ny entre-voir ny rien discerner deuant & autour de soy, Tellement qu'il ne sçait au vray ou il va chancellant, & le pied mal ferme asseuré, tant que de fortune il donne sur le sueil d'vn huits, ou il entre sans s'en aduiser & soudain il oyt resonner la porte qui c'est reclose, à ses espaulles, le laissant refermé en vn lieu ou l'on ne voit goute. Ainsi Tancred quel que fut alors l'attitré artifice de ce sien emprisonnement, y entra neantmoins de soymesme, & se trouua bien & beau engagé là d'ou persone ne pourroit de soy eschapper. Il a beau esbrãler la porte quelque forts bras qu'il puisse auoir: car tous ses plus robustes efforts s'espandent en cest endroit au vent, & sur ces entrefaictes il oyt vne voix qui luy crie, Tu te trauailles pour neant de sortir d'icy: car tu es prisõnier d'Armide: & n'ayes ja peur de mourir dans le sepulchre des viuans, tu passeras cy iours & nuicts, & tout le reste de ta vie. Le Cheualier ne respond rien: ains compreint au fonds de son cœur ses ennuis & ses doleances, accusant à par-soy amour de ceste sienne mesaduenture, & sa simplesse, & les tromperies où il s'est

N. iiij

laissé attrapper. Puis se prend à dire: D'estre priué de la lumiere du Soleil, c'est peu de chose: mais moy mal heureux ie peds bien vn plus beau regard d'vn pl° aggreable Soleil, & ne sçay si iamais ie me pourray retrouuer en lieu, ou mon triste cœur se puisse resiouyr de ses clairs amoureux rayons. Là dessus s'estant ressouuenu d'Argant, ce qui plus l'attriste, I'auray par trop manqué à mon deuoir, va-il dire, si qu'il aura bonne occasion de me blasmer, & en mesdire. Et de vray quelle faute ay-ie faite? Quelle vergoigne me suis-ie acquise pour ne me trouuer au iour assigné? Ainsi & l'amour, & le soucy qu'il a de son honneur luy mordét le cœur, l'vn d'vn costé, l'autre de l'autre. Pendāt qu'ils s'afflige de ceste sorte, Argant ne dort pas nomplus à son aise, tant il est d'vn superbe arrogant courage, ennemy de paix & repos, telle est la cōuoitise qu'il a de respandre du sang humain, le desir & ambitiō de s'acquerir de cela loüange, que nonobstāt qu'il ne soit bien du tout guery de ses playes, si ne laisse-il pas pour cela de desirer que le sixiesme iour arriue: & la nuict qui precede ceste ppre iournee pour recōmencer leur bataille, à peine que ce fier Payā veut seulement mettre la teste sur le cheuet pour dormir vn somme: ains se leue que le ciel encore si brun qu'il n'esclaire que comme rien les cimes des plus haut esleuees montaignes. çà tost mes armes, crie-il à son Escuyer, qui les auoit desia tout appareillees, non les siennes qu'il souloit porter: mais d'autres plus riches & renforcees, que le Roy luy auoit donné: Et sans y regarder autrement il s'en arme: car pour pesantes qu'elles soyent il ne s'en sent gueres greué: mais quant à l'espee il ne veut

pas changer la sienne : ains se la ceint à son costé,
laquelle est d'vne fine aceree trempe. Telle qu'apparoist resplandir au ciel vne redoubtee comette
auec sa sanglante effroyable queuë, dont l'air ard
& flamboye tout alentour, annonciatrice de chā-
gemens de Royaume, & de morts de Princes, auec
diuerses sortes de maladies que ceste desastrueuse
lumiere a de coustume d'aporter aux peuples, &
grands monarques. Tel ce felon orgueilleux Payē
fait sa promenade parmy les rües, & sur les rangs,
dardant vn regard torue & despiteux, cōme lousche, les yeux enyurez de desir de sang & courroux,
son fier maintiē, & farouche mine ne respirās que
menaces & horreur de mort, dont il n'y a si hardy
ny asseuré cœur qui ne s'ē effroye. Il a l'espee trait-
te au poing, qu'il esleue en haut & esbranle : criant
d'vne voix trop espouuantable, & s'en escrime à
trauers l'air, fendant le vent en quatre doubles.
Bien tost (disoit-il) ce volleur, ce petit brigandeau
Chrestien, si presomptueux, qu'il ose bien s'esgaller à moy, tombera par terre suppedité, & reduit
aux derniers abois de la mort, dont il se tantoüille-
ra en la poudre detrempee de son triste sang : Il se
verra respirant encore, vueille ou non vueille ce
Christ où remet sa confiance, despoüiller de
ses armes par ceste victorieuse main. Il mourra là
sans qu'à l'article de la mort il puisse impetrer q̄ ses
mēbres ne soyent exposez aux chiens & oyseaux
pour s'ē paistre. Tout de la sorte qu'vn fier taureau
que l'amour & la ialousie espoinçonnēt, brait horriblement, & par ses muglemens effroyables resueille son courage en soy, & sa furieuse esmotion,
aiguisant ses cornes à vn tronc d'arbre, si qu'il

N iiij

semble que par les coups qu'il eslance en vain cōtre le vuide de l'air, il prouoque les vents au combat, grattant la terre du pied, dont il espand tout autour de soy la poussiere, & de loing defie son cōpediteur à vne aspre & mortelle bataille: de la mesme furie le Payē esmeu appelle le heraud, & d'vne voix rauque & entrerompuë luy dit ainsi, Va t'en de ce pas à ce camp, & denonce à ce beau champion de leur IESVS-CHRIST, le combat à toute outrance contre moy : Et sans attendre autre responce il monte à cheual, & s'estant fait amener deuāt soy son prisonnier, sort de la ville, & descend au grand galop la montaigne, sans craindre de tresbucher en ce precipité roide panchant : Puis quand il est paruenu à la plaine il entonne son cor d'vn horrible, qui resonne tout és enuirons, & à guise d'vn bruyant tonnerre eslourdit les oreilles, & le cœur de ceux qui l'oyent. Desia les Princes & Barons Chrestiens s'estoyent assemblez en la tente capitanesse, là où vint le Heraud faire son desiemēt, auquel entre tous les autres il specifie Tancred, sans toutesfois en exclurre pas vn du reste: Là dessus le Duc d'vn cœur suspens, iette de toutes parts vn œil doubteux, plein neātmoins de Maiesté graue: mais il a beau penser, & regarder autour de soy, pour cela personne ne s'offre à vne si dangereuse meslee; tous saignent du nez si qu'on cognoist biē que là se trouue à dire la fleur de tous les preux cōbatans, Renaud. Quant à Tancred, il ne s'en sçait point de nouuelles, & loin de là est Boiamond: D'ailleurs s'estoit banny de son propre vouloir cest inuincible Cheualier qui auoit mis à mort Gernant. Et outre les dix qui auoyēt esté esleus au fort pour s'en aller auec Armide, des plus vaillans & renommez de toute l'armee, tout plein d'autres non moins hardis & courageux, soubs le silence de l'obscure nuict s'estoyẽt desrobez pour la suyure: le surplus demouroyent là tous picquez & honteux sans mot dire: car en vn si euident peril personne ne cherchoit de s'acquerir de l'honneur si cher: ains la vergoigne est la suppeditee de la peur. A leur taciturnité, & mine morne, auec autres leurs comportemẽs, le Duc s'apperçoit soudain de leur crainte, & tout surfondu de despit se leue du lieu où il estoit assis, & va dire. Certes ie serois par trop indigne de viure, si ie refusois d'exposer ma vie en aduenture, permettant qu'vn Payẽ foulle ainsi aux pieds l'honneur de la Chrestienté. Or que ce camp demeure en paix & repos à la bonne heure, & sans rien faire regarde d'vn lieu asseuré le hazard où ie me veux mettre. Sus sus donnez moy mes armes, qui luy furent soudain apportees: mais le bõ preudhomme Raymond qui en vn meur aage auoit aussi vn mur conseil, & les forces encore vertes & vigoureuses à pair de ceux qui estoyent là, se tira auant, & se retournant deuers le Duc luy va dire. Ah en l'honneur de Dieu ia n'aduienne que le chef de ceste armee la mette auec luy en danger. Vous estes nostre conducteur, & nõ pas vn simple soldat, ny vn capitaine particulier, le dueil qui prouiendroit de vostre desconuenuë seroit publique, & non priué. Sur vous s'appuie tout le gouuernemẽt de ce camp qui a pris les armes pour l'exaltatiõ du Christianisme, & bataille pour sa defence: c'est par vous que le Royaume Babilonique doit estre renuersé & destruict. N'employez doncq' que vostre sage & prudent aduis pour nous commãder à tous, nous autres qui guerroyons icy sous vous, & l'authorité que voʰ y auez: que tout le reste puis apres y mettent leur hardiesse & effort. De moy, combien que mon vieil age me contraigne d'aller doresnauant courbé, cela pourtant ne m'en fera pas excuser. Que les autres si bon leur semble euitent ces hazardeux trauaux: ie ne veux point pour mõ honneur que ma vieillesse m'en dispence. Ou que ie refuse seulement en telle vigueur de mes ieunes ans, que vous estes vous autres messieurs qui vous tenez icy les bras croisez, clos & couuers, sans que la honte, & le despit que voʰ deuriez auoir de l'arrogance de ce superbe chien Payen, vous esmeuue à luy rabattre son orgueil, lequel vous reproche a haute voix vostre couardise! Ou tel que ie me monstray deuant toute la Germanie à la cour de Conrad II. où ie mis a mort de ma main le tant redoubté Leopolde, luy passant l'espee à trauers le corps! Ce fut vn effort de bien plus haute valeur, de remporter la despoüille d'vn si puissant hõme, que si maintenant vn tout desarmé seul mettoit en routte vne bande de ces poltrõs lasches canailes. Que si ceste vertu vigoureuse regnoit encore en ma personne, i'aurois bien tost mis à bas l'orgueil de ce presomptueux: mais tout tel que ie suis ia pourtant ne s'estangourera mon cœur en moy, ny ne s'espouuantera des brauades de ce superbe. Que si ie demeure mort sur la place, le Payen peut estre ne s'en ira pas bagues sauues si content & ioyeux qu'il cuide, & n'aura pas ceste victoire a si bon marché comme il pẽse: ie m'en vois armer de ce pas, plaise a Dieu que ce iour puisse estre celuy qui illuſtre tout le cours de ma vie paſſee, de nouuel honneur & loüange. Ainſi parla ce magnanime vieillard, & ſes parolles furēt autāt de roides coups d'eſperon pour reueiller la vertu endormie es autres: car ceux qui auparauant ſe mōſtroyent muets & craintifs, ont à ceſte heure la mine aſſeuree, & & parlent plus hardiment. Il n'y en a plus vn qui vueille deſormais refuſer ce cōbat: ains le requerent à l'enuy les vns des autres. Baudoyn le demāde, Rogier auſſi, & Guelphe, & les deux Guys, & Eſtienne, & Garnier, & Pyrrhe, & celuy là qui fit ceſte recōmandable tromperie, liurant Antioche es mains de Boiamond. Tout de meſme en font inſtance Euerard, Rodolphe, & Roſemond, l'vn d'Eſcoſſe, l'autre d'Irlande, & l'autre Anglois, tous païs que la mer ſepare de nos côtrees de terre ferme. Pareillement le recherchent Gildippe & Odoard, ce beau heureux couple de loyaux amans mariez. Mais ſur tous les autres ce preux vieillard ſ'en monſtre le plus conuoiteux & ardent, lequel ſ'eſtoit deſia tout armé fors de la ſallade, & les gātelets. Mais le Duc s'addreſſant à luy alla dire. O vif miroir de l'ancienne valeur Françoiſe, il faut que ſur vous tous les noſtres ſe mirent, & que chacun endroit ſoy en tire vn exemple & inſtruction de vaillāce. Car en vous reluyſent parfaictement la diſcipline militaire, l'art de la guerre, & l'honneur des armes. Que pleuſt à Dieu qu'entre toute ceſte floriſſāte ieuneſſe il y en euſt ſeulemēt dix tels que voꝰ, de valeur ſēblable : car ie me prometrois bien de dōpter aiſement ceſte ſuperbe Babylon, & de plāter l'eſtandard du grand CRVCIFIX depuis la Bactrienne iuſqu'à l'Iſle de la Taprobane. Mais cedez pour ce coup ie vous prie, & vo9 reseruez à vn meilleur effect, où vostre aage soit plus a propos employé. Puis il adiouste, que de to9 les autres on en fera des bulletins, qui seront tirez de dedans vne capse pour voir sur qui tombera le sort, ou plustost comme il plaira à Dieu d'en disposer, lequel commande à la fortune & fatalité, qui ne sont que ses ministres & chambrieres. Non pourtāt le Cóte ne se depart pas pour cela de son entreprise: ains veut estre encore du nombre. Le Duc préd les noms, & les iette dās son casquet; ou apres les auoir bien secoüez, le premier billet qu'il vint à tirer fut Raymond Comte de Toulouse. Ce nom là fut ouy d'vn fort grand applaudissemēt de tous ; & n'y a personne qui en blasme le sort, ny qui y vueille contredire: Et luy se surseme le front d'vne gaye & ioyeuse allegresse, & vigoureuse ferocité, qu'il semble qu'à l'heure il soit tout r'aieuny ; de mesme qu'vn serpent qui ayant ietté sa vielle despoüille s'est r'ëueloppé d'vne robe neufue, dont les escailles flamboyent d'vn esclattant lustre doré, qui se lisse & pollist aux raix du Soleil. Mais sur tous les autres le chef de l'armée s'en cōioüist auecques luy, & luy en promet vne indubitable victoire, dont il luy en donne desia la loüange, comme s'il la luy tenoit toute acquise:& là dessus s'ostant l'espee de son costé, la luy va ceindre en luy disāt. Voyci l'espee que ce braue rebelle de Saxe souloit mettre en œuure, ie la luy ostay à force d'armes, coulpable de mille coups qu'il en auoit donnez, & la vie auec: Prenez la doncques maintenant, qu'elle vous puisse estre aussi fauorable, comme elle a esté tousiours du depuis victorieuse

Chant septiesme. 205

entre mes mains. De ce long tardement le superbe Argãt s'ennuye & despitte en s'escriant. O braues Europeãs inuincibles! ô peuple tant renommé aux armes! comme vn seul homme qui vous defie vous fait à tous trembler l'ame au corps? Vienne Tancred deformais qui a le renõ d'estre si preux & hardy, s'il se fie tãt en sa proüesse: il veut peut estre à son ayse couché mollement dans son lict dormir la grasse matinee, & attendre que la nuit vienne comme à l'autrefois qu'elle luy vint si à propos: s'il a si grand' peur, que d'autres viennent trouppe à trouppe; Venez tous ensemble gens de cheual, & gens de pied, ie vous attendray de pied coy, puis que de me combattre hõme à hõme il n'y en a seul entre en vn si grand nombre que s'y ose aduenturer. Voyla le sepulchre où le fils de vostre MARIE feut mort enseuely; Pourquoy ne venez vous auant? Que ne luy allez vous rendre vos vœus & deuotions? en voy-cy le plus court chemin: & à quel plus honorable exploit d'armes voulez vous reseruer vos espees? Auec de telles mocqueries & brauades ce presomptueux Sarrazin cõme à coups de foüet va esguillonnant les vns & les autres: mais plus que nulle bon Raymond à ceste arrogante voix s'enflamme d'ire & indignation, & ne peut plus souffrir vne telle honte & reproche: car la vertu ainsi tallonnee se rend plus feroce, & s'aiguise à la queux d'vn despit & courroux, si qu'elle couppe net tous retardemens & longueurs. Il monte sur son Aquilin, à qui sa vistesse auoit acquis ce nom là. Ce braue Gennet fut nay sur le bord du Tague, où sa mere conuoiteuse d'estre saillie en la saison que les Iuments selon leur instinct naturel ont accoustumé d'entrer le plus furieusemēt en amour & desir du masle, en se retournans la gueule bee contre le vent, s'en empreignēt, & de ses tiedes respiremens (chose admirable) conçoiuent d'vne grande ardeur, & poullinent. Aussi diriez-vous bien que ce viste coureur d'Aquilin a esté procreé du plus legier vent de tout l'air, si prompt il est, que lors qu'il passe à toute bride vne carriere, à peine laisse-il la moindre marque de ses vestiges empreinte au sable. Sur ce cheual le Comte assis dans les arçons se meut pour aller encontrer son aduersaire, la face tornee deuers le ciel. Seigneur Dieu, alla-il lors dire, le Dieu des armees, qui adreças la main inexperte d'vn ieune bergier contre cest enorme geant Philistin, fleau des Israëlites, en la valee du Terbinthe, où il fut de pleine abordee mis par terre d'vn seul coup de fonde; fais s'il te plaist par ta saincte grace, que tout de mesme cest outrageux mescreant puisse estre auiourd'huy de moy prosterné: Et qu'vn pauure vieillard desormais foible & debile chargé d'ans, le suppedite, cōme ce ieune gars imbecille terraça l'autre. Ainsi faisoit le Cōte sa priere, laquelle guindee sur les aisles d'vne ferme esperance enuers Dieu, se haussa volant iusqu'au ciel empyree, tout ainsi que le feu tēd de sa nature tousiours cōtre mōt, où elle fut recueillie & exaucee de l'Eternel pere de misericorde, lequel entre toutes les esquadres de sa celestielle milice, cōmit la charge à l'vn de ses principaux Chāpiōs, de prēdre la protectiō & deffēce sur soy de ce sainct prud'hōme, & le ramener victorieux sain & sauue des mains de cest impie blasphemateur. L'āge, qui de la prouidence diuine ayant esté cōstitué gardian du Coté des l'heure de sa naissance estoit venu là auec luy cōme Pelerin: mais maintenant que le Roy du ciel luy ordonne de prendre d'abōdant ceste charge en particulier, il s'en va monter en la haute rocque où sont gardees toutes les armeures de l'ost celeste. Là se conserue ceste lance dont le serpent fut transpercé, & les sagettes foudruyantes, & les traicts inuisibles qui portēt guerre, peste famine, & sēblables horribles maux en la terre aux hōmes mortels. Là est suspendu en haut le grand Tridēt de l'esbranle-terre Neptune, terreur premiere du genre humain, quand il aduient qu'il en estonne les plus bas fondemens du monde qu'il croulle, secoüe & fait trembler les grādes citez. Là se voit flāboyer parmy tous les autres harnois vn escu de diamant, grand, ample & capable pour couurir & pays & peuples, tout autant qu'il y en pourroit auoir entre le mont de Caucase, & celuy d'Athlas, duquel escu ont accoustumé d'estre rēparez & munis les Princes iustes & equitables, les villes chastes & reformees, L'ange le prēd & garny d'iceluy vient occultement, que nul œil mortel ne se sçauroit apperceuoir, autour de son commis en garde le Comte Raymond: & cependant tous les creneaux s'estans rēplis de gens meslez de toutes sortes, le Roy Aladin enuoye Clorinde auec vne bande de soldats armez, qui s'arrestent emmy le coustau sans passer plus outre. De l'autre costé vne cōpagnie aussi de Chrestiens sont tout de mesme appareillez. Mais le camp ou les deux cōbattans doyuent démesler leur querelle, a esté tout expres laissé de large & specieuse estēduë, vuide de tout autre empeschement que d'eux, en-

tre les deux trouppes susdites. Argant regarde de costé & d'autre s'il apperceura point Tancred, & voit les marques incognës d'vn autre aduersaire nouueau, Surquoy le Conte s'auançant luy dit. Celuy que tu cherches est pour ceste heure detenu ailleurs, & ce par vn cas d'auanture: mais ne t'en glorifies point autrement: car tu me vois icy tout prest à contredire tes menteries, où ie puis bien tenir son lieu: A tout euenement il m'est permis de te combattre cõme le quatriesme, selõ que le porte ton defiement. L'Arrogant ne s'en fait que rire, & luy respõd. Que fait donc Tancred, & où est-il, luy qui estonne le Ciel de ses beaux faits-d'armes? Mais maintenant il se recelle, en se confiant seulement sur sa fuitte. Or qu'il fuye tant qu'il voudra, fust-ce mesme iusques au centre de la terre, où au plus profond de la mer, il n'y aura lieu ny endroit quelque destourné qu'il puisse estre ou ie le laisse en repos ny en seureté. Tu en as faucemẽt menty, repliqua le Conte, de dire qu'vn si valeureux Cheuallier se voulust enfuir ny cacher pour toy : car il vaut mieux que tu ne fais. Le Circasse fremist de rage & despit, va dire. Prends donc du cãp ce qu'il t'en faut:car ie te reçois en sa place, & bien tost il apparoistra comme tu sçauras bien defendre ta folle & outrageuse temerité. Il s'esbranle quant & ses parolles, & s'addressans droit les fers des glaiues à la visiere de leurs heaumes, le bon Raymond où il visa ne faillit d'atteindre de si droit fil que son bois volla en esclats:mais il ne le remuë pas pour cela tant soit peu de la selle, & l'autre le vient rencontrer de telle roideur & furie, que mal pour le cõte si le coup eust porté:mais il faillit(chose inac-
cou-

coustumee:) car le protecteur celeste le destourna. Le Payen s'en mord les leures de grãd despit, & iette par terre sa lãce blasphemãt & maugreant: Puis tire l'espee, & s'en va affronter Raymõd d'vne impetuosité qui n'a sa pareille. Il vient pour choquer son puissant destrier droit au chanfrein, comme vn moutõ qui se recule & baisse la teste pour heurter de plus grande force, mais le Conte l'euite en flechissant au costé droit, & luy donne à l'outrepasser vn rude coup à la visiere de son armet. Argant retourne de rechef, & l'autre le laisse encore à main droite, luy dõnãt sur la creste de sa salade, mais cela ne luy profite de rien, car elle est de trop bonne trempe, si que rien ne la sçauroit endõmager. Le Satrazin qui ne tasche qu'à le ioindre de pres, se lãce sur luy, & s'y serre: mais le Cõte qui craint qu'vne si lourde masse de chair ne l'accable luy & son cheual, cede en vn endroit, & l'assaut d'vn autre, voltigeant alentour de luy si agilement qu'il semble proprement voller, car le cheual prompt & viste ce qui se peut & adroit tout outre, sçait fort biẽ obeyr soudain aux moindres semõces d'esperõ, & tours de bride qu'on luy presẽte, sans iamais mettre à faux nulle par le pied. Tout de mesme qu'vn experimenté Capitaine qui combat quelque haute tour scituee dans vn marescage, ou sur la cime d'vne montaigne, cherche & essaye toutes les adtienues plus aisees & aduantageuses pour luy, dont il la puisse mieux attaquer, & y desploye toute l'industrie qu'il peut auoir, en semblable va vireuoltãt le Cõte, & quand il voit qu'il ne peut pas seulemẽt tirer la moindre escaille de sa cuirasse ny de sõ heaume, il cherche les endroits pl⁹ foibles, & tasche de

trouuer quelque passage à son espee par les iointu-
res du harnois, où il y auroit quelque defaut, &
moins de resistāce: si qu'en deux ou trois endroits
desia il l'a faussé, & ensanglanté son espee, sans que
ses armes ayent encore esté nulle part empirees:
non pas seulement qu'il luy ait abbatu ny gasté vn
brin de pennache, ou autre ornement de son tymbre, dont le Sarrazin enrage tout vif. Il donne, il
frappe & descharge de cruels & trespesans coups,
mais en vain, & le tout à vuide, & respand sans riē
aduancé son ire & courroux, comme s'il iettoit par
despit en l'air à peines poignees toute sa force & sa
vigueur. Il ne se lasse pas pourtāt, ains redouble de
de plus en plus ses fendans & ses estocades: & se re-
force en faillant d'atteinte, au contraire de tous les
autres. A la parfin entre mille coups Argāt en descharge vn cruel & horrible de taille, sur le Conte,
qui est si pres, que pour prompt & legier que soit
son Aquilin, mal-aisémēt l'eust-il peu euiter qu'il
n'en eust esté accablé, sās l'aide & secours de l'Ange assistant inuincible: ce celeste messager de là
haut, lequel tend le bras au deuant, & reçoit le
coup sur le diamant impenetrable. Là l'espee se
brise en menuës pieces comme si elle eust esté de
verre: parce que nulle trempe de mortelle forge ne sçauroit mordre sur les armes incorruptibles
de l'Eternel seure, qui ne sont meslees d'aucune
perissable estoffe. Le Circasse qui s'en voit ainsi
desnué: car le tout estoit tombé emmy le champ
sur le sable, à peine le peut-il croire: puis en deuiēt
tout estonné, se voyant la main desgarnie d'armes
& que son aduersaire en a de si fortes qu'elles ne
se peuuent endommager: car il cuide bien auoir

rompu son espee sur cest autre escu que le Conte porte à son bras, & le Conte le croit de mesme, ne sçachant pas que c'est de l'aide & secours qui luy est descenduë du Ciel: Toutesfois pource qu'il voit la main de son ennemy ainsi despourueuë de ce qui le peut offencer, il en demeure tout en suspens, reputant la victoire ignoble, & les despouïlles mal acquises & mesprisables, celles qu'en vn tel desaduantage on obtiendroit. Prends vne autre espee, luy vouloit-il dire, quand nouueau penser luy vient naistre au cœur, que ce seroit vn trop grand preiudice aux siens, où il demourroit au dessous de ceste bataille, estans en cest endroit defenseur du public: S'il n'y alloit que de son particulier interest, il pourroit auoir vne autre consideration. Estant en ceste irresolution qu'vne victoire ainsi indigne ne luy peut plaire, & d'ailleurs qu'il ne doit mettre en hazard l'honneur commun de tous les siens: Argant luy darde d'vne grand roideur le pommeau ioint à la garde, à la iouë gauche, & quant & quant pousse son cheual contre luy, pour venir aux prises s'il peut. Le coup luy vient donner à la bauiere de sa sallade, qui luy meurtrist tout le visage, mais il ne se perd pas pour cela, ains se demesle de ses forts & robustes bras, qu'il ne le puisse empoigner, & luy fait vne playe à la mai q le cuidoit venir estreindre, nõ d'autre sorte qu'vne aigle Royal feroit de ses fortes serrés quelque sacre où gerfaud suspẽdus en l'air apres vn millã: Puis voltige alẽtour de luy tãtost d'vn costé, tãtost d'vn autre: & toutes les fois qu'il part & retourne, il dõne quelque rude atteinte au Payẽ. Tout ce qu'il a de force & vigueur, tout ce qu'il peut sçauoir

O ij

du meſtier des armes, tout ce qu'il a cōceu de cour-roux & indignation pour les brauades de ceſt Inſidelle, & ce qui s'en eſt d'abondant eſpris en ſon courage de colere ardēte & fureur, il le raſſemble, & le deſployeicy cōtre luy, le ciel s'eſtant rengé de ſon coſté, & la faueur de la fortune qui s'y rend propice. L'autre garni d'armes tant bonnes, & de ſon indomptable hardieſſe, reſiſte aux coups qu'il luy rameine, & ne s'en eſtonne, reſſemblant vne nef, qui en la haute mer eſt agitee de la tormente, encore que ſes voiles ſoient deſchirees, ſes antennes rōpues, ſon gouuernail enleué par vn coup de vague: & le reſte de ſon appareil brizé: pour eſtre neātmoins compoſee d'vn marrein ſolide, de fortes poultres & cheurons, & de gros & renforcez planchages & courbes, ne ſe monſtre pas encore ſi deſeſperee, qu'elle ſuccōbe du tout ſi toſt à l'impetuoſité des vēts & des ondes, qui de toutes parts la cōbattent pour la mettre à fonds. Ce rude dueil ſe retrouuant lors en tels termes, & Argant outre l'opinion des Payens ainſi malmené, Belzebut reſolut de le ſecourir : & s'ē va former d'vne nuée vn corps fantaſtique, ou ie ne ſçay quel ombre vaine & legere de figure humaine (monſtre admirable) reſſemblant proprement Clorinde auec ſes riches & luiſantes armes, à qui bien qu'elle ſoit inanimee, il dōne la meſme parole & la meſme voix qu'elle à, & tous ſes geſtes & contenance. Ce ſimulachre s'en va abborder Oradin expert archer ſur tous les autres, qui ne faut iamais d'aſſener où il viſe. O fameux Oradin, luy va-elle dire, qui onques ne deſcochas en vain vn ſeul coup de fleſche, Certes ce nous ſeroit à tous vne trop grāde hōte &

vne perte irreparable, de laisser vn si valeureux Cheuallier, & de tel merite, le seur bouclier & defenseur de la Iudee, mourir ainsi pauurement par faute de le secourir: & que l'aduersaire, equippé à nostre grãd vitupere & reproche de sa despouille, s'en retournast sain & sauue deuers les siens. Monstre donc icy & fais voir vne preuue de ta suffisance, & va teindre tes flesches du sang de ce redoutable François: dont outre l'hõneur que tu t'en acquerras, tu en puis pour certain attendre vne recompense condigne d'vn si louable acte, de la liberale main de ton Roy. Ainsi lui parla ce fantosme, & l'autre ne reuoque rien la dessus en doubte; ains si tost que ce langage fut paruenu à ses oreilles, sãs l'examiner autrement, ne temporiser d'auantage, vous tire vne flesche de son carquois, la mieux atteintee de toutes, & des plus mortelles; l'encoche sur la corde, & entoise l'arc de toute sa force & puissance. La corde teinte au delascher, & le traict siffle à trauers l'air, où il va vollant d'vne grande roiddeur, tant qu'il dõna au Côte droit au ceinturon, où la courroye vient auec l'ardillon se ioindre à la boucle, & là endroit entre au desfaut de la cuirace, mais à peine se colere-il de sang, ains s'arreste n'ayant fait qu'entamer la peau: d'autãt que l'Ange qui l'assistoit ne permit que le coup fist plus grãde faussee, ains le retint & affoiblit. Le Conte sa'rrache la flesche, & la iette là, & en ayant veu reiaillir du sang, en griefues parolles il reproche au Circasse d'auoir violé la foy compromise. Mais le Duc qui y auoit tousiours eu la veuë attẽtiue, apperçoit comme les conuentions sont par là enfraintes : Et pource qu'il estime la blesseure plus dangereuse qu'elle n'estoit, il en souspire dans son cœur, & tãt par signes que par cris incite ses gens à venger ceste desloyauté & outrage. Vous eussiez là veu tout à vn instant abaisser mille visieres d'armets; coucher en l'arrest mille lãces, & lascher la bride à autant de cheuaux, accompagnez de fantachins qui s'sbranlent de toutes parts. Le camp s'offusque de la poudre qui s'en esleue à gros flocs en l'air, qui resõne du choc & rencõtre des escuts & heaumes, des bruits des lãces, & coups de picques & espees. De premier abord vn grand tintamarre s'excite: là où vous eussiez peu voir vn cheual cy, vn cheual là, portez par terre qui ne se peuuent plus releuer: d'autres qui s'en fuyent à trauers champs trainans leurs resnes, sans auoir personne dessus. Icy gist vn soldat mort à la reuerse, vn autre là qui respire encore; d'autres qui sont aux derniers sanglots & abois de la mort: l'vn se complaint, l'autre gemist, & le combat est fort acharné: & tant plus ils se võt meslans, & serrent de pres, plus il s'exaspere & se r'emmalice. Argãt se lance au beau milieu, dextre & agile de ses membres, arrache des mains du plus pres de luy vne hache d'armes, dont il se sçait fort bien faire large à trauers la presse, frappant à dextre & à senestre pour auoir la place plus libre, car il ne cherche que le Conte, & n'en veut qu'à luy seul: toute sa rage & forcenerie, toute son impetuosité & colere ne se destinent qu'à celuy-là: Et tout ainsi qu'vn lyon affamé de cinq ou six iours, il mõstre de vouloir assouuir sa faim dans les entrailles de ce preud'homme, & se desalterer de son sãg. Mais pour luy barrer le chemin, voy-cy vn fort rude obstacle qui se vient à mettre à la trauerse

Ormen auec Rogier de Balneuille: Guy, & les deux Gerards. Ce neantmoins pour tous ceux-là il ne laisse d'aller auant, tant plus furieux que plus il se voit acculé & restreint de ces vaillās hommes de la mesme sorte qu'vn feu, lequel d'autant qu'il est plus estroittement renfermé: tant plus impetueux se rend-il au sortir, & apporte de plus grandes ruines. Car d'arriuee il met à mort Ormā, naure l'vn des Guys dangereusement, & vous estend Roger par terre auec les morts, qui n'en peut pl⁹. Mais la foule va tousiours croissant, & se renforce dessus luy: Et vn gros globe d'hommes & de cheuaux l'enuironnent de toutes parts: qui le pressent fort & tiennent de court. Pendant que par son inuincible effort la meslee se maintiēt en esgalle balance presque, le Duc appelle Bauldouyn, & luy dit. Mouuez-vous auec vostre cornette, & là où le combat est le plus aspre, allez donner sur le flanc gauche. Il obeist, & donne si viuement dedans là où il aborde, que ces Palestins semblent estre de verre, ou de paille, & ne peuuent soustenir vne si rude charge qu'ils ne s'entrouurent, & mettent en desordre, abbattant hommes & cheuaux. De la mesme impetuosité est mise en deroutte la pointe droite, sans qu'aucun resiste, fors qu'vn seul Argant, ains tournent en fuitte: & luy seul ferme le pas à ceux qui les chassent, & leur fait teste, si qu'ō ne sçauroit faire plus qu'il faict, quand bien on auroit autant de bras & de mains que Briareus, cent rōdelles rengees ensemble, & d'espees à l'equipollent. Luy tout seul soustient les estocades & fendans: Les coups de masse & de pertuisane, les durs rencontres tant des lances que des cheuaux, & des coups de pique: Et semble que luy seul suffise pour pouuoir resister à tout, se lançant ores sur cestuy-cy, ores sur celuy la, dont il en a tous les membres froissez & moulus: ses armes rompues & faussees en diuers endroits, & luy tout baigné de sang & sueur, mais il semble qu'il n'en sente rien. A la parfin vne si grosse & espoisse foulle charge sur luy, que malgré qu'il en ait ils le réuersent & i'emportent auecques eux, de sorte qu'il est là contrainct de tourner le dos, & de ceder à la furie de ce deluge qui le submerge & le rauist, non que pour cela il porte la mine ni le maintien d'vn homme qui fuit si on veut mesurer le courage aux œuures & exploits da la main, Ses yeux au reste gardent tousiours leur accoustumee terreur, & les menaces effroyables de son indomptable courroux, taschant de retenir, entant qu'il peut les siens de quitter la place: mais il n'en peut venir à bout: Ce magnanime cœur d'homme ne peut tant faire qu'à tout le moins ils ne se retirēt point en vn tel desordre, ains plus à laise,& mieux r'alliez. Mais la peur n'a ny mords ny bride qui la puisse plus retenir si elle est vne fois esbranlee, & n'escoutte ny priere ny commādemēt qu'on luy puisse faire, mesmement icy. Le Duc qui voit que la fortune le fauorise en sa bōne cause, suit alaigrement sa victoire, & enuoye nouueau rēfort à ses gēs. Et n'eust esté que le iour n'estoit pas encore arriué, que le souuerain moderateur des choses humaines auoit arresté en sa diuine preordonnance, c'eust esté parauanture celuy auquel ceste Catholique armee fust paruenuē à la fin de sa saincte & deuote entreprise. Mais la bande infernale qui en ce conflict voit sa tyrannie preste à succomber, cecy luy ayant esté permis de là haut, va en vn moment troubler tout l'air d'espois & obscurs nuages, & esmeut les vents à la tépester. Vn noir tenebreux voile soudain rauist le iour & desrobe le Soleil aux yeux des mortels, mais il semble parmy cela, que le ciel par fois s'entr'ouure, comme embrazé d'vn feu ardant. Il tonne, il esclaire de toutes parts, & foudroye: Puis se r'offusque de nouueau, plus que n'est le plus profond creux de l'abysme, auec de grosses lauasses de pluye & vn lapidement de gresle y entremeslee, qui bat, renuerse, & extermine tout ce qui se trouue à la cãpaigne, qui en est par mesme moyen toute noyee & inondee: brise quant & quant les branches & rameaux des arbres, & ne pardonne pas le tourbillon aux plus gros, qu'il ne les desracine & enuoyee les pieds contremont: tant est enorme ce plusqu'infernal orage, lequel semble deuoir esbrãler mesmes les montaignes, & leurs rochers Tout en vn mesme temps l'eau, le vent, la pluye, & la gresle vient encore plus impestueusement donner dans les yeux des Frãçois, & arreste tout courleur effort, auec vne grande frayeur qu'elle leur espãd au deuant, si que la pluspart ne tiennent plus ferme entour leurs enseignes, qu'aussi bien ne sçauroient-ils plus discerner. Mais Clorinde quelque peu esloignee de là, embrasse ceste occasion à propos, & eslance auant son cheual, en criant aux siẽs, çà icy compagnons, prenõs courage, c'est le Ciel qui combat pour nous, & nous assiste à deffendre nostre bon droit. Mais quelque furieux embrasé courroux dont elle ait coloré sa face, n'esbrãle pas pourtant les nostres, ny ne rebousche point leurs coups. Il n'y a que les siés propres qui en demeurēt espouuantez, par tout où la frayeur de son irrité semblant vient à se rabattre en leurs yeux, comme vn coup d'esclair qui esblouït la veuë, ioint la splē deur qui s'esclatte de ses armeures en les secouant, quelques braues enhortemens qu'elle leur puisse faire. Allons seurement mes amis, disoit-elle, car la destinee nous guide. Et de ceste sorte s'efforce de pousser les siens tous intimidez au combat, receuant sur elle seule ce rude assaut qui retombe sur ses espaules. Elle vient heurter d'vn horrible choc les François, & ne se fait que mocquer des coups dont on la charge, tous en vain. Argant au mesme instant aussi tournant visage, manie d'vne estrange sorte ceux qui n'agueres victorieux les alloiēt battans vers la ville, lesquels luy quittans le champ de bataille, à leur tour tornent le dos à l'acier trēchāt dont il les rechasse: Si que le sang en coulle aual à gros ruisseaux, qui se meslant auec la pluye arrouse & enrougist les champs. Là entre tous les autres rant desia morts, qu'à demy respirans encore, Pyrrhus, & le bon Rodolphe sont portez par terre qui n'en parlerōt iamais plus: Cestuy-cy de la main du Circasse, & l'autre de la valeureuse Clorinde. Là dessus les François sont tournez en fuitte, que les Syriens, ou plustost les demons combattans pour eux, repoussent d'vn tresgrand effort. Il n'y a tant seulement que le Duc qui tienne bon cōtre toutes ces espouuantables menaces & esmotions de l'air, s'estant planté tout à cheual deuant la principalle porte du camp, où il tasche de r'allier ceux qui y recourent en grand desroy. Par deux fois il pousse son cheual contre Argant, & par autant de fois le

Chant septiesme.

remparre dans les plus espois esquadrons des siẽs: Puis se retire dans ses rempars, où cesse la poursuitte des vns & des autres. Mais ny là encore les Chrestiens n'ont pas tout à faict euité la furie de cest orage, car le Ciel ne s'est point du tout bien rassis, qui pleut, tonne, & esclaire tantost icy, & tãtost là, si que en plusieurs endroits l'eau regorge dedans les tentes & pauillons, dont elle arrache les cheuilles, destrempant le terrein où elles tiennẽt, pendant que le vent rompt & dissippe les cordages & deschire la toile en menus lambeaux abbattant les masts & faistieres, & en emportant les aucunes toutes entieres loin de là: le tout accompagné de diuers cris, qui en ce desordre s'esleuans d'infinis endroits, produisẽt vn horrible cõcert d'harmonie, qui meslee euec la pluye, les vents & tonnerres assourdiroient les oreilles de tout le monde.

Chant huictiesme.

ARGVMENT.

Le Duc Godefroy reçoit de fascheuses nouuelles de la mort & desconfiture du Prince de Dannemarch, lequel venoit à son secours auec vne bonne trouppe de gens de guerre, qui sont desfaits par Solyman. Sur le faux donné à entendre de la mort du Prince Renaud, s'excite vne grosse rumeur au camp à l'instigation d'Alecto, que le Duc appaise par son authorité & graues remonstrances.

DESORMAIS les impetueux resonnemens de tonnerres, & les tempestueuses tormentes rapaisees, les tourbillons des vents coniurez les vns côtre les autres remis d'accord, on pouuoit nettement discerner la nouuelle renaissante Aurore plus cointe & gaye que l'ordinaire comparoistre là haut au ciel hors de son nocturne manoir, r'aportãt le iour aux mortels, qu'elle espandoit à grandes poignees le long des cimes des montaignes, son chef serait enghirlãdé de belles incarnates roses entremeslees de gentilles giroflees blanches pour leur donner lustre, s'espanouïssans à l'enuy les vnes des autres, pour estre abbreuuees de la fresche rosee de l'air: & ses pieds reuestus de riches luisãs patains dorez: Mais ceux qui auoient ainsi excité ces orages &

tintamarres, ne se vouloiét pas pourtāt departir de leurs precedans artifices & machinatiōs, ains l'un d'entr'eux nommé Astaroth disoit ainsi à la forcenee furie Alecto. Regarde vn peu ma chere sœur, ie te supplie, car nous ne le pouuōs pas empescher, venir ce cauallier qui est vif eschappé des mains de nostre Prince souuerain: Cestuy-cy racōptera aux François le preux succez aduenu de son valeureux Capitaine, & de ceux qu'il leur amenoit de renfort Dont il est à craindre que là dessus ils ne r'appellēt le magnanime fils de Berthold. Sçais-tu point que cela importe, & cōme il est besoin d'apporter aux grands & prosperes commencemens, de la force, & de l'astuce & tromperie aussi? Descends doncques dans ces François, & retorque à leur preiudice & dommage, tout ce que cestuy-cy y pourroit esbaucher de bien. Espand des flammes enuenimees dans les entrailles des Italiens, Suisses, & Anglois: Esmeus les à ire & tumulte, & feis en sorte que tout leur camp voise en fin cen dessus dessous. C'est vn œuure digne de toy, dont tu te pourras cy apres magnifiquement vanter deuant nostre Roy. Ainsi lui disoit-il, & cela ne sufit que trop pour induire cest enragé monstre à susciter vn tel vacarme. Sur ces entrefaites ce cauallier, dont la venuë luy fut monstree arriua, au camp des Chrestiens, & dit à ceux qui faisoient la garde sur les aduenues, au moins qu'vn de vous messieurs me meine de grace deuāt vostre souuerain Capitaine. Plusieurs l'y accompaignerent, desireux d'ouyr les nouuelles qu'il apportoit. Estant là venu, il s'humilie fort bas deuāt le Duc, & luy veut baiser ceste tāt honoree redoutable main qui a fait trēbler Babilone, cōmēceāt ainſi ſon propos. Tres-haut & magnanime Sire, dont le treſ-glorieux renom ſe termine auec les bords de l'occean, & mōte iuſques aux eſtoilles: Ie voudrois biē vous apporter des nouuelles plus aggreables, & ſe prit là deſſus à ſouſpirer profondement: Puis pourſuit ainſi. Le fils vnique du Roy de Dannemarch, Suene ſa ſeule gloire, & ſon ſeur baſton de vieilleſſe, ayant ja aſſez ouy racōmpter voſtre incomparable vertu, deſira d'eſtre du nombre de ceux qui en ce ſainct voyage auoiēt pris les armes pour l'honneur & ſouſtenement de la foy Chreſtienne: Crainte aucune de trauaux & meſaiſes, ny de dangers, ny vn deſir de regner en paix & repos, ny le regret & pitoyable compaſſion qu'il auoit de laiſſer ſon cher Seigneur de pere ainſi vieil & caduc, ne le peurent point deſtourner d'vne ſi genereuſe entrepriſe: Ioint l'ēuie qu'il auoit d'apprendre ſoubs vn ſi bon & excellēt maiſtre le meſtier & art de la guerre, & s'y endurcir & exerciter, ſentant en ſoy ie ne ſçay quels remords de vergoigne, qui l'eſguillonnoit de ſe voir ainſi eſtre ſans renōmee, là où le los & prix de Renaud reſonnoyent ia de tous coſtez d'vne telle vogue & reputation, nonobſtant que ſi ieune encore. Mais plus que toute autre choſe le meut le zele de l'hōneur du Ciel, & non de la terre. Tous retardemēs doncques là retranchez, il prend vne compagnie des plus valeureux & eſleus ſoldats qu'il luy fût poſſible de recouurer: & s'achemine vers la Thrace, à la ville capitale de l'Empire de l'Orient, là où il fut en tout hōneur & courtoiſie recueilli tres humainement de l'Empereur. Et là deſſus arriua vn meſſage de voſtre part, q luy racōta cōme les cho-

Chant huictiesme.

ses estoient passees en Antioche, & qu'elle auoit ja esté conquise, puis tres-valeureusement defenduë contre les Perses, qui auec si grād nombre de gens estoient venus pour la reprendre, qu'il sembloit qu'il eussent laissé ce grand Royaume là tout vuide & destitué d'habitans. Il luy dit quelques choses de vostre part, & de là de ppos vīt en ppos tomber sur Renaud, où il s'arresta, racōptant tout ce qu'il auoit fait parmy vous de plus singulier & recommandable, & comme par sa grande proüesse les autres auoient esté tournez en fuitte. Finablement il adiousta, que l'armee Chrestiēne estoit venuë assieger ceste ville, capitale de toutes les autres de la terre saincte, l'inuitāt qu'à tout le moins il se voulust associer à vne si notable cōqueste. Ce parler anima de sorte le courage de mō ieune Prince, desia que trop braue & hardy de soy, que chaque heure luy sembloit autant d'annees, qu'il ne se trouuoit ja meslé aux Sarrazins pour y ensanglanter son glaiue. Il luy semble que par tout ailleurs on le tient sur les rangs, & que de la hardiesse des autres on luy reproche sa coüardise, dōt il s'afflige outre mesure, & là dessus qui le conseille, & qui le prie de demeurer, mais ou qu'il ne les oyt point, ou qu'il leur voulust faire l'oreille sourde, il n'a peur de rien, sinon de ne pouuoir particieper à vos perils & trauaux, & à portiō de vos celebres loüages. Cela seul luy paroist, & tient lieu du plus dāgereux hazard de tous autres: de tout le reste il ne s'en soucie, ou n'y prēd point garde, & luy mesme haste son destin & mes-aduanture. La fortune qui a de coustume de nous attirer à ses deliberations & desseins, le meine & conduit, car à peine peut-il auoir la patieēce d'attendre les premiers rayons de l'aube ensuiuāte:& pour le meilleur & plꝰ seur chemin choisit celuy qui est le plus court. Tel estima lors estre nostre Seigneur & conducteur, pour plustost paruenir à vous, sans auoir esgard, ny rien craindre des passages plus dangereux, ny des plus difficiles contrees, ne qu'il tasche d'euiter les dāgers & les aguets q̃ les ennemis luy pouuoiēt attirer en ces lieux de luy incogneus. Noꝰ trouuōs tantost faute de viures, tātost nous rencōtrons de fascheux & aspres chemins, puis des embusches, & des resistances, mais tous ces mes-aises & empeschemens furent de nous suppeditez: & ceux qui se voulurent opposer, partie taillez en pieces sur la place, & le reste mis à vauderoutte, si que tāt de victoires nostres nous auoient tous rendus asseurez és plus forts perils, & de nos par trop heureux succez rendus plus insolents qu'il ne cōuenoit. Quād vn iour nous nous vinsmes camper sur les confins de la Palestine, dont nous n'estiōs desormais gueres loing. Là de nos auantcoureurs nous fut rapporté d'auoir ouy vn grand bruit d'armes, & recogneu quelques remarques & indices qui leur faisoit souspeçonner que pres de là y deuoit auoir vn gros nombre de gēs de guerre. Le Seigneur nostre hardy & asseuré tout outre, ne chāge pas pour cela de couleur, ni de visage, ni de resolution aussi peu, ni de parole cōbiē qu'assez y en eust qui à ces fascheuses nouuelles blesmirēt à biē bon esciēt, mais il leur va dire: O quelle belle corone auōs nous ici pres de nous, où de martyre, ou de victoire? L'vne ie l'espere biē plꝰ, mais ie ne desire moins l'autre où il y a plus de merite, & de gloire aussi. Que ce chāp donc

Chant huictiesme

doncques où nous sommes mes tres-chers freres, soit vn temple consacré à nostre immortelle louäge, auquel l'aage aduenir monstre au doigt & enseigne que nous y somes enseuelis auec vn eternel trophee. Cela dit, il se mit a asseoir ses corps de gardes, & sentinelles, departant à chacun ce qu'il deuoit faire, & la factiõ où il luy faudroit s'employer. Il ordonne quant & quant que chacun prenne son repos tout armé, & luy mesme ne laisse point sa cuirasse, ny ses brassals, & son casquet. C'estoit encore l'heure de la nuict la plus profonde, & la plus agreable au sommeil, quand on va ouyr des cris & hurlemens Barbaresques mõtans au ciel, & descendãs jusqu'aux abysmes: Dont soudain on crie alarme. Suene lors garny des siennes se met deuant tous les autres, le visage teint, & les yeux ardans d'vne magnanime hardiesse. Voicy, compagnons, que nous sommes assaillis, va-il dire, & de toutes parts rēfermez d'vne grosse troupe ennemie: nous auons entour nous vne haute fustaye de lances & picques, & vn taillis espoix d'espees & hallebardes, si que sur noᵉ desormais se vient descharger vn tresimpetueux orage de toutes manieres de traits, & de coups de get. En ceste meslee si inegalle encore que les assaillans fussent vingt cõtre vn, si en y eut il d'abordee plusieurs blessez, & plus grand nombre de mis à mort des coups qu'on se donne sans sçauoir où, à l'obscurité de la nuict: mais en ces offusquees tenebres on ne s'amuse pas à compter le nombre des naurez & des expirans: la nuit couure nostre perte & dommage, & par mesme moyẽ les effects de nostre vertueux effort. Mais pardessus toᵘ Suene fait asses paroistre sa vaillãce qui est sans

P

pair, & fort aisée à remarquer parmy les autres qui y veut tant soit peu prendre garde: Tout autour de luy gisent estendus par terre de grands tas de corps morts, qu'il a priuez de vie de sa propre main, & s'é est là endroit fait cõme vn rempar: & du sang qu'il a respandu coule vn gros ruisseau, qui le flancque ainsi qu'vn fossé. Par tout où il donne & s'addresse semble qu'il porte dans ses yeux vne estincellante effroyable hideur de la mort ; & en ses mains, la mort mesme. De ceste sorte fut combattu iusqu'à ce que les premiers blanche-vermeilles lueurs du iour vindrent esclairer le Ciel & la terre. Mais apres que la frayeur nocturne eust esté secouée de dedans nos cœurs, qui couuroit sous soy l'horreur des corps morts, la desiree attenduë lumiere nous accreut & renouuella nostre estonnement par vn triste & fort douloureux spectacle; quand nous apperceumes tout le champ couuert des nostres qui auoient là terminé leur vie: deux mille de compte fait, dont à peine, nous retrouuons nous cent de reste ; de maniere que quand on vit vne si cruelle boucherie, & tant de sang respandu, ie ne sçay cõment ce braue genereux courage se peut abstenir de se partroubler & confondre, qu'il ne demeurast du tout abbattu: Toutesfois iamais il n'en mõstra semblant, ains haussant sa voix, Suiuons, va-il nous crier, nos tant valeureux cõpagnons, qui nous ont ainsi auecques leurs sang marqué les traces & brisees qu'il nous faut tenir pour aller au Ciel, loing des lacs Auernes. Ainsi nous exhortoit il: & tout ioyeux comme ie croy, pour se voir la mort si prochaine, aussi biê dans le cœur qu'à sa contenãce, se va presenter d'vne constance ineffroyable contre

Chant huictiesme.

ceste barbare opression. Il n'y a trempe, ores qu'elle fust non tant seulemēt du plus fin acier des chalybes, mais de diamant, qui peust soustenir les pesans coups dont ce champ resonne, la pluspart desquels se descharge sur luy, qui en est tellement attorné de ceux qu'il reçoit, q̃ ce n'est desormais qu'vne seule playe: si que ta vie ne le sustante plus, ains sa courageuse vertu. Il frappe & refrappe, si on luy donne, il redonne san s'appesantir ny lasser: & tant plus rudement on l'assaut, tant plus rudement il offense, & tient de court ceux qui le pressent. Quand voicy arriuer sur luy vn grand colosse demesuré, d'vn fier & farouche regard, qui l'enuahist à corps perdu, tant qu'apres vn long obstiné conflict, à l'ayde de plusieurs autres qui le secōdēt, ce braue champion de CHRIST est porté Par terre. Le pauuret tombe, ha chose trop amere & cruelle, puis qu'aucun ne le peut ny reuancher ny secourir! Ie vous en appelle à tesmoin vous precieux sang de mon cher excellent Seigneur, tref-heureusement espandu pour la foy Chrestienne: & vous ses nobles ossemens, que ie ne fus point lors chiche ny auaricieux de ma vie: ny ne taschay point d'euiter le peril du fer, ny playe aucune que i'en eusse peu receuoir: & si la saincte volōté de là haut eust esté de finer là endroit mes iours, certes ie le meritay par effect. Mais tous mes compaignons priuez de vie, seul ie tōbay, viuant encore, & peut estre que personne ne m'eust cuidé viure: car ie fus tellemēt alienédemes sentimens, que ie ne sçaurois rien plus auant racompter de nos ennemis. Or apres que mes yeux eurent recouuré aucun peu de leur lumiere accoustumee, qui auoient esté offusquez

P ij

d'vne noire & espoisse obscurité, il me sembla que il estoit nuict; & à mon debile regard i'apperceus de loing vne petite lumiere papilottante, non que tant de force me fust restee, que ie peusse distincte-ment discerner chose aucune, ains voyois comme ceux qui sourcillans tātost ouurent, & tātost clei-gnent les yeux, ainsi cōme entredormir & veiller: & si les douleurs de mes playes commençoiēt lors à se rengreger & faire sentir, exasperees qu'elles es-toient du serein & de la frescheur de la nuict: estāt outre plº couché sur la terre nuë, & tout à descou-uert du Ciel; mais tousiours de plus en plus s'ap-prochoit ceste lumiere peu à peu, auec ie ne sçay quel bas murmure meslé parmy, tāt qu'ils paruin-drēt iusques à moy, & s'y arresterent. Lors ie haus-say vn peu les yeux, bien qu'à toute peine, & ap-perceus deux hōmes vestus d'vn brun enfumé mā-teau trainant iusqu'en terre, qui tenoient chácū vn flambeau au poing: & me commencerent à dire. Fils prends ta confiāce en celuy qui ne faut iamais de subuenir de son secours aux gēs de bien preue-nāt auec la grace les prieres qu'on luy addresse. En telle sorte me parloient ils. Et là dessus estendans leurs bras me donnerent la benediction, proferans entre leurs dēts d'vne voix deuote, ie ne sçay quels mots que ie ne peus pour lors bien entendre. Puis me va dire ceste voix, leue toy au nom de Dieu: & ie me leue sain & dispost sans plus riē sentir de mes playes, (ô beau miracle!) ains me sembla que tous mes membres se fussent lors rauigorez de nou-uelles forces. Tout estonné ie les regarde, & mon âme ainsi esblouye ne peut pas bien cōprendre au vray ne croire ce qui estoit reellement veritable;

Chant huictiesme. 229

si que l'vn d'eux s'en apperceuant, me va dire: hõme de peu de foy, que doutes tu? pourquoy tes pẽsers brãslent ils ainsi? C'est vn corps ce qu'en nous tu vois, & non vn fantosme, nous sommes seruiteurs de IESVS; Qui auons la quitté le monde, auec ses deceptions & amorces, pour viure icy en son seruice en ce lieu desert solitaire. Ce bon Seigneur la nous a esleuez pour ministres de tõ salut, duquel le regne s'estend par tout: ne se desdaignãt d'operer des effects par trop admirables & hauts à comprendre, par des moyens bas & humbles, ny ne voudra pas permettre non plus, que ce corps auquel autrefois a vescu vne si digne ame, demeure icy negligé, qui vn iour deuenu legier, lumineux & rendu de là en auãt immortel, se soit de rechef reünir à elle. I'entens le corps de ce bon Sueue, auquel sera octroyé vn tombeau tel qu'il conuient à la grandeur d'vn si excellent personnage: (& il me le mõstra au doigt) q̃ sera cy apres honoré du peuple futur. Mais leue desormais tes yeux en haut aux estoilles, & y en remarq̃ reluire vne cõme vn clair Soleil. Celle là auec ses estincellans rayons te guidera où gist le corps de ton feu maistre. Alors ie voy que de ce flambeau, ou plustost nocturne Soleil, par vn vif esclair, qui à guise d'vn beau doré traict de pinseau s'estendoit où gisoit ce corps venerable, en espendant dessus vne lumiere si clairbrillante, que toutes ses playes en resplandirent & flamboyerent, si que ie le peus tout à l'instant r'affigurer, nonobstant le sang qui s'estoit caillé là dessus auec la poudre, qui le difformoyent. Il gisoit non ja à bouchons comme plusieurs autres, mais cõme s'il eust eu tousiours ses desirs tournez

P iij

vers les estoilles, tenant la face droit esleuee côtremont, à guise d'homme dont toutes les attentes aspirent au Ciel, la main droite close & serree, dõt il empoignoit son espee, en action d'en vouloir encore combattre, l'autre estoit plaquee sur sa poitrine, d'vne maniere humble & deuote, cõme d'vn penitent contrit, qui voulust requerir pardon à Dieu de ses fautes. Pendãt que ie laus & nettoye ses playes en les arrousãt de mes larmes, sans pouuoir amortir le dueil qui me persoit l'ame, ce bon vieil preud'homme luy desserre le poing, & en retire l'espee. Ceste-cy, me va il dire, qui auiourd'huy a tãt respãdu de sang ennemy, & en est toute teinte encore, est cõme tu le dois sçauoir tres-parfaite : peut estre qu'en toute la terre n'y en a pas encore vne autre qui luy deust estre preferee. Parquoy le bon plaisir de là haut veut, que puis qu'vne si desastreuse mort l'a separee de son premier maistre, qu'elle ne demeure point icy inutile & oisifue, ains que d'vne main forte & vaillãte elle passe en vne autre non moins valeureuse, qui la puisse cy apres employer d'vne pareille industrie & effort, mais plus longuement, & auec vne fortune plus fauorable, si qu'auec elle se puisse faire, parce que ceste attente en depend ; aspre vengeance de celuy qui a mis son premier possesseur à mort. Ce fut Solyman qui l'occit, & il faut que Solyman meure d'elle. Prens la doncques, & t'en va où l'armee Chrestienne s'est campee deuant la ville de Ierusalem, sans rien redoubter, car en ceste si estrange contree le chemin t'y sera de nouueau explané, quelque rude & fascheux qu'il soit, & ce de la dextre du Tout-puissant qui t'y enuoye. Il veut

que de ceste propre bouche & parole qu'il t'a cõ-
seruee en vie, soit cogneuë & manifestee la pieté,
la valeur & la hardiesse que ton feu cher seigneur
& maistre tu as par experience apperceuë dés son
viuant, à fin que cela resueille les autres par vn si
signalé exemple à suyure d'vn mesme courage les
armes & enseignes du Crucifix, tãt de ceste heure
que par cy apres en des lõgues suittes d'annees. Reste maintenant que tu sçaches qui est celuy lequel
doit estre heritier de ceste espee. C'est ce ieune valeureux Cheualier Renaud, à qui tout autre quitte
le premier lieu de vaillance & de hardiesse: mets la
ses mains, & luy dis, que de luy seul le Ciel & le
monde attendent vne si celebre vengeãce. Or pẽdant que ie preste attentif l'oreille à ses propos, ie
fus par vne nouuelle merueille distrait de luy; car
là où le corps de Suene gisoit, ie ne me dõnay garde qu'inopineement i'apperceus vn beau grand
sepulchre dressé, qui en s'esleuãt de la terre l'auoit
desia encoffré en soy. Comment, ny par quel moyen ce peut estre, il seroit malaisé à dire, mais en
briefs mots estoient grauez dessus la lame, le nõ,
les vertus, & merites du deffunct. Ie ne me pouuois departir d'vne telle veuë, centemplant tantost l'escriture, tantost les beaux marbres dont ce
tombeau estoit basty. Quand le bon vieillard me
va dire? Icy gerra pres de ses fidelles compaignons & amis le corps enseuely de ton feu maistre, pendant que leurs bien-heureux esprits, embrasez d'vne feruente dilection, iouyront là haut
au ciel de l'Eternel glorieux bien: mais tu leur as
desia assez rendu par les pleurs les derniers deuoirs que tu leur deuoirs, & t'en es tref-loyallemẽt

P iiij

aquitté: il est temps desormais de te reposer, & seras nostre hoste pour ce iourd'huy, tāt que la nouuelle clerté du iour t'appellera à ton voyage. Là il se teut, & me meine par monts & par vaux, par des costaux roid'-escarpez en des precipices, & tātost par des barricaues & vallées profondes, dont à peine pouuois-ie me retirer, iusqu'au à vne cauerne creusee au roc, où nous-nous arrestames. C'estoit le lieu de leur demeure, merueilleusemēt aspre & austere, où parmy les ours & les loups luy & son disciple viuoient en toute seureté: car leur deuote & saincte innocēte vie auoient là plus de force de les defendre de tous accidens & perils, que tous les corcelets, brigandines, & bastons de guerre qu'on eust peu auoir. Là ie fus repeu d'une paure & sauuage viande, & le lict où ie couchay n'estoit pas gueres plus delicat: mais si tost que de l'Orient s'eslācerent les premiers rayons de l'Aurore flamboyans d'vn bel or bruny, glacé par dessus d'vn beau rouge-clair, & de lacque, soudain s'ē couruēt l'ū & l'autre de ces deux Hermites à leurs prieres accoustumees, & moy auec eux: puis leurs dis adieu, & m'acheminay où ils m'adresserent. Le Tudesque s'arresta là, & le Duc respōd. Certes vo[9] nous apportez de fort griefues & fascheuses nouuelles, & quant & quant bien dangereuses, y ayāt assez dequoy s'entroubler & decōforter, puis que de si valeureuses gēs qui venoient de si loing à nostre rēfort, ont ainsi en peu d'heure finé leurs iours & esté engloutis en vne petite piece de terre, à guise d'vn esclair qu'on voit aussitost disparoir que naistre. Mais quoy? vne telle mort se peut dire heureuse, vn martyre certes de preferer aux pl[9] ri-

Chant huictiesme.

ches conquestes qu'on sçauroit faire ny de richesses, ny d'Empires. Ny l'ancien Capitole ne nous sçauroit produire de trophees plus glorieux, ne qui fust pl⁹ digne de palmes & lauriers que cestuy-cy est: car ils reçoiuent à present là haut, dans le lumineux temple du Ciel, l'immortelle corone de leur tant celebre victoire, là où chacun d'eux comme ie le croy, monstre en tresgrãd ioye & cõtentement les playes qu'il a receuës pour le maintenement & exaltation de la foy de leur Redempteur. Mais vous qui estes demeuré de reste, pour participer encore aux dangers & trauaux de la malice teporelle, deuez aussi auoir part en leurs triõphes, & vous resiouyr desormais. Et d'autant que vous demandez des nouuelles du fils de Berthold, sçachez qu'il est pour le present hors de ceste armee: qu'elle part c'est no⁹ ne sçauõs, & ne serois pas d'opinion que vous-vous missiez en peine de l'aller trouuer, que nous n'en ayons plus certaines nouuelles Ces deuis qu'ils eurent ensemble renouuellerent à quelques vns l'affectiõ qu'ils portoient à Renaud, & l'ẽnuy de l'auoir perdu: & tel y ẽ eut, q̃ ne se peut cõtenir de dire. Helas faut-il que maintenant à vn tel besoin nous soyons priuez d'vn si preux & vaillant Cheualier, & qu'il voise errãt vagabond de costé & d'autre, auec tãt de dangers de sa personne, parmy ses mescreans barbares? Il n'y en a presqu'vn seul d'entr'eux, qui ne racompte au Dannemarchois ses prouësses & beaux faicts d'armes, luy en desployans vne longue file, auec vn grand estonnement, de tant de belles choses qu'il auoit valeureusement exploictees. Pendant donques que sa souuenance leur a à tous r'attendry le cœur du regret qu'ils en auoient, en voicy retourner plusieurs qui estoient allez fourrager, & ramenoient auecques eux vn grād nombre de bestes blanches & à corne, des grains aussi, bien que en petite quantité, du fourrage pour les cheuaux. Ceux-cy rapportoient de fort tristes & fascheuses nouuelles, confirmees par des indices bien euidēs, de la mort & defaite du preux Renaud: Son hocquetton assauoir, encore tout ensanglanté, auec ses armes & equipage. Le bruit biē que doubteux & incertain, s'en repād soudain par toute l'armee: car qui pourroit plus longuement celer vne telle perte & desastre? & tous les soldats accourent dolents & courroucez au possible pour en ouyr vn plus particulier & certain rapport, desirās de voir les marques qu'on a apportees. Ils voyent & recognoissent soudain son corcelet fort & pesant, à l'esclat qu'il iette, & tout le reste de ses armeures: où l'oyseau est raffiguré qui fait espreuue de ses petits, leur faisant tenir les yeux immobiles sans les cleigner aux plus lumineux rayons du Soleil, car il ne se fie pas du tout à les voir conformes à soy de pennage. Ils auoient accoustumé de les veoir aux coups deuant toutes autres, la pluspart du temps seules és plus fieres & dangereuses rencontres: & maintenāt ils les regardent d'vn œil piteux non sās grande indignatiō & courroux, gesir, là toutes rōpues & desclouées, & teintes de sang. Pendāt que tout le camp en bruit & murmure, & conçoyuent en leurs pēsees diuersēs occasiōs de sa mort, le Duc fait venir à luy Aliprād, le conducteur de ses coureurs qui auoiēt apporté la despoüille: hōme d'vn ouuert: & franc naturel, & en ses propos veritable:

Chant huictiesme. 235

Dittes moy ie vous prie, luy va-il dire, d'où & comment auez vous recouuré ces armes. Ne m'en desguisez rien, soit bon, soit mauuais. Il luy rrspond. Deuers les confins de Gaza à deux bonnes iournees d'icy, il y a vne petite plaine renfermee entre des costaux quelque peu hors du grãd chemin: ou se voit descendre d'enhaut fort lentement & tout à l'aise vn petit ruisseau lequel coulle parmy les arbres, dont pour la grande quantité qu'il y en a, & pour les espoisses brossailles, ce lieu là se rendant fort ombrageux est tres-propre à y dresser des embuscades. Là nous nous attendions de rencontrer quelques trouppeaux pour raisõ des beaux paccages qui y sont en grande abondance, quand entre des herbes ensanglantees tout freschement, nous apperceumes gesir vn corps mort tout armé encore sur la riue de ce ruisseau. A ces armeures & leurs paremens, chacun de nous s'esmeut soudain qui les recogneusmes de qui elles estoient, nõ obstant que toutes ordes & souïllees: & ie m'approchay pour luy descouurir le visage: mais ie trouuay qu'on en auoit enleué la teste, la main droicte defailloit aussi: & le corps de grande stature auoit plusieurs estocades qui le transperçoiẽt d'outre en outre de l'estomac aux espaules: non loïng de là ie trouuay à terre son habillement de teste, sur la creste duquel pour le tymbre y auoit vne aigle estendãt ses aisles des deux costez, Or pendãt que ie tasche de prendre lãgue pour m'informer de cest affaire, voicy venir vn païsã tout seul, qui soudaĩ que il nous aperceut vouluft retourner arriere pour s'ẽ fuyr de nous, mais il fut r'atteint, lequel surce q̃ noˢ l'interrogeasmes nous fit responce, que le iour de deuant il auoit veu sortir du bois prochain vn grãd nombre de gens de guerre, de peur desquels il s'alla cacher, & qu'il remarqua qu'vn de la trouppe tenoit empoignee par les cheueux vne teste freschement couppee qui saignoit encore, sur laquelle ayãt à la desrobee ietté son regard, elle luy sembla estre d'vn fort ieune hõme qui n'auoit vn seul poil de barbe, & q'vn peu apres l'autre l'enueloppa dans vn sendal, & la pendit à l'arson de sa selle. Il nous dit plus, qu'à ce qu'il peut comprendre à son habit, ce deuoit estre quelqu'vn des nostres. Ie fis despoüiller ce corps, & m'en attristay da sorte q̃ souspeçonnãt qui c'estoit, i'en l'armoyay à bon esciẽt, & en emportay auec moy les armeures, laissant là à aucuns la charge de l'enseuelir du mieux qu'ils pourroient : mais si ce corps est de celuy que ie le mescrois estre, il meriteroit bien vn autre tõbeau, & plus digne pompe d'obseques. Cela dit, Aliprand est licentié, puis qu'il n'en pouuoit plus rien dire, mais le Duc en demeura grandèmẽt triste & troublé. Et d'autant qu'en son penser il ne se peut pas biẽ resoudre de la verité, il desire auec de plus euidens tesmoignages s'esclarcir le cœur de ce qui en est, de qui peut estre ce corps priué de teste, & qui en a esté l'homicide. Là dessus la nuict, qui de ses noires aisles couure les immenses campaignes du ciel, arriue auec le sommeil doux repos des ames, & oubly d'ennuis & trauaux, lequel nº amadoüant, assouppit nos soucis & nos sentimẽs. Il n'y a que toy seul Argilan, qui esguilonné des poignants traicts d'vne aspre douleur, rumines en tes pensemens de grandes choses, si que ny l'inquietude de son esprit, ny ses yeux ne peuuent accueillir repos; non pas la douceur mesme gratuite du somme. Cestuy-cy prompt à la main, de lãgue hardie & desbridee, d'vn impetueux & bouillant courage, nacquit sur la riue du Tronte, où il fust esleué parmy les seditions & guerres ciuiles, & là abbreuué de partialitez & tumultes. Puis apres banny, il remplit de volleries & assassinats les mõtaignes & riuages circonuoisins, & briganda toute la Poüille, & la Calabre, iusqu'à ce qu'il passa en Asie auec les autres qui se croiserent, où il s'acquit vne meilleure reputation, & deuint fameux. A la parfin enuiron l'aube du iour il s'endort, mais non d'vn somme reposé doux & paisible, ains auec des espouuãtables frayeurs qu'Alecto luy vint espãdre en l'ame, sous d'horribles visiõs nõ moins hydeuses que la mort. Toutes ses interieures facultez & vertus sont partroublees : & encore qu'il dorme d'vn profond somme, si ne repose-il pas pourtant, car ceste furie se lance à luy sous de fort estranges imaginations qui l'espouuantent, Elle luy figure vn grãd corps duquel la teste est separee, & le poïg droit couppé tout net, soustenãt auec la main gauche sa teste couppee tout freschement, & souillee de sang encore, blesme & ternie, & fort hydeuse, qui neantmoins respire & parle quelque deffuncte qu'elle soit, vomissant par la bouche vn sang meurtry quant & les parolles entrerompuës de gros sanglots. Fuy t'en Argillan, disoit-elle: Ne vois-tu pas qu'il est grand iour ? Fuy ces cruelles & infames tetes, & ce detestable & inique Duc. O mes chers compaignons & amys, qui vous pourroit plus asseurer de ce sanguinaire Tyrã, & de ses fraudes & malices, qui m'a ainsi inhumainemẽt fait meurtrir? Le felon & cruel qu'il est se rõge tout par le dedans de rancune & enuie, & ne pẽse q̃ cõme il vous pourra tous destruire aue moy. Neantmoins si ceste main tienne aspire à quelque celebre loüage, & se r'asseure en son accoustumee valeur, ne t'en fuy point, non, ains fais en sorte que ce desloial appaise mon ombre par l'effusiõ de son maudit mal-heureux sang: Ie t'assisteray, & mõ esprit sera auec toy, qui te fournira & de glaiue & de courage, de corcelet & de rondache. Ainsi lui parloit ce fantosme, & à son depart lui entõne vn surcres de courroux & de felonnie au cœur, le remplissant d'ire & forcenerie, Argillan là dessus s'esueille en sursaut, & tout estourdi roüille les yeux enflez d'vne enuenimee rancune. Puis si tost qu'il a pris ses armes, s'en va à grand haste & impatience appeller tous les gens de guerre Italiens, & les assemble où gisoient estẽdues les armes du preux Renaud, & d'une furieuse superbe voix s'en va se descharger le cœur du cruciemẽt qui y est empraît auec de telles ou semblables parolles. Vne nation donc barbaresque, & vn Tyran qui ne prise rien le droit & raison, & qui ne garde point sa foy, qui ne peut oncques estre assouui de sang, non plus que d'or & d'argent, nous tiendra-il tousiours ainsi le pied sur la gorge, le frein à la bouche, & le ioug au col? dont nous auons souffert tant d'indignitez & outrages il y a desormais sept ans, que d'icy à mil ans l'Italie & Rome en deuront ardre de despit & indignation. Ie me deporte & me tais de dire que la Cicile ayant esté domptee & conquise par l'effort & industrie du vaillant Tancred, à ceste heure c'est vn François qui la possede, & en iouist d'vne grande desloiauté, si que la fraude vsurpe & supplante les recompenses deuës à la vertu. Ie me tais que par tout où il est besoin, & que l'occasion se presente d'apporter vne main prompte, & courage hardy à quelque hazardeuse entreprise, il y en a tousiours quelqu'vn des nostres que on y employe, fut elle au beau milieu de mille morts: mais puis apres qu'il est question d'en distribuer les honneurs & les recōpences a la paix & oysiueté, & en départir les butins, les nostres à peine en ont ils seulemēt l'odeur, là où les triomphes, les prouinces conquises auec leurs richesses sont pour la part de ces autres là. Autrefois parauanture la saison fut, que tels & si outrageux traictemens nous eussent semblez griefs & insupportables. A ceste heure ie les outrepasse, comme legiers au prix de ce que nous endurons maintenant, car vne autre bien plus dure playe & secousse de ce destable cas inhumain qui se presente nous les rend tels, qu'on n'en doit point faire de comte. L'assassinat assauoir du Preux Renaud qu'ils ont faict si cruellement massacrer, cōtre tout droit & raison, contre toutes loix diuines & humaines. Et le Ciel se taira-il-là dessus? n'enuoyera-il point ses tonnerres & foudres d'enhaut? La terre ne les engloutira elle point dās la perpetuelle nuict de ses offusquees tenebres? Ils ont inhumainemēt mis à mort ce Renaud qui fut en sa vie le bouclier & l'espee de la foy Chrestienne, & il demeurera la roide mort sur la terre nuë sans qu'on le venge, ny qu'on luy donne sepulture, à la mercy des oyseaux & bestes sauuages? Voulez-vous sçauoir ce selon cruel qui l'a fait meurtrir? Et à qui peut-il estre incognu mes tres-chers compagnõs & freres d'armes? Qui ne sçait quelle rancune, animosité & enuie ont tousiours porté à la valeur Italiéne ce Godefroy, & ce Baudouyn? Mais à quoy faire vois-ie icy recherchant ces preuues? Ie vous iure par le haut Ciel, ce Ciel qui voit & cognoist tout, & qu'il est impossible de le trõper, que i'ay veu son esprit sur le point que le iour se viẽt à esclorre, errand, vagabõd, doloreux. Quel hydeux & cruel spectacle, quelles fraudes & mauuaistiez nous predit-il de ce tyrannique chef que nous auons estably sur nous? Ie le vis certainement, ie le vis, & ne fut point songe n'illusion, & quelque part que ie tourne encore ma veuë, il me sẽble que ie le vois deuãt mes yeux se tempestant de costé & d'autre. Qu'est-il dõc de faire à ceste heure? Nõ lairrõs-nous ainsi gourmãder de ceste main qui est encore contaminee d'vn tel massacre, ou si nous tascherons-plustost nous forlonger iusqu'aux riuages de l'Euphrate, là où vne si fertile contree, tant de villes, bourgs & villages si opulens sont sous la domination & puissãce de gens si lasches, si timides, & peu aguerris? Les leur lairrons-nous posseder & iouyr si à l'aise Non non, ains plustost le tout sera nostre, car ie l'espere de la sorte: & si nous ny aurons point ces François pour compediteurs. Allons y doncques à la bonne heure, & laissons là, si bon vous semble, ce sang illustre & innocent sans vengeance, combien que si vostre anciénne vertu, que ie vóy ainsi languissãte se refroidir en vos courages, y estoit telle & si ardãte qu'elle deuroit estre, ce serpẽt pestifere qui a ainsi deuoré la fleur de tont la natiõ Italiéne, dõneroit

par

par sa mort, & la punition qu'on en deuroit faire, aux siecles aduenir vn exemple memorable pour tout iamais, de sa meschante perfidie. Ie voudrois bien, ie le voudrois, si vostre valeur estoit autãt que vostre pouuoir, se pourroit estendre, ce iourd'huy le chastimẽt que ce desloyal traistre cœur a deme-rité; cœur vray receptacle de toute fraude & ma-chinatiõ, s'y peust de ceste main enfoncer iusqu'au plus profond. Ainsi parla cẽ transporté, qui tira toute l'assistance à la cordelle de son impetueuse furie. Il croit cõme vn enragé : sus aux armes, aux armes, & auec luy toute l'insolente ieunesse ne crie & grõde que le mesme. Alecto se lance tout au tra-uers d'eux la main armee, & enuenime leurs cou-rages de cruauté & forcenerie, & d'vne detestable soif d'humer le sang, laquelle de plus en plus se rẽ-force & embrase de rage. Ceste pernicieuse peste se couille, rampe, & se dilate, du logis des Italiens, dont elle sort pour s'aller espandre parmy les Suis-ses ou elle s'allume, & de là s'esprend aux Anglois. Et non tant seulement ceste tragique descõuenüe, & public dõmage commun à tous, fournist aux e-strangers de pretexte & nourrissement d'indigna-tion, & courroux: ains plusieurs autres vieilles ani-mositez & rancunes qui s'estoyẽt assouppies pour quelque temps, viennent la à se resueiller de nou-ueau. Ils appellent les François felons, tyrãniques & insupportables, si que la hayne & picques con-ceüe a l'encontre d'eux ne se peut plus desormais refrener, quelle ne se iette dehors en de fort super-bes menaces, de la mesme sorte que dans vn chau-deron sur le feu, l'eau qui s'y eschauffe, si par trop elle en est pressee, gargoüille & ondoye à gros

Q

boüillons, & ne se peut plus contenir qu'elle ne se rehausse par dessus le bords, & les surmontant en fin ne se verse. Ce peu de plus moderez là presens, & qui sont plus capables de cognoistre la verité, ne suffisent pas pour brider ceste impetuosité du grand nombre : Car Tancred, & Camille qui auoyēt toute authorité enuers eux, sont pour l'heu-re absens loing de là, Guillaume aussi & les autres plus apparens, si qu'ils courent tous d'vne grande precipitation aux armes pesle-mesle ces furieux, & desia pouuoit on ouyr le son des trōpettes qui les appelloit au combat : mais là dessus de costé & d'autre viennēt plusieurs en diligence aduertir le Duc qu'il s'arme. Baudouyn le premier de tous se presente à luy ja armé, & se met à costé de luy: Lequel s'oyant calōnier leue les yeux au ciel, & selon sa coustume recourt à garent à Dieu. Seigneur tu sçais de quel zele i'ay tousiours abhorré les partialitez intestines: Rōps ie te supplie, & deschire le voyle qui offusque les yeux de ceux-cy. Reprime leur fureur qui se desborde de telle sorte, & fais que mō innocēce, qui est toute manifesté là haut enuers toy, soit aussi cognuë de ce peuple aueugle icy bas. Cela dit, il sent rechauffer les veines de ie ne sçay qu'elle inusitee chaleur qui y est infuse du ciel, si que rēply de ceste diuine vigueur, & d'vne asseuree esperāce qui s'espand parmy son visage, il en deuient plus hardy, & mieux cōfirmé. Enuirō-né alors des siens, il passe outre vers ceux qui se pmettoyent venger la mort de Renaud, sans que les armes ny menaces dōt il oyoit tout bruire alētour de luy, le puissent retarder d'vn seul pas. Il a endos-sé son corps de cuirasse, & s'est reuestu par dessus

Chant huictiesme.

d'vne plus riche & pompeuse cotte d'armes que de coustume, les mains desnuees de gãtellets, & le visage descouuert, si qu'on le pouuoit voir reluire d'vne Majesté plus qu'humaine. Il va brãlãt d'vne grauité venerable son sceptre d'or qu'il tient au poing, & sans y employer autres armes, il se promet bien d'appaiser vn si grand tumulte. Tel il se monstre à ces gens là, & leur vse d'vn tel langage, qui ne semble pas proceder de la voix d'vn hõme mortel. Quelles temeraires folles menaces, & quel brit insolent est-ce que i'oys icy parmy vous? Qui est-ce qui en est l'autheur? ie le veux sçauoir. Est-ce donc le respect que vous me portez? suis-ie ainsi cogneu de vous, apres tant & de si longues manifestes preuues que vous en auez euës, qu'encore il y en ait quelques vns qui en doutent, & qui me veulent arguer de fraude & de desloyauté, & adioustent foy à ces calomnies? vous attendez peut-estre encore que ie vous requiere & supplie, que ie m'excuse enuers vous, que ie me iustifie, & allegue mes raisons : Que ie recoure à vostre grace & misericorde. Ha! que ja n'aduienne que la terre qui est pleine de mon renom, entẽde vne si grande indignité (Ce sceptre mien) & la dignité qu'on m'a deferee, la memoire de mes honorables comportemens, & la verité qui est plus forte que tout le reste, me defendẽt de vos tumultes: ie n'y veux employer autre chose. Mais à ce que la rigueur de iustice cede pour ceste fois à la clemence & benignité, & que la iuste punition ne s'estende sur tous les coulpables, ie remets ceste faute icy à vos merites precedans : & vous donne aussi à Renaud, qu'il n'y ait qu'Argilan seul qui par son sang laue & expie ce commun delict, puis qu'il en est le principal autheur, lequel meu d'vne coniecture si foible, & d'vn si peu aparent soupçon, a induit les autres à semblable erreur. Il sembloit que de ceste Royalle apparence, pendant qu'il les haranguoit de la sorte, s'eslaçassent de viues estincelles & esclattemens d'esclairs, de foudres, & tonnerres, si fort ils furent esperdus, qu'Argillan (& qui le croyoit) demeure luy-mesme cōquis d'vn seul visage courroucé: le vulgaire des soldats, q n'aqueres d'vne telle audace & irreuerēce on oyoit fremir, bruire, & tēpester d'orgueil, de blasmes, & reproches, & qui se mōstroyent si prompts de mettre la main aux armes que la fureur leur administroit, à peine osent-ils maintenant leuer le front, tous cōfus de crainte & vergoigne: ains prestent l'oreille attētiue à ce qu'on leur dit, sans y repliquer vn seul mot : & endurent qu'Argillan soit pris, lié & garrotté des ministres de la iustice. Ainsi qu'vn Lyon, qui au precedent furieux, auec des rugissemēs trop espouuātables secoüoyt sa superbe iube, & se herissoit le māteau, se battāt de sa queüe pour plus s'hirriter ; si tost qu'il voit son gouuerneur qu'il appriuoysa le premier, & dompta ceste sienne ferocité naturelle, endure qu'il le ratache de nouueau & le lie, redoutant ses menaces, & le cōmandement que par les menus il a empieté sur luy, sans que son long dur & espoix poil, ses dents, & gryphes acerees, & de si grand force, le facent pl⁹ enorgueillir cōtre luy. On dit que la fut apperceu d'aucuns vn gendarme eslé, d'vne fiere & seuere mine, & hautain maintien, plein de menaces & terreur, qui tenoit vne grande targue au deuant du Duc Godefroy, comme s'il leust voulu couurir & presentoit là pointe d'vne espee nüe, ensanglantee tout freschemēt, du sāg qui pourroit estre de de quelque cité, où d'vn Royaume qui auroit prouoqué à courroux le ciel, lent au reste, & fort tardif à semouuoir. Ainsi s'appaisa ce tumulte, & chacun mit les armes bas; & quāt & les armes, la pluspart d'eux le mal talent qu'ils auoyent conceu enuers leur chef qui s'en retourna là dessus à son pauillon, entētif à diuerses choses, & nouueaux desseins; mesmemēt de donner l'assaut à la ville dans deux ou trois iours, & pour c'est effect s'en alla reuisiter l'equippage & l'attirail de ses pieces de batterie, & autres machines dōt il pretēdoit se seruir.

Chant neufuiesme.

ARGVMENT.

SOLIMAN *meu de la furie d' Alecto, donne vne rude camisade & estrette de nuict au camp des François, secōdee d'vne grosse saillie qui se fait de Ierusalem: Mais Dieu voyant le tout du ciel, enuoye à leur secours le tressainct Archange Michel leur protecteur & assistant, à l'aide duquel les Sarrazins sont rembarez; Ioint que la dessus ceux qui estoient allez auec Armide retornent tout à propos pour acheuer de les mettre en route.*

OVR tout cela le depiteux monstre infernal, quoy qu'il voye outre son attente, ce trouble qu'il auoit ainsi excité, appaisé,

& ſes mutinemens aſſouppis & eſteints, d'autant qu'il ne ſe peut pas aheurter à la fatale deſtinée, ſi qu'il la puiſſe renuerſer, ny faire retourner arriere les ineuitables decrets de la diuine preordonnance, il ſe part de là, & par où il paſſe, raffle & rauage tout, fenne & hauiſt les campaignes plus verdoyãtes, comme ſi le feu y auoit paſſé: faiſant offuſquer le Soleil, & ternir d'vne couleur bleſme & liuide: Puis ſe haſte à grand tire-d'aiſle d'aller eſmouuoir d'autres griefues calamitez & ruines, par pluſieurs moyẽs & proiects d'entrepriſes toutes nouuelles. Ce maudit & damné fantoſme, qui ſçait eſſez cõme par l'induſtrie de ſes complices le fils de Berthod eſtoit eſloigné de l'armee Chreſtienne, Tancred auſſi, & les autres des plus vaillans & redoubtez eſtre abſens, va dire a par ſoy: Qu'attendons nous plus? Que Solyman ſuruienne doncq à l'impourueu, pour leur apporter vn inopiné & mortel aſſaut, dont i'eſpere bien que nous obtiendrõs vne haute & treſſignalee victoire ſur ce camp ainſi eſcorné, & la plus grand' part affoibly de ſes plus valeureux gendarmes. Cela dit, il s'enuolle droit où Solyman auoit deſia ramaſſé ſon camp vollant de vagabond Arabes: Ce Solyman, diſ-ie, dont pour lors ne retrouuoit nulle part entre tous les rebelles de Dieu, vn plus capital ennemy des Chreſtiẽs, plus cruel, & plus dõmageable: & ne ſçay ſil y en pourroit auoir de pl° à craindre, & redouter, quãd bien la terre pour quelque autre nouueau deſpit & outrage voudroit eſclorre derechef vne autre couuee de geans. Ceſtuy-cy fut Roy des Turcs, & pour le ſiege capital de ſa ſeigneurie auoit choiſy la ville de Nicee, dont il ſe ſeroit depuis eſtendu

Chant neufuiesme. 247

iusqu'aux riuage de la Grece, & du fleuue de Sangar & Meandre en Mysie, Phrygie, & Lydie iusqu'au Royaume de Pont, & la Bithynie: mais apres que les armes Chrestienne eurent passé la mer contre les Turcs, & seblables Mahometistes, toutes ses terres furent conquises, & luy par deux fois mis à vauderoutte en bataille rengee. De là ayant voulu reteter de nouueau la fortune, & essayer de se remettre sus, il fut acheué d'estre du tout deschassé à viue force de ses terres, tant qu'en fin il se retira en la cour du Soudan d'Egypte, où il fut le tresbien venu, & receu magnifiquement côme à vn tel hôme appartenoit: Car il fut fort aise qu'vn personnage si vaillant & si renommé se fust rengé aupres de luy, & venu offrir de l'assister en ses entreprises, qui tendoyent à contredire aux peuples Chrestiens la conqueste de la Palestine, redoutant d'auoir pour proches voisins ceux qui s'estoyent croisez pour l'exaltation d'vne foy contraire à la sienne. Mais deuant que se declarer côtr'eux tout ouuertement, & leur denoncer vne guerre euidête, il luy sembla bon que Solyman s'en allast r'allier les Arabes espandus de costé & d'autre, & luy donna pour cest effect force or & argent pour les souldoyer. Pendant doncques que le Soudan assembloit vne grosse armee des forces qui se venoyent rendre à luy de tous les endroits d'Asie, & Afrique, Solyman s'en alla, & cela luy fut fort facile, attirer à luy les Arabes de tout téps grans larrôs & auaricieux mercenaires, & auec ceste trouppe, dont il se constitua conducteur, s'en vint rauager & courir la Iudee de toutes parts, dont il en enleüa de grãds buttins & riches despoüilles, si qu'on ne pouuoit plus aller ny venir seurement du camp Chrestien à la marine. Et se remettant à toute heure deuãt les yeux, l'outrage qu'on luy auoit fait de l'auoir priué de son Royaume, & y cõmis tant de ruines, il entra en de plus hauts desseins & conceptions : mais il n'estoit pas bien resolu encore de les pouuoir mettre à execution. Estãt en ce doubte & suspens, Alecto le vint trouuer, ayant pris la semblance d'vn homme ancien pasle & decoloré, cõme n'ayant à peine vne goutte de sang au corps, la peau seiche ridee, & cousüe aux os, auec de grosses moustaches, le mentõ & le reste du visage tout ras desnué de poil : la teste enuelloppee d'vn gros Turban de plusieurs lez de toile entortillez, ayant vestu vn doliman ou sotrane toute bouttõnee par le deuant, qui luy alloit iusqu'aux tallons, vn grand cimetterre ceint à son costé, & vn carquois pendu en escharpe, farcy de flesches, l'arc au poing. Nous auons beau courir & roder, luy va-elle dire, les plaintes, & les desers des steriles sablõs de Libye: car il ny a chose quelcõque à buttiner, tout y est vuide, ne d'y gaigner quelque victoire nõ plus dequoy on doyue faire cas, parce que pẽdant que nous-nous y amusons, les Chrestiẽs battent fort & ferme la principale ville de tous ces quartiers, & y ont desia fait de grãdes bresches sur le point d'y dõner l'assaut : Tellement que si nous tardõs tant soit peu encore, nous pourrõs bien apperceuoir d'icy son embrasemẽt & ruine. Les trophees doncques de ce valeureux Solyman seront-ils de mettre le feu à de petits tugurions & cabannes de Pastres, rauir & enleuer de meschans troupeaux de beufs & brebis, & des chameaux si mehaignez qu'à peine les loups & lyons en veulent? Estimes tu par là r'aquerir ton Royaume, & de te venger de tāt d'outrages & de pertes que tu as receües de ces gens-cy? courage, courage, enhardis-toy, dōne de nuict dedans ces repars, & opprime là cest estranger auec tous les siens. Croy si tu es sage, cest ancien tien tres-fidelle Araspe; les sages cōseils & aduis duquel, & sa loyauté tu as peu assez esprouuer & cognoistre en ta prosperité, lors que tu iouïssois de ton Royaume, & non moins depuis que tu en as esté despouillé: N'attēs plus doncq' d'auātage, & n'ayes doute: ne mesprise point ainsi les Arabes, quelques nuds qu'ils soyent, & timides: Car de vray il est mal aysé à croire que des gēs qui ne sont duits & accoustumez qu'à piller, courir, saccager où ils ne trouuent resistāce, & si tost qu'ils ont fait leur main, se retirent à vauderoutte, ayent maintenant tant de hardiesse & vaillance contre vne armee si redoubtable: mais ils les trouueront endormis ne se doubtās de rien moins que d'estre assaillis de nous. Ainsi luy parla la furie, & par mesme moyen luy souffla dans l'estomac ses accoustumees fureurs, Puis s'alla mesler auec les vents. Solyman tout soudain s'escrie leuant haut la main; O toy, qui que tu sois qui m'esguillōnes ainsi le courage d'vne si forcenee ardeur, certes tu n'es point chose humaine, quelque ressemblance que tu en ayes: mais voycy ie te veux suiure par tout où tu m'appelleras: I'iray sans doute, & feray des montagnes de ce qui est maintenant vne plaine, de corps à sçauoir occis, massacrez & blessez: Ie feray couler des ruisseaux de sang: assiste moy doncques, & conduits mes armes par l'obscurité de la nuict. Cela dit, sans temporiser d'auantage, il rallie ses trouppes, & les rencourage iusqu'aux plus lasches & coüards par ces braues & fieres paroles, & enflame son camp de ce mesme furieux desir qu'il auoit de côbattre & mener les mains, prests & appareillez de le suyure par tout où il les voudra charrier. Cependant Alecto leur dône le signal de partir auec sa trompette, dont le son fait trembler tous les rochers circôuoysins, & effraye hommes & bestes tant sauuages que domestiques, Et de sa propre main espand au vent l'estâdard maiour. Ce camp marche doublant le pas: ains plustost court, & se haste pour preuenir les nouuelles de leur venuë. Et elle les guide, puis les laisse, & s'en va soudain desguiser en habit & semblance de messager qui apporte quelques nouuelles, & ceste heure là que la nuict se venoit mesler au iour pour gaigner le dessus de luy, & entre dans Ierusalem, où passant à trauers la foule du peuple tout esperdu & soucieux, va vers le Roy, luy donner aduis des forces qui viennent, & de leur deliberation de charger sur l'ost des François, à vn tel signal qu'elle luy declare. Desormais les ombres nocturnes espâdoyêt leur sombre oscur voyle dessus la face de la terre, qui se surteint de vapeurs rouges, & en lieu de bruine se baigne d'vne molle & sanglante rosee, le Ciel se remplist de monstres & prodiges, & s'entendent de toutes parts voltiger de malignes illusion & fantosmes. Pluton vuide ses infernevx abysmes, & espand en l'air toute l'obscurité qui est en ses plus enfoncees cauernes. Et ceste profonde horreur de la nuict, le fier Solyman s'achemine droit aux tentes de ses aduersaires, tant que lors que la nuit fut paruenuë au plus haut sommet de son cours, pour de là decliner au iour, il se retrouua à moins de demy-lieuë de là où les François s'estoyent mis à se reposer en toute seureté sans rien craindre, & fait faire alte pour donner vn peu de repos à ses gens, à ce qu'ils fussent plus frais au cõbat. Puis du haut d'vne motte les harangant il les reconforte & anime à ce rude assaut. Voyez vous pas, leur va-il dire, ce camp tout remply de richesses iusqu'au regorger; dont ils ont despoüillé l'Asie d'vn bout à autre? Mais il est plus renõmé qu'à craindre: le tout est maintenant à vous à si bõ marché, & si peu de peril, que pour fauorable que vous peut estre la fortune, elle ne le vous sçauroit deliurer à moindre, armes & cheuaux tous garnis d'or & d'argent vous sont exposez en butin, sans aucune contradiction ny deffence: car ce n'est pas icy ceste armee dont furent mis à vauderoutte les Perses quant & les forces de Nicée, ne l'estimez point de la sorte, parce qu'en vne si longue & diuerse guerre il ne se peut faire que la pluspart n'y soyent demeurez. Et quant bien elle seroit aussi entiere qu'elle fut oncques, si sont-ils maintenãt tous plõgez en vn profond sommeil, desgarnis d'armes, si qu'estans ainsi endormis il est biẽ aysé de les rompre, n'y ayant pas beaucoup de distance du sommeil à la mort. Venez doncques, ie veux estre le beau premier à vous en ouurir le chemin à trauers ces corps languides veautrez dedans leurs rẽpars: ceste espee mienne monstrera la leçon aux vostres cõme elles doyuent exploicter, & en apprendront à ne pardonner à personne. Ce sera auiourd'huy que le regne de leur beau CHRIST sera tout à plat reuersé par terre: auiourd'huy sera deliurée l'Asie de leurs tyrãniques oppressiõs, & vo⁹ auiourd'huy renommez entre tous les autres. Ainsi les enflammoit il à s'esprouuer presentemẽt & de la les fait en grand silence marcher outre: Mais en marchãt il apperçeut les sentinelles à trauers l'ombre d'vne variante lumiere, qu'ils ne peuuent pas si surprendre au despourueu qu'ils se promettoyẽt: car ayãs descouuert ceste grosse trouppe, ils se rẽbarrẽt soudain dans leurs corps de garde, donnans l'alarme à tout le camp, si que les premiers sont desia debout qui s'apprestent du mieux qu'ils peuuent pour les receuoir. Et les Arabes là dessus dõnent haleine à leurs mõtures, & font alte, se voyãs desormais descouuerts. Leurs cris s'esleuent iusqu'au ciel, auec les hennissemẽs des cheuaux & le bruit & rumeur de leurs fers, dont les montaignes d'autour resonnent, & les vallees en murmurẽt, les creux des rochers retentissent, & les cauernes y respondent. Alecto du riuage Phlegeton haussant vn brandon ardant pour signal, qui sert d'aduertissement à ceux de la ville, Solyman se met deuant tous les autres à course de cheual, & donne furieusement dans les corps de garde, non encore bien ordonnez, de la mesme impetuosité qu'vne grosse rauine d'eaux feroit du haut de quelque terre, qui emporte auec soy les gros arbres, & les cailloux, & emmene les maisons qui se rencontrent au deuãt, les arrachans toutes entieres de leurs plus enfoncez fondemens: ou vne foudre qui abat les tours, & clochers, & les embrase de son feu: ou vn tremblement de terre qui remplist le monde d'horreur:

Chant neufuiesme. 253

Tout cela ne se pourroit parangonner à la furie de cest homme, & les comparaisons en seroyent trop manques. Il ne rameine coup d'espee qu'il n'asseine à plein & ne face quelque griefue playe, ny ne fait playe, qu'il n'enleue la vie du corps à quiconque en est atteint. I'en dirois encor' d'auantage: mais le vray q̃ i'en pourrois dire auroit trop d'apparence de fausseté. Il semble d'autre part ou qu'il se feigne, ou ne se dueille, & ne sente point les coups qu'on luy donne encore que son heaume en tinte par fois tout ainsi que le son de quelque clochette, & qu'hydeusement il en estincelle, si qu'il semble estre de viues flammes. Or apres que luy seul presqu'a mis en route ceste premiere bande Françoise, les Arabes là dessus suruiẽnẽt, & chargent à toute bride, à guise d'vne grosse inondation qui s'est racueillie de mille ruisseaux, si que les Frãçois à ceste heure tournent le dos à bon escient, & s'enfuyent à vouderoutte, les victorieux peslemesle auec les vaincus, les poursuyuans & les fuyars, qui entrent ensemble dedans la closture du camp, où tout se remplist de ruine, d'horreurs & de cris. Solyman porte dessus son heaume en lieu de Tymbre, vn grand & espouuantable serpent, qui s'alõge desnoüant son col, & se hausse sur ses ergots, & estendant les aisles replies en arc sa queuë fourcheuë. Il semble qu'il darde trois langues, ou bien vne diuisee en trois: & iette par son infecte bouche vne tres-horde & salle escume, sifflant qu'on l'entend de bien loing: & là où le conflict s'allume plus fort, s'enflamme le plus aussi en se remuant, & verse par sa grande gueule feu & flãme qui rendent Solyman plus espouuãtable à ceux qui voyẽt ceste lumiere ainsi ardente, de la mesme sorte que les nauigans entreuoyent à l'obscurité d'vn orage dont ils sont battus, & de la nuit tempestueuse, les vagues s'esleuer en haut, par la lumiere des esclairs. Les vns se prennent à fuir, intimidez & esperdus tant que jambes les peuuēt porter: les autres mettent courageusement la main aux armes, la nuict meslant de plus en plus leurs tumultes & esmotions, & cachant les dangers qui se presentent, les accroist tousiours d'auantage. Entre ceux qui se monstrent vn peu plus francs, Latin nay sur les bords du Tybre se meut alors, duquel ny les fatigues militaires n'auoyent point encore relasché les vigueurs du corps, ny és vieils ans recreu leur puissance. Cinq fils siens d'vn mesme aage presque estoyent sans cesse à ses costez, sans l'abandonner quelque part qu'il fust à la guerre, & chargeans leurs delicats membres qui croyssoyent encore, se renforçoyent au trauail des armes deuant que d'estre paruenus en aage de les bien porter. Ceux-cy à l'exemple du pere s'aiguisans l'animosité & courage, il leur va dire; Alons mes enfans là où nous voyons ainsi ce forcené diable s'enorgueillir de la peur de ceux qui le fuyent: Que ceste sanguinaire bourrellerie qu'il exerce parmy les nostres ne vous refroydisse de vostre accoustumée hardiesse, par c'est honneur vil & mesprisable qui n'est illustré d'aucun danger auquel encore il se soit mis. Ainsi la Lyonnesse a de coustume de mener ses faons auec elle à la proye qu'elle prochasse, & les rendre participans du hazard deuant que d'auoir alongé leur iube, les dents & gryphes leur croissans encore, pour à son exemple les accoustumer à deuenir plus fiers & cruels contre les chasseurs qui les trauaillent en leurs repaires, & font fuyr les autres moins puissantes & asseurees bestes. Ce bõ charitable pere suit la malauisée esquadre de ses cinq enfans, & vont de compagnie tous ensemble assaillir & enuironner Solyman ; si qu'en vn mesme instant, d'vn mesme concert & accord, & d'vn seul courage, voyla six lances tout à vne fois s'abbaisser contre luy, Dont l'aisné de tous, vn peu pl⁹ hardy qu'il ne conuenoit, quittant la sienne, veut trop desauantageusement venir aux mains auec cest autre, plus puissant, & s'efforce en vain de le ruer ius du cheual à coups d'espee. Mais tout ainsi qu'vn ferme planté rocher dans la mer, ou vne montaigne estenduë sur le bord d'icelle, demeurent immobiles aux tourbillons, & contre les flots qui les battent de toutes pars, soustiennent roidde les tonnerres, les coups de foudres, & semblables outrages du Ciel courroucé, & les vents, & les vagues qui à longs sillons se redoublent l'vne sur l'autre : Tout de mesme ce fier Sarrazin indomptable tien ferme, & monstre visage aux coups de main, & d'armes d'ast qu'on luy tire de tous costez; Et à celuy-là qui auoit blessé son cheual, pourfend la teste iusqu'aux dents, entre les deux sourcils & les ioües. Aramand tend son pitoyable bras pour soustenir ce frere sien qui tresbuche à terre : mais vaine & folle est sa pieté : car à la cheutte de son frere il adiouste encore la siéne, parce que le Payen luy descharge vn grãd coup d'espee sur ce bras qu'il auoit aduancé, & l'enuoye à terre auec celuy qu'il soustenoit, si que tous deux tombent ensemble l'vn sur l'autre, leur sang se meslãt auec

ques leurs derniers soupirs. De là il couppe d’vn coup tout net le glaiue de Sabin, dont le ieune homme le molestoit: mais de loing, & poignans sur luy son cheual, le luy fait passer sur le ventre, & le foulle aux pieds tant que l’ame luy sort du corps, biē qu’à grand regret en vne si florissante ieunesse, où la vie combat la mort, qui en fin en obtient le dessus: Picq & Lauret estoyēt encore restez en vie, deux iumeaux se ressemblās si fort qu’on ne les eust sçeu discerner l’vn de l’autre, & souuentesfois s’y estoit on abusé: mais si la nature les auoit procréez si indifferens, leur mort se monstre bien icy diuerse, dure certes distinction: car à l’vn des deux Solymā couppe le col tout net: & à l’autre il luy fourre l’espee au trauers du corps. Le pere, (helás non plus pere, ha quel dur & cruel desastre, qui le priua à vn instant de tant de valeureux enfans) contemple en ces cinq morts, sa mort aussi auec celle de sa lignee qui gist là toute roide estēduë par terre: Et ne sçay comme il peut auoir vne si constante vieillesse en vne si griefue desconuenuë, qu’il espere de les vēger, & ne laisse pour vn si doloureux accidēt de cōbattre encore: mais peut-estre qu’il ne se prit pas garde que ses enfans eussent esté là ainsi mis à mort: car l’obscurité de la nuict le fauorisant en cela, desroba à ses yeux vne si amere destresse, & le dueil qu’il en deuoit faire: Mais pour tout cela riē ne luy plairoit la victoire s’il ne se perdoit auec eux (prodigue de son sang) & auidement conuoiteux de respandre celuy d’vn autre: Si qu’on ne sçauroit bien discerner, lequel il desire le plus ou d’occire ou d’estre occis : car il crie à son ennemy; Ceste main est-elle donques si debile, & la mesprises tu
si fort,

Chant neufuiesme.

si fort, que de toute sa puissance elle ne puisse prouoquer ta barbaresque inhumanité contre moy? Il n'en dit plus, & luy tire vn coup si rude & cruel qu'il n'y a maille ny lame de son haubert qui n'en volle en pieces, & de là descendant au flanc luy fait vne grande playe, dont coulle abondamment du sang tout chaud. A ce cry & à ce coup aspre le Payen torne l'espee, & son enuenimé courroux, & luy separe sa brigandine par le trauers, apres luy auoir faussé tout de part en part son escu, nonobstant qu'il fust de sept doubles de cuir boüilly, & luy enfonce l'acier dans les entrailles: dont le miserable Latin sanglottant expire à l'heure, & par vn alternatif vomissement ores par la pluye, ores par la bouche, se respand tout le sang qu'il a, & la vie auec. Ainsi comme en l'Appennin quelque gros chesne, qui auroit long temps mesprisé les secousses des plus forts vents, si quelque tourbillon arriue qui l'enleue de sa racine, en tombant il prosterne les autres arbres d'alentour: de mesme tombe-il d'vne telle impetuosité & roideur qu'il en tire plus que d'vn auec luy, ausquels il s'empoigne: si que la fin d'vn si braue homme se mõstre estre digne de sa valeur: & qu'en mourant il face encore vn grand rauage. Pendant que Solyman assouuist là son ire & rancune conceuë contre les Chrestiens, & se repaist d'vn si long ieusner de respandre du sang humain, les Arabes en leur endroit s'encourageans les manient d'vne estrãge sorte là dans leur camp. L'Anglois Henry, & Oliferne de Bauieres passent par le trenchãt de ton espee, ô fier Dragut, & Ariadin priue de vie Gilbert, & Philippes, natif du Rhin: Albazar d'vn coup de masse abbat

R

Erneste ; & Algazel met à mort Othon. Mais qui est-ce qui peut racompter tant de differences de morts qui arriuent là d'vne sorte & autre, ny quel nombre de soldats communs y demeurerent pour les gages? Dés les premieres alarmes le Duc s'estoit leué du lict, & ne se tenoit pas oysif cependant à regarder que faisoyent les autres, & en demander des nouuelles : ains estoit desia tout armé, & auoit r'allié pres de luy vne grosse trouppe de bons soldats, auec lesquels il s'estoit meu pour aller au plus fort de l'affaire : car depuis les criemens qu'il oyt, & la noise & tumulte qui luy sebloyent tousiours s'accroistre, il estima bien que c'estoit vn assaut impourueu, des volleurs Arabes, n'ignorant pas qu'ils rauageoyent, il y auoit desia long tẽps, toute la contree circonuoisine, combien qu'il n'eust iamais cuidé que de telles canailles eussent eu la hardiesse de le venir assaillir iusqu'en son fort. Or pẽdant qu'il vient au secours des siẽs, il oyt tout soudain donner vne chaude alarme d'vn autre costé, & le ciel tout au mesme instant retentir de cris & hurlemens effroyables. C'est Clorinde qui cõduist les forces de dedans la ville à l'assaut du camp, ayãt Argant aupres de soy : alors il se retorne deuers Guelphe, lequel deffendoit aussi son quartier : & luy va dire. Oyez vous pas ce bruit deuers la descẽte de la cité, & ceste rumeur d'armes? Il est besoin que vous y aliez promptement, pour auec vostre vaillance & industrie militaire refrener la furie de ces Barbares. Allez doncques, & donnez y ordre: Ie veux que pour cest effect vous meniés auec vous vne partie de ceux que i'ay icy pres de moy, & auec le reste ie m'en iray d'vn autre part, souste-

Chant neufuiesme.

nir cependant l'assaut qui s'y donne. Cela arresté entr'eux, l'vn & l'autre sont conduits d'vne mesme & pareille fortune par diuers chemins. Guelphe s'en va deuers le coustau, & le Duc là où les Arabes ne trouuoyent plus de resistance, s'accroissant de forces en y allant, & rassemble d'instant à autre nouuelles gens, de sorte que s'estant desormais redu assez fort, il arriue où ce cruel faisoit vn horrible deluge. De mesme que le Pau, qui au partir de ses sources n'ayant pas encore son canal remply à plein bord, tant plus il s'en esloigne, tant plus il croist & se renforce de nouuelles eaux, tant qu'il se vient fourcher en deux branches, & faussant ses digues & leuees, tout victorieux hausse les cornes, dont il inonde tous les champs prochains, iusqu'à ce qu'à la parfin par plusieurs bouches il repousse le goulphe Adriatique, & malgré luy entre dedans, & l'enfonce, si qu'il semble qu'au lieu du Tribut qu'il luy doit rendre, il luy porte guerre & rauage. Godefroy accourt où il voit ses gens se monstrer les plus esperdus, les tance & menace. Quelle lascheté est-ce cy? leur va-il criant, quelle peur, quelle coüardise? Qu'auez vous ainsi à fuir, ny où vous pensez vous sauuer? Regardez au moins qui sont ceux qui vous chassent, vne trouppe assauoir de canailles & vautriens larrons, qui n'ont accoustumé de donner ny de receuoir coups qui portent, ny de combattre de pied ferme, que s'ils vous voyent leur faire teste, leurs armes s'espouuanteront de vous voir en face. Et là dessus pique son cheual, dõt au grãd gallop ils s'en va droit là où il voit la ruine que fait Salyman. Il s'en va à trauers le bourbier destrempé de sang,

R ij

tout parsemé de bris de lances & d'espees, de dangers & images de mort: & se fait bien faire voye où la foulle est la plus espoisse, & les passages plus fermez, tresbuchant & portāt par terre tout ce qui se rencontre audeuant, hommes, cheuaux & armes. Ainsi il passe outre bōdissant par dessus les tas de corps morts toꝰ pesle-meslez, par dessus l'horrible boucherie & carnage. Mais pour tout cela cest enragé Sarrazin qui se voit venir à dos vne si redoutable charge, ne la refuit pas, ny ne s'en destourne: ains s'esbranle & va alencontre, & remenant d'enhaut son espee, le vient ioindre pour luy en dōner à plein bras. O quels deux vaillans champions la fortune a appariez l'vn contre l'autre des deux extremitez du monde, en vn petit rond cy endroit, la fureur contre la vertu, decidans par armes la domination de l'Asie ! Qui pourroit exprimer quels grands coups, & combien dru & menu ils s'entredonne & redoublent, ny combien ce dueil est horrible? I'outrepasse icy des choses merueilleuses qui y aduindrent : car l'obscurité de la nuict les couuroit, dignes neantmoins d'vn tresclair Soleil en plein iour, où tous les mortels eussent esté là reduits pour les contempler à leur aise. Les Chrestiés rendus desormais plus asseurez & courageux sous vne telle guide qui leur monstroit le chemin de le suyure, marchent auant, où ils reculloyent, & vne trouppe des mieux armez se r'allient alentour de ce carnacier, nonobstant qu'ils ne soyent point en plus grand nōbre que les infidelles, ny ne se respande point plus de sang d'vne part que d'autre: ains tant les vainqueurs q̄ les vaincus esgallemēt tuent, & sont là tuez: de la mesme sorte que quand des deux endroits du ciel, & d'vne force toute pareille, d'icy l'Aquilon, & de là l'Auton viennent à guerre ouuerte, sans aucun obstacle entre d'eux, à se combattre l'vn contre l'autre, ny que l'air & la mer leur ceddẽt: ains y opposent nuee cõtre nuee, flot cõtre flot, ainsi ne se voit ny çà ny là ployer ceste obstinee & aspre meslee: ains s'affrontẽt escu contre escu, heaume contre heaume, espee contre espee. Et cependant non moins s'est attisé le conflict dè l'autre costé, où les combattans ne sont là moins drus parsemez. Mille nuees, & encore plus, d'esprits Sathaniques se sont là espandus à trauers l'air, dont ils ont remply la large & spacieuse estenduë, pour encourager & donner force & vigueur aux Payens, si qu'il n'y en a vn seul qui pense à reculler vn pas en arriere: & le flambeau infernal vient attiser le cœur d'Argant, embrasé ja assez de sa propre rage. Cestuy-cy auoit aussi mis en fuitte de son costé les corps de garde, & s'estoit lacé d'vn plein saut dans les rempars, où il remplit les trenchees de corps tous deschirez de playes, de sa cruelle homicide main, ayant explané la descente de la montaigne pour faciliter & donner acces à l'assaut, tant que les autres le peurent suiure fort à l'aise, qui rougirent de sang les premieres testes qu'ils rencontrerent. Clorinde est à ses costez, ou gueres loing, qui n'en fait pas moins, toutes despitee de le seconder: de sorte que les François quittoyẽt ia tout de ce costé, lors que Guelphe y arriua fort à propos, auec sa trouppe, qui fit tourner visage à ceux qui fuioyent, & soustint, voire repoussa ceste furieuse charge des Mescreans. Le combat estoit alors en tels termes par tous les endroits du cãp, &

le sang coulloit à grands ruisseaux esgallement de costé & d'autre, quand le Roy du ciel de son beau grand throne d'enhaut, torna ses debonnaires yeux à ceste cruelle meslee. Il estoit là assis en son lict de Iustice dont il fait droict à tous les humains, & dont il produist & maintient toutes les choses qu'il a crées, en leur Estre & beauté au dessous de soy au pourpris du môde sensible & materiel, où rien ou bien peu, se gouuerne & conduit par le sens & par la raison, reluisant là haut en son eternelle venerable demeure auec trois lumieres procedans d'vn seul lumignon. Sous ses pieds sont la fatalité & la destinee, ses humbles & obeissantes ministres & châbrieres, & le mouuement des cieux, & le temps qui le mesure & tempere, & le lieu qui l'enclost, & celle qui ny plus ny moins que si c'estoit quelque fumee ou poussiere, boülleuerse incessamment, dissippe, renuerse & change la gloire d'icy bas, les richesses & seigneuries, selon le bon plaisir d'enhaut, la fortune assauoir, qui ne se soucie pas beaucoup de nos mescontentemens & despits. Là ce grand souuerain Monarque de l'vniuers, est enueloppé tellemêt de sa splendeur, que les plus dignes intelligêces en sont non tant seulement illustrees: mais esbloüies. Tout autour de luy sont des ordres d'Immortels sans nombre, inegallement egaux de la gloire & beatitude qu'ils en parçoyuent : & la cour celeste resonne de toutes parts fort allaigrement, de la grand musique de leurs bienheureux hymnes & cantiques. Il appelle à soy l'Archange Michel, lequel en ses armes d'vn clair Diamant brille & esclaire, & luy dit. Ne voy tu pas comme s'arment à ceste fois contre mon cher trouppeau fidelle, ces detestables infernales bãdes, & du plus profond de leurs mortiferes abismes viennẽt pour confondre & troubler le monde? Va, & dy leur qn'ils laissent desormais le soing de la guerre aux hommes mortels: car ils n'y ont que voir ny que faire, & qu'ils ne viennent plus ainsi infecter le Royaume des viuans: ny n'empoisonnent les regions ætherees de leurs seditions & ruines, dont elles doyuent estre exẽptes: ains s'en retournent tout de ce pas en l'obscure ombre de l'Acheron, habitatiõ telle qu'il leur est deuë, & digne de leurs iustes peines. Que là ils se tourmẽtent & crucient, auec les ames de leur partage: ainsi ie le veux & ordonne par vn arrest irreuocable: & veux qu'il soit de ceste sorte. Le grand Connestable de la milice celestielle s'incline tref-reueremment, & fait vne profonde reuerence: & de là desploye son grand vol aux vents, dont il est guindé, & ses belles maistresses pennes dorees, legieres si extremement, qu'elles deuancent mesme nos plus promptes cogitations. Il passe le feu, & la lumiere ardente, où les bien-heureux esprits ont leur ferme arrestee demeure, immobile eternellement: & de là le pur chrystal du ciel empyree: Puis ce grand cercle tornoyant sans cesse, enrichy d'infinies estoilles d'or cõme de belles pierreries. Delà il voit du costé gau che torner Saturne, & Iupiter, de diuers aspects & offices, & les autres errãtes planettes qui ne se sçau royẽt pas mouuoir d'eux mesmes, sãs estre meus & informez de qlque assistãce Angelique. Et ainsi descẽd de ces ioieuses & plaisãtes cãpagnes celestes reluisãtes d'vne eternelle clarté, en ceste partie basse du mõde où se formẽt les pluies, tõnerres, & autres

R. iiij

impressions de l'air, l'elementaire c'est à sçauoir qu'incessamment se destruit, & se renouuelle: & de la guerre qu'il se fait, meurt & renaist. Il venoit secoüant, abbattant auec son lumineux pennage, les espoix obscurcissemés des tenebres, & les effroyables profonditez, où la nuict se doroit à ceste diuine splendeur, lors qu'estincellant il espandoit par fois dehors sa clere-lumineuse face, ainsi que le Soleil, qui a de coustume de desployer ses belles esmaillees couleurs apres qu'il a resout la nuee en pluye: ou comme vne estoille tombant d'vne longue traisnee parmi l'air serain, qu'elle fend quand elle se vient rendre icy bas dans le giron de la grād mer. Mais estant arriué ou la detestable trouppe infernale esguillōne & enflābe la fureur Payenne, il s'arreste en l'air, suspendu sur la force & vigueur de ses aisles, & branlant sa lance d'vne grand'audace, leur parle ainsi. A tout le moins deuriez-vous sçauoir desormais de quelle horreur tonne & esclaire le Roy du monde, vous autres maudits miserables, qui en vos vils contemnemens, & parmy les tourmēs atroces de vostre incessable misere ne laissez de vous orgueillir. Cela est arresté au ciel, q̃ les murailles de ceste ville succomberont au sacre-sainct venerable signe, & Syon luy ouurira ses portes. A quel propos doncq̃ cōbattre cōtre la destinee fatale? Pourquoy irriter ainsi cōtre vous la diuine cour, & la prouoquer à courroux? Allez vous-en mal-heureux damnez esprits en vostre Royaume; Royaume de desolations, peines & tourmēts, de tenebres & mort eternelle. Faites là vos guerres, demeslez y vos querelles, & triomphez les vns des autres, exercez vos bourreleries & cruautez, vos gehênes, peines, & supplices contre vous mesmes, & les miserables, qui pour leurs infidelitez & forfaicts vous ont esté liurez és mains pour les tortionner perdurablement. Desployez vostre felonnie, vostre force & pouuoir sur eux, parmy les cris, les pleurs & lamentations, les gemissemens eternels de leurs grinssemens de dents, parmy l'horrible espouuantable son & secousse de vos chesnes entraues, & manottes. Leur ayant parlé de la sorte, comme il les vist vn peu tardifs à desloger, il donne de sa fatale lance au trauers d'eux, & les haste fort bien d'aller, si que ils sont contraints a leur grand regret d'abandonner ceste lumiere, & les bruny-dorees estoilles pour s'enuoller ou abismer en precipice droit à plōb dans leurs enfoncees tenebres, & y rengreger leurs tourmens auec les damnez, si drus parsemez au reste, que vne si grande trouppe d'oyseaux ne passe la mer quād ils se rassemblent sur le printemps: ny vn si grand nōbre de fueilles seché amorties ne tombe des arbres és premieres froideurs de l'Automne. Le monde se sentant deschargé d'vn si ennuyeux voyle obscur qui l'offusquoit, s'en r'allegre & regaillardist: mais pour tout cela la hardiesse ne se r'atiedist pas au fier orgueilleux courage d'Argant, ny sa fureur ne se rabaisse, encore qu'Alecto ne luy inspire plus ses flāmes, ny que l'esperon infernal ne luy esguillonne plus les flács: car ce cruel descharge tousiours de plus fort en pl⁹ fort de tres-horribles coups d'espee par tout ou il voit pl⁹ espoisse estre la foule, & q̄ les Frāçois sont les mieux serrez, il moissōne indifferémēt les plus imbecilles, & les plus puissans, les plus lasches & courageux, & esgalle les plus haut esleuees testes au niueau des plus infimes & rauallees. Clorinde n'est pas loing de luy, & ne monstre semer moins tout le chāp de corps morts, de bras, de iambes, & de testes enleuees net d'vn seul coup d'espee de dessus les espaules ou elles posoyent. Elle passe son glaiue à trauers du cœur à Berāger ou la vie faisoit sa demeure, laquelle sort auec le fer, qui apparoist de l'autre part, tant fut le coup aspre & mortel. Puis tire vne autre estocade à Albin droit au nōbril, dont la creature succe ses premiers alimens dedans le vētre de la mere. Et d'vn reuers elle fend à vn autre la teste en deux. A Garnier elle trenche le poing tout net, & le luy aualle auec l'espee dōt il l'auoit le premier frappee, la tenant encor empoignee, les doigts trēbloyans pour les nerfs qui se retirēt, & en fin se laschent, de la mesme sorte que la queuë d'vne couleuure separee du reste du corps, ou elle tasche dese reunir cōme auparauāt: mais en vain. Et ainsi attorné, ceste furieuse guerriere le laisse là māchot & estropié, puis se retourne deuers Achille, & luy descharge vn coup d'espee, l'assenāt à la nucque du col, dōt elle couppe toꝰ les nerfs & tendōs, si que la teste roulāt en bas, se soüille la face de poudre deuāt que le corps tresbuche, qui demeure & piteux spectacle à voir assis encore dans les arçōs: mais le cheual libre de resnes s'en va ruāt & bōdissant tāt qu'en fin il le verse à terre. Pēdant q̄ ceste inuincible guerriere ouure, rōpt & dissippe ainsi les esquadres Chrestiēnes, la braue genereuse Gildippe tout aupres d'elle ne fait vne mois horrible boucherie des Sarrazins. C'estoit vn mesme sexe que de ces deux, vn mesme aage, hardiesse & vaillance en ceste-cy, & celle-là: mais il ne leur est pas icy permis d'en monstrer vne esgalle preuue, la destinee la reseruant au party cōtraire. L'vne d'icy, l'autre de là, chacune endroit soy chocque & repousse de tout leur effort: mais pour cela elles ne peuuent pas enfoncer vne foulle si forte & massiue, quand le courageux Guelphe se vient desserrer sur Clorinde l'espee au poing, & là ioint de pres, en luy deschargeant vn rude fendant, dont son espee se va teindre dans ce beau flanc plus qu'Albastrin: Et elle luy respōd de mesme, d'vne estocade qu'elle luy addresse droit entre deux costes. Guelphe redouble sur le champ son coup: mais il ne l'atteint pas, ains va rencōtrer le Palestin Osmide, qui de malle fortune pour luy passoit par là, & reçoit sur luy ceste playe qui ne luy estoit pas destinee, dont la teste luy est mypartie en deux: Et au mesme instāt se r'allie alētour de Guelphe vne grosse trouppe de ceux qu'il menoit. De l'autre part se renforcēt aussi les Sarrazins, dont le cōflict se va meslant & rēforçant de plus en plus. Cependant l'Aurore cōmençoit à mōstrer sa belle blāche empourpree face, des fenestrages de là haut, & Argillan s'estoit ja demeslé de ses fers, lequel s'estant à la haste equippé des premieres armes qu'il trouue, meschātes ou bonnes qu'elles soyent il ne luy en chaut, telles que la fortune les luy presente il les prend, & s'en venoit bien deliberé de r'habiller sa recente faute auecques vn nouueau deuoir & nouuel honneur qu'il pretendoit d'acquerir là. Comme vn grand genereux cousier, qui de l'escuyrie où il a esté longuement enfermé pour s'en seruir à vn besoin, bien & soigneusement pensé, si d'auenture il trouue la porte ouuerte, rompant &

longes & licol, il s'enfuit tout à trauers-champs chercher le lōg des fleuues & prairies accoustumees, les haraz de iumens & de ieunes poultres, ses creins voltigeās sur son col follastre, qui de là s'espandent vers les espaules, ou ils se iouent en liberté quād il secoüe sa superbe teste, de ses fers grattāt la terre, & les cailloux semez parmy, il en fait sortir de vifs esclairs, & de ses fiers hennissemēs retentir tous les champs prochains. Tels vient Argilan au cōbat; la face ardente d'vn fier & furieux aspect haut esleuee ineffroyable, à grands sauts cōme vn Lyepard prompt & legier, qui à peine en s'eslançāt pres sa proye, laisse la moindre marque de ses vestiges imprimee au sable. Et s'estant ietté dans ses aduersaires, hausse sa voix à guise d'homme qui ose tout sans craindre rien. O ville baissiere du monde (alloit-il criant) Arabes inutile canaille, cōmēt est ce qu'vne telle audace s'est venuë heberger en vo^{9} qui n'estes propres aucunemēt à supporter le faix des armes, & la pesanteur des heaumes & rōdelles, ny de munir vos corps de cuirasses? Ains remettez, nuds & espaurez que vous estes, tout vostre faict aux surprises des obscuritez de la nuict, vos coups au vent, & à l'aduenture, & vostre salut à la course, comme si vous vouliez desrober la guerre. Les tenebres sont vostre ayde & secours, & maintenant qu'elles deslogent pour faire place à la lumiere, vo^{9} la deuez aussi quitter à ceux qui valent mieux que vous. Car où aurez vous plus refuge? Il falloit bien d'autres plus gaillardes forces, & vn effort plus redoutable pour entreprendre vne si haute besoigne. Ce disant il donne de l'espee à trauers la gorge à Algazel vn si rude coup, qu'il luy coupe net le

Chant neufuiesme. 269

sifflet, & la parole quant & quant, qui s'estoit aduancée d'en sortir hors tout soudain vn horreur de mort destrousse ce miserable de la lumiere, & vn roide glaçon s'espand par tous ses ossemens, si qu'il tombe, & en tombant empoigne la terre à belles dents, de rage & despit qu'a sa chere vie d'abandonner son bien-aimé corps. De là par diuers récontres il met à mort & Saladin, & Agricard, & Muleassan, & d'vn coup vous trenche par le fau du corps Aldiazil tout auprés d'eux: porte par terre Ariadin la poictrine persee à iour, en le brocardant de paroles picquantes & iniurieuses: A quoy l'autre à toute peine leuant ses languides yeux tous chargez de mort, comme il rendoit l'ame va respondre ainsi. Certes quiconques tu sois qui me braues de telle insolēce, & te resiouis de ma mort, tu ne t'en vanteras pas longuement: car vn mesme destin t'attend, & d'vne plus puissante main gerras tost icy à costé de moy. Il ne se fait que rire de ce propos, & par vne mocquerie luy redouble encore: C'est le ciel auquel appartient disposer de mon aduanture: mais cependant demeure icy pour seruir de pasture aux chiens & oyseaux, & luy mettāt le pied sur le ventre, acheue d'en pousser l'ame dehors, & retire par mesme moyē son espee. Vn page de Solyman s'estoit meslé en ceste foule d'archers & de iauelottiers, à qui le printemps de son aage n'auoit point encore cottoné le menton des premiers poils fols qui y poignēt. La sueur qui baigne ses ioües semble proprement cleres perles, ou la rosee du matin, surglaçant les belles incarnates roses qui ne se fōt qu'espanoüir: mais le tout s'est vn peu terni de poussiere qui s'est venuë semer parmy les negligez cheueux, & y ameine de la grace, ioincte à ie ne sçay quelle fierté desdaigneuse qui se raddoucist parmy sa rigueur. Dessous luy il a vn gennet esgallant la nege en blancheur tout à l'heure tombee dessus le dos de l'appennin: & n'y a tourbillon, ny eslancement des plus viues flammes qui se peust accomparer à luy de vistesse. Il tient au poing vne zagaye, qu'il bransle d'vne grand'audace, le cimeterre ceint au costé, vestu au reste d'vne belle iuppe de pourpre broché d'or, dont il resplandist tout autour. Pendant que ce iouuenceau aggreable, à qui vn nouueau plaisir inaccoustumé d'acquerir gloire luy chatoüille son ieune courage trouble & met en desordre de costé & d'autre les trouppes Chrestiēnes, sans que personne le restreigne & arreste court. Argillan qui à l'œil attentif au guet à remarquer ses voltigemens passades, attendant l'opportunité de luy addresser quelque coup, luy tue son cheual sous luy: & soudain auant qu'il se puisse estre redressé en pieds, le cruel & felon qu'il est vient sur luy pour donner dans ce beau gracieux visage, qui en vain par les armes de la pitié chercheroit de se garantir, & tasche à defaire ce beau chef d'œuure de nature, si excellent qu'il n'a son pareil nulle part: mais l'acier sembla auoir plus de sentiment de compassion, & plus de l'humain que n'auoit cest homme: car il se torna en sa main, si qu'il ne donna que du plat. Mais dequoy peut seruir cela, quād redoublāt soudain son coup le bout de l'espee l'alla atteindre où le taillāt auoit failly? Solyman qui tout ioignant estoit tenu de fort court par le Duc au combat qu'ils auoyent ensemble, le quitte là & s'en demesle, & si tost

qu'il apperçoit le danger où estoit son page, torne
là la bride de son cheual, se faisant faire large à
coups d'espee, si qu'il arriue à temps pour venger sa
mort: mais nompas pour l'en preseruer : car il le
vit (las quelle douleur) gesir là estendu par terre.
Il regarde ce sien cher bien-aimé Lerbin tout ainsi
qu'vne belle fleur qu'on auroit freschemẽt cueillie, & qui ne languist pas encore, tomber à la renuerse dessus les reins, ses yeux trébloyãs d'vn doux
piteux geste, & sa face se ternir & decolorer d'vne
gracieuse passeur, & en toutes ses apparences de
mort respirer vne si tẽdre compassion, qu'elle alla
ramollir ce cœur qui au precedant estoit d'vn dur
marbre, & du fonds de son embrasee fureur fait
sortir vne viue source de pleurs. Tu larmoyes icy
Solymã, toy qui d'vn œil essuit regardas la destruction de ton Royaume. Mais cõme il apperceut
ce rigoureux impitoyable ferrement, baigné encore du sang tout chaud du pauure Iouuenceau
occis, la pitié cede & fait place à l'ire, qui bout &
s'enflamme, arrousant sa poictrine d'ameres larmes, & la surinonde de pleurs. Il court sus furieusement à Argillan l'espee entoisee, & d'vn horrible
demesuré coup luy fend son escu en deux parts, &
le heaume subsequemment par la moitié, auec la
teste iusqu'aux dẽts, se monstrant bien digne d'vn
si fort & robuste bras que de Solyman animé d'vn
si grand courroux. Non content de cela, il met
pied à terre, & se lance sur ce froid corps priué de
vie, comme vn mastin qui s'emmaliçant apres les
pierres qu'on luy ruë, les empoigne à belles
dents, & descharge son ire sur elles. O vain reconfort d'vne douleur si vehemente, de rengreger sa

cruauté contre ce qui n'est plus que terre insensible : Mais cependant le chef des François ne despédoit pas là en vain ses coups, & son irritee colere. Mille Turcs il y auoit là, & mille autres encore, armez de cabacets, & de cuirassines, & de fortes targues, endurcis & infatigables au trauail des armes, de hardy courage, & esprouuez & aguerris à tous les hazards les plus dāgereux, lesquels auoyēt autrefois esté des vieilles bandes de Solyman, & en ses defortunes l'auoyent tousiours accōpaigné parmi les desers d'Arabie, se monstrans ses amis fidelles en toutes ses aduersitez. Ceux-cy r'alliez ensemble, & serrez en bonne ordōnance, ne se desmentoyent nullement, & ne vouloyent point céder aux François : mais Godefroy va frapper dedās, & donne dans le visage à Corcut, & au flanc à Rusten. A Selin il enleue la teste de dessus les espaule, coupe le bras droit à Rofsā, & le gauche encore, & ne blessa pas seulement ceux-cy : ains plusieurs autres, dont il en tua la plus part. Pendant qu'il malmeine de ceste sorte les Sarrazins, & soustient quāt & quant leur charge & effort, sans toutesfois que la fortune de ces Barbares, ny leurs esperāces brāslent encor en nul endroit, voicy apparoir de loin vne grosse nuee de poudre esleuee en l'air, auec des esclairs d'armes estincellantes aux raiz du Soleil, qui estonnent les infidelles. Ce sont cinquāte Cheualiers Chrestiēs, qui en leur cornette de toc-que d'argent ont vne belle grand croix vermeille. Ie ne vous sçaurois racompter quād bien i'aurois cent bouches, & autant de langues, l'haleine ferree & la vois d'acier, le grand nōbre que d'arriuee ceste troppe porte par terre. L'Arabe imbecille, l'indom domptable Turc passent le pas, quelque resistance qu'il facet, l'horreur, la cruauté, la frayeur, les gemissemens trottēt de toutes parts en ceste premiere rencontre. Vous eussiez là veu diuerses images de la mort, qui victorieuse de ceux qui succomboient sous elle voltigeoit de costé & d'autre: dōt ondoyoit vn lac de sang. Et desia le Roy de Ierusalem, s'estoit auec vne partie de ses gens conduit hors d'vne porte de la ville, comme prognostiquāt le desastreux succez qui luy deuoit là arriuer, & haut d'vne butte contemploit la plaine d'embas, ensemble le combat doubteux pour l'vne & l'autre des deux parties: mais quand il vit tourner arriere la plus grosse trouppe des siens, il fit tout soudain sonner la retraicte: & message sur message enuoye prier Argāt & Clorinde de se retirer: Ce que ils refusent tout à plat, tant ils sont fiers & courageux, enyurez du sang, & aueuglez d'ire & forcenerie. A la fin toutesfois ils cedent, & se ralliās ensemble taschēt à tout le moins de s'ē retourner honorablement, & empescher que les leurs ne fuyēt en desordre & à vauderoutte. Mais qui est-ce qui peut brider vn populace, ne luy dōner loy? il n'est possible de maistriser vne lascheté de courage quād il est est saisy de la peur: ny par consequent engarder ceux-cy de fuir, tout y estāt remply d'effroy, de massacre, & de prisonniers. Qui iette sa rōdache à bas, qui ses gantelets auec son espee, ces armes ne leur seruant plus que d'empeschement, & non de deffence. Il y a vn vallon entre le camp & la cité, rude & rabboteux, qui s'estend du midy au Soleil couchant: Par là ils fuyent, & en fuyant excitent vne grosse obscure nuée de poudre deuers la

S

ville: neantmoins ils ne se peuuent si bien haster, que les Chrestiens qui les tallonnent de fort pres n'en facent vn terrible carnage: mais depuis que le Roy fut sorty pour les recueillir auec vn gros renfort de gens, Guelphe ne les veut pas poursuiure plus outre en vn si desrompu chemin, auec vn grād desaduantage, parquoy il arreste ses gēs, & le Roy de l'autre costé retire les siés dedans l'enclos de ses murailles, n'en estās gueres demeurez de reste. Solyman de sa part apres auoir fait tout deuoir que peut vne force & prouësse humaine, tāt qu'il n'en peut plus desormais, tout baigné de sang & sueur, à la grosse haleine qu'il est, & recreu qu'il ne peut quasi plus respirer, son escu gisant sur son bras lāguide, qui ne le peut pl⁹ soustenir, & sa main droite de mesme, qui à peine peut manier l'espee, si qu'elle masche & rompt plus qu'elle ne tranche, & se rebousche en son taillant, ayant desormais eschāgé l'vsage d'espee en celuy de quelque leuier: se sentant doncques reduit à vn tel estat, il demeure suspens en soy, comme vn homme qui n'est pas bien resolu de ce qu'il doit faire, ains vacille, & pēse s'il se doit laisser là mettre à mort, ou si d'vn si signalé exploit il en doit de ses propres mains en oster la gloire à vn autre: ou bien se reseruant en vie apres vne si lourde perte & defaicte, tascher à se sauuer en quelque maniere. Or vainque à la parfin mon mal-heur, va-il dire, & que ma fuitte soit le trophee de sa victoire. Que l'ennemy me voye tourner le dos, & qu'il se mocque tāt que il voudra de ma retraicte, pourueu que de rechef il me renuoye auec des nouuelles forces troubler sa paix & son repos, & ce Royaume où il aspire, qui ne luy pourra iamais estre paisible ny stable. Ie ne cede pas, non, ny ne perds courage, ains auec vne memoire eternelle des outrages que i'ay receuz, ie veux eterniser & perpetuer à tousiours mõ indignation & rancune. Ie resoudray à toute heure plus cruel & pernicieux aduersaire pour eux que ie n'estois auparauant, quand bien mesme mõ corps sera reduit en cendres dans le tombeau : & mon esprit despoüillé de ceste caducque perissable escorse.

Chant dixiesme.

ARGVMENT.

SOLYMAN repoussé honteusement du camp des François auec grand' perte de ses Arabes, se dispose d'aller trouuer le Souldan d'Egypte: mais l'enchanteur Ismẽ s'estant apparu a luy en chemin, le destourne de ce voyage, & le met secrettement dans Ierusalẽ, où il rencourage & r'asseure le Roy. Ceux qui estoiẽt allez auec Armide estãt retournez fort à propos au plus fort du combat susdit, rendent compte au Duc Godefroy de leur voyage: & comme par la prouësse de Renaud, qui n'est pas mort comme on cuidoit, ils ont esté deliurez & recoux. La dessus Pierre l'Hermite rauy en estase predit l'heureuse posterité d'icelui Renaud, & la gloire où ses successeurs doyuent paruenir.

S ij

AINSI que Solyman s'arraisonnoit à part soy de la sorte, il voit vn cheual tout aupres de luy, qui s'ē aproche de soy-mesme, dōt soudain iettāt la main à la bride il s'eslance dās les arçons, quelque trauaillé qu'il puisse estre, mais les penaches & autres ornemēs de son tymbre sur la creste de sa sallade, sōt desia tous vollez par terre de tant de coups qu'il a receus: qui estoient si horribles & effroyables à voir, l'aians laissee toure applattie & desnuee: sa cotte d'armes decouppee en menus lambeaux, ne gardant plus marque aucune de sa superbe & vistouse Roialle pompe. Ainsi que d'vne bergerie s'en retourne honteux vn loup rauissant, chassé & repoussé des chiens, lequel se va coullant à cachettes le long des hayes & buissons, la queuë entre les iambes: & encore que son insatiable & gloutonne pance soit plus que trop suffisammēt remplie iusqu'à regorger, neantmoins auide encore, & tout alteré de sang, il tire la langue dehors pour lescher celui dōt il est souillé De mesme est ce cruel icy, qui aiant fait vn si estrange & cruel carnage, n'est point encore assouui à son appetit: ny sa faim rassasiee, tant creuse elle est, qu'elle ne se sçauroit point combler. Or comme le voulut sa fortune, de tant de flesches resonnantes, qui s'oyoient de toutes parts sifler alentour de lui, comme vn vent qui part d'vne nuee caue, de tant d'espees & de picques, & autres tels bastons mortels, il s'en desrobe sain & sauue, & incogneu s'en va auant par ceste voie qui est la plus destournee, & la moins battuë, ruminant à part soy

Chant dixiesme.

ce qu'il a de faire, & flottant parmy force ondoyantes vagues de discours & de pensemens. A la parfin il se resout de se retirer où le Soldan d'Egypte assembloit vne grosse armee, & s'y adioinpour reteter de nouueau le hazard d'vn second cõbat. Cela arresté en son esprit, il n'y interpose aucun delay, ains s'y achemine tout droit: car il sçait fort bien les addresses de l'ancienne Gaze, & n'a mestier qu'aucun le guide aux sablons du long de la mer. Et combien qu'il se sente rengreger la douleur de ses playes, & son corps las & pesant du trauail qu'il a enduré, pour cela toutesfois si ne succombe il pas au repos, ny ne se despoüille des ses armeures, ains tant que la iournée dure il ne cesse de cheuaucher. Puis quand l'obscurité de la nuict à osté au monde la veuë de tant de differẽtes choses, & a teint toutes les diuerses couleurs de noir, il met pied à terre, & bãde ses blesseures du mieux qu'il peut: Puis se met à secoüer vn palmier pour en abbattre quelques dattes, dõt s'estãt repeu, il se couche sur la terre dure pour donner quelque repos à ses membres, la teste appuyee sur son escu qui luy sert de cheuet, & ainsi s'efforce de rasseoir les esmotions de ses pensees: Mais tousiours de plus en plus se va renforçant le mal qu'il sent de ses nauureures, & parmy cela il y a de cruels vautours qui luy viennent ronger le cœur, du regret & despit qu'il a que son entreprise luy soit ainsi mal succedee. A la parfin, lors que toutes choses se monstrent les plus coyes & assouppies dans le profond silence de la nuict, tout surmonté de la lasseté du trauail, il s'en va plonger ses tant griefs & poignans soucis dedans le courant de lethé.

S. iiij

& d'vn court & languide sommeil se restaure ses trauaillez membres, & ses yeux surcharchez d'édormissement. Pendant encore qu'il sommeille, vne voix austere se vient entôner dedans ses oreilles, d'vne telle sorte. Solyman, Solyman, il vaudroit bien mieux reseruer ce tiē lasche & oysif repos à vne plus opportune saison. Le païs où parcy deuant tu regnas, est encore sous le ioug de la seruitude des estrangers, & tu dors cependant icy? Peux-tu dormir sur ceste terre sans te rameteuoir que les ossements de tes gens y gisent qui n'ont point eu de sepulture; où il y a vne telle & si fresche marque de ta honte & ignominie, toy lasche & nonchallant que tu es, y attendras tu la nouuelle poincte du iour? A ces parolles il se reueille en sursaut, & haussant les yeux voit vn homme de fort grād'aage à son semblant, si qu'à peine se pouuoit il soustenir, ains marche fort pesamment, appuyé sur vn baston. Et qui es-tu (tout indigné luy demande-il) importun ennuyeux fantosme à ceux qui passent leur chemin, & leur romps ce peu de repos qu'il leur est loysible de prendre? Dequoy t'importe ny ma vergoigne, ny la vengeance de mes torts & outrages? Ie suis vn,) respond le viellard) qui cognois en partie ta nouuelle deliberation & dessein : comme vn homme qui a plus de soucy de toy que peut estre tu ne le cuides, te viens trouuer. Ces miennes si aigres & poignantes reproches ne sont point sans cause? Car l'indignation & despit sont la queux où se doit esguiser la vertu : Ayes donc agreable que mes parolles seruent de fouët & d'esperon à ta valeur. Et d'autant, si iene m'abuse, que ton chemin s'a-

Chant dixiesme. 279

dresse vers le Soudan d'Egypte, ie me doubte que tu ayes en vain choisi vn si aspre & penible voyage, si tu le poursuis plus auant: car encore que tu n'y ailles, le camp Sarrazin ne laira pas de s'assembler, & se mettre bien tost en campaigne: & n'y a point de lieu là pour toy ou tu puisse monstrer ta vertu contre les ennemis de nostre creance. Mais si tu me veux prendre pour guide, ie te mettray à saueueté dedans ces murailles, nonobstant que de toutes parts elles soyent enueloppees des armes Latines: En plain iour ie te promets de t'y rēdre en seureté, sans qu'il te soit desoin de mettre la main à l'espee. Là de combattre contre les efforts des armes, & les mes-aises, te sera & plaisir & gloire: car tu contregarderas la ville iusqu'à ce que camp Egyptien arriue pour y renoueller l'effort des armes. Pendant qu'il l'arraisonne encore Solyman va remarquant la face & la voix du vieillard: & laissant la l'orgueil & courroux de ce fier courage, dōt sa face estoit toute teinte. Pere, luy va-il dire, me voicy tout prest & appareillé de vous suiure la où vous me voudrez emmener: car pour le meilleur cōseil que ie puisse prēdre, ce sera d'aller où il y aura le plus de dāger & de peine. Le vieillard approuue son dire, & pouce q̄ la frescheur nocturne luy auoit exasperé ses blessures, il les frotta d'vn oignement qui soudain estancha le sang, appaisa la douleur, consolida ses playes, & le rauigora de nouuelles forces: Puis voyant desormais q̄ la clarté d'Appollon cōmençoit de ses beaux lumineux rayons a surdoré les roses vermeilles, que l'Aurore auoit escloses par l'air: Il est tēps de partir, va-il dire, car la clarté du iour nous descoure desiia le chemin, &

S. iiij

r'appelle de nouueau les mortels à leurs labourages. Il y auoit vn chariot là tout contre attelé de deux bons cheuaux, sur lequel il fait monter Solyman : & prenant les resnes en main, semond du foët, ores l'vn, ores l'autre. Il vont si viste qu'à peine s'impriment dans le poussier les marques de leurs pieds, ny des roües & les eussiez veu fumer, & souffler des naseaux, leurs mords se blanchissens d'escume. Ie diray merueilles. L'air se respoissist & estrainte alentour en vn gros nüage, qui vient à couurir & enuelopper le chariot sans qu'il en apparoisse fort peu, ou rien du tout : & si les boullets des plus grosses pieces d'artillerie ne l'eussent sceu penetter. Bien peuuent apperceuoir ceux qui sont dedans, les mortels estans alentour : car le ciel hors de la est par tout serein. Le Cheualier tout estonné d'vn cas si estrange, fronse les sourcils d'admiration, & se ride le front, regardant attentiuement tant la nuée que le chariot, qui trauerse tout empeschement & obstacle, sans s'arrester à rencontre aucune, d'vne telle vistesse, qu'il luy est aduis proprement qu'il volle. Mais son conducteur qui le voit ainsi esbahy, à la façon de son visage, & de ses yeux, qui demeurent fix immobiles, sans que il die mot, luy rompt ce silence où il est si profond plongé, l'appellant par son nom, dont l'autre vient à se secoüer comme s'il se resueilloit en sursaut, & luy dit. Quiconques vous soyez qui contre l'ordre de nature la ployez comme bon vous semble à de merueilleux & par trop estranges effects : & profondãt les secrets des hõmes penetrez iusqu'à leurs plus intimes pẽsees : Si auec ce grand sçauoir vostre qui vous est infus de là haut, vous pouuez arriuer à cognoire les choses plus remotes & esloignees, dittes moy de grace, quel repos, ou quelles ruines le ciel promet à ces esmotiõs de l'Asie? Mais premierement faites moy sçauoir vostre nom, & par quel moyen vous pouuez faire des choses si admirables & inusitees: car si premier l'esbahissement que i'en ay ne se depart de ma pensee, comment est-ce que ie peusse comprendre le reste? Le vieillard se prend à soubs-rire, & luy dit. Ce me sera chose facile de satisfaire à partie de vostre demande : Ie suis nommé Ismen, & les Syriens m'appellent le Magiciẽ, pource que i'ay tousiours esté curieux des arts secrets & cachez: mais de descouurir les choses futures, & deuelopper dedans l'occulte destin ce qui est enregistré és eternelles annales de la diuine preordonnance, vostre desir est par trop audacieux en cela : Vous me recherchez d'vne chose par trop sublime, car cela n'est pas octroyé à nous autres hommes mortels : Il faut que chacun se parforce icy bas, & y employe tout son sens, & son estude, pour se demesler des maux & desastres dõt il pourroit estre menacé, parce qu'il arriue souuent que le sage & constant ouurier se forge vne bien-heureuse aduanture. Excitez seulement, & encouragez ceste vostre si puissante dextre, à qui ce sera peu de chose de prosterner les forces Latines, non que de remparer & garder ce lieu là qu'ils ont si estroittement assiegé, apprestez vous contre leurs armes & embrasemens : Ne faictes que l'oser, souffrez & ayez bonne confiance : Ie n'en puis esperer que tout bien, & tout bon & heureux succez. Bien vous diray-ie, parce que cela vous déura estre tref-agreable, ce que ie voy obfcurement cōme à trauers vne nuée. Ie voy dis-ie, & me femble voir, deuant que le clair flambeau de là haut aye guéres fait de reuolutions, vn viendra qui de fes beaux fignalez faits d'armes illuftrera toute l'Afie, & aura le gouuernement de l'Egypte. Ie me deporte du los & prix qu'il obtiendra à la paix, & cōbien les fciēces, arts & meftiers fleurirōt fous luy, & mille autres vertus que ie ne puis pas bien toutes difcerner encore, Que cecy feul donc vous fuffife, que non feulement de luy feront fort efbranlees les forces Chreftiennes : ains leur domination iniufte fera és dernieres conteftations toute réuerfee de fonds en comble, & leurs affligez reliquats reduits en fort petit volume, defendu feulemēt de la mer. Celuy-là fera de voftre fang. Là fe teut le Magicien. A quoy Solyman repliqua. O biē-heureux quiconque, le Ciel a efleu & efleuera à vne fi grand' loüange? dont en partie il luy porte enuie, & en partie s'en refiouift. Il y adioufta puis apres. Or que la fortune fe tourne vire comme elle voudra, bonne ou mauuaife qu'elle puiffe eftre felon qu'il eft ordōné de là haut, elle n'aura aucun droit ny raifon fur moy, & ne me verra iamais qu'inuincible: Elle pourroit auant deftourner & la Lune & les Eftoilles de leurs cours, que de me faire chāceller vn feul pas hors de mon deuoir. Ce difant fa face luy eftincella d'vne hardieffe enflambee. Ainfi deuifans, ils s'en vindrent iufques là où ils commēcerent à defcouurir l'oft des Chreftiens, & s'eftans approchez des tentes, apperceurēt le cruel fpectacle de tant de diuerfes images de mort : dont Solyman fe partroubla de dueil & courroux de voir

Chant dixiesme. 283

auec quel mespris & contemnement ses enseignes autresfois si craintes & redoutees estoiët là gisantes par terre, & les François aller & venir gays & ioyeux, foullans aux pieds à tous propos ceux qu'il recognoissoit auoir esté ses plus chers amys & fidelles, & auec vn intollerable faste & orgueil les despoüiller de leurs armeutes & equipage, sãs leur faire puis apres donner sepulture: Cela luy greuoit fort le cœur. Er d'autrepart, de lõgues files de funerailles, qui alloiët auec grande pompe & ceremonie de beaux luminaires enterrer les leurs, & leur rendre les derniers deuoirs. Mais quant aux Turcs & Arabes, apres les auoir tous arrengez en vn grãd buscher, les brusler dedans, & en espandre les cendres au vent. Il en souspira fort ameremẽt, & mettant la main à l'espee se lança à bas du chariot, & vouloit sans attendre leur courre sus, si le vieil enchanteur ne l'eust retenu, le tançant fort & ferme, de ceste outrecuidee temerité, si qu'il refrena, & fit tant qu'il le fit remonter, addressant son cours vers le tertre le plus haut esleué. Ainsi cheminerẽt ils quelque espace, tant qu'ils eurent laissé le camp des François à leurs espaules. Finablement ils descendirent du chariot, qui disparut à vn instant: & estans encore enueloppez de la nuée, prirent leur addresse à main gauche vers vn vallon, le long duquel ils se conduirent en cest endroit où le mont de Syon torne le dos au Soleil couchant. Là s'arresta le Magicien, puis s'approche, comme remarquant de l'œil quelque chose, du coustau fort pierreux & rude à monter, où il y auoit vn chemin sous terre taillé dans le roch de fort longuemain, dont l'entree par succession de temps, &

aussi pour n'auoir esté frequêtée, s'estoit bouchee de force ronces & buissons qui y estoient creuz. Le Magicien l'en nettoie, & se courbant entre dedans, tastonnant deuant soy d'vne main, l'autre il la rend à Solyman pour lui seruir de guide à le suiure, qui lui va dire. Et par quel chemin est-ce que vous me menez? Ie m'en eusse peu faire vn bien plus aisé au trenchant de mon espee, si vous l'eussiez voulu permettre. Ne vous faschez point, respond l'autre, ains marchez hardimêt sâs rien craindre, dans ceste sombre obscurité, car la Roy Herode y passa souuent autresfois, celuy qui est si renômé encore: il fit tailler ceste caue lors qu'il voulut tenir en bride ses subiects, car par icy il se pouuoit, sans que personne l'apperceust, conduire de la tour dite Antonienne d'Antoine son fort grand amy, iusques au temple de Salomon, & de là sortir seuremêt de la ville, pour y introduire, & en oster à cachettes tels gens de guerre qu'il vouloit. Mais ceste obscure solitaire voye n'est pl' cognüe d'homme qui viue que de moy seul. Par icy nous pouuôs aller occultement iusqu'où le Roy tiêt son conseil priué, & mesmemêt à ceste fois plus espouuanté des menaces de la fortune, que peut estre il ne deuroit, à quoy vous y arriuerez tout à poinct. Mais escoutez les, & vous taisez: Puis quand vous en verrez l'opportunité dittes hardimêt ce qui vo° en semble. Luy ayant ainsi parlé Solymâ qui estoit de grande & haute corpulence, est contrainct de ployer l'eschine, & d'aller presqu'à quatre pieds en ce lieu si bas & estroit, & par ceste obscurité, où est tousiours nuict, sans sa guide. Du commencement ils allerent rampans, mais tant plus ils alloiêt

Chant dixiesme. 285

auāt, tant plus ceste cauerne s'eslargissoit & haussoit, tans qu'ils peurent passer outre plus à l'aise, & furent bien tost paruenus au milieu, où Ismen va-ouurir vn petit guichet, & entrans là monterēt par vn non frequenté escallier, n'ayāt autre clarté que d'vn souspirail taillé dans le roch, où il y faisoit encore assez obscur, iusqu'à ce qu'ils vindrent à vn petit pourpris soubz terre à maniere de cloistre, d'où ils monterent finablement à vne belle claire salle où le Roy estoit assis au conseil, d'vne chere triste & melancholique. Solyman estant encore enuelouppé de la nuée, sans estre veu pouuoit voir tout ce qu'on y faisoit: & sur ces entrefaites oit que le Roy commença ainsi. Certainement: ô mes treschers & feaux amis, hyer se passa vne iournee fort dommageable, & descheumes desastreusemēt d'vne esperance bien hautaine, dont il ne nous reste plus desormais que le secours que nous attendons de l'Égypte: mais vous voyez assez combien ceste attente nostre est encore loing du danger qui nous talonne de si pres: Et pourtant ie vous ay icy assēblez pour auoir vostre aduis là dessus, car chacun peut dire librement ce qu'il luy en semble, là il se teut: & de tous costez se leua vn bas mnrmure, presque tel, que quand vn petit vent s'entonne en vne touffe d'arbres, dont les fueilles & rameaux s'esbranlent. Mais Argant se leua là dessus d'vne face ioyeuse & tout r'asseuree, qui fit cesser ce bruit. Roy magnanime, va-il lors dire, à quel propos nous tentez vous, & nous demandez vne chose qui n'est incognuë, à personne? Parquoy elle n'a poīt de besoin de nostre deliberatiō & aduis: Ce neantmoins i'en diray le miē tout franchemēs sans rien feindre ne dissimuler. L'esperance donques que nous deuons auoir, ayons la encore: & s'il est vray qu'à la vertu rien ne peut nuire : armonsnous en, requerons la de nous secourir, & n'aymons point plus nostre vie, que ce qu'elle le voudra permettre. Ie ne dis pas pourtant cela que ie despere du secours d'Egypte, lequel ie tiës tout asseuré, car il ne seroit pas raisonnable de le reuoquer en doute, si les promesses de mõ Roy & Seigneur souuerain, le Soudan, sont veritables, comme il le faut croire : Ie le dis seulemẽt pource que ie desire voir en d'aucuns de nous vn plus hardy & ineffroyable courage, à ce que se disposans de prẽdre egallemẽt l'aduenture telle qu'elle nous pourra arriuer, ils se promettent d'obtenir la victoire, & ne facent cas de la mort. Ce braue Circasse ne dit seulemẽt que cela, ainsi qu'vn homme qui discouroit d'vne chose qui ne luy est pas incertaine. Mais Orcan se leua apres, homme magistral, & d'vne grande authorité, comme estant de noble race, & qui ayant par le passé acquis quelque bruit aux armes, maintenant qu'il a espousé vne ieune femme dont il a eu de beaux enfans, content de cela c'est laissé annonchalantir par des affections de pere & de mary. Cestuy-cy commence en la sorte: Sire ie ne veux pas contredire ne reprouuer la feruer d'vne magnanime parolle, quand elle naist d'vne hardiesse qui ne se peut point cõtenir, ny ne veut demeurer renclose dedans les barrieres du cœur : Neantmoins ce vaillant Circasse a de coustume de vous vser de propos vn peu trop boüillãs & precipitez: Ce qui luy doit estre permis, pour autant qu'en ses faicts il ne se monstre moins ardent & courageux qu'en son dire. Mais c'est à vous que les long manimens d'affaires, & le cours de vos ans passez ont rendu si sage & discret, de mettre vne bride en cela, où cestuy-cy prenant le frein à belles dents, se laisse trop librement transporter, & faut balancer l'esperance de ce secours encor si lointain, auec la proximité du danger qui nous menace de si pres: mesurer quant & quant côtre les forces de nos aduersaires, & leurs efforts, vos nouuelles fortifications, & les anciènes de ceste ville. Nous sommes, s'il m'est permis d'en dire franchemēt ce qu'il m'ē semble, dans vne place forte d'assiette, & d'ouurage de main, mais aussi ne deuons nous pas ignorer que ceux de dehors n'ayent vn grand equippage alencontre, de bombardes & machines de batterie. Ce qui en pourra aduenir, ie ne le sçay pas, suspendu que ie suis entre la crainéte & l'esperance, pour les incertains & doubteux euenemens de la guerre: & ay peur, si nous sommes encore plus estroittement resserrez, que nous n'ayons à la parfin faute de viures, pour autant que ce peu d'aduitaillement de bestail, & des grains que vous recueillites hyer cy dedans, pendant que la dehors on n'entendoit qu'à se battre, & ensanglanter son espee, ce qui fut à la verité bien vn cas d'aduenture, ie ne sçay s'il pourra longuement durer à vn si grand nōbre de peuple desja tout eslagouré de famine, si le siege va en longueur. Et neantmoins si faut-il que les viures nous durent, quand bien l'armee d'Egypte arriueroit à iour nommé, mais si elle retarde, quoy? Bien suis-ie content de vous accorder qu'elle vienne encore plustost qu'on ne l'attend, & qu'on n'a promis: De la victoire qu'en sera-ce?

Car ie ne voy pas que pour sa venuë ce siege se doiue leuer tout à fait, parce que nous aurons premierement à combattre ce Godefroy, & ces Princes dont nous cognoissons assez la valeur, & côtre les mesmes forces qui tant & tant de fois ont rompu, defait & tourné les Arabes en fuitte, les Turcs, Syriens, & les Perses. Quels ils sont, vous le sçauez valeureux Argant, qui si souuent auez esté contraint & forcé de leur quitter la place, & tourner le dos, vous confiant en la vistesse de vos iambes. Et Clorinde le sçait aussi bien que vous, & mieux encore, il ne faut pas que l'vn s'en vante plus que l'autre. Ie ne blasme pas pour cela persône; car par là ie peux bien cognoistre qu'elle estoit vostre grãd' prouesse: Trop bien diray-ie, encore que cestuy-cy me guignant de trauers, ne me menace moins que de la mort, parce que il ne veut pas ouyr la verité, que ie voy tout euidemment à certains indices, nostre ennemy estre porté & fauorisé d'vne destinee fatale que nous ne pouuons euiter. Et n'y aura gens si valeureux, ne puissance si roide, ne si fortes murailles qui le puissent empescher qu'il ne s'empare de cest estat. Cela me fait dire, ou i'é appelle le ciel à tesmoin, le zele & affection que ie porte à mon souuerain Seigneur, & à ma Patrie. O que fut sage & aduisé le Roy de Tripoly, lequel sçeut fort bien impetrer la paix des François, & par mesme moyen conseruer son Royaume: mais Solyman s'y obstinât, gist à ceste heure quelque part mort, ou emprisonné, & à la cadene; ou banny, fugitif, vagabond, se reseruant à vne extreme calamité & misere: là où s'il eust voulu tãt soit peu fleschir, & leur quiter partie de sõ territoire, il eut peu auec

quel

quelques presens, & peu de tribut sauuer le reste.
Ainsi disoit-il, tournoyant alentour du pot auec
des parolles obliques, & n'osant pas tout appertement opiner qu'on deuoit requerir la paix, & se rēdre subiet d'autruy. Mais Solyman caché encore
dans sa nuée, tout despité de ces propos qui le tou-
choient, ne se pouuoit plus côtenir qu'il ne se mō-
strast, quand le Magiciē luy va dire. Voulez vous
doncques luy donner le loisir de s'estendre plus a-
uant à vostre diffamation encore? Quant à moy,
luy respōdit-il, ie me recelle icy bien enuis & oultre mō gré, ains brusle de despit & de hōte de l'escouter. A peine eut il dit cela, que tout à l'instant
le voile de la nuée estenduë à l'entour d'eux s'alla
deffaire, si que l'air y demeura libre & tout euidēt
comme en plein midy, & luy d'vn fier visage asseuré se va courageusemēt ietter à l'impourueu au
milieu d'eux, en leur parlāt de ceste sorte. Me voici, me voici present de q̄ n'agueres on parloit, & nō
Roy fugitif, Roy timide & vagabond de costé &
d'autre: Ie m'offre de le prouuer par armes à ce lasche & couard harāgueur qui me le reproche, qu'il
en a menty par la gorge. Serois ie dōc fugitif, moy
qui ay tout recentemeut fait couler des tortens de
sāg à trauers la plaine d'embas, qui y ay esleué des
montaignes de leur cadaures, enfermé que i'estois
dedans leurs rempars, destitué à la parfin de tout
ayde & secours que de mon espee? Que si par-cy
apres iamais plus ny cestuy-cy, ny autre tel & sē-
blable perfide infidelle à son Roy, à sa patrie, & à
sa creance, sont si hardis de mettre en auāt vn seul
mot d'vne paix & accord si infames (magnanime
Sire cela soit dit sous vostre reuerēce) ie les creue-

T

ray tout à l'heure. Les agneaux auec les loups feront ioints en vne mesme establetie, les colombes auec les serpens, en vn mesme nid, premier que terre aucune vous accueille iamais ioints & vnis d'vn bon accord auec ces François. Et là dessus tenoit la main sur la garde de son cymeterre, pendant qu'il parloit d'vne mine fiere & menaçante. Chacũ demeure muet tout court, à ces tant hardies, paroles à ceste si austere mine, mais puis apres d'vne côtenance & gestes plus doux & moins partroublez, il se retourne vers le Roy, & luy dit. Ayez bonne esperance Sire, car ie vous apporte vn renfort non à mespriser: Vous auez icy Solyman auec vous. Le Roy qui s'estoit ja leué au deuant de luy, respond. O combien ioyeux & content me voyla de vous icy auec nous, mon trescher frere & parfaict amy: Ie ne me soucie plº desormais de ceux que i'ay perdu là bas, ny n'ay plus de peur d'auoir pis. Vous me pouuez en peu de iours r'asseurer mõ Royaume, & vous restablir quant & quant au vostre, si le Ciel ne nous est par trop cõtraire & particulierement ne l'empesche, Cela dit-il luy iette les bras au col, & l'embrasse amiablement. Ce racueil fait, & les accollades passees, il le fait asseoir pres de luy en son mesme trosne, & se met encor à la main gauche pour plus l'hõnorer, & Ismen ioignãt luy. O comme ils deuisent ensemble & qu'il l'enquiert de son arriuee, & comme il est peu venir si secrettement sans estre apperceu de personne, Clorinde le vient festoyer, & chacun des autres apres, Dont Ormus est du nombre, celuy à qui auoit esté donné à conduire l'aduitaillement de grains & bestail auec vne escorte d'Arabes, lesquels pen-

Chant dixiesme.

dant que le combat estoit le plus fort espris dans le camp, il auoit trouué moyē de jetter à sauueté dās la ville, par des chemins secrets desuoyez à l'obscurité de la nuict, durant son silence. Il n'y a que le fier Circasse qui d'vne mine desdaigneuse se retiēt tout coy sans mot dire, à guise d'vn Lyō quād il se repose sourcillant des yeux sans se mouuoir. Mais Orcā n'ose pas hausser les siens deuers Solyman, le voyāt ainsi en colere, ains les restreint bas tout pensif. De ceste maniere estoiēt là assemblez au conseil le Roy de la Palestine, celuy des Turcs, & leurs principaux Cheualiers. D'autrepart le Duc Godefroy ayant poursuyui sa victoire contre les fuyards, & rēdu libres les chemins & les aduenuës du camp, fit puis apres des obseques les plus honnorables qu'il peut à ceux qui estoiēt morts au cōbat, & ordonna aux autres de se tenir prests pour donner l'assaut le deuxiesme iour ensuyuant, & y faire le dernier effort. Et d'autāt qu'il auoit cognu que cette cornette de caualerie qui l'estoit venu secourir au plus fort de la meslee estoit de ses plus chers & intimes amis, ceux-là propres qui auoient suyuy l'infidelle & traistresse Armide, & Tancred auec eux, qui estoit demeuré prisonnier au Chasteau de la desloyalle, il les fait venir deuant luy en la presence du bō Hermite, & de quelques autres des plus sages & auisez, leur disant: Ie vous prie messieurs mes amis, qu'aucun d'entre vous no⁹ racōpte pour tous les autres, ce qui vous est aduenu en ce court progrez & voyage, & cōme vous peustes arriuer si à propos à vn tel & si grand besoing pour no⁹ secourir. Eux to⁹ vergogneux de leur fait tenoiēt les yeux abaissez en terre, car cete faute biē

T ij

que petite, leur eſtoit vn amer remords de cõſciẽ-
ce: mais à la parfin le fils du Roy d'Angleterre prenant la parolle, la face hauſſee s'en va dire. Nous
qui n'auions pas eſté tirez au ſort auec les autres,
partiſmes ſecrettemẽt d'icy chacun à par ſoy à la
deſrobee, ſuiuãs la fallacieuſe conduitte d'amour,
(ie ne le veux pas nier quant à moy) & ce beau deceptif viſage, qui eſtoit noſtre guide, & noſtre eſperon, nous menant par des chemins deſtournez,
& non battus, que nous eſtiõs en conteſtation &
diſcorde, ialoux les vns des autres, & entretenus
(ie le cognois vn peu bien tard) en nos amoureu-
ſes paſſions & nos picques & hargnes, tantoſt de
petits propos gracieux, & tantoſt auec quelques
mignards attraits & œillades. Finablemẽt nous arriuaſmes au lieu où iadis tõba le feu du Ciel à grãd
tas, pour venger les torts & outrages qu'on faiſoit
à Nature, deſſus des gens ſi inueterez en ce ſalle &
deteſtable peché. C'auoit eſté autrefois vn païs fertile, & vne terre de promiſſion, maintenant ce ne
ſont plus que des eaux chaudes & bitumineuſes,
& vn lac ſterile de tout poiſſon: lequel en tout ce
qu'il cõprẽd de tour & enceinte eſt adombré d'vn
gros air eſpoix & infect, & d'vne odeur preſqu'intollerable. C'eſt ce lac & eſtãg où tout ce qu'on y
jette pour peſant qu'il ſoit ne peut aller à fonds,
ains ſurnage, tout ainſi que ſi c'eſtoit du liege ou
ſapin, ou autre bois le plus legier: les perſonnes
pareillemẽt, & le fer, & les plus maſſiues & peſan-
tes pierres. Et là dedãs eſt aſſis vn chaſteau, où l'on
ne peut aller q̃ par vne eſtroitte chauſſee, au bout
de laquelle il y a vn põt leuis, là où elle nº acueil-
lit ie ne ſçay par quel artifice, mais l'edifice eſt fort

Chant dixiesme. 293

plaisant, & semble rire en tous ses membres. Car l'air y est doux & amiable, le ciel serein, les arbres beaux & delectables, & les prairies gracieuses, l'eau pure claire, & à boire fort delicate, d'vne fontaine qui sourd dans vne fort gentille mythaye, où elle fait vn petit ruisseau souëf coullāt d'vn doux murmure, lequel s'accordant au bruit des branches & rameaux, semble degoutter & plouuoir dās le giron des vertes odorantes herbes & fleurs dont la terre est toute ionchee, vn doux sōmeil à ceux, qui y voudroient prendre repos, ioint le chant des oyseaux qui s'accorde à l'vn & à l'autre. Ie me tais des excellens marbres, de la musique d'or, d'argent & fin azur: & des esmaux de toutes sortes, ensemble telles autres riches estoffes dont ce beau paradis terrestre est tout enrichy, que l'art & ouurage surmontent de bien loing encore. Elle nous va faire dresser vne tref-magnifique table, & couurir, où l'herbe estoit la plus druë & espoisse, dessous l'ombrage le plus frais, ioignant ces argentins canaux doux coullās: auec vn buffet garny de vaisselle d'or & d'argent estoffee de pierreries, de trop grād' valeur: Et nous fait seruir de viandes les plus exquises & mieux apprestees que i'ayes onques veu nulle part, tant de chair comme de poisson, & de fruits de toutes les saisons de l'annee, de confitures, de dragees, & marsepās : & en somme de tout ce que la nature produit de soy, & ce que l'art y adiouste pour l'assaisonner, on n'en eust rien là trouué à dire. Mais le plus beau de ce festin fut qu'elle nous fit seruir par cent tres-belles ieunes filles si bien duittes & addressees à ce mestier, qu'il ne falloit pas seulement leur guigner de l'œil ce qu'elles

T iij

auoient à faire: & elle d'vn doux parler, & d'vn tres
gracieux maintien soubsriant, nous seruoit parmy
tout cela d'vne ambrosie pl⁹ que celeste, mais fort
dangereuse & mortelle. Pendant que chacun de
nous estant encore assis à table boit à grands traits
auec vn embrasement dans son ame, vne oubliance de soy mesme, elle se va leuer en disant, Ie reuiës
tout presentement, & de faict ne demeura gueres,
mais nō auec vn visage si amiable & gracieux que
elle souloit, branslant d'vne main ie ne sçay quelle petite baguette, & de l'autre tenant vn liuret où
elle barbotte ie ne sçay quoy tout bas à par soy. Elle lit dedans: & là dessus ie me sens soudain de pensée & de volonté muer, de forme, de vie, & d'habitation. Cest enchantement d'vne estrange force
& vertu m'introduist en l'ame vne nouuelle delectation & plaisir, car soudain ie saute dās l'eau, &
m'y plonge iusques au fonds. Ie ne sçay pas comment ce fut, mais les iambes se vindrent r'accueillir & ioindre l'vne auec l'autre, & mes deux bras se
retirerent dans ma pance: ie me raccourcis & res-
traints, & ma peau se reuest d'escailles: si que d'hōme ie deuiens poisson tout à fait. De la mesme sorte chacun de nous autres fut transformé en diuers
poissons, se glissans dans ces belles eaux crystalli-
nes. Mais ie me ramentois à ceste heure de ce que
i'estois lors, comme il me souuiédroit de quelque
vain, trouble & confus songe. A la fin elle trouua
bon de nous remettre en nostre premiere forme:
neantmoins cōme suspendus encore entre la merueille & l'estonnement, demeurions muets, quand
d'vn visage tout esmeu elle no⁹ va dire en ceste sorte, dont nous demeurasmes fort contristez. Voicy

que vous ne pouuez plus ignorer quel est mõ pouuoir. Vous l'auez peu icy cognoistre, & quelle puissance & authorité i'ay sur vous. De mon vouloir il despend que l'vn d'entre vous côfiné en vne eternelle prison, iamais ne voye la clarté du Ciel: que l'autre deuienne oyseau: l'autre se face racine d'arbre, & que germe en terre, ou qu'il s'endurcisse en vn caillou, ou se surfonde en vne fontaine coullãte, ou se couure de la peau veluë de quelque animal: mais vous pouuez bien euiter toutes ces griefues indignations miennes, si vous me voulez côtenter d'vne seule chose, c'est de vous faire tous Sarrazins, & pour la deffence de nostre Royaume & religion, vous armer contre les Chrestiens. Tous refuserent de le faire, abhorrans ceste impie & detestable conuention, fors le seul Rambaud à qui elle le persuada & nous fusmes d'elle enuoyez pieds & poings liez dans vne profonde & obscure chartre, où n'entre aucune clarté. Quelques iours apres s'embattit au mesme chasteau le Prince Tãcred, qui y demeura aussi prisonnier, mais la fausse enchanteresse ne l'y tint gueres, selon ce que i'ay peu entẽdre, parce qu'vn courrier du Roy de Damas l'impetra d'elle, pour l'emener au Soudã d'Egypte auec nous, & bien cêt autres tous desarmez & enchaisnez, qu'il luy enuoyoit presenter en don. Ainsi nous emmenoit on comme bestes bruttes; mais selon que le Prouidence celeste meut & dispose toutes choses, le preux Renaud, lequel tousiours de plus en plus va accroissant sa renommee auec de nouueaux glorieux faicts d'armes, nous rencontra de bonne fortune pour nous, qui chargea ceux qui nous emmenoient:

& s'esprouuant côme de coustume, en met à mort la plusgrād' part, tourne en suitte le reste, nous fait armer des armes qui gisoient la espandues emmy la place, ayans esté nostres au precedent. Ie le vis & ceux-cy le peurent aussi bien voir que moy, & le discerner à sa voix, aux coups qu'il donnoit, & à sa valeureuse hardiesse: parquoy le bruit qui auroit icy esté semé de sa mort, est faux, car il est encore vif, sain & sauue: & n'y a que trois iours que sous la conduitte d'vn pellerin il se partit de nous pour s'ē aller à Antioche, ayant premierement mis bas ses armes qu'il auoit toutes rougies & ensanglantees du sang de nos conducteurs. Pendant qu'il parloit de la sorte, le bon Hermite tournoit les deux yeux vers le Ciel, chāgeāt de plusieurs couleurs au visage, mais combien plus ioyeux, & venerable reluist il en luy ceste fois, tout remply de Dieu, transporté de zele, & rauy iusqu'aux plus hautes intelligences Angeliques, où luy est reuellé le futur, enfoncé dedans l'eternelle suitte des siecles, & de tous les aages aduenir. Là dessus desployant sa langue d'vn plus haut sō que de coustume, il descouure ce qui deuoit prouenir des descendans de ce valeureux cheualier, à quoy toute l'assistance preste l'oreille, se rendans attentifs à ceste inaccoustumee voix Renaud, va-il dire, est en vie, & tout ce qu'on a dit au contraire ne sont que fraudes & mensonges de ceste malicieuse sorciere. Il vit, & son ieune aage si tendre encore, le Ciel le reserue à plus grande gloire cy apres. Ce ne sont que presages de plus belles choses, & coups d'essay, cecy dont il est ainsi cogneu & renommé par toute l'Asie. Voicy que ie le voy tout appertement par succession de temps s'opposer aux efforts d'vn Empereur inique qu'il domptera : & que sous l'ombre du vol estendu de l'aigle argentee, l'Eglise & Rome demeureront couuertes à seureté de tous troubles & empeschemens, lesquels il aura retiree des pattes de la fiere beste. Et de luy sortirōt des enfãs dignes d'vn tel pere. Puis de ceux-là d'autres encore : Dont ceux qui en prouiendront, seront d'vn tres-memorable & illustre exemple à leurs descendans, qui defendront des iniustes & rebelles Empereurs les mitres & les sacrez temples. Prosterner les superbes, & releuer les oppressez, deffendre les innocens, & chastier les peruers, sera leur faict : Et par ce moyen aduiendra que l'aigle d'Est vollera plus outre & pardelà le cours du Soleil. C'est bien raison puis qu'elle regarde si fermemēt sans varier ce tant clair lumineux planette, que les foudres & fulminations qu'elle porte au grand Iuppiter, elle les administre aux successeurs de S. Pierre : Et que là où l'on combat pour l'honneur du Christ, & la defence de sa foy, là elle desploye ses inuincibles & triomphantes aisles : car le Ciel luy a octroyé cela naturellement par ses loix & constitutions fatalement destinees: Si que le bon plaisir de là haut est qu'il soit rappellé à ceste glorieuse entreprise dont il c'est party. Ainsi parloit le bō Hermite : & là dessus la nuict suruenant, qui va estendre vn grād linceul noir dessus la face de la terre, chacun s'en va prendre repos, & donner ses membres au somme, mais les soucieux pensemēs qu'a le Duc, ne se peuuent point endormir.

Chant onsiesme.

ARGVMENT.

LE Duc Godefroy par l'enhortement de Pierre l'Hermite meine l'armee on deuote & solemnelle procession au mont d'Oliuet, où l'Euesque d'Orenge chante la Messe: Puis le lendemain donnent l'assaut a Ierusalem, auquel, comme elle estoit sur le poinct d'estre prise, Godefroy est blessé d'vn coup de flesche par Clorinde, mais il en est guery par l'Ange. Et voulant retourner an combat, la nuict suruient la dessus qui despart la meslee.

LE chef de l'armee Chrestienne ayant deliberé de donner l'assaut à Ierusalem, & tourné là tous ses pensers, faisoit equiper ses engins & machines, quand Pierre l'Hermite le vint trouuer, & le tirant à part luy dit d'vne grauité venerable. Vous auez beau remuer tant que vous voudrez, ô nostre souuerain Capitaine, les armes terriennes, car ce n'est pas de là où il faut commencer l'affaire, l'entree d'iceluy, & ses premiers esbauchemens, si l'on en veut auoir vn heureux succez, soient du Ciel, comme il appartient, & auant tout œuure inuoquons par de publiques & deuotes prieres, la milice celeste, des Anges assauoir, & des benoists saincts, à ce que selõ qu'ils le peuuent, ils nous impetrẽt la victoire de celuy qui les tient toutes en sa main. Que le Clergé dresse des Oratoires, ordonne ieusnes, & iubilez, & reuestus de pontificaux ornemens, face de belles letanies & processions, où vous les accõpagnerez deuotemẽt entre vous autres Princes & Barons, pour induire par vostre exemple tous les autres à zele, pieté & deuotion. Ainsi luy parla le sainct Hermite, & le bõ Godefroy approuuãt son dire, seuiteur de Iesvs-Christ, luy va-il respondre, ce nous sera biẽ le meilleur de suiure vos saints admonestemens & cõseils, pendant doncques que i'assembleray les principaux membres de ceste armee, allez vous en trouuer les Prelats, & autres Ecclesiastiques, & prenez la charge sur vous des prieres & processiõs. Le lendemain de bon matin ce bon preud'hõme assemble les deux Euesques, Guillaume & Aymard, & autres gens d'Eglise, en ce vallon, où dans les saincts tẽples se souloit celebrer le diuin seruice, les vns se reuestẽt de beaux rochets & surplis, & les Euesques prennent de grandes chappes de drap d'or, les accrochans par le deuant auec leur bille, & affublẽt leurs chefs de fort riches mittres. Pierre tout seul marche deuãt, portãt espanduë au vẽt la baniere tãt reueree en paradis, & le chœur la suit à pas posez & venerables, separé en deux lõgues files de costé & d'autre, chantans de beaux Hymnes & Cantiques, qui respondẽt alternatiuement d'vn chãt fort deuot, & d'vne voix & visage fort humiliez. Au derriere de ces deux files estoiẽt les deux tref-reuerends Euesques suyuis du Duc Godefroy qui marchoit tout seul, cõme il appartenoit au lieu qu'il tenoit, sans auoir personne à costé de luy: & le reste des Princes, Barons & Chevaliers de marque deux à deux, selon leur rangs & qualitez: Puis tout la camp cósequémment, en belle & distincte ordonnance sans confusion, armez à toutes aduentures de peur des saillies qui se fussent peu faire sur eux. Là ne s'oyoient pas resonner les trompettes, phifres & tambours, mais de melodieux chants de deuotion seulement, & de pieté. Nous te supplions, requerons, inuoquons ô pere eternel, & toy le fils esgal au pere, & toy qui d'vne feruente charité & amour inspires ces deux vnis ensemble. Et toy sacre-saincte vierge mere d'vn homme-Dieu, qu'il vous plaise vous rendre propices & fauorables à ceste saincte & deuote entreprise, entreprise pour le maintenement de vostre orthodoxe creance, & pour l'exaltation de vostre tresglorieux nom immortel. Vous aussi Capitaines celestes qui conduisez les resplandissātes esquadres de la milice du tout-puissant Dieu des exercites, les faisans mouuoir par des triples tournoyemens & circuis. Et vous ô sacre-sainct plus que Prophete, qui eustes l'honneur de lauer du sainct lauement de baptesme la pure-nette humanité de nostre SAVVEVR Dieu & homme. Ils vous inuoquent puis apres: Vous qui estes la solide pierre sur laquellr a esté assis l'asseuré ferme fōdement de l'Eglise, où le nouueau successeur vostre maintenant ouure les portes du grand Iubilé de pardon & misericorde, & de pleniere remission. Et les autres Saincts enuoyez annonciateurs du Royaume celeste, qui allerent publier par le mōde ceste digne trióphāte mort, qui fut victorieuse de la mort mesme. Et ceux qui les suyuirent apres, &

Chant onziesme.

signerent la verité auec leur sang, la confirmãs par le tesmoignage de leur martyre. Ceux encore dõt les sainct escrits, & leurs doctes predications enseignerent la voye d'aller au Ciel, dont l'on s'estoit si desuoyé. Et la chere & fidelle seruante de IESVS-CHRIST, qui esleut la meilleure part de ceste téporelle vie. Plus les Vierges qui renfermees en de chastes solitaires cloistres, l'ont choisy pour leur seul espoux. Et ces autres magnanimes & courageuses, qui ont mesprisé toutes les menaces & tourmens des plus puissans Roys & cruels tyrans, de la terre, & des Idolatres. Ainsi chantans ces deuots gens-d'armes auec de grands & longs circuits alẽtour du camp, de là ils s'espandent à trauers chãps droit au mõt d'Oliuet, vn petit tertre qui a pris ce nom d'infinis Oliuiers dont il est planté, assez cogneu par tout le monde de son seul renom, lequel se rehausse du costé du Soleil leuant deuers la ville, separé d'elle en cest endroit de la creuse vallée de Iosaphat qui est entredeux. Là s'achemine toute l'armee chantant les Letanies à haute voix dont les tertres, les vallons, & les baricaues circonuoisines resonnoient toutes comme à l'enuy, à quoy de plus de dix mille endroits, Echo n'estoit paresseuse de leur respondre, si qu'il semble que ce sont Chœurs & ballets d'Hamadryades, qui se recellẽt parmy ces bois & ces rochers, pour y dancer plus à leur priué à ce son, tant on les oyoit distinctement repliquer tantost le grand nom de CHRIST, & tantost celuy de MARIE. Les Payens sur ces entrefaictes sont espandus sur leurs murailles, qui en grand silence & attention tous estonnez de ce qu'ils voyent, le contemplent de loing, &

& l'admirent de les voir marcher ainsi lentement d'vn pas cōpassé à la cadence de leurs humbles & modestes chants, ceste venerable pompe & ceri- monie à eux estrange & inusitee. Mais apres que la merueille de ce spectacle fut cessee en eux, ces mau- dits mescreās prophanes, à grās hurlemēs, & hauts cris se mirent à huer apres: si que de leurs blasphe- mes & vituperes le torrent, la vallee, & le mōt sē- blēt se rēplir de mugissemēs. Pour tout cela ce de- uot peuple ne se desiste pas de la saincte melodie de leur doux chāts, ny ne se retourne à ces barbares criailleries, dont ils ne souciēt nō plus que de celle d'vne vollee d'estourneaux, Iays ou pies, & tels au- tres criards oyseaux: & n'ōt pas peur qu'ō leur tire des flesches, pierres ny dards de dessus la cortine, qui les puissent arriuer de si loing pour troubler leur solemnité, au moyē de quoy sans riē craindre ils poursuyuēt leurs letanies encōmencees, tāt que finablement ils paruiennēt au haut du mont là où ils dressent vn autel, & le parent de riches ornemēs pour y faire dire la Messe, ayāt mis aux deux coings d'iceluideux beaux chādeliers d'or auec deux grādś cierges de cire vierge, & deux riches lampes d'ar- gent, ardentes d'vne precieuse & flagrāte liqueur. Il y a aussi plusieurs ioyaux, reliquaires d'or enri- chis de pierreries. L'Euesque d'Orenge, comme le plus ancien, s'estant reuestu d'aube, d'estolle & de fanon, & par dessus d'vne chasuble de satin blāc trauersee d'vne croix vermeille, apres auoir faict vne petite pause meditant à par soy, & prononc- cé tout bas quelques mots, haussant sa voix com- mence son *Confiteor*, battant sa coulpe : Rend graces à Dieu, & l'inuoque. Ceux qui sont proches de l'autel peuuent entendre ce sainct seruice, le plus solemnel de tous autres, & le reste qui en est plus loing y ayāt les yeux attentifs, en voyent les cerimonies, lesquelles acheuees, & apres auoir dōné la benediction à l'assistance, le bras estendu, la processiō s'en retourne par le mesme chemin que elle estoit venuë, & au mesme ordre. Arriuez qu'ils furent en la vallee, chacū s'en retourne à son pauillon, & le Duc Godefroy au sien, accompaigné d'vne grand' presse: où à l'entree d'iceluy il les licētie d'vn visage courtois & ioyeux: mais il retiēt à disner auec luy les Princes, & les principaux de l'armee, faisant assoir vis à vis de luy, pour plus l'honnorer, le vieil Cōte de Tholose Raymond. Apres qu'ils se furent competāment restaurez de boire & manger, autāt que la nature le requeroit, il leur va dire: Vous vous tiendres tous appareillez, s'il vous plaist, pour donner demain l'assaut des le poinct du iour: & cependāt vous-vous en irez reposer, & apprester ce qu'il vous faudra. Allez vous en doncq' chacū à vostre logis pour donner ordre à vos affaires, & faites tenir vos gens prests. Ils prennent la dessus congé de luy, & les trōpettes par tout le cāp auec les heraus vont publier l'assaut pour le lendemain, si tost que le iour viendroit à poindre. Ainsi partie à se reposer, & partie a ordonner leur equipage, s'employe tout le reste de la iournee tāt que la nuict coye & tranquille, la nuict fauorable au repos, & qui donne trefue aux trauaux du iour, fut venuë, A peine estoit l'Aurore encore aparue, & le iour esclos à la partie du leuant: les cheuaux n'estoyēt pas encores atelez a la charruë pour aller a leur labourage, ny les pasteurs n'auoyent tiré hors leur beſtail pour le mener paiſtre? Tous oyſeaux meſme ne s'eſtoient deperchez de deſſus les branches, ny ne s'oyoient les foreſts inquietter des ſons de trompe, & abbois de chiens, quand la trompette colomnelle alla ſonner le bouteſelle, & ſoudain apres à cheual & l'eſtendard, & les tabours par tout le camp battre aux champs; dont le ciel reſonnoit tout autour: & les voix allegres de plus d'vne eſquadre les ſecondoient de ioyeuſes acclamations, crians tant qu'ils pouuoient: Sus aux armes aux armes. Le Duc ſe leue quant & quant, & prend les ſiennes, non ja la cuiraſſe & ſes gros plaſtrōs qu'il auoit accouſtumé de porter à cheual, ains vn harnois d'homme de pied plus à la legiere, & en eſtoit deſia armé quand le vieil preud'homme de Conte y arriue, lequel le voyant ainſi equippé, conçeut ſoudain en ſon eſprit ce qu'il vouloit faire. Et où eſt, luy va-il lors dire, voſtre corcelet à l'eſpreuue, & tout le reſte de voſtre harnois ordinaire? car ie ne vous voy qu'à demy armé, ce me ſēble, ce que ie ne ſçaurois approuuer que vous alliez de ceſte ſorte auec de ſi foibles armeures: Mais ie cognois aſſez à ces marques que voſtre intention d'acquerir ce iourd'huy loz & hōneur eſt fort bas logee. Voudriez vous dōc obtenir la gloire d'eſtre le premier monté ſur la muraille? laiſſez ie vous ſupplie aux autres expoſer leur moins digne vie que n'eſt la voſtre à ces hazardeuſes eſpreuues, ſelon que leur deuoir le requiert & le leur commande, & prenez vos armes accouſtumees, contregardant voſtre perſonne pour le bien & profit de nous autres voſtre vie, la vie de toute ceſte armee, & ſa vigueur ſon redreſſement & conduitte, en l'honneur de

Dieu

Dieu soyez soigneux de la mesnager. Là il se teut: & le Duc respond. Or sçachez que quand le sainct pere Vrbain me ceignit ceste espee à Clermont, & que de sa propre main il me donna l'ordre de la saincte Cheuallerie, ie fis tacitement vœu à Dieu, de ne faire point en ceste deuote entreprise seulement le deuoir & office de Capitaine : mais promis d'abõdant d'employer par tout où il en seroit besoin, mõ effort & pouuoir de mesme qu'vn simple soldat. Apres doncq' que i'auray rengé tous nos gens en l'ordonnance qu'ils deuront marcher à l'assaut, & disposé comme il le faudra donner, & me seray acquitté en cest endroit de toutes autres choses qui dependẽt de la charge d'vn chef d'armée, il est bien raisonnable, & ie croy que vous n'y voudrez pas contredire, que ie participe aussi au combat, & que ie m'approche de la muraille quãt & les autres, m'acquittant du vœu que i'ay fait à Dieu : il me gardera s'il luy plaist, & preseruera de danger, s'il cognoist que ie sois vtile pour son seruice: ma fortune est entre ses mains. Ainsi resolu il de faire, & les autres Princes & Seigneurs du cãp, ses deux freres mesmes, suiuirent l'exẽple qu'il leur en traçoit, s'armans de plus legeres armes que des ordinaires qu'ils souloyẽt porter à cheual, & se reduirẽt en gens de pied. Mais ceux de dedãs cependant estoyent montez sur leurs rẽpars, & la regez à la partie qui s'estẽd du Septẽtrion au Soleil couchant, où estoit le moins fort endroit de la ville, parce que de tous les autres elle n'auoit garde, le Roy y auoit nõ seulemẽt mis des soldats de guerre, & les gens de deffence: mais les vieillards encore, & les enfans il les auoit là exposez à leur

V

part de la fatigue & du danger pour porter aux pl⁹ robustes, chaux, souffre, huile, bitume, eau boüillante, pierres & dards. Et pareillement fait munir tout le rempart de ce costé là de machines & bastons de guerre, & bordé d'hommes la cortine, & les boulleuards, qui commandent à ceste aduenuë: la où à guise d'vn geant enorme Solyman se monstre en belle butte de la ceinture en haut au dessus du parapet: & là parmy les creneaux le fier Argant apparoist à pair d'vne tour, si qu'on le peut veoir de bien loin. Mais sur le plus haut esleué donjon de l'encoigneure, Clorinde est bien aisee à discerner dessus tous. Ceste-cy entre ses autres armes offésiues a vn fort & roide arc turquois au poing, & la trousse penduë en escharpe, bien garnie d'acerees flesches, dont elle en choisit vne des mieux atteintes, & des plus mortelles, & l'encoche sur l'arc attendant son coup, où elle en verra pouuoir faire quelque bon signalé exploit à l'aborder des ennemis, ressemblant proprement ce qu'on a tenu autrefois de la vierge de Delos, qui de hautes nuees descochoit ses traits icy bas. Aladin au reste ne cesse d'aller de costé & d'autre le long du rempart, renuoyant derechef l'ordre qu'il y auoit donné s'il y aura rien à redire, & qui s'y soit desmanché: Conforte & rasseure les vns & les autres à se bien défédre, & y fait encore apporter vn renfort d'armes de toutes sortes pour offendre. Cepédant les femmes toutes decheuellees battans leurs poictrines nües, s'en vont d'vne grande contrition de cœur & humilité visiter les Mosquees, pour y faire leurs prieres & oraisons. Tressainct bien amé de Dieu, nostre grád Prophete & legislateur, brisez s'il vous plaist les lances & picques de ces outrecuidez felons brigãds, qui nous viennent icy assaillir sur le nostre, contre tout droit & raison. Mõstrez vostre puissante dextre à celuy là qui a ainsi griefuement offencé vostre saincte Maiesté venerable, qui a vostre grand nom à vn tel mespris, abbatez-le, prosternez-le, & le renuersez roide mort à nos portes, qu'il s'efforce ainsi d'enfõcer. Cela & plusieurs autres semblables choses alloyent elles prians par leurs tẽples & oratoires: mais elles ne furent point exaucees ny entenduës sinon la bas en leur domicile futur de la mort eternelle, auec perdurables tourmens. Pendant doncq' que d'vn costé la ville s'appareille pour se deffendre, & de l'autre qu'on y vacque à deuotions, le Duc Godefroy fait marcher ses gens à l'assaut, & desployer enseignes & armes. Il tire hors de ses rampars son armée à pied en belle ordonnance, & d'vne souueraine industrie la depart en deux trouppes en biaysant, contre ceste partie de la muraille où il pretendoit de donner l'assaut, les arbalestries, & autres gens de traicts rengez au milieu, dont à guise de foudres & gresle se desserroyent tantost des pierres, tantost des dards, & des coups de flesches vers les creneaux & les barbacanes de la muraille. Il met outreplus en garde, au derriere de ses gens de pied, la caualerie, & en enuoye vne portiõ descourir & battre la cãpagne de costé & d'autre, pour empescher qu'on ne leur vienne donner à dos, & les interrompre durant qu'ils seront occupez à l'assaut, dont il donne puis apres le mot & signal. Tant de coups de flesches, & de toutes sortes de traits, tant de coups de fondes vollent de toutes

V ij

parts, que la plufpart de ceux qui eftoyent à la defence de la cortine & des creneaux l'abandōnēt, fi qu'elle demeure fort defpeuplee, les vns occis, les autres bleffez & eftroppiez qui ne fe peuuent plus ayder: & le refte prefque entierement quitēt leur place: Dont à la faueur de cela, ceux qui auoyent efté ordonnez pour faire la premiere pointe, s'y en vont d'vne grāde impetuofité & furie, Ioints l'vn à l'autre, & bien couuers de leurs rondelles, a maniere de tortuë, & de pauefade, contre les coups qui pleuuent d'enhaut cōme a lauaffes. Les autres fe tapiffans derriere leurs matellets & gabiōs roullez au deuant, s'approchent peu a peu de la contrefcarpe, & tafchēt de remplir le foffé a plein-bord, auec des faffines, mottes & gazons, pierres, defcōbres, boys de trauerfe, & femblables materiaux dont ils font chargez. Ce qui leur fut plus aifé a faire, nonobftant que large & profond, de ce qu'il n'y auoit eau ny bourbe: car le lieu ne le permettoit: ioint les ruines & defcombres de la batterie qui en auoyent comblé vne partie, & fait vne forme de pied-pendant au rempar. Le premier de tous qui fe tire auant pour y aller planter vn efchelle, fut le hardy Adrafte; fans que la grefle des gros grez & quartiers de pierre, & des roulleaux, ny la pluye d'huylle & eau chaude, & de poix boüillante degouttans d'enhaut le peut retenir. On euft peu la voir ce vaillant & courageux Suyffe monté ia plufieurs efchellōs: qui eftoit expofé en butte a mille flefchades, fās en auoir encore efté atteint, ny d'ailleurs efté offenfé en aucune forte, qui l'euft peu empefcher de paffer plus outre; Quand voycy vn gros pefāt grez lancé de la main du robufte Argāt,

Chant onziesme. 309

de la mesme violence & roideur que seroit vne mosquetade qui luy vient donner sur son casque, & l'en-voye les pieds contremont, le coup n'est pas du tout mortel: mais peu s'en faut, à cause du saut qu'il préd, mesme à la reuerse, loud outre mesure; si que ce n'est pas de merueille s'il en demeure tout estourdy sans plus remuer bras ny iambes. Lors Argant, En bonne estreine (va-il dire) voyla le premier mis à bas: Qui est-ce qui le secondera? Que ne venez vous à vn tout manifeste assaut voº autres si valeureux gens de pied de l'Europe, puis que ie ne me cache de vous: ains vous attends icy aux mains? Rien ne vons voudra de voº tenir ainsi couuers, côme bestes mues dans leurs tasnieres & repaires: car vous lairrez tous icy les vies par ceste victorieuse dextre, voltre destruction & ruine. Il parloit ainsi orgueilleusemét: mais les autres ne laissoyent pas pour ses menaces & brauades, de s'approcher, & môter à la faueur de leurs pauesades & mantellets, qui soustenoyent les coups de flesches & de pierres qu'on leur lançoit du haut du répar. Ils ameinent mesme de grands belliers & heurtouers, bastis de longues poultre & soliues, ferrez au bout en forme de teste de mouton auec ses cornes, pour en demollir la muraille, & les portes qui en demeurent enfoncees. Mais d'enhaut on leur respond auec de gros quartiers de pierre qu'on roulle sur eux & leurs marchines, qu'à peine cent hômes pourroyent esbranler: lesquels estans venus dôner à la plus espoisse tortuë, l'accablerent toute, & sëble propremét que ce soit quelque cãton de môtaigne qu'vn tourbillô en a desroqué, & s'est là venuë affaisser. Dont leurs ordres & rengs

V iij

s'en diſſippét & esclarciſſent, y ayant plus que d'vn morion enfoncé, & d'vne rondache briſee, dont la terre demeure tout autour teinte de ſang, & ionchee d'armes, de ceruelles & oſſemens. Les aſſaillans voyans cela ne s'amuſent plus à ſe reparer & couurir auec ces machines : ains ſortent de là, où auſſi bien ne laiſſent ils pas de courir de fort grãds dangers: pour monſtrer appertement leur vaillance. Les vns vont plãter des eſchelles au bas du mur en ce pied pẽdant: les autres à l'enuy ſappẽt la muraille, qui s'en eſbranle, & menace ruine. Ioint la continuelle batterie des belliers, qui ſe reitere ſans ceſſe, & en emporte de grands pans. Mais ceux qui ſont aux creneaux leur portent vn fort grand dõmage, & en diuertiſſent l'execution auec diuers moyens & artifices vſitez en guerre: car là où ils voyent que ces machines veulent heurter, ils eſtendent au deuant de grands ſacs & balles de leine, qui obeiſſans à l'impetuoſité & roiddeur du coup, le rebouſchent & amortiſſent. Pendant que l'aſſaut ſe renforce de coſté & d'autre, & qu'on s'y bat comme de pair à pair : Clorinde auoit deſia par ſept fois tendu ſon arc, & autant de fois deſcoché, ſans qu'vn ſeul coup fuſt tombé en vain que les fleſches ne s'enſanglantaſſent iuſqu'ax empennõs, non du ſang des communs ſoldats : mais des plus apparens de l'armee : car ceſte fiere combattante ne daigneroit s'addreſſer à d'autres. Le premier homme de marque qu'elle bleſſa, fut le fils puiſné du Roy d'Angleterre, lequel à peine auoit il mis le nez hors des rempars, que le voyla ſoudain atteint d'vne fleſchade qui luy perſe de part en part la main droicte, ſans que le gantellet l'en peuſt garder, dont se trouuant depuis inutille à combattre, il fut contrainct de s'en aller faire peser ; grinssant les dents tant du regret & despit qu'il a de se voir ainsi accoustré, que de la douleur de la playe. Le Côte d'Amboise sur le bord du fossé, & puis apres le François Clotaire sur vne eschelle, cestui-cy mourut à l'instant, le corps transpersé d'outre en outre de l'estomac à l'eschigne, & l'autre à trauers les deux flancs vers la ceinture. Le Côte de Flandres estoit apres à esbranler vn bellier, quand il fut frappé au bras gauche, dont il fut contraint de lascher prise, & en cuidant arracher le trait, le fer qui estoit barbellé demeura enfoncé dans la chair. Aymard ne pensant à rien fors qu'à regarder le combat de loin, fut à l'impourueu asséné d'vne autre sagette qui luy vint donner dans le front, & cōme il cuidoit estendre le bras pour l'en arracher, vne autre luy va coudre la main au visage, dont il tomba à bouchons versant vn gros ruisseau de sang. Au regard de Palamedes, qui fut le septiesme coup venant de la mesme main, pendant que de son accoustumee hardiesse mesprisant tous perils, il mōte à l'assaut, n'estant desormais gueres loing des creneaux elle le va atteindre au soucil droit, & de la à trauers le creux de la teste la flesche vient passer à la nuque du col, dōt il tresbuche, & rend l'ame au pied de la muraille. De ceste sorte la tant valeureuse guerriere iouït de son arc au grand dōmage des François, Quand le Duc Godefroy de son costé réforce l'assaut, ayant cōduit à l'endroit de l'vne des portes, vne tour de bois si haut esleuee qu'elle arriuoit iusqu'au parapet, estant pleine de gens armez, & se roulloit sur des rües qui la menoyent

V iiij

où lon vouloit. Ceste machine venoit lançant innumerables flesches, iauelots & pierres: & tāt plus elle s'approchoit, de la mesme sorte que deux gros nauires de guerre qui taschent de s'accrocher l'vn l'autre, tant plus elle taschoit de s'accoster de la muraille pour venir aux mains. Mais les assiegez pour l'en empescher la repoussent du mieux qu'ils peuuēt, à coups de picques & de zagayes, & auec de grosses pierres s'efforcent de rompre ses entablemens & sa couuerture: & de ruiner par embas les rouages qui la conduisoyent. Somme que tant de coups de traits & de pierres sōt tirez d'vne part & d'autre, que le ciel en demeure tout offusqué. Tels qu'on a peu voir autrefois deux gros tourbillons se cōbattre en l'air, & deux nuees s'entr'heurter, qui se repoussent l'vne l'autre, de mesme les traicts & les iauelots venoyent à reiailir & torner d'où ils auoyent esté enuoyez: & cōme d'vne pluye rendurcie en grosse gresle les brāches & rameaux des arbres estās battus, les fruits non encore meurs tōbent à terre, en semblable eut on veu là les Sarrazins tresbucher morts de toutes parts, d'autant que le plus grand dōmage venoit à tōber sur eux, pource qu'ils n'estoyent gueres biē armez. Partie mesme de ceux qui estoyēt demeurez en vie, quittent la cortine, & s'enfuyent espouuātez des foudroyans coups qu'on leur laschoit de ceste tour: mais celuy qui auoit esté autrefois Roy de Nicee demeure ferme, & fait demeurer auecq' luy quelques vns des moins timides & effroyez. Et le fier Argāt s'estant saisy d'vn grād cheurō, s'en va pour s'y opposer, & la respousse & tient au large, sans quelle se puisse plus approcher, autāt que sa soliue est longue, & que la force de ses bras se peut estendre. Là suruient encore ceste magnanime guerriere, qui se veut rendre participante du danger qu'il court, & cepēdāt les Frāçois se mettēt à couper les chables & autres cordages dōt les balles de laine sont suspenduës, auec de lōgues faux emmāchees, de façō que venans à tōber par terre les murailles demeurēt denuees de ce rēparement, & laissent le moyē aux belliers, & à la tour de la battre tant par en haut vers le cordon, que par le bas où il y auoit desia vne bōne bresche, & ouuerture, par où l'on pouuoit voir tout ce qui se faisoit là dedās. Le Duc se conduit celle part, bien couuert d'vne grād' rōdache, qu'il auoit accoustumé de porter rarement: & de là tornāt l'œil soigneusemēt à tout, il apperçoit Solyman descendre en bas pour se mettre à la deffence de la bresche, & Clorinde estre demeuree en haut auec le Circasse, contre ceux qui s'efforceroyent d'y arriuer par escalade. Cōme il prenoit garde à cela, il se sent rechauffer tout le cœur d'vne genereuse ardeur de courage, & en se retournāt va dire à Seguier, qui luy apportoit vn plus maniable pauois, auec son arc, ô mō tresfidelle Escuyer descharge moy de ce lourd fardeau, à fin que plus dispostemēt ie puisse mōter par les ruines & descombres de ceste bresche: car il est bien tēps desormais de monstrer icy quelque preuue de nostre vertu. Et ainsi en changeant de rondelle, à peine auoit-il acheué ces mots, que voycy vn coup de flesche qui luy vient dōner dās la iambe, au lieu plus nerueux & sēsible. Que ce fut de ta main ô braue Clorinde que ce coup vint, le bruit commun le porte ainsi, & à toy seule en est l'honneur, puis que les tiens propres qui font de ta mefme loy & creance te veulent attribuer, comme vn delay qui de là leur fut octroyé de la ruine qui fans cela leur eftoit lors toute appareillee: Mais le vaillant Prince, cóme s'il ne fentift aucun mal de cefte griefue & douloureufe playe, ne laiffe pas de pourfuiure toufiours fa pointe, & monte à la brefche, y exhortant les autres de le fuyure, neātmoins il ne tarda gueres de s'apperceuoir que fa iambe ne le pouuoit plus fouftenir, eftant trop offenfee de ce dur coup, & qu'en la trauaillāt, l'angoiffe s'en regregoit toufiours d'auātage, fi que il eft cōtrainct de quitter deformais l'affaut. Et faifant figne de la main à Guelphe de s'approcher, luy dit, Il m'eft force de me retraire, prenez ma place, & fuppleez au defaut de mō abfcence: mais ie ne demeureray gueres à reuenir: Cela (dit-il) monte fur vn palletroy: mais il ne fut pas arriué au camp qu'on ne s'en apperçeuft bié à l'affaut: car auec luy la fortune qui auoit fauorifé aux Frāçois, les abandonna pour fe torner de l'autre cofté, où le courage & l'efperance fe refufcitent, qui leur adminiftrēt nouuelles forces, là où au cōtraire le cœur fe relafche aux Chreftiēs, & leur hardieffe & effort s'amoindriffent. Deformais leurs glaiues courēt plus lentemēt au fang, & le fon mefme des trōpettes & des tābours femble fe rendre plus languide. Defia ceux qui auoyēt quitté la cortine, & n'y ofoyent plus cōparoir, reprenans cœur fe monftrent tout à defcouuert és creneaux, & cefte Guerriere inuincible, le boulleuard defa partie, arme les dames de la ville, que vous verriez courir çà & là, pour s'affoir en garde le long du rempart, les cheueux efpars, & leurs cottes trouffees, à lan-

Chant onziesme. 313

cer des dards, & de gros cailloux, & sans monstrer rien de la peur & accoustumee timidité, exposer leurs tēdres & delicates poitrines à la deffence de leurs cheres murailles. Ce qui espounante plus les Chrestiens, & r'anime ceux de la ville, est que le preux Chevalier Guelphe (les autres s'en apperceurent incontinent) fut porté par terre d'vn coup de grez, que parmy tant de milliers d'assaillans son malheur alla trouuer de bien loing. Et d'vn pareil coup au mesme instant fut encore atteint le Cōte Raymond, qui tōba aussi. Eustace sur la contr'escarpe fut frappé au pied, si qu'à ce point, mal fortuné pour les Chrestiens, ne partir coup des ennemis, & si il en partit beaucoup, dont il n'y en eust quelqu'vn d'occis, ou à tout le moins fort blessé. En ceste grand'prosperité le Circasse deuenu plus fier & hautain esleuant sa voix s'en alla crier tant qu'il peut. Ce n'est pas icy Antioche, ce n'est pas icy ceste nuit tāt propice, & si fauorable aux fraudes & malices Chrestiēnes : Vous voyez le Soleil tout clair en plein iour, & le peuple d'icy esueillé: vne autre maniere de guerre, vne autre forme de cōbattre. N'y a-il dōcques plus en ces vostre insatiables courages aucune esteincelle d'auoir le sac de ceste si opulāte ville? Tenez, tout y est reply de richesses, c'est pour vostre nez, tant de belles Dames, tāt de gētilles Damoyselles qui sōt desia enamourees de vos prouesses (s'il le faut ainsi croire, vous tēdēt la main: mais vo͡ n'en auez pas le cœur, vous Françoises, & nompas François, qui si tost quittez la vostre assaut si furieusement encommancé. Il leur alloit ainsi disant, & auec ces outrageuses paroles s'embrase d'vne telle ferocité, que ceste si grande & ample cité qu'il a entrepris à defendre, ne luy sēble pas assez large & capable pour le contenir desormais: ains s'esbranle vers la bresche, & se plante là, criant à Solyman qu'il voit là auprés. Solymā, c'est icy le lieu, Voycy l'heure qui serōt les iuges & arbitres de nos vaillāces, que differes-tu, ny que crains-tu? C'est là dehors, que qui veut acquerir hōneur il le faut chercher. Et là dessus ces deux vaillans Cheualiers à l'enuy l'vn de l'autre, se lancent à corps perdu par la bresche, l'vn poussé de rage & forcenerie, & l'autre de sa reputation, picqué de l'arrogante semonce que luy auoit fait son emulateur. Tellemēt qu'ils viennēt à l'impourueu dōner au trauers de leurs ennemis, qui ne s'attēdoyent à rien moins que cela, & se monstrēt là à parangon l'vn de l'autre, tant ils tuent d'hommes, tant ils fendēt d'escuts, embarrēt d'heaumes despecent d'eschelles brisent & rōpent de machines, qu'ils en font comme vne montaigne autour d'eux: Et au lieu de la muraille abbatuë, esleuent de ses ruines vn nouueau rēpar. Ceux qui peu aparauant auoyent eu la hardiesse de mōter au haut de la bresche pour auoir le prix proposé au premier qui y arriueroit, tant s'en faut qu'ils aspirēt plus à vn tel los, ny s'attendēt d'empieter la fleur du sac & pillage, qu'ils ne cuident pas desormais se pouuoir deffēdre: ains cedēt a ce nouueau reciproque assaut, abandonnans en proye a ces deux si furieux & redoublez combattans, les machines & engins dont ils pretēdoyent forcer leurs murailles: mais ils ne pourront pas beaucoup seruir cy apres, tant ils les ont corompus & dissipez. L'vn & l'autre de ces deux ontrageux Payens court, va & vient où la

Chant onziesme. 317

fureur & impetuosité les transporte & adresse, demandans du feu à ceux de dedans, lesquels leur apportent deux grands brandons pour en ardoir la tour de bois, & ils y accourent la flamme au poing de la mesme ardeur que les deux furieuses sœurs, ministres de Pluton, ont accoustumé de sortir de leurs enfumees cauernes, pour venir mettre cendessus dessous le monde icy haut, secoüans espouuantablement leur hideuses tresses enserpentees, & leurs empoisonez flabeaux. Mais l'ineffroyable Tacred, qui d'vn autre costé r'encouragoit ses Italiens à l'assaut, si tost qu'il vit le cruel eschec que faisoyent ces deux carnassiers, & le feu qu'ils portoiẽt pour brusler la tour, couppe court ses enhortemens, & s'en va soudain pour arrester leur furie. Auec luy est Guelphe, & Camille, & le tant valeureux Normand, qui se haste de les r'atteindre, doublant le pas le plus qu'il peut. De ceste sorte l'estat de l'assaut auec le changemẽt de la fortune s'estoit changé: Et en ces entrefaites le Duc Godefroy se retire en sa tente pour se faire pẽser, ayãt à costé de luy son frere Baudouyn, & Seguier, la où soudain vne grand trouppe de leurs amis tristes & desconfortez au possible de ceste sienne desconuenuë, accourt de toutes parts. Le Chirurgien de la haste qu'il a de tirer la flesche hors de la playe où elle estoit demeuree, en rompt le fust: & le Duc le presse & exhorte à choisir le plus court chemin, & expedient de sa guerison, sans se soucier de la douleur qu'il luy pourroit faire, par vne large incision dont se peust tirer le traict plus à l'ayse: Cela fait, remenez moy (disoit-il) où nos gens combattent, afin q̃ l'assaut ne se termine auec la iournee deuant que i'y fois retorné. Cela dit-il empoigne vne groſſe lance, & tend la iambe aux ferremens. Defia le bon vieil Erotime, qui nacquit ſur le bord du Pau, ſe mettoit en deuoir pour le penſer: lequel cognoiſſoit fort bien pour la longue practique qu'il en auoit, toutes les facultez & vertus des herbes, eaux, huiles, & autres ſimples & medicamens vſitez en la chirurgie: Vn treſcher outreplus nourriſſon des Muſes: mais il s'addonna plus, & y excella d'auantage, aux arts muettes pour s'y acquerir de la gloire: & ne ſe ſoucia que de vendiquer de la mort les corps humains ſi fragiles & ſubiects à tãt d'accidens, combien qu'il ſe peuſt rendre encore ſon nom immortel par ſes beaux eſcrits. Le Duc ſe tenoit ferme appuyé ſur ce gros tronçon, d'vne mine aſſeuree, bien qu'il grinça aucunement les dẽts du mal & douleur qu'il ſentoit, ſans dire mot neantmoins, ny ſe remuer, & l'autre s'eſtant deſpoüillé en pourpoint, les bras retrouſſez iuſqu'au coude, tantoſt auec des ſucs d'herbes puiſſantes ſe parforce de tirer le traict: mais en vain, tãtoſt d'vne adroitte & experte main il l'eſſaye auec les pinſſettes, & n'auãce riẽ: Rien de ſon art & de ſa doctrine, & de ſa longue experience ne luy ſuccede en ceſt endroit, & n'en peut venir à bout en ſorte quelcõque, tellemẽt qu'il ſemble que le bon heur qui le ſouloit accõpagner en ſes cures, ſe ſoit deſpité cõtre luy: car il cauſe, & pour neãt, à ce pauure patiẽt Prince tant de griefues douleurs & tormens, qu'il en eſt preſque l'homicide. Mais ſon bon Ange & protecteur meu de ceſte indigne peine & martyre, s'en va tout à l'inſtant cueillir du dictamme ſur le mont Ida en Cãdie: vne herbe velluë qui à la fleur rouge, & est d'vne grand' force & vertu quand elle renouuelle ses fueilles: Ce que la nature a monstré aux cerfs & cheureux, lors qu'ils ont receu quelque coup de flesche barbellee dont le fer est demeuré dãs la playe. Ceste herbe ainsi souueraine, l'Ange, nõnobstãt que ce soit de biẽ loing, l'a apportée en vn momẽt, & sãs qu'õ s'en soit apperceu, meslee auec les autres sucs de ces anodynes fomẽtations, parmy la sacree liqueur de la fontaine Lydienne, & l'odorãte Panacee. Le vieil Chirurgien qui n'y pense point autrement, en estuue & baigne la playe, & en syringue encor dedãs, de sorte que le traict de par soy en sort volontairemẽt, sans qu'on le presse ny contraigne, le sang s'estanche, & les douleurs s'appaisent tout sur le champ, si que la iambe reçoit son accoustumee force & vigueur. Surquoy Erotime se prend a crier: Ce n'est pas mon art & sçauoir, ny ceste practicienne main: ains vne biẽ plus grãde vertu, vn Ange de là haut, veux ie croire, qui est icy bas descendu en terre pour voꝰ guerir (souuerain Sire) rendez en donc graces à Dieu, i'en voy icy les apparences, que ceste cure vient d'vne celestielle main. Armez-vous, il vous est loysible, que tardez-vous plus? Vous voyla guery tout à faict, pour retourner à vostre encommencé assaut. Le preux Godefroy tout ardent de se retrouuer au cõbat, se fait remettre ses beaux brodequins de pourpre, & prend au poing vne pesante pertuisane, qu'il brãsle d'vne grãde audace, embrasse sa rondache à l'espreuue, & lace son casque. Et ainsi r'equippé de nouueau sort de ses rempars, accompagné de mille braues & vaillans hommes auec lesquels il s'en reua droit à la bresche, & y fait renouueller la batterie, dont le ciel s'offufque & couure de pouffiere enhaut, & la terre treble deffous, efbranlee du refonnement. Ceux qui la deffendent voyans derechef venir contr'eux tant de gens deliberez de la forcer à cefte fois, s'en eftonnent tous, vne fueur froide leur en court parmy tous les membres, & le fang s'en glace d'horreur. Le Duc là deffus leue vn cry qu'il reitere par trois fois, dont fes gens apperçoyuent bien que c'eft le fignal de l'affaut, auquel ils accourent de toutes pars, & s'y lancent d'vne grand' impetuofité & furie, bien deliberez de l'emporter de cefte venuë. Mais defia ce coupple inuincible des deux fiers Payens s'eftoit prefenté à la brefche pour la defẽdre, ayant tout prefentemẽt efté r'aggrandie par le preux Tancred, & ceux de fa troupe. Là dõna auffi le chef de l'armee, animé de la playe n'agueres receuë, bien garny d'armes, & de prime abordee tire vn coup de fa pertuifane à Argant, d'vne telle force & roideur, qu'vne groffe arbaleftre de paffe n'en fçauroit enuoyer vn quarreau de plus grãde. La Hampe fait refonner l'air: mais Argant y oppofe fa maffiue targue fans rien craindre, qui fe fend par le milieu, tãt que le coup paffe au corcellet, qui ne peut pas nõ plus fupporter : ains luy fait voye, & arriue à la chair viue, dõt fort vne grãde abondãce de fang. Toutefois le Circaffe fe reffourd foudain, qui ne fe fent de la douleur, & prenant ce glaiue à deux mains, qui luy eftoit entré au corps, l'arrache, & le luy relance en difant; Voy-cy ie te rẽds ton arme, il eft biẽ raifõ qu'elle te retorne. Ce baftõ cruel qui ores porte vn coup, ores en rapporte la vẽgeance & refponce, alloit à ondees vollant par

Chant onziesme. 321

par l'air: neantmoins il n'atteignit pas où le Payen le destinoit: car le Duc gauchissant l'euita en baissant la teste, si que passant par dessus, il alla atteindre le pauure Seguier à la gorge, qu'il luy persa de part en part, & il tōba frappé à mort, n'ayāt point de regret de perdre sa vie, qu'il tiēt à biē employee pour auoir par là sauué celle de sō maistre. Au mesme instāt presque Solymā auoit tiré vn grād coup de pierre au braue Cheualier Normand, dont il auoit esté porté par terre, se roullāt & bōdissant ainsi qu'vn ballon, tant il se debat & demene en rēdant l'ame: ce que Godefroy ne pouuant cōporter, de voir ainsi ces deux mortels coups en deux de ses plus chers amis, l'espee au poing monte au haut de la bresche, la où il recommence à faire d'armes ce qu'à peine pourroit-on croire. Il y faisoit d'estranges choses doresnauāt venu aux mains: & s'y fust sans doubte allumee vne trescruelle bataille, quād la nuict suruint, qui sortant dehors enueloppee de sa grand' brune houppelande, vint cacher le mōde sous l'ombre obscure de ses sombres aisles: & interposer son pacifique noir manteau entre les redoublez courroux de ces enuenimez Mortels: si que le Duc fut contraint de se retirer. Telle fut la fin de ceste sanglante iournee. Mais premier que de rentrer au camp, il fit r'emporter les morts & blessez, & ne laissa pas à l'abandon de ses aduersaires, le reste de ses machines & bombardes, mesmement ceste haute esleuee tour qui auoit esté leur premier effroy, bien que fort deschiree en plusieurs endroits des efforts qu'ō y auoit fait pour la desmonter & mettre par pieces. Issuë de ce danger, on la rameine iusques en lieu où elle pouuoit

X

estre en seureté de leurs entreprises. Mais de la mesme sorte que quelque vaisseau, qui apres auoit couru à voiles desployees vne large estenduë de mers parmy de grandes vagues & fortes tormêtes, qu'il auroit toutes mesprisé, quand il est arriué à veuë du port où il deuoit aller surgir, vient à s'eschoüer en des bancs de sable, ou en quelques rochers chachez sous les ondes, où il brise l'vn des costez: ou comme vn cheual qui ayant passé tout plein de mauuais rabbotteux chemins sans chopper, quand il est aupres du logis bronche à bon escien, & donne du nez à terre: le mesme desastre courut ceste tour, qui du côté qu'elle estoit exposee aux coups des gros quartiers de pierre, se rompirent deux des plus foibles & minces roües, si que panchant, & comme preste à se renuerser, fut contrainte de s'arrester auec ceux qui la conduisoyēt; toutes-fois on l'estançonna promptement, attendant que les Charpentiers l'eussent du tout r'habillitee, & remise au premier estat suyuant l'ordōnance du Duc lequel pretendant s'en seruir encore le lendemain, fit à ceste occasion esseoir de bons corps de garde en toutes les aduenuës par où l'on y pouuoit aborder de la ville. Au reste on pouuoit bien ouyr tout à clair les coups de maillets, & autres instrumens dont on la r'habilloit, & les parolles mesmes des personnes, Ioint qu'il y auoit plus de mille flambeaux allumez autour, si qu'il leur estoit bien aysé de remarquer ce qui s'y faisoit.

Chant douziesme.

ARGVMENT.

CLORINDE s'offre au Roy de Ierusalem d'aller de nuict mettre le feu à ceste tour de boys qui les auoit tant molestez à l'assaut: Dont vn Eunuque qui l'auoit esleuee petite la voulant destourner, luy declarer tout son affaire depuis l'heure de sa naissance, ce quelle auoit ignoré iusqu'alors: mais il ne peut, Argant l'y ayant rencouragee, lequel s'associe auec elle à ceste entreprise, qui heureusement succedee, à leur retour, ils sont de si court tenu des Chrestiens qu'Argant estant rentré dans la ville, Clorinde demeure renfermee dehors: & comme elle cuide à la desrobee gaigner la porte opposite, Tancred l'ayant apperceüe, la suit, qui apres vn long & dangereux combat nocturne, la met à mort sans la cognoistre: mais auant que passer le pas, à sa requisition il la Baptise. Quand il l'a puis apres recogneüe tout ce qui se peut imaginer de douleurs outrees d'vne mortelle angoisse, de cruelles & vehementes passions: de poignans & amers regrets, & de pitoyables complaintes, est icy fort pathetiquemēt exprimé, Argant iure de venger sa mort.

LA nuict qui rend semblable toute chose,
S'estoit alors des tenebres esclose.
Mais qlque obscur qu'il face, les ouuriers
ne laissēt pas pour cela de trauailler à ceste tour, sās

X iij

prendre repos, assistez des gardes & sentinelles qui veillēt, & font bō guet, de peur qu'ō ne face quelque saillie dessus. Les Sarrazins ne chomēt pas de leur costé, ains entendent à remparer de nouueau leur bresche, & refaire ce qui auoit esté desmolly & gasté és murailles, tant de la batterie, que de la sappe, & à faire pēser leurs blessez: ce qu'ayans fait, & les ouuertures pour la pluspart estouppees & reduittes en nouuel estat de deféce, remettāt le reste à vne autre fois, l'ombrageuse moisteur de la nuict qui chatouïlle les yeux d'vn tendre sommeil, mesmement de ceux qui auoyent si fort trauaillé tout le iour, les auoit inuitez à prendre repos: si que

Celuy qui rend tous les hommes egaux,
Vint assouppir leurs peines & trauaux.

Mais la valeureuse Clorinde affamee d'hōneur, & alteree d'acquerir nouuelle sur nouuelle reputation, ne se repose pas pourtant: car où les autres se retirent pour se soulager, elle se met à solliciter les ouurages, ayant auec elle Argant, & disoit ainsi en soy-mesme. Ce iourd'huy certes le Roy des Turcs & le fort Argant ont fait d'estranges & inaudites merueilles d'armes: ils oserent bien sortir eux deux tous seuls parmy vn si grand nombre d'ennemis, & à leur barbe en despit d'eux mettre leurs machines en pieces, pendant que i'estois icy haut renfermee en seureté, à leur tirer de loing quelques pusillanimes coups de flesches: C'est le plus grand honneur dont ie me puisse icy vanter, d'auoir esté assez heureuse archiere, ie ne le nie pas: mais est-ce tout ce qui peut estre loysible à vne femme, & riē plus? Lors que i'allois par les mōtaignes desuoyees par les plus profondes forests apres les plus cruel-

Chant douziesme. 325

les dãdereuses bestes à coups de dards, & en toutes les autres manieres, dont les plus vaillans & hardis pourroyent faire preuue de leur vertu, ie me suis tousiours monstree plus qu'homme, & parmy tant de braues caualliers qui sont icy, ne me monstreray-ie qu'vne Damoyselle craintifue? si ainsi est, que n'en prends-ie l'accoustrement tout d'vn train? Que ne pends-ie vne quenoüille à mon costé, en lieu d'espee? Que ne manie-ie les esguilles & les fuseaux en lieu de la lace & des flesches? Que ne me retiens-ie accrouppie tout le long du iour dans vne chambre ou garderobbe apres des ouurages de tapisserie? Ainsi se deuisoit-elle à par soy, & finablement se resout à de grandes choses. Puis s'en va trouuer Argant là dessus. Il y a desia bonne piece, braue & valeureux Cheualier luy va elle dire, que ie torne vire en mon inquiette esprit, ie ne sçay quoy de bien hardy, & qui n'est vulgaire, soit que cela vienne de là haut, & que la diuinité l'inspire dans nos courages, ou que l'homme face son Dieu de son franc liberal arbitre. Ne voyez-vous pas tant de lumieres allumees là bas hors de l'enceinte de ce cáp? i'y veux aller le fer en vne main, & le feu en l'autre, pour reduire ceste tour en cendres, qui nous a si fort trauaillez, ce iourd'huy : Ie veux en quelque sorte que ce soit executer ceste entreprise : le ciel dispose puis apres du reste ainsi que bon luy semblera. Mais s'il aduient que mon mal-heur me ferme le passage au retour, ie vous laisse le soing d'vn homme que ie n'ayme moins que mõ propre pere, & aussi de mes Damoyselles, que ie vous prie trouuer moyen de faire recõduire en Egypte, auec ce pauure bon viellard qui n'en

X iij

peut plus dorefnauant. Faictes le donc en l'hôneur
de Dieu ie vous prie: car cest aage, & ſe ſexe infirmes requierent qu'on en aye compaſſion. Argant
s'eſtonne de ces parolles, & ſe ſent ſousleuer le
cœur d'vn poignant eſguillon de gloire. Vous irez
donc là, luy va-il reſpondre, & ie demeureray icy
pour les gages, negligé parmi ceſt imbecille populace, & eſtant en lieu de ſeureté, i'auray le plaiſir de
regarder de loing la fumee & les eſteincelles qui
volleront de ceſte voſtre tant hardie & hazardeu-
ſe entrepriſe? Non non, il n'en ira pas de la ſorte:
car ſi ie vous ay eſté compaignon d'armes en pluſieurs perils, ie le veux eſtre de voſtre gloire, ou de
voſtre mort. I'ay du cœur auſſi, qui la meſpriſe, &
ne s'en ſoucie, & qui s'eſt perſuadé de tout téps, q̃
c'eſt vne heureuſe permutation que d'eſchanger
vne courte vie à vn honneur perpetuel. Certes vo9
en fiſtes vne bonne preuue repliqua elle, en ceſte
voſtre ſi courageuſe ſaillie nagueres, digne d'immortelle loüange: mais ie ſuis femme, & ma mort
ne redondera à aucun detriment pour ceſte eſper-
due cité. Que ſi d'auenture il meſaduenoit par aucun accident, de vous, ce que le ciel ne vueille permettre, Qui ſera celuy deſormais qui puiſſe plus
defendre ceſte muraille? Argant alencontre. Vous
m'auez beau preſcher tant que vous-voudrez, toutes ces allegations palliees ne me pourront pas diuertir ce que i'ay du tout reſolu: ie ſuiuray vos erres, elles me ſeruiront de guide là où mon deuoir
& honneur m'appellent: & vous preuiendray ſi
vous me denicz voſtre compagnie. Cela accordé
entr'eux, ils s'en vont au Roy, qui les accueillit du
bon viſage qu'il ſouloit, au millieu de ſes plus

estroiss Conseillers, là où Clorinde proposa ainsi en peu de paroles. Escoutez (Sire) s'il vous plaist, & vous autres messieurs qui estes icy assemblez pour consulter de nos affaires, ce que nous vous voulons faire entendre. Voycy Argant qui se promet, & s'y offre, (i'espere bien que ce dont il se vante ne reuscira point à faux) d'aller mettre le feu à ceste haute esleuee tour qui nous a icy cuidé perdre, ie luy veux tenir compagnie, n'attendans sinon que la nuict soit plus aduancee pour endormir la bas en ce camp, ceux qui sont las & recreus du trauail de ceste iournee. Le Roy à ces parolles esleue ces deux mains en haut, pleurant de ioye à grosses larmes, qui de sa ridee face luy descendoyēt à val la poitrine, y degouttans le long de sa barbe fleurie. Vostre sainct nom en soit loué, alla-il dire, ô Dieu souuerain, qui daignez ainsi tourner vostre pitoyable regard sur vos seruiteurs affligez en vne si praignāte necessité, & qui me voulez encor maintenir en ce Royal siege au repos de ce pauure peuple, soyez en beny eternellemēt : Car il ne sera si tost mis à bas, puis que de si braues & hardis courages se presentēt à l'en garentir & defendre. Mais quelles loüanges cōdignes, quels dons, quels presens, quelle recompence pourroyent estre iamais assez suffisans, pour remunerer vos si grands merites, magnanime coupple honoree, que le haut renō de vos glorieux faicts va de plus en plus celebrāt par tout le pourpris de la terre? vostre recompence sera la memoire perpetuelle d'vne telle & si haute entreprise, que vous aurez menee à fin par l'effort de vos inuincibles bras : & pour partie du guerdō, vne portion nō des moindre de ce Royau-

X iiij

me, vostre & nostre doresnauant. Ainsi parla ce Roy chenu, & s'en va embrasser fort estroittemēt tantost l'vn, tantost l'autre. Solyman estant là present, ne dissimule point la genereuse ialousie qui l'esguillonne: & ceste espee, alla il dire, doit-elle estre penduë au croc, pēdant que vous-vous exposerez en hazard pour nostre cōmune deffence? Demeurera-elle non plus oysiue que les vostres à se roüiller nonchaillāmēt? Nenny certes, elle ne fut oncques forgee à ceste fin, ne mise és mains de Solyman, pour crouppir inutile dans le fourreau: car ie vous feray compaignie: ou pour le moins si vous suiuray-ie de bien pres. Irons nous doncqu' tous à ceste entreprise? repliqua Clorinde, & si vous mesmes y venez, qui est-ce qui restera plus icy? Argant d'autrepart s'apprestoit pour le reiecter: mais le Roy le preuint, & alla gracieusement dire à Solyman. Vous vous estes valeureux Cheuallier assez demonstré tousiours à vous mesme semblable: car danger aucun pour grand & apparent qu'il fust ne vous peut oncques espouuanter, ny trauail vous lasser en guerre. Et ne doubte point que sortant dehors, vous ne faites que trop de preuues dignes de vostre renommee & valeur : mais il ne me semble pas conuenable, que vous sortiez tous, & que personne ne demeure au logis, de ceux qui sōt les plus fameux aux armes. Ie ne voudrois pas nō plus consentir que ces deux sortissent: car ils meritent bien d'estre espargnez, si ce n'estoit que la besoigne où ils se veulent employer est d'vne tresgrand' importance, voyre plus que necessaire, ou que i'en peusse cōmettre l'execution à d'autres. Mais puis que ceste tour est si bien gardee, & par

Chant douziesme. 329

tant de gens qui font le guet tout alentour, qu'elle ne sçauroit pas estre offésée, par vn petit nombre, & d'autre part que ie ne voy pas estre à propos de sortir gros, ce courageux couple qui se sont offerts à ceste entreprise, & se sont assez souuent retrouuez en pareils hahards, y aillent donçq'à la bonne heure: car ils sont tels que ie me fie plus en eux deux, que peut estre ie ne ferois en mille autres. Et vous comme il appartient à l'honneur & respect Royal dont vous portez le tiltre, attendez les auec les autres à la porte (ie vous en prie) pour les recueillir au retour, & repousser les ennemis, si d'auenture apres qu'ils auront fait leur coup, on les poursuyuoit de trop pres, & qu'ils fussent en danger de leurs personnes. Ainsi vn Roy disoit à l'autre, qui pour ceste occasion demeura, bien que mal volontiers & à grād regret, cōme on pouuoit voir à sa mine. Là dessus Ismen vient à la trauerse qui leur va dire: ne vous desplaise, il vous faut attendre à partir qu'il soit aucunemēt plus nuict, & ie vous veux pouruoir d'vne mixtion de feu gregeois qui embrasera bien tost la machine; outre ce qu'il pourra aduenir q̃ retardāt encor vn peu, voº trouuerez la pluspart de ceux endormis qui doyuent à leur tour faire le guet aupres d'elle. Cela arresté, chacun d'eux se retire à son logis pour s'equipper attendāt l'heure opportune pour s'en aller executer leur haute deliberation. Clorinde despoüille sa cazaque de toile d'argēt, qu'elle auoit accoustumé de porter sur les armes, & laisse sa belle riche salade doree, auec son tymbre où estoit le tygre, & ses grands pannaches, & vous prēd des armeures noires, & vn hocqueton de mesme pareure, sās aucuns ornemens tous mauuais & siniſtres signes & preſages: mais elle cuide de paſſer ainſi deſguiſee plus ſeuremẽt à trauers, les gardes des ennemis. Sur ces entrefaites l'Eunuque Arſet qui l'auoit nourrie & eſleuee des le berſeau & touſiours ſuyuie & accõpagnee depuis, quelque vieil & peſant qu'il fuſt, voyant que elle changeoit ſes armes, il ſe remet deuant les yeux le danger où elle s'alloit expoſer, dõt il s'attriſta fort, en la requerãt tant par ſes cheueux qui eſtoyẽt deuen⁹ blãcs en ſon ſeruice, qu'ẽ recordatiõ & reſpect de tant de peine qu'il y auoit euë, qu'elle ſe vouluſt deporter de ceſte entrepriſe: Ce qu'elle luy refuſa tout à plat, tant qu'à la parfin il luy alla dire. Puis que ie vous voy ainſi obſtinee de plus en plus à voſtre malheur (Plaiſe à Dieu qu'en vain ce ſiniſtre mot me ſoit eſchappé) que ny ma debile vieilleſſe, ny mõ triſte ennuy, ny mes prieres, ny mes pleurs ne vous peuuent fleſchir à auoir cõpaſſion de vous, & de moy, ie vo⁹ veux deſcouurir plus auant voſtre faict, & vous faire ſçauoir qui vous eſtes, & de quel lieu, vo⁹ eſtes venuë, ce que vous auez ignoré iuſqu'icy: puis faictes en voſtre bon plaiſir, ſoit de ſuiure voſtre volõté, ſoit de vous retenir à mon conſeil. Il pourſuit, & elle luy tend l'oreille attentiue. SENAP regna par cy deuãt, & parauenture qu'il regne encore en Ethiophe, en tout heur & trãquillité, où ce peuple là tenoit la religion & creance du fils de MARIE, que l'Apoſtre Thomas y planta iadis. Moy Payen y fus tranſporté eſclaue, & donné à la Reine, qui eſtoit noire comme tout le reſte de la nation Ethiopienne, pour la ſeruir auec ſes femmes & autres Eunuques; mais nonobſtant ceſte noirceur elle ne laiſ-

Chant douziesme. 334

soit pas d'estre belle, voire des plus si que son mary en estoit extrememẽt amoureux, & plus peut estre qu'il ne cõuenoit: car cela le rendoit ialoux d'elle, tant que peu à peu ceste folle passion profonda si auãt dans son cœur, qu'il l'alla renfermer en vn lieu clos & serré, que personne ne la pouuoit voir sinõ nous autres qui la seruions. Il l'eust volontiers cellee au Soleil, s'il eust peu, & à ce tout voyant le ciel qui a tant d'yeux : mais elle sage & moderee, qui craignoit & aimoit de loyalle amour son espoux, luy estoit si obeissãte qu'elle ne voulut iamais cõ-tredire à rien qu'elle cogneust estre de bon plaisir & vouloir. Or estoit la chambre où elle couchoit peinturee d'vne histoire sainte & deuote, & de plusieurs autres encore de mesme subiect, mesmemẽt d'vne belle vierge blanche comme albastre, toute desbraillee & deschevellee, son teint & charneure de beaux Lys blancs entremeslez de roses vermeilles, liee à vn posteau pres d'vn grand Dragon qui estoit sur le poinct de la deuorer, sans vn Cheualier qui monté sur vn grand coursier, le renuersoit mort d'vn coup de lance, dont le mõ-stre gisoit là estendu sur la place se tantoüillant dedans son sang. Là deuant ceste bonne dame souuentesfois se prosternoit à deux genouils, & battant sa coulpe en grand' deuotion, faisoit ses prieres à chaudes larmes. Sur ces entrefaictes elle deuint grosse, & au bout de neuf mois enfanta vne fille blanche comme neige : Ce fustes vous, dequoy elle demeura bien estonnee d'auoir produit vne creature d'vne si differente couleur, cõme si c'eust esté vn monstre & prodige, & pource qu'elle cognoissoit l'humeur du Roy vostre pere, elle s'aduisa de le lui celer, craignāt que de ceste inusitee blancheur il ne vinst à conceuoir quelque soupçon defiante de sa loyauté, qui n'eust pas guere esté candide: & au lieu de vous luy presente vne petite negre n'agueres nee. Or d'autant qu'en ceste cour ne conuersoyent que des femes & moy seulement, vous me fustes donnee en charge, auec force riches ioyaux, parce qu'elle se fioit fort en moy, qui luy auois tousiours esté tres-fidelle, que vous n'estiez pas encore baptisee: car là on n'a pas accoustumé d'y baptiser si tost les enfans qu'en ces quartiers de pardeça: & tout en pleurant vous cōsigna entre mes mains pour vo⁹ aller porter nourrir loing de là. Mais qui pourroit racōpter son angoisse, & les regrets que elle faisoit, ses pleurs, & ses gemissemens quand il fut question de partir? Ie croy qu'elle vous embrassa & baisa plus de mille fois, arrosant ses baisers de larmes, & entreropant ses cōplaintes & frequēts souspirs de sanglots. Finablemēt en leuāt les yeux vers le ciel, elle va dire. O mō bō dieu, Dieu souuerain pere de misericorde, qui discouures & apperçois les plus occultes & secrets cōportemēs de tes creatures, & qui profōdes iusqu'au plus interieur de mō cœur, Tu cognois s'il est sans macule pour ce regard, si ie me suis iamais forfaicte, ne si i'ay oncq' violé de fait ny de pēsee la foy deuë à mō cher Seigneur & espoux: si ainsi est, ie ne vous requiers ô mon Dieu que vous ayez mercy de moy: car i'ay assez commis d'autres fautes qui meritent d'estre chastiees, dont ie vous requiers humblement mercy, pauure miserable pecheresse que ie suis en vostre endroit: mais qu'à tout le moins il vous plaise ne la destourner point sur ceste pauure petite innocente creature : ains la rceuoir en vostre saincte sauuegarde & protectiõ, puis q̃ moy sa triste desolee mere ie suis cõtrainte de l'abandonner, & luy desnier la mammelle: Prenez l'y doncq' tresbon Dieu, & luy faites la grace de viure, & de me pouuoir ressembler de ma chaste pudicité: mais que d'autre part que de moy elle reçoyue vn exemple d'vne fortune plus fauorable. Et vous sainct Cheualier celeste, qui jadis deliurastes la pucelle du cruel dragon, si iamais ie vous ay d'vn cœur deuot allumé des lumieres sur vostre autel, si ie l'ay encensé liberallement sans y rien plaindre, offert plusieurs riches & precieux presés, & en ma confiance en vous; Priez vostre Createur & le nostre pour ceste pauure miserable destituee de tout autre aide & secours que du sien, si que en tous ses dangers & mesaduantures elle se puisse preualoir de vostre fauorable assistance, comme l'vne de vos humbles & deuotes seruantes. Là elle se teut: car la douleur luy ferma la bouche, & serra le cœur, qu'elle ne peut rien plus proferer, se teignant la face d'vne pasle Image de mort. Ie vous pris lors d'entre ses bras, larmoyant, & dans vne petite manne vous portay dehors, enuelouppee dans des fueilles, sans en sonner mot à personne, si que nul ne peut rien souspeçoner de ceste mienne inuention. De là ie m'en allay mescogneu à trauers les forests plus espoisses, là où ie rencontray vne Tigresse qui vint droit à moy la gueule ouerte, & les yeux enflambez d'vne furieuse menace, si que ie sautay sur vn arbre, & vous laissay dedans les herbes, à la mercy de ceste si cruelle beste, tant ie fus lors saisy de peur. Elle s'en vint tout droit à vous, & roüillant trop hydeusement son regard l'arreste sur vous : mais elle se raddoucit soudain, & d'vne maniere paisible se mit à vous lescher gracieusement de sa langue, vous luy riez alencontre, & la carressiez, & en follatrant auec elle, luy mettiez vostre petite tendre menotte dedans sa gorge bien auant; elle là dessus vous preséte la teste, tout ainsi que sçauroit faire vne nourrice, & vous la pristes. Cependant ie vous regardois de dessus l'arbre transporté d'esbaliissement, si confus & si esperdu de crainte & frayeur que ie me cuiday laisser choir à bas. Cela fait, & apres vous auoir allaictee competament, elle s'en va, & se reiette dans le bois. Ie descends lors, & vous reprenant m'en retorne le chemin que i'estois venu, tant qu'à la parfin i'arriue à vn petit bourg, où ie vous fis secrettement nourrir par l'espace de quinze mois ; durant lesquels vous commençastes à vous desnoüer la lãgue, & gazoüiller en mots non encore distincts & formez, & ne pouuiez pas bien marcher encore, sans vaciller à tous propos. Mais moy estant desormais paruenu en l'aage qui commence à decliner en vieillesse, riche, & saoüllé de l'or & l'argent, & des pierreries que la Reyne vostre mère m'auoit donné au departir ; d'vne plus que Royalle munificence, i'eus desir de me retirer de ceste vagabonde vie, au lieu de ma natiuité, & là viure Seigneur de moy, parmy mes parens & amis, ramoderant à mon fouyer les froidures. Parquoy ie pris le chemin d'Egypte dont ie suis natif, vous emmenant auecques moy. Mais comme nous fusmes arriuez à vn torrent tout enflé des pluyes, ie me trouue d'vn costé poursuiuy des bri-

Chant douziesme.

gands qui me tallonnoyent, & de l'autre empesché de l'obstacle de ceste grosse eau, de passer outre, pour me forlonger deuant eux. Que pouuois-ié doncq' faire pour l'heure? Ie ne voulois pas quitter vn si aggreable fardeau que de vous, & eusse bien voulu euiter le danger qui nous menaçoit de si pres: Parquoy ie me iette à corps perdu tout au trauers de ce torrent, nageant d'vn bras, & vous soustenant de l'autre. L'eau estoit fort roide & impetueuse, & y auoit des gourds tournoyans, dont les ondes venoyent, où elles estoyent les plus creuses à roüer & torneuirer s'enuelouppans & reployans comme en des abysmes tresdangereux d'en estre englouty; dont ie fus contraint vous lascher: mais l'eau vous rehaussant à mont, vous porta à val, assistee du vent qui chassoit à bas, tant qu'elle vous ietta saine & sauue dessus la greue: & moy apres auoir beu plus que mon saoül, tout las & recreu hors d'haleine y arriuay bien tost apres: mais à grand' difficulté. Tout resiouy ie vous reprends entre mes bras, & la nuict suruenant la dessus, qui contient toutes choses en vn coy & profond silence, ie vis en dormant vn gendarme, qui d'vn visage courroucé me mettant l'espee à la gorge, & me menaçant me va dire, Sçais-tu qu'il y a? Ie te commande d'executer ce dont t'enchargea si estroittemēt la mere de ceste creature, que tu la faces baptiser. Elle est biē-aymee du Ciel, & le soing d'elle m'a esté commis, & depend de moy. Ie l'ay gardee iusques icy de tous incōueniens & dāger, & la garde encore: car ce fut moy qui radoucis la cruauté de la Tygresse, & qui inspiray l'eau pour la porter à sauueté. Miserable, seras-tu bien insensé que de

n'adiouster foy à mon dire? Voy que ce n'est pas
songe:ains vne vision qui t'est enuoyee d'en haut.
Là fut la fin de son propos, & là dessus ie m'esueil-
lay, & me leuant partis de là si tost que le point du
iour apparut. Mais d'autant que i'estimois ma creance estre la meilleure, si q̃ ie reputay à vne fausse
illusiõ ce qui m'estoit apparu en dormãt, ie ne me
souciay point autrement de vostre baptesme, ny
ne me souuins de ce q̃ la Reyne vostre mere m'en
auoit dit, Tellemẽt que vo˜ fustes esleuee & nourrie au Paganisme, & vous ay iusques icy celé la verité de vostre affaire. Vous creustes depuis en force
& vigueur de membres, & en hardiesse & ferocité
de courage, & vaillante deuinstes vous plus qu'à
vostre aage & à vostre sexe n'appartenoit, plus que
l'ordinaire de la nature, dont vous conquistes tout
plein de terres, auec vne fort grande renommee.
Quelle a depuis esté vostre vie vous le pouuez sçauoir mieux que moy. Vous sçauez aussi comme ie
vous ay tousiours suyuie & accõpaignee ainsi que
seruiteur & pere, en tous les affaires, guerres, rencontres, & entreprises où vous vous estes retrou-
uee, tant qu'à la fin le iour d'hyer sur l'aube du iour
proprement que i'estois le plus doucement endormy, la mesme visiõ derechef m'apparut en songe:
mais d'vn visage plus troublé, & d'vne voix plus
courroucee. Voicy (disoit-elle) malheureux ingrat
que tu es, approcher l'heure q̃ Clorinde doit changer de conditiõ & de vie:mais ce sera malgré toy,
Et sur toy en retombera ta desloyauté & malice.
Ayant dit cela, mon songe disparut foudain, prenant son vol à trauers l'air. Oyez doncques maintenãt ce dont vous estes menacee du ciel ma tres-
ché

Chant douziesme. 337

chere & bië-aymee, diray-ie fille, ou pluſtoſt maiſtreſſe? Et l'eſtrange accident qui vous eſt promis. Ie ne ſçay pas ſi d'auenture il luy deſplaiſt qu'on ſe detraque de la foy de ſes pere & mere, & peut eſtre auſſi que celle des voſtres eſt la vraye, mais au ſurplus ie vous requiers à iointes mains que voꝰ vueillez quitter ces armes, & voſtre belliqueux exercice, & vous remettre en voſtre ſexe. La il mit fin à ſon propos, ſouſpirant & pleurant fort ameremët. Elle penſe à ce qu'il luy dit, & en a peur, parce que autre ſemblable ſonge luy trauailloit fort l'eſprit, mais a la fin ſe r'aſſeurant, d'vne gaye ioyeuſe chere elle luy va dire. Ie ſuiuray ceſte religion & creäce qui pour ceſte heure me ſemble eſtre la plus certaine, & laquelle m'ayant faict ſuccer auec le laict de ma nourriſſe, vous me la voulez maintenant reuoquer en doubte. Ny pour crainte d'aucũ danger qui s'en puiſſe enſuyure, ie ne me deſpartiray point de mon entrepriſe, ny de mes armes accouſtumees, cela n'eſt point loyſible a vn magnanime courage: non ie ne m'en deſpartiray point, quand bien i'aurois icy preſente deuant mes yeux la mort meſme au plus fier & hydeux ſëblant que elle eſpouuanta oncques le plus aſſeuré de tous les mortels. Puis elle le reconforte: & pource que l'heure s'approchoit qu'ils deuoient partir, elle le laiſſa là, & s'en alla trouuer celuy qui la deuoit accompaigner. Auec eux ſe ioignit l'enchanteur Iſmen, qui les y rencourage & anime, mais ceſte vigoureuſe hardieſſe qui en eux ſurabonde & regorge, n'a beſoin de coups d'eſperon ny de fouët pour la faire aller, car elle ne va que trop de ſoy meſme: & leur donne a chacun vne grenade ou pot a feu

Y

remply de souffre, de poix resine, & de bitume, & autres inflammables materiaux: toute esmorchee auec la mesche preste à alumer. Ainsi garnis & eqnippez ils sortent au plus profond de la nuict sans bruit faire, & descendās à la vallee s'en vōt à grāds pas droit où la tour s'estoit encroustee pour sa pesanteur, si qu'ils en sont desormais tout ioignant. Là se rembrasent leurs courages, & le cœur leur bouft dans le ventre, si qu'à peine s'y peut-il plus contenir. Vn fier courroux les sollicite, & appelle au feu, au sang, & au ferrement. Si tost que la sentinelle les apperçoit, il se prend à crier, qui va là? Et demāde le mot: mais ils passent outre sans dire riē: Et là dessus l'alarme se donne. Ils ne se vōt plus recellant, ains sans temporiser s'aduancent à grands pas vers la tour, de la mesme prōptitude & vistesse, que quand il tōne, où qu'on delasche quelque piece, la flambe, le son, & le coup marchent tout ensemble: en cas pareil leur esbranler, arriuer, & donner dessus ceux qui gardoiēt la tour, fut en vn moment: & est force en fin, que nonobstant toute la resistance qu'on leur puisse faire; quelques coups qu'on leur tire de pres & de loing; quelque obstacle & contradiction qu'on leur dōne; ce qu'ils ont entrepris s'execute. Ils mettent le feu à leurs grenades, qui s'enflamment tout aussi tost; & les jettent contre la tour, où elles s'attachent & s'esprēnēt soudain: mais qui pourroit dire cōme en moins de rien cest embrasement se dilate? il est desia allumé fort & ferme en trois endroits, dont la vapeur espoisse trouble & aueugle les estincellans regards des estoiles. Vous eussiez là veu voltiger de gros tourbillōs de flammes ardētes? & ondoyer de gros

Chant douziefme.

pelottons de fumee, dont petilloient infinies flammefches vollans de toutes parts en l'air: le vent fauorable qui fouffloit encõtre leur accroiffant force & vigueur, & r'accumulãt en vn corps ceſte ardeur efparfe, fi que ce n'eft deformais qu'vn feul feu, vne feule flamme, dont la brillante clarté efbloüift les yeux des François, qui au bruit de ceſte alarme s'en eftoient viſte courus s'armer, mais ils n'y peurent venir à temps, ne fi bien faire que ceſte haut efleuee machine, fi redoubtee à l'affaut, & qui y auoit tant taillé de befoigne, ne fondift, & ne s'en allaſt les pieds contremont reduitte en cẽdres. Dont en vn moment fe ruine & aneãtift le labeur d'vn fi long ouurage. Deux efquadres Chreſtiennes eſtoient là accouruës à ce tumulte pour y donner ordre s'ils euffent peu, Mais Argant leur crie; Canailles ne vous haſtez point: car c'eſt moy qui le veux efteindre auec voſtre fang: & leur fait teſte en fe r'alliant à la courageufe compaignie. Ils cõmencerent à fe retirer le petit pas vers le couſtau, mais la foulle qui les va preffant croiſt & s'augmẽte, de la mefme forte qu'vn torrent qui s'enfle foudain d'vne groffe & tẽpetueufe rauine d'eaux, dõt ils font rechaffez vers la montaigne iufques à la porte doree, que le Roy y eſtant arriué auec Solymã, & vne bõne trouppe de gens pour les recueillir, leur auoit fair tenir ouuerte. Ils ne furent pas pluſtoſt arriuez fur le fueil de l'huys, qu'ils fe trouuẽt enuirõnez de toutes parts d'vn deluge de pourfuyuans, que Solyman repouffe fort vaillammẽt, & les rembarre vn bon ject d'arc, puis fe rejettent dans la porte luy & Argant, laquelle tout foudain fe renferme, Clorinde eſtant feule excluſe

Y ij

dehors, pource qu'en cest instant elle s'estoit esla-
cee de rage & fureur apres Arimõ qui l'auoit bles-
see, dont elle le paya sur le champ, & Argant ne
s'aduisa pas qu'elle fut la demeuree toute seule, par
ce qu'el ardeur du cõbat, la foule espoisse & l'obscurité de la nuict luy en osterent la cognoissance.
Mais apres qu'elle eut rattiedy son courroux dans
le sang de son aduersaire, & repris ses esprits, se
voyant la porte fermee a son nez, & elle entouree
des ennemis, elle se tint pour perduë. Ce neantmoins s'apperceuãt que personne ne la surueilloit,
elle s'aduise d'vn nouueau moyen de sauuer sa vie,
se feignant estre des leurs, & sans dire mot se mesle
parmy les plus incognelis, qu'aucun d'eux ne la remarqua: Puis tout ainsi qu'vn loup se va rembus-
cher tacitement apres auoir fait son coup a la desrobee, & se destourne, elle fauorisee du tumulte &
confusion estant la, & de l'obscurité de l'air dõt elle estoit enueloppee, taschoit de gaigner païs vers
la ville. Il n'y a que Tancred qui l'ait apperceuë,
peu auparauant là arriué, car il suruint lors qu'elle
ne venoit que de mettre à mort Arimõ. L'ayãt re-
marquee il va apres, l'estimant estre vn Cheualier
dõt il desiroit éprouuer ce qu'il sçauoit faire. Et elle s'en va cõnillant le lõg du coustau deuers l'autre
porte opposite où elle proposoit d'étrer. Lui la suit
de furie, & à grãd haste, si que deuant qu'il la peust
ioindre, il aduint qu'au resonnemant de ses armes
elle se retourne, & luy crie, qui es tu qui accours
ainsi apres moy? Il respõd, vn qui t'aporte guerre &
mort. La guerre i'accepte, repliqua elle, & la mort
demourra pour toy: si que tu ne manqueras ny de
l'vn ny de l'autre; ie ne te veux pas escõduire de te

Chant douziesme. 341

la donner puis que tu la cherches : si tu as le cœur de l'attendre. Tancred qui la voit à pied ne veut pas demeurer à cheual, ains en descend, & l'espee au poing la viēt aborder, qui ne le refuse pas aussi peu. Ainsi ces deux valeureux combattans enflambez d'orgueil, de colere & de ferocité viennent aux mains l'vn coutre l'autre, cōme deux taureaux eschauffez pour la iouissance d'vne Ienisse. D'vn tres clair Soleil en plein iour, & dedās vn champ de bataille à la veuë de tout le mōde, seroit digne ce tāt memorable dueil : & pourtant ô nuict, qui dans le profond obscur sein de ton oubliance cachee renfermes vn si beau fait d'armes, plaise toy que de tō bon gré ie l'en puisse tirer dehors, pour en desployer à la clere lumiere du iour la memoire és siecles futurs, affin que leur renō viue, & parmy leur gloire la souuenance de ton obscurité vienne à resplādir. Pas vn d'eux ne s'amuse à parer aux coups, ny de les euiter, ny encore moins reculler, ny l'addresse ny a point de lieu, ains semblēt deux forgerons qui martellent l'vn apres l'autre. Ils ne tirent pas des feintes descendans d'en haut à plein bras, pour les retenir tout soudain, & donner ailleurs d'estocade : la nuict ombreuse, & leur animosité & despit leur ostent à ceste fois toute l'art & vsage d'vne telle escrime : Car voꝰ eussiez ouy leurs espees horriblement se rencontrer à demy-lame, & quelquefois iusques aux gardes, sans que leur pied desmarche vn seul pas en arriere, ains demeurent fermes plantez en vne posture, à se chamailler de toute leur force. Mais leurs bras sont en cōtinuel mouuement, sans qu'vn seul coup, soit de taille, soit de pointe, se rameine en vain, la honte prouo-

Y iij

que leur indignation à vengeance, & la vengeance renouuelle à son tour la honte, dont s'appreste plus en plus nouuelle occasion de s'entrecharger, & adiouste recent esguillõ à se redoubler de si frequens & mortels coups l'vn sur l'autre. Leur meslee se va tousiours tantplus fort raigrissant: si qu'ils ne s'amusent plus à s'entredonner des espees, ains se battent à coups de pommeau, tant ils se sont acharnez & remmalicez à ceste recharge où ils se heurtent d'heaumes & escuts. Clorinde vient de toute sa force saisir Tancred auec ses robustes bras & l'estreint aux flãcs, dont il tasche de se demesler, s'efforçant de luy donner vn tour de iambe pour la mettre à bas, mais elle tient ferme sans qu'il la puisse desroquer, & malgré luy s'en deuelloppe: Puis le reprend, & il obeist en cuidant la porter par terre de son effort mesme. Ainsi se continue ce premier assaut, tant qu'ils sont contraints de se retirer pour reprendre haleine, & en s'appuyãs sur les gardes de leurs espees, s'entreregardent felonneusement tous recreus & vuides de sang. Desormais les rayons de la derniere estoille commençoient à s'eslangoürer & esteindre aux premieres blancheurs du iour renaissant à la partie Orientale si que Tancred peut apperceuoir, que la terre estoit plus teinte de sang soubs les pieds de son aduersaire, que de son costé, & ne se sent si affoibly comme il luy semble de le voir, dõt il s'en orgueillist & r'allegre. Las combien fols & indiscrets sont nos cuiders, qui à la moindre ondee d'vn vent fauorable de la fortune se glorifient & reaussent? Pauure miserable Tancred, dequoy te resiouys-tu à present? O combiẽ triste & douloureux te fera le triõphe de ceſte victoire! Tu ne t'en pourras gueres heureuſement vanter. Tes yeux, ſi tu reſtes en vie, payeront pour chaſque goutte de ce ſang, vne large mer de pleurs & de larmes. Ainſi ſe taiſans & s'entreguignans de trauers, ces deux acharnez combattans ſe repoſerent quelque peu: & à la fin Tancred rompt le ſilence, & va dire, afin que l'autre declaraſt ſon nom. C'eſt bien noſtre meſaduenture qu'icy s'employe noſtre vaillance q̃ perſonne ne nõ? peut voir, mais puis que le malheur nõ? deſnie vn teſmoignage de noſtre effort, digne d'vne plus grãde gloire, ie vous prie qui que vous ſoyez ſi parmy les armes en vne ſi enuenimee contention les prieres ont quelque lieu, me vouloir declarer voſtre nom, & qui vous eſtes, à celle fin que ie cognoiſſe, ſoit que ie vainque: ou ſois vaincu, celuy qui honorera ou ma victoire, ou ma mort. Elle luy reſpond fierement. Tu demandes en vain ce que ie ne ſuis point couſtumiere de dire mais qui que ie ſois tu vois icy frõt à front de toy, l'vn des deux qui ont mis le feu à ceſte voſtre ſuperbe eſleuee tour. A ces paroles Tancred s'enflamme d'vn ardent deſpit & courroux: & en malheure as tu dit cela, alla-il reſpondre : car il t'en couſtera la vie. C'eſt vne grande diſcorteſie que de celler ainſi ſon nom : & à toy vne indiſcretion d'auoir reuelé ce qui t'euſt mieux valu de taire, l'vn & l'autre eſgalement m'incitent à en prendre vengeance. La fureur & indignation ſe rallument de nouueau en leurs cœurs, & les tranſportent à vne plus cruelle bataille qu'au parauant, mais plus foibles qu'ils ne ſouloient. Toute ruſe eſt banie de là, & la force y eſt morte & eſteinte, il n'y a plus qu'vne certaine forcenerie qui cõbatte en eux. O quelle sanglante & hydeuse ouuerture font l'vne & l'autre de ces impitoyables espees en quelque endroit qu'elles assenet soit és armes, soit en la chair-viue! Que si la vie ne sort par là, c'est le grand cœur & le courroux qui la tient encore vnie à leurs corps. Tout ainsi qu'en la haute mer, nonobstant que les vẽts qui la troublent ayent cessé leurs rauages & tintamarres, les flots qui en ont esté excitez ne s'appaisent pas si tost pour cela, & ne se calment, ains retiennent encore pour quelque temps leur asmotion & tumulte: de là mesme sorte, combien que ceste accoustumee vigueur qui fournissoit de force à leurs coups, pour estre vuide & destituee de sang vienne à leur deffaillir & manquer, si gardent-ils neantmoins encore leur premiere impetuosité & furie, & ramenez d'eux, accroissent playe sur playe, dommage sur dommage. Mais voicy arriuer desormais l'heure fatale du tribut que Clorinde doit rendre à sa destinee: car Tãcred despité que le combat dure tant, & de se voir ainsi blessé, luy tire vne trop cruelle estocadé, qui se va plonger à trauers ses belles mammelles, & s'abreuue là du sang qui regorge, tãt que la camisolle brochee d'or estincellant, qui estaignoit son delicat sein, se humecte d'vne moiteur tiede, coullant parmy comme vn ruisseau, dõt elle se sent desormais arriuee aux faulxbourgs de la mort, & les iambes chanceller soubs elle, qui ne la peuuẽt plus soustenir. Il insiste à sa victoire aspre & boüillant & presse de pl^9-pres encore ceste pauure miserable transpercee d'outre en outre, laquelle en tombant de ce peu de voix foible & casse qui luy restoit, va

Chant dousiesme.

pour sa derniere main proferer ces mots qu'vn nouueau Esprit luy dicte, Esprit de foy, charité, & esperance.

Souueraine vertu qui du ciel m'est transmise
A la fin de mes iours, si iusqu'icy i'ay mise
Ta saincte cognoissance a trop de nonchaloir,
Fais au moins que ie puisse icy m'en preualoir,
Et l'emprains dans le cœur de ta deuote ancelle
Si i'ay durant ma vie esté a toy rebelle,
Et n'ay remis en toy mon tout seul reconfort,
Voicy que ie te rends ce deuoir a ma mort.

Mon amy, va elle lors dire au Prince Tancred, tu as la victoire, ie te la pardonne: Pardonne moy aussi, non que tu espargnes ce chetif corps, qui n'est doresnauant plus que poudre, mais ayes pitié de mon ame, prie pour elle, c'est dont ie te veux requerir, & me donnes le sainct Baptesme, qui me laue toutes mes offences. En ces langoreuses parolles resonne ie ne sçay quoy de piteux & de lamentable, qui môte au cœur du Cheualier, & luy amortissât toute son animosité & courroux, l'Induist voire contrainct de larmoyer, non toutefois qu'il sçeust encore quel en estoit le triste & doloreux suiect. De la crouppe de la môtaigne, non loin de là sourdoit vn petit clair ruisseau d'eau viue doux murmurant où il court soudain, & emplist son casque, puis retourne diligemment triste & afligé, à ce charitable deuoir, & sent tout trembler la main pendât qu'il luy deflace sa sallade, & luy descouure le visage iusqu'à lors mescogneu de luy: mais si tost qu'il l'eust apperceüe, le voila deuenu muet, & demeuré côme immobile. Ah veüe, ah recognoissance, côbien cher te coustera elle! Il ne trespassa pas toute à que toutes ses vertus vitales se rallierent en cest instāt pour s'aller mettre en garde autour du cœur, si que maistrisans pour lors sa destresse, il tasche auec de l'eau dont il la baptise, luy faire renenir la vie qu'auec l'acier il luy auoit ostee: mais pendant que il profere les mots sacramentaux de ce sainct mystere, elle se transforme de ioye, & se prend à rire, en mourāt d'vn visage côtēt & ioyeux qui paroissoit vouloir prononcer tels mots: Ie voy le ciel qui s'ouure au deuant de moy, là ie vois en paix de mō ame: Et là dessus elle la rēd, sa face s'estāt lors blesmie d'vne blanche pasleur agreable, comme si on mesloit des violettes auec des lys: & de ses yeux esleuez fermés contremōt, on eust dist que les Spheres celestes auec le Soleil se fussent là endroit retournez vers elle de la pitié qu'ils en auoient: laquelle tendant la main nuë au Cheualier desia toute froide & amortie, en lieu de parolles luy donne ce gage de paix & accord. Ce fut la maniere dont ceste belle ame passa de ce monde à vne plus heureuse demeure, en semblance d'vne qui sommeilleroit gracieusement. Si tost que Tācred l'apperçoit estre du tout deslogee de sō beau aymé corps, la vigueur qui s'estoit d'arriuee recueillie en luy, se relasche, le libre commandement qu'il auoit sur soy, cede à son angoisseuse douleur, qui desormais s'emancipant hors de toute mediocrité & raison, le cœur vient à s'enrestreindre outre mesure, & la vie se renserre là en peu d'espace, delaissant tous ses sentimens pleins de mort, & la face pareillemēt, si que vif encore il languist, & ressemble vn qui ait desia passé le pas, tant à son teint, qu'à son silence, & à ses gestes, & au sang qui s'en est du tout retiré: Dont sa vie ennuyee desormais de plus viure, & le dedaignant, n'eust gueres mis rompant les debiles liens qui la retenoient, d'aller apres ceste belle ame despoüillee de son escorce, & desployoit desia son vol pour la suiure à tire d'esle, sans vne trouppe de Fraçois, qui de fortune s'embattirent là pour prédre de l'eau, ou pour semblable autre besoing, lesquels emporterent ce corps mort, & le Cheualier qui ne valloit pas gueres mieux: car leur Capitaine ayant recogneu le Prince à ses armes, y accourut prōptement, lequel ayāt aduisé ceste belle creature esteinte, eut vne grande destresse au cœur d'vne telle mesaduenture, & ne voulant pas delaisser aux loups vne si digne & precieuse proye, biē qu'il estimast que ce fust quelque corps Payen, fist charger l'vn & l'autre sur des brancards, & les porter tous deux au pauillon de Tancred, le plus doucement qu'il fut possible: si qu'a peine se peut-il apperceuoir qu'on le transportast, tant il estoit hors de soy pour ses blesseures & angoisses. Il se plaint & gemist, mais debilement, dont on cognoist qu'il n'estoit pas encore expiré: De l'autre qui ne se remuë en sorte quelconque, ny ne parle, ny ne se plaint, on voit bien que l'esprit en est du tout absenté. Ainsi amenez l'vn pres de l'autre, ils furent finablement logez en deux differentes demeures. Les Escuyers se mettent autour de leur maistre couché au lict, à luy faire tous les bons deuoirs & seruices qu'ils peuuent: la lumiere accoustumee luy estant desia reuenuë aucunement en ses yeux languides, si que il pouuoit sentir desormais les remedes qu'on luy appliquoit, & ouyr les deuis des assistans, mais la vie incertaine encore de son retour, toute esperduë & eslangoree, ne se peut pas bien du tout rasseurer: & luy comme transi sans mot dire regardé tout autour de soy les vns & les autres, tãt qu'il recognoist en fin le lieu où il est, dont outré d'vne trespoignante amertume & compunction de courage, d'vne vois foible & tremblante il se prend à dire.

Suis-ie doncques viuant, & respiray-ie encore?
Vois-ie les clairs rayons de ceste triste Aurore,
Qui m'est de mon forfait tesmoin perpetuel:
Et m'accuse enuers tous d'vn acte si cruel?
Main, malheureuse main, de meurtres heritiere:
Qui d'inhumainement meurtrir sçais la maniere:
Main bourelle, homicide, aux gages de la mort:
Seras tu si coüarde, auras tu point l'effort
De trencher le filet de ceste indigne vie,
Des astres, & des cieux, & des hommes haye:
Pour laisser vn exemple aux siecles aduenir
D'vn si piteux massacre, & de son souuenir?
Mais toy accoustumee au sang humain respandre,
Iamais plus ne voudras pitoyable te rendre:
Ains afin de n'auoir de moy compassion,
Me laisseras languir en mon affliction:
Sans me donner la mort, qui seule à ma detresse
Peut donner reconfort, & me mettre hors d'angoisse.
Toy donc ma chere-espee, ayant plus de mercy
De moy que n'a ma dextre, abrege mon soucy:
Et m'ouure en deux le cœur, où l'on puisse cognoistre
Si oncq vn tel mesfait il a pensé commettre.
Mon amour desormais, pour vn patron de mort
Sera tenu de tous, de ducil & desconfort.

Chant douziesme.

Indigne de plus viure, ains de mourir sans cesse,
Puis que i'ay mis à mort ma tres-chere maistresse.
Mais ie ne mourray pas ains viuray en langueur,
Transi d'apres soucis, de peine & de douleur:
Forcené vagabond, agité di furies
De mille ombres de morts effroyables suiuies.
I'auray ce mien forfaict tousiours deuant les yeux
Qui plus fort me rendra à moy mesme odieux.
Du iour, & du Soleil la claire renaissance
Me sera en horreur, de peur qn'en euidence
Mon peché n'en soit mis: & en me refuyant
C'est lors que de plus pres ie m'iray tallonnant.
Las tout ce que d'entier à ma fureur impie
Laißé de ce beau corps, par moy priué de vie,
Est quelque part gisant, ou les loups, & corbeaux
Desployent maintenant leurs affamez assaux:
Mais c'est trop noble proye, & trop riche pasture,
Surquoy mon fier destin, & ma mesaduenture.
Ces bois malencontreux, & leur obscurité,
Mon imprudent erreur, & ma brutisueté,
M'ont rendu plus cruel que les bestes sauuages,
Qui sur mes demeurans assouuissent leurs rages.
Ce diuin corps qui fut l'agreable manoir
De prouësse & beauté, doit-il en fin auoir
Le ventre pour tombeau de beste, rauissantes:
Deschiré par morceaux des leurs ongles tranchantes?
Ie l'y auray aussi. O mon trescher desir,
Las au moins que ie peusse aupres de toy gesir?
Mais tu ne voudras point auoir pour compagnie
Apres ta mort, celuy qui t'a osté la vie.

Ainsi se contristoit ce pauure descõforté Prince: &
on luy dit, que ce corps qu'il regretoit tãt, il l'auoit

là aupres de luy. Son aspect couuert d'vne obscuritr tenebreuse, monstra lors de se rasserener & esclarcir, ainsi que quelque coup d'esclair qui passe viste volletant à trauers les nuës: & s'efforçant de soubsleuer hors du lict ses infirmes membres, appesantis des playes qu'il auoit receuës, & du sang perdu à peine eust il sçeu mettre vn pied deuãt l'autre qu'il ne chacellast; mais il fit tant qu'il s'approcha du lieu où le corps gisoit, à l'ayde de ceux qui le soustenoiẽt par dessous les bras, & voit là a trauers ce beau sein le desastreux coup (ouurage de sõ infortunee main,) & sa face encore coloree & sereine, bien que sans resplendeur, tout ainsi qu'vn nocturne ciel, dõt il s'esmeut, de sorte, que ses playes s'escreuerẽt, & fut tresbuché de son long si on ne l'eust soustenu. Puis alla dire: ô diuine face qui puis rendre la mort mesme douce & plaisante, tu ne sçaurois pas radoucir ma desconuenuë; ô belle main, quel gracieux & suaue gage d'amitié m'offris tu: mais helas quels vous retrouuay-ie à ceste heure. Et quel en suis-ie deuenu ? Et vous gentils amiables membres, ne sont ce pas icy les funestes piteuses marques de ma brutale insensee forcenerie enuers vous? ô cruels yeux impitoyables, aussi biẽ q̃ fut ceste despiteuse main, c'est elle qui fit ces playes & vous, vous les contemplez tous essuis? Coure dõc mon sang a ruisseaux, la où mes pleurs ont refusé d'aller. La il enterrõpit sa parole: Et cõme son forcené desir de mourir le menoit, il deschire les bãdages, les emplastres, & appareils qu'õ luy auoit appliqué sur ses blesseures, qui s'en exaspererent, de sorte que grande abondance de sang en sortir, & se fut sãs aucune doute la acheué, n'eust

Chant douziesme. 351

esté que de la griefue douleur qu'il sentoit il s'alla pasmer, ce qui luy en osta la force, l'ayant puis apres recouché, l'ame preste a s'éfuir hors du corps, y fut de nouueau rappellee a ses odieuses functiõs. Mais le bruit laugagier trottant soudain de langue ne taist plus desormais l'estat où il estoit reduit, & sa piteuse mesaduenture, ainsy attira le Duc Godefroy, & tou ses plus intimes amis y accoururent quant & quant pour le cõsoler: ce neantmoins par toutes les remonstrances qu'on luy sçeut faire, ny pour prieres qu'on luy fist de ramoderer sa douleur, il ne fut possible de le rapaiser, ny en riẽ soulager l'obstiné descõfort de son ame. Tout ainsi que quand en l'vn des principaux & delicats membres, si quelque naureure ou autre accident interuieut, & qu'on y touche tant soit peu, la douleur s'en regrege & augmente; De mesme vn cœur affligé de quelque griefue desconuenuë, si on le cuide radoucir auec de douces consolations, il s'en aigrist encore dauantage. Mais le deuot Hermite Pierre, à qui ce desastre tousche d'aussi pres au cœur qu'a nul autre, comme vn bon pasteur a le soing de ses brebis malades, luy par de graues & seueres remõstrances reprend & blasme ceste si longue vanité sienne, & l'admonneste en ceste sorte: Tancred, Tancred, combien vous-vous monstrez icy par trop dissemblable a vous mesmes, & vous desuoyez de vos tant beaux commencemens? Qu'est-ce qui vous a ainsi hebeté le sens? Quel espoix nuage s'est-il venu espandre deuant les yeux, qui vous les ait si fort ceiglez que vous ne pouuez pl' rien discerner? Ceste vostre ainsi triste mesaduenture, vous est vn message enuoyé du Ciel; ne vous en apperceuez vous pas? N'oyez vous ce qu'il vo° entône aux oreilles? Ce qu'il crie ainsi apres vous, n'est que pour vous remettre au sentier dont vous vous estes destorné. Il vous l'enseigne, & mõstre au doigt? Et vous r'appelle à vos premiers cõportemens & deuoirs d'vn fidelle Cheualier chrestiẽ, dont vous vous estes si estrangement desbauché, pour vous rẽdre ainsi passionné (chose par trop indigne en vn tel homme) d'vne ieune insensee rebelle à Dieu, & à sa creance. Heureuse aduersité certes, si vous la sçauez biẽ cognoistre pour en faire vostre profit: benigne & pitoyable indignation de là haut, qui auec vn si doux & legier coup de foüet vient chastier vostre si deprauee offence, dõt vous auez courroucé tout le ciel, & vous rẽd vous mesmes l'instrumẽt & le ministre de vostre salut, & neantmoins vous-vous y mõstrez si rebours, & contreuenant? C'est pour neant que vous regimbez contre l'esguillon. Refusez vous doncques, ah mescognoissant que vous estes: ce salutaire dõ de là haut? Vous banderez-vous à l'encontre? Miserable de courir ainsi à bride abbatue apres vos effrenez desirs, apres de si impetueux cruciemés de vostre ame, que vous mesmes vous-vous brassez. Vous estes desormais arriué sur le bord, tout prest à tresbucher dedans, d'vn ptecipice perdurable, & vous ne vous en voulez pas retirer? Regardez y biẽ ie vous prie: Reuenez à vous, & mettez en fin vne bride a vostre par trop extrauaguee douleur, qui vous cõduiroit a vne mort double. La il mit fin a sõ parler, & la crainte de l'vne de ces deux morts, dõt il le menace, r'attiedist au Cheualier le boüillant desir qu'il auoit de l'autre. Il donne lieu en son

courage

Chant douzieſme.

courage à ces ſages & Chreſtiennes conſolations, qui luy r'adouciſſent en partie ceſte poignante & douloureuſe angoiſſe qui le moleſtoit: Mais non pas de ſorte qu'à tous propos il ne gemiſſe, pleure, & ſouſpire:& que ſa langue ne s'abandonne à de trop piteuſes lamentations & complaintes: tātoſt parlant à ſoy meſme:& tantoſt á ceſte biē-heureuſe ame, qui parauāture du Ciel l'eſcoutte. Il n'a autre choſe à la bouche que ce tant cher & regretté nom de Clorinde: ſoit que le Soleil ſe parte d'icy, ſoit qu'il y retourne. En voix foible, caſſe & lāguide il l'appelle ſans ceſſe auec de frequents deſrompus ſanglots, & deux viues ſources de larmes: de meſme que le Roſſignol, a qui l'impitoyable Payſan a enleué ſes tendres bien-aymez petits de leur nid, n'ayās que le poil fol encore: pres duquel d'vn douloureux chāt & plaintif il lamente iour & nuit ſa cruelle deſconuenuë: dont l'air & les bois ſe rēpliſſent d'vn fort piteux reſonnement. A la parfin vers le point du iour il ferme quelque peu les yeux, où le ſommeil ſe vient ietter parmy les pleurs dont ils ſont baignez. Et voilà qu'en ſonge ſa tant plainte-ſouſpiree amie luy apparoiſt, reueſtuë d'vne reſplendiſſante robbe eſtelee, eſtant trop plus belle qu'elle ne ſouloit eſtre icy bas en ceſte mortelle & caduque vie, car la ſplēdeur celeſte l'illumine d'vne extraordinaire beauté: mais pour cela il ne laiſſe de la recognoiſtre, & d'vn doux geſte pitoyable ſemble qu'elle luy vueille eſſuier les yeux auec ſon mouchoüer, luy diſant.

 O mon treſcher amant fidelle,
Regarde comme ie ſuis belle,
Gaye & ioyeuſe maintenant,

Z

Tu me mis, ne me cognoiſſant,
Hors des viuans en ce bas monde,
Où rien que miſere n'à bonde :
Et à ceſte heure me voycy
Iouyſſant, (la tienne mercy)
Des biens de l'eternelle vie,
Eſleuee en la compagnie
Des Saincts eſleuz, au ſein de Dieu,
En ce beau delectable lieu,
Où moyennant ſa saincte grace
S'appreſte pour toy vne place :
A fin que nous viuions nous deux
En la gloire des bien-heureux.
Maintien toy donc encore en vie,
Et de l'abbreger n'aye enuie
Par vn fol deſpit inſenſé.
Dieu en ſeroit trop offenſé,
Car ie t'aime d'amitié telle
Qu'on peut aimer choſe mortelle.

Diſant cela elle flamboyoit par les yeux d'vn zelle ardant, outre la cõmune condition des perſonnes pendãt qu'on eſt encor' en vie : Puis de là ſe renfermãt au profond de ces clairs lumineux rayons dõt elle eſtoit enueloppee, diſparut ſoudain de ſa veuë, luy ayant inſtillé en l'ame vne nouuelle cõſolatiõ. Lors il ſe leue tout recõforté, & ſe preſente à la cure des Chirurgiens. Cependant on fait enſeuelir ce tant aymé corps, qui auoit eſté animé d'vne ſi memorable vie. Que ſi la tombe ne fut de ſi exquis & rares marbres qu'il cõuenoit, ne taillee d'vne telle main que de Scopas ou Praxiteles, on choiſit neãtmoins la plus riche pierre, & le meilleur maiſtre qu'on peut là recouurer pour l'heure, lequel y entailla cest Epitaphe.

Icy gist dessous ceste lame
Clorinde, qui en son viuant
De son cœur fut tousiours la Dame
Contre l'Amour: son cher amant
Meurtrit le corps, & sauua l'ame.

Ses obseques & funerailles furent fort solemnelles, assistees d'vn grand luminaire, & d'vn fort magnifique conuoy: & ses armeures pendues en forme de trophée à vn fort beau esleué pin. Si tost que Tancred se peut ayder, des le lendemain tout remply d'vne fort amere & deuote compunction de cœur, il luy alla rendre les derniers deuoirs, à sa sepulture, là où estant arriué ainsi qu'à vne douloureuse chartre & prison que le Ciel eust là establie pour y renfermer durãt le reste de ses iours ses poignans souspirs & regrets, tout pasle, froid & muet, & comme priué de tout sentiment, arresta sa veuë immobile sur ce cercueil, sans en varier vne bonne espace, & en fin versant vn gros torrent de larmes, s'alla esclatter, comme si le cœur luy eust deu fendre par le milieu, en vn fort langoureux helas, accompaigné de ses angoisseuses complaintes s'adressantes à ce tombeau.

Treschere bien-heureuse l'ame,
Tu tiens renclose en toy ma flame,
Et dehors demeurent mes pleurs,
Pour accompagner mes mal-heurs.
L'ame de moy tant honoree,
Et sur tout' autre chose aymee:
En toy n'habite point la mort,
Ains ce qui y reside dort.

Estant encore plein de vie
Malgré la Parque, & son enuie,
Dans toy pour iamais mon amour
Fera, sans en partir, seiour,
Y bruslant d'vne aussi cuisante
Qu'il souloit, mais non si plaisante
Flamme qui point ne s'esteindra,
Ains tousiours viue se tiendra:
De mesme que les estincelles
Du mont Ethna perpetuelles.
Plaise toy donc heureux cercueil,
Prendre en gré ce que ce triste œil
Offusqué de tant de miseres,
T'offre icy de larmes ameres.
Reçoy les baisers, & souspirs
Baignez de pleurs, & desplaisirs.
Qui à toy viennent se complaindre
De leur desconfort, puis qu'atteindre
Ils ne peuuent iusques aux os,
Qui dedans toy prennent repos.
Ce deuoir ne pourra desplaire
A ceste ame si debonnaire,
Si iamais de là haut és cieux
Elle torne ça bas ses yeux.
L'ame qui est au Ciel rauie
Ne sçait que c'est d'haine & enuie.
Aussi n'y a il point d'erreur
Qu'on peust imputer à mon cœur:
Tu le sçais bien main inhumaine,
Qui dois seule endurer la peine
De ce detestable defaut.
De moy mourir il ne me chaut.

Si par ma mort i'ay esperance
De me revoir en la presence
De celle qu'aymee vivant,
Ie veux encore aimer mourant.
I'estimeray ceste iournee
Mieux que nulle autre fortunee,
Que mort on me verra gesir
Auprés de vous mon seul desir:
Si que nos corps reduits ensemble
Vne ame a l'autre au Ciel s'assemble:
Et, ce que n'ay peu obtenir
En vivant, nous venions vnir
Par vne mort si desastreuse,
Mais plus que nostre vie heureuse.

Là dessus il poursuit encore ses lamentations & complaintes, mais à voix basse & sanglottante, deplorant ce tant malencontreux accident, qui est là renclos dãs la terre: & se va diuulgãt desormais, qu'il n'y a ny coing ny recoing dans la ville qui n'ẽ soiẽt abbreuuez, si que le bruit en court par tout, on n'y parle plus d'autre chose ; Dont tout s'y est remply de pleurs & de gemissemens : mesmes des femmes, non d'autre sorte que s'ils se voyoiẽt desia pris d'assaut, & que les ennemis fussent la dedãs à piller & saccager tout, & y mettre le feu pour le dernier mets. Le pauure desconforté Arset torne les yeux, de tous sur luy, miserable en ses plaintifs & contenance: car son dueil ne se resout pas en larmes, comme des autres, il a le cœur par trop saisy: ains souillé de poudre & ordure, ses cheueux chenus espandus sur les espaules, il se deschire le visage, & la poitrine à coups d'ongles, comme vn homme desesperé. Pendant que la multitude s'est assemblee autour de luy, Argant se jette emmy la presse, s'escriant ainsi. Ie voulois bien qnant à moy, si tost que ie m'apperçeus que ceste valeureuse guerriere estoit renfermee dehors, l'aller requerir tout incontinent, & r'accourus soudain pour sortir, & participer auec elle de la mesme fortune & hazard qu'elle courroit, mais ie ne peus iamais obtenir qu'on m'ouurist les portes. Quelle chose ne fis-ie lors, qu'est-ce que i'obliay à dire? Qu'obmis-ie de prieres & suplicatiõs enuers le Roy pour me le permettre? mais quelque chose que ie sceusse faire ne dire, tout fut en vain. Celuy qui a le supreme cõmãdemẽt n'y voulut entendre. Las de moy! que si ie fusse issu à l'heure, il n'en fust pas aduenu ainsi, car ou ie l'eusse garentie de ce dãger, & ramenee auec moy saine & sauue, ou i'eusse terminé mes iours par vne honnorable fin, où elle termina les siens, rougissant la terre de son preux sang. Mais que pouuois-ie dauãtage? Les hõmes & les dieux en vouluret autremẽt disposer. Elle mourut d'vne mort fatale, de moy ie ne mettray point en oubly ce que le deuoir me commande. Escoute dõc Ierusalẽ, ce qu'icy Argant te vouë & promet: escoute le aussi ô toy ciel, & s'y i'y mãque desploye dessus moy ton ire. Ie iure & promets de venger la mort de Clorinde, sur ce Frãçois qui l'ainsi meurtrie desloyaument. Ceste vengeance m'appartiẽt, & n'est deüe à autre qu'à moy, d'vne si preiudiciable mort à noz autres. Ie ne descendray iamais ceste espee, que ie ne l'aye passee à trauers le cœur de Tancred, & laissé sa charoigne pour pasture aux chiens & corbeaux. Il parla ainsi, & les voix du peuple applaudirẽt à ses hautes promesses, d'vne ac clamation fauorable, s'allegeans sous ceste esperance du dueil qu'ils auoient cõceu d'vne telleperte, dont ils se promettoient vne briefue reparatiõ, mais ô sermens vains & friuoles! Voicy qu'il ne tardera gueres que tout le contraire n'aduienne,& que cest orgueilleux qui menace de telle sorte, ne meure luy mesme mort en pareil cõbat, de la main propre de celui qu'il luy semble de tenir desia sous ses pieds.

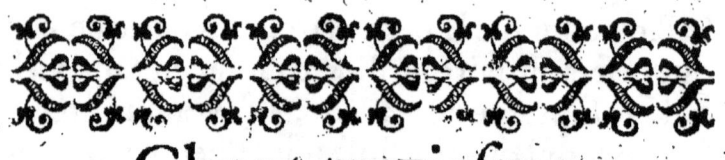

Chant treziesme.

ARGVMENT.

L'ENCHANTEVR Ismen va faire ses coniuratiõs à ce bois dont les Chrestiens souloient enleuer des materiaux pour leurs machines de batterie, que personne n'y ose plus aller, a cause des illusions & menaces espouuantables qui y apparoissent. Tancred apres plusieurs autres s'en met en aduenture, qui n'y fait non plus qu'eux, trop bien estant plus asseuré, il passe plus auant en dedans: où apres auoir veu de par trop estranges merueilles, il en vient faire son rapport au Duc, qui par l'aduis de Pierre l'Hermite fait suspẽdre cela, & le remettre au retour de Renaud. Et là dessus est tres-elegamment descrite vne extreme secheresse, & alteration de l'armee: qui transie de soif, se dissippe pour la pluspart, & s'escarte de costé & d'autre: mais le Duc finalement por ses prieres impetre la pluye qui restaure tout.

A PEINE estoit la tour de bois tombee a bas, reduite en cendres, qu'Ismen pourpense en soy nouueaux expediés, dõt la ville puisse demeurer garantie des assauts Chrestiens, & les empescher de rien plus tirer de ce bois dont leur prouenoient tous les materiaux de leur siege: ny que pl⁹ ne se bastissent d'autres machines & engins pour expugner Ierusalem. Il y a vne haute fustaye assez pres du camp des François, dãs des fondrieres & baricaues solitaires & destournees, de viels arbres espandãs de toutes parts vn funeste & hydeux ombrage, car au plus haut du iour que le Soleil luist le plus esleué en nostre hemisphere, ce peu de clãrté qui y est, tout ainsi qu'ẽ vn ciel trouble & couuert d'obscurs &espoix nuages, est pasle, descoloree & melancolique, telle a peu pres qu'on la voit sur le soir deuant que le Soleil se couche, ou auant qu'il se leue en tẽps pluuieux, morne & sombre, lors que le iour succede a la nuict, ou la nuict au iour. Tout est enueloppé la dedans de profondes & noires tenebres, non gueres dissemblables a celles d'enfer, & qui aueugleroient mesmes les hiboux & chauuesouris, & semblables oyseaux nocturnes, si que les plus asseurez & hardis courages s'y rẽpliroiẽt d'vne trop effroyable horreur. En plein iour mesme pastre aucun tant soit-il solitaire & escarté de la cõmune frequentation des hõmes, n'y mena oncques ses trouppeaux, ny bouuier aussi peu ses bœufs: ny passant, si d'auanture il ne s'egare, ne s'alla rafreschir a ce desagreable ombrage, ains en passe loing le mostrant au doigt. La les vieilles sorcieres s'assemblent de nuict, chacune

Chant treziefme. 361

auecques fon affocié demon, qui les viennēt trouuer auollans parmy les orages & Tourbillons, les vnes en forme de dragon, les autres d'vn vieil puāt & infect bouc: Elles cheuauchās vn ballay, ſur lequel elles font forties par le tuyau de la cheminee, iufques au lieu de leurs infames cōuenticules, là où fous vne fauſſe image & apprehenſion d'vne orde laſciueté, elles font allechees d'aller celebrer leurs dānes & deteſtables nopces, auec de trop vilaines & immōdes ceremonies. Telle eſtoit la cōmune opiniō, ſi que vn feul habitāt d'alētour n'auoit onques arraché vn rameau de ceſt anematiſé boſcage, iufqu'aux François qui les premiers de tous viollerēt ceſte longue redoutee Franchife, pour autant que ils ne pouuoient recouurer d'ailleurs plus cōmodement de la matiere pour leurs ouurages. Là s'en vient le magicien deffuſdit, ayant choyſi pour ceſt effect l'importun filence d'vne nuict obſcure, ceſte nuict meſme qui ſucceda à ce que vous auez peu veoir cy deſſus: & y va deſcrire ſes characteres, tout deſbraillé, & vn pied deſchaux dans ſon cerne, où il murmure bas à par foy certains mots ſecrets d'vne merueilleuſe puiſſance. Par trois fois il tourna la face au Soleil leuant. & autant de fois vers les Royaumes où ce clair aſtre lumineux ſe va plōger par chacun iour dans les ondes marines. Par trois fois il ſecouë & branſle ſa verge, dōt il peut attirer les corps morts hors de leurs ſepulchres, & les faire reuiure ſans vie, ſe mouuoir & ſe remuer par fōblant. & autāt de fois il frappe la terre de ſon pied deſchaux: Puis à la parfin d'vn horrible cry s'eſclata en telles paroles. Oyez voˢ autres infernaux tenebreux eſprits, qui iadis fuſtes de foudroyās ton-

nerres precipites d'enhaut des estoilles en vos abismees demeures. Vous aussi habitans de la moyēne
region de l'air où vous auez accoustumé d'exciter
les tempestes, tourbillons & orages les plus cruels
le partroublans ores en vn endroit, puis en vn autre. Et vous encore les ministres des bas enfers, &
des eternelles lamentations qui y regnēt des tourmens perdurables dont vous bourrelez les tristes
desolees ames citadines du creux auerne, bourgeoi-
ses d'Acherō, & manantes des Stygiennes Paluds,
& des enflambez torrens de Phlegerō & de Cocyte: Ie vous inuoque, & vous pareillemēt ô Souuerain Sire des impiteux Royaumes du feu ardent, ie
vous cōiure que vous ayez tous à prēdre, receuoir,
accepter sous vostre effroyable sauuegarde & protection, ce bois que ie vous dedie & consacre, tous
ces arbres cōptez vn à vn, & les plantes iusqu'aux
fougeres & genets, que ie vous consine entre vos
execrables mains, & vous en constitue les gardiēs
& depositaires. Et ny plus ny moins que le corps
est comme vn hebergement & habit de l'ame, de
mesme que chacun de vous se le rende de chaque
arbre de ceste forest, si que quiconque des François s'ingerera d'en abbattre le moindre, qu'il
s'enfuye soudain d'horreur qu'il aura, ou au moins
arreste son coup, ayant peur de vous offenser, Il
profera ces mots, & autres encore si horribles que
il n'y a langue, si d'aduenture elle n'est surbaignee
d'abomination, qui les peust, ny osast supporter
de redire, A ce parler il faict ternir ces clairs flambeaux qui embellissēt & esclairēt les sereines nuicts
la Lune s'en trouble, enueloppant ses lucides cornes d'obscurs brouillars, si qu'elle ne se iette pl^9 en

Chant treziefme. 363

dehors, ains se tient là dedans recluse comme effaree & esperduë. Et luy redoublant ses impies detestables cris, Esprits inuoquez, va-il dire, ne venez vous point? Dont procede ce rerardement? attendez vous parauenture quelques autres cōiurations plus terribles, & de plus fortes & puissantes menaces? Pour auoir si long temps discontinué ce mestier, ie ne l'ay pas oublié pourtant, & sçay cōme il m'en faut ayder pour nous renger à la raison. Ie sçay moy encore auec la langue soüillee de sang proferer ce grand & redoubtable Nō, auquel Proserpine pour refractaire & opiniastre qu'elle y ait voulu faire l'oreille sourde, ny sō noir enfumé mary rebelle ne refuserent oncques d'obtēperer. Que si, que si, il vouloit dire dauantage, mais sur ces entrefaites il cogneut que ses charmes & coniuratiōs auoient sorty leur plein & entier effect. Infinis innumerables esprits accourēt là de toutes parts, partie qui ont leur demeure ferme arrestee en l'air, partie qui vōt & viēnent errās vagabonds de costé & d'autre, partie qui sont sortis tout à l'instant du plus caligineux & espoix obscur creux de la terre, lents, tardifs, estonnez, & intimidez encore de ceste supreme deffence, qui leur auoit fait expressemēt interdire par le sainct Archange Michel de ne s'entremettre doresnauant en sorte quelcōque des affaires de ceste guerre: mais il ne leur estoit pas prohibé de se venir là hosteller dans les troncs des arbres, & parmy leurs brāches & rameaux. Le magicien, puis que plus rien ne luy manque à son dessein, s'en retourne tout ioyeux & content au Roy. Sire, dit il, laissez desormais tout doubte & soucy, & prenez courage: vostre Royal siege est tout asseuré, car les Fraçois ne pourrot plus refaire leur attirail d'engins & machines pour vous offencer cy dedans, comme ils s'attendoient: Puis il luy va declarer de point en point côme il y auoit procedé, & de quelle sorte estoient passees ses coniurations & enchâtemēs. Cela ouy, le Roy se r'asseure de sorte qu'il ne craint plus la puissance, ny les efforts de ses aduersaires. Il auoit desia en partie reparé ses bresches, & refait tout ce que les belliers & semblables machines auoient peu battre & desmollir de ses murailles & rempars, mais il ne laissa pas pour cela d'y faire encore trauailler plus soigneusemēt, tant les gens de guerre, que les habitās bourgeois, & esclaues; on n'y perd vne seule heure de temps soit du iour soit de la nuict. Cependant le Duc Godefroy, qui ne veut pas que ceste place si forte soit battue en vain, q̃ premieremēt la tour, principalle piece de ses machines, ne soit refaite, & d'autres encore rebasties, enuoye les charpentiers à ce bois, qui à tout heure leur souloit fournir prōptemēt des materiaux propres, & ils s'y acheminēt des le poinct du iour, mais vne inaccoustumee frayeur les surprēd, qui court les arreste, de mesme qu'vn petit enfāt qui n'ose regarder des fantosmes & illusions, dont il n'auroit point encore esté desieuné, qui se presentent deuant ses yeux: ou côme en vne nuict obscure il s'espouuante, s'imaginant des monstres & prodiges trop espouuantables. En semblable ceux-cy sont à vn instant frappez d'vn estonnement & frayeur en leurs cœurs, sans sçauoir pourquoy, ny dōt cela peut proceder, ou que ce peut estre, qui les intimide d'vne si estrange maniere, si ce n'est d'auenture la peur, qui leur re-

Chant treziesme.

presente, de plus grands, plus enormes & hydeux prodiges de Chimeres, Sphinges, & semblables monstres que leur sens ne peut supporer, parquoy ils s'en retournent tous confus & espouuantez, alleguans diuerses occasions de leur crainte, à quoy personne n'adiouste foy, ains chacun s'en moque. & là dessus on y renuoye vne esquadre de vaillans & hardis soldats pour seruir d'escorte aux moins asseurez, & qu'ils leur donnent courage d'executer ce qui depend de leur mestier. Ceux-cy à l'approcher de là où ces conjurez esprits auoient pris leur place en ce bocageux intimidemēt effroiable, n'eurent pas plustost apperceu ces noires & hideuses ombres, que le cœur leur va battre dans la poictrine, & s'y remplir d'vn froid glaçon, neaumoins ils ne laissoient pas pour cela de tirer outre, cachants soubs vn hardy semblant leur couardise & lasche crainte: & tant s'aduancerent qu'ils n'estoient desormais gueres loing du lieu enchanté: Quand voila soudain vn bruit qui en sort si terrible, que la terre en tremble & resonne tout alentour: & vn impetueux murmure de vents se va leuer, auec vn debattemēt tel que de grosses vagues qui viennent heurter & se rompre contre les rochers & riuages. De la sorte que rugist vn lyon courroucé, siffle vn serpent, hurle le loup, & l'ours gronde & fremist de rage, tout cela s'y pouuoit ouyr, auec des sons de trompettes, & de tābours, entremeslez de gros tonnerres: vn seul bruit resōne toutes ces varietez aux oreilles des escoutans, dont ils viennent tous à chāger de couleur & blesmir, leur crainte se demonstrant en mille signes & apparences: & n'y a discipline militaire pour obeissance qu'elle puisse estre, ny autre consideration quelcōque de leur hōneur, qui les puisse faire aller auant vn seul pas, nō pas mesme de s'arrester: le courage de ce defendre estant trop foible & impuissant à ceste heure, contre ceste menace occulte qui les a ainsi esperdus, tāt qu'à la parfin ils prēnent la fuitte. Vn d'entr'eux pour s'excuser en estāt allé aduertir le Duc, Seigneur: va-il dire, il n'y a plus personne d'entre nous tous qui se vante d'oser mettre la coignee à vn seul arbre de ceste maudite forest, estant gardée de telle sorte que ie croy, & l'oserois ainsi iurer, que Pluton y ait transporté sa demeure. Bien auroit trois & quatre fois le cœur rempaté d'vn dur diamant, qui y oseroit seulemēt ietter l'œil sans rien craindre: & seroit priué de tous sentimens celuy qui s'enhardiroit d'escoutter les tonnerres, sisslemens, & rugissemens qui y regnēt. Ainsi disoit celuy-là, present Alcaste, qui de fortune s'y estoit trouué auec tout plein d'autres: homme d'vne estourdie temerité, fier naturel, mesprisant chacun, & qui ne tenoit cōpte de la mort propre, qui n'auoit craint ne redouté les plus horribles & cruelles bestes, ny aucuns monstres espouuētables mesme aux plus vaillans: ny tremblement de terre, ny foudres & tonnerres, ny vent, ny orage, ny tout ce que le mōde pourroit auoir de plus violent & impetueux. Croullāt lors la teste, & se sousriant il va dire. Là où cestuy-cy n'ose aller, ie n'ē feray point de difficulté: I'entreprends moy seul d'abatre ce bois, qui s'est ainsi remply de ces vains songes & illusiōs: Il n'y a pas vn de tous ces phātomes, pour horrible & hydeux qu'il soit, qui m'en sçeut garder, ny les fremissātes horreurs des forests

Chant treziesme. 367

ny les cris des oiseaux funestes, fust il questiõ mesme de descẽdre par là aux enfers, pourueu que parmy ce tant effroyable pourpris on me monstrast le chemin d'y aller. Ainsi se vantoit-il au Duc, & ayãt eu congé de luy, il s'y achemine. Il cõtemple la foreſt, & escoutte le nouueau bruit & resonnement qui en procedoit, mais pour cela il ne retourne d'ũ seul pas arriere, ains tout r'asseuré, & mesprisant ce qu'il oyoit comme deuant, s'estoit desormais enfourné dãs ceste prohibee enceincte, quand voyla vne grosse flãme de feu, pour le moins luy sembla-il que s'en estoit vne, qui se vient opposer à l'encõtre. Tant plus ce feu s'approche de luy, & tant plus il croist, & à guise d'vne haute muraille espand ses flammes troubles & remplies d'vne noire obscure fumee qui enuironne tout ce bois, & le remparé. Tous les arbres qui n'ont esté ou couppez, ou esbranchez, prennent la forme d'autres moindres feus, à maniere de Boulleuards, & gros tourrions bien garnis de pieces d'artillerie, & de bombardes. O combien apparoissent d'horribles mõstres tous armez aux creneaux de ceste courtine enflambee, pour la garde & deffẽce d'icelle, & de quelle horrible & hydeuse face! dont les vns d'vn œil lousche regardent de trauers & menacẽt ceux qui s'en voudroiẽt approcher d'vn trop effroyable maniere: si qu'à la fin il prend la fuitte, biẽ que nõ si tost qu'auoient fait les autres, de la mesme sorte qu'vn courageux lyõ qui s'en va deuãt les chasseurs neaumoins c'est belle peur dont le cœur luy bat dans le ventre, ce qu'il n'auoit pas accoustumé de sentir, ny esté encore aperceu en luy. Il ne luy sẽbloit pas pour lors d'auoir craincte, mais estant vn peu esloigné il le cogneut bien, & s'en esbahist, & s'en depite en son courage, se mordant les leures de la honte qu'il en auoit, dont tout enflambé de vergoigne, tout espouuanté & muet il se retira à l'escart, qu'il n'osoit pas hausser la face si orgueilleuse au precedant ni regarder persone entre les deux yeux. Godefroy l'ayant fait appeller, il differe de l'aller trouuer, & cherche des excuses & desfaictes à sa dilation pour n'y aller pas. A la parfin il s'y en va, mais fort lentement, les leures serrees sans dire mot, où s'il parle c'est à guise d'homme qui est tout trasporté, ou qui songe, donc le Duc vient à inferer de ceste inaccoustumee peur & vergoigne, qu'il a eu belles haffres, & s'en est fuy. Puis va dire. Et que sera ce que de cecy? pourroit-ce estre quelques enchantemés, ou prodiges de la nature? mais si à quelqu'vn prend enuie d'aller visiter ces estrages & sauuages demeures, qu'il s'y en aille à la bonne heure, & en esproue l'aduanture, pour nous en rapporter au moins quelques nouuelles plus certaines. Ainsi disoit-il, & durant trois iours puis apres les plus renómez de l'armee se mirét en deuoir d'y aller, mais en fin n'y en eut pas vn qui ne s'en retornast fuyãt de ces tant horribles menaces. Sur ces entrefaites le Prince Tancred estant sorty pour aller faire ses deuotions sur la tombe de sa defuncte, nonobstant qu'il soit tout defait, blesme & descoloré au visage & mal propre pour l'heure à vestir heaume ne cuirace, si ne refuse il pas toutefois, puis qu'il voit que il en est besoin, ny hazard, ny fatigue quelconque, car la vigueur de son courage trasmet au corps la force & vertu qu'il souloit auoir, si qu'il seble qu'il en ait de surcrez, & pl^{9} qu'il n'é faut. Ce magnanime me Chevalier s'en va tout racueilly en soy, sans en rien dire à personne, à ce peril incogneu, & d'arrivée soustient l'effroyable aspect de ceste enchantee forest, ensemble le bruict des tonnerres, & des tremblemens de terre dõt elle est agittee, sans s'en effrayer nullement, trop bien sent il ie ne sçay qu'elle petite esmotion en son cœur, qui soudain s'appaise, si qu'il passe outre. Et voyla qu'en ce sauuage boscageux lieu apparoist vne ville tout esprise en flammes ardentes, lors il s'en reculle, & demeure aucunement suspendu en doute, disant à par soy. Mais que peut icy profiter nulle prouësse ny effait d'armes? M'iray-ie mettre dedãs la gueule de ces monstres, ou precipiter à trauers ce feu? Ie n'espargneray iamais de respandre mon sang & ma vie où quelque honneste subiect de la commune vtilité le requerra: mais il ne faut pas qu'vn hõme de marque en soit mal à propos prodigue, & fol seroit bien celuy-là qui en voudroit faire si bon marché. Et d'autrepart que dira toute l'armee si l'on me voit retourner ainsi sans riẽ faire? En quels autres bois peuuent-ils auoir plus d'esperance si ceux cy leur manquent? Iamais le Duc Godefroy ne les voudra laisser sans les essayer iusqu'au bout. Et si vn autre s'aduanture à ceste besoigne, peut-estre que ce feu que ie voy se trouuera de moindre danger que par semblant il ne le mõstre. Or aduienne ce qu'aduenir il en pourra: & ce disant il se lance tout au trauers, (O hardiesse incomparable,) mais il ne sent chaleur quelconque dessus ses armes, comme par raison l'on deuroit d'vn tel feu ainsi espris: Trop bien ne peut-il pas si tost discerner si c'est vn vray feu, ou illusion, poussée qu'à peine l'a-

Aa

uoit-il touché qu'il disparut incontinent, & en son
lieu suruint vn espoix brouillar obscur, qui apporta
nuict & froidure. Mais ceste froide obscurité
vint à se resoudre en moins de riẽ. Tancred
en demeure tout esbay: mais esperdu non, & apres
qu'il voit toutes choses estre là trãquilles & coyes,
il passe outre tout asseuré, dans ceste prophane demeure,
où il contẽple à son ayse tous les profonds
secrets d'icelle, sans y plus trouuer aucuns de ces
inusitez prodiges, ny personne qui luy contredise
& empesche d'aller auant, sinon entant que l'espoisseur
& obscurité des arbres ombrageux & embarrassez
de broussailles, luy en empeschoyent la
veuë & ses pas. A la fin il descouure vne grand'large
place en forme d'vn Amphitheatre, où il n'y a
arbre ny plante, fors qu'au milieu vn fort haut cypres
en lieu d'obelisque. Ils s'addresse là, & voit
qu'en la tige il y a tout plein de characteres taillez,
semblables à ces lettres Hieroglyphiques vsitees
anciennement en lieu d'escriture en Egypte. Parmy
ces marques incogneües, il en discerne quelques
vnes qui en lãgage Syrien, lequel il entendoit
fort bien, disoient ainsi. O toy aduantureux guerrier
qui as osé mettre le pied dedans ceste enceinte
funeste, dea si tu n'es aussi cruel que fort & vaillant,
ne vueilles de grace inquietter ce secret lieu,
Ains pardonne aux ames qui sont icy priuees de la
vie du corps où elles souloyent heberger: car ceux
qui viuent ne doyuent point faire la guerre aux
deffunts. Ainsi disoit ceste escriture, & tel estoit
à peu pres le sens qu'en ce peu de mots elle contenoit.
Cependant il oit bruire & tempester vn
grand vent parmy les branches & rameaux, dont

partoit un son lamentable qui ressemble à des gemissemens & souspirs humains, entrerompus de frequents sanglots: Et ie ne sçay quoy de confus qui luy instilloit dans le cœur certaine compassion, & tristesse. En fin il tire son espee, & de toute la force qu'il a ramene un grand coup dans la tige. Merueille grande! Le sang sort tres-abondamment de l'incision en l'escorce, dont la terre se tient en rouge tout alentour, ses cheueux s'en herissent d'horreur, neantmoins il redoubloit ses coups, pour voir quelle en seroit l'issuë, quand il oit une voix en sortir comme de dedans un tombeau, mal distincte & fort douloureuse, qui puis apres se formant mieux en parolles qu'on pouuoit entendre; Helas! Tancred (va elle dire) tu ne m'as que trop molestee: Qu'il te suffise à ceste fois: car tu m'as chassé de ce corps là, qui me fut si aggreable demeure autrefois, & iadis vescut auec moy, & pour moy, à quel propos doncques me venir encor rauager ce tronc miserable, où mon dur destin m'est venu enclore? Veux tu ainsi felonneusement offenser tes aduersaires apres leur mort, dans leur monumens & sepulchres? Ie fus Clorinde, & non seulement en ceste rude aggreste plante heberge un esprit humain: mais dans les autres de ce bois, ceux des François, & Sarazins, qui ont laissé leur membres au pied de ces hautes murailles esleuees sur ceste montaigne si renommee de tout temps, & ont esté renfermez icy par vne nouuelle & par trop estrange merueille, ie ne sçay si ie dois dire ou en corps, ou en sepulture: mais tant est que ces tiges cy, & leurs braches sont animees de sentiment: que si tu les couppes, tu es

Aa ij

vn vray homicide & meurtrier. Ainſi l'arraiſonnoit ce cyprés, ou ce qui eſtoit renfermé dedans: & le Cheualier ſe ſentit du tout ramollir d'infinies affections qui luy glacent le cœur, ſi qu'il treble, les cheueux luy dreſſent en la teſte, & ſon viſage en deuient bleſme: l'eſpee luy tombe hors des poings, & le moins qui demeure en luy eſt la peur, tant il eſt tranſporté hors de ſoy, qu'il luy ſemble voir deuant luy veritablement ſa tant chere bien aymee defuncte, qui pleure & gemiſt, ſi qu'il ne peut ſouffrir de voir là ce ſang reſpandu, ny ouyr ſes angoiſſeuſes lamentations. Ainſi ce tant hardy inuincible courage contre la mort meſme, que nulle illuſion pour eſpouuantable qu'elle peuſt eſtre n'euſt peu en aucune ſorte effrayer, ſeulemét foible & tendre en amour, vne fauſſe repreſentation d'vn imaginaire plainctif le deçoit: Et l'eſpee qui luy eſtoit cheute eſt d'vn impetueux tourbillon de vent enleuee hors du bois, ſi que luy au partir de là tout cóquis, la retrouue depuis ſur le grád chemin, où il la remet au fourreau : mais il ne retorna pas dans ceſte ſi deſaſtreuſe foreſt, & ne fut ſi hardy de plus y aller s'enquerir de telles eſtrangetez ſi occultes, ains arriué deuers le Duc, la où apres qu'il ſe fut bien raſſis, il encommença de la ſorte: Seigneur, ie vous racompteray icy de terribles & admirables choſes. Ce qu'on diſoit de ces viſions & fantoſmes de la foreſt, & des eſpouuantables frayeurs qui y ſont, eſt tout vray. La m'apparut de plaine arriuee vn horrible feu, qui s'eſprit ſoudain ſans matiere pour l'allumer & l'entretenir, lequel ſe dilata quant & quant à maniere de la muraille d'vne ville toute bordee de gents armez:

mais ie ne laissay de passer tout au trauers & si ie ne me bruslay point pour cela, ny ne m'y fust donné aucun empeschement ou obstacle. Puis au mesme instant l'air s'obscurcit, & se refroidit comme en cœur d'hyuer, & tout aussi tost retourna clair & serein. Ie diray biē plus, que les arbres y sont animez d'vn esprit vital qui a sentimēt & parolle: ie le sçay par experience: car ie les ay ouys en voix distincte & intelligible, qui me resonne encore lamentablement dans le cœur. Et m'estant mis à frapper dessus auec mon espée, à chaque coup que ie donnay rejaillit abondance de sang, tout ainsi que d'vne personne qui auroit la chair delicate & tendre. Nō non, ie n'en sçaurois plus (ie me rends) despouiller vne seule escorce, ny en arracher le moindre brin. Ainsi parloit-il, & le Duc ne sçait qu'en dire, le cœur luy flottant là dessus en diuers pensemens, comme vn nauire qui seroit agité des vagues. Il discourt en soy-mesme s'il y doit aller en personne, & ainsi estime-il qu'il le doiue faire, pour esprouuer l'enchantement, ou bien se pouruoir d'ailleurs de materiaux pour ses ouurages & machines: car encore que ce soit plus loing, si ne sera-ce pas toutesfois auec de si grandes difficultez. Mais le bon Hermite le ietta hors de ce soucy, & luy alla dire, Laissez, Seigneur, ceste temeraire entreprise: autre que vous est appellé à degrader ceste dangereuse forest, & la despouiller de ses arbres: desia le fatal nauire accoste sa prouë des deserts solitaires, & ploye ses voyles dorees, desia le tant attendu Cheuallier ayant rompu ses liens indignes, part du riuage, l'heure prefixe n'est plus desormais gueres loing, que Syon ne soit prise, & tous ses renforts mis à pleine & entiere desconfiture. Il parla ainsi le visage tout enflambé: & en ses parolles il resonne d'vne maniere plus que d'homme, si que le Duc se retorne à nouueaux conseils & aduis: car il ne veut pas demeurer accullé là sans aller auant ny arriere: mais le Soleil desormais racueilly au signe de l'Escreuisse, apportoit des intollerables chaleurs côtraires à ses proiects, & aux fatigues des soldats. Toutes les douces & benignes constellations sont au Ciel esteintes & assouppies, & n'y regnent que de felons & cruels astres dont decoulle vne maligne influence icy bas, qui empreint en l'air de pernicieuses impressions & effects. Les ardeurs nuisibles & maladiues s'en vont croissant de iour à autre, & s'embrasent plus mortellement tantost icy, & tantost là. A vn mauuais iour succede vne pire nuict, & en vient puis apres vne autre plus fascheuse encore. Le Soleil ne se leue point qu'offusqué, & enuironné d'hydeuses vapeurs toutes sanglantes, en sa face, & autour de luy ne monstrant que de tristes & sinistres presages tout apparemment, de quelque desastreux accident ce iour là. Et ne desloge de cest Hemisphere pour aller esclairer allieurs, sinon soüillé de taches rougeastres, qui ne promettēt moindre nuisance à son retour le iour suyuant, pour ne regreger les molestes desia receus, auec vne crainte toute certaine de pl⁹ grāds encore pour l'aduenir. Pendāt qu'en son plus haut esleué cercle il espand ses raiz icy bas, autāt qu'œil mortel peut estēdre sō regard alētour de soy, ne se pouuoit voir autre chose qu'herbes fennees, fleurs flestries, fueilles, & brāches arses & rosties de l'extreme secheresse & ardeur, & toute verdure pasle

& descoloree. La terre se creuer en de grands fendasses, les eaux tarir de toutes parts, les riuieres demeurer à sec, brief toute la terre entierement exposee au courroux du Ciel. Les nuees steriles d'eaux fecõdes, s'espandãs à trauers l'air, trotter çà & là à guises de brãdons ardants, chassees de vents estouffans, secs & arides, si que le Ciel resemble propremẽt à vne fournaise embrasee: & n'apparoist rien nulle part qui puisse tant soit peu resiouïr la veuë. Zephyre se taist, deuenu muet emprisonné dans ses cauernes, où à peine peut-il respirer, & ses frais ondoyemens qui souloyent esuenter l'air, sont court demeurez. Rien ne regne qu'vn chaud pesant, enuoyé des ardents sablons de Libye, semblable à vn brandon de feu, qui vous viendroit de sa chaude & bruslante haleine griller le sein & le visage. L'ombre de la nuict puis apres n'est pas plus douce & amiable, empreignee qu'elle a esté des suffoquees ardeurs du iour, se demonstrant toute semee de Cometes, & autres enflambees impressions de l'air, dont son voyle s'est entretissu. Que si au moins ô chetifue terre non qu'alteree : ains esteinte tout à faict de soif, t'estoyent octroyees de l'escharse & auare nuict quelques roigneures de ses rosees, pour te raffreschir & estancher aucunement ceste violente alteration qui te brusle : mais rien de cela, tu as beau y ouurir la bouche, ny tes herbes & fleurs te crians mercy à mains iointes te requerir de quelque petite gorgee de leur accoustumee humeur radicale, dont elles naissent & se maintiennent. De ces nuicts ainsi inquietes & chaleureuses tout sommeil & souef repos sont bannis au loing, & les corps languides, quelque caresses qui ls leur facent, ne les peuuent plus rappeller. Mais l'alteree secheresse est le plus moleste de tout, pourautant que ce qui est octroyé du Ciel à la Iudee pour l'en soullager, les sources assauoir, les puits, les ruisseaux & riuieres tout a esté malignement empoisonné de drogues & venins pestiferés qui les ont infectees, plus mortellement que si on y auoit versé à pleins seaux de l'eau infernale de Cocite, ou d'Acheron, ou de la fontaine Nonacrienne : Il n'y auoit que la pauure petite Siloé, qui demeuree pure & necte offroit gratuitement aux François ce peu qui luy estoit resté de ses richesses accoustumees, les ardeurs extraordinaires luy ayans detroussé le reste : car à peine auoit elle dequoy s'abbreuuer soy-mesme, son fonds presque tout desnué, & son grauoir demeuré à sec, si qu'elle leur estoit desormais d'vn bien foible & chiche secours, à eux veux-ie dire à qui malaisement ny le Pau en ses plus grandes creuës du mois de May, ny le Nil en ses incōdations d'Aoust, lors que ne se contentant pas de sept bouches pour se descharger en la mer, il se dilate par toute l'Egypte, ne seroyent pas trop suffisans pour estancher l'extreme soif dont ils sont transis. Si aucun dentr'eux a veu autresfois couller de fresches chrystallines eaux le long de leurs agreables canaux reuestus d'vne gaye verdure, & ombragez d'aunes & saulles, qu'il les remparent contre les ardeurs du Soleil : ou de gros torrents se precipiter du haut des montaignes parmy des prairies herbues, celuy là desirant d'en pouuoir rencontrer de telles, se les ramentoit en ses imaginations & souhaits, & de là s'administre de la ma-

Chant treziesme. 377

tiere pour luy rengreger son tourment, d'autant que l'apprehension qu'il s'en forge en son esprit, si soueue & raffreschissante, ne le fait que tant plus reschauffer, parce qu'elle ne correspond pas au desir qu'il en a conceu. Vous eussiez là veu les forts membres d'vn soldat enduci robuste, que ny les chemins qu'il a faits en contree estrange, ny le pesant fardeau d'armes dont il a accoustumé se charger, ny les glaiues qu'on luy attiltre pour le mettre à mort, n'ont peu matter, à ceste heure de l'extreme chaleur qu'il fait, se surfondre & elangorer sous le faiz qui ne luy souloit comme rien couster: car vn feu occulte regne en ses veines, lequel s'y paissant de l'humeur vitale les va deuorant peu à peu. Le coursier qui souloit estre si furieux, n'est plus maintenant qu'vne rosse qui à chaque pas bronche & donne du nez à terre, tant il est deuenu flacque & debile, ne prenant que cõme à contrecœur & regret, l'herbe qui luy souloit estre si aggreable, pour estre à ceste heure sans aucune saueur ainsi desseichee qu'elle est: si qu'à peine la peut-il mascher, ses iambes vacillent sous luy, & ceste care si superbe auparauant que le rattellier ne luy pouuoit estre trop esleué, pend à ceste heure morne & languide sur la mangeoire, ne pouuant desserrer les dents, & ne se ressouuient plus des prix qu'il a obtenus à la course. Il n'est plus enflambé de ce glorieux desir qu'il souloit auoir d'acquerir gloire. Tous ses chanfreins, & leurs pennaches, ses riches bardes & caparaçons qui le rendoyent si orgueilleux, il semble qui les haisse desprisé, comme si on luy vouloit faire porter se bast. Le chien fidelle gist là demy mort & outré de soif, ne se souciant plus de garder si soigneusement qu'il souloit, la tente & le bagage de son maistre, il n'en a plus de soing qu'il auoit estendu tout plat, & halletãt pour attirer l'air qui le raffreschisse, mais en vain: car de ceste frequente respiration à luy octroyee de la nature pour en temperer l'excessiue chaleur du cœur, ne luy prouient pas beaucoup de soulagemẽt, tant est lasche, mol & pesant ce fraiz que ses poulmons attirent. Ainsi languissoit lors la terre, & en tel estat se trouuoyent malmenez les miserables animaux; & le bon peuple fidelle desormais hors de tout espoir de venir à bout de sõ entreprise, redoutoit la derniere extremité de ses maux, si que de toutes parts on n'oyoit resonner que de griefues & piteuses lamentations & plainctifs, en tels, ou à peu pres, termes. Et qu'espere plus nostre chef, & à quoy s'attend il desormais? Que tout ce camp acheue de s'exterminer & perdre? Auec quelles forces pretend il plus de venir à bout de ces hauts rempars? D'où se propose il doresnauant de recouurer des estoffes pour ses machines & engins? Est-il luy tout seul si aueugle, qu'il n'apperçoyue euidemment l'ire du Ciel estre sur nous, à tant de signes & presages? Mille prodiges, & mille monstres ne nous en menacent que trop, qu'il s'est aliené de nous. Le Soleil nous brusle de sorte, que moins de besoin auroit d'estre refreschie ny l'Ethiopie ny l'Inde. Estime-il n'importer rien, que nous autres comme gens negligez, & dont on ne tiendroit nomplus de compte que de vils inutiles esclaues tous mehaignez, soyons ainsi reduits à vne si dure & indigne mort, pourueu que son sceptre & authorité luy demeurent, la condition

Chant treziesme. 379

doncques de celuy qui a le commandement absolut, sera elle estimee si heureuse & si desirable, qu'on la doibue retenir si auidement au preiudice & ruine de tant de gens qui luy sont soubsmis? Voyez l'humeur de cest homme qui a le bruit d'estre si doux & debonnaire, si humain & tant pitoyable, & outre ce si prouident, de mettre ainsi le salut & conseruation des siens en arriere, pour se conseruer vn friuole hôneur qui est à tous si dommageable; nous voyans ainsi deffaillir de soif, sans auoir moyen de plus recouurer vne goutte d'eau, là où il ne plaint pas le trauail & despence de s'en faire tous les iours apporter de nouuelle du fleuue Iourdain, pour y rafreschir ses meluoisies & autres delicieux breuuages. Ainsi se guesmentoyent les François, & le Capitaine des forces Grecques, desormais las & ennuyé de suyure leurs enseignes: mais à quoy faire nous lairrons icy mourir de soif? alloit-il disât: si ce Duc est si assotté desô entreprise, qu'il semble qu'on luy aye troublé tout l'entédement, & poché les yeux, qu'il y meure si bon luy semble luy & les siens: de nous qu'est-ce qui nous empeschera de desloger d'icy de nuict, sans trompette, sans flambeaux ny prendre congé? Ce sien parlement, comme on le sceust quand il fut iour, en esmeut assez de suyure ses erres: & plusieurs se resolurent de l'imiter, Clotaire mesmement, & Aymard, qui ne sont plus qu'autant d'ossemens & de pouldre, puis que celle la qui resoult & anneantist tout, a deslié la foy qu'ils auoyent iuree, & traictoyent desia de se desrober; aucuns mesmes estoyent partis clandestinement à l'obscurité de la nuict. Godefroy l'oit bien, & s'en apperçoit; &

auroit bien en main des expediens & remedes plus prompts, s'il se vouloit seruir des aspres & rigoureux : mais il les fuit, & les abhorre, & auec ceste confiance, qui feroit arrester le cours du Soleil, & des plus impetueuses riuieres, & les montaignes se transporter de lieu à autre, à son recours au souuerain Seigneur du monde, qu'il implore deuotement de luy vouloir desormais desbōder les sources de ces sainctes graces & misericorde : & ioignāt les mains, emflambé d'vn zele ardent, les yeux & ses prieres esleuees là haut au Ciel, va dire ainsi. O nostre tresbenin pitoyable pere si à vostre peuple vous pleuttes iadis dans les steriles desers, les douces rosees de vostre saincte celeste manne : si autrefois vous auez daigné eslargir par vostre vertu infinie le pouuoir à des mains mortelles de briser les pierres pour en faire reiailir de gros torrens d'eau : Renouuellez s'il vous plaist à ces gens cy les mesmes miraculeux exemples à ceste fois : & si leur merite n'y correspond, vostre grace supplee & remplisse ce qui y defaut, puis qu'ils sont dits estre vos soldats, qui ont pris les armes auec tant de peines, trauaux & mesaises pour l'honneur de vostre glorieux nom, & pour la deffence de vostre Catholique foy, & creance. Ces prieres ne fureut tardiues, qui se deriuerent de son deuot & iuste desir : ains s'en vollerent tout droit au Ciel promptes & legeres ainsi que si elles eussent les aisles du plus viste oyseau, deuant le tribunal de Dieu, qui les recueillit fauorablement : & en tournant son pitoyable regard deuers les trouppes de ces siens fidelles gensdarmes, eut compassion de leurs angoisseuses destresses, & des hazards où ils s'exposoyent chacun iour pour son seruice, disant ainsi en amiables & douces paroles. Or que iusques icy mō trescher & bien-aymé camp de là bas, ait souffert de si dures & ennuyeuses necessitez, & que l'Enfer se soit armé contr'eux de tous ses efforts & malices les plus occultes : que tout le monde ait conspiré, & se soit bandé alencontre, nous voulons que doresnauant les choses se changent, & que leur ordre se renouuelle, se tornās en mieux. Nous voulons qu'il pleuue, & que leur inuincible champion reuienne : à la grande gloire & honneur duquel l'ost d'Egypte desormais arriue. Ce disant il branle son chef, dont toute l'ample estenduë des cieux se prit à crouller, auec les planetes, & estoilles fixes, l'air aussi par grand' reuerence, les larges plaines de l'Occean, les plus ferme-plantees mōtaignes, auec les enfumez abysmes. On vit flamboyer à main gauche d'estincellans esclairs sans nombre, accompaignez de hautains resonnemens de tonnerres, & tout le camp à ioyeuses acclamations les seconder & saluer, quand soudain l'air se couure tout de grosses nuees, non ia de celles qui prouiennent des vapeurs terrestres, & que le Soleil attire là haut : mais descendans du Ciel, lequel s'ouure, & deferme subitement ses cataractes & souspiraux. Voyla vne obscure nuict à l'impourueu r'enfermer le iour dans ses ombrageuses tenebres, qui s'estendent de toutes parts, dont s'en ensuit vne pluye trescopieuse : Et semble que le Ciel se conuertissant en mer, tombe en terre. Ainsi que par fois en Esté, quand quelque pluye desiree descēd d'enhaut, vne trouppe d'oyes sur le bord d'vn ruisseau tout tary & reduit à sec, s'en resiouïssans, auec leur enroüé babil l'attendēt & reçoyuent en grande allegresse, espandans leurs aisles à ce gracieux raffeschissement, dont elles prouuignent leurs plumes, qu'il n'y en a pas vne qui refuse de s'en arrouser & là où s'en sera reduitte vne plus grande quantité, elles se vont auidement plonger pour y estancher l'alteré desir qu'elles en auoyent. Ensemble toute l'armee à ioyeuses acclamations reçoyuent ceste liberale manne de pluye, que la misericordieuse dextre du tout-puissant leur verse du Ciel à pleins tonneaux. Il n'y en a pas vn qui ne s'esgaye à s'en voir moüiller tout le corps depuis la teste iusqu'aux pieds; non seulement ses vestemens: mais les cleueux & la poictrine. Qui en boit à pleins godets, qui en emporte plein son cabasset, qui tient ses mains plongees dedans pour s'en rafreschir, qui s'en baigne & arrouse la face & les tēples, qui s'en pouruoyant de peur d'en auoir faute par apres, en remplist ses barrils & ouldres, pour la reseruer à meilleurs vsages que de la dissipper ainsi. Et non seulemēt les personnes s'en resiouïssent, en se restaurant de la disette qu'ils en ont euë: mais la terre encore, qui auparauant si affligee & languissante s'estoit par tout creuée & fenduë, engloutist comme goullument ceste douce aggreable rehumectation, dont la plus grand part se verse & retombe dans son geron, qui s'en reintegre au premier estat, & la departant à ses veines plus interieures, elle en enuoye vne humeur nourrissante aux herbes & fleurs qui s'en rauigorent, de la mesme sorte qu'vne personne molestee d'vne fieburc ardante, qui tasche de se refreschir par quelques breuuages le dedans du corps tout outré d'vne ar-

Chant treziesme. 383

dente soif, & se deschargeant de l'occasion de ce mal qui luy deuoroit la chair & les os, luy seruans de viande & pasture, se renouuelle en sa pristine force & vigueur, de maniere qu'oubliant ses passez accidēs & mesaises, elle se pare de nouueaux boucquets & guirlādes, & de gays verdoyans affiquets. La pluye cesse à la parfin, & le Soleil retorne à luire: mais d'vn doux temperé rayon qu'il desploye en l'air, remply d'vne masculine vigueur, pour empreigner de nouueau la terre comme il est coustumier de faire vers la fin d'Apuril, & le commencement de May. O braue & gentille confiance, qui reueres & sers Dieu comme il faut: car y mettant son ferme espoir, elle peut bannir de l'air tous ses plus mortels ennuyeux outrages, changer l'ordre & conditions des saisons, & surmonter la malignité des Estoilles & fatal destin.

Chant quatorziesme.

ARGVMENT.

HVGON en son viuant Colonnel des aduanturiers, lequel auoit esté mis à mort par Argant en vne escarmouche deuant Ierusalem, s'apparoist en songe au Duc Godefroy: & luy declare grand' partie de ce qui luy doit succeder de son entreprise, l'admonnestant au reste d'enuoyer r'appeller Renaud, ce qu'il accorde à l'instance que luy en fait Guelphe. Et là dessus sont depeschez deux Caualliers que Pierre l'Hermite addresse à vn sage Magicien, dont ils apprennent tous le faict d'iceluy Renaud, & comme il est es mains d'Armide, qui l'a destorné par ses charmes & enchantemens en l'vne des Isles fortunees: leur donnant les expediens comme ils l'en pourront retirer.

OBSCVRE nuict commançoit desormais à se iecter hors du mol & du frais giron de la grande mere la terre, charriant auec soy de petites ondees de frescheurs & esuentemens, auec vn large amas de sa precieuse rosée, qu'en secoüant le manteau humide du Ciel, elle espandoit à grosses goutes ainsi que perles icy bas, & consequemment fleurs & verdeures en abondance, qui en grande allegresse receuoyent ceste douce nouuelle restauration. Les

souëf

Chant quatorziesme.

loüés respirans Zephyres de leur costé battans les aisles s'en venoyent par leurs fretillards amadoüemés chatoüiller les yeux des mortels de sommeil, lesquels auoyent plongé les pesers & solicitudes q̃ la iournee a de coustume d'amener dans vne profonde & douce oubliance. Mais le Roy souuerain de tout l'vniuers assis en son eternelle lumiere au vigillãt gouuernail de toutes choses, du plus haut du Ciel tournant sa fauorable veuë au general dũ cãp Frãçois, il luy enuoya vn songe fort cõsolatif, pour luy reueler ce qu'il auoit deliberé de luy en son plus secret & estroit cõseil. Nõ gueres loin de ces belles portes dorees dont sort le soleil au leuãt il y a vn guichet de clair & trãsparant chrystal, qui a accoustumé de s'ouurir deuãt que les huits se deferment au iour renaissant. C'est par là que sortent les songes les plus certains, que Dieu de sa grace particuliere veut enuoyer pour messagers aux chastes & pures cõsciences: De là aussi que cestuy-cy espandãt ses l'arges estenduës aisles riolle piollees vint alors descendre sur le deuot Duc Godefroy. Nulle autre vision quelcõque iamais ne se representa en songe d'vne plʰ aggreable Image que ceste-cy, qui luy vint manifester les secrets du Ciel, & des astres, dont tout ainsi qu'en vne claire glace de miroüer il apperceut visiblemẽt ce qui estoit là haut exprimé. Il luy sembloit d'estre rauy & transporté en vne blanche serenité, ornee à plein de dorees reluysantes flammes, & pendant qu'il contemple & admire en ce lieu si haut esleué, sa large estenduë, ses mouuemens, ses lumieres, & melodieuse harmonie, voycy qu'vn Cheualier enuirõné de rais lumineux le vient aborder d'vne

B b

voix si doux resonnante, qu'à parangon d'elle les plus gracieuses parolles d'icy bas sembleroyent toutes enroüees. Godefroy (disoit-il) ne me veux-tu pas embrasser? Refuses-tu de cõferer auec ce tiẽ si loyal amy? Ne recognois-tu plus celuy qui souloit estre Hugõ? & il respondoit: Le nouuel aspect qui semble partir d'vn clair radieux Soleil, si beau orné, m'a si fort esblouy la veuë, & desuoyé l'entẽdement hors son anciẽne cognoissance, que ie ne m'y puis pas biẽ remettre. Puis apres par trois fois il luy iectoit les bras au col d'vn fort amiable semblant: mais par autant de fois ceste representation en vain embrassee se escoulloit de luy ainsi qu'vn friuolle songe, ou qui voudroit accoller l'air. Dont l'autre se soubs-riant, Ie ne suis plus enueloup-pé (luy disoit-il) de ceste terrienne escorce, cõme tu le cuides: tu vois icy vne simple forme, & vn esprit despoüillé de toute corporalité: maintenant bourgeois de la saincte cité celeste. C'est icy le tẽple de Dieu: Icy sont les garnisons de sa gẽdarmerie, où tu auras aussi vn iour ta place. Et quãd serace (respõdoit le Duc) que ce mortel lacs desormais se deslie, qui ne me sert que d'empeschemens à me detenir en vne trop ennuyeuse prison là bas? Tu seras bien-tost racueilly, repliqua Hugon en la gloire des triõphans: mais premier il te cõuiendra en ceste guerre sacresaincte espandre beaucoup de sang & de sueur: Il faut que par toy soit deuant recouuré sur les mescreans qui l'ont vsurpé, sõ fauorisé heritage de la Palestine, & y establir tõ throne Royal, auquel ton frere te succedera. Mais àfin de t'embraser tousiours d'auantage eu l'amour & desir d'icy haut, regarde vn peu plus clairemeut ceste

Chant quatorziesme. 387

demeure si luisante, & ces viues flames informees d'vn diuin intellect qui les anime & fait mouuoir. Oyt d'autrepart ces doux cõcerts de Musique Angelique, plus harmonieux que les chants des Sereines, & les sons de la lyre celeste. Incline quant & quant les yeux vers ce dernier globe enfermé (& il luy monstre comme au doigt la rerre;) Voy cõbiẽ viles & peu d'estime sont les occasions & subiects proposez là bas à l'effort & vertu humaine pour recõpẽce de ses trauaux. En quel petit cerne & enceinte, & en quelle desnuee de tous les vrays biens solitude, est restreint vostre orgueilleux faste & renfermee vostre arrogãce. C'est tout ainsi qu'vne petite Isle enuironnée de toutes pars & renclose de ceste grand' mer à vostre semblãt, que vous appellez l'Occean, & l'estimez estre d'vne si desmesuree estenduë: mais il ne respond pas à l'opinion que vous en auez, & n'est pas si grãd: ains tant seulement vn marez d'eau basse, ou petit estang. Ainsi disoit l'vn, & l'autre tornoit sa veuë icy bas, dont il se prit à soubs-rire, comme desdaignant ce qui y estoit. Car il vit d'vn tout seul clein d'œil, ainsi qu'en vne petite pelotte, la mer, les terres & riuieres, qui nous semblent separees si distinctement & en tãt de sortes: & s'esmerueilla que nostre vaine fragillité ainsi aisee à abuser, s'arrestast à telles ombres, & de si debiles fumees, y cherchãt vne seigneurie serue & esclaue, & vne renõmee muette, sans vouloir contempler le Ciel qui l'inuite à soy, & l'appelle. Et pourtãt il alla respondre. Puis q̃ le bõ plaisir de Dieu n'est pas de me deliurer si tost que ie voudrois bien de ceste ennuyeuse chartre terrestre, ie vous prie de m'enseigner le chemin

Bb ij

le moins desuoyable parmy les esgaremens de ce monde. Hugon replique, La droite voye est celle que tu as prise, parquoy ne t'en destornes point. D'vne seule chose ie t'admoneste, de r'appeller au plustost le fils de Berthold, de cest exil où il s'est mis, parce que si la haute prouidence diuine t'a esleu pour chef souuerain de l'armee, elle le destina par mesme moyen d'estre l'executeur de tes deliberations & proiects. A toy le premier lieu a esté octroyé, & à luy le second. Tu es le chef, & luy la main de cest exercite: Autre que luy n'est capable de tenir sa place. Il ne t'est pas aussi loysible d'y en substituer quelqu'vn, à luy seul ne sera contredit de coupper ce bois enchanté, qui a tant de coniurations à sa defence. Et de luy ton camp, lequel par vn deffaut de gens de guerre semble estre inhabile à vne si haute & digne entreprise, & qu'il soit contraint de s'en despartir, reprēdra nouuelle force & vigueur, à quoy ne pourront resister ces murailles là, quelques bien remparees qu'elles puissent estre, ny toutes les forces de l'Orient. Là il se teut, & le Duc respond, ô cōbien aggreable ce me seroit que ce valeureux Cheualier fut aueeq' nous de retour! Vous autres de là haut qui voyez dans nos plus secrettes pensees, vous sçauez si ie l'ayme & estime, & si ie parle de verité. Mais dittes moy ie vous supplie, auec qu'elles offres & propositions, & de quel costé on luy doit enuoyer ce message. Voulez vo' que ce soit par prieres, ou cōmandement que ie le face retourner, & comment cela se pourroit-il legitimement faire eu esgard à ma qualité? Le Roy eternel, (poursuit l'autre) qui t'a beni de tant de graces, veut que tu sois respecté de ceux sur qui il t'a donné pleine puissance de commãder, parquoy ne le recherche pas: car cela ne se pourroit faire sans trop de mespris & prophanement de ton authorité souueraine: mais si tu en es requis, ne le refuse: ains l'octroye, & luy pardonne à la premiere requeste qu'on t'en fera. Guelphe te suppliera, inspiré de Dieu à ce faire, de remettre à son nepueu ceste faute qu'il a commise d'vne trop boüillante impetuosité de colere qui le trãsporta, si qu'il puisse desormais retourner au camp à sa gloire & honneur. Et encore que pour ceste heure il soit loing d'icy, tout plongé en delices, & oysiuetez d'vne vie voluptueuse & lubrique, ne crains pourtant qu'en peu de iours il ne retourne à ton grand besoin & soulagemẽt, par ce que le bon & sage Hermite Pierre, que le ciel a fait participãt de ses hauts & cachez secrets, sçaura fort bien adresser celuy qu'on deputera pour l'aller querir, au lieu où ils en pourront auoir nouuelles, auec la maniere de le retirer d'où il est, & le ramener pardeça. Par ce moyen le Ciel en fin reduira sous ses sainctes bannieres tous ceux qui s'en feroyent escartez. Et à tant ie termineray mõ propos, auec ceste briefue cõclusion que ie sçay te deuoir estre tresaggreable; C'est que son sang sera meslé au tien, dont doit sortir vne tresglorieuse lignee, & de grand renom. Là il se teut, en disparoissant aussi tost qu'vne legiere fumee à vn fort vent, ou comme nuee seche & rare aux ardents rayons d'vn Soleil d'Esté. Le sommeil se secoüe du Duc, & s'en va, le laissant remply d'vne ioye entremeslee d'estonnement. Et alors il ouure les yeux, & voit que non seulement il est iour: mais desia grand iour, parquoy il quitte

Bb iiij

là le repos, & prend ses armes, bien que fort las & trauaillé de la iournee precedēte. Ne tarda gueres puis apres que les Princes & Barons le vindrent trouuer en son pauillon, cōme ils souloyent tous les matins, pour tenir le cōseil, & resoudre ce qu'ō deuoit faire. Là le bon Guelphe, au cœur duquel tout freschement auoit esté inspiré vn nouuel aduis, prenant le premier de tous la parole, va dire au Duc. Debonnaire Prince, ie vous viens requerir d'vne grace, & pardō, bien est vray que c'est d'vne faute qui est si recente, que ma requeste pourra sēbler vn peu trop hastiue & precipitee: mais quand ie regarde que c'est à ce benin & gracieux Duc Godefroy de Buillon à qui ie m'addresse, & encore pour vn si preux & vaillāt Cheualier que Renaud, & considere quant & quant que c'est Guelphe qui l'en requiert ; intercesseur nō à mespriser, n'y qu'ō doyue legieremēt esconduire, Ie m'attēds de pouuoir facilemēt obtenir vne chose qui sera mesmement profitable à toute l'armee. Permettez doncques tres-clement Seigneur, & vous autres messieurs tenez y la main s'il vous plaist, que ce ieune Cheualier puisse reuenir, & qu'en satisfaction de sa faute, il espande son sang pour l'abbregement de nostre entreprise. Car qui sera ce tant hardy, si d'auanture ce n'est luy, qui ose cy apres s'ingerer de coupper de si espouuantables arbres ? Qui est-ce qui voudra si constamment aller cōtre les dangers d'vne si effroyable euidente mort? Vous luy verrez esbranler bien tost ces murailles, qui vous ont iusques icy resisté, renuerser & mettre par terre leurs porteries & rauelins, & le premier de tous monter hardiment au haut du rempar. Rendez doncq' au nom de Dieu, rendez & restituez à ce camp celuy qui en est la plus haute & digne esperance, & tout le principal desir. Rēdez, s'il vous plaist, le nepueu à son oncle, qui vous le redemande de grace, & à vous vn tresprompt & valeureux executeur de vos ordonnances & commandemens. Ne permettez point qu'il crouppisse inutilement en vn vil & lasche seiour: ains luy rédez à luy mesme sõ los & prix accoustumé, à ce qu'il puisse suiure & accõpaigner vostre victorieuse banniere, qu'il luy soit loysible de rendre de claires preuues de sa vertu, faire des œuures dignes de soy en plein iour, se mirãt & prenant exemple sur vous son precepteur en cest endroit, & son souuerain Capitaine. De ceste sorte le requeroit Guelphe, & tous les autres accompaignoyent ses requisitions de leurs fauorables prieres. Surquoy le Duc ainsi que s'il se fust fleschy inopinement à vne chose non preueuë, cõme pourrois-ie iamais (va-il dire) vous desnier vne grace dont vous me requerez si instamment? Que la rigueur cedde doncques, & soit reputé pour loy & raison, ce que l'vniuersel consentemẽt recherche. Que Renaud retorne à la bonneheure, & doresnauant r'amodere vn peu mieux sa colere. Qu'auec les effects il responde aux hautes & belles esperances que chacun à conceu de luy, & au cõmun desir & attente de toute l'armee. Mais c'est à vous à faire Seigneur Guelphe, de le r'appeller, & ie croy biẽ qu'il ne faudra pas de venir soudain. Choisissez doncq' le message, & l'addressez où vous cuidez qu'on le trouuera. Ayant dit cela, le Cheualier de Dannemarch qui auoit apporté les nouuelles de la deffaicte de son maistre, se tire auant, & va dire. Ie vous supplie messeigneurs, que ie sois celuy qui l'ira querir : Ie ne refuse chemin quelconque pour douteux, lointain & penible qu'il soit, ne fust-ce que pour luy presenter ceste espee qu'on m'a enchargé de luy mettre en main. C'estoit vn braue hōme de cœur hardy, & prompt à executer. Parquoy cest offre pleut assez à Guelphe, si que tout soudain il cōsent qu'on l'y despesche, l'autre qu'on luy donna pour associé, fust Hubaud, hōme aduisé, qui en sa ieunesse auoit beaucoup roddé le mōde, & veu plusieurs païs estranges, & diuerses manieres de gens, en voyageant depuis les froides regions Septentrionales, iusqu'au plus profond de l'Ethiopie, & de ses extremes chaleurs. Et comme vn qui cherche à faire son emplette de vertus, de sagesse & dexterité, en auoit apris les langages, les coustumes & formes de viure, & puis apres estant paruenu à vn plus meur aage, esté recueilly de Guelphe parmy ses autres domestiques, à luy bien fort recommandé. A ces deux fut commise l'honorable charge d'aller querir le vaillant Cheualier Renaud, & pour cest effect prēdre le chemin d'Anthioche où regnoit pour lors Boiamond, parce qu'on tenoit qu'il y denoit estre. Mais le preud'hōme Hermite Pierre, qui cognoist assez qu'on les a trop mal adressez, vient à la trauerse, & entre-rompant leurs propos va dire. Sieurs Cheualiers, de suiure la commune opinion des personnes, ce seroit vne trop infidelle guide, & où il n'y auroit pas grande certitude; car cela vous feroit bien tost destorner hors du droict chemin : allez vous-en donques aux prochains riuages d'Ascalon, où il y a vn fleuue qui se va là aupres descharger dans la mer, là vous trouuerez vn de nos fidelles amis, croyez-le de ce qu'il vo⁹ dira, ie le vo⁹ cõseille: il est fort sage & aduisé, & il y a desia bõne piece, qu'il a eu quelque aduertissement de moy sur vostre voyage: parquoy ie sçay que vo⁹ ne le trouuerez moins courtois qu'il est sage. Il leur dit cela, Et les autres, assauoir, Charles & son compagnon, sans s'en enquerir plus-auant obeyrent à ces paroles, qui luy auoyent esté dictees de l'esprit diuin, & prindrent tout soudain congé, esguillonnez d'vn ardant desir, qui ne les laisse temporiser d'auantage, à s'acheminier deuers Ascalon, où la mer voysine de là viet à se heurter & rompre contre le riuage, dont ils n'oyent pas resonner encore le bruit & fremissemét, quand ils arriuerent à vn fleuue qui s'estoit n'agueres enflé des pluyes, si que ne se pouuãt plus côtenir dans les barges de son canal, il s'estoit desbordé emmy les champs: mais son courant ne laissoit pour cela d'aller plus roide qu'vne fleche. Pédant qu'ils se retiennent sur le bord de l'eau, en suspens de ce qu'ils doyuent faire, voy-cy vn venerable vieillard d'vne belle & graue apparence, qui se presente à l'autre riue, ayant vne guirlande sur le chef, de rinsseaux de Hestre, vestu d'vne aube de fine toile de lin qui luy va trainant iusqu'en terre. Il auoit vne baguette au poing, dont ayant frappé l'eau du fleuue, il passe legierement pardessus sans mouiller le pied, ny tant soit peu l'enforcer dedans de la mesme sorte que ceux qui habitent proches du pal Artique, lors que pour les grandes froidures les riuieres viennent à se prendre, les paysannes à grandes trouppes sur les regorgemens du Rhin sans aucun peril s'en vont auec leurs socs ferrez glissans sur la glace, porter leurs denrees vendre és marchez de costé & d'autre. En semblable marchoit-il d'asseurance sur la superfice de l'eau, bien qu'elle ne soit en rien gelee, & tost fust paruenu aux deux compaignons, qui tenoyent les yeux ferme-fichez sur luy, tous estonnez de ceste merueille, en leur disant. Mes bons Seigneurs, vous auez entrepris vne dure & fascheuse queste, & y auez bien besoin d'vne bonne guide & addresse : car le Cheualier que vous cherchez est fort loin d'icy, en vne contree mal seure & innaccostable. O quel long chemin il vous reste encore, deuant que de paruenir où il est ! Quelle grande estenduë de mer, quels estrangers incogneus riuages auez vous à parcourir premier que d'aborder là? il conuient certes que vostre voyage s'estende outre les confins de ce monde nostre. Ne dedaignez doncq' de vous en venir s'il vous plaist r'affreschir dedans ces remotes solitaires cauernes où ie fais mon habitation : car vous y pourrez veoir & apprẽdre de moy d'estranges choses, & qui ne sont de petit poids, mesmement ce qu'il vous est le plus duisible de cognoistre. Cela dit, il commande à l'eau de leur donner libre passage, & l'eau se retira soudain, se recourbãt en haut en forme de voute ferme arrestee de costé & d'autre cõme vn rẽpar, & laissant par le milieu vn passage tout à pied sec. Il les prend tous deux par la main, & par le plus profond du fleuue les meine dessous cest arceau, où l'on ne voyoit gueres clair : ains ny plus ny moins que parmy les bois quãd la Lune n'est encore qu'au premier quartier. Toutesfois ils peurẽt là apperceuoir de larges & amples cauernes remplies d'eau, dont se deriuẽt

Chant quatorziesme. 395

icy haut toutes les sources des fontaines & veines d'eaux qui de là s'espandent en riuieres courantes, ou en en lacs & estangs qui dorment. Ils peuuent veoir d'où le Pau naist, d'où prouient l'Idaspe & le Gange, l'Eufrate & Danube : d'où sort premieremēt la Tane, le Nil mesme ny cache pas ses primes sources. Là puis apres ils rencontrerēt vn ruisseau plus au dessous, d'où s'espandoyent le souphre, & l'argent vif, que le Soleil cuist en de longues centaines d'annees, & le raffine, si que ceste noble liqueur s'endurcist en vne masse argentine, & en de gros grains & fillonnes d'or. Ils regardēt de toutes pars la barge de ce riche fleuue toute semee de pierreries flamboyantes comme de vifs charbōs ardents, dont ce lieu resplādist tout au tour, qu'à peine l'œil le peut soustenir, tant en est esclairé lucidement l'horreur sombre de ceste obscurité offusquee. Là se peut veoir estinceller ce gay azeuré esclat du saphir, & turquoise, & la Iacinthe d'vn beau lustre iaune doré, l'escarboucle eslançant ses flammes aux yeux, cōme esclairs, le ferme indomptable diamant briller de certains clairs rayons bleus argentins dorez, & la fine esmeraude Orientale rire ie ne sçay quoy de plaisant parmy son aggreable verdure. Les deux Caualliers en demeurent tous rauis en leur esprit, qui s'employe attentiuement à contēpler tous ces admirables secrets de nature, chose à eux nouuelle & inusitee, sans mot dire, ny se remuer, tant qu'à la fin Hubaud se met à arraisonner ainsi ce prud'hōme. Dea mō pere, au moins dittes nous où nous sommes, & qu'elle part vous nous menez : declarez nous aussi quelque chose de vostre estat & condition : car ie ne sçaurois bonnement dire ſi ce que ie voy eſt vne choſe veritable, ou vn ſonge, ou vne ombre, tant ie ſuis ſaiſy d'eſbahiſſement. Il reſpond, Vous eſtes dans l'immenſe geron de la terre, qui de ſoy, & en ſoy produit tout: mais vous ne pourriez pas penetrer plus auant en ſes interieures parties ſans ma conduitte: Ie vous meine à mon Palais, lequel vous verrez flamboyer d'vne merueilleuſe lueur. Au reſte ie nacquis Payen: mais depuis il a pleu à Dieu me faire la grace de me ramener au droit chemin de ſa cognoiſſãce, & de me faire regenerer du ſainct Bapteſme, ſi que ce n'eſt pas des demonialles puiſſances dont dependent les merueilles de mes ouurages: Ia Dieu ne plaiſe que ie me ſerue de characteres, ſacrifices & encenſemens, ou autres telles illicites inuocations & cerimonies, pour contraindre icy Cocyte ny Phlegethõ: mais ie vois recherchãt par les admirables effects de nature, quelles facultez & vertus ont les cieux, les herbes & les eaux, & le reſte de ce qui eſt le plus caché & incogneu aux mortels, enſẽble les diuers mouuemens & aſpects des Eſtoilles tant errantes que fixes, parce que ie ne reſide pas touſiours icy réfermé en ce bas pourpris ſoubs-terrain, qui eſt ſi eſloigné du Ciel: ains la pluſpart du tẽps ſur le Lyban, & le mõt Carmel, au haut deſquels i'ay vne demeure, où l'air libre ſãs aucun voyle ne couuerture me manifeſte Venus & Mars, en toutes leurs apparẽces. Ie voy là cõme chacune des autres Planettes viſte ou lẽte, directe ou retrograde, tournoye fauorable & benigne, ou d'vne menaçante & maligne influence. Sous les pieds ie me voy les nuees tantoſt eſpoiſſes, & tantoſt rares: tantoſt s'ombre obſcures, & puis co-

Chant quatorziesme. 397

lorees de l'arc au Ciel. Ie côtemple comme s'y engendrent les pluyes, & les rosees, comme soufflent & respirent les vents, & de quel costé: comme les esclairs, foudres & tonnerres, se forment, & par quels tours & detours obliques ils descendent çà bas rouans tournoyans. I'apperçois de loing les Comettes, les cheurons ardents & semblables impressions enflammees proches de moy: si que ie me soulois si fort delecter de moy mesme, & en estois si content & si satisfaict, que i'estimois mon sçauoir estre vne infallible mesure de tout ce que le souuerain ouurier veut faire. Mais quand vostre bon Hermite Pierre me baptisa dans le sacré fleuue Iourdain, & me laua mon ame impure, ie dressay mon regard plus haut, & luy fis cognoistre que de soy il estoit obscur & de courte veuë, m'apperceuant lors, que nostre entendement est tout ainsi qu'vne chouette, ou autre tel oyseau nocturne à la clarté du Soleil, enuers les rayons de la verité primitiue, & me pris à rire de moy, & de ma folie, qui me faisoit ainsi enorgueillir, moy miserable mescognoissant: mais ie ne laissay pas pour cela de poursuiure encore mes arts & estudes accoustumees selõ que i'y estois addõné, trop biẽ suis-ie en partie vn autre homme que ie ne soulois: car ie depẽds du tout de ceste diuine bõté, & me suis entieremẽt cõformé à elle. Ie me repose sur celui-là qui me cõmande, & qui m'instruit comme maistre & Seigneur souuerain tout ensemble. Car il ne desdaigne pas d'operer par nous d'estrãges merueilles dignes de sa propre main. I'auray doncq' le soing que par mon moyen c'est inuincible Cheualier retorne à vostre cãp d'vne si loingtaine prison où il a esté depuis detenu : Ie m'en charge : car cela m'a esté ordonné de là haut, & y a desormais bône piece que i'attendois vostre venuë, qui m'en a esté de là reuelee. Et ainsi deuisans arriuerent au lieu ou il faisoit sa demeure dans vne cauerne en forme de grotte côtenant plusieurs belles grâdes châbres, & salles spacieuses, ornees de tout ce que la terre dedans ses veines plus profondes engendre, produist & nourrist de plus riche & plus precieux, si que tout en resplendissoit, de façon qu'il ne sembloit pas que ces ornemens y eussent esté enchassez par art: ains que la nature eust ainsi façonné ce lieu, auquel ne manquerent cent seruiteurs prompts & adroits, & cent encores beaux ieunes hômes pour seruir ceux qui suruenoyent : Puis sur la table fort splendidement dressee, ne mâqua la vaisselle d'argent de cuisine, blâche & doree, & les beaux grâds bassins & vases d'or sur le buffet, tous estoffez de pierreries, force belles couppes & tasses de chrystal de roche, & de porcelaine : Mais apres que le naturel appetit se fut côpetêment rassasie des viâdes, mets & entremets qui y furent seruis en grande abondance de toutes les sortes qu'on sceust desirer, & la soif estanchee de breuuages delicieux: Il est temps desormais, dit le Magicien, que ie satisface à vostre queste : & là dessus recômence en ceste sorte son propos. Les œuutes & fraudes de la desloyalle Armide vous sont, sieurs Caualliers, en partie assez cognües, côme elle vint à vostre câp, & de quelle astuce elle en tira plusieurs vaillans hômes, & les emmena auec elle. Vous sçauez aussi de quels forts charmes elle les lia du depuis, malicieuse & perfide hostesse qu'elle leur fut: & côme de là elle les enuoyoit pieds & poings liez à Gaze auecques vne grosse escorte, quand ils furent rescours & deliurez en chemin par le preux Renand. Ie vous veux maintenant racompter ce qu'il en aduint puis apres: histoire vraye, & que vous n'auez point encore entendüe. Apres doncques que ceste maligne Sorciere apperceut qu'on l'auoit priuee d'vne telle proye qu'auec tant de peine & de difficulté elle auoit trouué le moyé d'enleuer, elle s'en mort les doigts de rage & despit, & s'en va dire entre ses dents, d'vne grande indignation & courroux dont elle s'estoit enflâbee; Certes il n'en ira pas ainsi qu'on le pense, ny ne se pourra l'on point vanter de m'auoir osté tant de si fameux prisonniers. Si ce Renaud qu'on prise tant, les a deliurez, qu'il entre en leur place, & se subroge à leur seruitude & captiuité, endurant la peine qui leur auoit esté destinee, & les lôgs ennuis & trauaux que sans luy ils n'eussent sceu euiter. Ie ne me contenteray pas de cela encore: car ie veux que la perte d'vn tel Cheualier redôde au dommage vniuersel de tout leur camp. Murmurant ainsi à part soy elle se propose la malicieuse trame que vo⁹ verrez. Elle s'en va incôtinêt où Renaud apres auoir deffait ses gês, partie taillez en pieces sur la place, & le reste torné en fuitte, s'estoit despoüillé de ses armes, & reuestu de celles d'vn Payen, peut estre pour tant mieux se celer en se desguisât de la sorte: sous ces moins fameuses & cognues remarques: Et recueillit là les siennes, dont elle equippa sur le champ vn corps sans teste, de ceux qui estoyêt là gisans, puis le laissa sur le bord d'vn petit ruisseau, où elle preuoyoit qu'vne trouppe de Frâçois qui estoyêt allez four-

rager, deuoit bien tost apres passer. Cela pouuoit-
elle aysement descouurir & preuoir, parce qu'incessamment elle enuoyoit mille espies de costé &
d'autre, si qu'à toutes heures luy venoyẽt nouuelles de vostre armee, & sçauoit qui en partoit, & qui
y venoit, outre ce qu'elle en pouuoit apprẽdre par
les sortileges de ses esprits familiers, qui souuent
l'en aduertissoyent : car ils communiquoyent ordinairement conuersans ensemble. De ceste maniere elle alla exposer emmy le chemin ce corps
tout nud la plus grand' part, & fort commode pour
les malices qu'elle brassoit, & nõ loin de là attiltre
vn fin fretté mauuais garçon vestu & accoustré en
berger, embouché de ce qu'il deuoit saintemẽt faire & dire : Ce qu'il executa fort biẽ : car il parla aux
vostres, & leur sema ce souspeçon qui depuis espandu au camp, y cuida allumer vn fort gros tumulte, & peu s'en fallut que de là ne s'en ensuiuist
vne forte guerre intestine : car on creut soudain,
selon qu'elle l'auoit sceu fort bien proiecter, que
c'estoit le Duc Godefroy qui auoit fait meurtrir
Renaud, combien qu'à la parfin tout cela s'en alla
en fumee, si tost que le Duc comparut en public.
Tel fut doncques en premier lieu le cauteleux
artifice d'Armide, de la sorte que ie le vous
compte. Icy vous orrez encore comme elle pro-
ceda depuis enuers Renaud, & ce qui en aduint.
Or tout ainsi qu'vn fin & ruzé chasseur espie sa
proye au passage, de mesme elle va attẽdre le Cheualier sur le bord du fleuue Orontes, où se forchãt
en deux rameaux il fait vne islette, au bas de laquelle il se rassemble cõme au precedãt. Là sur la
riue il aperçoit vn petit batteau ataché à vn pillier
de

de marbre noir, où estoiēt grauez ces mots en lettre d'or. Passant qui que tu sois: qui de propos deliberé, ou de cas d'auenture te seras embattu icy, sçaches qu'il n'y a rien de si admirable du leuāt iusqu'au ponāt, que ce qui est caché en ceste Isle, Entres y doncq si tu le veux voir, au moins si tu en as le courage. Soudain Renaud est persuadé de passer en l'Isle, pour voir ces estrāges merueilles: & pource que le batteau ne pouuoit passer plus d'vne personne à la fois, il laisse ses Escuyers sur le bord, & s'y met luy seul. Estāt là venu, conuoiteux de voir la merueille, il parcourt l'Isle d'vn bout à autre, jettāt l'œil deçà & delà, & n'apperçoit rien fors quelques trous creusez de l'eau, & la terre fort bien tapissee de verdure, fleurs, & arbrisseaux, dont il se tiēt presqu'à mocqué: mais le lieu est si delectable, & en tāt de manieres attire à soy l'œil & le cœur des regardans, qu'il s'y areste & s'assiet sur vne grosse motte herbuë: puis oste sa salade & ses gantelets, & s'esgaye à la frescheur d'vn doux vent qui là respiroit. Vers le milieu de ceste Islette s'esleuoient de petits rochers, où il sembloit que l'art & la nature eussent voulu entrer en contētiō à qui se precelleroit de sçauoir l'vne l'autre, tāt y auoiēt esté industrieusemēt enchassez plusieurs marbres, porphyres, serpētins, iaspes & semblables exquises pierres parmy la roche naturelle, & le gris violāt tuf, qu'il sembloit que le tout eust esté procreé ensemble, les fentes & ioinctures reuestuës de mousse, & diuerses sortes d'herbes poignans à trauers, qui aymēt les lieux alpestres & pierreux: le tout ombragé alētour d'vn espoix pourpris de Cedres, Cyprez & lauriers, ioints les vns aux autres d'vne haye viue &

Cc

palissade de myrthes Iassemins, orengers, citronniers, tous semez de leurs odorantes fleurs, & de fruicts partie vers, & partie s'aduançans par diuers degrez à maturité, dont venoient à se varier leurs couleurs d'vne veuë trop delectable. Parmy ces rochers estoit enfoncee vne grotte, embellie par le dedans de toutes sortes de coquilles, porcelaines, nacques de perles, & corals, auec de petits entrelas de guillochis, & fueillages moresques d'vne musaique assortie de pieces de chrystal teintes de toutes couleurs: l'entree au reste accommodee en lieu de portail, de deux palmiers, masle & femelle, chargez de dactes, qui se recourbans l'vn vers l'autre, s'entr'accolloient de leurs rameaux, comme en vn amoureux mariage: si qu'ils laissoient vne forme de frontispice, au milieu duquel au tympan dans vne oualle enclose d'vn chappeau de triomphe des mesmes branches, y auoit vn tableau d'yuoire escrit de lettres Chaldaïques d'ebene y enchassees contenant ces vers.

De ce lieu si plaisant & beau,
Ie suis la Nymphe gardienne,
Qui dors au murmure de l'eau:
Passans, beuuez de la fontaine,
Et vous gardant de la souiller,
Laissez moy en paix sommeiller.

C'estoit vne belle Nymphe de marbre Parien: son accoustrement y approprié d'vn misque varié de toutes couleurs: couchee parmy des jōcs & des roseaux de fonte dorez, & glacez pardessus de verd transparēt: qui dormoit accoudee sur vne cruche, dōt sourdoit vn gros bouillon d'eau viuue, qui de là, auec celle qui degouttoit de ses belles longues

Chant quatorziesme.

tresses espandues au long des aspaules, & deux autres brins qui se versoiēt de ses mamelles, bruyant gracieusemēt parmy des pierres & cailloux parsemez de cresso & autres herbes aquatiques, se venoiēt reduire en vne petite mare arrōdie, ou c'estoit vn deduit de voir follastrer vne infinité de petits poissōs q̄ s'esbattoiēt dedans les ondes. Le Cheuallier non qu'attentif tant seulement, mais tout rauy & trāsporté de tant de delectables choses, ne se dōne garde, qu'il oit gazoüiller ceste mare du plus profond & là voit boüillonner à gros flots, du dedans desquels commēce à s'esleuer vn chef de femme belle à merueilles. Puis le col, la gorge, les tetins, & le reste de sa personne iusqu'au nombril, ayāt la forme d'vne sereine, qui tenoit d'vne main vn miroüer, & de l'autre se contemplant en iceluy, peignoit ses beaux luisants dorez cheueux: De la mesme sorte qu'on voit dessus l'eschaffaut d'vn theatre où l'on ioüeroit quelques ieux, vne Nymphe ou Deesse s'esleuer & venir peu à peu à naistre par le moyen d'vn contrepoix, sur la Scene. Ceste-cy encore que ce ne soit pas vne vraye Serene, ains vne illusion & phantosme, semble neantmoins biē estre l'vne de celles qui autresfois essayerent en la mer Tyrrhene de deceuoir le caut Vlysse, chantāt non moins melodieusement qu'elle estoit en apparence gracieuse & belle, ceste chanson, d'vne si agreable maniere qu'elle en eust rappaisé les tourbillons des vents les plus courroucez.

Gentils gracieux iouuenceaux,
Voyez comment le Primeuere
Vous desploye icy ses ioyaux,
D'vne gaye amoureuse chere.

C'est la Royne mere des fleurs,
Qui tient la clef de la verdure,
Pour de ses nouuelles couleurs
Reparer toute la Nature.

Ne vueillez pour vn fol desir
D'acquerir quelque renommee,
Vous bannir d'aise & de plaisir,
Tout le reste n'est que fumee.

C'est vn Idole que l'honneur,
Qu'on recherche auec tant peine,
Le los, le prix, & la valeur
Ne sont qu'vne ombre toute vaine.

Celuy qui sçait passer son temps
En l'Auril & May de son aage:
Et prendre ses esbattemens
A propos, est tenu pour sage.

Vous estes à mesme le choix
De iouyr de vostre ieunesse:
Vous rengeant sous les douces loix
Que la Nature vous addresse.

Quittez la trauaux & ennuis,
Et n'aduancez vos defortunes:
Pour se recreer iours & nuicts,
Toutes heures sont opportunes.

Ne laissez passer vn seul iour
Qui ne soit remply d'allegresse.
Esgayez vous, faites l'amour,
Auec quelque belle maistresse.

Aymez, l'Amour rechasse au loing
La mort, & toutes ses menaces:
Et n'auez en cela besoin,
Que de gaigner nos bonnes graces.

Chant quatorziefme.

Que pourriez vous faire sans nous?
Vous ne viuriez que demy vie:
Et à nous de viure sans vous,
Ne seroit que melancholie.

Rassemblons doncques nos moittiez;
Et de deux ne faisons qu'vne ame,
Vn amour de deux amitiez,
Qui brusle d'vne seule flame.

Ainsi disoit la desloyalle, qui par ses doux attractifs chants prouoqua le ieune Cheualier à dormir: si que peu à peu le sommeil se coulle insidieusement en luy, & se rend à la fin le maistre & Seigneur de ses sentimens, lesquels il dompte tout à trac, trop plus puissant qu'eux, de maniere que pour bruit qu'on luy eust sçeu faire, non pas mesmes les plus forts tōnerres ne l'eussent pas peu resueiller de ceste si assouppie image de mort. Alors la fausse Magiciēne sort de son aguet, & luy court sus; desireuse de s'en venger: mais quand elle eust jetté sa veuë sur luy, & qu'elle l'apperçeut si souefuement respirer, & reluire en ses beaux debonnaires yeux, ie ne sçay quelle douce & attractiue action, qui rist nonobstant que clos & fermez: (que seroit ce doncques si esueillez ils eussent brillé & voltigé autour des siens?) premierement elle s'arresta suspenduë en vne irresolutiō de ce qu'elle deuoit faire: & puis s'approchant de plus pres se vient asseoir tout cōtre luy, & ne se peut tant contenir qu'elle ne luy eslāce vn baiser, dōt elle sent tout soudain s'amortir en l'ame toute l'indignation qu'elle y auoit cōceuë, si ferme fichee à le cōtempler, que Narcysse ne l'stoit pas tāt se regardāt à la fontaine. Elle l'essuye auec sō mouchoir, de la sueur que le chaud &

trauail du iour luy auoient causee: & l'esuente tout doucement pour contemperer l'ardeur du Soleil. De ceste sorte (mais qui le croiroit?) la flamme cachee dedans le pourpris de ses yeux serrez, vient à destremper & fondre ces gellez glaçons de courroux, qui luy auoient endurcy le cœur plus qu'vn diamāt: & de si mortelle eunemie qu'elle luy estoit, se rend tresardemmēt aymante. Des lys, Iassemins, œillets & roses qui croissoient cōme à l'enuy parmy ces delectables plaines, elle luy va teistre d'vn nouuel artifice vne chesne biē q̃ douce, neātmoins ferme, dont elle luy estreint le col, les bras, & les iābes: & ainsi le lie & garrotte, puis le charge tout endormy sur vn chariot, & le transporte à trauers l'air d'vne grande impetuosité & vistesse, mais elle ne tient pas la routte de Damas, elle n'y veut pas retourner, ny à son chasteau non plus, ains ialouse d'vn si cher & precieux gaige, & vergoigneuse de s'estre ainsi amourachee, se va cacher en cest endroit de l'Occean où fort peu souuent ou point du tout, aucun vaisseau ne va abborder de nos riuages de deçà. Là elle choisist pour demeure vne petite solitaire Isle, où elle se puisse tenir à l'escart hors la cognoissance de toutes gens, vne Isle qui auec les autres d'autour prindrent leur nom de la fortune: & se va percher à la cime d'vne montaigne inhabitee, obscurcie en tout tēps de broüillas espoix, dōt par ses enchantemēs elle couure toutes les crouppes & coustaux d'vne nege cōtinuelle: mais le haut au contraire des autres en est exēpt, tapissé de diuers herbages & fleurs: Et là elle bastit par ses mesmes arts vn Palais sur le bord d'vn lac, là où en vn perseuerāt Auril le Cheualier meine en tout soulas

& contentemēt auec elle vne tresplaisante amoureuse vie. De ceste si destornee & loingtaine prisō vous auez à le retirer: mais il vous faudra vaincre les gardes que son amante soubçonneuse & ialouse y a assises pour la deffence de la montaigne, & de leur demeure, surquoy vous ne manquerez point de guide & conduite pour vous y mener, laquelle vous pouruoirra outreplus d'armes propres & necessaires pour l'executiō d'vne si hardue entreprise: car à peine serez vous sortis de ce fleuue, q̃ vous rencontrerez vne ieune Dame, d'vn teint frais & vermeil, mais anciēne d'aage, qui a de lōgues tresses recueillies & entortillees autour du front. Vo[9] la cognoistrez à cela, & à ses accoustremens billebarrez de diuerses couleurs. Ceste-cy vous cōduira par la haute mer plustost qu'vne aigle ne volle à tire d'esle, plus viste que ne brille vn esclair à nos yeux: Et ne la trouuerez moins soigneuse & fidelle pour vostre retour. Au pied de la montaigne où reside la Magiciēne, vous orrez siffler trop hydeusement, & braire des nouueaux Pythons, d'estranges & maudits animaux. Vous y verrez des sãgliers herisser leurs hures, & les soyes du lōg du dos: des Ours & Lyons, qui vous ouuriront leurs grandes gueulles espouuantables armees de cruelles dents, ainsi que pour vous engloutir, mais branslant seulement vne verge que ie vous donneray, ils craindront d'approcher par tout où elle fera resonner l'air. Puis vous trouuerez bien de plus grands dangers sur la cime, si on les veut peser au vray: car vne fontaine sourd là, d'vne belle eau pure, clere, & si agreable qu'elle fait enuie d'en boire à ceux qui y jettent leur veue, mais dans ceste plaisante

Cc iiij

frescheur est cachee ie ne sçay quelle enuenimee propriété, qui pour la moindre gorgee qu'on en sçeust prendre, enyure & desuoye soudain la personne, la resiouyssant trop estrangement, & la prouoquant à vn ris si pernicieux, qu'il ne cesse qu'on n'en tombe tout roide mort : donnez vous bien garde d'en boire, ains vous retirez tost au loing de ceste dangereuse liqueur homicide. Abstenez vo⁹ pareillement des viandes que vous trouuerez delicatement apprestees sur le bord de ceste fontaine: & des desloyalles Iouuēcelles qui serōt là apostees pour vous receuoir & seruir en toutes sortes de courtoisies, tant de parolles que d'effects. Gardez-vous bien de leurs lascifs regards, & de leurs caresses & flatteries: de leurs amadoüemens & attraits, ains mesprisans tout cela n'en faites cōpte: & passez outre vostre chemin sans leur riē dire ny les regarder, droit au grād portail, où vous entrerez d'asseurance. Là d'arriuee vous vous trouuerez vn peu empeschez de l'embrouillé circuit des murailles, dont le lieu est clos, auec tant de tours & destours & de fausses entrees & issues, si confuses & embarrassees que malaiséement vous en pourriez vous demesler sans la charte que ie vous en dōneray, où le tout est pourtrait de sorte que vous n'y pourrez estre abusez. Au milieu de ce labyrinthe tout enuironné de maisonnages & corps d'hostel, y a vn beau grand iardin, si plaisant & si delectable, qu'il n'y a branche, feuille, ny fleur, qui ne semble respirer mille amours: & là parmy l'herbe tēdre vous trouuerez le Cheualiar couché au giron de la Damoyselle: mais si tost qu'elle aura le dos tourné pour s'en aller quelque autre part, laissant là son

tref-cher amant, ie veux que vous vous defcou-
uriez à luy, & luy prefentez droit en face ceft efcu
de diamant que vous emporterez auec vous, de
forte qu'il fe puiffe mirer dedans, & veoir fa mine
& contenance, dont il fe vergongnera tout auffi
toft qu'il fe verra ainfi accouftré effeminement, fi
que le defpit qu'il en conceura dans fon cœur, en
bannira foudain ceft indigne amour dõt il eft char-
mé. Il ne me refte riẽ pl⁹ deformais à vous dire, fi-
non que vous pourrez aller feuremẽt parmy cefte
embarraffee demeure, iufqu'aux chãbres les pl⁹ fe-
crettes, parce qu'il n'y aura aucune puiffance Ma-
gique qui vous en puiffe deftourber; & fi ne pourras pas Armide rien preuoir de voftre arriuee; Telle eft la vertu qui vous guide. Non moins feurement puis apres pourrez vous fortir de cefte enchantee habitation, & vous en retourner ayãt mis
fin à voftre quefte. Mais voicy deformais l'heure
du dormir qui nous follicite, & vous auez à partir fi toft que l'aube du iour paroiftra. Ainfi leur dit
il, & de là les mena en vne chambre, où ils fe deuoient repofer celle nuict. Les laiffans doncques
en leur priué, fort ioyaux & contents d'vne telle
addreffe, mais penfifs d'autre part, fur ce qu'ils
auoient à faire, il fe retira en la fienne.

Chant quinziesme.

ARGVMENT.

LES DEVX CAVALLIERS qui vont en queste de Renaud ayant esté instruits du sage Magicien comme ils se deuoient comporter en leur voyage, s'embarquent en la nef de l'occasion: & faisans voyle recognoissent en passant le long de l'Egypte, l'armee du Soudan, qui s'assemble sur le riuage pour aller au secours de Ierusalem. De là puis apres tirans outre, toute la coste de l'Affrique qu'ils rengent, est fort particulierement descrite icy iusqu'au destroit de Gilbathar, où ils s'engoulphent dans l'Occean, au sortir de la mer Mediterranee, tant que finablement ils arriuent aux Isles fortunées, en l'vne desquelles estoit detenu Renaud par les enchantemens d'Armide, dont ils en mettent la plus part à fin, & puis entrent dans le Palais, où ils paracheuent le reste.

'AVRORE plus esueillee que de coustume estoit ia venue tirer le rideau du Soleil, pendãt que son soigneux carossier le Phosphore attelloit ses ardents coursiers à son clair radieux chariot, & que les heures portieres du ciel le desermoient espandans par l'air au deuant de lui infinies sortes de fleurs de toutes pareures, quand le Magicien estant vẽnu

Chant quinziesme.

dőner le bon iour aux deux Caualliers, leur apporta le pourtrait, auec l'escu diamantin, & la baguette d'or, & leur alla dire, il est temps desormais de vous apprester à vostre penible & lointain voyage deuant que le iour qui commence à poindre & rayer dessus les cimes des montaignes, s'esleue plus haut sur nostre orizon; Voicy tout ce que ie vous ay promis qui est prest, & ce qui peut enuoyer en fumee toutes les sorcelleries de l'enchanteresse. Ils s'estoient desia leuez & armez, si qu'ils se mettent à suyure leur hoste par les mesmes chemins qu'ils estoient venus, où iamais ne bat aucune clarté du ciel, tant que paruenus à la superfice de l'eau, il prit congé d'eux, leur disant, Allez vous en à la bonne heure, mes amis, ie vous dis à Dieu. Et là dessus la riuiere les reçoit comme en son giron, & les emporte contre bas, de la mesme impetuosité & roideur qu'vne pierre partant de la fonde esbranslee d'vn robuste bras: & à la fin les iette à bord, là où soudain ils apperceurēt la guide qui leur auoit esté promise, auec vne petite barque où elle seoit à la pouppe, son frőt cheuellu, & ses tresses espandues le long de sa face, à costé de deux beaux & sereins sourcils, fort fauorables & tranquilles, sans que riē en pendist derriere, ressemblant en ses gestes & apparences vn lumineux Ange, tant son visage flamboyoit & estincelloit. Elle estoit au reste vestue d'vne belle longue iuppe de toille d'or changeant d'icarnat & de bleu turquin, de sorte que l'esclat en ondoyoit de mille diuerses couleurs s'entremeslans les vnes és autres, dont on la voyoit touiours changer de lustre chaque fois qu'on y iettoit l'œil, tout de mesme qu'au col & gorge des pigeons,& és opalles, & iamais ne se monstroit à soy semblable, se variant cóme vn carcant où seroient enchassez des rubis & diamans, brillans à l'enuy contre des saphirs & des esmeraudes, auec vn grád contentement & esiouyssance de l'œil. Entrez, leur va elle dire, ô bien fortunez, & à moy tres-chers Gentilshómes, en ceste barque, dont ie parcours en seureté toutes les mers d'vn bout a autre, bonaces tousiours pour mon regard, quelque vẽt qui y puisse regner, iusques aux plus fortes tormentes, toute charge pour pesante qu'elle soit, luy estant legiere. Mõ seuuerain Seigneur & maistre m'a icy apprestee pour vostre seruice & conduitte, qui onques ne fut chiche de ses faueurs enuers ceux qui y mettent leur esperance. Ainsi leur parla ceste Dame, & quãt & quant accoste son vaisseau du bord, où estans entrez, elle repousse le riuage, & leuant l'anchre, espãd les voiles au vent, & s'equippe en l'eau puis se va asseoir au timõ. Le courant du fleuue s'ẽfle de telle sorte qu'il eust peu alors endurer iusqu'aux plus grandes barques, mais ceste-cy est si legiere, qu'vn petit bas & foible ruisseau seroit suffisante de la faire flotter. Les vẽts se venãs frapper dans la voile, d'vne felocité plus que de coustume, ioint la roideur du fil de l'eau, l'emportent & cõduisent aual les ondes, blanchissans d'escume pour la violence dont elle les tranche, si qu'en moins de rien ils arriuẽt iusqu'où le fleuue s'espandant en vn lict plus large, apesantist sõ cours pour les vagues marines qui le repoussent contremõt, & là en fin il se va perdre, sans que rien plus en apparoise. A peine ceste fatale barque eut atteint les premieres bordures salees, la mer estant fort troublée alors, que les nuages s'euanoüissēt, & les vēts se calment qui la tempestoient, si que l'orage qui estoit rēply d'obscures menaces, s'appaise du tout vn petit fraiz doux & fauorable se venant substituer en sa place, qui explane les hauts mōts des ondes qu'il auoit esmeuës, ne faisant que surfriser seulement l'āple verd-azuré tablier de Thetis: à quoy le Ciel pour correspondre, se reuestant de toutes parts d'vne gaye serenité sembloit soubsrire, & ne s'estre iamais demōstré plus ioyeux nulle part. La barque outrepasse Ascalon, auec les villes qui se recourbent à ourse vers le ponant, & se trouue tout aussi tost au prochain riuage de Gaze, qui ne souloit anciēnemēt estre qu'vn port: mais par succession de tēps s'accroissant des ruines circonuoisines, estoit deuenu assez bonne & passable ville. Toute la plage se trouuoit lors parsemee de gens de guerre plus dru & menu que le sable, si que ces nauigās ayans jetté l'œil vers la terre, apperceurēt vn nombre infiny de tentes & de pauillons là dressez. Ils voyent force gēs de cheual, & de pied aller & venir de toutes parts de la ville sur le riuage, & tous les chemins de l'vn à l'autre battus & couuers de chameaux chargez, & d'Elephans bardez & equippez en guerre: & au port infinis vaisseaux, les vns a l'āchre, les autres desmarans auec de longs crocs, qui desployoient les voyles au vent, & les autres s'esbranlans à force de rames, voguoient le long de la coste, là où de la proüe fendant les vagues, la marine blanchissoit d'escume, ores en vn endroit, ores en vn autre. Là dessus la guide va dire. Cōbien que vous voyez icy le riuage tout bordé de vaisseaux, & la plage couuerte des galeres de ces mescreans, si n'a pas toutefois le puissant Soudan de l'Egypte en cet endroit reduit toutes ses forces: ce ne sont seulement que celles d'icy autour, & attend encore les autres qui sont les plus esloignees, car sa dominatiō s'eslargist bien auant deuers l'Orient & mijour, si que i'espere que nous pourrons biē retourner deuant qu'il desloge d'icy pour se mettre aux champs, ou en personne, ou celuy qu'il y voudra commettre en sa place. Pendant qu'elle disoit cela, tout ainsi que l'aigle a de coustume de passer en toute asseurance parmy les autres oyseaux, & suruollāt s'esleuer si haut qu'on ne la peut plus discerner, de mesme ce vaisseau semble voller à trauers toute ceste grosse flotte, sans auoir crainctequ'on l'arreste, ny qu'on le poursuyue. Il s'en forlonge tout à vn instant qu'il se trouue cōtre Rasie, la premiere ville que touchent ceux qui nauiguent d'Egypte: & de là vient moüiller l'anchre és steriles riuages de Rinocere, dont non loing de là se descouure vn promontoire haut esleuë, qui s'aduāce assez en la mer, où l'on dit que fut enseuely Pōpee. Puis en apperçoit Damiette, & cōme le Nil apporte sō tribut és ondes sallees de celles qu'il a receu du ciel & ce par sept fameuses bouches, & autres cēt deschargeoirs encore moins renommez. Ils nauiguēt cōsequemment vers la cité que fōda iadis le magnanime conquereur Grec, & la peupla d'habitans de sa nation vis a vis du Phar, autrefois vne Isle assez esloignee de la terre ferme, mais maintenant elle y est iointe. Ils ne recognoissent point autrement Rhodes, ny Cādie pour estre loing de leur route vers le Pol Artique, ains rengēt la coste de Barbarie, cultiuee tant seulement le long du riuage, mais

Chant quinziesme.

en dedãs terre ce ne sont que sablons deserts, steriles & despourueuz d'eaux, & de toutes choses, fors que de monstres & vermines. De là lisent la Marmarique, & le territoire où furēt iadis les cinq villes de la Cyrenaïque. Puis Ptolemaïde & ayās toujours la mer bonace, & le vent propice, voyēt le fabuleux fleuue de l'Ethé se descharger dedãs la mer La grande Syrthe si dangereuse aux nauigans, est d'eux euitee: car ils prennent là endroit le large, & la laissent le lõg de la plage, le cap de Iudecque leur demeurant à leurs espaulles. Puis outrepassent la fosse de Magre, & tost apres se descouure sur le bord de l'eau Tripoly, vis à vis duquel est l'Isle de Malthe, basse & comme noyee dãs les ondes. Laissent pareillement en derriere les autres Syrthes, & les Zerbes, ancienne habitatiõ des Lothophages: Et de là se voit la ville de Tunes sur le riuage courbé en croissant, ayant de chaque costé de son goulphe vne montaigne, ville fort riche, & l'vne des plus honorables & renommees demeures de toutes celles de la Libye. A costé de là est Sicile, où le haut esléué Lilybee dresse le front: & à l'opposite la guide monstre aux deux Caualliers le lieu où fut iadis la tant renommee Carthage, dont à peine en peuuent ils remarquer la ruine. Les citez definent & meurent tout aussi bien que les personnes, & les Royaumes pareillement: dont les orgueilleux fastes & pompes, sont par traict de temps couuers de sable ou d'herbages: & il semble que l'homme se desdaigne d'estre ainsi caduque & mortel, tãt ambitieux & superbes sont ses pensemens. De là ils viēnent aborder vers Biserte: & à l'autre main bien plus loing laissent l'Isle de Sardeigne. Ils outrepassent puis après les plages où les Numides anciennement menoient vne pastoralle vagabonde vie, transportans de lieu à autre leurs habitations: Puis Bougie, & Alger, retraittes infames des coursaires. Plus auant est le Royaume d'Oran, qu'ils costoyerent, & la Tingitane pareillement, vn seminaire de Lyōs & d'Elephans, c'est maintenant le Royaume de Marroc, & celuy de Fez, pres duquel ils passerēt le reste du iour, estans arriuez desormais où le grād Occeā se viens engoulphrer dans la terre, par ceste ouuerture & destroit qu'ō attribue à Hercules. Et peut estre qu'il est veritable que ces deux riuages s'entretenoient, mais que quelque tremblemēt de terre, ou semblable esbranlement & esmotion les fendit, & puis l'Occean se jetta dadās de furie, dōt les ondes repousserēt d'vn costé Abyla, & de l'autre Calpé, separāt l'Espagne d'auec l'Affrique par vn court traiect, tant a de pouuoir la longueur du temps de changer ainsi les choses terriennes. Quatre fois seulement s'estoit renouuellé le Soleil au leuāt, dés que ceste barque auoit leué l'achre d'aupres Ascalō, sans iamais auoir surgy nulle part, car il ne luy en fut point de besoing, & si auoit fait vn si long voyage: maintenant elle est entree dans le destroit, qu'elle passe en biē peu d'heure, & s'engoulphre en la grāde mer: laquelle estant d'vne si spacieuse estēdue où la terre l'embrasse, que sera ce où elle renclost dans son sein la terre? Plus ne se peut veoir desormais parmy les hauts esleuez flots la fertile Gade, ny les deux autres prochaines Isles: Toutes terres sont esuanouyes de leur veuë, tous les riuages s'en sont fuys, le ciel sert de borne & confins aux ondes, & les ondes bornent le ciel, car

rien

rien ne se voit plus que ciel & eau: Quand Hubaud se préd à dire. Vous Dame qui nous auez cõduit iusqu'icy en ceste mer qui est sans fin: dites no⁹ de grace, si iamais autres deuãt nous y sont paruenus: & si plus outre où nous tendons, il y a habitatiõ de mortels. Elle respond: Hercule apres auoir nettoyé l'Espagne & l'Affrique des mõstres qui les molestoient: puis parcouru d'vn bout à autre, & subiugué toutes vos costes, ne s'osa pas auenturer d'essayer ce grand & demesuré Occean: ains y limita les bornes de ses conquestes, restreigneãt en vn par trop anguste pourpris l'immense hardiesse de l'esprit humain: mais Vlysses desireux de voir & apprendre, mesprisa les limites par luy establis, & passa outre ces colonnes, desployãt ces audacieuses voyles & rames en la haute mer: mais quelque expert nauigateur qu'il fust, cela ne luy seruit en fin de rien: car il y démeura pour les gages, englouty des ondes, où la memoire de sõ accidẽt resta enseuelie auec son corps: car parmy vous autres mortels il ne s'en dist riẽ, si d'auenture il fut poussé des vẽts en quelque endroit d'où il ne retourna iamais plus, où s'il fust noyé en chemin: si que ceste grãde mer où il nauigua seroit demeuree depuis incognuë: auec mille Isles, & mille Royaumes, qui ne sont non plus destituez d'habitans que vos terres, ains aussi peuplees & fertiles, apres à produire toutes sortes de biés: car ceste faculté & vertu qui y est infuse du Soleil ne peut demeurer oysifue. Hubaud replique. Dites nous donques, ie vous suplie, de ce nouueau monde incognu, quelles en sont les meurs, les loix, statuts & religion? Elle respond, Diuerses sont leurs cerimonies selõ la diuersité des

D d

contrees, ensemble leurs façons de viure, & langages: les vns adorent les animaux, les autres des arbres, les autres le Soleil cōme le commun pere de tous, & les Estoilles: il y en a mesme qui vsēt de trop cruelles & detestables viandes. Et en somme tous ceux qui resident au deça du destroit sont felons, barbares, inhumains, & d'vne creance par trop impie. Dōcques, repliqua encore le Caualier, ce Dieu qui descendit icy bas en terre pour nous illuminer de la vraye creance, & adoration, veut-il ainsi cacher & couurir la lumiere de sa verité à ceste si grāde & large estendue portion de la terre? Nenny, respōd elle, ains la foy Catholique y sera vn iour plātee auec toute ciuilité: & ne sera pas tousiours qu'ū si long chemin vous separe les vns des autres, ains vn temps viendra que ces colonnes d'Hercules seront des bornes trop mesprisables aux expers nauigateurs qui viendront, voire vne fable, & comptes de nourrisses aux petits enfans pour les endormir: & les mers incognues dont on ne sçait auiourd'huy le nom, auec tant & tant d'ignorez Royaumes seront tous manifestez parmy vous. Il aduiendra lors que le plus hardy de tous les vaisseaux parcoutra & descouurira tout ce que la mer enuironne, & mesurera tout le pourprix de la terre en son plus grand cercle, de mesmes que fait le Soleil victorieusement eschapé de tous leurs dāgers & empeschemens. Certain personnage de la riuiere de Gennes aura bien le cœur de s'exposer le premier de tous à vne nauigatiō incognuë de tous ceux qui furent oncques deuant luy, que ny les plus effroiables menaces & fremissemens des plus tēpestueux vents, ny toutes les plus remotes & inaccostables marines, ny les climats plus ignorez, ne si on n'estime y auoir rien encore de plus espouuātable ny perilleux en aucun endroit du globe terrestre, ne pourront faire que ce genereux & entreprenāt esprit se vueille plus retenir enclos dans les par trop angustes bornes d'Abyla & Calpé. Ce sera toy tres excellent Christofle Coulomb, qui le premier de tous espandras tes magnanimes heureuses voyles à vn autre pole, qu'à peine la renommee qui a mille yeux, & autant de legieres aisles, pourra elle de son regard accompagner ta vollee. Qu'elle chante & resonne tāt qu'elle voudra Hercule, & le fameux Bacchus, il suffira qu'à ceux qui viendront cy apres elle remarque du bout du doigt tant seulement la moindre portiō de tes hautaines entreprises. C'est tout ce qu'elle pourra faire que de leur en atteindre comme vn petit eschantillon & parcelle, car ce peu encore ne leur suffira que par trop pour en rēplir d'amples volumes. Disant cela elle dressoit sa routte droit au couchant, en ployant vn peu vers Mijour, si qu'ils voyent, comme audeuant d'eux le Soleil se couche, & qu'à leurs espaules le iour renaist, tāt qu'à la fin, lors que la gentille esgayee Aurore espandoit à pleines poignees tout autour de soy ses clairs rayons, & ses douces amiables rosees, s'offrit à leur veuë de loing vne montagne sombre & obscure, qui cachoit son front dans les nues: mais puis apres tirant plus outre, ils voyent comme tous ces nuages s'en estans desia reculez, elle se formoit en figure de Pyramide, large par embas, & poinctuë amont, fumant par interualles, ainsi que celle qu'Enceladus a sur son dos, qui de sa nature enuoye des vapeurs sur iour, & la

Dd ij

nuict esclaire tout le Ciel de flamme. Mais voyla qu'ils descouurent d'autres Isles encore adiacētes, & d'autres crouppes moins roides, & plus panchātes. C'estoient les Isles qu'on appelloit les Fortunees, anciennement: si heureuses & tant fauorites du Ciel, qu'on croit que la terre de son bon gré sās estre autrement cultiuee ny ensemēcee, y rapporte & produise toutes sortes de biens: & les vignes sans auoir vne seule de leurs façōs, ne laissent de se charger d'infinies grappes. Là oncques les oliuiers ne furent veus fleurir à faux: & le miel selō qu'on disoit, degoustoit du dedans des arbres. Des coustaux descoulloient force clairs argentins canaux d'vne eau douce & fresche, murmurant gracieusemēt:& les souëf-respirās Zephires, auec les rosees matutinales attrempoient l'air de sorte, que nulle ardeur n'y estoit griefue & ennuyeuse: De sorte q̃ l'antiquité y auoit estably les champs Elisees, & les residences biēheureuses des ames qui auoient merité repos. Y estant venu aborder ceste nautoniere. Vous n'estes desormais gueres loin, alla elle dire, de la fin de vostre voyage: car vous pouuez apperceuoir là deuant vous les Isles dites fortunees, dont vn tel bruit, mais incertain, est paruenu iusqu'en vos côtrees. Elles sont à la verité fort fertiles & agreables: & neantmoins beaucoup du faux se adiouste en cet endroit au vray. Ce disant elle jette l'āchre assez pres de celle qui est la premiere des dix. Et Charles là dessus va dire. Dame honoree, si ceste entreprise où vous-nous guidez le consent, permettez moy desormais de descendre en terre, pour recognoistre ces riuages à nous incogneus: voir les hōmes qui y habitent, & quelles sont leurs

Chant quinziesme. 421

meurs & façons de viure: quel Dieu ils seruent & adorent, ensemble toutes choses dont ie pourray cy apres rendre compte entre les gens d'honneur, & leur racompter ce que i'y auray veu & appris de nouueau & rare, dont il leur puisse prendre enuie de faire de mesme. Elle luy respond, à la verité c'est vne requeste digne de vous, celle que vous me faites, mais quelle puissance en ay-ie, si l'ordonnance du ciel inuiolable & rigoureuse s'oppose à ce beau desir vostre? Car le terme n'est pas encore escheu, que Dieu a prefix à vn si grand descouurement: & ne vous est pas permis de porter certaines nouuelles à vostre monde, de ceste large & spacieuse estenduë de l'Occean. A vous d'vne grace specialle, outre & pardessus l'art & vsage de nauiguer, a esté octroyé de routter iusqu'icy par ces mers, & de monter là où est le Cheuallier enclos, que vous querez, pour le ramener à l'autre costé du monde: Cela vous suffise, car ce vous seroit vne trop arrogante temerité d'aspirer plus outre, & debattre auec le destin. Là elle se teut, & ja leur sembloit que ceste premiere Isle se rendoit plus basse, & la seconde se rehaussoit. Surquoy leur monstrant au doigt comme toutes s'estendoient en long vers le Soleil couchant, & qu'esgallement presque elles sont larges, & distātes les vnes des autres par des petits bras de mer qui sont entredeux, si que desormais on pouuoit discerner les maisons & les labourages, & autres marques d'habitation en sept d'icelles: car il y en a trois de desertes, où les bestes sauuages viuent en asseurāce dās leurs retraittes & tasnieres parmy les bois & les mōtaignes. En l'vne de ces deshabitees, assez à l'escart où le riuage viēt à se recourber

Dd iij

endedans, s'estendent deux longues pointes dehors, qui embraffet en leur enclos vne forme d'affez bon port, qu'vn rocher oppofé à la bouche red affeuré contre tous vets, & repouffe les impetueufes vagues de la mer efmeüe, qui y viedroiet molefter les vaiffeaux furgis, car de cofté & d'autre font deux autres rochers à guife de boulleuards, ou de tourriós feruás tant à ceft effect, que de fignal pour y aborder feurement. Au bas la mer eft toufiours calme & tranquille, & au deffus eft vne foreft ombreufe, au milieu de laquelle y a vne grotte fort delectable, pour eftre tapiffee de lyerre, & refrechie d'infinis petits forgeós d'eau viue, mais là ne paruiennent aucuns vaiffeaux pour y ietter l'anchre, pour eftre le lieu par trop efcarté de toutes nauigations: Neantmoins en vn fi folitaire endroit la Dame vint ployer fes voyles, & attacher fa barque au bord, puis leur dit. Regardez là haut cefte groffe maffe de baftiment qui eft fur la cime de la mótaigne, là crouppift en oyfiueté le deffenfeur de voftre foy, à fe dóner du bó temps en toutes fortes de delices & voluptez, feftins, danfes, & autres tels efbatemés & follaftreries: là, fous la guide des premiers rayons du Soleil, vous mōterez demain matin par ce roid de panchant, & ne vous ennuyez pas d'attēdre, par ce qu'il n'y a point d'heure propre à cela, fors que la premiere pointe du iour : mais pendant qu'il dure encore, vous pourrez bien aller iufqu'au pied du mont. Eux alors prenans congé de leur conductrice, & marchans le long du riuage par le fentier qu'elle leur monftra, le trouuerent fi ayfé qu'ils ne fe lafferent aucunement, fi que quand ils y paruindrēt, le chariot du Soleil eftoit affez loing encore de s'aller establer és ondes sallees. Mais ils virent qu'il falloit monter par des precipices fort desrompus, & de tres-fascheuses creuasses & fentes de rochers aspres & rabboteux: & que iusqu'au sommet tout estoit couuert de nege & de glaces; De là en sus ce ne sont plus qu'herbes & fleurs, & toutes sortes d'vne gaye & plaisante verdure, si qu'on peut dire que bien dissemblable est là endroit la barbe blanche & chenue ainsi que d'vn hyuer, de la cheuelure, qui ne monstre là qu'vn ioyeux verdoiant Printemps. Là le beau liz tendre, & les froids glaçons sont en paix & accord ensemble. Tant ont de puissance les enchantemens par dessus l'ordinaire cours de Nature. Les deux Caualliers s'arrestent au bas de la montaigne en vn lieu solitaire & sauuage, tout enclos d'arbres ombrageux, puis si tost que le Soleil, eternelle source de la riche doree lumiere, tapissa le ciel de ses noueaux premiers rayons, Sus sus debout, se vont ils crians l'vn à l'autre, & se remettent à leur voyage d'vne promptitude allegre & deliberee, quãd voila soudain sortir alencontre, ie ne sçay d'où il peut venir, vn horrible espouuantable Dragon, lequel vient rampant d'vne grande velocité, leur couper chemin, ses escailles d'or & d'azur tout herissees, rehaussant son hydeuse teste à tout ses trois crestes, le col enflé d'vn courroux venimeux, & les yeux ardens comme vifs charbons embrasez. Il occupe tout le chemin, & le cache sous sa gloutte panse, fumant & respirant vn mortel poison pestifere. Tantost il s'allonge, & puis s'accourcist, comme s'il sortoit & rentroit dans soy-mesme: Tantost il estend sa grand' longue queüe, puis

D d iiij

la rentortille, pour tirer à soy ce qu'il en pourroit attraper. Tel il se presente pour deffédre & garder la montee: mais pour cela les deux Caualliers ne laissent pas de passer outre. Et desia Charles auoit mis l'espee au poing pour luy courir sus, mais l'autre luy crie: Que voulez vous faire? cuidez vous auec l'effort de vos bras, & de telles armes suppediter ce dangereux monstre? Ce disant il ne fait que branler son immortelle verge doree, dont le dragon n'eut pas plustost ouy le siflement parmy l'air que tout esperdu de ce son là il se met à fuyr, leur laissát le passage libre, & soudain disparoist de leur veuë. Vn peu plus auant de rechef vn fier redoutable lyon auec d'horribles rugissemens le leur viét contredire encore, en les sorceillant de trauers, le gosier, & sa grande profonde gueulle armée tout autour de ses deuorantes machoüeres, de cruelles dents, qui s'ouure & dilate pour les engloutir, en se foüettant de sa queuë pour plus s'irriter, mais la verge ne luy fut pas plustost môstree, qu'vn secret & occulte espouuantement luy gelle au cœur toute son innee ferocité, & le torne en fuitte. Parquoy ils poursuyuent promptement leur chemin, mais ils ont desormais au deuant d'eux vne fort redouble armée de diuers animaux differens de marche, de semblant, & de cris. Tout ce qui est de monstrueux effroyable & horrible entre le Nil, & le mont Atlas, semble estre là recueilly en vn. Toutes les bestes les plus sauuages & criminelles qui peuuent estre en l'Erynee, & dás les forests d'Hyrcanie, sont là reduites. Et neátmoins ce gros exercice qui leur vient alencontre, ne les sçauroit faire tourner arriere, ny arrester, ains (cas bien estrange

& merueilleux;) tout cela est torné en fuitte à vn seul sifflemennt de la verge, si tost qu'ils voyent les deux compagnons, desormais victorieux & deliures de tous les empeschemens dessusdits: lesquels sont maistres maintenant de la crouppe de la montagne sans plus trouuer de resistance, sinon entant que les glaces & rabbottemens du chemin les retardent d'aller auant. Mais quand ils eurent passé les neges, & surmōté ces précipices & creuaces, ils trouuent vn air doux & benin ainsi que de la Primeuere, & vne belle plaine spacieuse & vnie sur la cime de la montagne, qu'vn petit vent frais esuēte par tout d'vne mesme façon tousiours, sans changer ny varier auec le Soleil à mesure qu'il torne cōme est l'ordinaire: parfumé au reste de l'odeur des herbes aromatiques qui croissent là à l'enuy les vnes des autres, ny ainsi qu'ailleurs tantost regnent des gellees cuisantes, & tātost d'excessiues ardeurs: des nuages & de la sereníté à leur tour: ains est toujours là le Ciel emmantellé d'vne claire esgalle lumiere: & n'y a iamais Esté ny Hyuer, ains vn perpetuel doux & ioyeux automnal printemps, sans qu'il s'enflamme ne refroidisse: nourrissāt les herbes és prez: les fleurs és herbes: l'odeur és fleurs, & vn perdurable souef ombrage és arbres qui sont là plantez, sans iamais se despouiller de leurs fueilles. Sur le bord d'vn lac est au demeurant assis ce tant beau Palais qui commande à toutes les crouppes d'autour, & à vne large estendue de la marine qu'il descouure de toutes parts, auquel deuant que paruenir, les deux Caualliers, de ceste si roide & haute montee se trouuent aucunement trauaillez, de sorte qu'ils cheminoient plus lentement par ce chemin herbu & semé de fleurs, tantost marchans, puis faisans quelques pauses: Quand voila se presenter à leur veuë vne belle fontaine qui les semond de mouiller leur bouche seche & alteree de chaud & trauail: l'eau tomboit d'éhaut des rochers d'vn gros sorjon, qui en plus de mille petits breins venoit s'espandre sur les herbes, & les arrouser gratieusement: Puis se raccueillir toute en vn creux canal dont les bords estoient reuestus d'vne gaye & plaisante verdure, ombragee d'arbres touffus en tout temps, & garnis de fueilles. Là ceste eau souësue coulante d'vn doux murmure froidde comme glace, & si claire qu'on pouuoit discerner au fonds son grauoir plaisant à merueilles, & ses riues haut esleuees, où l'herbe molle & tendre croissoit comme par despit : variee d'infinies fleurs de toutes sortes de pareures, à guise d'vne musaique ou marquetterie, pouuoit seruir de siege & de couche à qui s'y fust voulu reposer. C'estoit la fontaine du Rys, & le ruisseau si dangereux, contenant tant de mortels encombres. Maintenant doncques qui leur tiendra la bride roidde à leur desir? si faut-il neantmoins qu'ils la tiennent, & qu'en cest endroit ils soyent bien cauts & aduisez, de peur d'encourir les inconueniens qui y sont cachez. Parquoy de là ils passent outre iusques où ce ruisseau s'estendant au large formoit vn lac, sur le bord duquel ils trouuét vne table chargee de toutes les plus exquises viandes qu'on peust souhaitter, & auprés de là s'esbattoient deux ieunes garces toutes nues, se mignardans parmy les ondes, où tantost elles nageoient cõme à l'enuy entre deux eaux, vers certaine marque, à qui plustost y paruiendroit, & tantost tirans la teste dehors, môstroient leurs belles dorees tresses, degouttãs sur leurs blanches espaules charnues & le long de leurs bras pottelez: Puis se replongeoient derechef, & batans l'eau s'en arrousoient lasciuement. C'estoit vn plaisir de les veoir ainsi s'esgayer dans ce lac, où par fois elles se haussoient iusqu'à la ceinture, mais leurs cheueux raccueillis en vn gros nœud au haut de la teste, venãs à se deslier & espandre, leur couuroient les reins, du reste rien ne se cachoit pardeuant de leur tendre delicate gorge, auec ses deux petites arondies & à demy enflees buttes, marquees d'vne fraise au milieu de leur albastre, où vne trouppe de petits amours volletans autour s'esbattoient à tirer de l'arc. Quant au surplus de leurs thresors, l'eau en estoit auaricieuse, & n'en vouloit rien communiquer à la veüe qui neantmoins s'y desroboit par opinion, conceuant de ce qu'elle pouuoit apperceuoir, quel deuoit estre ce qu'on luy cachoit, & le reputoit encore plus riche & plus desirable. Ce qui esbranla aucunement le desir, quelque rudde & rebours qu'il fust, des deux Cauelliers, si qu'ils s'arresterent à les contempler, & elles ne laissoient pas de continuer leurs follastreries, l'vne s'estant eslancee dehors, à guise de la belle estoille du iour quand elle se iecte au matin hors des ondes marines dont elle semble degoutter, ou comme sortit des flots escumãs la Deesse d'amour pres Paphos, se mõstra presque toute, mais ayant apperceu les deux Cauelliers, elle se replongea soudain dans l'eau, comme craintifue & vergoigneuse. O de quel beau & plaisant spectacle, elle frustra par ce moyen leur regard, & estant couuerte tant des ondes que de ses cheueux,

se tourna vers eux d'vn visage riant & honteux: &
en riāt se coloroit d'ũ beau teint vermeil, de la mesme sorte que qui entremesleroit des roses & des
Iassemins, dont son ris se monstroit tant plus mignard & agreable: Puis à la fin elle deslia sa douce
harmonieuse voix dont tous autres seroient demeurez conquis, en tels ou semblables termes.

  O bien fortunez Estrangers,
A qui le Ciel si fauorable
A esté, qu'hors de tous dangers,
En ce beau lieu tant delectable
Il nous a mis: Venez icy
Despouiller tout vostre soucy.

  C'est là où cesseront les maux
Qui vous ont tenu en detresse:
Tous ennuis, peines & trauaux
S'y terminent en allegresse:
C'est de tous le desiré port,
Où l'on vit en paix & accord.

  Le siecle d'or voulut choisir
Icy sa premiere demeure:
Et n'y regnoit que tout plaisir,
Non-plus qu'il ne fait à ceste heure,
Comme a cest heureux paradis:
Où nos peres vinoient iadis.

  Il n'y estoient bridez de rien
Qui peust leur liberté offendre:
Ains cuidoient le souuerain bien
Se deuoir seulement attendre
D'vne ioyeuse volupté,
Et d'vne douce oysiueté.

  Vous pouuez bien icy laisser
Vos armes en toute asseurance,

Chant quinziesme.

Qui ne seruent que d'empescher
De vous recreer à plaisance:
Les consacrant sur cest autel
A vn repos perpetuel.

   Vous n'estes plus que de l'amour,
Et de luy soudoyez gensdarmes:
Mars ne fait point icy seiour,
Ny bellone auec ses vacarmes:
Il n'est plus besoin de s'armer;
Ains seulement de s'entr'aimer.

   Vos coups seront des doux baisers
Donnez & pris sans resistance:
Vos assauts, destroits embrassers
En toute libre iouyssance:
Vn lict, le camp clos des combats,
Où le plus fort est mis à bas.

   Parmy des odorantes fleurs,
Des clairs-ruisseaux, & frais ombrages:
Prez rians de gayes couleurs:
Et tousiours verdoyans boscages,
Où les oysillons se perchans
Resiouyssent l'air de leurs chants.

   Mais il faut premier en ceste eau.
Laisser vostre poudre & ordure,
Et vous restaurer de nouueau
Le corps de sa deuë pasture:
Puis aller vers celle qui peut
Vous rendre heureux, si elle veut.

L'vne d'elles disoit cela, & l'autre l'accōpagnoit de ses amoureuses œillades, & sēblables deceptifs attraits: de la mesme sorte qu'au son des instrumens s'accordent les pas d'vne bien meſuree danſe, tantoſt plus viſtes, tantoſt plus lents, ores en auant, ores en arriere, ores plus haut, ores plus bas. Mais les Caualliers ont à tout cela les oreilles ſourdes, les yeux ceiglez & les cœurs endurcis à ces deceptiues amorſes. Ce qu'ils voyent d'amadoüemens ſi laſcifs & voluptueux, de friands regards & deuis, ne leur fait que tournoyer au dehors, & leur chatouiller le reſſentiment tant ſoit peu. Que ſi vne telle douceur transfuſe au dedans y entame quelques parties dont pourroit germer vn deſir, ſoudain la raiſon raccueillie deſſous ſes armes, s'y oppoſant vient ſarcler le vouloir qui parauāture y poindroit ſi que l'vn de ces deux couples demeure là vaincu & ſuppedité, & l'autre paſſe outre ſans en daigner prendre congé. Eux s'acheminent vers le Palais, & elles s'en retournent plonger au lac, toutes confuſes & deſpites de ſe veoir ainſi meſpriſees.

Chant ſeizieſme.

ARGVMENT.

Les deux Caualliers *qui vont en queſte de Renaud, eſtans abordez aux Iſles Fortunees ſous la cōduitte de l'occaſion, apres auoir paſſé toutes les difficultez & dangers des monſtres, illuſions, & fantoſmes, qui s'oppoſent à eux pour les arreſter, finablement ils entrent de-*

Chant seiziesme. 431

dans le Palais enchanté, où ils le trouuent auec Armide menant vne vie voluptueuse, qui est icy delicatement exprimee: mais par le moyen du mirouer diamantin, ils se font reuenir a soy: & se recognoistre, si qu'ils s'en va auecques eux. Armide le suit iusqu'à la marine, auec des pleurs & gemissemens pitoyables, passionez ce qui se peut: Et voyant que cela ne luy sert de rien, de rage & despit qu'elle en a, desfait elle mesme ce beau palais qu'elle auoit basty par ses charmes. Puis se fait conduire par l'air dans vn chariot attelé de cheuaux vollans, à son chasteau de la mer morte, où elle dresse son equippage pour aller trouuer le Soudan à Gaze.

CE RICHE & tant somptueux edifice est de forme ronde, lequel en son interieur pourpris qui sert comme de cêtre à ce cercle, à vn iardin beau par excellêce, (vn autre paradis terrestre,) eslabouré par dessus tous ceux qui furent oncques nulle part. Car tout alentour les demons qui le fabriquerent y auoyent basty dés loges & galleries, auec vne infinité de chambres, garderobbes, & cabinets si confus & si embrouillez, & auec tant de destours desuoyables & si obliques, qu'il seroit bien malaisé de s'en demesler: Et là dedans estoit practiqué ce iardin secret: Les deux Cavalliers y entrerent par le grand portail, car il y auoit bien cent fausses-portes toutes reuestues de grosses lames d'or & d'argent, damasquinees, & cizelees à figures de demy bosse, enrichies de pierreries, representans force anciennes histoires d'amour, dont l'ouurage surmontoit de bien loin les estoffes, & n'y manquoit que

la parole: En tout le reste vo9 n'eussiez riē veu qui n'eust vie, si l'on s'en fust voulu raporter à la veuë. Là on pouuoit apperceuoir Hercule, la quenouille au costé, fillant auec les Damoiselles d'Omphalé Royne de Lydie, qu'il enttetenoit de propos feminins. Celuy qui auoit autresfois rauagé l'enfer, & soustenu le ciel de ses espaules, manioit icy les fuseaux, & esguilles: Et amour est la figuré qui le regarde faire, & s'en rit. Vous eussiez là peu voir encore Iolé, qui d'vn bras foible & delicat, passe son teps à manier sa massuë, qu'à peine peut estre sousleuee de terre par l'vn des bouts: ny aussi peu empoigner son arc: ayāt ieté sur ses espaules l'horrible despouille du Lyō, dōt elle mōstre s'effrayer: aussi est elle vn peu trop rude pour ses tendres imbecilles mēbres. Tout à l'opposite est vne mer blāchissante de flots escumeux en ses azurees campagnes, où au milieu voguent deux grosses flottes de vaisseaux armez en guerre: & dés harnois des cōbattās sort vne infinité d'esclairs esblouyssans l'air les ondes reluisent de l'or lequel brillant se reuerbere là dedans, si qu'il semble que le cap de Leucade soit tout espris d'embrasement. D'vn costé Auguste a les Romains, Italiens & autres Occidētaux à son ayde: de l'autre Marc Anthoine toutes les forces de l'Asie: les Egyptiens, Arabes, & Indiens. Vous diriez que ce sont les Isles Cyclades qui desracinees de leurs plus enfoncez fondemens nagent là, & flottent: & que de haut esleuez monts viennent à choquer des montagnes à eux conformes: tant est merueilleuse l'impetuosité & furie dont ces deux puissantes armees naualles se rencōtrēt & inuestissent. Des vaisseaux, qui
ressem-

resſemblent à de gros tourrions, platteformes, & boulleuards, vollēt desia de tous endroits flesches, iauelots, pots à feu; ſi que deſormais la mer eſt toute parſemée de bris & naufrage; & d'vn carnage de corps morts, que les vagues charrient où il leur plaiſt, quand voyla ; (neantmoins la victoire ne brāloit encore ny pour les vns, ny pour les autres,) vne Reyne gaigner le haut à voyles deſployées, & à force de rames. Et Anthoine s'enfuit apres par la meſme routte: par où l'on peut aſſez cognoiſtre, q̃ d'icy en auant ſa part eſt fritte de l'Empire de l'vniuers, où il aſpiroit d'vn ſi grand courage : mais il ne fuit pas à la verité de peur qu'il paye, il n'eſt pas ſi laſche: ains ne fait que ſuyure celle qui tire ſō cœur apres elle, dont elle eſt ſouueraine Dame & maiſtreſſe, & l'a du tout en ſa ſaiſine. Vous le verriez là ſemblable à vn qui eſt tout tranſporté, partie d'amour, partie de vergoigne, & d'vn fier deſpit tout enſemble. Vous euſſiez la veu ores vn cruel cōbat encore en doute, ores vne fuitte à voiles deſployées, tant qu'il s'enfourne dans les receptacles du Nil, où il ſemble que la mort luy tēd ſon geron pour le recueillir là dedans, & que ſa dure deſtinée le reconforte d'vn plaiſir qu'elle luy eſlance du haut d'vne tour, de ce beau tant aymé viſage. De ces hiſtoires & fantaſies eſtoyent entaillez les metaux des portes de ce Royal Palais, dont les deux Caualliers ayans retiré leur regard, treſplaiſant obiect à la verité, ſe iecterent dedans ceſte embarraſſée demeure. Tout de meſme que le Meandre mōſtre de prēdre ſon plaiſir à vireuoulter le long des prairies, tournoyant & s'enuelouppant par diuers coullers & retours, tantoſt amont, tantoſt aual,

Ee

comme s'il vouloit reuenir plus que d'vne fois sur soy-mesme, ou rebrousser chemin vers ses sources où il eust oublié de prendre assez d'eau pour fournir son cours, que de là il redresseroit derechef vers la mer : Toutes telles & plus entortillees encore sont les falacieux destours de ce deceptif labyrinthe, dont à peine toutes les ficelles d'Ariadne vo9 pourroyent retirer dehors. Mais le portrait que le sage Magicien leur auoit doné en vne peau de parchemin, les y redresse, & engarde de se fouruoyer, où l'escriture d'abōdant leur monstre cōme ils s'y doyuēt gouuerner : tant que finablemēt apres s'estre depestrez de toutes ces desuoyables trauerses, le jardin se descouure à eux d'vn si aggreable & plaisant aspect, qu'autre ne s'y sçauroit accōparer. Tant de beaux parterres, & cōpartimés, tant de recreatiues pallissades d'orengiers & de citronniers, de myrthes, jassemins, & rosiers musquats : auec force petites piscines, & canaux d'vne eau chrystalline, où nagent infinis poissons fuyans deuant les cygnes qui les pourchassent, & ils se sauuent parmy le cresson & autres herbes aquatiques dont les bords sont to9 reuestus : Infinies sortes de fleurs qui iamais ne perdent leur premiere vigueur : infinies sortes de plantes & d'herbes tousiours verdoyantes egallement : force belles petites mottes de terre pour seruir de sieges tapissez de verds gazons de camomylle, & ombragez au dessus de brāches & rameaux qui ne se despoüillent en nulle saison de l'annee : auec de plaisans bosquets par endroits, où les lieures, dains, & cheureux se retirent s'ils se retrouuent trop importunez des petits brachets qui de leurs clairs glattissemens les effarent sans les pouuoir endommager. Force grottes tant naturelles qu'artificielles, ornees de tout ce que la mer le long de ses bords peut produire de plus beau à l'œil: coraux, pourcelaines, nacques de perles, & toutes sortes de coquilles, de pierrettes & petits cailloux arrengez d'vne fort belle musaique: auec infinis souspiraux & secrets tuyaux, par où l'eau viue qui a ses source là dedans, coulle & reiaillist quand on se veut entremoüiller par esbat les vns les autres. Mais ce qui est le plus admirable & à estimer, est que le souuerain artifice dont tout y est elabouré, est caché de sorte que rien tant soit peu ne s'en monstre: ains semble qu'il n'y ait que la nature qui y aye contribué. Que si vous venez à mesurer ce qui y est de delicat, auec le rustique qui se soit ainsi façonné de soy-mesme, vous direz que ces plus curieux, & plus recherchez embellissemés sont purs naturels, & que la situation ait esté artificielle, si que la nature dedaigne l'ayde qu'on luy a donee, & qu'à son tour l'art ne tiéne cōpte de l'abregemēt qu'elle a receu de la nature, tāt elles sont exactemēt ententiues à se surmōter l'vne l'autre. L'air mesmemēt, pour laisser à part tout le reste, est de l'ouurage de l'enchāteresse, vn air si doux & attrēpé, qu'il fait fleurir les arbres en toutes les saisōs de l'annee, pousser des bouttons, & produire des fruits verds encore, à demy meurs, & conduits à parfaicte maturité, dont iamais ils ne se despoüillēt, ny de leurs fueilles pareillemēt, nōplus que de leurs brāches & rameaux, si que pendant qu'ils fleurissent en vn endroit, & l'autre les fruicts se formēt de diuerses sortes, qui les rend tant plus delectables de les voir ainsi diuersement entremeslez, comme s'ils estoyent peints & figurez par plaisir, & non purement naturels. Sur vne mesme tige, & mesmes bráches, vous eussiez là veu fleurs sur fleurs: vne figue naistre sur l'autre, les vnes vertes & non encor meures, les autres qui cōmencēt à se tenir, & se fendre, les autres ia esclattees, regorgeans leur miel, les autres riddees & flestries. En vn seul rameau pendēt des pommes & poires, les vnes plus, & les autres moins aduancees, & le mesme des autres arbres. La vigne auec se sarmēts tortus rampe amont les ormes quant & le lyerre, meslans leurs grappes par ensēble, cōme proches parētes & alliees qu'elles sont, dependās d'vn mesme protecteur, le bon pere Iacchus, & s'embrassās amoureusement parmy les branches, qui leur seruent comme d'eschaffaut à follastrer & iouer leurs ieux, tant qu'elles ayent gaigné le sommet, pour de là se reiecter contre bas à la renuerse ainsi qu'en vn saut perilleux: mais l'air les soustient, qui les garde de s'offencer, mesmement les raisins, dont les vns sont encore en bourre, les autres en grappes formees & qui cōmencēt à fleurir, parfumans de leur souëfue odeur tout le voysinage: les autres en verius, & finablement en raisins parfaits: mais de diuerses couleurs, les vns de grenats, les autres d'amathistes, & les autres de beaux saphirs Oriētaux: d'autres qui cōbattoyēt de leur lustres iaune auec l'or bruny, toutes pleines d'vne nectaree liqueur. Là se voyent vne infinité d'oysillons, desgoisans leurs plaisans ramages parmy les branches & rameaux, à l'enuy les vns des autres, qui tous se rapportent à vn melodieux concert de musique rustique, que les doux vents halenans l'air par leurs souëfues respirations, espadoyent de costé & d'autre, inuitans les rameaux & fueilles, & le gracieux murmure des eaux, d'y correspondre de leur part, & regazoüiller alencontre de ceste notte des oyseaux, quand ils se taisoyent, pour recōmēcer d'vn plus haut & resonnāt ton: car lors ils abbaissoyent la leur fust fortuitement, ou par art que cela se fist: mais auec vn grand contentement de l'oreille, qui se chatoüilloit d'vn nouueau plaisir par ces diuerses pauses alternatiues, tantost des vns, & puis des autres, comme deux Chœurs bien accordez. Entre tous vn y en auoit, d'vn pennage fort delectable, auec vne forme de beau collier, comme d'vne enfileure de grains d'ebene & de perle, de ces deux opposees couleurs s'esclattant vn lustre fort aggreable à la veuë parmy ses plumes surdorees, bleues, vertes, iaunes, & incarnates, & plaisant tout ce qui se peut, lequel desnoüoit sa langue en diuerses sortes, iusque mesmes à en contrefaire le parler humain, qu'il se prit lors à continuer auec art, d'vne trop admirable maniere; & cependant tous les autres deuenus muets se rendoyent du tout attentifs à l'escouter, comme les disciples vn maistre d'escolle. Les vents mesmes se tindrent coys, & cesserent leur doux murmure. Chose trop estrange & prodigieuse, qu'vn oyseau peust retenir par cœur tant de vers, & les reciter: mais aussi cela estoit fait par enchantement, qui s'entonnoit dedans sa gorge. Sa notte doncques estoit telle.

Voyez vn peu poindre vne belle rose,
Hors la verdure où elle estoit enclose,
Craintifue, honteuse, ouuerte qu'à demy,
Et le surplus se remfermant parmy

L'estroit boutton dont elle est resserree:
Tant moins se monstre, & plus est desiree
De mille & mille honnestes Iouuenceaux,
L'vn plus que l'autre amiables & beaux:
Requise aussi de plus que d'vne belle
Respir' amour galante Damoyselle,
Lors qu'elle dure en sa prime vigueur:
Mais si elle est atteinte de langueur,
Elle n'est plus des amants caressee.
Ainsi briefue est, & de peu de duree
La fleur de l'homme en ce mortel seiour.
Face tousiours le mois d'Auril son tour
Tant qu'il voudra, iamais la primeuere
Pour les humains ne retourne en arriere.
Si vne fois la fleur vient à flestrir,
Et la verdure en iaune se ternir,
Plus ne se peut l'vne & l'autre remettre
En la beauté où elles souloyent estre,
Iouyssez donc de l'aise de ce iour
Qui si tost passe, & la rose d'amour
Soit ce matin à grand' ioye cueillie
De ceux qui ont de le seruir enuie,
Cueillez les fleurs de vostre beau printemps,
Et vous rendez de vos desirs contens,
Aymez pendant qu'aymez vous pouuez estre,
Et de seruant chacun deuienne maistre.

C'estoit la fin de sa chançon, à laquelle le chœur des petits oyseaux respondoit: Puis il recommençoit d'autres coupplets, qui estoyent suiuy du mesme refrein:

Aymez pendant qu'aymez vous pouuez estre.

Au son duquel les amiables colombelles redoubloyent leurs mignards baisers, & tous animaux se redifpofoyent à aymer, & à careffer leur femblable. Il femble mefme que le chefne à la dure efcorce ridee, & le laurier quelque chafte qu'il foit, & toute l'ample famille des arbres branchus: toute la terre vniuerfelle, auec les eaux, fe tracent là de renouuellees formes d'amour, & en refpirent de delicats reffentimens. Parmy vne fi douce melodie, parmy tous ces plaifans amoureux attraits, ce couple auftere des deux Caualliers fe monftroit toufiours de plus en plus rendurcy & rebours contre tous ces plaifans attraits & delicateffes, quand voyla qu'atrauers les branches ils voyent, ou leur femble voir: mais ils le voyent en effect, ce ieune Cheualier qu'ils cherchent, couché parmy les odorantes fleurs dans le geron d'vne creature qui n'auroit fon pair en beauté nulle part, fon collet eftant tout ouuert fur fa frefche rebondie gorge d'vn pur yuoire: & fes belles treffes dorees en tout abādon efpāduës au vent pour s'y efgayer: rauie au refte, & comme tranfportee hors de foy de l'aife & plaifir qu'elle fent, vne petite fueur qui luy vient furbaigner la face à guife gracieufe rofee blanchiffant fur l'incarnatin d'vn œillet ou rofe vermeille, rend plus vif fon teint coloré au deffous, par certaine ardeur amoureufe qui le refchauffe. Et tout ainfi qu'vn lumineux raiz de Soleil fe venant à reuerberer dans les ondes y imprime vne fplendeur trembloyante, de mefme vn gracieux & mignard fous-rire vient à fe refgayer voltigeant dedans le benin cryftal de fes yeux. En fe fufpendant elle fe panche amoureufement fur la face du Cheualier qui a la tefte dans fon geron, & il la rehauffe alencōtre, à fin que leurs ardents regards, & leurs baisers reiterez tātoſt aux yeux, tantoſt aux leures, & plus auant s'enfonçans encore comme s'ils s'en vouloyent enferrer, face chacun endroit ſoy la moitié du chemin à ſe ioindre, ce qui ne ce pourroit ſi bien exprimer de la plume, qu'auec la langue. Et eſtans reduits à ce point, on les entēdoit ſouſpirer ſi profondement, qu'il ſemble que leur ames doyuent tout à l'heure quitter leurs demeures, pour tranſpaſſer de l'vne à l'autre. Les deux Caualliers qui s'eſtoyent cachez, remarquent attentiuemēt leurs manieres, & voyēt que de la ceinture du Cheualier (equippage certes par trop indigne & mal ſeant pour vn ſi genereux courage) pendoit vn mirouër de cryſtal de roche clair & luyſant, qu'en ſe ſouſleuant il prend & le met és mains de ſa cher-aymee: ioyau ppre à ceux qui exercent l'amour, Et elle de ſes beaux yeux, luy auec les ſiens enſlambez d'ardeur y contemplent en diuers obiects vn obiect ſeul. Elle ſe ſert de ceſte glace pour ſe contempler là dedans, & luy s'y remire en la gaye ſerenité des yeux d'elle, ſi qu'il a deux mirouers pour vn. L'vn ſe glorifie en ſa ſeruitude: & l'autre au cōmandemēt qu'elle a empieté ſur luy. Elle ſe mire en ſa beauté, & luy en ceſte beauté meſme. Dea tornez icy ie vous prie, tornés icy ces benins amiables yeux (ce luy diſoit le Cheualier) dont vous bien-heureuſe me bien-heurez: car ceſte flāme dont ie bruſle, ſi vous ne le ſçauez, m'eſt vne vraye pourtraicture de vos beautez: leur excellence incōparable, leur merueille eſtrange, l'ardeur qui boult en ma poitrine les repreſente plus naïuement, que tous miroüers ne ſçauroient faire. Dea puis que vous me deſdaignez, au moins

Chant seiziesme.

qu'apperceuoir peussiez vous, combien vous estes aggreable & belle, par ce moyen, vostre regard, qui ne sçauroit se contenter d'autre aspect, se mirât en soy, iouyroit de la beatitude qui en depend: car il n'y a point de mirouër où se peust rapporter au vray vne Image si accõplie: ny vn si ample paradis ne se pourroit pas enfermer dans vne petite piece de verre, Vn mirouër digne de vous seroit le Ciel, où vous pourriez contẽpler en tant de clair estincellantes flãmes, de semblables beautez qui en voº reluisent. Elle se soubs-rit de ce qu'il luy dit, non que pour cela elle laisse de se contẽpler, & de s'agencer les cheueux, & apres les auoir recueillis & rengez en leur deuë assiette, du desbauché desordre où ils s'estoyent emancippez follastrãs en trop de licence, les frisant autour de ses temples, & les parsemant tous de fleurs, comme on coucheroit de differens esmails sur l'or, elle entremesle dans son sein de belles incarnates roses parmy des Lys & iassemins, & rameine son collet espars. Le Paon quelque orgueilleux qu'il soit en son beau & riche pennage, n'espanouist pas plus auidement sa grãd' queuë mirouettee des yeux d'Argus, en faisant la rouë. Ny l'arc en Ciel ne se surdore & empourpre plus exquisement à la reflexion des raiz du Soleil dans l'opposition d'vne nue caue, cõme elle auoit lors attiffé gentiment son chef, & son sein. Mais sur tout ce qu'elle a de plus singulier en ses affettez affiquets, est vne ceinture, qu'estãt mesme nue elle n'a iamais accoustumé de laisser, l'ouurier qui la fit, assigna des corps à des choses qui n'en ont point, & en la forgeant mesla plusieurs estoffes ensemble, dont autre que luy n'eust sçeu venir à bout. Des benins despits & courroux, rappaisables tout aussi tost, des refus attrayans, des caresses desdaigneuses, des querelles & questiõs amiables, des gracieux rapoinctemés, reproches mignardes, petites picques sous-riantes, entremeslees de quelques larmes & souspirs couppez, & de douces accollades, baisers tendres, & estroits embrassemens parmy de mutuelles plaintes: Toutes ces choses, & autres telles fondues ensemble, & bien vnies, puis attrempees à vn feu fort doux, il en forma ce tant admirable tissu, dont elle s'estoit retroussee par le fau du corps: mais finablemēt ayant mis fin à leurs amoureuses follastreries, elle luy demande congé, & le baise, puis s'en va à ses faciendes selon qu'elle souloit faire sur iour, pour reconsulter de nouueau ses liures magiques, & il demeure là ferme arresté, qu'il ne luy est pas loysible de se partir de ce jardin, où il se promeine entre les arbres, & se deduit auec les animaux qui y sont renfermez aussi bien que luy. Mais apres que l'ombre nocturne ioincte au silence vniuersel fauorable à leurs desirs & amourettes, les vient rappeller à leurs furtiues iouyssances, ils se retirent en ces beaux iardinages dedans vne secrette demeure à l'escart, où ils passent toute la nuict en plaisirs & esbattemens qu'on ne peut sçauoir si on ne les a esprouuez. Apres doncques qu'elle eut pris congé, les deux Cauailliers qui s'estoyent tappiz parmy les arbres, se vindrent descouurir à luy estans armez de toutes pieces. Tel qu'vn braue genereux coursier, qui a autresfois glorieusement esté employé au trauail & fatigue des armes, dont on le retire pour le mettre à seruir d'estallon au haras parmy les trouppeaux des

Iuments, auec lesquelles il rode à plaisir és plus aggreables paccages, s'il oit le son de la trompette, & voit resplandir de loin le clair luisant fourby acier, il s'en va soudain rendre celle part, remplissant l'air d'hennissemens, desireux d'auoir desia sur le doz quelque valeureux & adroit hôme d'armes, pour passer à l'enuy de ses emulateurs vne longue & penible carriere, portant par terre tout ce qui se rencontreroit deuant luy : Tout tel deuint le Cheualier si tost que la lueur & esclat des armes luy eut donné dedans la veuë, Ce magnanime & ardent courage, de soy si belliqueux & aspre à la guerre, s'smeut tout à ceste aggreable respládissance, quelque comme endormy ou enyuré qu'il fust lors en ses delicates oysiuetez, & plaisirs. Et là dessus Hubaut s'approche de luy, & luy presente droit en face cest escu diamantin qu'il tenoit, où le Cheualier se mirant, soudain il voit en quel equipage il estoit, & combien effeminement accoustré : Ce ne sont que parfums & delicatesses, mignardises & lasciuetez, tant en sa perruque, qu'en tout le reste de sa personne. L'espee qu'il auoit ceinte à son costé, ne se pouuoit bonnement dire estre d'acier trenchant & propre à combatre, comme digne d'vn tel & si preux Cheualier : ains plustost ie ne sçay qu'elle monstre & mont-ioye de pierreries enchassees en de l'or esmaillé & damasquiné, pour en parer vn marié, ou vn cabinet : & il n'a cure que du fer, tout le reste il l'abhorre comme choses trop feminines. Ainsi donques comme quelqu'vn qui auroit esté oppressé d'vn profond somme, apres auoir en se recueillant baillé, estendu ses membres appesantis, & fait plusieurs autres telles grimaces, reuient finablement à soy du tout, de mesme cestuy-cy se cõtemplant quel il estoit, n'a plus le cœur de se regarder, de la honte qu'il a de soy-mesme : ains abbaisse les yeux contrebas, vergoigneux & craintif qu'il est, n'osant à peine leuer la teste : si que volõtiers il s'iroit cacher au fonds de la mer, où dedans le feu du Vesuue. Lors Hubaud prenant la parolle luy commence à dire. Toute l'Asie, toute l'Europe sont en armes, & quiconque cherche d'acquerir quelque los & reputation entre ceux qui adorent Christ, est là de present occupé à la conqueste de la terre Saincte, & voycy ce tant braue fils de Berthold confiné en oysiueté & repos, en vn petit arriere coing hors de nostre monde, entre les bras d'vne enchanteresse, qui se sert de luy comme d'vn lasche inutile esclaue, seul de tous qui ne se soucie de l'entreprise vniuerselle, où to⁹ les magnanimes courages ont engagé leur peine & mesaises : braue certes, & bien merité champion d'vne ieune garce sorciere. Quel sõmeil d'airain t'a doncq' ainsi hebeté tous les sentimens, ô le tant valeureux iadis Renaud, & maintenant vne Renaude? Quelle potion lethargique endormy si fort t'a tant esueillee vertu? Quelle lascheté ainsi enerue ta force & vigueur? Sus, sus, voyla Godefroy, voyla toute l'armee qui te reproche ta couardise, qui t'es ainsi venu cacher hors la cognoissance de toutes gens, de peur des coups. Bel honeur certes pour tes ancestres & pour ta posterité aduenir. Mais resueille toy, & reprẽds tes esprits la fortune & la victoire t'attẽdẽt par delà de pied coy pour se ietter entre tes bras. Viẽ dõcq' ô biẽ fortuné Cheualier, appel-

Chant seiziesme. 445

lé du Ciel à de grands triomphes & honneurs, à ce que par ta singuliere vertu ceste magnanime entreprise si sainctemēt encōmencee sorte finablement son effect, & que la maudite detestable secte q̃ tu as desia si biē esbranlee paracheue de dōner du nez à terre, du tout esteinte sous ton ineuitable espee. Plus il n'en dit à celle fois, & le Cheualier demeura tout cōfus en son esprit vne bōne espace sans se remuer ny mot dire. Mais apres que la hōte eut quitté la place au despit, vn feroce & vaillāt soldat de la raison, & qu'au vermeil coloremēt de sa face succeda vne ardēte inflāmation qui l'embrase de plus en plus, & le brusle dans son courage, il s'en va deschirer de colere tous ses ornemēs & pareures, ses vaines pōpes & beatilles, euidentes marques de sa hōteuse seruitude & ignominie, & se haste de desloger, si qu'ils sortēt hors de cest embrouillé labirinthe, & de ses destours, à la veüe mesme d'Armide, biē estōnee d'apperceuoir toutes ses gardes & deffēces qu'elle estimoit estre insuperables, auoir esté ainsi esteintes à si petite difficulté. De prime face elle soupçonne, & puis s'en rend toute certaine, q̃ c'est ses trescheres amours qui la laissent: & les voit desloger de ceste autrefois tant douce prison, plus viste que le pas sans regarder derriere soy. Elle vouloit crier, où vas-tu? où me laisses-tu ainsi toute seule ô cruel plus que la propre cruauté? mais l'extreme douleur & destresse ferment l'issue à ses parolles, qui s'en reuont lamentablement acheuer le reste de leurs piteuses doleances, dans le creux de son affligee poitrine, plus angoisseuse qu'auparauant, si qu'à peu qu'elles ne la creuent & esclattent par le milieu, la miserable infor-

tunee qu'elle est, qu'vne force & sçauoir pl9 grãds
que le sien priuent ainsi en vn instant de tous ses
plaisirs & cõtentemés. Elle le voit, elle le cognoist,
& pour neant s'efforce de le diuertir, essayant de
nouueau tout ce qu'elle peut auoir de science, &
y employant tous les charmes & coniurations plus
secrettes, dont s'ayderent oncques au temps iadis
les plus expertes Magiciènes de la Thessalie : Tout
ce qui pourroit arrester le Ciel, ou le faire tourner
arriere, tirer les ombres & esprits hors de leur seconde prison. O ! De tout cela, & encor d'auantage elle n'en estoit pas ignorante : ains maistresse
passee, & toutefois elle ne s'en peut icy aucunemét
preualoir, ny faire en sorte qu'à tout le moins l'Enfer daigne respondre à ses doloreuses inuocations :
parquoy elle quitte là ses enchantemens, & veut
tenter si ses caresses & mignardises luy pourroyent
point de rien seruir, si sa beauté, ses graces, ses attraits, & les plaisirs accoustumez, dont il n'est pas
qu'il ne se ressouuienne si ses prieres & complaintes pourront point estre meilleures Magiciennes.
Elle s'en court sans autrement se soucier d'honneur ny respect, ny qu'honte aucune la puisse plus
retenir. Ah ! où sont maintenant tes grands triomphes dont tu te vantois ô amour ? Cestecy qui d'vn
clein d'œil tourna iadis tout ton Royaume, de
quelque ample estenduë qu'il soit, & le mit cen
dessus dessous, qui eut le courroux & indignation
correspondans à son faste & orgueil : qui desiroit
tant d'estre aymee de celuy qu'elle haïssoit tant, se
complaisant en elle seule, & de veoir és autres operer l'effect de ses beaux & dangereux yeux, de se
trouuer à ceste heure ainsi mocquee, negligee

& abandonnee, cela luy est insupportable, & luy perse le cœur d'outre en outre. Elle va, elle court cōme vne insensee, apres celuy qui la fuit & mesprise, & tasche d'orner auec ses plaintes & doleances, ses souspirs & ameres larmes, & ce que la nature auoit mis en elle de plus beau & de plus aymable, qui auroit ainsi esté dedaigné. Elle suit ceux qui s'esloignēt d'elle, sans que les glaces & autres incommoditez de ces montaignes si rabbotteuses & desrompuës, que ses tendres & delicats pieds n'ont pas accoustumé de souffrir, l'en empeschēt: & enuoye deuant pour ses precurseurs, ses cris & plaintes angoisseuses, sans qu'elle les puisse r'atteindre qu'ils ne soyent arriuez au port. Alors plusque forcenee elle crie apres. O inhumain qui emportes partie de moy auec toy, & partie en laisses, ou prends l'vne, ou laisse l'autre, ou donne la mort à toutes deux. Arreste toy à tout le moins tant que ie t'aye dit le dernier à dieu, & que mes dernieres paroles te soiēt portees, ie ne diray pas mes baisers, vne autre plus digne que ie n'en suis les pourra auoir. Et que crains-tu traistre desloyal, meurtrier, homicide, assassin de ce mien pauure desolé cœur, cœur qui n'estoit pas à moy, mais tiē? Tu me pourras bien refuser tout à plat, puis que tu t'es peu desrober de moy. Et Hubaud luy dit. Ie ne veoy pas qu'on doibue desnier d'attendre ceste-cy qui viēt ainsi courant apres nous, equippee de sa beauté, & de ses prieres si tendrement arrosees d'ameres larmes & cōplaintes: car qui pourra cy apres se mesurer de vaillāce à vous nostre Sire, si voyant & oyāt ainsi les Serenes, vous-vous accoustumez de les vaincre & suppediter? C'est le moyen dont la raison se vient à rendre Reine & maistresse paisible sur la sensualité & concupiscence, & elle mesme par de tels combats s'aiguise & affine. Lors le Cheualier s'arresta, si qu'elle eut le moyen de l'atteindre hors d'haleine, & baignee de pleurs encore plus que de sueur, si dolente au reste, qu'autre ne l'eust sçeu estre d'auantage: mais belle auec tout cela, autant que langoureusement esploree. Elle le regarde d'vn œil piteux courroucé, & y fiche attétiuement son regard sans mot dire, soit de despit, ou qu'elle pense, ou qu'elle n'ose. Mais il ne la regarde pas, où s'il y iecte quelque œillade, c'est à la desrobee tout honteux, & fort pesamment. Ainsi qu'vn gentil musicien premier que desployer sa voix pour chanter à pleine gorge, ou de iouer d'vn instrument, tasche de preparer les oreilles des escoutans par quelque fantasie ou autre prelude en plus basse note pour se desgourdir les doigts, & taster les cordes : En cas pareil ceste-cy qui en vne telle si poignāte destresse n'oblie riē de ses artifices accoustumez, entōne ses lamētations par de griefs souspirs tirez du fonds de sa poictrine, pour disposer le cœur de sō cher aymé, de sorte qu'elle y puisse mieux imprimer ce qu'elle luy dira de bouche. Puis commēce ainsi. N'attēds pas que ie te vueille icy requerir ne prier cōme vne aymāte sō amāt: Tels biē fusmes nous autresfois, maintenant puis que tu refuses d'estre plus tel, & que de ce qui fut le ressouuenir seulemēt te griefue & offense, à tout le moins comme ennemy escoutte moy : car telle fois est qu'on oit bien la requeste de ses aduersaires. Ce dont ie te recherche est tel que tu me le puis bien octroyer, sans rien desmordre ny relascher

lascher de ton indignation enuers moy. Si tu me
hais, & qu'en cela tu sentes quelque delectation &
plaisir, ie ne viens pas pour t'en priuer. Iouys en à
la bonne heure, s'il te semble iuste & raisonnable,
& soit ainsi, i'en suis contente: car i'ay bien hay les
Chrestiens, ie ne le nie pas, toy mesmement entre
les autres. Ie nasquis Sarrasine, & employay tous
mes efforts pour vous pouuoir reduire au bas. Ie te
poursuiuy, ie te pris & te menay en lieu esloigné
de vostre armée, en lieu estrange & incogneu: tu y
peux bien adiouster encore ce qui te torne à plus
de honte & de dommage, ie te deceus, ie t'attiray à
mon amour, allechement à la verité reprouuable,
& vne tromperie bien inique pour moy, de te laisser
cueillir la fleur de mõ pucellage, que tant d'autres,
Roys mesmement & puissans monarques a-
uoyent desiré, de te rēdre possesseur tyrannique de
mes beautez à si bon marché, les dõnant gratuitement
à vn nouueau incertain amāt, ce que i'auois
si obstinemēt cōtredit à tous ceux qui m'auoyent
porté vne affection si ardente. Or biē, que cela soit
cōpté si tu veux parmy mes autres tromperies, &
que tant de griefues offenses que i'ay commises, en
ton endroit y preuallent de sorte, que tu me laisses,
& d'icy te partes sans iamais plus te souuenir de
ceste autrefois à toy si aggreable demeure. Va t'en
doncq', repasse la mer, cōbats, trauaille, & romps
ceste foy, que nous-nous estions reciproquement
donné l'vn à l'autre, C'est moy-mesme qui t'en recherche
& sollicite: mais que dis-ie nostre? ha non
plus tienne: car il n'y a que moy qui la garde, & tu
la violes, cruel Idole que tu m'es, & non homme!
Ie ne te demande sinon que tu me permettes de te

Ff

suyure. Peu de chose est-ce, & qu'on n'a point mesme accoustumé de refuser aux ennemis. Celuy qui a mis à sac vne ville ne quitte pas là son buttin, ny le vainqueur ses prisonniers: ains les meine en triomphe: Que vostre camp me voye parmy ses autres despouilles, & à ses loüanges adiouste encore cestecy, qu'il se sera en fin mocqué de celle qui l'auoit mocqué, me monstrant au doigt comme vne vile esclaue captiue, & en derision de tous. Pour qui reserueray-ie plus desormais ces beaux cheueux blõs, puis qu'ils sont de toy dedaignez? Ie me tõdray, & les iecteray là pour te suyure en guise de vallet, qui te seruira à porter ta lãce, ta salade & tes gantellets, voyre en la plus forte ardeur du cõbat, pesle-mesle les ennemis. I'ay bien la force & la vigueur suffisante pour porter le trauail de penser tes cheuaux, & me soufmettray à tout ce que tu me voudras encharger, iusqu'à te seruir de targue & escu, pour te garentir de danger, & mettre ma vie audeuant pour sauuer la tienne. A trauers ce sein, à trauers ceste gorge nuë passeront les glaiues des ennemis premier que d'arriuer à toy, si qu'il n'y aura homme si inhumain ny barbare, qui s'ingere de te frapper de peur de me blesser en lieu, ou auecq' toy, quittant le plaisir qu'il pourroit remporter de sa victoire, à ceste beauté qui est de toy si mesprisee. Mais helas trop miserable que ie suis, veux ie doncq' tant presumer de moy, me veux ie fier ny vanter de ce dont ie ne sçaurois rien impetrer? Elle en vouloit bien encor' compter d'autres: mais ses larmes & frequents sanglots luy empescherent la parole. Et ses beaux yeux si sereins jadis, sembloyent deux sources viues d'eaux decoullans d'vn rocher d'albastre. Elle tasche de luy empoigner ores la main, ores le menton en acte de suppliante: mais il s'en destorne: Il resiste à tous ses assaux, & en fin en demeure maistre: l'amour trouue en luy l'entree close, & les pleurs vne issuë ouuerte. L'amour ne peut pas entrer en cest estomac que la raison a remply de glace obstinee alencontre pour y renouueller ses anciennes flammes accoustumees: Trop bien ie ne sçay quel remords pitoyable compagnon d'amour, bien que chaste, y trouue lieu à celle fois, & l'esmeut de sorte, que malaisement peut-il mettre vne bridde à ses larmes: neantmoins il contient ceste tendre passion endedãs, & autant qu'il luy est possible se façonne à la feindre & dissimuler. Finablement il respond. Armide à la verité il me griefue assez de vous voir reduitte en ceste sorte, que s'il estoit en ma puissance, ie vous deschargerois trop volontiers de ceste amoureuse oppression dont vous-vous estes ainsi incõsideréemẽt encheuestree en mõ endroit. Ce que ie fais, ne vient point de hayne ny indignation que i'aye cõceuë encontre vous, Dieu le sçait, ny que ie vueille remettre en ieu les outrages & fascheries que i'en ay receües, dõt ie me voulusse vẽger à ceste heure, ny vne autrefois. Ie ne vous tiendray iamais pour esclaue, chambriere, ny ennemie: mais vous ne sçauriez pas nier que vous n'ayez biẽ lourdemẽt failly, & outrepassé de fort loin les bornes & limites de la raison, tãtost exerçant vne hayne & rancune enuers moy, que ie n'auois point meritee, & tout soudain vous enamourant de moy plus assez que vous ne deuiez. Mais quoy? Ce sont faultes ordinaires, & familieres aux personne. L'excuse la religion que vo՞ tenez, l'ayāt sucee auec le laict de voſtre nourriſſe, voſtre sexe, & voſtre ieuneſſe, & m'en ſens moy-meſme en partie eſtre coulpable, ie l'aduouë, ie le recognois, & ne le puis faire autrement, ſi ie ne me voulois priuer de toute courtoiſie & humanité. Ia Dieu ne plaiſe que ie vous blaſme ny condāne. Entre toutes mes plus cheres reſſouuenances, & les plus recommandees que ie pourray iamais auoir, ce ſera d'auoir memoire de vo՞. Ie m'en rameteuray touſiours en ma ioye, & en ma triſteſſe : & ſeray voſtre Cheualier quelque part que ie me trouue, autant que le permettra mon deuoir en ceſte guerre encōmencee, & auec l'honneur, la creāce, & foy que ie tiens. Qu'icy ſoit doncq' miſe fin à nos fautes de l'vn & de l'autre, & vous contentez deſormais du paſſé, qui n'eſt pas ſans noſtre vergoigne. Que la memoire en reſte enſeuelie pour tout iamais en ceſte ſolitaire extremité du monde : & qu'en Europe, & és autres ſes deux voiſines portions de la terre habitable cecy ſe taiſe, ie vous en prie. I'ay aſſez de defaux en moy ſans cela. Ne vueillez en l'honneur de Dieu cōtaminer voſtre renōmee, voſtre beauté, voſtre valeur, & le ſāg Royal duquel vo՞ eſtes deſcēduë, qui ne doit nulle part eſtre prophané d'vne telle tache. Demeurez cy à la bonne heure, contente de ce qui s'y eſt paſſé entre nous. Ie m'en vois, & ne vous eſt pas loyſible de venir auec moy, ny de me ſuyure, ceux qui me cōduiſent l'empeſcheroyent. Demeurez dōcq', où vous en allez vn autre chemin : & cōme ſage & diſcrete que vo՞ deuez eſtre, moderez en vous vos paſſions. Pendant que le Cheualier luy parloit ainſi, elle petille, & ne peut demeurer en pieds, tant inquiettee & troublee elle est. Et y a desia bõne piece qu'elle tient les yeux fichez dessus luy, en le regardant de trauers d'vn fier & despitté visage: mais à la parfin elle se desbande en telles aigres iniures & poignantes reproches. Va, ce ne fut oncques la belle Sophie qui t'enfanta, ny n'as point esté engẽdré du valeureux sang Attrien: les tẽpestueuses & impitoyables ondes des Syrthes t'ont produit tel que tu es, & les glacees crouppes du mõt Caucase: les Hyrcaniennes Tygres furent les nourrisses qui t'allecterent. Que tarday-ie doncq? Cest inhumain n'a point donné le moindre signe qu'il y eust vne seule scintille d'humanité dans son cœur. A il seulemẽt chãgé de teint, ny à mes tristes doleãces surbaigné ses durs yeux d'vne seule larme, ni boutté hors vn seul souspir? Quelle chose dois-le icy obmettre, ou quelle dire? Il s'offre estre mien, & il s'enfuit de moy, & me laisse. O le braue victorieux, qui veut si facilement oublier les offenses qu'on luy a faictes, & pardõner de griefs forfaicts: mais oyez vn peu cõme il me cõseille, oyez moy ce tant chaste Xenocrates, de quelle maniere il discourt d'amour. O Ciel, ô Dieux pourquoy souffrez vous tant viure de tels desloyaux detestables? & au lieu que vous les deuriez abismer, voº venez foudroyer vn pauure clocher innocẽt, & vos tẽples mesmes! Va t'en donc cruel, va t'en barbare, auec la paix que tu me laisses. Va t'en desormais en mal'heure, peruers traistre inique affronteur perfide. Tu m'auras bien tost à tes tallons esprit despoüillé de ce corps, vengeur de tes mal-heuretez, ombre qui te poursuyura sans cesse. Tu m'auras inuisiblemẽt aux espaul

Ff iij

les vne nouuelle & quatriesme furie pour te tourmenter en tous lieux, equipees de ses coleuures remordantes, & de ses brandons allumez. Ie te seray aussi moleste & ennuyeuse que ie t'ay aymé. Et si ton destin porte que tu reschappes sain & sauue des perils des ondes, & qu'en fin tu paruiennes à la bataille, là parmy les morts gisant plat estedu par terre, outré de playes, & prest à rendre les abbois, seras chastié de tes demerites. Tu auras beau appeller par son nom Armide, és derniers sanglots, ie l'espere ainsi. Mais là endroit manquant l'haleine à la dolente, elle ne peut pas acheuer ces derniers mots: ains tomba de son long toute esuanouye, les yeux clos, surbaignee d'vne sueur froidde. Tu fermas les yeux ô Armide; car le Ciel te porta enuie à ce confort de tes griefs maux: mais ouure les pauure chetifue, que ne regardes tu les ameres larmes dont ceux de ton cher aymé sont tous arrouses? O que si tu l'eusses peu ouyr, cõme le son de ses soufpirs t'eust peu tendrement radoucir tes douleurs? Il te donne tout ce qu'il peut, & te dit le dernier adieu, (helas que tu ne le vois pas) d'vne chere trop desconfortee. Mais que fera-il? Lairra-il ainsi sur la greue ceste pauureté à demy morte? La courtoisie le retient, la pitié l'empesche d'aller: mais la contrainte le rauist & emmeine auec soy. Il se depart, & la perruque de celle qui le conduist, s'emplist & enfle de legiers Zephires: Ceste belle voyle doree volle à trauers les ondes marines, & pendant qu'il regarde vers le riuage, le riuage se desrobbe desormais & s'enfuit de luy. Or apres qu'elle fut reuenue à soy, tout ce qu'elle voit autour d'elle, autãt qu'elle peut estẽdre sa veuë, est là demeuré

Chant seiziesme.

solitaire & muet. Il s'en va doncq', va elle dire, & a bien eu le cœur de me delaisser icy toute seule en aduenture de ma vie, sans attédre vn tout seul moment pour me secourir en cest accessoire, le traistre desloyal qu'il est, & neantmoins ie l'ayme encore, & pour luy me consume de tristesse sur ce riuage, & m'y arreste? mais qu'ont doresnauant plus d'affaire auec moy toutes ces plaintes & doleáces? N'ay-ie doncq' plus d'autres armes, d'autres artifices? Ha quoy que ce soit, quoy qu'il m'en aduiéne i'iray apres ce detestable: Il n'y aura lieu en enfer où il se puisse receller, le Ciel mesme ne luy sera pas seur asyle & franchise où il se mette à sauueté. Ie l'ay desormais atteint, ie le tiens, & luy deschires ce desloyal cœur, ie l'escartelle, & pends ses membres à vn gibet, pour seruir d'exemple aux autres tels traistre desloyaux. Il est maistre passé de cruauté, & ie l'en veux surmóter encore, ie le veux surpasser de cautelles & mauuaistiés: mais où suis-ie, ny que dis-ie? miserable Armide tu deuois exercer ta felonnie & cruauté enuers luy, il en estoit digne lors qu'il estoit en ta puissance, & maintenant tu te passionnes en vain, & te crucies d'vne trop tardiue vengeance. Tu esmeus, paresseuse que tu as esté, trop tard ton courroux: mais si ta beauté a quelque credit, & paraduanture quelle en aura, si tes ruses & cautelles accoustumees ne sont du tout esuanoüies de ton esprit, tes desirs ne s'en irót point sans effect. O ma beauté doncq' qui as esté ainsi vilipendee, c'est à faire à toy de t'en venger: car c'est à toy que ceste iniure a esté faicte Ceste mienne beauté sera pour le prix & guerdon de celuy qui m'apportera la teste de ce parfide.

O mes ſi renōmez amants, voycy vne choſe qu'on vous demande difficile à la verité: mais dont l'entrepriſe eſt iuſte & honorable: moy qui dois succeder à de ſi grands biens, ie ſuis toute preſte & appareillee de me donner à vous, pour guerdō d'vne ſeule vengeance: ſi ie ne merite d'eſtre acheptee ſi cherement, certes ma beauté vous eſtes vn inutile don de nature. Va t'en doncq' d'icy mal-heureux ie te chaſſe, ie n'ay plus que faire de toy ingrat: & par meſme moyen ie deteſte & abhorre de plus viure, ny d'eſtre Reyne, & l'heure auec que ie fus nee: Il n'y a que le ſeul eſpoir de vengeance qui me retienne encore en vie. De ceſte ſorte en parolles entrerompues d'vne grande indignation & courroux elle fremiſt, elle tēpeſte, & ſe depart de ce deſert deſolé riuage, monſtrant aſſez à ſa contenance de quelle fureur elle eſtoit eſpriſe, ainſi deſcheuelee, & iettant vn furieux regard detrauers, le viſage ardent cōme feu. Paruenuë qu'elle fut au logis, ſoudain elle ſe met à inuoquer trois cens deitez infernales, d'vne voix horrible à elle meſme, & là deſſus en vn inſtant le Ciel ſe couure de tenebres, qui s'eſpandēt de toutes parts, par trop obſcures & hydeuſes: le Soleil palliſt, & vn impetueux rude vent ſecouë les cimes des mōtaignes circōuoiſines: ſous ſes pieds la terre croulle, & l'enfer mugle eſpouuātablemēt. Autant que ce palais comprēd vous euſſiez ouy ſiffler, hurler, abboyer d'vne trop eſtrāge maniere: l'obſcurité eſt ſi eſpoiſſe, qu'on la coupperoit auec le doigt, ſi que les rays du Soleil ne la ſçauroyent perſer nulle part, & faut que pour ceſte heure ſa clarté cedde aux puiſſance d'embas, dont de hōte & deſpit qu'il en a, il ſe couure d'abōdant

Chant seiziesme. 457

d'obscurs nuages pour ne les veoir, & en estre veu. En son lieu succedent de fascheux esclairs accōpagnez de tōnerres & foudres, qui semblent vouloir tout embraser l'air, & anticiper ce iour tāt redoutable aux Anges mesmes. A la fin ceste tourmēte & obscurité cesse, & le Soleil rameine ses raiz : mais blesmes & ternes, si que l'air ne se peut encore biē rasseurer ny rasserener. Mais le Palais n'apparoist plus, nompas mesme la moindre marque qu'il y eust onques edifice ny bastiment, dont on peust dire il fut icy, ou il fut là. De la mesme sorte que les nuees forment par fois quelques ressemblāces en l'air de chasteaux, arbres, monstres, & paisages, de plusieurs differentes figures, qui disparussent aussi tost au premier vent qui les dissipe, ou quand le Soleil les resoult : où comme vn songe & resuerie d'vne persōne phrenetique, tourmenté de fiebure chaude, qui se varie d'infinies sortes d'illusiōs: en cas pareil s'esuanouyrent en vn moment ces bastimens & jardinages, sans y rien rester que la roche nuë, & l'horreur qu'y auoit appliqué la nature. L'enchanteresse monte alors sur son chariot quelle auoit desia appresté, & selon qu'elle souloit faire s'esleue en l'air, ou il roulle dessus les nuës guindé de venteuses aisles, & de resonnans tourbillons, qui le chassent cōme la foudre, tant qu'elle outrepasse en moins de rien les riuages qui sont soubsmis à l'autre pole, & les terres habitees d'incognus peuples. Puis entre dedans les bornes d'Hercule, sans s'approcher de la coste d'Espagne, ny de celle de Barbarie : ains poursuit sa routte, suspenduë en l'air sur les eaux marines, & finablement arriue és plages de la Palestine : mais elle ne prend pas son addresse deuers Damas: ains refuit l'aspect seulement de sa jadis chere patrie, & faict prendre à son chariot sa vollee vers la mer morte où son chasteau estoit basty. La arriuee elle ne se laisse veoir à pas vn de ses seruiteurs ny damoyselles: ains se retire en certain endroit à l'escart de toutes personnes, meditant en son esprit diuerses choses: mais bien tost la honte eut quitté la place au courroux. Ie ne me partiray d'icy, disoit-elle, premier que le Soudan d'Egypte se mette aux chāps auec les forces de l'Orient. Et veux de nouueau reteter tout ce que i'eus oncq d'art & sciēce, en me desguisant de tout autre sorte que ie ne soulois: car ie veux desormais porter les armes: vestir la sallade, & le haubergeon, & manier espee & lance. Ie veux seruir de page & de cousteillier aux plus preux, & les inciter aux plus ardues & hazardeuses entreprises. Pourueu que ie me voye en partie vengee de mon outrage, tout honneur & respect demeurent là bannis de moy pour quelque temps: & que mon tuteur ne m'en blasme point, puis qu'il l'a voulu de la sorte: ains plustost luy-mesme, qui m'a lasché la bridde pour m'affriander à la volupté & amour, estant d'vn sexe ainsi fragile. C'est luy qui m'a le beau premier detraquee à des choses indignes de ma qualité. Il m'a renduë vagabonde de costé & d'autre: il m'a esprouué à l'impudence, & rōpu les resnes de la vergoigne: & en somme mis en train de courir l'esguillette. Qu'il ne s'en prenne donques qu'à luy, & à luy seul soit imputé, non à autre, tout ce que i'ay iusques icy faict d'indigne, meuë d'amour, & que ie feray cy apres, possedee d'vn iuste despit. Elle le conclut ainsi en son esprit ; & soudain s'en va appeller ses Cheualiers, Dames, & Damoyselles, pages, seruiteurs, & le reste de sa famille. Desbourse deniers, vuide ses coffres & thresors, employe ses richesses à dresser vn tressomptueux equipage de guerre : Et s'achemine sans plus seiourner nulle part, ny à peine doner loysir à ses lassez membres de prendre tant soit peu de relasche & repos iour ny nuict, iusqu'à ce qu'elle arriue où le Soudan s'estoit campé le long du riuage de Gaze.

Chant dixseptiesme.

ARGVMENT.

LE SOVDAN d'Egypte ayant assemblé vne grosse armee pour aller au secours de Ierusalem, en fait la monstre generale à Gaze, & en constitue son Lieutenant general Emiren. Armide s'y trouue auec ses forces en vn fort pompeux appareil & offre sa personne & son Royaume à qui la voudra venger de Renaud, & luy en apporter la teste: à quoy plusieurs se presentent par emulation les vns des autres. Cependant Renaud s'en reuient auec les deux Caualliers qui l'estoyẽt allez chercher, par la mesme routte qu'ils auoyent tenuë à l'aller querir, & en quatre iours de nauigation abordent en la coste de la Palestine, là où au desembarquer Renaud trouue vn tres-riche harnois de gendarme attaché à vn arbre, en l'escu duquel est figuree toute sa genealogie, dont le sage Magicien luy explique la plus grand part : mais en obscurs Enigmes, remettant le reste à Pierre l'Hermite pour le luy declarer plus appertement.

GAZE est vne ville és derniers confins de Iudee, sur le grand chemin qui va à Peluse le long de la mer, sur le bord de laquelle elle est scituee, ayant de grands desers prochains, esquels tout ainsi que les orages & tourbillons ont accoustumé d'exciter de grosses vagues emmy les ondes, de mesme le vent du Midy par fois y esmeut tellement le sable delié cōme fleur de farine, qu'à peine les carauanes & passās se peuuent garentir d'estre accablez & enseuelis là dedans. Ceste ville doncques fait frontiere à l'Egypte, & l'auoit long temps auparauant le Soudan empiettee sur les Turcs. Or d'autant qu'elle estoit fort commode à ceste entreprise où il auoit torné tous ses desseins, pour en estre si proche, laissant le Caire ou estoit son Palais Royal, & y auoit transporté son siege, il s'y en vint, ayant donné là le rēdez vo⁹ à la grosse armee qu'il assembloit de plusieurs diuerses regions & prouinces assubiecties à son empire, dont il en voulut faire la monstre generale & reueuë. Mais ô ma chere Muse rememore moy ie te prie, le temps, & l'estat auquel se trouuoyent pour lors les affaires : qu'elles grandes forces ce puissant monarque y auoit pour lors, tant de ses Tributaires & subiects, que de ses alliez & confederez, quād il y assembla vn si puissant & redoutable exercite, du midy iusqu'au dernier bout du leuant : quels Roys Princes & Satrapes s'y retrou-

Chant dixseptiesme. 461

tierent : car il n'y a que toy seule qui me sceust rendre compte au vray des bandes & des Capitaines qui furent là endroit raccuellis de la moytié presque du monde. Depvis que l'Egypte s'estant rebellee & distraitte de l'Empire Grec, eust changé de religion, vn tresbelliqueux conquerant venu du sang de Mahomet, s'en empara, & y establit sa demeure, se faisant appeller Califfe, lequel tiltre paruint à ses successeurs puis apres : ainsi que les Roys d'Egypte jadis estoyent appellez Pharaons: & Ptolomee puis apres. Par succession de temps leur dominations aggrandit du leuant iusques au couchant, en Asie & Affrique vers la Cyrenaique, & du costé de l'Egypte vers le Midy iusques bien auant au dessus de la ville de Syené, qui confine à l'Ethiopie. Deuers l'Arabie deserte elle s'estédoit des Sabeens iusques au fleuue d'Euphrates, comprenāt l'Arabie heureuse où croissent les encēs & les aromates, auec la mer rouge, hors de laquelle elle alloit fort auant au long & au large vers l'Orient, si que cest Empire auoit de tresgrandes forces. Mais ce qui le rendoit encore plus redouté, estoit ce Soudan qui regnoit pour lors, d'vne longue succession, personnage d'vne singuliere vertu tant à la paix comme à la guerre où il estoit des pl⁹ expers: car il auoit eu de grāds affaires à demesler, tātost cōtre les Turcs, & tantost cōtre les Perses, qu'il rembarra souuentefois iusque bien auant dedās leurs limites, & fut de mesme rēbarré deux, par fois vainqueur, par fois vaincu, comme est le commun hazard des armes, tousiours au reste meilleur, & mieux paroissant en aduersité qu'en prosperité. Mais apres q̄ pour son vieil aage desormais deuenu pesant il ne peut plus endurer le trauail qui y est requis, il les quitta là, & s'abstint de les plus porter. Pour cela neantmoins son belliqueux naturel n'abandonna pas le desir nay auecq' luy, d'acquerir loz & renommee, & d'estendre les limites de son Empire, si qu'il ne laissoit de faire la guerre par ses lieutenans generaux, se trouuant encore en telle vigueur tant de l'esprit que de la parole, que ce gros faix de monarchie ne sembloit pas à ses vieils ans vne par trop pesante charge. Toute l'Affrique desmembree en tant de Royaumes & Potentats, trembloit sous son nom, & l'Inde mesme nonobstant que si esloignee, ne laissoit de le respecter, les vns luy payans tribut en or, argent, & pierreries, & les autres le secourans gratuitement de leur gendarmerie. Vn tel & si grãd Roy doncq' assembloit là toutes ses forces, voire les ayant desia assemblees se diligentoit de les mener au secours de Ierusalem contre ces nouueaux conquereurs François, leurs victorieux succes luy estans desormais trop suspects, & reformidables. Armide fut la derniere qui le vint trouuer: mais fort à propos, lors qu'il faisoit la reueuë de son armee, hors de l'enceinte des murailles en vne belle large plaine: estant assis en grand majesté sur vn haut esleué eschaffaut en son throne, soubs vn daiz de drap d'or frizé tout enrichy de grosses perles, & de pierreries d'vne inestimable valeur, où l'on montoit par ie ne sçay combien de degrez d'yuoire & d'Ebene; le planché couuert de tres-riches tapis Persien & Cairins. Il estoit vestu d'vne grãde robbe de pourpre brochee d'or, ayant en la teste vn diademe Imperial estincellé de pierres precieuses si esclattantes, qu'à peine le pouuoit on veoir au visage: vn sceptre de la mesme garniture & estoffe en la main droite, & en tout le reste de son equippage d'vne tresroyalle apparence, venerable outreplus pour sa longue barbe chenue, & son auguste seuerité, qui sentoit bien son grand Prince tel qu'il estoit. De l'aspect mesme tant venerable de ses yeux, l'aage n'auoit pas encore rien amorty de leur premiere viuacité, ny de tous ses autres gestes & contenance, qui representoyent bien la Majeste de ses ans, & de son Empire: tel parauenture qu'autresfois Appelles peignit Alexãdre en forme de Iuppiter foudroyant: ou que Phidias auoit assis ce souuerain Dieu dans son throne, deux de ses principaux Satrapes, & des plus grands estoyent debout à ses costez, l'vn à main droicte, & l'autre à gauche, celuy là tenant l'espee nue droitte encontremont, cõme vn Connestable pour representer la milice, & cestuy-cy le seau Royal, comme Chancellier pour la iustice, police & autres affaires pacifiques d'Estat. Tout autour de son throne au reste s'estoyent espandus les Circasses, ses fidelles gardes du corps, armez de corselets, d'hallebardes, & de pertuisanes, le cimeterre à la ceinture. Ainsi estoit assis en haut ce puissant monarque, remarquant soigneusement à l'œil ses forces, à mesure qu'elles passoyẽt bande par bande, enseigne à enseigne, & au passer s'inclinoyent en grand reuerence, baissans la pointes des enseignes iusques en terre, & celles de leurs armes aussi, comme par vne forme d'adoration. Ceux d'Egypte furẽt les premiers qui comparurẽt en belle ordõnance: soubs quatre chefs & regimẽs, deux d'amont le Nil, & deux d'embas, assauoir ce Delta d'Egypte, qui est vn celeste don, & ouurage du Nil, lequel charrie là du limon en telle abondance qu'il la fume par chacun an, & la rend propre à cultiuer, & estre fertile, iusques là où il se va descharger dās la mer. Et ainsi s'est formée peu à peu l'Egypte depuis l'inondatiō generalle & deluge de toute la terre, entre tant de steriles & inhabitez deserts qui la bornent de toutes parts. Au premier bataillō estoiēt ceux qui habitēt les verdoyātes cāpaignes d'entour Alexādrie, le long du riuage qui se recourbe vers l'Occidēt, où commence l'Affrique: Dont le conducteur s'appelle Araspes, hōme qui peut plus de sō industrie d'esprit, que de prōpte vigueur & effort de main, tres-excellent & inuentif à dresser toutes sortes d'aguets & embusches, si qu'il a le pris à la guerre de les passer tous en ruse & astuce: mais il y en a assez d'autres trop plus vaillās de leurs personnes. En apres venoyent ceux qui habitent la liziere maritime d'Asie tirant vers le Soleil leuant, soubs la conduite d'Arontee, non encore decoré d'aucune vertu ny merite: mais ses tiltres & qualitez, sont ce qui luy donne reputatiō: car il ne sua iamais iusqu'icy; le mol & delicat qu'il est, sous la cuirasse ny l'armet, ny ne fut iamais resueillé du son de la trompette, ny du tambour: ains plustost esté endormy en ses voluptez & plaisirs où il fut tousiours esleué iusqu'à maintenant que certaine ambition le pousse hors de tout propos à ceste fatigable vie, qui luy sera bien dure & estrange de plaine arriuee pour y estre inaccoustumé. La troisieme trouppe ne paroist pas estre vn bataillon: ains vne armee toute complette, si grand nombre de gens il y a, qui occupent tant la plaine que

Chant dixseptiesme. 461

ne que le riuage. Et qui pourroit croire que l'Egypte seule peust suffire à labourer & moissoner pour vne telle multitude de peuple? Neantmoins ils prouiennent tous d'vne mesme ville, qui se pourroit parangonner à beaucoup de prouinces entieres, car elle contient mille, & plus, de petites villes, c'est le grand Caire dont ie parle, & d'où le Capitaine Campson a amené ceste immense mer de Soldats, mais vulgaires tous & restifs aux armes. Sous Gazel marchent consequemmēt ceux qui ont sié les bleds en la proche fertile plaine, & plus en sus, iusqu'aux cataractes & saults du Nil, lequel d'vne par trop estrange hauteur se peecipite en des rochers d'vne si effroyable horreur à l'ouïr encore de loing, qu'il n'y a cœur ny oreille d'homme qui en peust supporter le bruit, fors ceux qui habitent aupres, que l'accoustumāce en a assourdis. Les Egyptiēs n'auoient seulement que l'arc & l'espee, car ils ne sçauroiēt supporter le faix d'vn corcelet ny d'vn morió, mais leur equippage au reste est fort riche, si qu'ils apportēt aux aduersaires plusd'enuie de les despouiller, que de crainte d'estre mis à mort d'eux Puis viēt le peuple de Barca, gēs desarmez, & presque tous nuds, sous la conduitte d'Alarcon, qui de leurs brigādages par les desers vn temps fut qu'ils substētoiēt leur miserable affamee vie. Le Roy de Tumarre les suit auec vne trouppe moins côtemptible, mais du tout inutile aux batailles fermes, & à combattre main à main. Puis le Roy de Tripoly, l'vn & l'autre de ces deux là fort practiqué & adroit aux escarmouches, & à voltiger de costé & d'autre. Au derriere d'eux comparurent ceux de l'Arabie pierreuse, & heureuse, que s'il est vray,

Gg

ce qu'on en dit, iamais ne se sentent là les extremes chaleurs ny froidures: Là croist l'encens, & autres odeurs. Là renaist l'immortel Phenix, lequel parmy des Aromates, & fleurs odorantes qu'il assemble ainsi que pour ses funerailles, & nouuelle renaissance, se dresse par vn mesme moyen vn cercueil, & berceau tout ensēble. Ceux-cy sōt moins pōpeusement accoustrez que les Egyptiens, mais leurs armes sont toutes semblables. Voyla puis apres les autres Arabes qui n'ont aucune ferme arrestee habitation, ains vagabōds perpetuels portēt auec eux leurs demeures & citez errantes par les deserts, & ont la taille & la voix gresle à guise de femmes, auec de longs cheueux noirs, la face oliuastre & bazannee: leurs armes sont certaines zagayes de cānes d'Inde, ferrees au bout; montez au reste sur des cheuaux courans si viste, que vous diriez que c'est vn tourbillō qui les porte, si toutesfois les vents ont de si vistes tourbillōs. Les premiers sont menez par Siphax, & les autres soubs la conduitte d'Aldin. De la tierce trouppe est Capitaine Albiazar, vn cruel voleur & meurtrier plustost que legitime gendarme. Suyuent apres ceux des Isles du Goulphe Arabicq, où se souloyēt pescher les huittres qui produisent les grosses perles: & les Negres auecques eux, habitans le riuage gauche de la mer rouge, ceux là soubs la charge d'Agricalt, & ceux-cy d'Osmide, qui se mocque de toute religion & creance. Venoyent en apres les Ethiopiens de Meroé vne Isle que le Nil enclost d'vn costé, & Astaborne de l'autre, dont l'ample circuit contiēt trois Royaumes, & deux diuerses religions. Canarie, & Assimir les conduisent, deux Roys Mahometistes, & tributaires du Caliphe, mais le troisiesme estant Chrestien ne vint pas en ceste armee. Deux autres Roys, ses subiects, aussi venoyēt apres auec leurs troupes equipees d'arcs & de fleches. L'vn est le Soudā d'Ormus, Isle du Goulphe Persique, auec la ville du mesme nō: l'autre est Seigneur de Boecā Isle encore quād c'est pleine mer, mais apres qu'elle est retiree, on y peut passer à pied sec de la terre ferme. Ta chere & biē aymee espouse, ô preux Altamor ne t'a peu retenir dās son chaste lict aupres d'elle, quelques pleurs qu'elle ait ietté, s'arrachant pitoyablemēt ses cheueux dorez à pleines poignees & se deschirant le visage, & sa belle gorge à coups d'ōgles, pour te destorner de ce voyage fatal. Dōcques cruel, luy disoit-elle, l'horrible face de la mer te sera elle plus agreable que mō descōsolé regard? tes armes te seront elles vn plus cher fardeau à tes bras, que ce tiē pauure petit garçōnet, qui n'entend encore qu'à se iöuer & follastrer? C'estoit le roy de Semarcāt, & le moins qui en luy se prise est d'estre roy non subiect à autre, tāt il est renommé aux armes, pour sa grande experiēce & valeur, accompagnee, d'vne telle hardiesse, que les François (ie l'annonce ainsi) en sçaurōt bien que dire, quād ils l'auront bien esprouué. Si qu'il est bien raison qu'ō le redoute de ceste heure. Ses gens sont tous armez de fortes cuirasses à l'espreuue: le cimeterre à leur costé, & la masse pendant à l'arçon de la selle. Voyla puis apres le fier Adraste venu de l'Inde, de la où se leue l'Aurore, armé en lieu de corcelet, d'vn dur cuir de serpent, mouchetté de tasches noires sur vn verd gay. Il est grand outre mesure, & à ceste cause monté sur vn Elephant, eñ lieu de coursier: les trouppes qu'il ameine auec luy sont d'au delà le Gāge, qui se va là endroit descharger dans la mer Indique. Cest esquadron qui vient apres est toute la fleur & eslite des forces Royalles, vieils soldats appointez, qui par leur proüesse sont paruenuz de degré en degré iusqu'aux plus hauts & dignes grades, tous armez à l'espreuue, & montez sur de hauts & puissants cheuaux caparaçōnez & couuerts, tant pour leur seureté, que pour dōner crainte & frayeur à leurs aduersaires, de l'esclat que iette l'acier, & les ornemens dorez argētez de leurs bardes. Parmy ceux-cy est le fier Alarc, & Odemar leur Maistre de camp, & Hydrahorte, plus le tant renommé Rimedon, portecornette, qui mesprise tout hōme mortel, & la mort encore, tāt il est courageux & hardy. Puis Tygran, & Rapold', le grand coursaire qui tenoit toute la marine en subiection: Et le fort Ormond, & Marlabuste l'Arabic, à qui l'Arabie qu'il dompta s'estant rebellee, a donné ce nom. Orind y estoit aussi, Armon, Pirgue, & Brimarte le preneur de places, Sifante le Caualcadour & dompteur de cheuaux: Et toy ô braue Aridamāt l'excellent luiteur, & Tilaferne vn foudre de Mars, auquel personne ne s'oseroit vanter de se pouuoir accomparer à combattre à pied n'à cheual, soit à l'espee, soit à iouster à coups de lance. Vn Armenien meine ceste vaillāte trouppe, lequel en sa ieunesse renia le Christianisme pour se faire Mahumetan, & print alors le nom d'Emiren, là où il souloit estre appellé Clement, preud'homme au reste, & fort loyal, & pour ceste occasiō cher tenu du Soudan d'Egypte, & autant fauorisé que nul autre qui pour son seruice mit onques le pied à l'estrié, ny ceignit espee, excellēt Capitaine, & tres-valeureux combattant tout ensemble, remply de courage, de sens, & de promptitude de main. Ne restoit plus personne à venir, quand Armide comparut auec sa bande. Elle estoit montee sur vn grand chariot, en vn riche surcot de drap d'argent surfrisé d'or, l'arc au poing, & le carquois en escharpe bien garny de fleches, le doux benin air de son tāt gracieux visage entremeslé de certaine fierté desdaigneuse, qui luy donne ie ne sçay quelle vigueur aigrette, laquelle semble menacer ceux qui la contemplēt, & en les menaçant neantmoins allecher de mignards attraits. Le chariot ressemble à celuy qui du ciel nous apporte le iour icy bas, tout estincellant d'escarboucles, saphirs, esmeraudes, attellé de quatre lycornes couplees deux à deux, & plus blāches que nege. Alentour sont cent belles ieunes Damoiselles, equippees de mesme qu'elle est, & autant de pages tous montez sur des genets blancs, prompts à passer vne carriere, & adroits à se manier à courbettes, & à passades. Ses soldats la suiuent, & Aradin auecques eux, qu'Hydraotte a leuez en Surie. Et tout ainsi que l'vnique oyseau qui viēt de renaistre incite ses Ethiopiens à courir apres pour la beauté de son pennage, si estrange à veoir, & embelly d'vn beau collier autour du col, & d'vne corone doree, naiz & produits auecques luy. Le mōde s'en esmerueille, & vne armee d'oyseaux attiree d'admiratiō, s'assemblāt là de toutes parts va apres pour le contēpler: ainsi passe ceste incōparable en beauté, en habits, en maintien & en contenance. Il n'y a si dur cœur, si rebours & alié de toute affection amoureuse, qui n'en demeure tout espris,

G g iij

pour si peu qu'on y iette l'œil, & encore en vne si fiere grauité dedaigneuse: ny de tãt de diuerses sortes de gẽs, il n'y a personne qui ne s'en enamoure, si que sans les cõbattre elle en obtiẽt pleine victoire, triõphant de ceux qu'elle a vaincus sans qu'elle le sache, ny s'en apperçoiue. Que sera ce doncques puis apres? Que deura ce estre quand elle desployera les thresors de son doux amiable rire, & de l'estincellante splendeur de ses benins yeux? Qui sera celuy d'autre part, qui ne se trouue soudain cõquis de son beau parler, ne qui se puisse desuelopper de ses amadoüãs attraits, quand s'armant la face d'vn doux pitoyable regard elle se viendra cãper autour de leurs cœurs, pour les battre d'esperance & delectation, & semblables machines d'amour? Mais apres qu'elle fut passee, ce grand monarque, le Roy des roys, commanda qu'on luy fist venir Emirem, qu'il se deliberoit faire son lieutenãt general en ceste grosse & puissante armee, & le commettre sur tous ses autres Capitaines. Cestuy-cy souspeçonnant assez pourquoy on l'appelle, vient d'vne Majesté de visage qui mõstre biẽ d'estre digne du grãd honneur qu'on luy appreste : & la garde du corps, les Circasses, se fendent en deux longues aisles pour luy faire passage au milieu, iusques à l'eschaffaut du Soudan, où il monte. Et là inclinant la teste, les genoils en terre, & la main placquée à l'estomac, le Soudan va dire. Emirem, nous te mettons ce sceptre icy, marque du souuerain commandement sur ceste armee en nostre absence, entre les mains, & te constituons nostre lieutenant general contre le Duc Godefroy, & les forces où il me commande: Porte contr'eux dõcques, & desploye la vengeãce de nostre animosité & courroux: va, recognois les, & mets à vauderoutte, sans qu'il en rechappe vn tout seul sain & sauue. Ceux à qui le trenchant de l'espee pourroit auoir pardõné, ameine les pieds & poings liez. Ainsi parla ce puissant Soudã: Et Emirem reçoit de son Imperialle main le sceptre de cõmandement, disant ainsi. Ie reçois de ceste vostre victorieuse dextre, tres-haut & souuerain monarque, la charge qu'il luy plaist me cõmettre és mains & m'en vois sous vostre fauorable bon-heur, qui oncques ne manqua nulle part, à ceste celebre entreprise, le vostre tres-humble & tres-obeissant esclaue, & puis qu'il plaist à vostre sublime Majesté, son Capitaine bien qu'indigne d'vn si pesant faix, qui repose tout sur vostre inuincible vertu, y ayant telle confiance que sans doubte serõt vengez, & de brief, les torts & iniures que ces auollez suruenãs ont voulu intéter à l'Asie, & n'en retourneray que la victoire és poings, corõnee de beaux chappeaux de triomphe, pour en decorer vostre royal throne, auec ses autres innombrables trophees. Que si d'auẽture quelque desastre en auroit esté menacé du ciel, ce que Dieu & nostre S. Prophete ne vueillent permettre, à tout le moins sera-il accõpgné d'vne valeureuse honorable mort, pour mon regard, & non de honte & vitupere, les suppliant s'il y en auoit quelque chose là haut ordonné, que le tout tombe & se descharge sur ma seule teste, car pourueu que ce camp vostre, magnanime Sire, puisse retourner sain & sauue, triomphant de ses ennemis, il n'importe que le conducteur d'iceluy soit rapporté dans vne biere. Là il se teut: & furent ses derniers mots suyuis d'vn grand applaudissement de toute l'armee, auec le son des trompettes & des tambours, & le bruit des ioyeuses acclamatiõs, tesmoignãs combien ceste election leur estoit à tous aggreable, pour la bonne opinion que chacũ auoit de cest Emiren. Là dessus le Soudan descend de son eschaffaut, & se retire en son pauillon, où il retient à disner auec luy les principaux de ses Satrapes, mais sa table estoit mise à part, la plus haute esleuee de toutes, sous vn grand daiz de drap d'or frizé, tout enrichy de pierreries d'vne inestimable valeur. De là il enuoye & depart çà & là, tantost des plus exquises viandes qu'on luy a seruies, tantost de gracieux messages aux vns & aux autres, selon leur rang & qualité, & la faueur qu'il leur portoit, si qu'il n'ẽ laisse pas vn qu'il ne gratifie en quelque maniere, dõt Armide a belle occasiõ de se seruir de la grand'ioye qu'on y demeine, aux machinations qu'elle brasse. Desormais estoient les tables leuees, & elle qui voit le regard de tous arresté sur elle, & apperçoit assez à leurs gestes & cõtenances que sõ venin s'est espandu és cœurs de tous, se leuant en pieds, la face tournee vers le Soudan, d'vn maintiẽ humble & hautain tout ensemble, s'efforce de se monstrer courageuse & magnanime tant en gestes comme en paroles. Souuerain Monarque, va-elle dire, le plus grand de tous les Roys & potẽtats terriens, ie me viẽs presenter à vostre Imperialle Majesté, pour m'employer entant qu'à moy est, & que mes debiles forces se pourront estendre, pour la deffence tant de la Patrie, que de nostre commune foy & creãce. Ie ne suis qu'vne fille, toutesfois nee de sang Royal, comme on sçait, & Royne outreplus, à qui ne me semble pas chose indigne de pré-

Chant dixseptiesme. 473

dre les armes pour vne si iuste occasiõ, car qui veut dignement regner, faut qu'il face des actes dignes de Roy : les armes, & le sceptre se consignent en mesme main : si que la mienne non endormie ny languissante, ne se trouuera point inhabile à manier la lance & l'espee là où le besoin s'en presentera, à donner des coups, & tirer du sang de ceux à qui elle se voudra addresser. Et ne pensez pas que ce soit icy la premiere fois que i'ay desiré de m'exerciter à ce mestier & professiõ, ains me suis de lõgue main accoustumee à guerroyer pour le maintenement de nostre foy, & l'exaltation de vostre Empire. Vous vous en pouuez bien ressouuenir, & sçauoir si ie parle de verité, car vous en auez peu veoir quelques preuues : Et sçauez comme ie trouuay l'industrie d'auoir en mes mains les principaux de ces croisez, que ie vous enuoyois pieds & poings liez en dõ. Et encore les auriez-vous au fonds d'vne chartre, dõt la victoire vous pourroit estre plus asseuree, & vos desseins en meilleurs termes : si ce n'eust esté ce Renaud dont on parle tant, qui suruenant à l'improuiste tailla en pieces ceux des miẽs qui les conduisoyent, & deliura tous ces prisonniers. Qui est ce Renaud, & quel il est, cela n'est que trop cogneu, & peu en y a qui ignorẽt ce qu'il sçait faire. C'est ce cruel dont ie fus depuis si outrageusement offensee, & ne me suis pas vengee encore de tant de torts que i'en ay receus, & qu'il s'ingere de me faire de iour à autre, adioustant tousiours quelques nouueaux coups d'esperon à l'occasion que i'ay de luy vouloir mal, & de luy pourchasser honte & ruine : & c'est ce qui m'a incité dauantage à prendre les armes. Quels au reste sõt ces torts & iniures que i'en ay receu, cela seroit trop long à racompter, suffise vous que ie n'en desire qu'vne iuste mortelle vengeance, & ne cesseray de la rechercher que ie ne l'obtienne, car les vents ne destournerõt point en vain tous les coups de fleches que ie pretends luy addresser: Et telle fois est que le courroux du ciel se descharge bien sur les innocens, à plus forte raison contre les coulpables, qu'il ne laisse gueres souuent impunis à la longue. Mais pour abbreger, s'il y en a quelqu'vn qui me vueille promettre de m'apporter la teste de cest ingrat & inhumain tant hay de moy, & m'en faire vn presẽt, i'auray ceste vindicte pour tres-aggreable, cõbiẽ qu'elle me le seroit beaucoup plus, si moy-mesme ie la prenois, neãtmoins si aggreable me sera elle, que ie la recognoistray de la plus haute recompense de toutes autres, moy assauoir douëe d'vn tel heritage, pour sa femme & espouse, s'il me veut auoir en guerdon: De cela ie luy fais icy deuant tous vne promesse solemnelle, & luy en donne ma foy pour gage inuiolable à tout iamais. Si quelqu'vn doncques d'entre vous tant de valeureux personnages qui estes assemblez icy, estime que cela soit vn prix digne de se mettre en hazard pour moy, qu'il le die, & se manifeste. Pendant qu'elle parle de ceste sorte, Adraste tenant ses yeux fichez sur elle, ia ne vueille le ciel consentir, va-il dire, que iamais vous tres-belle & honoree Princesse, daigniez tirer vn coup de fleche sur vn si indigne subiect, car vn si lasche & vilain cœur ne merite pas d'estre atteint d'vn traict partant d'vne si excellente & diuine main, ny d'auoir cest honneur d'en estre naũré, car toutes blesseures qui en pro-

uiendroyent, ores qu'elles fuſſent plus que mortelles, deuroyét eſtre tenües plus cheres que la vie
propre. Laiſſez m'en doncques conuenir, ie m'offre d'eſtre l'executeur de voſtre deſir, & vous apporter ceſte teſte, ie luy deſchireray le cœur, & le
donneray auec le reſte de ſes membres pour paſture aux vautours & corbeaux. Ainſi parloit l'Indien
Adraſte, mais Tiſſapherne ne peut plus auant endurer telles brauades & vanteries: & qui es tu, luy
va-il dire, qui môſtres icy vne ſi faſtueuſe arrogance deuant la Majeſté de noſtre grand roy, preſens
nous tous? Tel parauanture eſt icy qui ne ſonne
mot, & neantmoins par les effects ſurpaſſera ceſte
preſomptueuſe audace tienne. L'Indien replique.
Ie ſuis vn de ceux dont le parler n'arriue pas à beaucoup pres à ce qu'il ſçait faire: Que ſi autrepart il
t'eſtoit eſchappé de me tenir de tels propos, tu les
pourrois bien mettre pour les derniers qui iamais
partiroyent de ta bouche. Ils en fuſſent venus plus
auant, mais le Soudan eſtendant ſa main leur im-
poſa ſilence, & alla dire à Armide: Gentille Dame,
la belle de toutes les plus belles, certes vous mon-
ſtrez bien d'auoir vn tres-magnanime, voire plus
que viril courage, & meritez que l'vn & l'autre de ces deux valeureux champions pour l'a-
mour de vous quitte & remette reciproquement
leur contention & debat, afin que vous les puiſ-
ſiez plus cômodément employer contre ce redouté ennemy dont vous vous plaignez, où leur proüeſſe ſera mieux deuë à l'emulation qu'ils auront de
s'euertuer pour l'amour de vous. Il n'en dit plus à
celle fois, & eux d'vn vnanime conſentement s'of-
frirent derechef à elle, & non point eux ſeuls, ains

tous les autres qui auoient la langue plus prompte & abandonnee à la vanterie & iactance (chose assez ordinaire aux gens de guerre) s'y presenterent, luy iurans & promettans de la venger de ses pretendus torts & outrages. Mais Renaud apres auoir auec ses deux compagnons fait voile de là où il auoit esté enchanté d'Armide, cingla heureusemẽt par la mesme routte que les autres estoient venus, & eurent le vent aussi fauoroble, & la mer bonace de mesme. Le Cheualier contemple de nuict tantost le pol, & tantost l'ourse tournoyente autour, & tantost les autres clair-luisantes estoilles, & de iour les fleuues & les montagnes plus signalees qui s'aduancent dedans la mer. Ores la disposition des campagnes s'estendent le long des plages, & riuages, ores tasche de s'instruire des meurs & coustumes des habitans, & tant vont par les ondes sallees qu'à la quatriesme fois qu'ils auoient veu renaistre le Soleil depuis leur partemẽt, enuiron le coucher d'iceluy, leur barque vient finablement prendre terre: & là leur guide leur va dire, Voicy le riuage de la Palestine, icy est la fin de vostre nauigation. Ce disant les trois Cheualiers desembarquent, & elle disparut en moins qu'on ne formeroit vn seul mot. La nuict s'en va leuer là dessus, où vn seul aspect confondoit la varieté de tant d'autres. Mais en ces solitaires sablons ils ne peuuent apperceuoir ny Tours, ny Murailles, ny trace aucune d'homme, ny bestes, qui y ayent passé, ny chose quelconque qui les peust instruire de leur droict chemin: neantmoins apres qu'ils se furẽt par quelque espace retenuz en suspens, ils se prindrent à marcher auant, laissans la mer à leurs espaules, quand voyla reluire de loin ie ne sçay quelle clarté, qui auec des rayons d'argent & vne splendeur dorée leur esclaircissoit l'obscurité de la nuict, & en rendoit l'ombre moins tenebreuse. Ils s'addressent là, & tant s'en approchent qu'ils peuuent bien discerner ce que c'est qui esclaire ainsi. Ils voyent pēdu à vn gros tronc d'arbre vn harnois complet, & tout neuf, lequel à l'opposite de la Lune dont la clarté se rabat là, produit vne lueur plus estincellāte que les estoilles: car la salade qui est dorée, auec tout le reste de ceste armeure, est garnie de pierres precieuses: & en l'escu de la mesme estoffe se peuuent bien apperceuoir distinctement les figures qui y estoyent cizellées de basse taille. La aupres estoit assis vn vieil preud'homme, comme commis à le garder, lequel si tost qu'il descouure les Cheualliers, va audeuant, dōt les deux le recognoissent tour soudain pour ce sage Magiciē qni les auoit recueillis à l'aller, & informez de tout ce qui concernoit leur queste & voyage. Apres les auoir saluez amiablement, il addresse sa parolle au plus ieune, à sçauoir Renaud, qui les regardoit attentiuemēt sans mot dire. Seigneur, c'est vous que i'attēds icy (luy dit-il) ainsi seulet, & à telle heure, d'vn bien grād desir, vous estāt tres-affectionné, si d'auāture vous me le sçauez. Quel soing i'ay au reste eu de vos affaires, demādez-le à ces deux cy, qui par mon instructiō & addresse sont venus à bout des enchantemens où vous estiez si ignominieusement detenu. Oyez donc ce que ie vous en diray, & bien au rebours du chāt des Serenes, cela ne vous soit point ennuyeux ie vous prie, & le renfermez au profonds de vostre pensée, iusqu'à ce qu'vne plus sage & plus saincte langue vous le puisse plus ouuertement declarer, & le faire cognoistre à la verité. N'estimez pas doncques que nostre bië & felicité consiste en delices & voluptez, à se donner du bon teps à l'oysiueté sous de fraiz ombrages, parmy les fleurs & herbes odorantes, le long des ruisseaux doux coullans, entre les Nymphes & Serenes, ains en la cime d'vn roidde rocher fort penible à y môter, entrerompu de precipices, où la vertu a estably sa residence: Qui ne sue & tremble, & ne rehausse sur la basse voye des plaisirs & lasciuetez, ny sçauroit iamais paruenir. Pourquoy donc voudriez-vous croupir nonchallamment raualé tout au bas de ces hautes cimes, cõme vn gerfaut ou autre tel haut vollant oyseau qui s'amuseroit à hacher pesament le long des plaines & valees? La nature vous a esleué le visage en haut vers le ciel, & pourueu d'vn genereux & noble courage pour aspirer aux grandes choses, & par le moyen de vos beaux glorieux faicts-d'armes vous exalter à vne illustre & splendide renõmee. Donné quant & quãt vn poignant esguillon de colere prompte, non pour vous en esmouuoir trop brutuement contre les vostres ny pour vous en emanciper à des seditions & discordes, dont vous les voudriez partroubler au cõtraire de la raison, mais afin que vostre vaillance en estant animee, en deuienne plus fiere & plus courageuse enuers vos aduersaires d'autre foy & religion que la vostre: pour en reprimer aussi d'vn plus grand effort, & rabattre vos charnelles concupiscences, qui sont vos interieurs ennemis. Permettez doncques que vostre chef sage & prudent les ramoddere, & les employe à l'vsage pour lequel elles vous ont esté principallement octroyees, & selon qu'il le verra estre à propos, ores plus tieddes, ores plus ardantes, qu'il les haste ou les tarde. Ainsi parloit-il, & le Cheualier se rendoit coy & attentif à ces tant belles remonstrances, qu'il sçeut fort bien raccueillir dans son cœur, pour y en faire vne reserue de modestie & attrempance, s'estāt coloré la face d'vn vermeil teint. Mais le vieillard presume assez ce qu'il pourpense, parquoy en continuant son propos il luy alla dire. Haussez le visage mon fils, & regardez en cest escu, car vous y cognoistrez les glorieux faicts de vos tres-illustres ancestres. Vous y verrez la reputation de vos ayeuls tant cognuë & diuulguee en tous les endroits de la terre, qui a bien gaigné les deuants en vn lieu haut, & solitaire, vous delaissant fort loing derriere qui courez lentement apres. Resueillez-vous doncques, & vous mesme incitez vous. Ce que ie vous deduiray icy vous serue d'esperon & fouët à vostre valeur. En disant cela, le Cheualier le regardoit encore plus attentiuement que deuant: l'ouurier expert qui auoit elabouré cest escu, en peu d'espace y auoit figuré infinies choses, reduites fort au petit pied. Car là se voyoit tout d'vne file, sans aucune interruption, la lignee representee de l'inclyte & Auguste Attius, qui auoit tiré sō origine des anciens Romains, sans y auoir degeneré, la plus grād part de ses predecesseurs ayās vne corone de laurier en teste, & vne brāche de palme au poing. Le vieillard luy mōstre tous leurs beaux faits d'armes, & les guerres que glorieusement ils auoyent menees à fin. Entre les autres il luy remarque vn Caius, prenant en main la conduite d'vn valeureux peuple, lors que l'Empire cōmençoit à decliner, & tomber en proye aux nations estrangeres venües de loing, le premier qui se rendit Prince & Seigneur d'Est, & à sa protection recoururent les circōuoisins moins puissans qui auoiēt besoin d'vn tel chef. Puis comme les Gots sont contraints des inuincibles Capitaines d'Honorius, de repasser la d'où ils estoyent venus. Et quand il semble que l'Italie soit la plus esprise de ce barbaresque embrasement, & que Rome comme captiue & prisonniere craint de se veoir reduitte à sa derniere & finale desolation, il monstre qu'Aurelius maintiēt en leur liberté ceux qui sont recourus a sa sauuegarde & secours. Il monstre puis apres Foreste, qui s'oppose tres-vaillamment aux Huns dominās au Septentrion. Bien se peut cognoistre à sa fiere mine, le felō & cruel Attila, qui regarde d'vn œil drachonique, & d'vn visage canin, si qu'a le veoir vous diriez qu'il ouure la gueule pour deuorer ce qu'il œillade, & abboye apres : mais puis vaincu en vn dueil, vous le verriez refuïr à garend pour se sauuer dedans ses trouppes, & le preux Foreste se mettre à la deffence d'Aquilee, vn vray Hector de l'Italie : autrepart est sa mort reseruee : auec le fatal destin de sa Patrie : mais voyla que d'vn si grand & renōmé pere, le fils encore qui est trop plus grand, Acarin heritier de ses perfectiōs, qui luy succede, preux deffenseur de l'honneur & reputation d'Italie. Altin cedde de vray à ses glorieux faicts, mais non pas aux Huns, puis s'en va reduire en vne plus seure demeure où il rassemble de mille petits bourgs & hameaux vne Cité aual le Pau, laquelle se void desia esleuer, en la remparant de quaiz & de digues

gues contre ce gros fleuue qui l'inonde, à guise d'ũ autre deluge: là où au temps aduenir se deuoit establir la triomphale residence de ceux d'Est. Il sẽble qu'il mette en routte les Alans, mais que la fortune le desauorise contre Odoacre: & qu'il fine ses iours pour la deffence d'Italie. O mort honorable qui le rend participant du los & honneur de son pere. On voit mourir auecques luy Alphonse: & Azzo, qui s'en va en exil quant & son frere. Puis en retournent glorieusement, garnis de forces & de prudence, apres que le Tyran Erule eut esté tué d'ũ coup de fleche dans l'œil droict. Suit apres l'Epaminondas d'Est, & monstre d'expirer ioyeux & cõtent, puis que le cruel Totilas est mis en routte, & que son cher escu est sauué: c'est de Boniface que i'entends parler. Valeriã tout ieune encore endosse les armes de son pere: puis deuenu vn peu plus fort, à peine que cẽt des esquadrõs Gothiques peuuent subsister deuant luy. Non loing de là est Ernest, d'vn fier aspect, qui fait de belles choses contre les Esclauons, & deuant luy est l'ineffroyable Aldoart de Montselce, qui depossede le roy Lombard, Henry y est pareillement & Berengaire, qui là où Charlemaigne desploye son victorieux estendard, semble qu'il se trouue le premier aux coups: digne Capitaine & executeur d'vne si celebre entreprise. Puis suit Ludouic, qui se meut contre son nepueu lequel commande en Italie: le met en routte, & le prend prisonnier. Othon consequemment auec ses cinq fils. Almeric y estoit aussi qui s'estoit desia fait Marquis de la principalle ville du Pau, regardant deuotement vers le ciel, d'vn geste contẽplatif, cõme fondateur de plusieurs Eglises. Tout
Hh

auprès de luy est Azzo II. lequel estoit en de grosses & aspres contentions auec Berengaire: & apres vn alternatif cours de fortune, tantost bonne, tantost mauuaise, vainquoit à la parfin, & auoit le gouuernement d'Italie. Voyez là son fils Albert aller parmy les Allemans, & y faire preuue de sa vertu: auquel ayāt vaincu tant à la iouste qu'à la guerre, à bon escien les Dannemarchois, l'Empereur Othō donne sa fille en mariage, auec vn ample & riche dot. Au derriere d'eux est Hugon, celuy qui sceut fort bien rabaisser l'orgueil des Romains: en faueur dequoy il obtient le titre de Marquis d'Italie, & toute la Toscane en gouuernemēt. Voyla en apres Tedalt, & Boniface ioignant sa Beatrix: mais on ne voit point là d'hoir masle à vn si plantureux heritage, ny de successeur à vn si grand & renommé pere. Puis suit Matilde, qui recompence bien le deffaut qui semble estre & en son nombre, & en son sexe: car ceste sage & valeureuse Princesse se peut bien mettre au dessus de plusieurs sceptres & corōnes. Son noble visage respire ie ne sçay quoy de viril & de courageux: & son aspect monstre vne vigueur plus que d'homme. Elle met là les Normands en routte, & Guiscard ia vaincu se voit enfuyr deuant elle. Icy elle defait Henry IIII. & offre à vn temple la cornette Imperiale qu'elle a cōquise dessus luy. Là d'autre part elle met en routte le grand Pontife Souuerain qui a son siege au Vaticā dedans la chaire de sainct Pierre. Puis voyez cōme à son costé elle a Azzo V. pour la seconder, ainsi qu'vn homme qu'elle ayme & prise. Mais la lignee d'Azzo IIII. fleurissoit plus prosperement en diuers rameaux. Guelphe au reste fils de luy & de Cu nigonde, va où la Germanie monstre de l'appeller à soy: & Romain ce valeureux germe est d'vne bonne destinee transporté és champs Bauariens : là où il monstre d'enter vn beau grand rameau d'Est sur la tyge de Guelphon, de soy fertile. Cestuy cy voit plus ioyeux qu'auparauant renoüueller en ses Guelphes force coronnes & sceptres d'or, & auec la faueur celeste se rehausser iusques au ciel, sans y trouuer empeschement, de sorte qu'il couure & ombrage presque toute la Germanie. Mais en ses Italiques rameaux fleurissoit non moins belle que la precedente, sa royale plante, à parangon de toutes autres les plus celebres. Berthold sourdoit vis à vis de Guelphe: lequel renouuelle à Azzo VI. ses ancestres. Telle estoit la genealogie de ses braues Princes, qui proprement sembloyent se mouuoir, comme s'ils eussent vie en ces insensibles metaux. Et Renaud contemplant cela se sentoit chatoüiller le cœur de mille poignans esguillons d'acquerir d'honneur: & de s'allumer de ces claires estincelles luisantes de sa tant illustre & inclyte famille, si que son hautain cœur petillant d'vne vertueuse enuie de les imiter, s'enflamme desormais, & transporte de maniere qu'il luy semble veoir en son esprit que tout ait esté ja valeureusement mis à fin sans luy, la ville de Ierusalem battuë & conquise, & les forces qui viennent pour la secourir taillees en pieces. Tout cela il luy semble veoir deuant ses yeux, comme s'il y estoit present, & que ce fust chose reellement veritable : parquoy il s'arme hastiuement de ce riche somptueux harnois : conçoit & se promet en ses esperances la victoire de ceste entreprise, cõme s'il l'auoit desia tout acquise. Mais Charles qui luy auoit desia racompté la mort de l'heritier du Roy de Dãnemarch, luy mit alors entre les mains la fameuse espee qu'on luy auoit reseruẽ: Prenez la à la bonne heure, dit le Magiciẽ, & l'employez à l'exaltation de la foy: ce sera au reste vn exploit sainct & iuste non moins que preux & vaillant, que vous en faictes la vengeãce de son feu maistre, qui s'en remit du tout à vous, tant il vous ayma. Mais il est temps desormais de vous acheminer où le Duc Godefroy, & toute l'armee vous attendent en grand' deuotion: car vous y arriuerez fort à propos. Allons y doncques parmy l'obscurité de la nuict, ie vous sçauray bien discerner les tentes & pauillons. Ainsi luy dit-il, & puis monta sur son chariot, où il les fit monter aussi: Puis laschant la bride aux cheuaux, les sollicite à coups de foüet, prenans leur routte vers l'Orient. Ils s'en alloyent sans sonner mot, par les tenebres, quand le Magicien se retournãt deuers Renaud luy va dire. Auez vous bien veu les brãches & rameaux de vostre tant illustre & fameuse race, & l'anciẽne racine d'icelle? Encore que dés son premier establissemẽt elle ait heureusemẽt produit plusieurs braues & inclytes Princes, elle ne s'en lassera encore iamais, car sa vigoreuse vertu ne s'enuieillira pas qu'elle s'en desiste. Qu'à la mienne volonté tout ainsi que ie vous ay icy tiré hors de ses obscures enfumees Archiues ses premiers incogneus ancestres, ie vous peusse aussi biẽ descouurir sa future posterité, & en dõner de ceste heure la cognoissance au mõde, deuant qu'ils viẽnent ouurir leurs yeux à la clarté de ce iour, car on n'en verroit pas la file moins memorable, ny moins celebre de beaux faicts d'armes que de ceux des plus renómez anciés Heroës. Mais mon sçauoir ne s'est éd pas à voir si clair en l'aduenir, qui luy demeure trop occulte, & aussi incertain & obscur que la lumiere d'vn flambeau qu'on verroit treluire de loing à trauers vn brouillas espoix. Trop bien vous pourray-ie dire, & cela oserois-ie bié l'affermer, sans qu'on marque d'arrogáce, l'ayant sçeu de tel qui d'icy voit les secrets du ciel tout à descouuert, sans aucū rideau entre-deux. Ie vous diray doncques ce que la diuine lumiere luy en a reuelé, & luy à moy, qu'il n'y eut oncques race estrágere Grecque ny Latine, ny en ce siecle ny en l'ancien âge doré, si enrichie opulemment de tant de Cheualeureux personnages, que le ciel fauorablemét en promet à vos dignes de vous successeurs. lesquels auec leur clair resonnant nom esgallerót, s'ils ne les surmontent, les plus valeureux Capitaines qui furent oncques en l'anciēne Carthage, & à Rome. Mais entre tous les autres qu'il me specifia, ie remarquay vn Alphonse premier en vertu & second du nō, lequel doit naistre lors que le monde tout corrompu & enuieilly se trouuera le plus desnué de vertus. Il sera tel qu'autre que luy ne sçeut oncques mieux & plus courageusemét manier les armes, & soustenir le pesant faix de la guerre, & du gouuernement des peuples. Ce sera la plus haut esleuee gloire de tout vostre sang, & le plus precieux iouyau d'iceluy. Tout ieune encore, à peine entré dans les limites d'adolescence, il donnera de si signallees preuues de sa valeur, que ny plus ny moins que le lyon est l'espouuantable terreur des forests, & des bestes qui y repairent, il sera craint & redouté és tournois & jouftes, & remportera puis apres vn grand los és faits belliques. Souuentesfois il aduiendra qu'il parera fon digne chef tantoft de victorieux lauriers, & tantoft de guirlandes de chefnes & de gramigne, & fon inuincible dextre de palmes. De fon aage puis apres plus aduancé le prix ne fera pas moindre, ny fes comportemens moins loüables. Conferuer fes pays en tranquillité & repos, fains & fauues de tous troubles & vacarmes tant du dedans que du dehors des violences de fes voifins, & maintenir fes fubiects, en vne libre & honefte refiouyffance: Efleuer à des plus hautes perfections les arts & fciences, & les beaux efprits: Departir d'vne iufte & egalle main les recompenfes, & les chaftimens: preuoir de loing, & remedier aux neceffitez plus vrgentes: Tout cela reluira plus que parfaictement en luy. Et ainfi deuifans continuerent leur chemin iufqu'à l'aube du iour, qu'ils pouuoyent deformais defcouurir mille tentes & pauillons, & mille enfeignes arborees le lõg des rempars, qu'il faifoit bon veoir venteller au vent. Toufiours les auoit fuyuis vn aigle, fouftenant & planant amont fur leurs teftes, qui à la parfin ne s'en alla pas perdre dans le ciel felon fa couftume, ains vint fondre fur le Heaume du Cheualier, & fe pofa là, fe conuertiffant (merueille eftrãge, & prefque incroyable) en vn aigle d'argent, pour feruir de tymbre, eftendant les aifles, comme fi elle volloit encore, ou vouluft voller, fi qu'il fembloit, qu'elle euft enuie de retourner encores au ciel. Si naïfuement & d'vn gefte actif elle defploye fes belles argentees pennes dedans vn nüage de bleu celefte, tenant fon regard ferme arrefté en contremont droit vers le Soleil. Renaud est soudain recognu à son armee, & desia le bruit en court parmy tout le camp: mais vn particulier message en va porter au Duc de certaines nouuelles.

Chant dixhuictiesme.

ARGVMENT.

RENAVD apres s'estre reconcilié au Duc Godefroy, & à Dieu, ayant repurgé sa conscience, s'en va abbatre les enchantemens de la prohibee forest, qu'il rend accessible comme auparauant, & deliuree des charmes d'Ismen, si qu'on la couppe pour renouueller les engins & machines. L'aduis que le Soudan enuoye aux assiegez du secours qu'il leur va donner, est comme miraculeusement intercept. Le Duc suyuant cela pouruoit fort prudemment à son faict, & enuoye vne espie au camp ennemy pour luy en rapporter de plus certaines nouuelles. L'assaut se donne la dessus par trois endroits, auquel l'enchanteur Ismen, auec deux sorcieres qui luy assistent, est accablé d'vn coup du ciel. L'Archange Michel apparoist visiblement au Duc Godefroy, & luy fait veoir à descouuert la milice d'enhaut qui combat pour luy. Finablement la ville est prise d'assaut, & le Roy Aladin se retire en la forteresse.

Hh iiij

RENAVD arriué au pauillon du Duc, qui estoit desia sorty audeuant pour le receuoir, luy va ainsi dire. Souuerain Sire, le soing que i'auois de garder mon hôneur me meut à me reuanger des outrages qu'on me vouloit faire. Si ie vous ay offencé en cela, i'en ay eu assez de mal & de peine depuis : & de repentance en mon cœur: Maintenant ie viens à vostre rappel, prest & appareillé de l'amēder comme il vous plaira, à fin de pouuoir retourner en vostre accoustumee bonne grace: Vous suppliant bien hûblement me le pardonner. Et disant cela s'estoit voulu agenoüiller, mais le Duc luy tendit les bras au col, & le releua. Or sus qu'il ne soit plus parlé du passé, luy alla il dire: tout cela soit mis sous le pied, Pour amende ie veux seulement, que selon que vous estes coustumier de faire, vous continuez vos valeureux efforts au dommage de nos aduersaires, & à l'auantage des nostres. Mais en premier lieu il vous faut chasser ces monstres & illusions, qui depuis vostre partement se sont mis à infester la forest dont nous souliōs recouurer des estoffes pour nos machines & onurages. Comment que ce soit que la chose aille, ny qu'elle en soit l'occasion, c'est maintenant vn receptacle d'enchantemens, dont elle s'est renduë si espouuantable qu'il n'y a si hardy en ce camp, si vaillant & determiné, qui en osast enleuer la moindre branche: & si nous ne pouuons battre ceste ville sans des engins, qui ne se peuuent auoir d'ailleurs. Que vostre valeur s'esprouue doncques là où tous les autres se sont faillis, de la frayeur qu'ils en ont euë. Il parla ainsi, & le Cheualier en peu de parolles s'offre d'en prendre sur soy & la peine & le hazard: Dont on ne fait doute que selon son accoustumee magnanimité il n'accomplisse ce qu'il promet. Puis se retournant vers les autres d'vne face ioyeuse, il leur tend la main, ou les embrasse, selon leur rang & qualité, car là s'estoyent desia reduits Guelphe, Tancred, & autres des plus apparés de l'armee. Apres auoir par plusieurs fois reiteré ces accollades & bienvenuës auec ses plus chers & intimes amis, & salué gracieusement tout le reste, qui se coniouïssoyent auec luy de son prompt retour, non de moindre zele & affection que s'ils l'eussent veu reuenir victorieux de l'Orient & du Midy dans vn beau grand char triomphal orné de palmes & de lauriers, Il se retira en son pauillon, accompagné d'vne grosse suitte de gens, où ils se mettent à deuiser, tantost de son voyage, & tantost des affaires du camp, & de ceste forest enchantee. Partis qu'ils furent puis apres, il demeure laissé à son priué auec le bon Hermite Pierre, qui se prit à dire. Certes vous auez faict vn estrãge pelerinage, & bien loing, où vous auez peu veoir maintes belles choses. Dõt vous vous deuez biẽ sentir redeuable à ce grãd souuerain Monarque qui gouuerne tout l'vniuers, de vo⁹ auoir tiré hors de tant de perils que vous auez courus parmy ces dangereux enchantemens desuoyez: & de là ramené sain & saüue à son trouppeau, pauure brebis esgaree que vous estiez. De vous auoir outre plus esleu le second par la bouche propre du Duc Godefroy, pour l'executeur de ses mandemens. Mais il ne faut pas estant ainsi prophané que vous estes, vous immiscer à ceste sacresaincte guerre entreprise pour son seruice, & l'exaltation de sa foy, ny à autre chose qui en depende, car vous estes encore tant contaminé des ordures de la chair & du monde, que le Nil ny le Gange, ny mesme le plus creux Occean à peine vous en pourroyent ils lauer, Il n'y a que la seule grace du ciel qui vous puisse purifier de ce que vous auez accueilly d'immondice en vostre ame. Preparez-vous doncques, conuertissez-vous dignement, & en telle humilité qu'il le faut, demandez pardon de vos fautes. Desployez icy, confessez, & recognoissez deuant sa saincte Majesté vos meffaicts, pleurez les, & luy en requerez mercy, Il luy dit cela: & luy preallablemēt s'estāt mis à detester à par soy sa trop boüillāte & precipitee animosité & colere, & depuis ses folles amours, se prosternant à ses pieds d'vne grande cōtrition & amertume de cœur, il luy confesse battāt sa coulpe, toutes les offenses qu'il se souuenoit auoir faites. Et ce ministre du ciel ayant endroit soy les clefs à luy concedees & transmises de l'authorité du sainct Pere, des graces & misericordes diuines, pour les conferer aux pecheurs repentans, luy donne l'absolution: Puis luy va dire. A la nouuelle aube du iour suyuant, vous-vous en irez faire vos prieres & deuotiōs sur ce sainct mōt que vous voyez là exposé au Soleil leuant, & de là vous acheminerez droit à ce bois infesté de ces illusions & fantosmes, toutes trōperies & deceptions Sataniques & qui n'ont rien d'essentiel. Vous y surmonterez, i'en suis seur, & les monstres, & les geāts, pourueu qu'vn nouuel abus & desuoyement ne vous en retarde. En l'honneur de Dieu qu'il n'y ait ny parole, ny voix, ny chants, plaintes ny doleances, quelques douces & pitoyables qu'elles puissent estre, ny beauté qui gracieusement vous soubs-rie, ny regards attrayans, qui par leurs mignardes affetteries vous puissent en rien ployer le cœur, ains ne tenez compte de tout cela, car ce ne sont que feintes & fraudes pour vous deceuoir & vous perdre. Ainsi l'alloit-il instruisant: Et le Cheualier s'apreste d'vn tres-grād desir & espoir de ceste si haute entreprise qui luy estoit ainsi reseruee. En ces pensemens il passa tout le long du iour, & n'y medita moins la nuict encore, qui luy tarda fort que le iour ne vint, dont si tost que les premieres blancheurs apparurent au ciel, voire deuant, il se iette hors du lict, & prend ses belles armes qui luy auoyēt esté appareillees, auec vne cotte d'armes toute neufue, & estrange pour la liuree dont elle estoit. Et ainsi tout seul sans mot dire se part de ses compagnons à beau pied, & sort hors de son pauillon. C'estoit lors l'heure de la nuict, qui n'a pas en tous les endroits du ciel quitté du tout la place au iour, car combien que deuant l'Orient on vist ja resplādir l'Aurore, neantmoins toutes les estoilles ne s'estoyent pas esuanouyes, quād le Cheualier s'acheminant au mont des Oliues, contemplant, les yeux esleuez vers le ciel, d'vn costé ses embellissemens nocturnes, & de l'autre ceux du iour renaissant, incorruptibles & diuins: & meditoit en sa pensee, cōbiē de ces belles claires lumieres le celeste temple, en cōprenoit en son vaste & ample pourpris, auec les deux grands luminaires, le Soleil d'or pour presider au iour, & la Lune d'argent à la nuict accōpagnees de tant de beaux flamboyans astres, qui l'illustroyent de leur clarté, mais il n'y a nul, ou bien peu de nous, qui y constitue son plaisir pour les admirer cōme il faut, ains sōmes tousiours inclinez bas vers la terre, à œillader ce pourpris trouble & tenebreux. Ainsi meditant à par soy il paruiēt iusques à la cime du mont, où se prosternāt humblement il esleue ses pensers au dessus du ciel empiree. Et tournant sa veuë dtoit à l'Orient, il enfourne ainsi sa priere. Plaise toy pere de misericorde, regarder de ton benin œil de clemence ma vie passee, & les fautes que i'ay commises. Distille sur moy & m'arrouse de tes sainctes graces, à ce que tu y purges & renouuelles ce qui y peut estre du vieil Adam. Ainsi faisoit-il sa priere pendant que l'aube du iour se leuoit d'entre les bras de son cher mary Tithonus, luy donnant en face d'vn teint vermeil entouré de rayons d'vn fin or bruny, dont elle faisoit resplandir son riche harnois, au sommet de ceste montagne tapissee de gaye verdure: & il se sentoit recreer tous ses esprits des douces halenees d'vn petit vēt frais, qui au dessus de sa teste ondoyoit de dedans le geron d'vne nuee pleine de rosides vapeurs, qu'il poussoit audeuāt de luy comme pour en arrouser le chemin à celle qui venoit apres. Ceste rosee degouttoit dessus sa cazaque à guise de perles, dont elle l'eust voulu enrichir, y introduisant vn clair brillant lustre argentin, de mesme que par fois vne fleur fennee se regaillardist aux matutinalles frescheurs, & semble s'espanouïr de nouueau: & que le serpent se rajeunist, iettāt là sa vieille despouille pour se reuestir d'vne neufue. Luymesme s'en esmerueilloit: & là dessus prenant son addresse tout asseuré en son courage, deuers ceste ancienne forest, il estoit desormais arriué iusques là où les moins courageux auoyent esté arrestez

Chant dixseptiesme. 493

du seul espouuantement & frayeur qui en procedoit. Ce neantmoins ce bois là ne luy semble pas si desplaisant & effroyable qu'on le luy auoit figuré, ains d'vn fort gracieux ombrage, parquoy il passe outre, & oit vn son, lequel se respandant de loin, luy reuenoit fort. C'estoit le murmure d'vn petit ruisseau, qui sembloit gemir & se plaindre bien tendrement, quãt & vn doux vẽt qui souspiroit auec luy, s'accordant auec les branches & rameaux, & le chant lamentable d'vn Cigne, auquel vn rossignol respondoit d'vn gemissement douloureux, accompagné d'vn concert de sourdes regalles, cistres, lucs & violles, & de voix humaines chantans des rymes amoureuses fort mignardes. Tant & de si differentes musiques vn seul son exprime. Le Cheualier, qui comme il estoit aduenu aux autres, n'attendoit ouyr là que des bruits horribles & espouuãtables, entend en lieu de cela des delicates melodies, puis cõsequemmẽt vn autre son entremeslé de voix de Nymphes & Serenes, & de gracieux murmures de vents & d'eaux, & de petits oysillons fort armonieusement degoisans leurs plaisans ramages. Tout esmerueillé de cela il s'arreste court, puis passe outre, mais lentement, sans trouuer autre obstacle en son chemin que d'vne riuiere claire & tranquille, l'vn & l'autre bord de laquelle estoyent tapissez de belles verdures, & fleurs odorates de toutes sortes de couleurs, qui enuironnoit tout ce bois ainsi que d'vne belle guirlande, & ne l'entouroit pas seulement, ains s'en deriuoit vn canal, qui entrant dedans le separoit par le milieu. Ce canal là ombragé du bois, l'arrousoit en recõpense: vn bel eschange mutuel, d'ombre & d'humidité qui se recompencent l'vn l'autre. Pendant que le Cheualier regarde où il pourra trouuer le gué, voyla vn merueilleux pont qui luy apparoist: vn pont d'or massif, planté sur de tresfermes piles & arches, auec vne belle large ruë au dessus, par où il passe, mais il ne fut pas plustost outre, que ce pont fond & se ruine, & l'eau l'emporte auecques soy, l'eau qui d'vne belle douce riuiere est soudain deuenuë vn torrent. Il le regarde, & s'esbahit de le veoir si tost espandu & enflé: cõme si les neiges s'y estoyent tout à coup fondues, tant il charrie de grosses eaux, auec vne infinité de tres-roiddes tours & destours. Mais le desir d'vne telle nouuelleté le tire à iecter l'œil de costé & d'autre. Parmy ces anciens arbres plantez de la nature si drus & espoix: & en ces solitudes sauuages y a tousiours quelque merueille de nouueau, qui le remplist d'admiration. Par tout où il marche semble que dãs l'empreinte de ses pas tout se remplisse de petits surjons d'eau, & que la terre y germe de fleurs & herbes verdoyantes. Là s'espanoyssent les lys, là poignẽt les belles roses, & les œillets. Là sourd vne fontaine, icy coule vn petit ruisseau, où les petits poissons fretillent. Dessus & alentour de luy, ceste anciẽne forest toute rabougrie, les arbres couuerts de mousse, monstre de se rajeunir de nouueaux tendres rejettons, & de rameaux reuestus de fueilles comme en cœur d'Esté. Les vieilles rabbotteuses tendurcies escorces se creuẽt & fendent, & se despouillent d'elles mesmes, pour faire place aux nouuelles qui renaissent dessoubs, comme pour faire vne autre plãte de la racine iusques à la plus haute branche. Tout y estãt couuert d'vne gracieuse rosee de mãne, à guise de grains de

Chant dixhuictiesme 495

coriandre qui seroyent tout à l'heure tōbez du ciel le miel degouttoit à gros rayons par les creuasses dessusdites, Là endroit se renouuella ceste armonieuse musique de doux chants & tendres lamentatiōs, meslees parmy, mais il ne pouuoit bonnemēt discerner d'où prouenoit ce tant gracieux concert des cygnes & oysillons, & du vent, & murmure de l'eau: ny là où il se cache. Il y preste la plus attentiue oreille qu'il peut, & semble que de là où il applique son ouye, il s'enfuie pour aller renaistre en vn autre endroit, tant qu'il s'en ennuye: car il ne voit riē là nulle part, qui peust former des voix humaines, ny ne peut nōplus rien apperceuoir de ces instrumens musicaux. Pendāt qu'il se rēd du tout suspenpu à cela, & que son penser ne luy permet d'estimer que ce soit chose veritable, il descouure vn meurthe à l'escart, lequel desploye ses rameaux là où vn sentier se venoit aboutir en vne large spacieuse plaine; ce meurthe trop estrange à veoir espādōit ses branches plus haut que nul cyprez ne palmier, si qu'elles haussoyent par dessus tous les autres arbres d'autour, & semble que là deust estre le donjon du royal palais de ce bois. Le Cheualier s'estant là arresté vne bonne piece, iette son regard à vne plus estrange nouueauté, car il apperçoit ce luy semble, vn chesne de desmesuree grosseur & hauteur, qui s'ouure de soy-mesme par le beau milieu de sa tyge, & enfante hors de soy vne belle Nymphe d'aage complet, vestuë & equippee d'vne bizarre façon. Voit quant & quant bien cent autres arbres qui se deliurent chacun endroit soy de semblables Nymphes, comme en la scene d'vn eschaffaut à iouër des jeux, on voit representees de stucq & papier moulé des Deesses bocageres, peintes au naturel, les bras nuds, & leurs cottillons retroussez iusqu'au genoil, la iambe reuestuë de beaux brodequins dorez à l'antique auec vn gueullart au haut d'iceluy, & leurs beaux cheueux chastaigners espandus le long des espaules en deux longues tresses cordonnees d'vn beau tissu turquin, & de fleurs. Telles & toutes semblables apparoissoyent ces creatures qui sortoyent hors de l'escorce de ces arbres, mais au lieu d'arcs & de flesches, elles tenoyent des luths, harpes, & cistres, & les autres de petits flageols, au son desquels elles commencent vne belle danse en rond tout alentour du Cheualier, qu'elles enferment au milieu, ainsi qu'vn centre dans vn cercle : & enuironnoyent quant & quant le meurthe dansans alentour aux chansons, qui disoyent ainsi,

    Bien vienne le preux Cheualier,
    Seul espoir de nostre maistresse:
    Qui auoit de luy bon mestier,
    Pour la ietter de la destresse
    Où languissant de son amour,
    Elle se mouroit nuict & iour.

    Voyez comment ceste forest,
    Qui s'estoit de noir reuestuë
    Pour accompagner son dueil, est
    Soudain si gaye deuenuë
    Et a pris son ioyeux atour
    Pour le caresser au retour.

    Bien soyez venu Cheualier,
    Pour conforter nostre maistresse,
    Nous-vous deuons bien festoyer
    En toute ioye & allegresse,

Si vous voulez faire sejour
En ce aggreable destour.

Telle estoit leur chançon. Et là dessus sortoit vne douce voix de ce meurthe qui s'entr'ouuroit. Au temps jadis fut tenu à grand' merueille de la voir fortir du rustique silence d'vn arbre: mais ce grãd meurthe monstre bien icy de plus belles & rares choses de dedans son ventre & creuse tige, vne dame assauoir, qui en son feint aspect paroissoit vne beauté Angelique. Renaud la regarde vn peu plus attentiuement, & luy semble de voir Armide, & son doux gracieux sous-ris, dont elle excelloit toutes autres creatures mortelles. Elle le contemple aussi d'vn œil benin & pitoyable, ioyeux & dolent tout ensemble, dont resultoyent mille diuerses passions contemperees d'vn seul aspect: Puis elle va dire: Au moins te vois-ie derechef, & en fin és tu reuenu trouuer celle dont tu t'estois si desloyallement desrobbé, cruel inhumain que tu es. Mais à quoy faire viens-tu icy? A me consoler de mes velues nuicts, & de ces tristes angoisseux iours que i'ay passez en ton absence? Ou me guerroyer & deposseder de mon heritage, ta face couuerte ainsi de ton armet, & ne me monstrant que des armes? Viẽs-tu icy en qualité d'amãt, ou d'ennemy? Ie n'auois pas apresté vn si riche pôt pour vn aduersaire: Ie ne lui ouurois pas mes ruisseaux, mes fleurs, mes fontaines, essartant audeuant de luy, les buissons, roses, & broussailleries pour luy falliter son chemin, & luy rendre son passer plus libre. Oste donc deformais cest ennuyeux heaume, mõstre moy ceste face tout à descouuert, & tes yeux que ie soulois deuorer amoureusement des miens. Si tu viens icy

Ii

comme amy, ioints à l'accoustumé tes leures aux miennes, & ton sein au mien, ou à tout le moins baille moy la main. Auec infinies autres telles mignarderies, qu'elle accōpagnoit de tēdres & piteuses œillades, & de chāgemēs de couleur & de teint alteré de diuerses sortes, tātost blesme, tantost vermeil de souspirs frequents desguisez, de deux sanglots & amoureuses larmes, le tout tel qu'à la cōpassion & pitié qu'on eust peu auoir d'vn si grief apparent martyre, les plus durs cœurs diamantins se fussent soudain reamolis. Mais le Cheuallier non tant rebours que bien aduisé, sans faire autre demeure met la main à l'espee, & s'en va droit à ce meurthe, que la feinte va embrasser, & se met entredeux, criant d'vne voix effroyable : Ah! il n'en sera pas ainsi que tu penses, que tu me faces vn tel outrage que de me couper ceste mienne si chere plante. Il n'en sera rien, mets bas se glaiue, ou bien passe le au trauers du corps de ton infortunee Armide : infortunee est elle biē d'auoir oncq' logé sō amitié en vn si felon & cruel courage. Par ceste poitrine que tu as autrefois si amoureusemēt pressee, par ce tēdre cœur qui a plus esté à toy que sien, il faut que ta sanglāte espee se face voye, premier que d'arriuer à ce miē cher meurthe. Mais luy sans se soucier de ce qu'elle dit, hausse l'espee, & elle se transforme, comme il aduient qu'en songeant on voit chāger de figure en autre ce qui apparoist en visiō, ou cōme les nuees tātost representēt des paisages, tantost d'estrāges animaux, ses mēbres s'engrossissent soudain, & se torne ce doux visage delicat entremesté d'vne yuorienne blancheur, & d'vn lustre vermeil d'incarnates roses, en vn furieux &

Chant dixhuictiefme. 499

torue regard de geant d'vne defmefuree corpulẽ-
ce, horrible a voir, ayant cent bras cõme vn autre
Briareus, dont il empoigne cent cimeterres lourds
& pefans, & embraffe autant de targues, du mefme
calibre, lequel martellant des dents l'vne contre
l'autre, s'approche de luy. Toutes les Nymphes
qui eftoyent la autour faifans leurs danfes & mufi-
ques, fe garniffent d'armes à guife de cyclopes horribles & efpouuãtables, & vont pour le chãger de
mefme: mais il ne s'efmaye de rien: ains redouble
fes coups deffus ce meurthe que tous ces fãtofmes
s'eftoyent mis à defendre, & qui môftre de fe plaindre lamentablement aux coups qu'il reçoit, tout
ainfi que s'il auoit vie. Tant de môftres outreplus,
tant d'illufions & prodiges fe prefentent là, qu'il
femble proprement que ce foyent les champ ftygi-
ens, que tout l'enfer a inondé. Le Ciel partroublé
du courroux tonne, efclaire, & foudroye d'enhaut,
& la terre tremble deffous fes pieds, où elle s'entr'-
ouure en plufieurs hideufes creuaffes tout autour
de luy, comme pour l'engloutir en fes abifmes.
Les vents efmeûs en des afpres tourbillons & orages viennent en vne bataille mortelle à toute outrance l'vn contre l'autre, & luy lancẽt vne furieu-
fe tempefte droit au vifage: mais il ne laiffe pour
cela de charpanter de plus en plus fans s'arrefter ne
faillir d'vne feule atteinte, pour chofe qu'il voye,
qu'il oye & fente, fi qu'il couppe en fin ce noyer:
car il n'eft plus myrthe comme il fembloit auparauant : ains s'eft infenfiblement transformé
en ceft autre arbre. Et là ceffa l'enchantement
& toutes les illufions difparurent, le Ciel redeuiẽt
clair & ferain, l'air fe calme, & la foreft retorne

I i ij

en son premier estre, non ja pleine de ces enragées sorcelleries, ny de ses fausses deceptions : mais trop bien remplie de son hideux accoustumé ombrage, que l'antiquité luy auoit de siecles immemoriaux acquise. Le Cheualier sonde & recherche s'il y a plus rien qui empesche qu'on y puisse couper des arbres : Puis se sous-riant va dire à par soy. O vaines apparitions ! Bien est simple, & de peu de cœur, celuy qui s'arreste pour vos espouuãtemens & menaces. Puis de là s'en va vers les tentes, où cepẽdant le bõ Hermite alloit criant de costé & d'autre, Plus ne sont les enchãtemens si nuisibles de nostre forest, qu'ils souloyent, tous y sont de ceste heure suppeditez, & celuy qui les a mis à fin, s'en retorne victorieux. Le voyez vous pas? Et de fait il s'en reuenoit gay, allegre & deliberé, & d'vn fort venerable aspect, auec sa belle cazaque blanche, l'aigle d'argent resplendissante au haut de son heaume, cõtre les dorez rayons du Soleil, lesquels deux meslez ensẽble rẽdoyent vn bel esclat à l'œil, nõ sans vn tresgrãd cõtentemẽt d'iceluy. A l'arriuee du cãp il a vne secõde saliie de cris d'allegresse, qui s'espandẽt de toutes parts audeuant de luy, en ioyeuses acclamations, qu'à peine y eust on peu ouyr tonner : Et la il est receu du Duc auec de tresgrãdes congratulations & remercimens, dont personne ne luy porte enuie de la faueur qu'il en reçoit, auquel il alla dire ainsi. Ie m'en suis allé, Sire, à ceste si redoutee forest, suyuant le commandement qu'il vous pleu me faire. Ie l'ay veuë, & parcouruë d'vn bout à autre, & suis graces à Dieu, & à vous venu à bout des enchantemens que i'y ay trouué : Qu'on y voise doncq' à la bõne heure,

car la voye en eſt maintenant libre du tout, & aſ-
ſeurée. On y va ſoudain, & en prend on ce qu'on
cognoit eſtre beſoin. Et encore que du commencement là ne ſe trouuaſſent de ſi experts ingenieux
pour de tels ouurages, neantmoins Guillaume Capitaine general de la flotte des Geneuois, lequel
auoit de longue main hanté la marine, & exercé le
meſtier de courſaire, leur monſtra la mode de faire
des gabions, tiſſant des perches plantees en terre à
vn pied & demy l'vne de l'autre, auec des verges &
gaules ſoupples, comme les Vanniers ont accouſtumé de faire d'oſiers & cliſſes. Et depuis ayant
eſté contrainct de retirer ſes vaiſſeaux à ſec deuant
ceſte groſſe maritime puiſſance Payenne, il condui-
ſoit lors le marrein & attirail d'iceux auec les ma-
riniers au camp, où il ſe trouuoit lors vn des plus
induſtrieux architectes qui fuſt en l'armee, voire
ſans pair preſque és arts mechaniques: & ſi auoit
auecques luy bien cent artiſans charpentiers, ma-
reſchaux, & autres ouuriers pour mettre à execution ce qu'il deſſeignoit. Ceſtuy-cy ſe miſt à baſtir
non tant ſeulement, des catapultes, baliſtes, & belliers, & autres ſemblables engins, tant pour battre
aux creneaux, garites, & deffeſes, que pour demollir & mettre à bas les murailles : mais d'autres plus
grandes machines encore, des tours aſſauoir haut
eſleuees, qui eſtoyent fabriquees de charpenteries
par le dedãs, & couuertes de cliſſes par le dehors,
reueſtuës de peau de beſtes freſchemẽt eſcorchees,
pour reſiſter aux artifices de feu qu'on y lanceroit.
Ces machines au reſte ſe defaiſoyent toutes par
pieces pour les conduire plus ayſeement, & puis
on les raſſembloit ſur le lieu où on les vouloit met-

tre en œuure. Mais ceste grosse poultre qui deuoit seruir de bellier de batterie, ayant le bout ferré à guise d'vne teste de mouton auec ses cornes, suspẽduë en l'air auec des cordages, estoit tiree & relancee, à force de bras côtre les pans de cortine qu'on vouloit abbatre : Et du moyen estage des tours se iettoit vn pont portatif, sur le parapet, par où l'on pouuoit aller à l'assaut de pied-ferme, & là combatre main à main. Aux encoigneures il y auoit d'autres petites tourelles à cul de lampe, plus haut esleuees que la couuerture de la tour, d'où les archers, arbalestriers, & tireurs de fonde deslogeoyent ceux qui eussent voulu cõparoistre sur le repar pour repousser les assaillans. Or en plain & vny chemin ces tours deambulatoires se conduisoyent facilement, & rouloyent viste, establies sur plus de cent rouës, & le dedans estoit remply de gẽs armez : s'il estoit rabboteux il y auoit des gastadours pour l'explaner. Tels estoyent ces engins & machines attitrees pour battre & assaillir la cité de Ierusalẽ, à quoy tout le camp estoit attentif à les voir fabriquer, admirans la dexterité de l'inuention, & la diligence dont les ouuriers y trauailloyent, qui en moins de rien en eurent basty deux sur le patron & modelle de la precedente qu'on auoit bruslee. Mais cependant les Sarrazins n'estoyent pas ignorans de tout ce qui se faisoit là bas; exposé à la veuë de ceux qui faisoyent la garde sur la muraille, & au haut des tours & dõjõs, outre ce que les espies qui alloyent & venoyẽt au cãp, leur en pouuoyent rapporter au vray. Car ils apperceuoyent bien de là haut ces grosses pilles d'arbres qu'on y amenoit de la forest, traisnees à force de cheuaux & d'hõmes:

Chant dixhuictiesme.

& si voyoyent bié les machines, encore que ce ne fust si a plain qu'ils en peussent distinctement remarquer la forme & façon: si qu'ils en faisoyent là dedás d'autres alencôtre pour y resister, & en toute la diligéce par tous les moyens & artifices qu'ils peuuent, fortifient de plus en plus leurs remparemens, murailles, tours, rauellins, boulleuards, où ils les voyét les plus foibles, & à l'aduenuë de l'ennemy, en les rehaussát où on les pouuoit escheller, dont il leur estoit bien aduis desormais qu'on ne les pouuoit plus emporter d'assaut. Mais sur tous leurs preparatifs & deffences, Ismen leur appreste force feux gregeois, rarement practiquez encore. Ce maudit Magicien va mesler du soulphre, & bitume, qu'on leur apportoit du lac de Sodome: pois resine, & noire, camphre, colophone, huille de lin, & semblables materiaux dont il estoit allé (ce crois-ie bien) chercher l'inuention au fonds des enfers, là où le fleuue de Phlegethon les enuirône par neuf-fois: & de là il vient à côposer vn feu qui fume d'vne insupportable puanteur: & s'attache où on le lance, de sorte qu'on ne le sçauroit plus esteindre, s'attendát bien auec ces damnez artifices de suppleer au defaut de ses enchantemés, nonobstant lesquels on ne laissoit de degrader ceste forest où il auoit versé tant de coniurations execrables: mais toutes en vain. Pédant doncques que le camp se prepare ainsi pour dôner vn second assaut à la ville, & qu'elle s'appareille pour se bien deffendre, on apperçoy vn pigeon trauersant l'air à tire d'aisle par dessus le camp: mais il ne hachoit plus desormais si viste: ains planoit comme pour se vouloir aller asseoir denhaut sur les mu-

Li iiij

railles de la ville, quand de ie ne sçay où va fondre vn foucon sur luy pour le mettre au pied: mais il n'attend pas sa venue, ains se rembarre à saueueté dedans le pauillon du Duc, où il se iette entre ses bras, si qu'il le peut prendre à la main, & le preserue du danger qui le menaçoit. En le reuisitant il voit vn petit billet de papier, lequel attaché à son col auec vn fil de soye fort delié, se venoit receler sous l'aisle. Il le deslie, & l'ouurant y treuue ainsi escrit en briefs mots, AV ROY DE IVDEE LE SOVDAN D'EGYPTE ENVOYE SALVT. *Ne vous estonnez, resistez & tenez bon quatres iours encores: car ie vous iray secourir, & leuer le siege, & verrez bien tost vos ennemis tornez à deconfiture.* Telle estoit la teneur du billet que ce pigeon apportoit du cāp des Ægyptiens aux assiegez, & de ces messages on vsoit alors coustumierement au leuant. Le Duc laissa aller ce pigeon, qui ne retourna plus au lieu d'où il auoit esté depesché, comme s'il se fust senty coulpable de n'auoir fidelement accomply sa commission. Et là dessus il fait assembler le cōseil, & leur monstre ce bulletin en disant: Voyez messieurs comme nostre bon Dieu miraculeusement nous reuelle les secrets desseins de nos aduersaires, il me semble qu'il ne nous faut plus differer à tenter vn autre expediēt, & n'espargner trauail ny peine pour ennuyeuse qu'elle puisse estre, pour passer au delà de ces rochers à l'autre costé de la ville vers le Midy: ce sera de vray vn bien rude chemin pour des gens armez, neantmoins cela se peut par les endroits que i'ay autrefois remarquez, combien que cest endroit de la muraille qui l'asseure & garde doyue estre fort bien remparé, & muny outreplus de gens de guerre pour le deffendre. Vous doncq' ô mon Pere, parlant à ce bon Conte de Tholouse, ie veux que de ce costé là auec vos engins & machines vous battiez la ville, & cependant ie m'en iray planter à la porte qui est exposee au Septentrion, pour y amuser l'ennemy, lequel ne m'y aura plustost apperceu, que cuidāt que nostre plusgrād effort s'y doyue addresser, tornera là aussi le sien. Quant & quant la plus grande de nos tours deambulatoires passera outre, pour aller faire vn autre effort ailleurs. Et vous Sieur Camille conduirez la troisiesme tour tout au mesme instant, non gueres loin de moy. Là il mit fin à son parler, & le Conte, lequel estant assez pres de luy pendant qu'il parloit encore, s'estoit mis à penser, alla dire. A l'aduis de nostre souuerain chef on ne sçauroit riē adiouster ne diminuer: mais ie serois bien d'opinion, qu'on enuoyast dés maintenant quelque bonne espie au camp des Egyptiens, pour nous en rapporter des nouuelles, tant du nombre de gens qu'ils peuuent estre, que de ce qu'ils deliberēt de faire, autāt qu'il s'en pourra descouurir de certain & de veritable. A cela Tācred prenant la parole, I'ay (va-il dire) vn mien Escuyer qui sera fort propre à y employer: car c'est vn ieune homme prompt & adroit, viste du pied, & hazardeux: mais auec mesure & cautelle, lequel parle plusieurs langages, & sçait desguiser & contrefaire sa voix & parole, ses gestes, son maintien & sa contenāce. On le fit venir, & si tost qu'il eut ouy ce qu'on luy vouloit commander, il haussa la teste en se sous-riant, & va dire? Il suffist, Ie prends ceste charge sur moy, & m'en vois de ce pas sans plus attendre: Ie seray bien tost où ces forces se sont cāpees, pour y recognoistre tout ce qui s'y fait. Sans estre descouuert ny apperceu qu'ō se puisse doubter de rien, ie veux entrer en plein iour dans leurs tranchees, & là compter vn à vn tant les hōmes que les cheuaux. Ie verray à l'œil de quelle estenduë est ce cāp, qu'elles gens ce sont, & ce qu'ils pretendent de faire, pour vous en venir rendre cōpte. Ie me vante bien encore de plus, de descouurir leurs plus secrettes conceptions & intelligences, & leur arracher leurs pensers à demy formez hors de l'estomac. Ainsi alloit disant cest Escuyer appellé Vaffrin: & sans s'arrester d'auantage change sa cazaque en vn doliman long iusqu'aux tallons, & eschancré autour du col, tout bouttonné par le deuant, son chappeau en vn gros turban, son espee en vn cimeterre, & pend puis apres vn carquois en escharpe, vn arc turquois en son poing: si qu'ē toutes ses manieres de faire il sēble vn Barbare de ces quartiers là. Ceux qui l'oyēt parler si facilemēt tant de langues, s'en esmerueillent: car pour tout certain on l'eust pris pour vn Egyptien au Caire, & pour vn Phenicien à Tyr. Il s'en va monté sur vn cheual si viste, qu'à peine il laisse marque aucune par où il passe, fust ce mesme au plus mol sablon. Mais cependant les François, premier que le troisiesme iour fust venu, qu'on auoit destiné à donner l'assaut, se mirent à faire vne explanade depuis le camp iusqu'à la ville, & applattir ce qui y pouuoit estre d'inegal & de rabboteux en chemin: Ils acheuēt tout à leur aise quāt & quant leurs machines, & autres apprests, sans qu'on leur donnast nul empeschement en leurs ouurages, où ils trauailloyent non tant seulement

Chant dixhuictiesme.

tout le long du iour: mais la nuict encore au lieu de se donner repos, de sorte qu'il n'y a plus rien desormais qui les puisse arrester de faire le dernier effort. Depuis le iour qui estoit succedé au premier assaut, le Duc confit en tout zele & deuotion, auoit employé le temps d'entredeux en prieres & oraisons, & ordonnné qu'on se confessast & communiast par tout le camp: cela fait il s'en alla mettre en euidence ses machines, & autre attirail à la veuë de la cité, faisant contenance de s'en vouloir seruir à l'endroit où il proposoit le moins de les employer: Dont le Roy de Ierusalem s'abusant se reconforte en son courage, de veoir qu'on se vouloit ainsi addresser à la porte qu'il auoit le mieux remparee: mais durant l'obscurité de la nuict, & à la faueur des tenebres, la principalle de ces machines fut tacitement transportee, la où le mur auoit le moins de flancs & d'encoigneures, & par consequét les plus foibles deffences. Le Conte de Tholouse gaigne d'autrepart le haut de la montaigne qui comande a la ville, & luy est à Caualier, auec la tour qu'on luy auoit departie. Camille quant & quant roulle la sienne, & l'approche de la muraille du costé qui incline vers l'Occident. Mais comme les matutinaux courriers du Soleil commencerent de se monstrer à l'Orient, les Sarrazins s'en apperceurent, & s'estonnerét fort de ne voir plus ceste tour où ils souloyent, & deux autres encore qu'on assēbloit en diuers endroits, auec vn nōbre infiny de catapultes, belliers, scorpions, & balistes, a quoy ils ne furent paresseux d'obuier, & a transporter aussi de leur part les gabions trauerses, & autres telles manieres de rempariemens

& deffences, où ils apperceuoyent le Duc faire mine de les assaillir : lequel se ramenteuant d'auoir l'armee d'Egypte aux espaules, s'estoit desia emparé de ceste aduenuë, & ayant fait venir à luy Guelphe, & les deux Roberts, Demeurez, leur dit-il, tous armez à cheual auec vos trouppes, pour vous prendre garde, que pendant que ie donneray l'assaut où ces murailles môstrent d'estre les plus foibles & mal remparees, on ne nous vienne charger à dos pour nous diuertir. Cela dit, il s'en va où desia de trois costez on auoit enfourné vn fort rude effort ; Esquels le Roy de Ierusalem auoit opposé ses gens departis en trois, reprenans ce iour là les armes que les precedans ils auoyent intermises : & luy-mesme prend aussi les siênes, surchargeant de surcrez ses debiles membres elãgourez & appesãtis de son trop d'aage pour ce mestier ; & s'en va côtre le Côte Raymond, Solymã s'oppose au Duc Godefroy, & Argant à Camille, qui a le nepueu de Boiamond, Tãcred, auec soy, la fortune les ayant appariez de ceste sorte, à fin qu'il peust mettre à mort de sa main l'aduersaire qui luy estoit escheu à sa part & portion. Les archers cõmancerent à tirer de toutes parts, des flesches empoisonnees, & semble que le Ciel se noircisse dessous, tant la nuee en est espoisse. Mais des Tours & de leurs marchines se deschargent biê de plus rudes coups, plus mortels, & plus dãgereux : car de là se lãçoyent de gros boullets de pierre, & des carreaux de ces enormes arbalestres de passe, à guise presque de cheurons ferrez au bout comme garrots : chaque pierre ressemblant vn coup de foudre, tant est roide la furie & la violence dont on les enuoye, qu'il n'y a mem-

Chant dixhuictiesme.

bre, quelque bien armé qu'il puisse estre, qui n'en soit brisé s'il en est atteint, si que non tant seulemēt ils priuent de vie: ains defigurent tout à fait la forme du corps où ils donnēt. Les coups de dards pareillement ne s'arrestent pas à la playe & ouuerture qu'ils font: ains passent outre de l'autre part, cōme s'ils s'en vouloyent fuir par là, entrans par vn costé, & sortans par l'autre: mais en euadant ils y laissent la mort en leur place. Ceste grande furie toutesfois ne faisoit pas du tout perdre le cœur aux Sarrazins, qu'ils quittassent pour cela la cortine: ains auoyent tendu audeuant pour se seruir de trauerses, des draps, esclauines, & semblables choses, qui cedans aux coups les amortissoyent, & tomboyent alencontre plat sans effect, par qu'ils ne trouuoyent rien qui leur resistast & tinst bon: & sur ces entrefaites ne failloyent, où ils voyoyēt les plus espoisses foules des assaillans, de leurs respōdre d'vne mesme saluë. Mais pour tout cela les Chrestiens ne laissoyēt pas de passer outre, gaignās païs pied à pied sur eux, les vns couuerts des gabiōs & les autres des mantelets, qu'ils roulloyent deuāt eux pour se remparer: les autres se munissoyent de pauesader de gros aiz, contre l'espoisse gresle des traicts & flesches qui leur pleuuoyent de toutes parts. Sur ces entrefaictés Renaud en suspens de ce qu'il deuoit faire, voyant asséz que ce hazard n'est pas digne qu'il s'y expose, & reputé à vn honneur trop bas & vulgaire, d'aller par le chemin qui est battu des cōmuns soldats, torne les yeux de costé & d'autre, & en fin choisist ceste voye que les autres tiennent pour la plus inaccessible & desesperee, se proposāt d'essayer son assaut de ce costé où chacun est en paix & repos, & où la muraille est là plus haute, & là plus forte. Et là dessus se retournāt deuers ces braues aduenturiers qui souloyent estre soubs la conduitte du preux Hugon. O quelle vergoigne, leur va-il dire, que ce pan de mur parmy de si braues efforts demeure ainsi en vne telle surceance! Tout hazard a de coustume d'estre seur & hors de danger enuers la vaillance: tous chemins quelques difficiles qu'ils soyent, sont aysez aux gēs courageux: Donnons y doncq', & faisons de nos rondelles vne maniere de tortuë & de mantellet. A ce parler ils se serrent tous entour luy, & haussās leurs targues & pauois sur leurs testes, les assēblēt de sorte, qu'ils en font comme la couuerture d'vne maison toute de fer, contre ceste horrible tempeste de coups qui gresloient sur eux, & soubs la faueur de ce toict vont accourans à la muraille, sans que rien les puisse arrester, d'autant que la tortuë pare à la ruine qui d'enhaut viendroit à se descharger dessus eux: si que les voyla desormais au pied de la muraille, où Renaud dresse vne eschelle de cent & cent eschellōs, laquelle neaumoins il manie d'vn bras ferme & deliure aussi aisémēt, qu'vn fort vent ployeroit des iones & rouseaux. Mais sur luy du haut des murailles se lancēt pierres & coups de iauelots à foison, & s'y roulent des gros cheurōs & des poultres, des porteaux tous entiers, des fenestrages & huisseries, tables, tresteaux & tout ce qui se peut trouuer en main: ce neaumoins pour tout cela il ne marche pas plus lentement: ains se monstre inuincible à tout ce qui se peut opposer alencontre pour l'accabler. Il mespriseroit mesme & le mōt Ossa, & l'Olympe chargé dessus, si on les ren-

Chant dixhuictiefme. 511

uerſoit ſur luy, & ſouſtient vne foreſts de dards & autres ruines qui ſe deſchargent ſur ſon dos; cõme auſſi vn mont de pierres ſur ſa rondache. D'vne main il ſecouë & eſbranle des pans tous entiers de cortine les plus proches de luy, & de l'autre il ſe couure & tient ſur ſes gardes : ſi que l'exemple de ſon incomparable hardieſſe, & de luy veoir faire à luy ſeul des choſes ainſi eſtranges & admirables, ſemond les autres d'aller auant : car il ſemble vne montaigne immobile & ferme contre toutes les plus impetueuſes furies des vents : & pluſieurs autres eſchelles ſe plantẽt à l'imitation de la ſienne, combien que non d'vn tel effort & courage, ny d'vne pareille fortune. L'vn meurt, l'autre treſbuche à la renuerſe, l'autre s'approche du pied du mur, & luy là deſſus animes les vns, tance & menace les autres, & eſt deſormais paruenu ſi haut qu'il ſe peut empoigner aux creneaux : mais vne groſſe foulle de gens y accourt ſoudain, qui le heurtẽt, & le repouſſent, ſe parforçans de le ietter du haut en bas, ce qu'ils ne peuuent, choſe non que merueilleuſe : mais preſqu'incroyable, qu'vn ſeul corps d'homme ſoit de tel pouuoir, qu'eſtant ſuſpendu en l'air, il puiſſe neaumoins ſubſiſter contre vn tel nombre, qui tous enſemble taſchent de le repouſſer de pied-ferme, & toutefois il leur tient bõ, & ſe renforce de plus en plus, tout ainſi qu'vn palmier, qui tant plus eſt ſurchargé de peſant fardeau, tant plus il reſiſte alencontre. De meſme de tant plus grand effort la valeur de ce Cheualier indomptable eſt combattuë & oppreſſee, de tant plus grand' force & vigueur elle ſe releue contre l'oppreſſion qui ſe parforce de l'accabler. Tant qu'à la fin il les rembarre, & leur fait quitter la muraille malgré tous les coups qu'ils luy ruent, soyent d'armes d'hast, soit de main : Et s'en rend le maistre, nettoyant tout autour de luy, ce qui y pourroit estre de contradiction & obstacle à ceux qui se mettoyent en deuoir de le suyure & mōter apres. Entre les autres il tend la main au puisné des deux freres du Duc, qui estoit en fort grand danger de trebucher du haut en bas, luy donnant le moyen de monter le secōd. Mais sur ces entrefaictes estoyēt d'vn autre costé suruenus diuers accidens & fort dāgereux: car là endroit le cōbat se demesle nō seulement à coups de main: ains les machines & engins se sont attaquees les vnes aux autres. Car les Palestins auoyent esleué sur le rempart vn grand fust qui auoit autrefois seruy d'antenne à vn mast de nauire, & au trauers d'iceluy suspendu vn autre ferré au bout, lequel tiré en arriere auec des chables & autres cordages, se ramenoit d'vne grande secousse & impetuosité en auant, tout de mesme que la tortue par fois alonge le col hors de son escaille, & soudain le retire dedans. Ceste antenne heurte d'vne telle roideur & furie cōtre la tour qui luy estoit opposee, que pour fermes & bien assemblez qu'en puissent estre les entablemēs, & le reste de sa charpēterie, si ne laissent ils pas pour cela de s'entr'ouurir & des-rōpre: mais on y auoit pourueu de remedes, deux grāds faux assauoir emmāchees à de lōgues perches, qui eslācees d'artifice coupoiēt les cordages dont l'autre estoit suspenduë & esbālee. Cōme telle fois est qu'vn gros canton de rocher, q la vieillesse ayant miné, & desanchré de la montaigne où il tenoit, vn tourbillon rudde & impe-

impetueux suruenant là dessus amene abas, & de la cheutte ruine, brise & emporte auec soy tout ce qui se rencontre au deuant, auec les arbres, & les cabannes & tugurions des pasteurs, leurs estableries & les trouppeaux: ainsi arrachoit de la tour ceste horrible antenne haut suspendüe les creneaux & le parapet, auec les armes & les homes, & tout l'equipage y appareillé pour offendre ceux qui se presentoyent à la defence de la muraille, tant que deux fois la tour crolla de fonds en comble, côme si elle se fust voulu renuerser: mais estant en fin demeurée ferme en son assiette, & ceste antenne ou grüe amenée abas, dont la cortine s'esbranla toute, tant que les monts & les valees circonuoisines en retentirent d'vn son effroyable, le Duc passa outre victorieux, s'estimant d'estre arriué au point de se rendre maistre de la muraille, quand voyla vn ord & salle feu artificiel, qui iettoit des fumees par trop infectes & puantes, qu'on luy darde droit à la face, telles que le cauerneux Montgibel n'en exhala oncques de plus soulphreuses & fetides: ny iamais és plus grandes ardeurs de l'Esté le Ciel des Indes n'enuoya d'en haut de plus chaudes embrazees vapeurs. Là se peuuēt voir innumerables grenades, cercles, tourteaux, pots & lāces à feu, flamboyātes de noires iaunes indes & vertes couleurs, dont la puāteur en est du tout intollerable, la veuë s'en esblouist, & les horribles petillemens qui en partent à guise des plus esclattans tonnerres, en assourdissent les oreilles des plus rasseurez & cōstās, si que les cuirs dōt estoiēt reuestues les tours, quelques recēs escorchez & baignez qu'ils fussēt, leur eussent à la parfin mal serui de garāt & protection:

K k

car l'ardeur estoit là si grande qu'elle les auoit tous rostiz & grillez, de sorte qu'ils cōmençoyent desia à se retirer & cresper, si le secours du Ciel eust tardé tant soit peu encore, & estoit force que le tout fust reduist en cendres. Mais cepēdant le magnanime Duc s'estant aduancé deuant tous les autres sans muer couleur, ny desmarcher vn seul pas arriere, enhortoit ceux des tours à verser de l'eau sur les cuirs, qu'on tenoit là dedans toute preste pour cest effect: mais peu leur en estoit resté, quād voyla s'esleuer vn grād vent, qui rechasse cest embrasement contre ceux la mesmes dont il procedoit. Ce tourbillon vient droit donner contre la flamme, & la repousse où les Sarrazins auoyent tēdu les rideaux susdits le long des rempars, pour les couurir des coups de flesches & de pierres que les assaillans y tiroyent sans intermission, dont ils eurent bien tost accueilly l'ardeur qui s'y fourra cōme vne mesche allumee dans de l'amorce, & y embrasa tout, de sorte que persōne n'y peut plus subsister. O glorieux & bien fortuné Capitaine chery & tres-aymé de Dieu, qui l'a pris en sa speciale sauuegarde pour laquelle le Ciel bataille, & les vents, tout ainsi que s'ils y estoyent appellez au son de la trōpette, viennent tous d'vn accord pour le secourir & fauoriser. Mais le maudit execrable Ismen, qui voit ses damnables feus estre rebarrez du vent d'Aquilon cōtre les siens propres, recourt de nouueau à ses infernaux artifices, pour tascher de forcer le cours de nature, & les vents qui luy sont cōtraires. Il s'est planté sur la muraille entre deux sorciers ses suffragantes qui l'estoyent venu assister, se monstrant d'vne autre figure qu'il ne souloit estre

Chant dixhuictiesme.

à ceux qui se parforçoyent de mōter, noir, hydeux, & d'vn plus qu'endiablé regard, barbu & mal teſtonné, plein de craſſe & de baue, reſſemblant proprement vn autre Charon ou Pluton en leurs plus effroyable aſpect, au milieu de deux infernales furies. Et deſia on les pouuoit bien ouyr barbotter certaines execrables coniurations, dont auroyent meſmement horreur le Cocyte & le Phlegethon. Deſia ſe voyoit l'air partroubler, & le Soleil paſlir & s'eſlangorer de ſobres & obſcurs nuages, quād d'enhaut ſe deſſerra ſur eux, comme vn gros quartier de rocher qui s'eſbouleroit de quelque montaigne, lequel va accueillir ſous ſoy ces trois mauditres creatures, de ſortes qu'vn ſeul coup les acrauanta, reſpandant leur ſang, & ceruelles, & les deſbriſant en menues pieces iuſqu'à meſmes aux oſſemens, tout ainſi que s'ils euſſent eſté moullus entre deux meulles de moulin à bled, qui en ſort en desliee farine, ſi que les trois damnez & maudits eſprits laiſſent bien enuis en gemiſſant horriblement ceſte claire lumiere du iour, que par leurs abhominables coniurations ils auoyent tant de fois ternie, & ſe precipitent és bas abyſmes, fuiās à trauers les ombres infernales. Apprenez de là, ô mortels, à embraſſer la pieté, & à ne meſpriſer les celeſtes. Sur ces entrefaites la tour deſormais hors du danger du feu que le vent auoit rechaſſé vers la ville, & n'ayant plus rien à craindre, s'en eſtoit peu à peu approchée, tant qu'on en pouuoit bien ietter le pont, & l'eſtablir ferme pour venir aux mains: mais Solymā ſās s'en effrayer y accourt ſoudain, qui s'efforce de couper en deux ceſte planche eſtroitte, dequoy ſans doute pour les grands

KK ij

coups qu'il y redoubloit il fust bien tost venu à bout, sans vne autre tour qui apparut à l'impourueu d'vne demesuree hauteur, trauersant par l'air, & croissant tousiours iusqu'à surpasser les plus hauts cōbles des edifices, dont les Sarrazins demeurerent tous esperdus, se voyans auec leurs creneaux au dessous. Neaumoins ce feroce Turc, encore que tout accablé de cailloux & de coups de traits qui de toutes parts pleuuoyent sur luy, ne perd pas pour cela courage, ny n'abandonne tant soit peu sa place, ny ne despere pas de pouuoir retrancher ce pont : ains y rencourage & anime les autres qui s'estoyēt ainsi effrayez, criāt à belles iniures & reproches apres eux. Adonc se vient offrir aux yeux du Duc le tres-sainct Archange Michel, inuisible à tous autres qu'à luy, equippé & garny d'armes celestielles. De sa clarté lumineuse, q̄ nul nuage pour espoix & obscur qu'il soit ne peut offusquer, ayāt esteint la resplēdissante lueur du Soleil: Voycy Godefroy (va-il dire au Duc) l'heure fatale est arriuee que Syon doit sortir de sa cruelle seruitude & subiectiō: ne ferme point dōcq', ny ne cleigne tes yeux esblouis: ains regarde ferme auec quelles forces le Ciel t'assiste. Dresse ta veuë à cōtempler cest innumerable exercite espādu tout icy autour parmy l'air: car ie te veux arracher le voyle sombre de vostre humaine fragilité, dōt est enuellouppé tō regard qui t'ōbrage, & couure tes mortels sentimēs, si que tu pourras voir tout à nud en face les diuins benoists esprits, & soustenir les clairs estincellās rayōs quelque tēps, de ces lumineuses formes Angeliques. Cōtēple les ames de ceux qui furent tes chāpions du CHRIST, mais à ceste heure

Chant dixhuictiesme. 517

elles iouïssent de la combourgeoisie celeste, & cõ-
battent icy auec toy pour ta saincte venerable cõ-
queste, pour participer à laquelle ils se sont voulus
retrouuer icy auec toy, & t'ayder à la mener à vne
glorieuse fin & issuë. Là où tu vois ces gros bancs
de poudre & fumee y entremeslee, s'esleuer en l'air
parmy les ruines de ces haut-esleuees machines: là
Hugon cõbat, & renuerse de fonds en comble les
plus haut esleuees tours. Voila puis apres Dudon
qui assaut auec fer & flamme la porte Septentrionalle, fournist d'armes à tes combattans, & les encourage à monter au haut du rempar, où il leur
dresse des eschelles, & les tient ferme appuyees
qu'elles ne branslent, ny ne se renuersent. Celuy
qui est desia sur la cortine, reuestu d'habits pontificaux, est le bon pasteur Ayemar, heureuse ame
vois-tu pas cõme il fait encore le benediction auec
le signe de la croix? Mais leue les yeux plus en haut
& cõtemple ceste grosse armee celeste, reduitte en
vn corps. Il hausse la dessus sa veuë, & voit vne innumerable multitude de cõbattãs, garnis d'aisles,
departis en trois globes, chacun de trois cornettes
s'enuellouppans cõme en vn cercle où limasson,
qui s'estendent le plus où ces cercles sont plus en
dehors: car les derniers se restroississans deuers
nous sont les moindres. Là il fut cõtraint de baisser
sa veuë, qui ne peut plus auant supporter ceste es-
blouïssante lumiere: mais il la rehausse soudain
vers ce grand merueilleux spectacle, dont il souffre
l'aspect encore. Puis de là tournant les yeux vers
les siens, ils voit que toutes pars la victoire leur rit
à tous. Car apres Renaud plusieurs vaillans illustres hommes se parforçoyent de monter comme

Kk iij

à l'enuy les vns des autres: & luy deformais paruenu iusques au haut du parapet, & du glassis, est aux mains, où il fait vne estrange boucherie des Sarrazins. Le Duc qui s'indigne de plus attendre arrache hors des poings de son enseigne colonnelle le drappeau qu'il tient, & se lance à corps perdu sur la planche, que Solyman s'esuertuë de luy coupper à my chemin, laquelle estant ainsi estroitte, il faut neantmoins qu'elle serue cõme d'vn ample & spacieux champ de bataille, à vne infinie vertu, qui en peu de coup se demonstre la telle qu'elle est. Et en cest endroit ce fier & audacieux Turc Solymã crie à haute voix: Ie veux icy consacrer ma vie pour garentir celles des autres. Mes amis taillez à mes espaules ce pont icy: car ores que i'y demeure engagé, ce ne sera pas vne si aysee depoüille à cõquerir que la miẽne. Mais la dessus il apperçoit venir Renaud d'vn fier effroyable visage, & chacun s'enfuir au loin deuant luy. Que dois-ie doncq' faire? va-il lors dire? Si ie responds icy ma vie, ie la respands & perds en vain: & tourneuirãt en son esprit nouuelles sortes de se defendre, quittoit le passage du põt libre au Duc, qui le poursuit en le menaçãt, & va planter la sacresaincte enseigne du C R V C I F I X sur la muraille. Ceste victorieuse enseigne ventellant au vent, se replie & ondoye en mille replis, & semble que le vent qui l'esbrãle y procede d'vn plus grand respect qu'il ne feroit pas autre part: Que la clarté du iour quant & quant s'y rabbatte plus lumineuse: que tous les dards, & toutes les flesches qui y arriuent, s'en diuertissent ou retournent arriere, comme s'ils auoyent peur de l'endõmager: que la ville & la montaigne à l'opposite d'vne grande ioye l'adorent, & s'enclinent au deuāt d'elle. Alors toutes les esquadres hausserent le haut allegre cry de la victoire à grande & ioyeuses acclamations, dont les montaignes d'alentour retentissans de toutes parts en resument les derniers mots, quand Tancred tout au mesme instant ayāt rompu & faussé tout ce qui s'estoit cuidé opposer alencontre. Argāt mesme qui s'estoit venu presenter à luy, passant d'vn grāde legereté sur son pont, se va lancer sur la muraille, où il arbore le grand estendard de la croix. Mais du costé de Midy où le vieil Conte de Tholouse s'estoit attaqué au Roy de Ierusalem, les Gascons n'auoyent pas encore peu approcher la tour, pour autant que le Roy auoit là accueilly à son ayde le principal nerf & vigueur de ses forces, qui resistoyent d'vne fort obstinee animosité : car encore que la muraille fust là endroit moins forte qu'ailleurs, en recompence il y auoit vn plus grand effort & secours de machines & engins belliques, outre que la tour qu'on y conduisoit, n'y auoit pas trouué le chemin si facilement explané : ains plus rabboteux & inegal sans que l'artifice & la diligēce des gastadours, eust peu surmonter les empeschemens & obstacles de la scituation naturelle. Mais là dessus le cry & le signal de la victoire obtenuë par tout ailleurs, ayant esté la clair apperceus des vns & des autres, tant des deffenseurs que des assaillans, le Roy & le Tholosan eurent par là aduertissement que la ville auoit esté forcee du costé de la plaine. Parquoy le Conte s'escrie aux siens : Et quoy compagnons la ville estant desia prise en tous les autres endroicts, serons nous seuls, contre qui vaincue & suppedi-

Kk iiij

tee elle tiendra bon? Serons nous si lasches & pusilanimes que nous ne nous mettions en deuoir de participer à vne si honorable victoire? Mais le Roy quittant tout à la parfin, se retira, voyant desormais les choses hors de tout espoir de se deffendre, & se retira en la forteresse, où il s'attēd bien de pouuoir soustenir encore vn assaut. Lors tout le camp entre dedans, non tant seulement par les murailles: mais par les portes qui furent soudain enfoncees, & tout ce qui leur pouuoit resister abbatu & rué par terre. L'ire du fer, & courroux du fil de l'espee se promeine là tout à l'aise, sans plus de resistance & contradiction, & s'accompaignant de dueil & cōplaintes, de l'horreur: & finalement de la mort, font tout regorger de sang, lequel coullant à gros ruisseaux, emporte auec soy infinis corps miserables, partie ja du tout outrez, & partie à demy respirans encore.

Chant dixneufiesme.

ARGVMENT.

HIERVSALEM emportee d'assaut par les Chrestiens, Tancred & Argant poursuyuent leur combat entremis au sixiesme chant, auquel Argant demeure mort, & Tancred griefuement blessé. Le Roy Aladin, & Solyman se retirent dans la forteresse du temple. La ville cependant se saccage. D'ailleurs Vaffrin enuoyé pour espier

Chant dixneufiesme. 521

l'armee d'Egypte, fait en cest endroit brauement son deuoir, enquoy est fort exactement exprimee toute la charge & deuoir d'vn tres-excellent espion. En fin il y rencontra la Princesse Hermine qu'il emmeine auec luy : & par les chemins elle luy racompte toute la machination qu'on y a brassee de tuer le Duc Godefroy. Estans arriuez pres Ierusalem ils trouuent Argāt mort, & Tancred aupres qui n'en valloit gueres mieux. Surquoy elle fait de fort piteuses lamentations, & pense ses playes. V<i>a</i>ffrin rend compte au Duc de ce qu'il a veu & espionné au cāp du Soudan. Et là dessus on se resoul de donner la bataille.

DEsormais la mort, le meurtre & occision : l'aduis & conseil qu'on peut prēdre en vne telle extremité, & la peur, auoyent retiré tous les Sarrazins de la defence de leurs murailles : Il n'y auoit que le seul Argāt qui tint bō, encore que de toutes pars tout soit emporté d'assaut : luy tout seul fait teste, & mōstre vne care asseuree, sans s'espouuāter de riē que ce soit parmy vn si gros nōbre de tant de redoutables ennemis qui l'enuirōnēt de toutes parts : a pl⁹ de crainte d'estre repoussé du lieu qu'il a entrepris de garder, q̄ nō pas d'estre mis à mort : car en mourant il veut mōstrer de n'auoir peu estre surmonté luy viuant. Mais de tous ceux qui le molestent de plus pres, & le griefuēt plus asprem^ēt, c'est Tācred qui le vient enfoncer de tout son effort, & il le recognoist tout aussi tost à ses hardis cōportemēs, à ce qu'il fait, & à ses armeures : ioint qu'il s'estoit obligé au combat qu'ils auoyent ensemble entrepris pour le mener iusqu'à oultrance, ce qui auoit esté entrerōpu pour les occasions mentionnees cy dessus. Maintenant doncques qu'il l'apperçoit, il luy crie? Est-ce ainsi que tu maintiens ta parolle Tancred, que tu accomplis ta promesse, & reuiens à point nommé au combat promis? Certes c'est le plus tard que tu puis, & nompas seul: ains grandement accompaigné. Neaumoins pour tout cela ie ne te veux pas refuser, quand vous seriez dix fois autant: Ie veux esprouuer ce que tu sçauras faire au dernier besoin. Mais ce n'est pas le faict d'vn tel Cheualier que tu veux estre reputé; il t'y falloit venir tout seul, & sans aduantage, & non par des artifices d'engins & machines comme vn architecte & ingenieux. Tu te fais outreplus icy contre moy vn seur rempar de tes soldats: & à ton ayde & secours trouues nouueaux expediens de guerre iusques icy inusitez entre ceux qui font deuë profession d'armes: mais nonobstant tous ces subterfuges, ô braue & vaillant homicide des belles dames, tu ne pourras pas eschapper sain & sauue de ces victorieuses mains. Tu sçais assez, l'aiāt esprouué a tes despens, ce qu'elles sçauent faire: Tu ne sçaurois euiter la mort, qui t'est icy appareillee. Tancred ne se fait que rire de ces arrogantes paroles & fieres menaces: mais c'est d'vn soubs-ris plein de felonnie & indignation, accompaignee d'vn regard torue: & luy respond de la mesme audace. A la verité mon retour a esté aucunement plus tardif que ie n'esperois: toutesfois ce sera peut-estre plustost qu'il ne te feroit besoin, & ne mettras guere a l'apperceuoir, ie t'en asseure, si que tu desirerois volontiers que les Alpes, ou la mer eussent separez l'vn de l'autre. Tu verras icy par experience que ce n'a esté ny par crainte, ny

Chant dixneufiesme. 523

par coüardise que i'ay tant tardé a venir. Tire toy seulement a part, traistre meurtrier des braues hommes, c'est ce tueur de femmes qui te défie d'en prendre sur toy la vengeance. Cela dit, il se retorne vers vers les siens pour les faire tirer arriere, leur deffendant tref-expressement de ne plus s'entremesler de leur querelle: ains en laissent conuenir à eux deux. Cessez (disoit-il) & vous retenez sans qu'aucun de vour s'en empesche: car la promesse q̃ ie luy fis ces iours passez m'y oblige pour mon honneur. Vien d̃ocques replique Argant, ou tout seul, ou accompaigné comme tu voudras, soit en lieu frequenté de gens, ou inhabité & desert, il n'y a ny doubte ny des-aduantage qui me face te refuser. Ainsi demeutez d'accord entr'eux, ils s'esbranlent d'vn consentement au combat, & n'y a que la hayne & despit espris au fonds de leurs courages, qui leur facent compagnie à ceste heure: car leur deüoir, quelques mortels ennemis qu'ils soiẽt les rend deffenseurs l'vn de l'autre: Et quelque desir qu'ait Tancred de respandre le sang de ce fier & cruel Payen, il ne cuide pas neaumains s'en pouuoir deuëment estancher son ire & courroux, si d'autre main que de la sienne s'en distille vne seule goutte. Parquoy il le couure de son escu pour parer aux coups qu'on luy tireroit: donnez vous bien garde de luy toucher, disoit-il à to⁹ ceux qui se rencontroyent, tant que parmi la charnee ardeur des vainqueurs il le tire hors de leurs mains sain & sauue, & sortent tous deux hors des murailles. Puis tournant les espaulles au camp, ils s'en vont tornoyans le long d'vn costau par des secrets destornez sentiers, iusques à vne ombreuse estroitte vallee, qui entre plusieurs terres se venoit là a reduire en façõ de quelque eschaffaut, qui eust esté la tout exprés dressé pour y veoir combattre en camp clos, où pour des chasses de Taureaux, de Sãgliers, & autres tels esbattemẽs publiques. Là ils s'arrestent: mais Argant iectoit à tous propos l'œil vers la ville, tout pensif, cõme attristé de sa ruine: Et Tancred l'apperceüant sans escu, iecte là le sien, & luy va dire. Qu'est-ce qui te rend ainsi melancolique à ceste heure? Est-ce de la peur que tu as que ton dernier iour soit icy venu? Si le preuoyant de la sorte tu te monstres ainsi troublé de crainte & frayeur, cela t'est doresnauant inutile. Ie pense, respõd l'autre, à ceste ville jadis Reyne de toute l'ancienne Iudee, & maintenant il me griefue fort de la veoir icy reduire à sa derniere desolation, sans y pouuoir remedier selon qu'estoit tout mon desir: c'est tout le creuecœur & regret que i'ay, dont la vengeance que i'en pretends prendre sur toy, & que le Ciel m'a reseruee, me sera bien peu de satisfaction. Là dessus ils marchent a grands pas l'vn vers l'autre, auec beaucoup de consideration & esgard cognoissans assez ce qu'ils sçauent faire, & cõbien ils se sentent forts & vaillans. Tancred est d'vn corsage plus allegre & dispost, prõpt & viste tant du pied comme de la main: Argant trop plus haut, & plus renforcé en ses membres, si que Tancred tornoye & voltige alentour de luy, raccueilly en soy, & accortement couuert de ses armes, qui se ploye & manie d'vne grande dexterité se lãçant contre, & taschant auec l'espee & l'escu, de parer aux coups qu'il luy rüe d'vne par trop demesuree force, pour les faire passer en vain, a quoy il employe tout son art, & son effort. Mais ce fier colosse demeurant ferme, & tout debout sans bransler d'vne part ny d'autre, desploye ce qu'il sçait aussi de l'escrime, differente ce neantmoins de celle de son aduersaire: car il tend le bras roidde estendu, & va auant, ne cherchant que d'enuelouppér son espee pour la maistriser, & enfoncer où il pourra atteindre à descouuert. Tancred cherche toutes les manieres de luy dôner quelque coup à la desrobbee. Et Argant luy presente tousiours la pointe de la siéne droit à la face, auec des fieres & orgueilleuses menaces pour l'esmayer: ententif au reste, & l'œil au guet côme il luy pourra destorner ses prôptes & subtiles desmarches, où la main s'accôpaigne du pied, cela ressemblant propremêt à vne bataille naualle durant vn calme que vent aucun ne respire de nulle part, entre deux vaisseaux inegaux, dont l'vn surmonte de hauteur, & l'autre à son aduâtage en son agile mouuemêt, tournoyant à force de rames, ainsi qu'à voltes & passades de prouë en pouppe, autour du grâd, qui en cest assaut & côbat ne se peut ayder de ses voiles : mais aussi le moindre est en danger d'en estre accablé. Pêdant que Tancred s'essaye & parforce d'entrer par dessous l'espee qu'on luy presente, Argant la ramenât de grand furie luy en attiltre la pointe droit à la veuë, & comme il veut parer de la sienne ceste si rude estocade, l'autre en rameine si promptement vn reuers, & le luy descharge d'vne si grande violence, qu'il le preuient, & luy fait vne playe au flanc, où le voyant ainsi atteint, il luy crie par mocquerie: Voicy ce tant dextre & habile escrimeur qui a ceste fois perdu son escrime. Dont Tancred transporté de honte & despit s'en ronge le cœur, & laisse la toutes ses ruses & addresses, n'aspirant plus qu'à se venger, & repute à autant que d'estre vaincu, de demeurer si long têps à vaincre: si qu'il ne luy respond point de la langue: mais de l'espee seulement, & adresse son coup droit à la lumiere du heaume: Argant y pare: mais Tâcred tout resolu d'enfoncer, croise à demy-lame: puis chãge tout à vn instant de desmarche, & s'aduãçant sur le pied gauche, le saisist de la mesme main au bras droit; & de la droitte luy tire plusieurs estocades au deffaut de son hausse col. C'est la responce, luy va-il dire, qu'à ce bon maistre ioüeur d'escrime rend vn de ses escolliers. Le Circasse en fremist de rage, & se debat & secoüe du mieux qu'il peut: mais pour tout cela il ne peut deffaire son bras de la prise qui le tient en subiection. En fin il laisse la son espee pêdre à la chesne où elle tenoit, & se lance contre Tancred, qui fait de mesme, s'entresaisissans par le faû du corps, tant qu'ils sont à la grosse haleine. Iamais d'vn plus grand effort Hercule n'estreignit le geant Anthee dessus les sablons de Libye entre ses forts robustes bras, que ceux cy se font l'vn & l'autre par diuerses sortes de prises & enlacemês, auec plusieurs chocs, tours de hanche, crocqs & secousses dont ils s'efforcent de se terracer; cõme ils font en fin, & tombent tous deux, Argant, où que ce fust par son addresse, ou que la fortune le voulust ainsi, se trouuant le bras droit hors & à deliure, & le plus foible dessoubs. Mais tout au rebours à Tâcred la main qui est la plus idoine à frapper luy demeure engagee soubs son aduersaire, tellement que se voyant reduit à vn si desauantageux party

Chant dixneufiesme. 527

& danger, il se desueloppe & deffait, & ressort en pieds, l'autre se releue plus tard, & auant qu'il puisse estre debout, Tancred a le loysir de luy descharger vn horrible fendant sur la teste: mais tout ainsi qu'vn pin ores se courbe, & ores se redresse contre l'impetuosité d'vn vent qui le heurte : de mesme fait Argāt son effort pour ne plus le laisser abbattre: & recommencent de plus beau à chamailler l'vn sur l'autre, cōme deux feures sur vn enclume, leur combat ayant moins de ruse & cautelle ; mais plus d'animosité & furie. De plus d'vn endroit sort doresnauant le sang à Tancred : mais le Payen de son costé en verse comme à gros ruisseaux, dont sa force commence à s'eslangorer, ainsi que les flammes quand le bois qui les maintenoit vient à se consumer & faillir, & qu'elles n'ont plus tel nourrissemēt qu'elles auoyent. Tancred qui s'apperçoit comme du bras de son ennemy, qui commence à s'appesantir, se deschargent de plus en plus de plus foibles & moins frequēts coups, d'vn magnanime genereux courage mettant à part l'ire & rancune, se tire atriere, & luy dit ainsi, Homme valeureux, quitte moy l'honneur de ceste bataille, & recognois d'en auoir le pire, selon que la fortune l'a voulu ainsi disposer: car ie ne cherche pas de toy vn triomphe, ny vne despouille vituperable, & ne m'en reserue aucun droict. A ces mots le Payen plus furieux que deuant, va resusciller toute sa force, & la rassemblant luy respond : Te vantes-tu dōcq' desia d'auoir eu le dessus de moy, & recherches du preux Argant vn adueu de sa coüardise? Vse icy de ta bonne aduanture, cela ne me rendra pas plus lasche à faire ce que le debuoir m'oblige iufqu'à la derniere goutte de fãg, & fi ne lairray ta temerité impunie. Ainfi qu'vn flambeau ou autre lumiere tant plus approche defa fin, c'eft lors qu'il renforce ces petillements & flamefches, de mefme ce fier Payẽ rẽpliffant d'indignatiõ & courroux ce peu de fang qui luy reftoit, reffufcite en luy ceft effort qui s'y eftoit elangoré & veut d'vne briefue courageufe fin correfpondãte au cours de fa vie paffee, illuftrer l'heure de fa mort deformais prochaine. Il empoigne à deux mains fon efpee, & la ramenãt de toute fa force en defcharge vn coup, qui ne fe veut pas arrefter pour celle que fon aduerfaire iecte au deuant: ains la couppe en deux, & de là vient à outrepaffer fur l'efpaule, d'où s'auallant le long des coftes, d'vn feul fendant fait plufieurs playes. Si Tãcred ne s'en effraya, c'eft le hardy courage dont la nature la pourueu, qui n'eft point capable de peur. Et l'autre là deffus redouble encore d'horribles coups, qu'il refpand en vain parmy l'air, auec fa force & fa furie, parce que Tãcred qui s'y rend plus attentif que deuant, les efcheue, en fe deftournant de cofté & d'autre. Et cependant ô pauure infortuné Argant, accablé de tõ contrepeix, comme tu te cuides abandonner de tout ton effort & puiffance, ne trouuant rien qui en refiftant te retienne, t'en vas renuerfer de toy mefme, bien aduanturé en cela, que tu es tresbuché de tõ ppre effort, dõt autre ne s'en peut point atribuer la gloire. Cefte cheute lui r'ouure la plaie, dont le fang fe fentant efpreint coulle en bondance, mais il met la main gauche en terre & à layde d'icelle fe releue fur vn genouil, fe preparant pour fe deffendre. Rends-toy, luy crie alors Tãcred, &

luy

luy reitere encore les hônestetez dessusdites, voulant vser courtoisement de sa victoire, sans le presser dauantage: mais pendant qu'il l'arraisonne de ceste sorte, le felon luy desrobe vn coup dõt il l'atteint sur le tallon, & en fait rejaillir le sang. Tãcred alors perd patience, & enflambé de plus grãd courroux luy va dire, Abuses-tu donc ainsi traistreusement de la grace qu'on te presente? Quant & quãt il luy passe & repasse la pointe de l'espee à trauers la lumiere de son armet où il en trouue l'ouuerture, par tant de fois, qu'Argãt en expire sur l'heure, de la mesme sorte qu'il auoit vescu, menaçant tousiours, sans mõstrer aucun signe de lascheté, par des parolles arrogantes, telles qui souloit en sa vie. Tãcred la dessusremet l'espee au fourreau, rendãt graces à Dieu de la victoire qu'il luy auoit pleu octroyer d'vn si redoutable aduersaire: mais presquetout destitué de forces, pour la grande quantité de sang qu'il perdoit, dont il craint fort que la foiblesse où il se trouue ne luy puisse permettre de sortir de là: Neantmoins il se traisne du mieux qu'il peut pour s'en retourner vers la ville: Mais quelque effort qu'il face, il ne peut pas guere aller auant, ains luy est force à tous propos de faire des pauses, & s'asseoir reposant sa teste appuyee sur la main droicte, foible, inconstante, & variable, cõme vn roseau qui tremble & chancelle au vent. Tout ce qu'il voit, luy semble tournoyer, & se renuerser cen-dessus-dessous: & desormais la lumiere du iour se couure enuers luy de tenebres, tant qu'à la parfin il s'esuanoüist, de façon que mal-aisément eust on peu là endroit discerder le victorieux du vaincu. Pendant que ce dueil particulier se demesle ainsi cou-

Ll

rageufement entre ces deux valeureux combattans, l'animofité des vainqueurs s'eſtend d'vne grāde furie par toute la ville emportee d'aſſaut, & s'y exercent les violences accouſtumees en tel cas, principalement fur le commun peuple, où tombe & fe deſcharge le plus fort touſiours du funeſte orage, duquel qui eſt-ce qui en pourroit icy fuffiſamment repreſenter vne image & defcription, ny d'eſgaller par parolles pour elegantes & elabourees qu'elles puiſſent eſtre, vn ſi cruel & hydeux fpectacle de ce qui s'y perpetre & commet? Tout y eſtoit plein de carnages, de meurtres, & de tueries. On pouuoit là voir de grands tas amoncellez de corps, partie qui font deſia paſſez, & partie qui reſpirent encore à demy : les bleſſez giſans deſſous ceux qui ont ia rendu l'ame, & les morts tout à faict deſſus les bleſſez, pour leur faire pluſtoſt tenir compaignie. Les triſtes efplorees meres s'enfuyr de coſté & d'autre à trauers les ruës, portans entre leurs bras leurs chers petits enfans tettans encore, qu'ils ferrent defbraillees & defcheuellees de peur & pitié contre leurs mammelles, traiſner les filles vierges par les cheueux pour les violler: faccager d'vne main, & de l'autre tenir la proye & defpouille, qu'à tous propos ils iettent dans la fange & ordure s'ils en rencōtrent de meilleure. Mais en ces ruës là au plus haut quartier de la ville qui s'eſtendoit vers l'Occidēt où eſtoit le temple, tout eſtoit plus hydeufement reformé de faccagemens & de meurtres: car Renaud pourfuyuant furieuſement fa victoire, alloit chaſſant de groſſes trouppes de fuyans deuant fon effroyable eſpee plus à redouter que la mort. Il en enfonce les Cabaſſets,

Chant dixneufiesme. 531

rembare les heaumes: fausse les targues, & les plus renforcez corcelets, ainsi que s'ils estoyent de verre: Personne n'y peut subsister, quelque fortement armez qu'ils se trouuent, non plus que s'ils estoyent tous nuds. Et ne se daigne pas adresser aux imbecilles & gens de peu, qui n'ont en eux aucune resistance, il ne cherche que les plus vaillans, & qui font mine de se deffendre: encore n'y employe-il que son plus furieux regard, & son espouuantable voix, qu'ils redoutent plus que la foudre. Vous eussiez là veu de trop estanges & plus qu'incroyables merueilles de la proüesse d'vn seul corps d'homme, comme il les rembarre à grosses esquadres comme il les maistrise, tantost de menaces, & tantost desployant son bras contre les plus forts: & comme pressez d'vne esgale crainte & peril, ils fuyent tous à vauderoutte, nuds & armez. Desormais auec les foibles & inutiles à mener les mains, s'estoit retiree aussi dans le temple vne grosse trouppe de gens de guerre: ce temple qui ayant plus que d'vne fois esté ruiné & refaict, retient encore le nom de son premier fondateur Salomõ, qui l'auoit basty de tres-eecellẽtes estoffes, de cedres, iuoyres, ebene, or, argent, iaspes & marbres les plus exquis: mais encore qu'il ne fust pas lors si pompeux ne si magnifique, il estoit en recompence tresfort tant de murailles, que detours, rauellins, & autres cloisons, & des portes pareillement, qu'on n'eust peu aysement enfoncer: armees de grosses lames & bandes de fer qu'elles estoyent. Le preux Cheuallier arriué là, où la pluspart du commun peuple s'estoit reduit comme en vn lieu ample, & au reste haut

Ll ij

esleué, trouuãt les portes bacclees : & sur la terrace tout plein de choses apprestees pour s'y deffendre, y haussa son regard formidable aux plus asseurez & le courant de l'œil deux ou trois fois d'vn bout à l'autre, & du haut en bas, pour y chercher quelque passage, large ou estroit il ne luy en chaut, pourueu qu'il y ait tant soit peu d'entree: Par autant de fois quant & quant le recognoist tout alentour d'vne vistesse incomparable. Tout ainsi qu'vn loup rauissant affamé, par vn broüillas, ou sur le soir que l'air commence à se rembrunir, va guettant autour des estableries là où il machine mort & massacre aux troupeaux, qui y sont enclos, ses seches glouttes machoires alterees de sang & carnage, & son courage esguillonné tant de la faim que de la haine naturelle qu'il porte à ce bestail : Tel cest indõptable Cheualier obserue icy s'il pourra trouuer aucune aduenuë, plaine ou roide escarpee qu'elle puisse estre: & à la parfin il s'arreste en la grãde place, où les autres le regardent d'enhaut, n'attẽdans l'heure d'en estre furieusemẽt assaillis. Il voit là aupres à l'escart vne grosse poultre gisant par terre, à quel vsage on l'y reseruoit cela n'importe: mais tãt est que iamais la mer Lygustique n'en vit vne si enorme seruir de mast ny d'antenne aux plus desmesurez gallions, le Cheualier l'empoigne de ceste main à qui nul fardeau pour pesant qu'il soit, ne peut estre trop onereux, & tout ainsi que si c'eust esté de sa lance, en alla donner plusieurs coups cõtre la maistresse porte du temple. Il n'y a marbre ny metail qui puisse tenir ferme alencontre, ne qui resiste à vn tel chocq, si que les gonds & les verroils s'enuollent hors des pierres où ils estoyent le plus fortement cimétez: il rompt & brise les serrures, & enfonce les barres qui les souftiennent par le derriere, tant que la porte vient à bas, & se renuerse en dedans. Bellier ny aucune autre machine de baterie, fust-ce mesmes les plus impetueuses bobardes, n'en sçauroyent faire dauantage: & par ceste bresche vn nombre infiny de soldats, tout ainsi qu'vn autre deluge, inõdent dedãs, apres celuy qui si valeureusement leur en explane le chemin, si que ce sacre sainct habitacle, qui autrefois fut la tãt reuerée maison de Dieu, se contamine & remplist de meurtres & violences, d'vne miserable & funeste occision des infortunez qui s'y rencõtrerẽt. O Iuste iustice diuine, tu es tardifue de vray à punir les mesfaicts des hommes: mais tu leur en fais bien payer l'interest, car tant plus tu differes, tant plus cherement le leur fais tu couster aussi: tant plus tu tardes à desployer ton bien merité courroux & végeance, tant plus griefue & plus criminelle es-tu coustumiere de t'y monstrer. Par ton occulte prouidẽce, ces doux amiables & deuots courages s'attisent d'ire & de cruauté, pour te seruir de ministres en cest endroit sur ces infidelles Payẽs impies, & leur faire lauer de leur sang la prophanation par eux faite de ce sainct lieu. Mais cependant Solymã s'estoit retiré vers la grosse tour, surnommée communement de Dauid, & r'allie là ce qui restoit des gens de deffence: se remparant de toutes parts en ceste aduenuë, & en celle là. Le Roy Aladin y accourut aussi: & comme Solyman l'apperceut, luy va dire; Venez vous en icy fameux Sire, & vous retirez là haut à la rocque qui est forte assez pour vous y mettre en seureté, & auec vostre vie sauuer

Ll iij

vostre Royaume de la furie de vos aduersaires. Helas, va-il respondre, il n'y a plus de remede, ie voy bien qu'il faut que ceste ville succombe & perisse de fonds en comble, auec ma vie, & ma couronne. I'ay vescu autres fois, i'ay vescu, & ie ne vis plus, ny ne regne plus à ceste heure. Nous pouuons bien dire, Nous fusmes, & à nous desormais est venuë la derniere heure fatale qu'il n'est possible d'esuiter. Et où est doncques allee, Sire, ceste vostre magnanimité de courage, repliqua Solyman tout transporté d'ire & courroux? La fortune nous a bien peu estre contraire, mais pour toutes ses defaueurs elle ne nous pourra pas priuer du los & gloire qui sont deus à vn cœur Royal d'auoir resisté iusqu'au bout, sans nous estre iamais relaschez à rien d'indigne de ce tiltre. Mais allez-vous en vn peu la dedans, pour donner quelque restauration, à vos membres elangourez du trop trauailler. Ainsi luy dit-il, & fit tant que ce pauure vieillard de Roy se retira dans la forteresse: Puis se va saisir d'vne grosse masse qu'il empoigne à deux mains, & remet l'espee au fourreau, se plantant à l'entree pour la defendre lui tout seul sans s'espouuâter de chose qu'il voye, sans monstrer s'estonner de rien, ayant barricadé les aduenuës. Il ne ruë coup qui ne soit mortel, que s'il ne tuë, il prosterne & accable tout ce qu'il atteint, & se fait fort bien faire place, si que ceux qui n'agueres les poursuiuoyent s'en vont refuyans deuant luy. Par tout où il apparoist, soit de loin, l'ombre tant seulemēt de ceste redoutee masse nettoye & explane ce qui se presente au deuant: Mais voila sur ces entrefaictes arriuer le Cōte Raymond auec vne bonne troupe de gēs qui le suyuēt.

Chant dixneufiesme.

Ce bon vieillard preud'homme remply d'vne inestimable hardiesse court à ce danger dont tous les autres taschẽt de s'esloigner, & mesprisant les horribles coups de ce fier Payen, dõne dessus, & le frape le premier, mais en vain: ce que ne fait pas Solyman, qui l'assene au heaume, & le iette par terre tout estourdy pieds cõtre mont les bras ouuerts & estendus comme pour faire l'arbre fourchu. De ce cruel coup, & d'infinis autres qu'il dõne, les vaincus reprennent courage, que la peur auoit banny d'entour eux pour s'y introduire en sa place, tãt que les vainqueurs tournẽt le dos, & sont repoussez à leur tour, en telle foule qu'ils tresbuchẽt les vns sur les autres. & Solyman qui voit le Conte là gesir à ses pieds cõme vn hõme mort, crie aux siens: Tirez cestuy-cy dans nos barrieres, & soit retenu prisonnier s'il vit encore. Ils se meuuent tous pour accomplir ce qu'il cõmande, mais ils le treuuẽt plus difficile à executer qu'ils ne cuident, pourautant que chacun accour à sa recousse. D'vn costé la fureur, & de l'autre le charitable deuoir combattent à qui l'emportera, car c'est vn subiect non indigne qu'on se trauaille ainsi pour luy, ains qui meriteroit bien vne plus forte contention encore pour sauuer la vie d'vn si valeureux Cheualier, & le garder de tomber és mains de ses aduersaires, tels mesmement que ces impies mescreans: Ce qui encourage tant plus les vns à le deffendre, & les autres à l'emmener: mais au long aller Solyman par l'inuincible effort qu'il monstre là, en auroit obtenu le dessus, opiniastré à sa vengeance : car encontre sa foudroyante masse, peu pourroit seruir d'opposer targue ny rondasche à l'espreuue, corcellet ny heaume de quelque fine trempe qu'ils fussent, par ce qu'il accable, s'il ne le fausse, tout ce qu'il en atteint: si que les choses ne seroyent pas gueres bien reussies là, sans vn nouueau inopiné renfort qui de deux endroits y arriua à grand haste, le Duc à sçauoir, & le preux Renaud. Ainsi que le pasteur qui de toutes pars voyant le iour s'obscurcir à coup de obscurs & hydeux nuages, les vents horriblement siffler, les tonnerres resonner, & les esclairs parcourir tout l'air, se diligente de retirer de son troupeau des chaps pour le ramener au logis, où à tout le moins gaigner quelque abry où il le puisse mettre à couuert tant que l'orage soit passé, r'appellant son bestail à haut cris, & le sollicitant d'aller par les semonces de sa houlette, de mesme ce courageux & hardy Payen, qui se voit arriuer sur les bras vne telle tempeste & bourrasque, qui emplist le ciel d'effroyables retonnemens, & les ruës toutes couuertes d'armes de costé & d'autre, il enuoye deuant ceux qu'il voit les plus imbecilles & mal-menez, pour se retirer dans la tour où ils seront en seureté, & demeure tout le dernier pour porter le faix de ceux qui les chargent & chassent, puis cede finalement au danger, accompaignant sa hardiesse de prudence. Mais à peine a-il le loysir de fermer la porte apres luy, que les François n'entrét quant & quant pesle-mesle, parce que Renaud ayant forcé la barricade, luy est aux espaulles iusqu'au sueil de l'huis, conduit de sa vaillance accoustumee, qui n'a point de pair nulle part, és plus forts & difficiles faicts d'armes, ioint le sermét qu'il auoit fait de véger sur cestui-cy la mort du Prince de Dänemarch, dont il ne veut pas deffrauder sa promesse, parquoi

Chant dixneufiesme.

il se parforce de mener à fin l'expugnation de ceste ville, pour venir puis apres aux mains en vn singulier dueil auec luy, qui n'eust pas esté du tout en seureté dans la forteresse du danger à luy destiné de ce sien ennemi fatal & ineuitable; mais le Duc alla faire sonner la retraitte, à cause que le iour cōmençoit desia fort à decliner; & il ne veut pas cōmettre les siens aux dangers & confusion de l'obscurité de la nuict: trop bien se loge il dans la ville attendant la renaissante Aurore suyuante, où il delibere recommencer pour acheuer ce qui restoit, parlant ainsi à son armee d'vne semblāce gaye-esiouye. Voyez ô preux champions de CHRIST la grace qu'il nous a faicte ce iourd'huy, & cōme il a heureusement fauorisé les efforts des siens. Le plus fort est faict, ce qui reste est bien peu de chose, & n'y a comme rien à craindre. Ceste tour, la derniere esperance, mais fort miserable, de ces infidelles, nous l'expugnerons dés demain, à l'ayde de Dieu: Cependant il nous faut penser à exercer les œuures de misericorde. Allez vous en doncques selon que la charité Chrestienne vous y semond, conforter les malades & les blessez: allez, & en ayez tel soin que vous deuez auoir de vos confreres, qui au prix de leur sang nous ont conquis ceste terre saincte: Cela conuient plus aux gensdarmes de IESVS CHRIST que les vengeances & saccagemens. Il n'y a eu que trop de meurtre ce iourd'huy & de sang innocent respandu, il m'en desplaist: & trop a esté la conuoitise de quelques vns de s'enrichir du sac & pillage: ie deffends que doresnauant ne s'en vse plus, ny de cruauté, & veux que tout de ce pas s'en face vn ban à son de trompe & cry publiq. Cela dit, il s'en alla où le bon Conte de Tolose estoit ia reuenu à soy, de ce coup de masse dont Solyman l'auoit plat estendu par terre, mais il s'en douloit encore bien fort. Ce fier Payen de son costé ne rencourageoit pas moins ceux qui s'estoyēt auec lui garentis dans la forteresse: comprimant dedans sa pensee le dueil qu'il auoit conceu de veoir leurs affaires reduicts en tels termes. O mes valeureux compaignons, alloit il disant, tenez bon, & vous monstrez ce que vous estes, inexpugnables cōtre les iniques assauts de fortune, & la honte que trop indignement elle nous a voulu procurer. Resistez pēdant que vostre verdoyante fleur d'esperāce n'est point encore du tout flestrie en vos courages: car la perte que nous auons ce iourd'huy receuë n'est pas si grande comme la fallacieuse apparence nous le voudroit parauanture persuader. Nos ennemis n'ont en fin pris que des murailles & maisonnages: & vn peuple inutile dedans, qui aussi bien ne nous seruoit que d'eblayement & surcharge: car ce que nous deuons reputer pour ville, est en premier lieu nostre chef, le Roy, & vos magnanimes valeureuses dextres. Ie veoy nostre Roy sain & sauue, auec la pluspart de ses plus asseurez combattans: Ie veoy d'ailleurs que ces François constituent le trophee de leur victoire en la prise de ceste ville, que de nostre gré nº leur auons plustost quittee, qu'ils ne l'ont conquise de force: mais à la parfin il est besoin qu'ils succombēt en ceste guerre, & y perissent, i'en suis tout seur, pour les voir ainsi desbordez de ce peu de bōne fortune qui leur a voulu rire d'vn fauorable & benin visage, pour les deceuoir: car on sçait assez combien elle est legiere & inconstante, ioint qu'-

estans du tout plongez en massacres & saccagemens, violemens de femmes & filles, & semblables inhumanitez execrables, il sera bien aysé les y surprenant, de les accabler, si en ces desordres où les voyla annonchallantis, l'armee d'Egypte qui ne sçauroit plus gueres tarder, les vient surprendre au despourueu. Et cependant à coups de pierre du haut des terraces nous pourrons commander aux maisons plus basses, & aux rues par où l'on va à leur sainct sepulchre: & auec des machines & engins tirans au loin, leur oster tous moyens & commoditez de se promener par la ville, durant que nous prendrons cy dedans haleine. De ces parolles & autres semblables, l'esperance se rauigore en ces pauures infortunez: & sur ces entrefaictes Vaffrin qui auoit esté depesché de Tancred pour aller espionner le camp du Soldan d'Egypte, passant à trauers infinis gens de guerre qui s'estoyent de tous costez espandus sur les aduenues, party qu'il fut de l'armee Françoise enuiron le coucher du Soleil, chemina tout le long de la nuict par des sentiers solitaires & incogneus hors du grand chemin sans estre descouuert de personne, si que deuant qu'il fut iour il eut outrepassé Ascalon, & sur le Midy arriua à veue du camp. Il descouure là infinies tentes dressees: infinis estendars desployez venteller au vent, bleuds, iaunes, verds, & de toutes couleurs: tant de langages differents les vns des autres: tant de diuerses sortes d'armeures, & equippages & accoustremens, tant de tambours & de trompettes, phiffres, clerons, cors Sarrazinois, buccines & autres belliques instrumens Barbaresques, les cris des chameaux, & des elephans auec les

hennissemens des cheuaux, qu'il s'en alla dire à par
soy: Certes ie croy que toute l'Affrique est icy reduitte. Elle y a esté transportee de toutes parts, &
l'Asie semblablement, qui y doit auoir esté amenee. Il remarque auant toutes choses comme l'assiette de ce camp est forte tant de nature, que des
tranchees & rempars y accreus d'ouurage de main.
Cela fait il ne tasche pas de se desrober par des addresses destornees, & peu frequentees de gens, ains
s'en va sou beau grand chemin entrer par la maistresse porte, tantost s'enquerant d'aucunes choses,
& tantost respondant à ce dont on l'enqueroit;
caut & aduisé en ses demandes & responces, próp-
tes & à propos sans s'entretailler, les accópagnant
d'vne mine hardie toute asseuree. Il furette de costé & d'autre, le long des rues & ruelles, recognoissant soigneusemét à l'œil tout ce qui s'offroit d'importance par les places & carrefours, & dedans les
tentes & loges. Il obserue attentiuement leurs armeures, l'ordre de loger, & d'aller en garde, auec
tout ce qui depend de la police d'vne armee, & de
sa discipline militaire, aprend les noms des principaux, quelles charges ils ont, & en quelle reputation on les tient. Et ne se contentant de cela, aspire
à de plus hautes choses : car il tasche de descouurir
leurs plus secrettes entreprises, & desseins, dont il
s'instruit de la plus part. Il tourneuire, & va & viét
d'vne telle dexterité & adresse, qu'é fin il s'acquiert
vn accez iusqu'au pauillon du Soudan, & guettant
là de toutes parts apperçoit en fin vne des pentes
descousue en vn endroit, par où la voix pouuoit
trouuer plus libre issuë pour paruenir distinctemét
à ceux qui s'y eussent voulu rendre attentifs de de-

hors: & si ceste fente respondoit au plus destourné cabinet de tout ce logis: tellement que beaucoup plus importans secrets du Soudan se peuuent par là esuenter, à qui y eust voulu tendre l'oreille. Vaffrin ne se laisse pas en vain escouler ceste occasion, ains comme s'il pensast ailleurs, & ne taschast qu'à recoudre ceste ouuerture, il voit là dedans le Soudan armé de toutes pieces hors mis la teste, auec vne riche cazaque de pourpre brochee d'or: & assez esloignez de la deux pages de sa chãbre richement equippez, d'ont l'vn portoit sa sallade & ses gantellets, l'autre son escu: luy il auoit la corsesque au poing, surquoy il s'appuyoit d'vne tresfiere contenance, son regard addressé vers vn homme grand & membru, & d'vn cruel & farouche aspect qui estoit vis à vis de luy. Vaffrin tasche à escouter de plus pres, & oit là nommer Godefroy, ce qui l'y fit rendre plus attentif. Es-tu doncques si seur & certain (luy disoit le Soudan) de venir à bout de mettre a mort ce Godefroy qui nous a tant faict de dommages? Ouy, Sire, respondoit l'autre, ie le suis, & vous iure & promets icy à vostre excelse Majesté, de ne me trouuer iamais deuant elle, que ie n'aye mis à fin ce que i'ay entrepris. Enquoy ie m'attends bien de preuenir tous les autres qui ont conspiré de mesme auec moy: & si ie n'en demande autre recompence pour tout, sinon qu'il me soit permis de dresser vn trophee de ses armes en la grande place du Caire, auec ceste inscription au pied.

Au chef François qui vint troubler l'Asie,
Ormond osta ces armes & la vie:
Qu'il a icy penduës, pour seruir

De tesmoignage aux siecles aduenir,
De son deuoir vers sa chere Patrie.

Et le Soudan luy respondoit, Ia n'aduienne que la courtoise beneficence d'vn si puissant monarque vouluft laisser irrecompensee vne si haute & honorable entreprise. Vous aurez non seulement cela, qui est vne chose plus que raisonnable: ains de bien plus grands guerdons encore, tels que vostre vertu le meritera. Apprestez seulement ces armes desguisées que vous deuez porter le iour de la bataille generalle, qui approche doresnauant. Elles sont toutes appareillées, respondoit l'autre, & là fut la fin de leur parler. Vaffrin ayant ouy cela, en demeure tout suspēdu & troublé en son esprit, discourant en soy-mesme quelle pouuoit estre vne si grande conspiration, & quelles ces armes desguisées dont on pretendoit de l'executer, mais il ne peut venir à bout d'y rien comprendre. Parquoy il se part de là, & demeure toute la nuict sans fermer l'œil; le matin puis apres que tout le camp desploya les bannieres au vent pour s'acheminer, il se mit aussi à marcher auec les autres, en ordonnance de la bataille, & au soir s'arreste où l'armee se voulut camper, s'en allant furetter de tente en tente pour essayer d'apprēdre quelque autre chose qui le peut mieux acertener de ce dont il estoit en doute : tant qu'il s'embatit à la fin au logis d'Armide, où elle estoit assise en vne haute chaire magnifique & pōpeuse au milieu de ses Cheualiers, toute pensiue & souspireuse, qu'il sembloit mesme qu'en se doulāt elle s'arraisonnast auec ses pensers; sa ioue appuyee sur sa belle delicate main, & ses yeux ressemblans à deux belles claires estoilles, abbaissez en terre, mais il ne peut bonnement discerner s'ils l'armoyoyent: trop bien les voit-il surbaignez de grosses gouttes à guise de perles. Vis à vis d'elle estoit assis le fier Adraste, sans bouger tant soit peu l'œil de dessus, ny se remuer non plus qu'vne statuë enchâtee, non pas mesme respirer à peine, tant il se tient coy, & du tout attentif à la contempler, comme celuy dont la vie ne depend que de celle où se repaissent tous ses fameliques desirs. Mais Tissapher ne œilladant tantost l'vn, tantost l'autre, monstre ores de desirer, & ores se mordre le cœur d'vn ialoux despit, sa face ardamment coloree d'indignation & d'amour. Il descouure puis Altamor, qui s'estoit allé asseoir plus en là, parmy les Dames, lequel ne lasche pas du tout la bride à ses passionnez desirs, ains les ramodere, desrobant auec discretiõ, des regards de fois à autre a cest Angelique visage, & à la main qui le seconde. Par fois il guette pour voir si le collet dont sa belle gorge est tenuë en serre, voudra point en quelque endroit faire grace à son œil cupide de penetrer iusqu'à ces delectables thresors, qui sont là renfermez comme soubs la clef, de deux petites pommelettes vertes encore, & non paruenues à maturité. Mais Arnaide finablement comme si elle se fust resueillee de ses sommeilleux pensemens, haussa la teste, sa face vn peu plus gaye & rasserenee, & tout à vn coup parmy les nuages de la tristesse qui l'auoyent vn peu offusquee, vous desploye vn benin gracieux esclair de soubs-rire, accompaigné de ces parolles. Seigneur Adraste, me ramenteuant ce dont vous-vous vantiez n'a gueres, mon ame s'estoit fort allegee d'vne partie de ces soucis, sous l'esperance qu'elle conceuoit d'estre en brief vengee de ses outrages, selon que le courroux a de coustume de se raddoucir par vne attente de vengeance. L'Indien respond, Ha pour Dieu, diuine princesse, ne vous cruciez point ainsi, mais r'allegrez de nouuelle ioye ceste vostre douloureuse amertume dont vous vous affligez sans cause, car vous ne tarderez gueres à voir a vos pieds la teste de ce tant vers vous outrageux Renaud, separee du corps, ou bien auec ceste inuincible dextre vengeresse de vos iniures, ie le vous ameneray pieds & poings liez prisonnier si d'auenture vous aymez mieux l'auoir en vie entre vos mains. Ainsi le luy promettoit-il par sermēt & son Corriual qui l'entend, n'en dit pas ce qu'il luy en semble, mais sans sonner mot s'en ronge à par soy le cœur de despit. Elle de là tournāt son regard deuers Tissapherne : & vous seigneur Tissapherne qu'en dites vous? se prit elle à dire. Il respond, comme en se mocquant, Excellente Dame, moy qui ne vois pas si viste que cestuy-cy fait ains plus lentement, & suis plus tardif, ne pourrois suiure que de forlonge les outrecuidees brauades de vn si redoutable & terrible champion vostre, le piquant par la tout appertement. A quoy l'Indien repliqua. Aussi est-il bien raisonnable que celuy qui ne se peut ny ne doit esgaller a vn plus valeureux que luy, le respecte, en craignant l'approcher de pres. Dont Tissapherne branslant sa superbe hure toute herissee de colere & de grand despit, a la miēne volonté, alla il dire, qu'estant a ceste heure maistre absolut de mon desir, sans estre si estroitement obligé ailleurs, la bonne grace de ceste incomparable Reyne se deust demesler tout presentement

à coups

Chant dixneufiesme. 543

à coups d'espee, pour voir à qui l'emporteroit de nous deux: on sçauroit bien tost qui seroit le plus viste ou le plus pesant. Ie ne te crains ny tes venteries, quelque furieux redoubtable que tu te monstres: ains tant seulement le Ciel, & amour, & mõ peu de merite enuers vn si digne subiect: ce sont les aduersaires dont i'ay peur, & non de ta fiere farouche mine dont tu veux estonner le mõde. Cela proferé il se teut, & Adraste se leuant en pieds, le vouloit de ce pas appeler au combat, sans Armide qui le preuenant, leur imposa silence en disant. O preux Cheualiers, pourquoy me voulez vous oster à ceste heure ce que vous m'auez tant de fois donné? Vous estes miens, & mes gensdarmes, & deuez porter respect à ceste qualité que vous auez prise de vostre franche volonté, sans vous en auoir recherchez ne contraints. Demeurez donc d'accord entre vous, sans vous plus entrequereller de la sorte, si vous ne voulez du tout perdre ma bien-vueillance: Il se courrouce contre moy, qui se courrouce contre vn seul de vous, & ne vous sçauriez offencer l'vn l'autre, que ie n'en demeure plus offencee. Vous le deuez ainsi sçauoir. Ainsi leur parloit elle imperieusement d'vne grande audace, & fait tant que ces si discordans & fiers courages demeurent pacifiez entre-eux, comme s'ils eussent esté d'elle attellez à vn joug de subiection, pour tirer d'vn mesme consentemét au collier de sa seruitude & obeissance. Vaffrin qui est la preset, oyt toutes ces cõtentions & disputes, & ayant recueilly le vray, s'en va voir s'il pourra rien ailleurs apprendre de ceste cõspiratiõ, qu'il trouue de plus en plus enuelouppee d'vn obscur silēce, & incertitude, si qu'il

M m

n'en peut rien demefler, encore que par fois il s'aduance de s'en enquerir : & tant moins il y trouue d'efclarciffement, tant plus s'en accroift en luy le defir d'en venir à bout. Il cherche & recherche en fon efprit mille & mille voyages de s'en informer, qui feroyent incognues à d'autres que luy, & autāt de fraudes & rufes par tout ailleurs inufitees: mais pour tout cela ny la coniuration, ny les armes, ny la maniere de l'executer ne luy font pas plus manifeftes. La fortune en fin luy defbroüille ce que toute fon induftrie & cautelle ne luy auoyent peu reueller, de forte qu'il apprend tout à defcouuert la machination qu'on auoit braffee alencontre du Duc : & eftoit retourné derechef où Armide eftoit encore affife parmy fes corriuaux cōpediteurs, fe propofant d'en apprēdre là pluftoft des nouuelles qu'il ne fçauroit faire en nulle autre part, pour le grand nōbre de gēs qui y abordoyent de diuers endroits d'heure à autre, tant que finalement il s'accofte d'vne de celles qui eftoyent en la cōpagnie d'Armide, & s'y apprinoife de la mefme forte que s'ils l'euft toute fa vie hantee, & de longuemain eu vne fort eftroitte accointance à elle, fi qu'il fe met à l'entretenir cōme pour luy prefenter fon feruice. Ie veux auffi moy tel que vous me voyez, fe met-il à luy dire en plaifantant, me rendre feruiteur de quelqu'vne d'entre vous autres tant de belles Dames qui eftes icy, fous la faueur de laquelle ie puiffe faire parler de moy, & pourquoy non ? Ne me fens-ie affez preux & hardy pour entreprendre de coupper la tefte à ce brauafche de Renaud, qu'on prife tant? où au Duc Godefroy dont nous auōs receu tant de moleftes ? Demandez-le doncques de

Chant dixneufiefme.

moy si vous voulez ou l'vne ou l'autre, ou toutes les deux, & d'autres tels plus prisez Cheualiers de l'armée Chrestiéne: car ie m'en mettray en deuoir, aduienne ce qui aduenir en deura, cela depend de la fortune. Ainsi enfourna-il son propos, dont il proiecte en sa pensee tirer vne plus grande consequence: & en disant cela sous-rioit d'vne bonne grace, selon qu'il estoit de son naturel aggreable en toutes ses façons de faire, si que l'vne d'entre elles qui n'y faisoit que d'arriuer, l'ayant plus soigneusement remarqué se vint mettre tout auprés de luy, auquel elle se met à dire. Ie vous trouue si à mon goust, que ie vous veux auoir pour mō champion, & en detrousser mes compagnes: & ne vous plaindrez pas d'auoir mal employé en moy vostre amour: mais ie veux vn peu deuiser auec vous en priué. Puis le retirant à part, luy va dire. Ie t'ay fort bien recogneu Vaffrin tu me dois bien aussi cognoistre. Luy quelque caut asseuré qu'il soit, demeure tout partroublé de ces parolles, ce neaumoins dissimulant son estōnemēt, se prend à sousrire, en disant, si ne vous ay-ie iamais veuë ailleurs que ie sache, encore que vous soyez bien digne d'estre regardee, & si vous-vous pourriez bié mescompter de m'attribuer vn tel nom, parce que ie ne m'appelle pas ainsi: ains Almazor fils de Lesbin, qui n'acquis sur les riuages de Biserte. Tout beau, Tusque, repliqua-elle, ie sçay plus de ton affaire que tu ne penses, & ne m'y veux pas opposer, ny t'estre cōtraire, ne te caches donc point de moy, qui te suis amie, & voudrois mettre ma vie en hazard pour sauuer la tienne. Ie suis ceste Hermine d'Antioche fille du Roy Cassan, captiue puis aprés

Mm ij

de ton maistre le Prince Tancred par vne espace de téps: deux mois entiers ie demeuray sa prisoniere, prison à moy plus aggreable que ne m'est ceste liberté, où tu auois la charge de moy, enuers qui tu te mostras tousiours fort courtois & obsequieux. Ie suis celle la mesme sans autre, Regarde moy bien. Soudain qu'il eut ietté l'œil sur elle, il ne meit gueres a se rafigurer ceste belle amiable face. Et elle poursuyuāt son ppos, sois en seureté mō trescher Vaffrin, adiousta-elle, & n'ayes aucune defiance de moy, ie le te iure par le Ciel, & par ce beau clair Soleil qui tout voit, que tu n'en dois auoir point de doute: ains te veux prier de toute l'affection que ie puis, que quand tu t'en retourneras tu me vueilles remmener auec toy, en ceste tant douce & de moy desiree prison où ie fus iadis: car en la liberté où ie vis, toutes nuicts me sont tristes & doloreuses, & les iours offusquez d'vne obscurité malplaisante, ce ne m'est qu'vne perpetuelle & amere angoisse. Que si d'auanture tu seiournes icy pour obseruer ce qui s'y fait, tu as icy rencontré vne bōne aduanture pour toy: car ie t'en pourray plus declarer en vne heure, que tu n'en sçaurois descouurir en vn mois, mesmemēt des conspirations plus secrettes, & plusieurs autres choses d'importance, que mal-aisément pourrois-tu apprēdre d'ailleurs. Ainsi luy parloit elle, aquoy il se rendoit attentif sans mot dire, pensant en soy qu'a l'exemple de la fausse Armide, les femes de leur naturel sont grādes babillardes, & ne peuuent rien tenir secret, legieres & inconstantes quant & quant, qui tost veulent vne chose, puis soudain vne autre: Dont c'est grande folie a vn homme de s'y fier. Apres y auoir bien pensé il luy alla dire. Si vous-vous en voulez venir auec moy, ie vous seruiray volontiers de guide. Cela pour ceste heure soit arresté entre nous, sans passer plus outre, reseruant à parler du reste en temps & lieu plus opportuns. Et la dessus se preparent pour monter à cheual, & partir du cãp tout à l'heure, Vaffrin sort hors du pauillõ, & Hermine s'en va retrouuer ses compaignies, où apres auoir demeuré quelque espace comme pour follastrer auec elles, & deuiser de ce nouueau seruiteur qu'elle auoit acquis, sors aussi dehors, & se rend au lieu arresté, auquel elle trouue Vaffrin, & montant à cheual s'en vont grand erre. Ils estoyẽt desormais arriuez à vn lieu assez à l'escart, esloigné de gẽs, & hors de la veuë du cãp, si qu'il luy va dire. Declarez-moy dõc maintenãt, gracieuse Princesse, suyuãt ce que vous me l'auez promis, la machination qu'on brasse contre la vie du Duc Godefroy. Et elle luy en va compter toute la trame & le complot, cõme il y auoit iusqu'à huict Cheualiers, lesquels estoyent ja partis du cãp tout expres pour le mettre à mort, dont le plus dangereux & determiné estoit Ormõd. Ceux-cy meus ou de hayne qu'ils luy portent, ou de quelque autre occasion qu'on ne sçait bonnement au vray, ont cõspiré de le tuer, & y doyuẽt proceder d'vne telle sorte. Le iour qui se donnera la bataille entre les forces de l'Asie, & les Chrestiens, ils prendront la croix sur leurs cazaques, & de tout le reste s'esquipperont à la Frãçoise, auec des hocquetons d'orfauurerie tels q̃ les portẽt les gardes du Duc: mais chacun d'eux aura endroit soy vn signal au haut de son casque, par où il pourront estre recogneus de loing pour

Mm iij

Payens. Puis au plus fort de la meslee ils se mettrōt à le suyure quelque part qu'il aille, cōme s'ils auoyent charge de s'en prendre garde : ayans leurs espees empoisonnees, à fin que de la moindre playe pour si peu de sang qui en sorte, le coup soit incurable, & du tout mortel. Et pource qu'il estoit assez sçeu en l'armee Payenne que ie cognois toutes vos façons de faire, vos armes, deuises & liurees que vous auez accoustumé de porter, ils firent tant enuers moy que ie leur deuisay ces faulses enseignes & cognoissances dont ils pretendent se desguiser : l'en fus contraint outre mon gré, & de viue force, qui est la cause principale pourquoy ie me veux partir d'icy à ceste heure pour m'exempter de leurs importunes requestes : car i'abhorre en quelque façō que ce soit, de me cōtaminer de tout autre frauduleux acte, mesmement d'vn si execrable forfait. Ce sont les occasions de mō partemēt, mais nō pas seules : car il y en a encor d'autres. Et là dessus sa face s'estāt coloree d'vne crainte honteuse, les yeux abaissez contre terre, ses derniers mots qu'elle couppa court les voullant retenir enserre, ne sortirent pas si distinctemēt exprimez qu'on en peust recueillir la substāce. Mais l'Escuyer qui en toutes sortes vouloit tirer d'elle ce q̄ la vergoigne luy auoit rebarré dans la bouche : Vous monstrez biē (luy alla-il dire) auoir fort peu de fiance en moy qui vous suis seruiteur si fidelle, de me vouloir ainsi taire la verité, pourquoy est-ce que vous le faites ? Et elle laissant l'à dessus aller vn profond souspir, s'esclame d'vne voix tremblante & entrerompuë : Pudeur craintifue & vergoigneuse, puis que tu ne te puis plus cōtenir dedans les bornes & barrieres

Chant dixneufiesme.

de ton accoustumé deuoir, acheue doncq' maintenant de t'emanciper, & t'en va d'icy où il n'y a plus de place pour toy: ie te veux lascher la bride en plain abādon. Car à quel propos veux-tu faire icy de la retenuë & discrette, pour en ceste ardeur qui te pousse & chasse dehors, dissimuler les cuisantes flames d'amour dont tu es par le dedans embrasee? ces respects eussent peu estre à propos cy deuant, & nompas à ceste heure que ie me suis renduë mal-gré toutes tes considerations, vne Damoyselle vacabonde & errante de costé & d'autre. Puis elle poursuit, apres s'estre ainsi deschargé le cœur de ces piteuses doleāces? Ceste nuict qui me fut fatale, lors que ma patrie & mon Royaume demeurerẽt opprimez sous vn ioug estranger, ie perdis plus qu'il ne sembla, toutesfois mon extreme & plus griefue perte ne consista pas en cela, trop bien en proceda-elle: car s'il n'eust esté question que d'vn Royaume, c'estoit peu de chose: mais auec tout mon Estat Royal ie perdis encore moy-mesme, & d'vne perte irrecouurable, d'autant que moy pauure fille mal-aduisee perdis cœur, esprit & sens. Tu ne le sçais que trop, Vaffrin, sans te le dire d'auantage, & comme toute esperduë qu'il y auoit bien raison dequoy, de me retrouuer parmy tant d'horreurs de mort, violences & saccagemens de mes pauures subiects, & de ma ville, ie recourus à ton benin Seigneur & maistre, le mien aussi, que ie vis entrer le premier l'espee au poing tout armé, dedans nostre Royal Palais, & me prosternant à ses pieds, luy dit ainsi. Inuincible victorieux ie vo⁹ crie mercy, nō ja pour me sauuer la vie, ie n'ay que trop vescu pour voir la desolatiō

que ie voy , mais de me contregarder seulement
ceste fleur de virginité dont ie suis encor decoree.
Et luy la dessus me tendant la main, n'attendit pas
que i'eusse parfourny ma requeste : ains me releua
amiablemēt, me disant, belle & gratieuse Damoyselle, qui que vous soyez, vous ne recourez pas à
moy en vain : car ie vous octroye l'vne & l'autre.
Lors ie me sentis ie ne sçay comment esmouuoir
iusqu'au fōds de l'ame, de certaine douce & soüef-
ue tendreur de cœur, qui de la s'estendāt par tout
cōme en moins de rien deuient vn embrasement
& blesseure dont rien de moy ne fut exempt. Il me
visita plusieurs fois, & par plusieurs fois m'apparut
en songe, me consolant gracieusemēt de mes pertes & desconuenues. Ie vous remets (me disoit-il)
d'vne courtoisie & honnesteté nompareille , en
vostre entiere liberté , n'ayez peur de rien , Ie ne
veux chose du vostre que ce soit. Et de fait me laissa tout ce que i'auois de ioyaux & de pierreries, &
de mes plus precieuses besoignes, qu'il n'en voulut
onques riē prēdre iusqu'à la valeur d'vn denier.
Mais quelle liberalité helas! ce fut plustost vn vray
brigandages & rapine, que nompas don & beneficence: car me restituant à moy , il m'osta du tout à
moy-mesme, Il me rendit ce qui m'estoit moins
cher & digne, & s'ēpara de viue force de mō cœur.
Mal-aisémēt l'amour se cache. Souuētesfois ie t'allois trouuer pour te demāder des nouuelles de ce
mien nouueau maistre & Seigneur, & toy qui t'ap-
perceuois assez où le mal me tenoit, me disois de-
bonnairemēt, Hermine tu aimes, amour est ta maladie. Et moy te le cuidant celer, ne me donnois
garde qu'vn ardant soulspirs m'eschappoit, lequel

Chant dixneufiesme.

s'interposant à la trauerse rendoit vn certain tesmoignage de ce qui me molestoit le cœur: si que sans que la bouche s'y employast, mon regard manifestoit assez l'ardeur qui estoit esprise au dedans. Desastreux silence! A tout le moins que ne prochassois-tu deslors quelque allegemēt à mon mal, s'il falloit aussi biē puis apres lascher la bride quand cela ne me pourroit plus proffiter, à mon si rauissant desir? Brief que ie me partis de là, mes flames & playes dans mon sein, Ie les emportay biē couuertes: mais i'en cuiday aussi mourir: & finablemēt cherchant vn secours à ma vie, amour desbrida en moy toute vergoigne, crainte & respect, de sorte que ie me resolus d'aller trouuer ce possesseur vnique de mon ame, lequel m'ayant ainsi rendu malade me pouuoit restituer ma santé. Mais i'en fus destourbee par vn trop estrange accidēt; d'hōmes cruels & inhumains, où peu s'en fallut que ie ne demeurasse pour les gages : mais à la fin i'en eschappay, & m'allay renger, selon que la fortune me conduisoit, en vn lieu solitaire à l'escart, esloigné de toutes personnes, là ou ie vescus quelque temps comme en vn hermitage desert, exerçant l'estat de bergere parmy des landes & pastis, en vne boscageuse contree. Mais puis apres que ce desir, que la peur durant quelques iours auoit cōme tout amorti en moy, y eut repris nouuelles forces, & s'y fust resueillé de nouueau, ainsi que ie cuidois reprendre mes premieres erres, pour me rendre au mesme lieu où mes passions me tiroyent, le mesme desastre me vint rencontrer derechef. De m'enfuir comme à l'autre fois, c'eust esté autant de peine perduë: car ie n'eusse sçeu euader, ceux qui m'apperceurent estans trop près de m'accueillir, & trop bien montez, vne trouppe d'Egyptiens assauoir, qui s'estoyent d'esbandez du camp pour venir battre la campaigne, lesquels me menerent à Gaze, & en firent vn present au Soudan, à qui ie rendis tel compte de mon affaire, qu'il demeura content de moy, si bien que ie ne receus aucun tort ny outrage, ains demeuray fort honoree tout le temps que ie seiournay là auec Armide. Ainsi plusieurs fois suis-ie venuë au pouuoir d'autruy, & plusieurs fois m'en suis substraitte & deliuree. Voyla la plufpart de mes accidens & fortunes, tant & tant de fois asseruie, & puis rechappee, ne laissant toutesfois pour cela de garder tousiours mes premieres entraues & chesnes. O à tout le moins que celuy qui m'en a si fort estreinte & garottee, qu'autre que luy ne m'en sçauroit plus deslier, ne me die point: car ce me seroit vne trop mortelle sentence, vagabonde, fugitiue esclaue mienne, cherche hardiment vne autre retraicte qu'auec moy, car tu n'y serois pas la bien venuë, qu'ay-ie que faire d'vne telle coureuse? Mais au contraire par son accoustumee debonnaireté il luy plaise ouyr mes raisons, & la verité de mon faict: & estre content que ie me rende sa prisonniere, comme i'estois lors que par sa courtoisie il m'en deliura malgré moy. Ainsi disoit Hermine à Vaffrin, qui cheminerent toute la nuict & le iour suyuant, deuisans ensemble de diuerses choses, par des adresses les moins battuës & frequentees, tant que sur le coucher du Soleil, que les parties de l'Oriēt cō-mençoyent à se rembrunir, ils arriuerēt en vn lieu assez pres de Ierusalem, où ils trouuerent vne trace

Chant dixneufiesme.

de sang freschement respandu, & puis apres vn homme armé tout roide mort, veautré dans ce mesme sang, qui de sa grande corpulence occuppoit tout le chemin en trauers, la face haussee en contremont, fiere & furieuse, menaçant encore comme s'il eust esté en vie, son maintien estrange, & ses armes, auec le surplus de son equippage demonstrant assez qu'il estoit Payen: & pourtant l'Escuyer passe outre, & voit vn autre Cheualier gisant assez pres de là, lequel si tost que Vaffrin l'apperçeut, il alla dire en soy-mesme, cestuy-cy est quelque Chrestien, dequoy toutesfois l'habit noir qu'il auoit vestu le fit puis apres doubter: & là dessus ayant mis pied à terre pour luy descourir le visage, las mon Dieu, se va-il soudain escrier. Et voycy mon bon maistre & Seigneur le Prince Tancred qui est mort. A ce piteux cry, Hermine, qui s'estoit cependant amusée à regarder le Sarrazin, se sentit transpercer le cœur comme si vn coup de flesche eust donné dedans. Elle accourt soudain au nom de Tancred, à guise d'hyure ou forcenee, & voyant ceste belle face blesmie n'eut pas la patience qu'on la descendist de cheual, ains se iecta du haut en bas, & versant deux ruisseaux de larmes, d'vne voix casse & entrerompuë de sanglots poignans, ha! moy miserable infortunee, va-elle dire.

A quel piteux spectacle, & veuë doloreuse
M'as-tu icy conduitte, ô fortune enuieuse
   De mon contentement?
Helas mon cher Tancredie te voy à ceste heure,
Mais tu ne me vois plus, dont il faut que ie meure
   Outree de tourment.

Je t'ay quis longuement, & au bout de ma queste
A peine t'ay trouué : mais qu'est-ce qui m'en reste
  Sinon toute douleur?
De te reuoir vn iour c'estoit tout mon enuie,
Et de te veoir icy estant priué de vie,
  Quel poignant creuecœur!
Qui eust iamais cuiddé que ce que l'on desire
Deust en le retrouuant causer vn tel martyre,
  Et mesmes en amour?
Ce que i'ay retrouué m'est cause d'vne perte,
Qui ne pourra de moy plus estre recouuerte
  Iusques au dernier iour.
Croire ie n'eusse peu, moy pauure miserable,
Qu'estre deust à mes yeux iamais desaggreable
  Ce que ie voy icy:
Aussi ne l'est-il pas, mais i'aymerois mieux estre
Aueugle tout à fait, & plus rien ne cognoistre,
  Que de le veoir ainsi.
Là n'estincellent plus ces deux gayes lumieres
De graces & d'amour, doux soubs-rians & fieres,
  N'y ce beau teint vermeil,
Ne se voit illustré de lys blancs & de roses,
D'vne viue couleur tout freschement escloses
  Au naistre du Soleil.
Mais ô mon cher desir, & ma seule esperance,
Bien que d'vn homme mort tu ayes la semblance
  Pasle & decoloré.
Ton visage alteré d'vne affreuse figure,
Et ton bel œil terny d'vne nuee obscure
  Du tout elongoré,
Mais quelque que tu sois, si c'est tousiours toy-mesme
Du reste il ne me chaut, il n'y a couleur blesme,
  Maladie & langueur.

Chant dixneufiesme.

Dont se peust esbranler ceste amitié fidelle
Que i'ay enracinee enuers toy, ame belle,
  Au profond de mon cœur.
Au moins que iusqu'à toy puisse arriuer ma plainte,
Et te compter le mal dont ie me trouue atteinte,
  Pour vn peu l'appaiser.
Pardonné moy aussi, si à ces yeux languides
D'vn noir voile offusquez, & ces leures liuides
  Ie desrobe vn baiser.
I'osteray à la mort, (douce bouche amiable)
Partie de ce droict, que ceste inexorable
  A vsurpé sur toy.
La baisant rebaisant encore qu'expiree,
Et ja entre ses dents cruelles attiree
  Par la commune loy.
Contrainte suis icy d'amoureuse destresse
Te rauir des baisers comme vne larronnesse,
  Qu'en pleine liberté,
Donner tu me pouuois quand tu estois en vie,
Et que pour t'aimer seul t'auois tout asseruie
  Ma franche volonté.
Mais si ie te les rends, tu ne les sçaurois prendre,
Ou si tu les reçois, tu ne me les puis rendre
  D'vn mutuel accord.
Pendant doncq' que mon ame encor vn peu respire,
Qu'on luy permette au moins qu'en ta bouche elle expire
  Sur le point de la mort.

En telles & plusieurs autres pitoyables lamentations se fondoit toute ceste triste-esploree amante sur le corps de son bien aymé, qu'elle estimoit estre tout oultré, gemissant à gros sanglots entrerompus, s'attachant les cheueux, & se deschirant le visage & la gorge à belles ongles il semble qu'elle soit cōuertie en vne fontaine d'eau viue, qui se distille par ses yeux en deux couslās ruisseaux de larmes, dont elle arrouse ce demy-mort: lequel sentant ceste tiedde humeur ioincte aux baisers, commēce à se reuenir, & ouure tant soit peu les leures. Ces leures qui paroissoyēt desia expirees, il les entr'ouure vn bien peu : mais les yeux sont encore clos. Et laisse aller vn profond souspir foible & debile, qui se mesle auec ceux de la demy morte, dōt il ne se peut faire qu'elle n'en reçoiue quelque reconfort, qui sert de barriere à son ame, qu'elle ne gaigne le haut parmy l'air, & acheue de rompre du tout les liens qui la retenoyent dans le corps. Et ouure moy vn peu tes beaux yeux, mon trescher bien aymé Tancred, alla-elle dire, à ces derniers deuoirs que ie te rends icy de mes tristes pleurs à tes funerailles: Regarde moy à tout le moins, qui veux desloger d'icy auec toy, & t'ayder à passer ceste lōgue carriere de la terre au ciel, regarde moy pour la derniere fois que nous-nous reuerrōs plus icy bas, & ne t'esloigne pas si tost de celle qui en toutes façons te veut par tout suiure & accompaigner: c'est la derniere requeste que ie pretends iamais te faire, d'attendre vn peu: me la voudrois tu refuser? Tācred à ces cris & gemissemēs entr'ouure tant soit peu les yeux, & puis les referme soudain, trouble, languide & surchargé d'vn nuage sōbre: Dont elle se plaint & lamēte d'estre si tost frustee de ceste tant aggreable lumiere. Et Vaffrin luy va dire: Certes il n'est pas du tout passé, entendez doncq à le penser, & puis vous aurez meilleur loysir de paracheuer vos complaintes, & quant & quāt il le desarme. Elle toute tremblante, & si abbatuë

Chant dixneufiesme.   559

qu'elle n'en pouuoit desormais presque plus, commence à remuer ses playes, & les reuisite, & les pese, conceuant par la longue experience qu'elle a de ce mestier là, bon espoir de sa guerison. Elle voit que le plus grand danger qu'il court, vient de sa foiblesse, & du sang qu'il auoit perdu, qui couloit encore en grand' abondance de ses blesseures, & n'ayāt dequoy les bander en vn si solitaire lieu, fors la guimple dont elle est coiffee, amours, & son amoureuse pitié luy enseignent vne toute nouuelle & inusitee practique, auec ses belles longues tresses, qu'elle couppe là pour leur faire seruir de compresses & de bandages en lieu de linges, & en essuyer ses blesseures, à quoy ce petit voile n'eust pas peu suffire, Et d'autant qu'elle n'auoit apporté auec elle ne dictāne, ne bol armene, ou autre drogue dont elle peust estancher le sang, elle eut recours à des paroles, qui pouuoyent faire mieux encore le mesme effect, dont elle en estoit vne singuliere maistresse, si qu'elle l'arreste, & chasse ce mortel someil qui estoit prest de l'assoupir pour iamais, tant qu'il cōmence à ouurir l'œil à bō escié & le tourneuirer de costé & d'autre. Et apperceuāt là son Escuyer auec ceste Damoyselle estrangere cōme son habit le mōstroit, il en demeure tout estōné, & luy demāde: Dy moy Vaffrin, comme & quād vins tu icy? & vo° qui estes vous aussi, qui me faites vne telle bōté que de vo° entremettre de peser mes playe? Elle rauie de ioye & de crainte en souspirāt se colore sa belle face d'vne vermeille & hōteuse pudeur. Vous sçaurez le tout puis apres, va elle respōdre: mais pour ceste heure tenez vo° coy sans vous remuer ny mot dire: il faut que vous le faictes ainsi que moy voſtre Chirurgienne lordōne, taſchez de prendre vn peu de repos : & n'ayez doubte que voſtre gueriſon ne ſoit briefue, ne vous ſouciant d'autre choſe que de preparer le payemēt de celle qui vous l'aura procurée. Et s'aſſeant là contre terre, luy preſente ſon geton pour s'y repoſer. Cependant Vaffrin ſe met à penſer à par ſoy, comme on le pourra tranſporter de là à quelque logis où il puiſſe eſtre plus à ſon ayſe, deuant que la nuict vienne, qui le pourroit beaucoup greuer, quand voycy arriuer vne troupe de Caualerie que Vaffrin recognoiſt aſſez eſtre de la cornette de ſon maiſtre Tancred, leſquels, lors qu'il appella Argāt au combat d'homme à homme, eſtoyent auec luy : mais il leur defendit de le ſuyure : & puis apres eſtās en doubte de ce qui luy pourroit eſtre aduenu, s'eſtoyent meus pour l'aller chercher. Pluſieurs autres tenoyent encore la meſme briſée, qui l'ayans trouué en tel eſtat, firent vne forme de lictiere à bras, pour l'emporter : & comme ils le vouloyent charger deſſus, il leur alla dire : mais ce braue & valeureux Cheualier demeure il dōcques icy pour ſeruir de paſture aux chiens & corbeaux ? Ah pour Dieu que cela n'aduienne, qu'on delaiſſe ainſi priué du droict de ſepulture que merite vn ſi preux & vaillant gendarme : Il ne me reſte plus de guerre, animoſité, ny querelle auec vn corps priué de vie, qui ne parle, ny ne ſe remue. Il mourut en braue & hardy combattāt, parquoy ceſt honneur par raiſon luy eſt fort bien deu, qui apres ſa mort luy peut demeurer pour le dernier mets en la terre. Et ainſi fait que ſon ennemy eſt de là emporté quāt & luy, lequel pourſuyuant encor ſon propos, leur diſoit,

soit, ie veux qu'on me meine droit à la ville, & nompas au camp à mes tentes & pauillons: car s'il mesaduient de ceste mienne fresle & caduque vie, i'ayme mieux que ce soit en ce tant sainct & deuot lieu, qu'à la cāpaigne ny autre part, d'autant que là où voulut terminer ses iours l'homme immortel, il est à croire que là nous sera plus propice & fauorable le chemin pour aller au Ciel, & seront mes vueils & desirs satisfaicts d'y auoir finablemēt accomply mon pellerinage. Il le dit ainsi, & il y fut porté cōme il l'ordonna. Là où ayant esté couché en vn lict, il se mit à dormir fort reposement. Cependant Vaffrin trouua vn logis là auprès pour la Princesse, en vn lieu secret, & bien clos, où il ne luy pouuoit estre apporté aucun ennuy ny desplaisir, ny rien attēté d'indigne d'elle & puis s'en alla trouuer le Duc Godefroy, en la presence duquel il fut tout aussi tost conduit sans en faire difficulté, encore que pour deliberer de leurs plus importans affaires, il s'en fust allé au logis du Cōte Raymōd, qui gisoit au lict du coup qu'il auoit receu de la masse de Solymā, dont il estoit presque tout froissé. Le Duc s'estoit là assis sur le bord, & plusieurs autres en des sieges tout alentour, où pendant que l'Escuyer luy rend cōpte de son voyage, personne de tous tant qu'ils sont ne l'interrōpt, ny ne entēd à autre chose: ains l'escoutent attētiuemēt. Monseigneur (disoit-il) suyuant ce qu'il vous auoit pleu m'ordonner, ie m'en allay au cāp du Soudan, où ie me parforçay de tout mon pouuoir de recognoistre & espier tout ce qui s'en pouuoit apprendre. N'attendez pas au reste que ie vous voyē icy parcourant le nombre de gens qui y est, ny les specifier par le menu, car cela ne se pourroit faire : i'en vis là tant qu'ils en remplissoient monts & vaux, tout en estoit plus que couuert. Ie vis que quelque part qu'ils arriuassent, la terre cōme en moins de rié restoit despoüillee ainsi que si le feu y eust passé de tout ce dont elle pouuoit estre reuestuë : & non seulement les fontaines, puits & ruisseaux : mais les riuieres mesmes en estoyent taries, ne suffisans pas pour en abbreuuer si grand nombre. Tout ce que la Surie pourroit moissoner de grains en deux ans, à peine leur suffiroit-il pour vn iour, si tous en mā-geoyent : mais la plufpart tant de leur infanterie que cauallerie, sont gens de peu, & inutiles, sans or-dre ne discipline aucune, qui ne sçauent que c'est de combattre à coups de main, & de pied ferme : ains tant seulement sont bons à escarmoucher de loin. Il y a quelque peu d'assez bons soldats des vieilles bandes des Persiens : mais la fleur & eslitte de tous, sont ceux de la cornette du Soudan, qu'on appelle les immortels, parce qu'il n'y a iamais de place vaccante : ains soudain qu'aucun d'eux deffaut, aussi tost est-elle remplie de quel-qu'vn des plus esprouuez, dont il y en a tousiours vn grand nombre qui attendēt d'y estre promeus, & pour cest effect monstrent tout ce qui se peut de proüesse és plus dangereux hazards & perils. Le chef de ceste imperialle armee est vn nommé E-miren, auquel peu en y a, ou point du tout, qui se peussent parangonner soit de sage conduitte & prudence, soit de vaillance & hardiesse, lequel a commandement du Soudan, de tascher par toutes voyes qui serōt passibles de vous attirer à la batail-le generalle, & ne pense pas qu'ils mettent encore

Chant dixneufiesme. 563

plus de deux iours à comparoistre à vostre veuë. Mais il vous faut Seigneur Renaud prendre garde à vous: car il vous en veulent sur tous les autres: & les plus vaillans d'entr'eux tous, ont cōspiré & promis d'auoir vostre teste. Tous leurs desseins tendent principallement à cela, parce qu'Armide s'est promise à celuy qui la luy pourra apporter. De ce nombre est le redouté Persien Altamor Roy de Semarcant, & Adraste, qui a son Royaume és plus esloignez confins de l'Aurore, & est geant, homme cruel, qui a vn Elephant pour monture: Tissapherne aussi, dont les proüesses equippollēt à leur bruit & renom. Ainsi leur disoit-il, & le ieune Cheualier s'enflamme tout le visage d'vne ardeur boüillante: il semble que le feu luy sorte des yeux, tant ils estincellent de colere & despit de s'ouyr ainsi menacer de ceux qui ont conspiré de le mettre à mort esperant bien de la leur vendre fort cherement, auant qu'ils puissent venir à bout de leur entreprise: à peine peut il plus demeurer en sa peau, la chambre où ils sōt assemblez est par trop estroitte pour le desormais contenir. Là dessus Vaffrin s'addressant de nouueau au Duc: Monseigneur, poursuyt-il, tout ce que ie vous ay cōpté iusqu'icy est moins que rien, ce qui me reste à vous dire est bien de plus haute importance. Et pour le vous restreindre en vn mot; ils ont deliberé de proceder en vostre endroit non tant seulement à force ouuerte, mais par cautelle & trahison, & s'y seruir des armes d'vn nouueau Iudas. Puis luy racompte de point en point l'ordre de leur machinations & complot, le desguisement de leurs armeures & cognoissances, l'empoisonnement de leurs

glaiues, leurs cazaques contrefaites, & ce qu'ils a-
uoyent promis au Soudan, & ses recompences reciproques les venans à effectuer. On l'interroge de
plusieurs choses, & il y respond fort pertinem-
ment, si qu'on s'en contente. Et ayans là fait vne
petite pause, le Duc hausse les yeux vers le Conte
Raymond, & luy demãde ce qu'il luy en semble.
Mon aduis, respond-il, est que suyuant ce qui fust
arresté au dernier conceil, qu'on n'assaudroit plus,
ains qu'on se retiendroit sur la deffensiue, & au reste qu'on blocqueroit de toutes parts ceste forteresse de si pres que ceux de dedans ne pourroyent
plus sortir sur nous, cependant que nostre camp se
refreschiroit, pour estre plus gaillard au nouueau
combat qui s'appreste. Regardez puis apres vous
nostre souuerain chef, lequel sera le plus expediẽt
& plus seur, ou d'aller tout ouuertement droit à
eux la teste baissee, ou nous retrancher, pour les a-
muser & leur faire perdre le temps. Mais sur tout
ie vous supplie au nom de tous d'entendre à la seureté & conseruation de vostre personne, de laquelle depend celle de toute ceste armee. Car qui
est-ce, s'il mesaduenoit de vous, ce que Dieu ne
vueille, qui la pourroit plus redresser & cõduire, ny
pourueoir à sa seureté? Tout iroit cen dessus dessous en desordre & confusion, dont dependroit
nostre ruine. Et affin que ces conspirateurs n'ayẽt
le moyen de se desguiser en leurs armes & equippage, faictes changer les leurs aux vostres, Par ainsi
leur fraude se viendra à manifester d'elle mesme.
Le Duc repliqua, Certes vous monstrez assez tres-
loyal preud'homme, vostre sagesse de plus en plus,
& la bonne volonté que vous nous auez tousiours

Chant dixneufiesme.

portee, dont nous vous auons vne obligation immortelle, Dieu nous face la grace de le recognoistre. Au surplus nous arresterons icy ce que vous auez laissé irresolu & indecis, de sortir assauoir côtre ceux qui nous veulent venir trouuer: car il ne nous semble pas estre ny honneste ny conuenable que ces forces qui ont fait iusques icy trêbler tout le Leuant d'vn bout à autre, se doyuent retenir enfermees dans des murailles & rempars, ains plustost d'aller au deuant de ces infidelles, & qu'en pleine lumiere du iour à force ouuerte, & nompas en temporisant, on leur face sentir pour la derniere fois quel est nostre effort: ils n'auront iamais le courage de nous attendre en bataille rangee, ny de supporter non que nostre chocq : mais nompas seulement le fier semblant de nos visages, se ressouuenans de nos victoires & beaux faicts d'armes; Cela les tournera en fuitte auant que de venir aux mains : D'où depend le ferme & asseuré establissement de nostre conqueste & domination par deçà. Ceste tour puis apres se rendra bien tost, ou s'ils ne se rendent, il nous sera bien aysé quand ils n'auront plus d'ayde & support de dehors de les auoir de viue force. Là il mit fin à son parler. Et pource que les Estoilles faisant de longues cheuttes & trainees à trauers l'air, chatoüilloyent les yeux d'vn souëf sommeil & repos, chacun se retira à son logis, attendant la nouuelle renaissance du iour suyuant.

Chant vingtiesme.

ARGVMENT.

GODEFROY DE BVILLON tire l'armee Chrestienne dehors pour aller rencontrer celle du Soudan d'Egypte, qui venoit leuer le siege de Ierusalem. La bataille se donne aspre & sanglante, au plus fort de laquelle Solymã, & le Roy Aladin font vne saillie dedans la ville sur le Conte Raymond de Thoulouse, & ceux qu'on auoit laissez au siege de la forteresse où ils s'estoyent retirez. Solyman apres y auoir fait vn grand deuoir, s'en va où les deux armees combattoyent encore, & fait là merueilles de sa personne. Là dessus Tancred qui gisoit au lict de ses playes, ayant ouy le bruit & le cry de ceste saillie, s'y en va, & remet sus tellement les choses, que le le Roy Aladin y demeure mort sur la place, ses gens acheuez de defaire, & Ierusalem de tous poincts conquise, cependãt que les Chrestiens obtiennent de tous poincts la victoire dehors.

LE SOLEIL auoit desia resueillé les mortels à leurs trauaux accoustumez, & le iour naturel parcouru des 24. heures les dis de son ordinaire carriere, quand ceux qui estoyent à la sentinelle sur la plus haute de toutes les tours de la ville, descouurent de loing ie ne sçay quel ombrage espoix, ainsi qu'vne sombre nuee qui couuroit le Ciel, de la mesme

Chant vingtiesme.

sorte que quant il commence à se rembrunir sur le vespre, & s'apperceut à la parfin que c'estoit l'armee d'Egypte qui venoit au secours des assiegez offusquant l'air de toutes parts de la poussiere qu'ils esleuoyent, la terre toute couuerte de gens, tant les vallons, & les coustaux, que les campaignes & plaines. Alors de hausser des cris iusqu'au Ciel, ceux qui s'estoyent retirez dans la forteresse, & de grandes acclamations d'allegresse, tout ainsi que bruyent & criaillent les grües qui à grands vollees durant les plus froides rigueurs de l'hiuer s'esbranlent de leurs ordinaires demeures en Thrace, pour en aller chercher de plus tiedes, & moderees, fuyans à grands resonnemens deuant les morfondus & gelez soufflemés des rudes vents Septentrionaux. En semblables ceux qui s'estoyent renclos dans la forteresse du temple voyans si prochaine l'esperance de leurs secours, desployent leurs mains à descocher infinis coups de traicts & de flesches contre les Chrestiens, & leurs langues à autant d'iniures, hontes, outrages & villaqueries. Les François s'apperçoyuent incontinent ce qui les moūuoit à si tost reprendre courage, & à leur vser de menaces, & voyent quant & quant des lieux hauts apparoistre ceste grosse & puissante armee, dont soudain se vient allumer en leurs magnanimes courages vne impatiente hardiesse, crians à haute voix, bataille bataille. Toute ceste genereuse ieunesse vnanimemēt d'vn accord demande bon gré mal-gré que le Duc en aye, le mot & signal du combat, se despitans qu'il tarde tant à le leur donner: mais le sage & aduisé qu'il est se retiēt,

& le leur refuſe, ne voulant permettre que perſonne encore pour ce iour là ſorte, fuſſe ſeulement pour les recognoiſtre & eſcarmoucher : car il eſt bien raiſonnable, alloit-il diſant, qu'apres vn ſi dur & penible trauail que vous venez tout recentemēt d'endurer, vous vous repoſez pour le moins vn iour, pour vous reſtaurer & reprendre nouuelles forces : & de cela cepēdant pourra naiſtre vn orgueil & meſpris de nous dans le cœur de nos aduerſaires, qui les fera venir plus inſolemment à la charge, & auec plus de nonchallance, ſi que de ceſte inconſideration nous en pourrons auoir meilleur cōpte. Ils luy obeyſſent, & trouuent bon d'attendre le renouuellement du iour ſuyuant, où ils ſe preparent d'vne grāde ardeur de courage. Oncques auparauāt l'air ne s'eſtoit mōſtré ſi clair & ſerain, cōme il fit lors en ceſte tant memorable iournee : l'aube toute ioyeuſe ſembloit ſous-rire, eſpādant ſes nouuelles blācheurs ſur la terre, & monſtroit d'auoir accueilly entour elle les plus lumineuſes ſplēdeurs du Soleil, qui la ſecōdoit, ſi qu'elle s'accreut d'vne plaiſante clarté outre l'ordinaire, afin que le ciel peuſt veoir tout à plein ſans obſtacle, les beaux faicts d'armes qui ſe deuoyent la decider. Si toſt que le Duc vit poindre ainſi le iour hors de ſon beau doré diaſpré pourpris, il tire hors de toute l'armee en ordōnance de bataille, & laiſſe le Conte Raymond, auec le renfort qui luy eſtoit venu de Surie, nō en petit nōbre, & vne enſeigne de Gaſcons, au ſiege de la citadelle, où le Roy de Ieruſalem s'eſtoit renfermé luy & Solyman. Ce magnanime Capitaine ſort dehors en vn ſi bel ordre & d'vne contenance ſi aſſeuree, que chacun

Chant vingtiefme.

conçoit de la vne ferme esperãce de la victoire toute certaine: car en sa personne reluisoit ie ne sçay quelle inaccoustumee faueur du Ciel, qui le rẽdoit d'vne plus augufte apparence. Son visage se rẽplit d'honneur & de Majesté, & y rameine le mesme teint, voire plus frais & vermeil encore, que lors qu'il estoit en sa plus florissante vigueur de ieunesse, & en la prime vere de son aage, mõstrant en ses gestes & actiõs, son regard, & le surplus de sõ maintien, ie ne sçay quoy de plus venerable que d'hõme mortel. Mais il n'eut guerres marché auant, qu'il se rẽcontra front à front de l'armee ennemie, là où soudain il se saisit d'vn tertre qui luy demeuroit aux espaulles, & d'vn autre à main gauche, qui le flancquoient. Cela fait il estẽd le front de sa bataille au large, & la restreint sur les costez, renfermant les gens de pied au milieu, qu'il couure auec deux grosses aisles de caualerie d'vne part & d'autre. A la poincte gauche, qui s'approchoit pl⁹ d'vn costau roidde à monter, il se rempare d'iceluy, & y cõmet les deux Roberts: & du milieu de la bataille il en laisse la charge à son frere, & luy se met à la poincte droicte, où estoit l'acces plus libre & ouuert à trauers la plaine, & le plus dãgereux endroit de tous, parce que l'ennemy qui le surpassoit de beaucoup en nombre de gens, auoit plus de moyẽ de l'inuestir de ce costé, & l'enuelopper au derriere. Là il arrenge tous ses Lorrains, & ses autres plus esleuës forces où il auoit plus de fiance, entremeslant des gens de pied prompts & deliures parmy les arbalestriers à cheual, auec lesquels ils sont duits & accoustumez de combatre. Puis il dresse vn esquadron des auãturiers, & autres les pl⁹ signalez de l'armee, qu'il arrenge le long du coſtau à main droicte, dont il donne la charge & conduitte au Prince Renaud, luy diſant, C'eſt de vous treſ-preux Cheualiers que depend toute la victoire de ceſte iournee, tenez vn peu au large ceſte trouppe que ie vous laiſſe, cloſe & couuerte au derriere de ces deux grandes aiſles de caualerie, àfin que quād l'ennemy nous viendra aborder par là, vous le chocquiez le plus viuement qu'il ſera poſſible, & par ce moyen rēdrez inutile & vain ſon effort. Car ſon intention eſt (ſi ie ne m'abuſe) de nous venir charger aux eſpaulles, & par les deux flancs. De là luy monté ſur vn grand courſier alloit de rang en rang parmy la caualerie & infāterie enhorter chacun à bien faire, & ce d'vne ſi grāde diligence qu'il ſembloit voller, le viſage tout à deſcouuert ſous ſon caſque, où ſes yeux enflābez reluiſoyent à guiſe de deux eſclairs ardents, & le reſte de ſa cōtenāce les ſecōdoit, dont il rencourageoit les craintifs, & cōfirmoit les aſſeurez, aux vaillans il ramenteuoit leurs proüeſſes, & ce qu'ils s'eſtoyent vantez auoir reſerué pour ce iour: Aux autres ce qu'ils auoyent fait de plus remarquable en leur vie, & le los qu'ils s'eſtoyent acquis par leurs beaux faicts d'armes, qui ſe terniroit s'ils ne pourſuyuoyent de faire de meſme, & encore mieux en vne telle occaſiō, ſeule reſtante pour mettre fin à leurs trauaux, & venir à bout honorablement de leur ſaincte & deuote entrepriſe, promettant aux vns des honneurs & adnancemiens, & aux autres des recōpences fructueuſes, ſelon qu'il les voyoit plus inclinez ou à la gloire, ou au gaing. Finablement in s'arreſta au premier rang de la bataille, où les principaux auoyent

Chant dixneufiesme.

pris leur place selon leurs grades & dignitez, lesquels d'vne petite butte vn peu releuee il commença à haranguer de sorte que chacun se sentoit comme rauy à l'escoutter. Ainsi qu'vn impetueux torrent qui se coulle d'vne grand' furie à trauers les costaux & pentes des plus hautes cimes des Alpes, lors que les neges viennent à s'y surfondre sur le renouueau, de mesme decoulloyent de sa faconde eloquente bouche des enhortemens promps & vallables d'vne tresgrand' facilité, & efficace nompareille. O tres-valeureux champions (alloit-il disant) esleuz de nostre commun REDEMPTEVR, pour le fleau, ruine & destruction de ses mescreans aduersaires, armee sienne desormais victorieuse de tout l'Orient, voicy la derniere & heureuse iournee qui doit terminer nos trauaux, celle que nous auons tant desiré qui est arriuee finablement, la voicy presente, où non sans vne treshaute consideration & mystere, le Ciel a permis que ces desobeissans & rebelles se soyent icy reduits ensemble, à fin de finer plusieurs longues guerres difficilles à demesler, par vn seul faict d'armes, si que nous recueillerons plusieurs victoires tout à vn coup, sans que pour cela le trauail & peril soyent plus grands. Ne vous estonnez doncques point, ie vous prie, ie vous en requiers au nom de Dieu, pour le seruice duquel nous militons, de ne vous vouloir esmayer pour voir icy tant de gens assemblez en vn contre vous: les victoires ne dependent iamais du grand nombre, outre ce qu'estans si discordans de toutes choses entre eux cõme ils sont, bien malaisément pourront-ils rien faire qui vaille: car ils ne s'entendront iamais pour venir au cõbat d'vn accord: ains s'embroüilleront & confondront d'eux-mesmes, & y en aura bien peu de tout ce grand nõbre, qui tant seulemẽt mettent la main à l'espee pour nous attaquer & ioindre de pres: à la plus grand' part defaudra le cœur, premier que d'en venir là, & plus qu'au deux tiers le lieu & commodité de combattre, quãd biẽ ils en auroyent la hardiesse. Ceux qui viennent encontre vous sont gens desnuez & destituez d'armes, de courage, & de discipline & art de la guerre: amenez icy à coups de baston de leurs pusillanimes oysiuetez seruiles; & contraints de force de ceindre de lourds mal maniables coutellas, & de se charger les bras de pauois, ils s'espouuantent de la peur qu'ils ont du bruit mesme de leurs propres armes. Ne les voyez vous pas desia tous tremblans s'esbrãler pour tourner le dos? Ils n'ont point aucune creance, ny ne sçauent que c'est d'obeir aux signals de leurs drappeaux, ny ne cognoissẽt le son de leurs trompettes & tambours. Ie les aperçois desia tous transis de peur, & la mort qui est venu planter sa banniere emmy leurs blesmissantes faces. Celuy que vous voyez là flamboyant d'or & de pourpre, qui les met tous en ordonnance d'vne mine fiere & imperieuse, a peu obtenir autre fois quelques victoires sur des Arabes, & des Mores, & semblables canailles de nulle valeur, mais il n'est pas pour subsister contre nostre effort. Quelque sage & prudent au reste qu'il soit, que luy pourra cela seruir en vne si grande confusion de tant de gens pelle-meslez, & de si diuerses humeurs & lã-gages? Il n'est cogneu de la pluspart, & il ne les çognoist gueres mieux. Peu en y a qui luy puissent

Chant vingtiesme. 573

dire; Vous m'auez autrefois commandé ne luy à
eux; Vous fustes jadis sous ma charge. Mais c'est
moy qui me puis vanter d'estre chef d'vne nation
esleüe sur toutes autres, qui auons desia souuent
combatu, & obtenu plusieurs victoires par ensemble. Vous me cognoissez, & ie vous cognois nom
par nom, & ce que chacun d'entre vous sçait faire.
Car à qui est-ce que ie ne puisse dire le païs dont il
est, & de quelle race? De qui m'est la lance & l'espee incognuë? la flesche, pendant mesme qu'elle
volle encore par l'air i'apperçois fort facilement si
elle est d'vn Anglois, ou d'vn Irlandois, & de quel
bras elle est laschee, ie ne vo' recherche que d'vne
chose tant seulement, que chacun de vous perseuere à se monstrer tel en ce grand affaire, comme
ie l'ay veu tousiours autre part. Que suyuant son
zele accoustumé, il se ressouuienne & de mon hõneur & du sien, & de celuy au nom duquel nous
guerroyons; allez doncques à la bonne heure; passez moy de plaine arriuee sur le ventre de ces infidelles Payens, taillez les en pieces, qu'il n'en reste
vn seul pour renouueller cy apres ceste detestable
& maudite engence: c'est le moyen d'establir ferme au seruice de nostre Dieu la conqueste de son
sacre sainct heritage, ou nous pretendons. Mais à
quel propos vous entretenir icy d'auantage? Ie
voy tout appertement dans vos yeux estinceller
vne toute certaine asseurance de nostre prochaine
victoire, Elle est escripte en grosse lettre dans vostre front, l'y voudriez-vous donc effacer, & vous
faire ce tort vous mesmes par vostre doubte & defiance? Cela n'aduienne, il n'aduiendra pas aussi
si Dieu plaist. Il sembla qu'à l'acheuer de ces

paroles vn lumineux serein rayon descendist d'enhaut sur ses leures, de la mesme sorte, qu'en vne claire nuict d'Esté on voit se secouër de dedans son geron vne estoille chariant vne longue queuë trainante, où vn esclair tresluisant, qui semble ouurir & fermer le sombre pers Ciel tout emsemble, si qu'on pouuoit croire que le Soleil se desployoit là de la plus interieure concauité de son globe, & sembloit que ceste extraordinaire lueur allast cõme faire vne ronde & visite tout alentour de ceste armee, desia reduitte en ordonnance de cõbattre, pour leur en donner le signal, prognostiquant l'establissement ferme d'vn Royaume Chrestien en ces quartiers Orientaux: Peut estre aussi (s'il est loysible à la langue humaine penetrer si presomptueusemẽt dedãs les occultes secrets de là haut) que ce fut l'Ange assistant aux forces Chrestiẽnes, lequel descendant des supracelestes demeures les vint la adõbrer de ses aisles. Pendãt que le Duc arrenge & encourage ainsi ses batailles, le chef de l'armee Egyptienne n'en faisoit pas moins de sa part: car de tant loin qu'il apperceut l'ost Chrestiẽ marcher vers luy, il se mit aussi à ordonner les siennes, mettãt sa cauallerie sur les deux aisles, & les gens de pied au milieu, Puis il se renge à la pointe droitte: la gauche il la laissa à Altamor: Muleassen eut la cõduitte de l'infanterie, & au milieu de la bataille fut placee Armide. A main droitte du chef souuerain Emirẽ fut le Roy des Indiẽs, auec Thissapherne, & la cornette du Soudan cõposee de ses mãmellus & domestiques, car sa persõne n'y estoit pas. En la poincte gauche, estẽduë au reste le plus au large que la plaine le peut permettre, furẽt mis les Persiens auec Altamor, ensemble tous les Affricains, & les deux Roys qui commandoyent aux ardents sablons de Libye, auecques tous les gens de traict, archiers, arbalestriers, Iauelottiers, & tireurs de fondes. Ainsi les rangea Emiren, s'en allāt puis apres de costé & d'autre, tant au milieu, que sur les flancs, pour les enhorter, les vns de sa bouche propre, & les autres par des truchemās, selon le langage qu'ils cognoissoyēt, ores par des loüanges de leurs beaux faicts, ores en les menaçant s'ils alloyent laschemēt en besoigne, tantost par vn espoir de recōpences, selon qu'ils le desseruiroyent, tantost par vne craincte de chastimēt de leur coüardise. Il s'en alloit disant aux vns: Mais pourquoy tenez vous ainsi mornemēt le visage abbaissé en terre? Dequoy est-ce que vo⁹ auez peur? Que peut vn hōme contre cent? autant estes vous au respect de vos aduersaires. Ie me fais fort qu'à vostre seule ombre vous les verrez tourner le dos: vos cris seuls les mettront à descōfiture. Et aux autres, Or sus doncques gens valeureux allons d'vn courage deliberé gayement recouurer les despoüilles qu'on nous a rauies. A d'aucuns il leur remet deuant les yeux vne representation de leur Patrie, comme s'il la leur monstroit au doigt, qui les semond & les requiert d'auoir pitié d'elle, & ne permettre point qu'elle tōbe so⁹ le ioug inaccoustumé d'vne dominatiō estrangere, aux autres, leurs femmes & petits enfans, leurs peres meres, & tout le reste de leur famille, qui à mains ioinctes implorēt pitoyablemēt leurs secours, de ne les laisser opresser des iniures, exces, violēces, & extortiōs de leurs aduersaires, les emener en seruitude, rauir, violer, meurtrir, saccager, & soubsmettre aux insolences & cruautez qu'ont accoustumé d'exercer ceux qui vainquent enuers les vaincus qui succombent à leur effort. Toutes ces considerations, alloit-il disant, vous doyuent estre en plus de recommandation & respect, que dix mille vies, si vous en auiez autant à espandre pour empescher que cela ne aduienne. Voudriez-vous par vne lasche crainte de l'hazarder si dignement, (car à vne plus legitime occasion ne les sçauriez vous iamais employer) laisser prophaner vos saincts temples, reuerser vos autels, abolir vostre religion, & vos sainctes loix establies de si longue main, Veoir violer vos femmes & filles en vos presences sur vos corps propres à demy respirans encore: demollir les sepulchres de vos ancestres, & en espandre les cendres au vẽt? Ils vous appellent de là dedans à les prẽdre en protection & deffence, que iamais vous ne permettiez qu'on leur trouble ainsi leur repos, vous monstrans les vns leurs cheueux chenus, & leurs barbes blanches, par où ils vous inuoquent & adiurent, les autres vous ramentoyuent les trauaux, dãgers, & mesaises qu'ils ont endurez en fleur d'aage, & la plufpart finé leurs iours auãt temps, pour vo^9 laisser en liberté iouyr des biẽs que vo^9 possedez à vostre ayse auec vos mesnages, en paix & en trãquillité, sans y estre molestez de personne: & vous les lairrez perdre maintenãt? A d'autres encore. Preux gẽsdarmes, c'est l'Asie qui vos a choisis pour ses ptecteurs, qui vous a esleus entre tant d'autres, lesquels eussent ardẽment desiré au prix de leur sang achepter vne telle gloire, perdurable à tout iamais: la voulez-vous doncques frustrer de son attente, de

Chant vingtiesme. 577

de l'espoir qu'elle a mis en vous, de se veoir par vostre glorieux effort deliuree, satisfaicte & vengee des maux & outrages, violences & pilleries que ces brigandeaux estrangers y sont venus perpetrer de si loing? Elle qui iusqu'auiourd'huy s'en estoit tousiours maintenüe exempte & inuiolable. Voulez-vous par vostre defaut attacher vn tel blasme, vne telle note d'infamie à vous & à vostre posterité, qu'aux siecles aduenir on ne resonne autre chose qu'vn perpetuel vitupere, que cela soit premierement aduenu sous vous tels & tels, par vostre lascheté de courage? Ah pour Dieu ne vous faictes point vn tel tort, ie vous prie, & par mesme moyen à vostre Patrie, & à vostre souuerain si valeureux Prince, tant redouté en tous endroits, & inuincible iusques icy. Ainsi par diuerses artificieuses & premeditees semonces, selon qu'il les voyoit estre à propos, alloit Emiren animāt les siens au combat. Mais doresnauant toutes ces remonstrances d'vne part & d'autre estoyent finies, les deux batailles se trouuans si près qu'il ne restoit plus que chocquer. Et certes c'estoit vne chose trop horrible à voir de ces deux grosses armees ainsi front à frōt, qui n'attendoyent plus que le mot & signal de s'esbranler l'vne contre l'autre. Tant d'enseignes desployees, d'estendars, bannieres, cornettes, banderolles, venteller au vent: d'heaumes & morrions reluire d'vn lustre esclattant, qui esblouist les yeux d'effroy: de pennaches orgueilleusemēt ondoyans sur les tymbres, pleins de menaces, chose horrible à voir. Tant de differentes liurees de toutes sortes de parures & de couleurs, se reuerberans aux rais du Soleil, comme vn arc en ciel qui tiendroit tout l'air. De fiers

Oo

& courageux courſiers henniſſans, & grattans la terre du pied, deſpités de retarder tant à donner dedans, ſi qu'ils taſchent de preuenir l'animoſité de leurs maiſtres, & d'anticiper les ſemõces de la bride & des coups d'eſperon, fronſans les nazeaux, & eſcumans par la bouche, dont ils s'emblent reſpirer flamme & fumee. Deux hautes fuſtayes de lances & picques à l'oppoſite l'vne de l'autre, preſtes à ſe coucher pour s'en enferrer de droict fil : les arcs tendus, & la fleſche encochee, les iauelots ia entoiſez pour darder d'vn mortel effort: & les fondes tornoyees autour de la teſte, pour leur donner vn plus grand branſle. Parmy toutes ces mortelles horreurs trop effroyables en apparence, il ne laiſſe pas neantmoins d'y auoir ie ne ſçay quoy de beau à l'œil qui le contente, & au milieu de la cruauté & hideur vient certaine delectation à naiſtre. Non moins horribles & eſpouuantables ſont les ſons des trompettes & des tambours, cors, buccines, & autres reſonnans inſtrumens belliques, qui cõfondent l'air d'vn par trop eſtrange & terrible concert dont il n'y a cœur qui ne ſe ſouſleue, les vns de crainte & frayeur, & les autres d'encouragement, ſelon leur diſpoſition naturelle d'hardieſſe ou timidité. Mais l'armee Chreſtienne pour le bel ordre qu'elle tient, bien que moindre en nombre, eſt trop plus ſpecieuſe & plaiſante à voir, & ouyr reſonner, car le ſon de leurs inſtrumens reſſent trop plus ſes gens de guerre, & leurs harnois ſont mieux fourbis, auec tout le reſte de leur equippage plus leſte. Leurs trompettes entõnerent les premiers la charge fort alaigrement, & les autres leur reſpõdirent ſoudain, mõſtrans de tenir ceſt ennuy, & d'ac-

Chant vingtiesme.

cepter leur deffiement. Lors les Chrestiens s'agenoüillerent, pour reuerer le ciel en haut, & baiser la terre: Cela fait deschochans d'vne grand' furie, & roideur, ce qui estoit entre les deux batailles de campaigne vuide commēce à se diminuer, & remplir d'hommes qui viennent d'vn mortel effort ioindre & serrer les vns aux autres, si que le combat s'en va attaché desormais tant au front, & par le milieu, que vers les deux pointes où la cauallerie estoit placee: & les bataillons quant & quant de l'infanterie s'esbranloyent pour s'aller heurter. Mais qui fut de tous les Chrestiés à qui on doit attribuer l'honneur d'auoir là endroit donné le premier coup de lāce? Toy sans sans doute valeureuse Gildippe, qui allas droit aborder le grand & redouté Hircan Roy d'Ormus: vne telle gloire voulut lors octroyer le ciel à vne femme, car tu luy passas ton glaiue à trauers le corps, dont tomba à la renuerse, & en tombant par le cry mortel qu'il iecta, donna loüange à ce beau coup. Ceste magnanime guerriere cōbattant pour la foy de son Redēpteur, ayant de ce dur encōtre rōpu sa lance, met la main à l'espee, & pousse son cheual dans la plus grand' presse des Perses, où elle ouure, fausse, rompt, & dissipe les plus espois rangs, laissant apres soy vne belle & large explanade bien aysee à suyure. D'vn fendant par trop demesuré elle couppe Zopire en deux moytiez par le fau du corps; & d'vn reuers la gorge & le sifflet tout net au fier Alarque, le priuant tout ensemble de ce double passage par ou entre la nourriture au corps, & sort la voix & la parole. D'vn autre redoublé soudain elle porte par terre tout eslourdy Artaxerxe, & d'vne estocade met à mort Argee. Puis sans s'arrester en se retournant couppe le poing gauche à Ismael, droit à la iointure du bras; dont la main en tombant par terre abandonne les resnes de son cheual, qui asse-né du mesme coup entre les deux oreilles, prend le frein aux dents, & se reiettant dans la presse en at-terre plusieurs, & les esclaircist. Ceux-cy, & plu-sieurs autres que la longueur du temps a desrobez à nostre cognoissance, elle priua de leur chere vie: mais les Perses se ralliāns & resserrans chargent en grande foulle sur elle, desireux de s'emparer d'vne si honorable despoüille, de sorte qu'elle estoit en dāger de courir fortune sans son bien-aymé valeu-reux espoux qui tenant soigneusemēt l'œil au guet sur elle, la vint secourir à propos. Ces deux ioints & vnis l'vn auec l'autre là endroit de leurs corps, cō-me ils l'estoyent de volōtez, redoublent d'vn vna-nime effort leurs forces, & les eussiez là veu vser d'vne sorte d'escrime non auparauant practiquee: car chacū d'eux ne se soucie pas de parer aux coups qu'on lui tire, ains laisse sa vie en abandon pour de-fendre luy de ceste-cy, elle de celuy-là. Elle rabat tous les coups qu'on adresse à son cher mary: le-quel d'autre part tend & oppose son escu contre ceux qu'on descharge à ceste sienne plus chere ay-mee que sa propre vie. Leurs testes mesmes y op-poseroiēt-ils, si le besoin s'en presentoit, voire nues & desarmees, pour se garentir reciproquement de danger, ayās pris sur soy l'vn de l'autre vne mutuel-le protection & vengeance. De luy il met à mort Artabāt Seigneur de l'Isle de Boëcan: Aluant tout de mesme est porté par terre roide estendu, qui s'e-stoit aduancé de frapper Gildippe, qui en contreschāge part en deux la teste au fier Arimond, lequel s'estoit ataqué à son cher mary. Telle ruine & massacre des Persiens faisoit ce magnanime couple de loyaux amans. Mais trop plus grande la faisoit des François le cruel Roy de Semarcant, par tout où le chanfrein de son cheual, & le taillant de son cimeterre pouuoyent arriuer pour se faire place. Cest impitoyable tue, abbat, & accable tout ce qui se rencontre au deuant, soyent gens de pied ou de cheual : heureux celuy qui atteint à plein bras de luy, peut au mesme instant expirer, sans languir renuersé dessous son cheual, qui le mord & desbrise tout, en l'estouffant par les menus, & pour vne fois en mourir plusieurs en peine & tourment. Des coups d'Altamor demeurent là roide morts sur la place, Brunellon le membru, & le grand Ardoine, son armet miparti en deux auec la teste iusques aux dents, si qu'elle pend de costé & d'autre, Brunellon transpercé d'outre en outre d'vne estocade iusqu'où le ris prend son origine, & de là viēt à dilater le cœur, d'où il s'espand puis apres en la face: de sorte, (merueille fort estrange certes, mais horrible à voir) qu'il rioit, & en riant rendoit l'ame, La cruelle espee de ce sanguinaire homicide ne bānit pas tant seulement l'vn & l'autre des susnōmez de la lumiere de ce monde, mais Germon encore, Gascon, Guidon, & le preux Rosemond leur tindrent soudain cōpagnie. Maintenant qui pourroit raconter cōbien en abbatit là Altamor, des horribles mortels coups qu'il donnoit à tort & trauers, & du pesant insupportable choq du cheual sur lequel il estoit mōté? Qui pourroit rememorer tous les noms des morts, la maniere dont ils finerent là

O o iij

endroit leurs iours, & par combien de differentes bleſſeures? Il n'y auoit plus là perſonne qui peuſt ſubſiſter deuant ce cruel Sarrazin, non que d'oſer s'attaquer corps à corps, à luy, n'y de l'aſſaillir ſeulement de loin: ny aucun de s'ingerer de luy faire teſte fors que Gildippe, qui ſans rien craindre oſe bien ſe parangonner à vn ſi dangereux aduerſaire. Onc Amazone pour hardie & valeureuſe qu'elle peut eſtre, n'embraſſa eſcu, ny n'époigna hache ſur les riuages de Thermodon, d'vn ſi grand courage, que ceſte braue gendarmeſque s'oppoſa à luy d'vne incomparable hardieſſe. Elle hauſſe l'eſpee à plein bras, & de toute ſa force lui rameine vn ſi peſant coup ſur le heaume, coroné d'vn diademe d'or & de pierreries, que tout volle à bas, tymbre, pennaches fleurons & autres enrichiſſemẽs: il eſt meſme contraint d'incliner le chef, & battre du menton la poictrine. Ce coup là ſemble bien au Payen venir d'vn tresfort & robuſte bras, dont il a grand honte & deſpit, mais il n'en eſt pas long temps redeuable, car d'vn pareil, ou plus peſant il la va atteindre ſur la creſte de ſon armet, dont il eſt force qu'elle reſte priuee de tout ſentiment, preſte à treſbucher de la ſelle, ſi ſon ſoigneux ſurueillãt eſpous ne l'euſt retenuë. Or ſoit que leur bonne aduenture le voulut ainſi, que ſon vigoureux effort l'empeſchaſt, tant eſt que le Sarrazin ne redoubla point, non plus qu'vn genereux lyon, qui ne daigne plus s'arreſter ſur vne perſonne qu'il a proſternee, ains paſſe outre, comme deſdaignant ce qui n'a plus de reſiſtance. Sur ces entrefaictes Ormond, à qui touchoit d'executer la machination conſpiree contre la perſonne du Duc, deſguiſé de ſes fauſſes marques, s'eſtoit meſlé auec les Chreſtiens, luy & ſes complices, ainſi que les loups, qui durāt vne nuict offuſquee d'obſcurs broüillars s'en viennent d'aguet & en tapinois coyement la queuë entre les iambes ſerree au ventre contrefaiſans les maſtins, aux eſtableries, eſpians par où, & cōmēt ils y pourront aborder pour enuahir le beſtail, qui s'attend d'y eſtre en toute ſeureté. De la meſme ſorte ces coniurez s'approchoyent peu à peu du Duc, dont le Payen n'eſtoit plus deſormais gueres loin, mais comme il vit reluire ceſt hocqueton d'orfeurerie, dōt ils s'eſtoyēt tous ſurueſtus, a mort, ce va il crier voyla ce traiſtre lequel a pris noſtre liuree, & ſes cōplices auecques luy, pour m'oſter la vie, preuenons les. Ce diſant, il ſe lance vers luy, & luy fait vne playe mortelle, ſans que l'autre ſe miſt non qu'en deuoir de le frapper, mais nō pas meſme de ſe defēdre, ny de reculler, ou parer au coup, ains tout ainſi que ſi on lui euſt preſenté droit en face le viſage de la Gorgonne, demeure comme s'il euſt eſté conuerti en pierre ou glaçon, luy qui auoit eſté toute ſa vie ſi hardy & entreprenant. Toutes les eſpees, lances, picques, & hallebardes qui ſont la autour, ſe dreſſent contre ſes coniurez: contre eux ſe vuident & deſcochēt tous les carquois garnis de fleſches, ſi qu'ils ſont mis en tant de pieces, qu'on ne les euſt ſçeu plus raffigurer pour hommes: rien ne reſte de leur charoigne, dont on peuſt ſeulemēt a becquer vne pie grieſche. Le Duc tout couuert de ce ſang ennemi & traiſtre, entre au plus fort de la bataille, & ſe iecte la où il voit que le conducteur des Perſiens Altamor enfonçoit les plus eſpois & maſſifs ordres des Chreſtiens, les perſoit, renuerſoit,

& desordonnoit, & y faisoit telles merueilles, que tout estoit prest de ce costé là a branler & tourner le dos, se dissiper & escarter, non d'autre sorte que les plus deliez sablons de Libie deuant le souffler d'vn fort vent d'aual, quand il se leue dans les deserts. Le Duc se tourne droit à luy, & quant & quant tanse & menace les siens, leur reprochant leur lascheté, si qu'arrestant ceux qui fuyoyent il chasse & repousse ceux qui les alloyēt ainsi poursuyuans de pres. Là commencerent vn si aspre & cruel estour ces deux puissantes dextres remarquables entre toutes autres, qu'onques le mont Ida, & le fleuue Xanthus n'en virent d'autres qui leur peussent estre parangonnez au siege de Troye. Et au mesme instant s'estoit attaqué vn rude conflict de l'infanterie entre le Conte Baudoüin, & Muleassen : cõme aussi ne s'estoyent moins mortellement enuahis la caualerie des deux costez, esquadron cōtre esquadron, le long du tertre à l'autre bout de la bataille, ou le chef des Payens combattoit en personne, assisté de deux autres renõmez Capitaines. Emiren & l'vn des Robertts s'estans appariez teste à teste, taschoyent non que s'esgaller, mais de se surmõter l'vn l'autre en vaillance, dont ils font vn fort grand deuoir. L'Indien Adraste a faussé l'armet de l'autre Robert, & en maints endroits descloüé ses armes, dont les lames & mailles gisent là en pieces par terre. Tissapherne ne s'est point encore addoüé à l'vn plus qu'à l'autre, ains s'attaque indifferemment à ceux qu'il rencontre, n'ayant trouué personne qui luy semble digne de s'y arrester, & se fourre dans la plus grande presse, où il fait vne grande destructiō de Chrestiens. Ainsi s'estoit de toutes parts allumé vn mortel conflict, en ballance neantmoins encore, comme entre l'espoir & la crainte, à qui en fin pourroit incliner la victoire, le châp tout semé de bris de lances & de picques, d'escus & de rondelles despecees, de harnois enfoncez & rompus, & d'espees passees à trauers le corps de ceux qui rendoyēt les derniers abbois de la mort, & à demy respirans encore, se tantoüillans dedans vn bourbier destrempé de sang, acheuoyent là de s'estouffer les vns les autres, renuersez cen dessus dessous à grāds tas, mordants la terre de rage & destresse en ceste derniere agonie & traicts de la mort. Le cheual gist là estendu aupres de son maistre, sans se pouuoir plus remuer l'vn n'y l'autre. Le compaignon pres son compaignon, qui n'ont plus le moyen de s'entre-secourir au besoin, l'ennemi pres de l'ennemi, sans plus s'entrequereller ny rien demander, paisibles desormais & reappointez, pour n'auoir le moyen de s'offendre. Celuy qui est desia outrepassé, acheue de pousser l'ame hors du corps d'vn sur qui il auroit esté accablé, le vaincu dessus son vainqueur, leur condition s'estant changee de ceste si contraire sorte. Il n'y a point là de silence, ains tout y est pesle-mesle, & remply de cris confus qu'on ne sçauroit pas distinctement discerner, & d'vn bruit & tumulte tel que d'vn tēpestueux mascaret qu'on oyroit bruire le long des plages de la mer. Toute la campaigne resonne de cris douloureux & gemissemens lamentables, pleins de rage & forcenerie de ceux dont l'ame se separoit violentement de son cher & bien aymé corps. Les armes qui n'agueres se demōstroyēt si cleres & reluisantes, si biē forbies & lustrees que c'estoit vn grand deduit de les voir resplandir aux raiz du Soleil, sont la tranchangées en vne triste & espouuātable apparence: Elles ont bien perdu leurs brillantes lueurs de l'acier, & de la doreure couchee dessus, rien n'est plus resté en elles de leur beauté accoustumee: Tout ce qui y estoit d'ornement & parade dessus les heaumes, & leurs tymbres, tous les enrichissemens des cazaques & hocquetons, des bardes & harnachemens des cheuaux, est rompu, alteré, gasté deschiré, difformé, & foulé aux pieds, la poudre offusquāt ce que le sang n'auroit souillé, & les coups rompu dissipé. Tant auoit lors changé la compaigne son plaisant aspect en vne haffreuse face de mort. Les Arabes, les Ethiopiēs, & les Mores qui enfermoyēt la poincte gauche, commençoyēt à se reployer & estēdre en de longues aisles pour venir enclorre les Chrestiens par les flancs, & par les espaules : & desormais les archers, tireurs de fondes, & autres gēs de traict les molestoyent de loin, quand Renaud s'alla mouuoir auec son esquadron d'auanturiers, semblable à vn tremblement de terre, ou tōnerre, & du premier coup d'espee qu'il deslacha alla atteindre parmi tous les Ethiopiens, Assimir natif de la ville de Meroé, en sa noire herissee hure où elle se conioignoit au col, & l'enuoye sans marchander tenir cōpagnie aux ombres d'abas de la mesme pareure que luy : Apres ce coup, dont son affamé appetit de respādre le sang de ces infidelles estoit là venu à se resueiller, ayant trempé son ineuitable glaiue dans ce premier mets de victoire, il se mit à faire des choses trop incroyables, trop horribles & monstrueuses. Il donna plus de morts que non pas de coups, encore qu'il se deschargassent plus dru

Chant vingtiesme. 587

& menu que pluye ou gresle. Côme vn serpent qui dardant vne seule langue semble en eslancer trois tout ensemble, pour la vitesse dont il la remuë, de mesme chamailloit ce preux incomparable Cheuallier sur les Sarrazins, qui tous esperdus de le voir ainsi redoubler, l'estimoyent auoir trois bras droits, & autant d'espees, l'œil se trompant à ce viste mouuement, qui pense estre vray ce qui ne l'est pas: dont la peur qu'ils en ont, leur accroist encore l'estonnement de voir de si estranges merueilles proceder d'vn seul corps d'homme. Il enuoye par terre morts estendus les Roys de Libye, & des Negres, se veautrans dedans le sang l'vn de l'autre : & ses valeureux côpaignons se remirans en ses prouësses & beaux faicts d'armes, dont ils s'esguillonnét à son exemple de pareille impetuosité & furie, renuersent ces maudicts mescreans à grands tas, comme faucheurs qui auroyent marchandé de despoüiller vne prairie de ses herbages, en quoy ils taschent de gaigner temps, & de se deuancer l'vn l'autre : si que desormais il n'y a plus de combat ny de resistance, ains seulement vn abbatis, tel que d'vn vehement tourbillon, qui se seroit entonné dans vne forest, ou les arbres esbranlez & desracinez de sa rage & forcenerie s'entrereüersèrent & prosternent. Rien ne regne plus là endroit que mort, destruction & ruine d'vn des deux partis, où l'acier s'employe à vn trop estrange massacre, & en l'autre ils tendent la gorge, comme s'ils auoyent marchandé à qui d'entr'eux se la lairroit le premier coupper. Ils n'ont pas mesme le cœur de fuir & tourner le dos: ains attendent là de pied coy l'execution du meurtrier glaiue, comme moutons bellans la bourrelle main du boucher en l'escorcherie. Mais à la parfin les plus esloignez du carnage, non moins esperdus toutesfois, ayans le large vn peu plus libre, se preualent de ceste cōmodité, & auantque l'orage paruienne à eux, gaignent le haut qui deçà qui delà, tallonnez d'vne frayeur telle que tout ordre, toute discipline laissee à ceux qui ne les peuuent accōpaigner, ne regardent qu'à se forlonger de ce si euident mortel peril. Neantmoins ce n'est pas sans laisser vne belle brisee de morts, de blessez, & d'armes quittees là pour fuyr plus legerement, il estoit bien aysé d'en suyure la trace sans y auoir besoin de guide. Les ayāt ce preux Cheualier chassez, meurtris, dissipez vne longue espace, il rallie les siens pour venir acheuer le reste sans s'arrester plus longuement à poursuyure & aller apres ces fuyards. Tel qu'vn impetueux tourbillon de vents, auquel se voudroit opposer vne forest, ou quelque costau, qui ne font que redoubler sa furie, & le rengreger le cuidāt arrester & rabatre là où il ne rencontre point d'obstacle, il respire plus doucement à trauers vne large plaine où il peut en toute liberté s'estendre & se promener à son ayse, sans point trouuer de resistance. Ou comme les flots & vagues de la mer se venans heurter contre vn rocher qui s'opiniastre à leur tenir ferme sans leur ceder n'y faire place, boüillonnent & en escument, comme par vne indignation & despit qu'on leur contredise, & au contraire se rendēt plus calmes & tranquilles en la haute mer où elles roullēt comme il leur plaist, de mesme tant moins de cōtradiction retrouueroit deuant sa foudroyāte espee cest inuincible Cheualier, de tant plus se

Chant vingtiesme. 589

r'adoucissoit son impetuosité & effort, estimant indigne de sa genereuse valeur, & de s'exasperer plus auant apres ces tornedos ainsi rompus & escartez, si qu'il se retourne vers les gens de pied qui estoyent flanquez de ceste cauallerie Arabesque & Affricaine, & en sont maintenant desnuez, partie ayant esté taillee en pieces sur la place, & le reste mis à vauderoutte. Il vient donner tout au trauers sans autrement les marchander, auec son esquadrõ de gendarmerie, qui entre dedans par la brisee qu'il leur fait, & de plaine arriuee les enfoncenr, faussent, reuersent, & persent d'vn bout à autre du bataillon, non d'autre sorte qu'vne tempeste & orage de vents furieux charrians vne grosse nuee de gresle abatroit toute vne moisson prestre à recueillir, se ployant desia de soy-mesme pour la pesanteur des espics qui la surchargẽt & affaissent. Tout le cham est soudain arrousé de sang, & semé du bris des lances & des picques, de bras, de iambes & de testes, & de busts tous deffigurez qu'õ ne les sçauroit plus recognoistre, ainsi cest indomptable esquadron sans trouuer rien qui le retienne, de ceste premiere venuë passe iusqu'au de là du bataillon, puis retourne comme à passades pour acheuer ce qui restoit encore debout, & en ioncher vniment la terre : Quand à Renaud il arriue là où Armide estoit en grand pompe & magnificence montee sur vn haut esleué chariot doré diaspré, pour voir la meslee comme d'vn lieu de seureté, armee au reste de toutes pieces, ainsi que si elle deust estre de la partie, & combattre de sa personne, mais enuironnee de toutes parts d'vne garde choisie des plus vaillans, tant de ses Barons, que de ceux lesquels espris de son amour lui auoyēt promis la teste de ce-luy dont elle s'estoit si fort lamētee, lequel elle apperçeut de loin à plusieurs marques & cognoissances qui luy estoyent assez remarquables & familieres, & alloit cōtemplant ses prouesses d'vn œil trē-blant miparty de hayne & d'amour, si que de premier aspect s'estant aucunement alteré le visage, elle deuint froide cōme vn glaçon, & soudain apres tout en feu. Le preux Cheualier ne se veut pas là plus longuement detenir, ains passe outre, faisant semblant d'vn qui a bien autre chose à faire que de entendre là. Mais ceux qui auoyent cōiuré sa mort ne luy permettent pas de s'en destourner à si bon marché comme il cuide, ains chargent sur luy tous en foulle, qui à coups de lance, qui d'espée, qui le heurte du pis du cheual pour le terracer, qui le mire pour le tirer à coups de flesche. Armide mesme auoit desia entoisé son arc pour le delascher contre luy, sollicitee d'vn costé du maltalent qu'elle luy portoit, mais l'amour ancienne enracinee dans son cœur la retenoit de passer outre à luy mesfaire. A-mour se bandant contre le courroux, monstroit bien là par euidēce, que nonobstāt qu'elle taschast de cacher son feu, si estoit-il tout vif encore. Par trois fois elle estend son bras pour tirer, & autant de fois elle le reploye & retient. Mais à la parfin la rancune & courroux obtiennent le dessus de la biē-vueillāce. Si qu'elle entoise son arc de toute sa force dont elle lasche vne sagette qui va vollant à trauers l'air, auec vn vueil & desir toutesfois que le coup puisse aller en vain, Elle seroit contente que le traict retournant arriere se vinst planter dedans son cœur, plustost que d'en voir en rien offencé ce-

Chant vingtiesme. 591

luy côtre qui elle l'enuoyoit: Telle puissance auoit dessus elle l'amour, bien que suppedité de la haine: que seroit-ce doncques s'il en estoit victorieux? mais elle s'en repent soudain, & deteste ce pensement, & en sa discordante pensee croist sa fureur, & son animosité se rengrege. De ceste sorte ores elle ctaint, & ores desire que son coup ne soit inutile, & le suit de l'œil pour voir ce qui s'en ensuyura: mais il ne fut pas du tout adressé en vain, car il donna sur la cuirasse du Cheualier, de trop dure trempe toutes fois pour vne main si tendre & debile que d'vne delicate Damoyselle, car au lieu d'y faire faussee, il s'y espointe & rebouche. Et là dessus il luy tend & tourne le flanc, comme pour se presenter en butte, dont elle s'indigne & enflamme d'ire, estimât d'estre negligee, & qu'il ne fait que se mocquer d'elle, si que de despit elle luy en delasche plusieurs autres, tous ce neâtmoins sans effect: ce que ne fait pas amour enuers elle, car il la naure à bon escient, pendant qu'elle s'efforce de blesser ce tant bien voulu aduersaire. Est-il donc si impenetrable (alloit elle disant à par soy) qu'il ne se soucie & ne tienne compte des efforts de ses ennemis? auroit-il point parauanture vn harnois de la mesme dureté qu'est son cœur, sur lequel il n'y a coup d'œil ny de main qui puisse mordre, tant il est d'vne trempe resistante, & rebourse, là où moy & nue & armee suis de luy vaincuë, à mespris tant en l'aymant que le haïssant? Quel nouuel artifice me reste il plus, ny quelle forme où ie me puisse transmuer? moy miserable que ie suis, ne dois-ie auoir plus d'esperance en tant de valeureux gens-d'armes, qui se sont presentez à moy pour me venger de mes outrages? Mais il me semble de les voir, & voy de faict tous leurs efforts, & toutes leurs armes estre foibles & de nul effect enuers cestuy-cy d'vn trop demesuré pouuoir. Et à la verité elle en voyoit la pluspart là estendus tout roide morts, ou qui ne valloyent gueres mieux, & les autres rompus mis & chassez à vauderoutte, & n'estant pas seulemēt bastāte pour se deffendre, il luy semble estre desia prisonniere, & faicte esclaue: & encore qu'elle ait là auprès de soy l'arc, & la corcesque, si ne s'asseure elle pas gueres bien sur ces armes de Diane & de Minerue: car ainsi qu'vn timide cygne, qui auroit voulu prendre sa volee en l'air, s'il voit cōparoistre vn aigle Royal, qui à tire d'esle, gryffes desployees viēne pour luy donner la chasse, prest à le mettre au pied, soudain il refondroit à plomb en bas, pour gaigner quelque fort à lui propre ou il se puisse garētir. A cela les esperduës & partroublees craintes & esmotions de ceste Princesse se pouuoyent dire du tout semblables. Mais Altamor, qui iusqu'à lors s'estoit parforcé de retenir fermes ses Perses, desia tous prests à bransler & prendre la fuitte, dont luy tout seul les engardoit, biē qu'à toute peine & pour cest effect s'estoit ietté hors du bataillō, maintenāt qu'il voit ceste sienne deesse qu'aimant il adore, reduitte à vn si dangereux parti, il tourne à course de cheual, ou plustost volle deuers elle, tout honneur & deuoir quittez-là enuers la troupe qu'il conduisoit: que le monde perisse, & s'en voise cen dessus dessous si bon lui semble, il ne s'en soucie, pourueu qu'elle demeure saine & sauue. Il s'en va donc, & pour deffendre ce mal deffendu chariot, à coups d'espee se fait faire large pour y paruenir, mais

au

au mesme instant tous les siés qu'il a delaissez sont du Duc Godefroy, & Renaud partie taillez en pieces sur la place, & le reste mis à vauderoute, ce que le miserable qu'il est voit fort bien, & il l'endure, trop meilleur & plus excellent amoureux, que Capitaine en cest endroit: & fait tant par son grand effort qu'il met Armide à saubeté, puis retourne: mais vn peu biē tard, au secours des siés ja du tout mis à pleine & entiere desconfiture, comme estoit aussi tout le parensus de l'armee Sarrazinesque de ce costé là: mais à l'autre les nostres auoyent eu du pire, & tourné le dos, ayans esté defaicts des Payés, si qu'à peine l'vn des deux Roberts en estoit peu eschapper, blessé assez profondemēt en la poictrine, & au visage: l'autre auoit esté pris d'Adreste. Voyla comment s'estoit mipartie la desconfiture des deux costez, quand le Duc Godefroy s'en va prendre le loysir & opportunité à propos, de r'allier ses gens escartez à la poursuitte de leur victoire, pour retourner serrez ensemble à vne nouuelle charge & assaut, cōtre ceux qui estoyent demeurez entiers & superieurs, chacun venant à ce chocq là de son costé ensanglanté de la deffaicte de ses contraires, chacun garny de leurs despoüilles, la victoire & hōneur final se venās là endroit rencōtrer des deux partis, & fortune & Mars suspēdus encore en balance au milieu d'eux. Pendant que le combat se demesle ainsi cruellemēt à la plaine entre les Chrestiēs, & les Sarrazins, Solyman qui s'estoit renclos dans la forteresse de Ierusalē auec le Roy Aladin, & les reliquats de l'assaut, monta aux creneaux du plus haut donjon, d'où il descouure, bien que de loing, tout ainsi qu'en vn theatre & cōbat de gladiateurs, l'espre & mortelle tragedie de l'estat humain, les assauts & charges reciproques d'vne part & d'autre, assistees d'vne espouuātable horreur & ombre de mort, qui y a plāté sa banniere: les signalez ioute & esbat du destin, & cas fortuit, & leurs diuers euenemens, dont il demeure aucunement esperdu d'arriuee: Puis reprenant ses esprits se renflamme de nouueau courage, desireux de se retrouuer aussi en vn tel acte, & vne si hautaine entreprise, pour participer au danger & trauail des siens: si que sans plus attendre il prend sa salade: car il auoit ja vestu tout le reste de son harnois: & orsus, orsus s'en va-il criant, il n'est plus question de temporiser d'auantage, il faut vaincre ou mourir à ceste fois: Allons là où le deuoir nous conuie. Que ce fust ou la disposition diuine, qui luy inspirast ceste furieuse animosité, àfin qu'en ce iour la le reste de la domination Payenne en la Palestine, vinst à estre du tout esteinte: ou que la fatale preordonnance de sa mort prochaine le tallonnast en ceste sorte de l'auancer, d'vne impetuosité forcenee il s'en va non qu'ouurir: mais briser les portes, & porter à ceux qui le tenoyent assiegé vne non attenduë guerre. Il n'attend pas que ses compaignons se preparent pout suyure les semonces & enhortemens qu'il leur fait: ains s'en va tout seul, & tout seul defie & cour sus à mille braues hōmes rengez ensemble: luy seul sans s'estonner de rien qu'il voye, donne à toute bridde d'vne extreme audace dedans. Dont ceux qui le voyans si bien faire, meus de son exemple s'encouragent d'aller apres, le Roy Aladin mesme fort en personne. Les plus couards & retenus, & qui ne se fussent mis temerairemēt en hazard, laissēt la toute timidité & cautelle, bien que ce soit vn acte à la verité pluftoft de defefperee fureur, que nō pas d'vne biē digeree efperance. Les premiers que ce cruel indomptable Turc rēcontre à fon abordee, font fans cōtraft portez par terre des horribles coups qu'il rameine, les furprenant à l'impourueu qu'ils ne s'attendoyent riē moins qu'à cela. Il eft fi vifte, prōpt & foudain à dōner la mort, qu'ō les voit pluftoft tuez que tuer. Des premiers iufques aux derniers cōme en moins de riē, de main en main, & de voix en voix paffe vne efpouuātable terreur: Tellemēt que les Syriēs, qui eftoyent venus au fecours des noftres cōme tenās la mefme creance, fe mettoyent defia en defordre, tō˚ prefts de prēdre la fuitte: mais auec moins d'effroy & eftōnemēt les Gafcons tenoyēt bō, & gardoyēt la place à eux affignee, encore que non guere efloignez du peril, pour ce fubit inopiné vacarme dōt ils font furpris. Oncques loup affamé de cinq ou fix iours ne fit vne fi cruelle boucherie dedans vn trouppeau de brebis, ny faucō qui n'auroit efté repeu de quatre, choifis parmy vne volee de pigeōs, que la forfenee efpee de ceft enragé Sarrazin faifoit la de meurtre & carnage. Ce furieux glaiue fembloit eftre alteré de fāg humain, tāt qu'il l'humoit comme à grands traits, deuorans les membres entiers qu'il auoit trop hydeufement trōçonnez de leurs corps aufquels ils foloyent tenir. Et quant & luy le Roy Aladin, & leur fuite faifoyent d'horibles preuues d'animofité & vengeance cōtre ceux qui nagueres les tenoyent renfermez comme en vne cage: ils donnent à tort & trauers, ils les perdent, ruinent & diffipent à leur tour. Mais le bon Conte de Tholoze accourut soudain là où se faisoit vne telle destruction de Chrestiens, & ne tasche pas de fuyr & euiter cest indomptable qui les mal-maine de la sorte, combien qu'il le cognoisse soudain, sçachant assez ce qu'il sçait faire, pour en auoir recétemét esté blessé iusques aux portes de la mort : Pour cela neaumoins il ne laisse de l'aller attaquer franchement, où il est derechef abbatu de la mesme main, & séblable coup, & au propre endroit où il auoit esté atteint: bien est vray qu'aucunement pourroit-on referer cela à la foiblesse de son vieil aage, trop insuffisant desormais pour supporter de si rudes & pesantes attaintes d'vn bras si desmesurement robuste. De cent espees cosequémment, qui suyuent ceste colonnelle, il est là rechargé encore, sur le point d'en estre du tout accablé : mais couuert par mesme moyen d'autant d'escuts & de rondelles, qui s'y opposent pour le garentir de cest accident. A quoy Solymã ne s'arreste pas, soit qu'il estimast l'auoir mis à mort tout à fait de ce dur coup, ou qu'à tout euenement il seroit bien aysé à prendre, l'ayant reduit à vn tel point qu'il ne se peut plus remuer: & passe outre à chamailler dessus les autres qui tenoyent bon, où il fait d'incroyables preuues de sa personne en peu d'espace : puis s'en va plus auant chercher, selon que le cõduisoit sa furie, nouueau subiect pour y exercer sõ carnage. De la mesme sorte que quelque pauure necessiteux, qui n'auroit de long téps mãgé à demy son saoul, s'il se rencontre en queque festin ou autre rel bõ repas, il en prend à outrance au double des autres, pour se remplir de son ieusner : ainsi cest allouuy s'en va

Chant vingtiesme.

cherchant à trauers la plus grosse presse où il pourra plus auidement estancher de sang la soif & la faim qui l'y poussent. Par la bresche de la muraille il se lance en bas tout à corps perdu, & s'en va d'vne horrible forcenerie plus tost qu'vn viste cheual ne courroit, bien que chargé d'armes pesante, insupportables à tout autre, où le grand coflist se maintenoit encore en la plaine entre les deux osts, laissant là haut dedans la ville à poursuyure aux vns la victoire qu'il leur y auoit esbauchee, & aux autres la peur imprimee dans leurs courages. Toutesfois ils resistēt du moins mal qu'ils peuuent, non sans apparēce qu'ils ne pourront pas longuemēt subsister: car les Gascōs leur quittās la place commençoyent desia à se retirer, bien que non si à la haste: & en tel desordre que les Syriens, qui auoyent gagné les deuans beaucoup plus viste que le pas, iusqu'au lieu où le preux Tancred gisoit au lict de ses blesseures: lequel au bruit & tumulte de ceste saillie se leue ainsi elangoré qu'il est, & monte au haut de la maison, d'où il voit comme alloit l'affaire: le Conte Raymōd à demy mort porté par terre, & le reste partie se retirer, partie desia du tout rompus prēdre la fuitte honteusement: ce que ne pouuant cōporter, la vertu qui iamais ne māque aux cœurs valeureux, nonobstant que le corps languisse de quelque accidēt & infirmité, & ne lāguist pas pour cela, le rauigore de nouuelles forces, qu'elle resuscite en ses mēbres affoiblis de tāt de naureures, & s'y introduist en lieu d'esprits vitaux & de sang. Il embrasse sans marchāder vne lourde pesante rondache, dont ce bras, nonobstāt que debilité de son accoustumé effort, ne se trouue point surchargé de

P p iij

sorte qu'il ne s'en puisse bien ayder, & l'espee au poing sans s'amuser à se munir d'autres armeures: car ces deux suffisent à cest inuincible courage en vne telle extremité, il s'en vint au grand trot où se ioüoit ceste piteuse tragedie, en s'escriant à haute voix, vous fuyez gēs de peu, & laissez vostre Capitaine si laschemēt en la puissance de ces detestables? leurs Mosquees se braueront-elles des despoüilles d'vn si vaillant hōme? les en verra l'on reparees à nostre tresgrāde infamie? Retournez-vo⁹ en donc en Gascoigne, & dittes à son fils, que vous laissastes honteusement son valeureux pere mort par vostre faute en ce lieu cy, dont vous pristes vne si vituperable a iamais fuitte. Ainsi disoit-il, la poitrine desnuee de corcellet & de plastron, & si mal atorné qu'il estoit de playes, a mille hōmes armez sains & vigoureux, a qui il vouloit seruir de difference & de couuerture, mettant sa rondache au deuant du Conte cōposee de sept doubles de cuyr boüilly, auec vne grosse bossette d'acier seruant d'vn bouclier au milieu, de fine trēpe: & ainsi s'efforce de le garētir la desso⁹, des coups d'espee & de flesches, & autres armes & bastōs dōt on le poursuyuoit de pres & de loing: & auec la siēne en nettoye la place, si qu'il estoit comme en seureté, & a l'ombre, Le bon vieillard se voyant ainsi secoūru, reuient incontinent a soy, & se sent rēbraser d'vne double flamme, l'vne de despit & indignation dās le cœur, & l'autre, de vergoigne en la face. Il roüille les yeux de costé & d'autre, ardents de colere & de honte dont ils sont espris, pour voir s'il pourra remarquer ce fier Payen qui alloit ainsi rudement tasté, dont ne l'apperceuant plus nulle part, il fremist & grommelle de despit qu'il a, & s'en va pour voir s'il pourra sur les autres desployer la vengeance qu'il eust eu plus cher d'exercer sur luy. Ses Gascons le voyans ainsi soudain remis sus, & si tost restauré de nouuelles forces, se rencouragent a son exemple, & tous ensemble suyuét leur chef, ainsi esmeu & ententif a se véger. De maniere que ceste trouppe qui n'agueres les molestoit tant, se replist d'autāt de frayeur, cōme elle l'estoit peu au precedāt d'hardiesse, & torne le dos a ceux qu'ils auoyēt mis en fuitte, du costé desquels le courage estoit repassé, qui en auoit banny l'espouuante. Ainsi les choses s'estoyēt chāgees en vn instāt, & le Conte a bien le moyen a ceste heure d'auoir la raison de l'outrage qu'on luy auoit fait, de sa main seule effaçant la hōte receuë par la mort de cent qui en sont la estendus par terre, & ne s'en releueront iamais plus. Pendant doncques qu'il se parforce d'assouuir son indignation vergongneuse contre les plus apparens qui la restent, ayāt apperceu le Roy Aladin, lequel combattoit valeureusement de sa main entre les premiers, il l'aborde, & se lançant sur luy d'vne grande animosité & furie, luy ramaine de toute sa force vn grand coup d'espee emmy le front, qu'il redouble, & accompaigne de plusieurs autres, sans desister que ce tyrannique vsurpateur du sainct heritage ne rendist les derniers abbois de la mort, mordant la terre a belles dents, qu'il auoit si longuement dominee. Or apres que de ces deux pilliers de deffences, l'vn s'en est esloigné, & l'autre a cy passé le pas, diuers se monstrent les comportemēs de ceux qui restent; les vns ressemblans bestes furieuses & enragees,

Pp iiij

s'en vont d'eux-mesmes enferrer par vn desespoir dedans les glaiues qu'on leur addresse: les autres maistrisez de la crainte & timidité, secondee d'vn desir de si tost n'estre priuez de ceste tant douce aggreable lumiere, taschent de gaigner le haut dãs la forteresse où ils s'estoyent peu auparauant retirez: mais ils ne peuuẽt si bien faire, que ceux qui les tallonnent de pres n'y entrent pesle-mesle auec eux: & là se mit fin à ceste glorieuse conqueste, la ville de Hierusalem se pouuant dire desormais du tout prise. La rocque est emportee de viue force, & tout ce qui se pense sauuer au plus haut donjon amont l'escallier, taillé en pieces sur les marches: Le Conte arriue iusqu'au sommet, où il arbore le grand estẽdard, affin que de là il puisse estre apperceu de ceux qui combattoyent encore à la plaine, pour vn signal de la victoire. Mais Solymam n'y regarde pas, qui s'en va tãt qu'il peut pour participer au cõbat, où il arriue que la terre est toute arrosee & vermeille du sang qui s'y estoit ja espãdu, & y ondoye iusqu'aux pasturõs des cheuaux. Il n'y a là plus d'apparence que d'vn effroyable regne de mort, qui y a planté ses armoiries & panõceaux, & s'y va promenãt en grand triõphe, cõme victorieuse de tant de vies. Le cruel Payen iettant l'œil sur vn cheual qui traisne se resnes, destitué de caualcadour, sans mettre le pied à l'estrié se lance dedans les arçõs, & le pousse à trauers la plus grosse foulle, grand secours à la verité s'il se fust vn peu plus hasté de venir, apporte ce tant redoutable ennemy: mais qui ne durera pas longuement, son heure fatale approche, les siens estans ja tous esperdus & desordonnez, qui ne peuuẽt plus subsister. De luy vous diriez que c'est vn foudre qui donne la à l'impourueu, abbattant tout ce qu'il rencontre de plaine arriuee, sans s'arrester : ains passe viste comme vn esclair, & si ne laisse de laisser de cruelles marques de ceste sienne si soudaine passade & faussee, en ayant d'arriuee terracé plus d'vn cent, qui ne se releuerent oncques puis : deux fort deplorables entre tous les autres, dont aucune longueur de temps n'esteindra iamais la memoire, Vous ô Gildippe, & Oudard, dignes à la verité d'vne plus benigne fortune, & de viure plus longuemēt. Ie veux consacrer aux bons esprits du siecle aduenir, si ma plume s'en trouue digne, la souuenance de vos vertueux & loüables comportemēs, & vostre accidēt trop plus rigoreux que vostre valeur ne le meritoit si que ceux qui viendront cy apres vous puissent remarquer au doigt & à l'œil, côme deux subiects admirables de vertu, & d'amour loyalle. Et que tous cœurs touchez d'vne amoureuse passion honorent vostre trop inique desconuenuë, de regrets & pleurs pitoyables, dont mes vers restent decorez. Ceste braue championne de son Redempteur torne la bridde de son cheual droit où le sanguinaire faisoit vne si horrible destruction de Chrestiēs. & de deux redoublez fendans l'atteint à plein bras, de l'vn au flanc, où elle luy fait vne griefue playe : l'autre se descharge sur son escu, qu'elle fend en deux. C'est inhumain s'escrie lors, qui soudain la recogneut à son equippage & liuree, est-ce donc icy ceste garce, auec son ruffien, qui a eu tant de hardiesse que de m'attaquer ? il te vaudroit mieux, petite putain que tu es, estre en ta chambre à manier ta quenoüille & tes fuseaux, que de comparoistre icy deuant moy garnie de lance & d'espee, qui te seront mauuais garents auec l'effort de ton mignon. Il n'en dit plus à celle fois: car la rage & forcenerie qui le transportoyent, luy vollerent le reste de ses parolles. Et ainsi remply de fureur plus qu'encore il n'auoit esté, luy rameine vn coup de toute sa force, lequel brisant faussant tout ce qu'il rencontre, arriue iusqu'à ce beau sein, où risn n'estoit digne de penetrer fors qu'vne chaste amour seulemēt pour y faire sa residēce. La pauurette abādonne soudain les resnes, & chancelle preste à tresbucher, monstrant assez à sa contenance, destre atteinte au vif, & de balancer à sa derniere heure. Sō infortuné espoux la voit bien: mais qui vient à tard pour la secourir, cōbien qu'il ne differe ny ne s'arreste, neautmoins que fera-il en vn tel & si doloreux accident? L'ire & la cōpassion le sollicitent en vn mesme temps à diuers partis, dont il ne sçait bōnement lequel prendre: ceste-cy d'aller soustenir son vnique bien, sur le poinct de verser par terre: & celle-là, de prendre vengeance de celuy qui l'a ainsi mortellement nauree: amour indifferent entre les deux, l'admonneste de ne negliger l'vn ny l'autre; si qu'auec le bras gauche ce pauure amant desconforté accourt pour la sousteuer, & le droict il employe à executer sa vindicte. Mais prenez que son pouuoir & vouloir soyent icy egaux, & mipartissez entr'eux leur puissance, il n'est par pour tout cela suffisant de tenir pied à ce fier Payē, d'vn effort si desmesuré, q̃ peu d'autres ne s'y pourroyent parangōner, de façō qu'il ne peut ny engarder qu'elle ne tombe, ny venir aussi peu à bout de mettre à mort l'homicide de ce tant doux & chery vn autre soy-mesme, ains aduient que Solyman d'vn reuers luy separe le bras tout net, dont il se parforce de la soustenir, si qu'il conuient qu'il l'abandonne, & la permette tresbucher du haut en bas de son cheual, & que luy mesme verse auec, pour aller estendre ses membres aupres de ceux de sa bien aymée & loyalle espouse. Comme vn orme, au pied duquel seroit creuë vne vigne, qui le long de sa tige entortillant ses sarments, monte en haut parmy ses braches où elle s'enuelouppe & appuye, si l'on vient à coupper l'arbre par le pied, ou qu'vn tourbillon le renuerse & le desracine, il tire auecques soy la vigne enlacée à luy, & la despoüille de ses ornemens & verdure, brisant & dissipant les grappes qu'ils auoyent l'vn & l'autre si soigneusement esleuees. Le mesme arriua icy de ses deux amans, dont il semble que cestuy-cy se dueille plus de sa desolée compaigne qui meurt ainsi aupres de luy, que de sa mort propre. Ainsi fut-il porté par terre, ne se souciant que de celle seulle que le Ciel luy donne là pour eternelle compagnie. Ils voudroyent bien proferer quelques mots pour se dire le dernier adieu: mais en lieu de parolles ils ne laschent que de mutuels souspirs & regrets, s'entreregardans pitoyablement, & taschans selon leur coustume de se r'aprocher pour s'entrebrasser & esteindre ensemble, pendant que ce peu de vigueur vitale leur dure, si qu'en vn mesme instãt le iour vient à s'obscurcit à tous deux, & leurs deuotes & pieuses ames à s'entr'accompaigner au ciel. La renommee la dessus espand son large estendu vol parmy l'air, & par court la bataille d'vn bout à autre, l'emplissant de cris & gemissemens, qui s'esleuent de toutes parts de ceste piteuse mesaduanture, dont le bruit en paruient à Renaud non seulement par vn messager: mais par plusieurs qui se relayent l'vn sur l'autre, & luy confirment ces nouuelles. Telles voit on les vagues de la mer, quand au flot croissāt elles viennent s'espandre dessus la greue, où la suruenante couure soubs soy, & engloutist celle qui la precedoit. Le dueil & ennuy qu'il en a, son deuoir de venger leur mort, & le bon vouloir qu'il leur porte, le tornent du tout à ceste entente: mais le grand Adraste vient à la trauerse, qui s'oppose à luy en la presence mesme de Solymā, & luy escrie Aux marques & enseignes qu'on m'a designee de toy, tu doibs en fin estre celuy que ie cherchois: Il n'y a escu, tymbre ny autres recognoissances quelconques, que ie n'aye entierement & soigneusement surueillé, pour veoir si i'en pourrois rien apprendre, & t'ay appellé haut & clair tout le long du iour par ton nom, mais en vain: car tu t'es bien gardé d'y respondre. Or puis que ie te tiens à ceste heure, rien ne te vaudra le celler, tu ne me pourras plus fuyr, que ie ne m'acquitte sur toy de mon vœu enuers ma Deesse la belle Armide, luy offrant ta teste. Esprouuons doncq' maintenant si tu auras le cœur & pouuoir de la bien deffendre, & qui en cela preuaudra de no^9 deux, toy côme ennemy mortel de ceste diuine Princesse, & moy son côiuré à ta mort Cheualier. Ainsi le deffioit-il audacieusemēt au combat, & accōpaigne quant & quant ses menaces d'vn grand coup d'espee qu'il luy desserre sur son armet droit à la tample, d'où il retombe & s'aualle sur le haussé col: mais l'estoffe qui est d'vne fatale trēpe, ne se peut pas ny entamer ny desmen-

tir:ains y resiste sans se faulser, trop biē le coup viēt
d'vne si desmesuree force, qu'il meurtrist tout sous
le harnois, si que le preux Cheualier quelque roide
& nerueux qu'il soit en chancelle dans les arçons:
mais il s'y r'asseoit tout soudain, & luy tyré vn si
roidde coup d'estoc à trauers le flanc, que toute la
Chirurgie de Machaon ny de Podalyre, ny mesme
celle d'Apollon encore, n'y sçauroit de rien profiter. Et ainsi cest enorme colosse, ce Roy si robuste
inuincible par tout iusqu'alors, tōbe par terre de ce
seur coup, auquel l'honneur est attribué d'vne si signalee victoire, sans qu'il ait besoin d'estre plus se-
condé d'vn autre. Vn estōnemēt meslé de frayeur,
glace d'horreur le sang & le cœur des assistans: Solyman mesme qui a veu vn si estrange & desmesuré coup, en demeure tout esperdu, & en blesmist à
bon escien, cōme si de là il se deuinast sa prochaine
mort qui heurtast desia à sa porte, si qu'il ne sçait
bonnement quel party prendre, ny à quoy se resoudre: chose à luy inaccoustumee, Mais qu'est-ce
que la diuine preordonnance ne domine icy bas
des affaires des hommes mortels? Comme vn qui
estant trauaillé d'vne fieburé ardente, ou vn phrenetique, veoit en ses briefs & inquiétez entrerompus sommeillemens, des songes troubles & cōfus:
Il luy semble par fois que ses membres inualides,
& languissans, qui à peine se peuuēt mouuoir, s'esbranlent pour passer d'vne viste course quelque
longue carriere, ou faire vn semblable effort: mais
c'est en vain qu'il s'en parforce: car il auroit besoin
de plus grand' vigueur en ses iambes, & en ses bras,
pour effectuer son apprehension & desir. Telle
fois est qu'il tasche de se deslier sa langue comme

s'il vouloit haranguer: mais ny la voix ny parolle ne suiuent pas, ains luy manquent, & demeurent court. En cas pareil Solyman voudroit bien s'eslacer de furie contre Renaud, & s'en efforce: mais il ne recognoist plus en soy ceste genereuse animosité qu'il souloit auoir, & sent affoiblir peu à peu ses forces. Autant de viues estincelles qui s'allument en luy de hardiesse & de courage, autant vne peur secrette qui s'y est enclose en amortist tout sur le champ. Diuers pensemens vont & viennent dans sa pensee, diuerses resolutions s'y promeinent, son cœur flotte en diuers aduis, non toutesfois que pour cela il propose de fuyr ny se retirer: mais la dessus celuy à qui la victoire en auoit esté destinee, ne luy donne pas le loysir de se confirmer & resoudre: ains vient sur luy l'espee traicte d'vne telle impetuosité & furie, qu'elle surpasse, au moins l'apprehende-il de la sorte, de vistesse, roiddeur & effort toute autre apparence & menace mortelle, parquoy il ne fait point de resistãce: mais en mourant il ne laisse de garder son accoustumee magnanimité car il ne fuit point aux coups qu'on luy ruë, ny ne laisse aller aucun indigne gemissemēt, ny ne fait acte, ny autre semblant qui puisse tant soit peu deroger au deuoir d'vn hardy & vaillāt Cheualier. Apres doncq' que ce Solyman qui s'estoit tant de fois trouué en de si dangereuses rencontres, tantost y ayant du bon, puis du pire, ores blessant, ores blessé, à guise d'vn autre Anthee qui autant de fois qu'il estoit abbatu par terre, autant de fois s'en releuoit-il plus puissant & plus vigoreux, il la presse icy pour le dernier coup, à fin d'y gesir perdurable-

Chant vingtiefme. 607

ment. Le bruict d'vne si signalee mort s'en espand soudain tout autour, côme si la renômee l'y auoit cornee au son de sa trôpe, & que la fortune variable incôstante en tous ses effects, n'osant plus icy reuoquer la victoire en doute, ny la retenir d'auãtage en balãce, ains vouluft en fin arrester ferme ses incertains tournoiemês, elle se vint lors du tout renger au party Chrestien, pour côbattre sous ses enseignes. Toutes les trouppes des Infidelles quittent doresnauant la place, & prennét la suitte: celuy-la mesme qui portoit l'estendard maieur, sous lequel le nerf & la principalle force de tout l'Orient s'estoit la racueilly enseble, n'est des derniers à esbrãler, & auecques luy ceste bande qu'on souloit appeller l'immortelle: mais il faut à ceste heure qu'elle perisse, & deschee honteusement d'vn si riche tiltre, quelque deuoir que face Emirẽ de les retenir auec de telle aspres & poignantes reproches. N'es-tu pas celui qui entre milleuaillãs preud'hômes fus choisi pour porter ceste Royalle sublime enseigne de nostre souuerain Seigneur? Rimedon, ie ne te la côsignay pas és mains pour la reporter en arriere: seras-tu dôcq' si coüard & failly de cœur, de veoir ton general attaqué à vne mortelle bataille, & de l'y abãdôner au besoin? chetif & lasche que tu es, q pretéds tu faire? de te sauuer? Retourne dôcq' auecques moy, il n'y en a point d'autre voye & moyẽ, là où tu prends vn chemin qui meine tout droit à la mort. Cestuy-cy meu de ces parolles torne visage tout côfus de sa lascheté, & espris d'ire & de vergoigne. Et Emirem de là s'en passe outre, pour veoir s'il pourra arrester les autres auec des remôstrances plus graues. Il tance les vns, & les menace, frappe, & donne a coups d'espee dessus les autres, & fait tant que ceux retornēt cōtre le fer, qui le redoubtoyent & fuyoyēt. Ainsi remit-il sus, bien qu'à toute peine, la pluspart de cest esquadron, qui s'estoit desia desbandé, si qu'ils ont encore quelque esperance. Tissaphernè entre tous se monstre le plus rencouragé, qui n'a point encore pensé de se retirer: Et certes il fit ce iour là de grandes preuues de sa personne, & s'y porra fort vaillāment, car ce fut luy seul qui mit les Normāds en desroy, & fit vne grand' destruction de Flamās: mit à mort de sa main Guernier, Ruggier, & Gerard: se iettant courageusemēt au plus fort danger de la bataille, comme celuy qui ne se souciant pas beaucoup de sa vie, cherche d'en prolonger le brief cours par vn perpetuel renom de ses faicts. Il voit Renaud, & le recognoist encore que l'azur de ses armoiries soit tout teint en vermeil de sang, & l'aigle d'argent coloree de la mesme pareure dont elle est armee. Voicy, dit-il lors, vn bien grand peril auquel ie m'expose, ie supplie au Ciel se vouloir rendre fauorable à ma hardiesse, & qu'Armide puisse ce iourd'huy veoir sa tant desiree vengeance, Mahom, si i'obtiens la victoire de ce detestable homicide de tes seruās, ie t'en vouë icy la despoüille pour en decorer ta Mosquee. Ainsi prioit-il: mais ses prieres furēt en vain, car ce sourd ne les oit pas. Comme vn Lyon qui se bat & foüette de sa propre queuë, pour irriter sa ferocité naturelle, de mesme ce Payen tasche de resueiller en soy son courroux & indignation, & les aiguiser d'abōdant a la cueuz d'amour, & les auiuer de ses flammes. Il recueille tout son effort, & l'vnist ensemble, se restreignant

Chant vingtiesme.

gnant dessous ses armes à vn rude assaut qu'il proiecte & pousse en auant son cheual: & le sien Renaud pareillement contre luy. Ceux d'alentour leur font belle place, ententifs à les regarder: & si esbays de tant & tant de diuers coups qu'ils s'entreruent, qu'ils mettent presqu'en oubliance leurs propres animositez & querelles, ne se souciás plus de leur faict. Mais l'vn de ces deux valeureux combattans ne fait que frapper seulement: & l'autre frappe & blesse tout ensemble, cóme de plus grande force qu'il est, & qui a de meilleures armes tant deffensiues qu'offensines: si que Tissapherne ondoye desormais toute la place de son sang, destitué de son escu, & son heaume faussé en diuers endroits. La belle Magicienne qui est la presente, regarde d'vn œil piteux ce champion sien, lequel combat pour sa vengeance, harnois par tout rópu descloué ses forces peu à peu languissantes, & tous les autres de son party esperdus, de sorte que fort debile est doresnauant le neud qui les estreint & les lie qu'ils ne s'escoulent à vauderoutte. Elle qui au precedant estoit ceinte & enuironnee de tant de valeureux gesdarmes, s'en voyant là seule abandonnee sur son chariot, craint de demeurer pour les gages, & si à sa vie en detestation & à contre-cœur, hors d'esperance de la victoire de son Cheualier, & de sa tant desirée vindicte, si qu'à demy furieuse, & à demy espouuantee elle descend de son chariot, & monte à la haste sur vn fort viste cheual Turcq fuyant tant qu'elle peut à toute bride, & auec elle son inclination & amour, comme deux leuriers qui l'estriqueroyēt. Telle fut iadis és siecles passez Cleopatre Royne d'Egypte, qui gaigna le haut à

Q q

voilles desployées, & à rames en la bataille naualed'Actiũ, quand elle laissa là Antoine au peril des flots, & de ses aduersaires, contre le bien aduenturé Auguste, à qui ce fidelle amant laissa cueillir vne plaine & entiere victoire, pour suyure celle qu'il propose à sa vie, & à l'Empire souuerain de toute la terre. Or encore que ceste fuitte fust fort desrobee & secrette, Tissapherne qui auoit l'œil au guet deuers ceste sienne Dame & maistresse, n'eust pas failli d'aller apres, mais l'autre le luy contredit & empesche. Quand le Payen vit disparoir de sa presence son seul confort, il luy semble que la lumiere du iour auec le Soleil soyent partis de ce hemisphere pour y faire place à la nuict, dont tout enragé de despit & de mal-talent, contre celuy qui luy fait vn tel tort & outrage que de l'empescher de la suyure, il se tourne deuers luy tout desesperé, & luy rameine vn si dur fendãt sur la visiere de son heaume, que beaucoup plus legierement abbaissent leurs marteaux sur l'enclume les Cyclopes Brontes, Pyrachmon, & Steropes en forgeant les foudres & tõnerres, si que quelque roide que puisse estre le Cheualier, si luy conuient il neantmoins ployer le col, & battre du mẽton la poitrine. Mais il se ressourt tout soudain, & honteux d'auoir esté ainsi mal-mené, se sousleuant sur les estriez, lui tire vne si cruelle estocade, que de quelque fine trempe que se soit la cuirasse, il faut neantmoins qu'elle y cede & face passage, pour s'aller plonger dans le coffre à trauers le cœur, où est le siege de la vie, qui rencõtre vne double issuë pour s'en aller plus à deliure, l'vne à l'entree, l'autre au sortir, si que le Payẽ reste tout arrousé de son sang par le deuant, & par

Chant vingtiesme.

le derriere, auec lequel l'ame s'en va par ceste double large ouuerture, quant & l'espee au retirer. Sur ces entrefaictes le chef de l'armee Egyptienne apperçoit son Royal estendart par terre, & quant & quant cõme le preux & inuincible Godefroy d'vn seul coup a reuersé roide mort celuy qui le portoit, le fort & puissant Rimedõ; & tous ses gens morts, ou en route, parquoy en ceste dure extremité il ne se veut pas monstrer failli de courage: ains va cherchant, & ne le cherche pas en vain, de receuoir vne glorieuse mort de quelque renommee dextre. Il point son cheual contre laisné des deux Boüillons, parce qu'il n'en voit point de plus apparent ne plus digne, & laisse pour son dernier mets, par où il passe, & qu'il arriue, de braues marques de sa proüesse: mais premier que de paruenir iusqu'à luy, il luy escrie de tout loin, Ie viens receuoir icy la mort de ta main, neantmoins ie m'efforceray qu'en tõbant ma ruine t'accable aussi auec moy. Cela dit, l'vn & l'autre en vn mesme instant s'eslancent pour s'entredonner: le François a son escu fendu par le beau milieu, & le bras qui le soustenoit blessé: l'autre reçoit vn si dur coup sur la temple gauche, qu'il en demeure tout estourdi sur la selle, & cõme il se parforce de se r'auoir, en reçoit vn autre derechef dans le ventre, dont il tõbe tout plat par terre, sans pouuoir plus s'en releuer. Emiren ainsi mis à mort, qui estoit le chef de l'armee, le reste demeure plus guere à se dissiper, qu'elle ne reste du tout esteinte, & mise en routte. Le Duc va chaudement apres; mais voyant Altamor à pied tout couuert de sang, son espee à demy rompue au poing, & son armet fendu en deux, enuironné & assailly de plus de cent glaiues: il s'arreste court, & crie à ses gens: Cessez de le plus molester, & vous braue & valeureux cauallier rendez vous à moy prisonnier: ie suis le Duc Godefroy chef de ceste armee. Cestuy-cy qui iusques alors n'auoit oncques rien relasché nulle part de son magnanime courage, ny fait chose qui y derogeast: maintenant qu'il oyt ce tant fameux nom, qui resonne de l'Ethiopie iusqu'aux monts Hyperboreens, respond soudain: Ie feray ce que vous me dictes: car vous en estes plus que digne; (quant & quant il luy rend ce qui luy estoit resté de l'espee) & si la victoire de vo' obtenuë en mõ endroit ne vous tournera pas à peu de gloire & de profit: car ie suis Altamor Roy de Perse, vn Royaume abondant en or, pierreries, & autres richesses, que vous aurez pour ma rançon, ma femme mesmes n'y plaindra pas toutes ses bagues, & ioyaux, qui sont d'vne inestimable valeur. Le Duc respondit, Ia Dieu ne plaise, que la conuoitise d'or ny d'argent, ny pierres precieuses, me vienne offusquer & ternir ce courage qu'il a pleu au ciel m'octroyer, aliené de tout auarice & desir de semblables choses: Ayez à la bonne heure toutes ces richesses qui vous viennent des Indes, & en iouyssez pacifiquement: ie ne veux pas vendre la vie des hõmes, mesmement des preux & vaillans tels que vous, ny la leur faire rachepter de leurs biens, n'estans venus en ces quartiers, que pour y faire la guerre à l'honneur & exaltation de la foy Chrestiéne; & non pas pour y dresser vn traffic de banque. Cela dit, il donna en garde Altamor à ses archers, puis se mit à poursuyure le demeurant, qui taschoyẽt de gaigner leurs rempars pour s'y garentir:

mais ils n'y peurent arriuer à temps, pour trouuer là quelque respit & delay de mort: car la pluspart fut taillee en pieces auant que d'y arriuer: & le reste acheuez dedans leur closture qui fut forcee d'arriuee, & remplie toute comme en moins de rien, de meurtres & saccagemens. Le sang y court à grands ruisseaux de tente en tente, dont se vient à souiller le riche & precieux butin de ces Barbares, accoustumez d'aller en grande pompe & magnificence à la guerre. Telle fut en fin la victoire que le Duc Godefroy de Buillon chef de l'armee Chrestienne en la terre saincte, y obtint de la grace & misericorde diuine contre vn tel nombre d'aduersaires: luy restant tant de iour encore, qu'il eust le loysir de la ramener triomphante celuy-la mesme, en la ville de Ierusalé, autrefois domicile de nostre Sauueur IESVS CHRIST: là où sans se desarmer luy ne les Barons, ils s'en allerent tout droit au temple, pour y faire leurs deuotions, & y pendre leurs armes, auec les despoüilles des ennemis: Puis adorant le sainct Sepulchre, y rendre de tout graces & loüanges à Dieu.

*Fin de la deliurance de Ierusalem,
du Seigneur Torquato Tasso.*

ANNOTATIONS.

Ie ne veux pas faire icy du Commentateur sur cest œuure, tel qu'Eustatius sur Homere, Seruius sur Virgile, Acron & Porphyrion sur Horace, & autres semblables interpretes & scholiastes, ains me conteenteray d'en esclairer quelques poincts des plus difficiles pour le vulgaire: Et par mesme moyen i'attendray aussi ce dont il me pourra ressouuenir, sans toutesfois le rechercher si curieusement qu'à faict Macrobe de Virgile pour auerer ses larrecins, des lieux que ce Poëte a emprunté de ceux qui l'ont precedé, tant des anciens, que des modernes, dont i'en lairray encore la plus grand part à d'autres qui en auront plus de loisir que moy. Car c'est vn grand imitateur, mais qui a aussi force belles conceptions de son propre: si d'auenture nous ne voulons nous retenir à ce dire icy du Comique, Nil dictum: quin dictum priùs; comme il est a la verité bien mal-aisé apres tant de siecles passez deuant nous, d'inuenter rien qu'vn autre n'ait ia peu conceuoir en son esprit, à quoy se conforme aussi le sage au premier de l'Ecclesiaste. Que tout ce qui se faict, & fera cy apres a desia esté faict cy deuant: de sorte qu'il n'y a rien de nouueau sous le Soleil. Le mesme se peut dire aussi du parler, & de l'escrire, bien est vray qu'on le peut aucunement desguiser, & par ce moyen le faire passer pour nouueau: car nous voyons mesme beaucoup de vers dans Homere que ont esté empruntez des Sybilles. Ce que ce Poëte

ANNOTATIONS. 615

au surplus entreprend & atteint, il le traicte fort delicatement, & d'vne tres-grande diligence, si que pour le regard des particularitez qu'il embrasse autre quelconque des vulgaires ne s'en est nulle part point mieux acquitté que ie sçache: mais il y est plus exquis & elabouré qu'au total: & son corps entier ne correspond pas assez bien aux membres, à les reprendre separement, n'y la structure & disposition d'iceux, que les Grecs appellent l'œconomie ou œcodomie, si bien ordonnee que les parties le requerroyent: car il precipite beaucoup de choses qu'il couppe cour, & les laisse là imparfaictes & entrerompuës, comme les attentes d'vn edifice, frustrant les lecteurs du desir qu'ils auroyent de les voir vn peu mieux promener & resoudre: ainsi que sont les amours si impetueuses de Tancred a l'endroit de Clorinde pour ne l'auoir qu'vne fois veuë, & encore bien abruptement, & iamais hanté, practiqué ne deuisé auec elle, pour en tracer si tost vne ainsi pitoyable & tragique issuë, dont on ne se souuient plus puis apres. Tout de mesme, de tant d'afflictions & langueurs de ceste pauure desolée Hermine pour l'amour d'iceluy Tandred, qu'il laisse là irresolue, & comme rauie en vn instant en vn silence perpetuel, n'en estant iamais plus memoire. Les beautez aussi d'Armide, & ses enchantemens sont par trop legierement parcourus, apres vne si grande leuee de bouclier qu'il en fait. Et beaucoup d'autres semblables, enquoy il monstre n'auoir pas bien obserué ce qu'enseigne Horace en son art Poëtique. Primò ne medium, medio, ne discrepet imum. I'en lairray le iugement à de plus capables. De moy pour interpreter tousiours les choses en la meilleure part, ie le refere à vn artifice qui tend de diuertir les autres de ne se laisser transporter à de semblables sales desirs, tels que de Tancred, lequel estant Chrestien, deuenu à vne si religieuse entreprise

Q q iiij

pour le recouurement de la terre saincte, laisse la le deuoir dont il est tenu de s'y employer de tout son effort, pour courir apres des folles amours d'vne vagabonde d'autre religion que la sienne. Ce qui nous apprend que nous nous deuions esuertuer de nous opposer a nos premiers mouuemens, sans permettre qu'ils anchrent plus auant sur nous, qui est autant que de mettre a mort ce que nous aymons, à sçauoir retrancher & coupper nos fols desirs & concupiscences, si tost qu'elles viennent naistre en nostre pensee. Tout de mesme laisse-il Hermine pour s'estre trop legierement enamouree d'vn estranger, & incogneu : car apres infinis trauaux & mesaises, & tant de passions qu'elle souffre de cest amour, elle est là laissee aux pechez oubliez, ronger son frein en son angoisse, sans luy en point donner d'issuë d'vne sorte où d'autre. Somme qu'il est par tout semé de tres-beaux exemples chastes & pudiques. Que si par fois il s'esbranle parmy ses serieux discours à quelque subiect delectable pour resueiller les esprits, il n'y insiste pas long temps, ains l'interrompt & couppe court.

    Comme vn passant qui parmy l'herbe
    Presseroit vn serpent caché:
    S'il eslance son chef superbe,
    Et le col de marques taché:
    L'autre soudain son pied retire
    De la peur qu'il a, sans mot dire.

Il est outre plus remply de tres-doctes & belles allegories de la vie actiue, & contemplatiue, à l'imitation d'Homere en son Iliade, & Odyssee: le Duc Godefroy de Buillon se rapportant à Agamennon ; le vieil Conte de Tolose Raymond à Nestor : Renaud a Achille, Tancred, a Aiax, ou Diomede, Guelphe a Vlysse, Pierre l'Hermite a Calchas, Armide a Cyrce : & pour le regard de l'Arioste duquel il a aussi imité, voire emprunté beaucoup de choses, Argant

ANNOTATIONS. 617

qui semble estre tiré d'Arrogant, Mandricard, Solyman à Rodomont, Clorinde à Marphise, & ainsi du reste. Mais pour moraliser là dessus auec l'Italien, qui y a assez heureusemement rencontré, l'armee composee de diuers peuples & Princes Chrestiens, denote les diuerses parties, & fonctions de l'ame. Ierusalem cité tresforte & bien munie situee en vne montagne haute & roide, la où comme au dernier but de ceste guerre tendent tous les desseins & entreprises, represente la voye de la vertu, & la fin où nous deuons sur tout aspirer de gaigner le Royaume de cieux, désigné par la Ierusalem celeste en l'Apocalypse ; cité de paix & de repos, & nous despetrer des tentations & assauts de la sensualité icy bas, qui nous tiennent en seruitude. Le Duc Godefroy esleu general conducteur de tout, du vouloir & commandemẽt de Dieu, denote l'intellect dont nostre ame est illuminee, pour la rendre superieure des passions du corps, où elle est comme emprisonnee. Renaud, Tancred, Guelphe, le Conte Raymond, & les autres Princes tiennent lieu des dessusdictes facultez de l'ame : & les soldats representent le corps, qui doit demeurer sous le gouuernement & conduite d'icelle, car c'est vn mauuais ordre quand le corps domine l'esprit, tout ainsi que ce seroit vne mauuaise discipline a la guerre, si les soldats se vouloyent ingerer de commander au chef de l'armee. Mais d'autant qu'a cause des imperfectiõs de nostre naturel imbecille, & des amorses de nos capitaux ennemis, la chair & le sang, l'homme ne peut paruenir à ceste souueraine beatitude, sans beaucoup de difficultez & trauerses, & sans rencontre d'infinis empeschemens au dehors, auec des accidens sans nombre, qui nous viennent interrompre tous nos desseins, cela est designé par le meurtre de Gernand au 5. chant, & la defaicte du Prince Suene au 8. & de ses gens, auant que d'arriuer au camp. Les forces d'Affrique, & de l'Asie, sont les contrarietez qui nous viennent troubler. Les diuers combats, & occisions des nostres, les pertes des biens, & d'amis, les maladies, ennuis, fascheries, & desfortunes dont le cours de nostre vie est tout parsemé. Les amours folles de Tancred enuers Clorinde, & des Cheualiers qui pour suyure Armide quittent là le Duc Godefroy, & l'armee, sont les passions fortes de l'ame, qui s'opposent aux enhortemens & semonces de la raison, & instinct de l'entendement pour nous empescher la prise de Ierusalem, c'est à dire nostre salut. Les Magiciens Ismen & Armide, sont les instigations du Diable qui nous destournent du bon chemin, & ne taschent qu'à nous troubler & remplir de confusion par leurs fauces illusions & prestiges. Les peurs effroyables qu'Ismen a introduites en la forest, sont les menaces & intimidemens de nostre commun ennemy, pour nous amener à vn desespoir & defiance de nostre salut, quand nous n'osons pas entrer en ce sacresainct venerable bois de l'arbre de la croix, dont nous deuons prendre le marrein & materiaux, pour expugner ses tentations. Les transmutations & les faux appasts d'Armide enuers ceux qui l'auoyent suyuie, empruntees icy de celles de Circe ou 10. de l'Odyssee à l'endroit d'Vlysse & ses compagnons, sont les delices & voluptez, qui de creatures raisonnables nous transmuent en bestes brutes, par nos desordonnez appetits: comme aussi les deceptions qu'elle a attiltré à Renaud, pour le desuoyer auec elle à vne vie voluptueuse. L'escu diamantin d'autre part que l'Ange apporte au Conte Raymond pour le munir encontre Argant au 7. chant: & celuy que le bon Magicien donne auec la verge d'or, aux deux Caualliers qui vont en queste dudict Renaud au chant 14. sont la cognoissance de soy-mesme si estroittement recommandee aux mortels par l'oracle d'Apollon: le soin aussi, & la garde particuliere de

ANNOTATIONS. 619

nos bons Anges, & des inspirations salutaires que Dieu nous transmet pour nous garentir des assauts susdicts, leurs fraudes & deceptions : l'Hermite Pierre, qui addresse les deux Caualliers comme ils deuront trouuer Renaud, est ceste lumiere supernaturelle qui esclaire l'ame, & le sage Magicien, la prudence humaine, dont s'aquiert la science des ouurages de la nature, & de ses merueilleux effects, ensemble des vertus morales. Ce qui est icy dict, qu'il a esté premierement Payen, puis Chrestien, veut denoter que la Philosophie a esté du commencement par deuers les Gentils, qui s'en estans trop enorgueillis, elle fut par vne plus parfaicte cognoissance de Dieu à nous transmise à l'incarnation de son verbe, reduitte à de meilleurs termes au Christianisme, car toute prudence & sçauoir humain, n'est que pure follie enuers Dieu. Ce dont l'Hermite doncques les admonneste d'aller premierement trouuer ce Magicien, c'est à dire sage, est pour monstrer que Dieu n'opere pas tousiours immediatement de sa pleine puissance absoluë à l'endroit de ses creatures, ains le plus souuent par des moyens & causes secondes, appropriées selon l'ordre & disposition naturelle, & ainsi la sagesse humaine redressee de la superieure sapience, deliure l'ame sensitiue des vices, & y introduict les vertus. Au demeurant les deux principaux personnages de ce poeme, à sçauoir le Duc Godefroy general de l'armée, & Renaud fils de Berthold, le plus vaillant, sont l'ordonnateur, & l'executeur l'intellect, & le corps, le chef, & la main, l'Agamennon, & Achylle d'Homere, l'vn y applique son bon sens, & ses sages considerations & conseils à la conduitte des affaires : & l'autre est l'effort qui les execute: la prudence, & la partie irascible de l'ame, qu'iceluy Homere represente tousiours par Achille, fier despit, colere & aysé à se courroucer, comme font ordinairement les

hommes vaillans, & prompts à la main: & l'autre par
Vlysse patient, & qui ne se transporte pas si aisement hors
des bornes de la raison, que fait Renaud, quand d'vne trop
bouillante impetuosité il met à mort Germand. Et par sa
voluptueuse & oysifue conuersation en vn si desuoyé lieu
auec Armide, la concupiscence charnelle, qui domine le
plus souuent la partie raisonnable de l'ame. Mais quand
il abolist les enchantemens de la forest charmee par les sor-
tilleges d'Ismen, & en couppe les arbres, rompt, & met
en routte l'armee ennemie, & expugne Ierusalem, c'est
quand la raison vient à se rendre maistresse de toutes les
passions corporelles. Sa reconciliation auec le Duc Godefroy, imitant celle d'Achille auec Agamenon au 19. de
l'Iliade, mais pour diuerses causes: est l'obeissance que rend
la partie irascible à la raison. Finablement tout ne tend
qu'à retirer Ierusalem, & le sainct sepulchre, & autres
tant deuotes marques de nostre salut & redemption, hors
de la main des infidelles, pour la restituer au peuple de
Dieu. Et cela nous deuroit apprendre que nos guerres ne
deuroyent pas aspirer à nous entre-ruiner l'vn l'autre, &
remplir toute la Chrestienté de vacarmes & esmotions ciuiles, ains à l'exaltation seulement de la foy Chrestienne,
à l'imitation de ce preux & deuot Godefroy, qui ne se proposoit autre chose deuant les yeux. Cela permis, passons
outre aux particularitez de cest œuure.

L'AN 1095. sous le Pape Vrbain II. au Concile de
Clermont en Auuergne la croisade fut denoncee, dont en
peu de temps s'armerent plus de trois ou quatre cens mille
hommes de pied, & pres de cent mille cheuaux, pour passer en la terre saincte, sous la conduicte du Duc Godefroy
de Buillon, & ses freres Boudouyn, & Eustache. Pierre
d'Amiens, dit l'Hermite, pour la saincteté & reforma-
tion de sa vie, ayant desia fait vn voyage en la Palestine,

& la remarqué a l'œil toutes choses, en fut l'vn des principaux promoteurs, & en amassa de sa part bien quarante mille, lesquels ayans pris le chemin d'Allemagne, & de Hongrie, pour raison des desordres qu'ils cōmettoyēt, la pluspart perirent par les chemins, auant que d'arriuer à Constantinople. Hugues le grand, frere du Roy Philippes I. de ce nom. Robert Duc de Normandie, Robert Conte de Flandres, Estienne Conte de Chartres, Raymond Conte de Tolose, Herpin Conte de Bourges, Guillaume Euesque d'Orenge, & Aymard Euesque du Puy, s'en allerent passer à Rome pour prendre la benediction du Pape & de la embarquer à Brindes, d'où ils passerent en l'Egypte, & puis par terre iusques à Constantinople où l'Empereur Alexis Comnene regnoit pour lors, auec lesquels ils eurent tout plein de querelles à demesler, homme caut & malicieux, & fort infidelle : Mais à la fin ils s'accorderent, sous condition que ce que les François conquerroyent sur les Sarrazins luy demourrōt, excepté la ville de Ierusalem, & ses appartenances & dependances. De la estans passez en Asie, ils s'en allerent assieger Nicee, qu'ils prindrent le 25. iour ensuyuant. Boëmond fils de Robert Guiscart, Duc de la Pouille & de Calabre, & frere de Roger pere de ce Tancred dont il sera assez parlé icy, au partir de la ayant pris vne partie des forces Chrestiennes pour aller chercher sa fortune, comme il se refraischissoit le long d'vn ruisseau, fut à l'impourueu assailli du Turc Solyman, & y eust fait fort mal ses besongnes, sans le secours de quarante mille cheuaux, qu'Hugues & Godefroy luy amenerent fort à propos, qui tournerent d'arriuee les autres en fuitte, en ayant taillé sur la place en pieces plus de trente mille, que Turcs, que Medois, Syriens, Chaldees, & Arabes. Les Chrestiens prindrent Coigni, Heraclee, & Tarse; qui fut donnee à Baudouyn, lequel prit de sa part

Edesse, & Manifeste. Tout plein d'autres villes encore furent emportées de force en la Cilice & petite Armenie: tant que finablement ils assiegerent Anthioche, où s'estoit reduit le Roy Cassan, & la prindrent par le moyen d'vn des habitans appellé Pyrrhus, qui en fit le complot auec Boiamond, parquoy elle luy demeura auec la citadelle, qui fut de là à quelques jours renduë: Et s'y establit fort bien du depuis, si que Corban lieutenant du Roy de Perse y estant venu pour la recouurer, auec bien deux cens mille cheuaux Turcs & Perses, & Sendanel fils du Roy Cassan, qui fut tué par les montagnars, il y eut bataille donnee, bien cent mille Sarrazins deffaits, & plus de quinze mille chameaux pris, tous chargez de grandes richesses: des Chrestiens n'y en demeura qu'enuiron quatre mille. Sur ces entrefaictes de grandes contentions s'esmeurent en l'ost des Chrestiens, le Conte Raymond de Tolose, vn fort grand preud'homme, insistant fort & ferme, que selon les conuentions accordees auec l'Empereur Alexis, Antioche luy fust deliuree, mais elle demeura à Boiamond. Hugues le Grand decedé à Constantinople, où il auoit esté depesché, ils se resolurent en fin d'aller assieger Ierusalem, & ayans assailli en chemin Tortouse sans la pouuoir prendre, ils la quitterent pour tirer outre à la principalle entreprise, surquoy le Roy de Tripoli leur ayant faict tout plein d'honnestetez en passant, obtint la paix sous condition, que s'ils prenoyent Ierusalem, il se feroit baptizer luy & son peuple, & leur demourroit tributaire. Ayans en fin assiegé Ierusalem par quatre endroicts, auec de grandes incommoditez, principallement d'eau, ce à quoy veut battre, & tres-elegamment ce Poëte sur la fin du 13. chant, elle fut emportee d'assaut le 15. iour de Iuillet, & 39. du siege l'an de salut 1099. quatre cens nonante apres que sous l'Empire d'Heraclius

ANNOTATIONS. 623

elle auoit esté occupee par les Caliphes successeurs de Mahommet. Et le lendemain fut rendu le temple : puis du consentement de tous, Godefroy esleu & couronné Roy de la Palestine, & Arnulphe creé Patriarche. Quelque temps apres, ayant eu nouuelles que l'armee de Solyman Roy de Babylonne estoit descendue iusqu'à Ascalon, distante de Ierusalem de sept à huict lieues, il laissa Pierre l'Hermite à la garde de la ville, & rappella Eustache son frere, & Tancred, qu'ils auoyent enuoyez à Naples ville de Surie auec deux legions, & donna en fin la bataille à Clement, qui commandoit à ceste armee de Solyman, laquelle in gaigna, y ayant bien eu trente mille des ennemis tuez sur la place : Dont Ascalon se rendit soudain, où fut trouué vne infinie quantité d'or, d'argent, & autres richesses. Il prit encore depuis Ioppé, & Phama, plus Tyberiade ville de Gallilee, & Caïphe, autrement dicte Prophete, situee au pied du mont de Carmel. Finablement il mourut au bout de l'an de son couronnement : auquel succeda son frere Baudouyn l'an 1101.

Tortouse est vne ville de la Surie, non gueres loin de Damas, en vne belle & plaisante situation, comme met Ptolomee en la 4. table d'Asie, anciennement appellee Antarade, pource qu'elle est vis à vis d'Arade, l'vne des trois villes auec Tyr & Sydon, dont prit son appellation Tripoli de Surie ville maritime. Strabon, & Pline. Quelques vns referent leur fondation à Arad fils de Chanaan, fils de Cham, fils de Noé. Gen. 10.

Pag. 2. lig. 33. Vous doncques genereux Alphonse. C'est le Duc de Ferrare à present, Alphonse II. fils d'Hercule II. auquel il succeda l'an 1559. Apres le decez de Lucrece de Medicis fille du grand Duc de Thoscane, il espousa en secondes nopces, Barbe fille de l'Empereur

Ferdinand, & sœur de l'Empereur Maximilian. Pour sa troisiesme il a puis nagueres Madame Marguerite fille du feu Duc Guillaume de Mantoüe, frere de monseigneur le Duc de Niuernois & de Rethelois. Il fut nourri en sa ieunesse en la cour du feu Roy Henry II. auec lequel il se trouua en toutes ses guerres, fort valeureux Prince adroit aux armes, & bon iousteur, l'vn des quatre tenans au tournoy qui se fit aux nopces de la Royne d'Espagne, & du feu Duc de Sauoye Emanuel, où le Roy fut tué d'vn coup de lance par le Conte de Montgommery. Les autres deux estoyent Messeigneurs les Ducs de Guise, & de Nemours. C'est le bien faicteur de ce Poëte, qui entend de celebrer comme on voit icy.

Pag. 10. lign. 18. Surquoy s'alla leuer le bon Hermite Pierre. C'estuy-cy appellé Pierre l'Espagnol dit l'Hermite, estoit vn Prestre du Diocese d'Amiens, homme de petite stature, & fort laid, mais de grande vertu, d'vn esprit vif, & nay à entreprendre de grandes choses, lequel ayant voyagé en la terre saincte, & la soigneusement remarqué les cruautez & tyrannies où estoyent detenus les Chrestiens sous la seruitude des infidelles, conferé quant & quant de tout auec le Patriarche de Ierusalem Symeon, duquel il obtint des lettres au Pape Vrbain II. contenans les moyens qui se presentoyent de les en deliurer, cela fut en partie cause de la croisade qui se denonça tost apres, comme a esté dit.

Pag. 11. la fin. Guillaume & Guelphe. Ce Guillaume estoit fils puisné du Roy d'Angleterre. Quant à Guelphe, ses ancestres furent Othon frere du Berengaire, & pere de Sigebert, pere d'Azzo II. dont vint Sigebert II. & de luy Hugō III. pere d'Azzo III. qui eut de sa femme Gliunze sœur de Guelphe V. ce Guelphe icy, le premier de la maison d'Est, & le VI. de celle des Guelphes, heritier de par sa
mere,

ANNOTATIONS.

mere de son oncle Guelphe V. de la Carinthie, Sueue, & Retie. Il acquid depuis Bauieres, dont il tira les gens de guerre qu'il amena en ce voyage, & deceda en Chippre l'an 1101. Il en sera parlé plus à plein encore sur le chant xvij.

Pag. 12. lig. 1. Donner aux vaincus telle loy, &c. De mot à mot du 6. de l'Eneide.

Tu regere imperio populos Romane memento;
(Hæ tibi erunt artes) pacisque imponere morē,
Parcere subiectis, & debellare superbos.

Pag. 13. lig. 8. En l'Isle de France vne contrée de pays close de quatre belles riuieres. L'interprete Italien à voulu estendre ceste topographie à tout le Royaume de France, mais mal, car le Poëte ne veut dire que de ce qu'on appelle l'Isle de France, enuironnée du costé du leuant de la riuiere de Marne: au Midy de Seine: au couchant d'Oyse: & au Septentrion d'Esne pres de Compiegne.

Pag. 15. lig. 20. Tancred vient apres. Ce Tancred est fort celebré en cest œuure, & le second en prouësse apres Renaud, ausquels deux sont attribuez tous les plus signalez faicts d'armes. Les vns le tiennent auoir esté fils de Roger Duc de Poüille, & de Calabre, frere de Boiamond, les autres d'vne sœur d'iceluy Roger.

Pag. 19. lig. 21. Roger de Balne-ville. Il fut tué deuant Antioche.

Pag. 31. Le braue Othon qui conquist l'Escu. Voluce Prince Payen, d'au delà le fleuue Iourdain, lequel portoit en sa deuise vn serpent entortillé en sept replis, de la gueulle duquel sortoit vn petit enfant, l'ayant defié à vn duel de corps à corps. Othon en eut la victoire, en memoire dequoy il le porta tousiours depuis en ses armoiries, qui passerent à la famille des Viscontes, & autres Ducs de Milan.

Pag. 20. lig. 25. Le bel adolescent Renaud, &c. Il faict de cestuy-cy son Achille, & luy defere le premier lieu de proüesse, comme l'Aristote à Roland. L'Empereur Federic Barberousse estant venu pour la troisiesme fois en Italie, contre les Milanois, & autres Lombards liguez ensemble contre luy, ils firent ce Renaud-cy leur Capitaine general. Et y eut bataille donnee, où l'Empereur fut blessé à vn bras, & à vne iambe, dont il se fit porter à Loddes. Ayant pour la quatriesme fois repassé les Alpes auec vne armee de septante mille hommes de pied, & quarante mille cheuaux. Renaud fut derechef esleu pour Capitaine general des forces Italiennes, qui s'assemblerent iusques au nombre de cinquante mille hommes de pied, & sept mille cheuaux, auec lesquels ayant fait plusieurs saillies sur le camp de l'Empereur, qui auoit assiegé Milan, il le contraignit de leuer le siege. Et depuis en vne rencontre qu'ils eurent ensemble, il le mit en route, & prit mesme la cornette Imperialle. Quelque temps apres, en vne dissention qu'eust iceluy Empereur auec le Pape Alexandre troisiesme pour raison de l'Antipape Octauian, Renaud tint tousiours le party du Pape, qui estoit aussi soustenu du Roy de France Louys septiesme, & de celuy d'Angleterre. Cela aduint enuiron l'an mil cent soixante: & c'est dequoy entend parler ce Poëte au dixiesme chant vers la fin, icy à la page 96.

Pag. 22. lig. 4. Capanee au siege de Thebes. Ce Capanee fut Argien, mary d'Euadné, qui se brusla auec luy à ses obseques, apres auoir esté tué deuant Thebes d'vn coup de foudre, comme disent les Poëtes. Mais ce fut en montant par vne escalade à l'assaut.

Pag. 23. lig. 5. Gaza est vne ville de la Palestine sur le chemin du Caire à Hierusalem, à vne demie lieuë de la mer, où il y a vne calle ou petit port. Elle a pris ce nom des

ANNOTATIONS.

grandes richesses, & precieux meubles que Cambyses Roy des Perses y auoit laissez: si forte au reste qu'Alexandre ne la sçeut prendre en deux mois. Elle vint iadis au lot & portion de Iudah.

Pag. mesme lig. 19. C'est le Prince Suene fils du Roy de Dannemarch, lequel estant venu auec vne bonne trouppe de gens au renfort des Princes en la terre saincte, fut defait par les Turcs, comme il est dit bien à plein au viij. chant.

Pag. 25. lig. 10. Le superbe Roy des fleuues. Il entend le Pau en Latin Eridanus, & ce à l'imitation de Virgile, & fluuiorum Rest Eridanus, parce que c'est le plus grand de toute l'Italie, dont presque tous les autres se viennent rendre dedans luy. Il prend sa naissance au mont vis au Marquisat de Saluce, & de la s'en vient passer à Thurin, où il y a vn pont, & de là point en nul autre endroit contre bas. Puis à Cremone & à Burgoforte, à trois lieuës de Mantouë. Au dessus de Ferrare en vn lieu dit la Stellata, il se fourche en deux rameaux, dont l'vn passe tout contre les murailles de la ville, & l'autre plus grande à Francolin. Finalement ayant receu force grosses eaux qui le font souuent desborder, il se va descharger en la mer Adriatique par quatre principales bouches, Primaro, Volana, goro, & le fornaci, autresfois il en auoit sept selon Pline.

Pag. 25. lig. 23. Là du mont Seir, C'est vne montagne de l'Idumee, entre le lac Asphaltide, autrement la mer morte, & l'Egypte: appellé ainsi d'Esau, dit Seir, c'est à dire Vellu, 1. des Paralip. 4. chap. Scio en Grec, & Latin Chios, vne belle Isle de l'Archipel, peuplee encore de Chrestiens tributaires au Turc, & de tout le reste viuans selon leurs anciennes loix, & coustumes, le mastic y croist, & point ailleurs: de bonnes maluoisies aussi, comme en Candie.

Rr ij

Pag. 26. lig. 9. Les Galleres de Gênes & Venize. Les Venitiens armerent en ceste entreprise de la terre sain-cte bien deux cens voiles, & les Geneuois autant ou plus, estans lors fort puissans par mer: Les Pisans aussi quelque nombre, qui tenoyent l'Isle de Rhode. Les Geneuois estans venus surgir à la bouche du fleuue Orontes, pendant que les Chrestiens battoyent Anthioche, les secoururent d'in-genieux & de machines de batterie, ensemble de tout au-tre appareil, requis pour l'expugnation d'vne ville.

CHANT II.

Pag. 59. lig. 19. Là dessus il prend le pan de son manteau. Cecy a esté emprunté du 21. de Tite Liue où il est ainsi dit. Tum Romanus sinu ex toga facto: Hic, inquit vobis bellum & pacem portamus: vtrum placet sumite. Et cùm is iterùm sinu effuso bel-lum dare dixisset, accipere se omnes responde-runt.

Pag. 60. lig. 3. De fermer le temple de Ianus. Ce temple là demeuroit à Rome tousiours ouuert en temps de guerre, & se fermoit durant la paix, ce qu'en l'espace de plus de 700. ans n'aduint que trois fois, tant estoyent alors ces gens là belliqueux. Ce grand là. Il entend Nembroch en Genese xj.

Pag. 60. lig. 6. Ainsi d'Ambassadeur voy le là de-uenu ennemi ouuert. A l'imitation encore du 5. de Ti-te Liue, où vn des Fabiens, qui auoit esté depesché en Am-bassade deuers eux, combattit pour les Clusiens a l'encontre, ce qui les irrita à aller prendre & saccager Rome, apres auoir gaigné vne grosse bataille pres la riuiere d'Allie.

CHANT III.

Pag. 63. lig. 10. Charibde est vn goulphe d'eaux sur le far de Messine en Sicile, vis à vis de Scylla, lequel par in-teruralles attire les flots de la mer à soy, & puis les reiecte

ANNOTATIONS.

d'vne trop grande impetuosité & furie. Vn tres-dangereux passage pour les nauigants. Homere les descript l'vn & l'autre au 12. de l'Odyssee.

Pag. 67. lig. 10. Il veut auoir pres de soy Hermine. Elle fut fille du Roy d'Antioche Cassan, laquelle s'enamoura de Tancred. Ce lieu au reste, est à l'imitation de ce qu'on peut voir au 3. de l'Iliade, où Helene estant auprés du Roy Priam sur la muraille, luy specifie les Princes Grecs.

Pag. 77. lig. 4. Sommeil d'airain. Il y a en l'Italien, Stance 45. Dura quiete preme, & ferreo sumno. Mais ces deux metaux sont mis ordinairement l'vn pour l'autre dedans les Poëtes. En Homere, & en l'Histoire Ethiopique de Theagenes & Clariclee, le sommeil d'airain est pris pour la mort, comme il est icy.

CHANT IIII.

Pag. 91. Toute ma puissance, ma force. Virgile au prem. de l'Eneide, Venus à son fils Cupidon. Nate mea vires, mea magna potentia solus.

Pag. 95. lig. 23. Onques Argos, Chyppre, ne Delos. Il entend par là Iunon reueree en Argos: Venus nee en Chyppre, & Diane en Delos.

CHANT V.

Pag. 133. lig. pre. Lors qu'ayant cõquis le Royaume de Cilice. Les premieres villes de la Piside, & Lycaonie, comme Antioche, & Cogni, venuës és mains des Chrestiens, Baudouyn & Tancred ayans subiugué la Lycie, & la Pamphilie, se separerent l'vn de l'autre. Tancred prit la routte de la Cilice, où pres de Tharse il defit les Turcs qui s'estoyent iettez dedans pour la garder: & comme il s'en fut rendu maistre, Boudouyn suruint, lequel ayant esté luy & ses gens receu fort courtoisement d'iceluy Tancred, & se trouuant superieur en nombre d'hommes, il fit arborer

Rr iij

ses enseignes sur les murailles, & oster celles de Tancred, qui fut contrainct de la luy quitter, & aller ailleurs chercher sa fortune. Puis apres Baudouyn estendit de là plus auant ses conquestes, & prit Edesse, & Somasate. C'est ce à quoy veut icy battre ce Poëte.

Pag. 134. lig. 14. Et en rapporter Cyprez ou Palmes. C'est à dire, de n'en retourner que mort ou victorieux. Car les Cyprez arbre funeste, à cause qu'estant vne fois coupé il ne reiette iamais plus, est vn symbole & marque de mort: Et le palmier, pource que tant plus il est chargé, tant moins il ploye, & mieux resiste au faix qui l'oppresse, denote la victoire, si que ceux qui triomphoyent de leurs ennemis subiuguez, en portoyent vn rameau en la main, auec vn chappeau de laurier en la teste.

Pag. mesme, lig. 15. Où le Nil a ses sources tant ignorees. Francisque Aluarez Portugais, qui a escrit de l'Ethiopie depuis cent ans y en ayant demeuré six, met que le Nil part de deux grands lacs au pied des monts dits de la Lune, ie ne sçay combien de degrez au delà du cercle equinoxial, tirant au midy vers le cap de bonne esperance: comme aussi fait vn autre grand fleuue appellé le Niger, qui s'en va à trauers les terres des Negres, cōme Tombut, & autres Royaumes rendre dedans l'Occean Atlantique vers la coste de la Guinee. L'vn & l'autre de ces deux fleuues produist des crocodilles, qui ne se trouuent point ailleurs. La cause au surplus de la crue du Nil en Esté qui inonde toute l'Egypte, vient de grandes & continuelles lauasses de pluyes qui regnent en Ethiopie tout le long de May & de Iuin, que l'hyuer y commence au contraire de nous.

Pag. 141. lig. 18. Rambaud qui depuis denia la foy. Le Poëte met que ce fut pour l'amour d'Armide, mais cela n'est qu'vne fiction. Platine l'appelle Renaud, & le fait

ANNOTATIONS.

estre Capitaene des Allemans, lequel se trouuant assiegé des Turcs à Essigorgo, se rendit à eux, & renia la foy de peur du supplice. Ce pourroit bien istre aussi ce Rambaud de Breys que l'Archeuesque de Cur escrit estre demeuré en la rencontre qu'euste Pierre l'Hermite contre Solyman, mais il ne luy impute pas le reniement de la foy.

Pag. mesme, lig. 27. De desirer ardemment ce qui nous est desnié, Nitimur in vetitum semper, cupimusque negata, és Metamorph. d'Ouide.

CHANT VI.

Pag. 150. lig. 26. Dieu destourne s'il luy plaist, de nous, vne si desastreuse fin, à sçauoir de mourir de faim. Cela bat sur le Prouerbe, Miserrimum fame mort, tiré du 12. de l'Odyssee.

πάντες μὲν συχεροὶ, &c.
  Mourir, à tous est chose fort fascheuse,
  Mais de la faim, c'est la plus langoureuse.

Pag. 154. lig. 21. Tel que comparut autrefois le Geant Encelade en Phlegre, & l'enorme Philistin en la vallée de Therebynthe. Les Geans conspirerent iadis d'escheller le ciel pour en deposseder les Dieux, & à ceste fin mirent trois montaignes l'vne sur l'autre, Ossa, Pelion & l'Olympe en la Thessalie pres Phlegre. Le plus grand & redoutable desquels fut cest Encelade, fils de Titan, & de la terre: mais Iupiter les ayant foudroyez, cestuy-cy fut confiné sous le mont Ethna en Sicile. Par le Philistin il entend Goliath, que Dauid met à mort auec sa fonde. 1. des Rois chap. 17.

Pag. 162. lig. 9. La fureur leur fournist d'armes. Pris de Virgile. Furor arma ministrat.

Pag 169. lig. 19. Ce que ie t'ordonne & me plaist, &c. tiré de la 3. des Heroydes d'Ouide.

Quicquid amor iussit, non est contemnere tutũ.

Rr iiij

Regnat, & in superos ius habet ille Deos.

Pag. 202. lig. 18. A la cour de Conrad II. *Le Conte Raymond de Tolose deuoit alors estre bien ieune, ou icy fort vieil: car il y a de l'vn à l'autre 56. ans.*

Pag. 205. lig. 15. Tous pays que la mer separe de nostre monde. *Virgile:*

Et toto penitus diuisos orbe Britannos.

Pag. 205. lig. 27. Pleust à Dieu qu'il y en eust seulement dix tels que vous. *Pris d'Homere au 2. de l'Iliade où Agamennon dit le mesme à Nestor.*

Pag. mesme. lig. dern. *Taprobanne est vne Isle és extremitez du leuant, dont les anciens autheurs ignorans les nauigations, qui nous ont esté depuis mieux cognuës, en ont dit ce que bon leur a semblé par aduis du pays, & à la volee, adioustans foy au fallacieux incertain rapport les vns des autres. Les vns la prennent pour Sumatra, les autres pour la grande Iaue, les autres pour le Iappon: les autres pour l'Isle de Zeilan, dont parle Marco Polo liu. 3. chap. 19. La Bactrienne au reste est vne region de la terre ferme en Asie, de la Tartarie Zagathee confinant aux Perses. On la prend pour le Royaume de Carazan, que descrit le mesme Polo liu. 2. chap. 40.*

Pag. 205. lign. 31. Ce braue Genet fut né sur le bord du Tague, &c. *Cecy est pris de Pline liu. 4. chap. 22.* Oppida memorabilia a Tago in ora, & Vlyssippo equarum à Fauonio vento concepta, &c. *Et encore plus clairement au 8. liur. chap. 42.* Il est tout certain qu'en Portugal autour de Lisbonne, & de la riuiere du Tague, les iumens pendans que le vent Occidental dit Fauonius souffle, luy tournans la crouppe tout ainsi qu'à vn estallon, conçoyuent de son halener, donc s'engendrent les plus vistes cheuaux de tous autres: mais qui

ANNOTATIONS. 633

ne viuent que trois ans.

Pag.207.lig.6. La lance dont le serpent fut trāsperse. Cela se pourroit rapporter à celle de S. George, qui en mit à mort le Dragon, ou bien à celle dont Longis persa le costé de nostre Sauueur en la Croix, figuré par le serpent d'airain esleué par Moyse au desert.

Et les traicts qui portēt guerre, peste, & famine. Cela bat sur ce qui est annoncé par le Prophete Gad à Dauid au 2. des Rois, chap. 24. pour auoir courroucé Dieu en faisant denombrer son peuple.

Là est suspendu le grand Trident (I'y ay adiousté de l'esbranle-terre Neptune) terreur premiere du genre humain: (par où il entend le deluge) quand il aduient qu'il en estonne les plus bas fondemens du monde. Homere, Pindare & autres Poëtes Grecs ont attribué à Neptune l'Epithete de ποσιδῶν comme qui diroit, esbranlant la terre du pied, & celuy δ' ἐνοσίχθων, ou ἐνοσίγαιος, croulle-terre, pource que la mer est cause en partie de ses tremblemens, comme met Ammian Marcellin, liu. 17. Aulugelle & Macrobe aussi. On luy attribue le Trident pour raison que l'eau où il commande, à trois proprietez, d'estre liquide, feconde, & potable: ou pource qu'elle est espanduë és autres trois elemens, comme veut Fulgence: & és trois mondes, l'elementaire, le celeste, & supraceleste. Il y auroit trop de chose à mediter là dessus.

Pag.212.lig.22. Ce qui est la de Belzebuth desguisé en Clorinde, qui excite vn archer à tirer le Conte Raymond, contreuenant aux conuenances du dueil d'entre luy & Argant, est dit à limitation d'Homere au 4. de l'Iliade, la où Minerue voyant que Paris auoit du pire contre Menelaus, prenant la semblance de Laodocus incite Pandare à descocher vn coup de flesche contre iceluy Menelaus, pour de nouueau partroubler tout.

Pag.213.lig.29. *Autant de bras que Briareus. Ce fut vn Geāt aussi, fils du ciel & de la terre, qui auoit cent bras, & cinquante ventres. Homere au premier de l'Iliade le dit auoit esté ainsi appellé des Dieux, & des hommes mortels, Aegeon, lequel comme Iunon, Pallas & Neptune, & quelques autres des immortels eussent conspiré contre Iupiter, estant suruenu la dessus, de crainte qu'ils en cōceurent, se reconcilierēt ensemble, les autres le mettent du nombre de ceux qui attenterēt d'escheller le ciel. Ce mot au reste tiré du Grec* Βριαρος, *signifie fort & robuste.*

CHANT VIII.

Pag.221.lig.3. *Astaroth disoit à Alecto. Astaroth estoit vne Idole adoree des Palestins en forme de bellier, au 2. des Iuges, & 1. & 4. des Rois. Il est depuis passé au nom d'vn diable, qui signifie trouppeaux, ou richesses, & quelques autre choses encore. C'estoit aussi vne ville en la campaigne de Moab; dont il est parlé au 14.de Genese, & en plusieurs autres endroits de l'escriture où habiterent du commencement les geans, Puis elle vint à la tribu de Manassés. Il y auoit encore deux chasteaux de mesme nom en la Bethanie, entre Adere & Abelle. On confond au reste ce démon cy auec Astarthé, vn Idole des Sidoniens qu'adore Salomon au 3. des Roys, chap. 11. Quāt à Alecto, c'est vne des trois furies infernales, & les autres deux Megere, & Tisiphone: ce mot signifie non cessant, qui ne cesse de molester les humains.*

Pag.234. lig.19. *l'Oyseau qui fait espreuue de ses petits. Il entend l'Aigle, que la maison de Ferrare porte d'argent en champ d'azur, armee de gueulles. Les naturalistes tiēnent que l'aigle Royal espreuue ses petits selon ce qui est icy dit. Pline liu. 10. chap.3.* Implumes pullos suos percutiens, subinde cogit aduersus intueri solis radios, & si conniuentem animaduertit, præci-

ANNOTATIONS. 635

pitare è nido velut adulterinum & degenerem. Illum cuius acus firma contrà steterit, educat.

Pag.237.lig.5. Sur le bord du Trôte. *En latin* Truetum, *où* Truentinum *en Pline. C'est vne riuiere de la Romagne en la marque d'Anchone, Ptolomee liu.3.chap.1.*

Pag.240.lig.20. Euphrate *est vn fleuue qui sort des môtaignes de la grande Armenie, & passant par Babylone se va rendre dans la mer rouge auec le Tygris, lesquels deux enferment la Mesopotamie.*

CHANT IX.

Pag.246.lig.16. Solyman. *Belchefon que l'Archeuesque de Sur appellé Berser, & Haytô armenien, Alfasal. Empereur des Turs, & des Perses, ayant valeureusement accreu son Empire, vieil desormais, & desireux de retourner en Perse, laissa quatre Capitaines à la deffence de ses conquestes, appellez Soudans ou Sultans, l'vn desquels fut Alfasal son neueu fils de son frere, auquel il donna le gouuernement de la petite Armenie auec les moyen de côquerir la Bithynie, & de là Cilicie, Pamphylie, Lycie, Licaonie, & Cappadoce, ensemble la grand' Armenie, Galatie, & les plus riches villes de la mer maiour, si qu'enorgueilly de ses beaux faicts il ne voulut plus estre appellé Soudan ains d'vn plus magnifique nom & auguste, Salamansa, où Soliman Nostre Poëte, s'emancipe vn peu là dessus: mais son but ne tend qu'à delecter, & nompas raconter de droit fil vne histoire à la verité, mesmement quant il rencloist icy ses conquestes depuis le fleuue de Sangar, qui par la Phrygie & la Bithynie se va rendre dans le pont Enym, iusqu'au Meandre vn autre fleuue plus renommé en Asie encore, lequel tombe en la mer d'Ionie pres de la ville de Milet. Ce pourroit estre parauanture vn autre Solyman que le dessusdit: car le Tasse l'appelle icy communement Soudan.*

Pag.249.lig.8. Croy cest anciē tien fidele Araspe.
Il a emprunté ce nom icy de Xenophon au 5. de la Cyropedie, où Araspas est mis pour l'vn des fauorits de Cyrus, qui luy donna la belle Panthee femme d'Abradatas, en garde, de laquelle Philostrate fait vn tableau.

Pag.259.lig.9. Le Pau se vient fourcher en deux Rameaux. Il en a esté parlé cy deuant sur le premier Chant. fueill. 12. Et pour le regard de ces deux rameaux, il y a plus Poëtiquement en l'Autheur, que ie n'ay icy exprimé, Soura il rotti consini alza la fronte di Tauro. En quoy il veut faire vne allusiō à ce que les Poëtes Grecs appellent les fleuues cornus, & mesmement Achelous, lequel combattant contrr Hercules pour l'amour de Deianire se transforma en vn serpent, puis en taureau, dont Hercule luy ayant rompu l'vne de ses cornes, il en fit vn présent à la Nymphe Opulence, qui a de coustume d'accōpaigner la bonne fortune. Mais depuis il la rachepta pour vne de celles d'Amathee, vne cheure dont Iuppiter auoit esté allaicté en Candie, dont fut fait depuis le Cornucopie. Toutes fictions Poëtiques, sous lesquelles sont compris de fort beaux mysteres. C'est au reste pource que ce fleuue se va descharger en la mer par deux rameaux: cōme faisoit aussi anciennement le Pau, par ceux d'Olana, & Paduse, comme met Polybe, à propos dequoy auroit dit Virgi. Et gemina auratus taurino cornua vultu-Eridanus. Ce que ce Poëte a imité. Maintenant il en a quatre, comme il a esté dit cy deuant.

Pag.299. à la fin. Le bourbier destrēpé de sang. En l'Italien, va per mezzo de sangue, & de la polue. Cecy aduient communement és grandes occisions des batailles, les Grecs l'ont exprimé par ce seul mot de λύθρον, autremēt πύος, les Latins l'appellent Tables, ceste villennie & ordure de sang figé & corrompu, qu'on peut veoir

ANNOTATIONS. 637

és boucheries, & semblables lieux de carnage. De cela il y en a vn passage dans Suetone en la vie de Tybere, chap. 57. où il dit que Theodore Gadareen qui luy apprenoit l'art d'eloquence, apperceuant en luy fort ieune encore, certain naturel lent & morne, enclin à toute cruauté, le souloit par fois appeller, πηλὸν αἵματι συμπεφυρμένον, Argille ou fange destrempee de sang.

Pag. 272. lig. 29. Quand bien i'aurois cent bouches, &c. mot à mot de Virg. au 6. de l'Eneyde. Non mihi si linguæ centum sint, oráque centum, ferrea vox.

CHANT X.

Pag. 228 lig. 4. Vn viendra, &c. Il entend ce Saladin si renommé, qui recouura la terre saincte sur les Chrestiens: surquoy il faut reprendre la chose d'vn peu plus haut. Les caliphes successeurs de Mahomet estoyent comme des souuerains pontifes, Seigneurs au temporel & spirituel, lesquels dominerent vne grande estenduë de terres, tant en Egypte, & Arabie, qu'en la plus grand' part de l'Asie, où ils establirent leur principal siege en Babylone dicte en langue Arabesque, Bagadet. Mais il aduint enuiron l'an de salut 1008. que le soubs-Caliphe d'Alexandrie & d'Egypte s'estant reuolté de son souuerain celuy de Bagadet, il eut recours aux Tartares : & son rebelle aux dix lignees de l'Arabie deserte, ausquelles par Edict expres des caliphes il auoit esté deffendu de passer le fleuue du Nil, & de mettre le pied en l'Affrique. Ce qu'il leur permit, & par leur moyen conquit la pluspart de la Barbarie, où il fonda la ville du Cairoan, peu distante de Thunes, ce qui fut le commencement du regne des Arabes en la Barbarie, qui dura longuement depuis. Or enuiron l'an 1170. le Roy de Ierusalem s'estant voulu emparer du Caire & de l'Egypte, pour raison de la lascheté du Caliphe qui y regnoit lors: cestuy-cy enuoya mandier du secours à vn tres-renommé Capitaine Turc nommé Azedulin, qui luy amena cinquante mille cheuaux, auec vn sien fils aagé seulement de quinze à seize ans, appellé Saladin, auquel nonobstant son ieune aage fut commise la charge de ceste guerre: dont s'estant fort heureusement acquitté, & reconqui Ierusalem sur les Chrestiens, auec la pluspart de ce qu'ils possedoyent en Surie, à son retour le Caliphe portãt enuie à sa valeur, le voulut faire empoisonner: mais Saladin aduerty de ce, preuint, & le mit à mort: puis s'empara de son estat, recognoissant pour son souuerain le Caliphe de Bagadet. Le Roy de Ierusalem lors estoit Guy de Lusignan, qui par le moyen de Sebille vesue de Baudouyn quatriesme, qu'il auoit espousée s'estoit saisy de la coronne, Et pour raison de ce entré en de grosses altercations & debats auec le Conte de Tripoli Raymond, les Templiers: Ce qui donna pied & entree à Saladin, lequel fut vne fois battu par iceux Tẽpliers, mais les principaux d'entr'eux y estãs demeurez, il se refit de nouuelles forces, & les mit en routte à son tour, où Guy & le maistre des Templiers furent pris, si que de ceste venuë il emporta Acre, Baruth, Byblis, & consequemment Ascalon, qui luy fut renduë moyennant qu'il deliureroit les deux dessusdits. De là il rauagea toute la contree Sidoniëne: meit à feu & à sang le païs d'alentour le fleuue Iourdain, & entra dans la Mesopotamie, estendant sa domination iusqu'au Indes: S'empara du Royaume de Damas, & prit Alep, & Ierusalem, 89. ans apres la conqueste du Duc Godefroy. Somme qu'il se fit Seigneur presque de tout le leuant. Mais nonobstant tous ses efforts, la ville de Sur, Antioche, & Acre demeurerent encore aux Chrestiens, qui par succession de temps les perdirent. Lors que du commencement il se rebella du

ANNOTATIONS. 639

Caliphe son souuerain, ne se sentant pas assez fort pour luy resister à la longue, il enuoya de costé & d'autre enleuer des ieunes Chrestiens, mesmement en la Circassie, dont il fit sa principale force, comme les Turcs firent depuis des ianissaires, & les appella Mammeluz, par le moyen desquels, luy & ses successeurs regnerent paisiblement l'espace de 150. ans, tant qu'a la parfin iceux Mammelus empieterent l'Estat pour eux, & le rendirent electif, y introduisant par leurs voix deliberatiues celuy qui d'eux tous estoit trouué le plus digne & capable de leur commander. Le premier fut vn nommé Piperis, & de là d'autres de main en main, s'appellans les Soudans du Caire, ou d'Egypte, qu'il falloit nommeement estre Mammelus, assauoir Chrestiens reniez, qui sçeussent bien parler la langue Turquesque. Ils se maintindrent longuement ainsi, iusqu'a l'an 1518. que Sultan Selym pere de Solymã, lequel a regné de nos iours, les deffit du tout, & ayant fait prendre Tomombey successeur de Campson Gauri, s'empara de toute leur domination, qui estoit fort grande. Ce Saladin au reste dont il est icy question, fut vn tresmagnanime & valeureux Prince, doux & gracieux, point cruel, & sur tout de foy & parolle, ce qui nuit beaucoup aux Chrestiens : car peu de gens de quelque religion qu'ils fussent, refusoyent de se soubsmettre à luy pour le bon traictement qu'ils en receuoyent. En Ierusalem demeurerent les Chrestiës Asiatiques, Syriës, Armeniës, Iacobites, Zorgiës & Grecs: les Occidētaux de l'Eglise Romaine viderēt. Il obtint vne autre victoire contre les Chrestiens, qui auoyēt asiegé la ville d'Acre, où il en mourut bien deux mille auec le Cōte de Brēne André, & le maistre des Tēpliers. Sebille aussi, & ses quatre enfans qu'elle auoit eus de Guy de Luzignē: mais la ville fut à la fin rēduē. Et quelque temps

Apres Saladin mourut comblé de gloire & de renommee, pour les belles choses qu'il auoit faictes. A ses obseques marchoit deuant vn Heraut, portant sur vn trançon de lance vn linceul, & alloit criant à haute voix. Saladin de tant de Royaumes par luy conquis à si grandes difficultez & mesaises, de tant de triomphes & victoires, de thresors, richesses, & precieux meubles, n'emporte rien de tout cela auecques luy, que ce peu de linge pour l'enseuelir : Ne le luy vueillez doncques point regretter & plaindre.

Pag. 292. lig. 17. *Où le feu jadis tomba à grands tas.* Il entend Sodome & Gomorrhe, & les autres villes qui furent abismees pour le salle & detestable peché contre nature, En Genese chap. 19. C'est ce qu'on appelle aujourd'huy la mer morte, anciennement le lac Asphaltide, de l'Asphalte ou Bitune qui s'y procree, Pline liu. 2. chap. 106. & liu. 5. chap. 16. Nihil in Asphaltide Iudææ lacu qui bitumen gignit, mergi potest.

Pag. 297. lig. 6. *De luy sortiront des enfans dignes d'vn tel pere, &c.* En Italien.

Eben di lui nasceran degni figli,
De, figli, figli, e chi verra da quelli.

Pris de Virg. au 3. de l'Eneide, & nati natorum, & qui nascentur ab illis, vn vers traduit de mot à mot de cestui-cy d'Homere au 20. de l'Iliade. καὶ παῖδες παίδων, τοί κεν μετόπισθε γένωνται. Mais le Tasso s'est vn peu trop licentieusement eslargy icy : car ce Renaud n'eut qu'vn fils, Azzo VII. qui mourut sans enfans.

Pag. mesme lig. 12. *Prosterner les superbes. &c.* Tout cecy dit à l'imitation de Virg. au 6. liu.

Tu regere imperio populos Romane memẽto:
(Hæ tibi erunt artes) pacisque imponere mo-
    rem,

Parcere

ANNOTATIONS.

Parcere subiectis & debellare superbos.

Pag. mesme, lig. 18. Que les foudres & fulminations qu'elle porte au grand Iupiter. C'est vne allusion à ce qu'on attribuë aux excommunications, & aux bulles le mot de fulminer. Car les Poëtes feignans que l'aigle porte les foudres de Iupiter pource que c'est l'oyseau qui volle le plus haut de tous dans les nues.

CHANT XI.

Pag. 300. lig. 6. Nous te supplions, &c. Il à fort gentiment exprimé icy par des periphrases Poëtiques, l'ordre & la suitte de la letanie, qui commence par l'inuocation de la Trinité, & de là descent graduellement à la Vierge MARIE, & aux Anges, puis à sainct Iean Baptiste, & aux Prophetes: aux Apostres, Martyrs, Confesseurs, & Docteurs, & finalement aux sainctes Vierges martyres, & autres selon leurs rangs.

Pag. 306. lig. 21. La vierge de Delos. Diane à sçauoir fille de Latone, qui l'enfanta auec Apollon en l'Isle de Delos.

Pag. 316. lig. 5. C'est icy le lieu, voycy l'heure qui seront les Iuges de nos vaillances. Tiré du 5. des commentaires de Cesar. L'vn de ceux-cy Pulfio, & à quoy, dit-il, songes tu Varene, ny qu'elle plus belle occasion attends tu de faire preuue de ta valleur? Ce iour icy decidera de nos differens.

Pag. 318. lig. derniere. Cueillir du Dictame sur le mont Ida en Candie. C'est vne herbe qui croist en ceste Isle là, de laquelle l'on tient que les cerfs & cheureux ayāt receu quelque coup de traict se medicamentent. Ciceron au premier de la nature des Dieux, & Dioscoride liu. 3. chap. 37. Virg au 12. de l'Eneide, dont il y a plus de soixante vers empruntez icy de mot à mot tout de suitte, depuis ceux-cy.

Ss

ANNOTATIONS.

> Iterea Æneam Mnestheus, & fidus Achates,
> Ascaniúsque comes castris statuêre cruentum,
> Alternos longa nitentem cuspide gressus, &c.

Il y en a infinis autres presques tornez de mot a mot, que ie laisse a la recherche de ceux qui y voudrõt employer leur loisir. Il me suffit d'en auoir en passant remarqué cecy. Comme,

> Dictamnum genitrix Cretæa carpit ab Ida.
> Puberibus caulem folliis, & flore comantem
> Purpureo, non illa feris incognita capris
> Gramina, cum tergo volucres hæsere sagittæ.

Et pour le regard de la Panacee qui suit apres.

> --Spargitque salubreis
> Ambrosiæ succos, & odoriferam Panacæam.

Elle est dicte ainsi de πᾶν tout, & ἄκος medicament. Dioscoride liu. 3. chap. 8. la prend pour la grande centauree. Pline liu. 25. chap. 4. Seruius sur ce lieu cy de Virg. entend par la panacee selon Lucrece, le sel, qui est, ce dit-il, fort anodyn, & sedatif de douleur.

Pag. 329. lig. 26. *Il se fait remettre ses brodequins de pourpre. Il fait en cela allusion a la coustume des Empereurs de Grece, qui entre leurs autres marques imperiales vsoyent de ces brodequins ou bottines de pourpre, Zonare, Cedrenus, & autres.*

CHANT XII.

Pag. 330. lig. 29. *Que l'Apostre Thomas y planta iadis. S. Thomas planta la foy Chrestienne és Indes Orientales. Et sainct Philippe en Ethiopie par le moyen de l'Eunuque de la Royne de Candace, au 8. des Actes.*

Pag. 332. lig. 10. *En Ethiopie on n'a pas accoustumé de baptiser si tost les enfans que par deça. A sçauoir les masles point plustost que le 40. iour, & les filles le 80. deussent-ils mourir cependant: les estimans*

ANNOTATIONS. 643

auoir esté desia sanctifiez par le Baptesme de leurs pere
mere, & la communion qu'ils reçoyuent tous les samedis
& Dimanches: Car on n'y dit point de Messes que ces iours
la, esquels on baptise aussi les enfans, & les fait-on par
mesme moyen communier sous les deux especes, en quoy il
y a bien de l'affaire & du danger. Francisque Aluarez en
son traicté de l'Ethiopie.

CHANT XIII.

Pag. 363. lig. 10. Ce grand & redoutable nom. Il
entend le nom Tetragrammaton ineffable Ihouah, ou
Iahueh, que les Iuifs n'osoyent proferer, ains par tout où
il se rencontre en la Bible, au lieu de cela ils proferent
Adonay Seigneur. Le grand Pontife le portoit dedans
le deuant de sa mytre, & vne seule fois l'annee le iour de
la grande propetiation au mois de Tisri, ou Septembre,
le proferoit à par luy dedans le Sancta sanctorum, pour
l'expiation des pechez du peuple. In designoit celuy de
IESVS aduenir, & ne s'en failloit que la lettre Schin,
qui denote la nature humaine, pour le rendre prononçable.

Pag. 370. lig. premiere. Suruint vn espois broüillas
obscur, qui apporta nuict & froidure: Tiré de Virg.
en l'Eneide. Olli cœruleus circa caput astitit imber,
---Noctem hyeménque ferens.

Page mesme, lig 18. Tout plein de characteres taillez, semblables à ces lettres Hieroglyphiques, &c.
Cela bat sur les anciēs obelisques dont on en peut voir quelques vns à Rome, de grands & petits, grauez de ces lettres
Egyptiennes, de bestes, oyseaux, poissons, arbres, herbes &
autres telles marques, dont vsoyent les Prestres & sages de
ce pays là en l'ancien temps, comme d'vn chiffre, pour cacher là dessous au vulgaire les sacrez mysteres de leur
Theologie, & Philosophie. Orus Apollo en a fait vn liure

Ss ij

Et des modernes, le Polyphile, & Pierius Valerianus en ont remarqué quelque chose.

Pag. 376. lig. 5. Cocyte ou Acheron, *deux fleuues d'enfer selon les Poëtes, dont le premier qui sort du marescage Stygien, signifie gemissant, lamentant. Et Acheron sans ioye & plaisir.* La fontaine Nonacrienne, &c. *Nonacris est vne montagne de l'Arcadie, au pied de laquelle sourd d'vne fontaine dicte Styx, d'vne si estrange froideur, qu'il n'y a choses quelconque qui la puisse tenir fors vne ongle de mule. On dit qu'Alexandre le Grand en fut empoisonné.*

Page mesme, ligne suyuante, Il n'y auoit que la petite Siloé. *C'est vn petit ruisseau de Ierusalem, dont il est fait mention au 8. d'Isaye. Et au 9. de sainct Iean, le Sauueur commande à l'aueugle qu'il a guery de s'en aller lauer les yeux dans ce Siloé.*

Pag. 379. lig. 29. Et auec ceste confiance qui feroit arrester le cours du Soleil. *Allusion à Iosué, Iuges 10. Et ce qui est dit en sainct Matthieu 17. Si vous auez la foy comme vn grain de moustarde.*

Pag. 381. lig. 5. Il bransle son chef dont, &c. *de Virg. Et totum nutu treme fecit olympum.*

CHANT XIIII.

Pag. 386. Ce qui est là dit de Hugon, qui apparoist au Duc Godefroy en dormant, est tout à l'imitation du songe de Scipion, qu'a escrit Ciceron. Cest Hugon au reste estoit le Conte de sainct Paul, pere d'Engerland, qui est mis à mort par Argant au 3. Chant. L'autre Hugon frere du Roy de France mourut en Constantinople.

Par trois fois il luy iecte les bras au col, &c.
De l'onziesme de l'Odyssee. Et du second de l'Eneide.

Pag. 389. lig. 24. Son sang sera meslé au vostre. *Cela bat sur le mariage de feu monsieur le Duc de Guyse*

ANNOTATIONS.

François de Lorraine, descendu de la lignee de Godefroy de Buillon, auec Madame Anne d'Est sœur du Duc de Ferrare, venus de Renaud.

Pag. 400. lig. 29. Orontes est vn fleuue de Surie, qui sourd du mont Liban, & apres s'estre engloutti dans la terre, renaist derechef, & s'en va rendre dans la mer pres de Seleucie, & d'Antiochie.

Pag. 405. lig. 22. Qui rit nonobstant qu'il ait les yeux clos. Il y a diuerses opinions où consiste le rire au visage de la personne, ou és yeux ou à la bouche. A Rome, & à Mantouë aussi i'ay veu deux petits Cupidons estendus dormans sur vne despouille de Lyon à demy bosse, les yeux fermez, mettant d'abondant la main dessus, ils ne laissent pas pour cela de rire, si font bien si on l'applique sur la bouche, dont on infere que le rire par de là principalement: mais les ioües y contribuent aussi, comme font les yeux quelque chose, & tout le reste du visage.

Pag. 406. lig. 22. Vne Isle qui auec les autres d'autour sont dictes les fortunees. Ce sont celles qui maintenant on appelle les Canaries. Strabon. lib. 3. Pli. lib. 6. sept en nombre, Lancelote, Forte auanture, la grande Canarie, Tenariffe, Gomere l'Isle du fer, & la Palme, lesquelles furent conquises l'an 1405. sous le Roy Iean de Portugal deuxiesme distantes quelques deux cens lieües de la terre ferme, deuers le Ponant quelques soixante lieües. Elles furent ainsi appellees pour estre tres-fertilles & abondantes, & d'vn air doux, & temperé, dont on estime que ce soyent celles qu'entend Homere au 9. de l'Odyssee, où il dit qu'on n'y laboure, ne ny plante, ains tout y prouient à souhait sans rien cultiuer ne semer. Ce que Plutarque allegue aussi au traicté du discours rationnel des bestes bruttes: apres Aristote au 10. des Ethiques, où il appelle κυκλώπειος βίος, la vie Cyclopique, quand

Ss iij

chacun veut viure sans trauailler ny s'assubiectir à loix quelconques, comme faisoyent anciennement ceux de ces Isles, & des Hesperides. Et Dion Chrysostome en la deuxiesme de la fortune, luy fait tenir en la main gauche, parce que c'est celle dont on ne trauaille que bien peu, vn gros bouquet de toutes sortes de fruictage, d'où sont parties les fictions des Isles fortunees, de la corne d'abondance, & de la vie des Cyclopes.

Pag. 407. lig. 11. Vne ieune Dame, &c. Il entend la fortune ou l'occasion en Grec, καιρος, l'epportunité du temps, qui ont toute leur cheueleure reiettee en deuant, & sont chauues par le derriere. Fronte capillata, post hæc occasio calua est, pour monstrer qu'il les faut prendre quand elles se presentent à propos: car elles outrepassent fort viste, & apres les cuideroit-on empoigner pour neant. Pour ceste cause on les peint assises sur vne rouë tornoyante, ayans des esperons aux pieds, & chauues par le derriere comme dessus est dit: où la penitence les accompaigne. Comme l'ont tres elegamment descrit Posidippe Grec, & Ausonius Latin.

Pag. 408. lig. 4. Prouocant à vn rire si pernicieux. Il fait icy allusion au rire Sardonien, dont tous les autheurs sont semez, quand on mouroit en riant, ainsi que fit le peintre Zeuxis, contemplant ceste vieille decrepite qu'il auoit portraicte: & le Philosophe Chrysippe regardant vn asne qui mangeoit de fort bonne grace des figues qu'on auoit apprestees pour le disner.

Dioscoride liure sixiesme parle d'vne herbe appellee Ranoncule, qui mangee ou beuë, iette les personnes hors de soy, & les faict mourir en riant. Pline aussi vers la fin du vingt cinquiesme liure. Et Strabo en sa Geographie vnziesme, de certaine espece d'araignee qui fait le mesme

ANNOTATIONS.

Isaac Tzeses sur la Cassandre de Lycophron met, qu'en l'Isle de Sardeigne souloit croistre vne herbe presque semblable à l'ache, dont celuy qui en goustoit mouroit en riant, Mais l'historien Timee dit, que c'estoit pource que les habitans de ceste Isle auoyent accoustumé d'immoler leurs pere & mere, quand ils auoyent atteint l'aage de septante ans, les assommant tout en riant.

CHANT XV.

Pag. 414. lig. 16. Raphie, le mesme que Raphidin, vne ville de la Phœnice, dont il est parlé en Exode 17. & Nombres 33.

Page mesme, lig. 19. Rhinocere ville d'Egypte, dicte ainsi, de ce que les habitans ont le nez troussé, autrement auiourd'huy Pharamique.

Pag. mesme, lig. 22. Damiette anciennement Mendesium, sur vne des sept bouches du Nil, à sçauoir la Canopique Bolbitique, Sebennitique, Pharnitique, Mendesienne, Tanetique, & Pelusiaque. Plin. liu. 3. chap. 9. & 20.

Pag. mesme, lig. 28. Le Phar estoit anciennement vne Isle, vis à vis d'Alexandrie d'Egypte, du temps mesme de Cesar, à vn iour de nauigation selon Homere au 4. de l'Odyss. mais par succession de temps, le limon que charrie le Nil l'a coniointe à la terre ferme. Il y auoit vne tour fort haut esseuée, seruant de lanterne ou phanal pour addresser les vaisseaux qui y venoyent surgir.

Pag. 415. lig. 3. Marmarique, vne contrée d'Affrique proche du Nil, & de la Cyrenaique. Ptolo. liu. 4. les cinq villes de la Cyrenaique furent Hesperie, Appollonie, Ptolemaide, Arsinoé, Cyrené. Auiourd'huy Barcha, qui est aussi vn desert, lequel s'estend deuers Mesrata du couchant au leuant plus de quatre cens lieües de long, & soixante de large, hanté de voleurs Arabes, qui courent de toutes pars iusqu'en Numidie.

Page mesme, lig. 7. Lethé, vn fleuue d'Affrique, pres du dernier cap de la Syrthe, coullant le long de la ville de Berenice, où apres s'estre englouti dans la terre, il vient à renaistre plus gros que deuant. Ce qui a donné lieu aux Poëtes de feindre qu'il sorte des enfers, où les ames se vont plonger pour mettre en oubly toute leur vie passee en ce monde, car ce mot signifie oubliance. Quant à la Syrthe, lig. 3. il y en a deux, la grande vers la Cyrenaique, ayant de circuit quelques deux cens lieües: & la petite pres Carthage cent. Ce sont deux Goulphes en la coste d'Affrique fort dangereux pour les bancs de sable qui s'y rencontrent à tous propos, sans qu'on les puisse guere euiter, à cause qu'ils se changent de iour à autre. Au deuant de la petite Syrthe habiterent iadis les Lotophages, dont parle Homere au 9. de l'Odyssee. Maintenant les Zerbes, vne petite Isle en la coste de Barbarie, où elle est annexee par vn pont de bois: Elle peut contenir six ou sept lieües de circuit, fertille en vignes, dactes, & oliuiers, mais à peine pourroit-elle produire de l'orge, pour estre toute sablonneuse, ayant besoin d'estre incessamment arrousee. L'Empereur Charles le Quint la rendit tributaire à la Sicile: depuis elle s'est faicte vne retraicte de Corsaires.

Thunes, anciennement dictes Tharsis, à l'imitation de Tharsis d'Asie. Elle s'est accreüe des ruines de Carthage, dont à peine se voyent plus les moindres marques, estant anciennement bastie sur le lac de la Goullette au haut d'vn tertre. Thunes au reste a titre de Royaume, & est vne grande villace assez mal peuplee, & puis encore edifiee, à quatre lieües de la marine, ayant souffert diuers changemens de desolations & ressources.

Lilybee est vn promontoire de la Sicile regardant vers

ANNOTATIONS.

la Libye dont il a pris le nom. Pachine vers la Grece, & Pelore, l'Italie, desquels trois caps elle estoit aussi appellee Nonacrie, figuree és anciennes medailles par trois iambes en vn triangle, bottées & esperonnées, à cause des gens de cheual dont elle abonde, & vne Guirlande d'espics, pour estre fort fertile en bleds.

BYSERTE petite ville maintenant, pres d'vn bras de mer, dont se forme vn lac, à dix ou douze lieues de Thunes.

BOVGIE ville & Royaume en pays montueux: les Chrestiens tiennent celuy d'Oran.

Pag. 416. Le destroit de Gilbathar est assez cogneu, au bout de l'Andelousie du costé d'Espagne, où est le mont Calpé, & l'Isle des Gades, Abyla est à l'opposite en Aphrique, vers Maroc. La mer Occeane entre là endroit dans la terre, & fait la meditarranee qui s'estend iusqu'aux marets Meotides vers la Tane. Ce destroit ne contient de large que quatre lieuës, communement appellé pour ces deux montaignes, les Colonnes d'Hercules.

Pag. 418. lig. 22. Le plus hardy de tous les vaisseaux. Il entend ceste nef appellee la victoire, dont la Prouë est encore pour le iourd'huy en l'Eglise de S. Lucar de Barramede en l'Andelousie, mise la pour vn perpetuel tesmoignage de ce qu'elle circuit autrefois tout le globe de la terre en sa plus grand circonference, & en retourna saine & sauue. Bastian de Magallanés l'auoit menee, quand il alla trouuer le destroit pour passer de la mer de Nort en celle de Sur, lequel a depuis retenu son nom: Mais il fut tué en des Isles proches des Moluques auant que d'y arriuer.

Pag. 443. lig. 30. Tout à l'opposite est vne mer blãchissãte. & le surplus de ce propos. Il entẽd parler de la bataille nauale qui fut dõnee pres du promõtoir Actiũ entre Marc-Antoine, & Octauian Cesar, qui la gaigna.

Voyez de cela bien à plein Plutarque en la vie dudit M. Antoine dont cecy est tiré.

Pag. 453. lig. 7. Du valeureux sang Attien. La maison d'Est, comme l'a escript le Pigna, est descendue des anciens Actiens Romains, Vne famille noble & celebre. Du temps d'Auguste fut cest Astius Varus qui fut taillé en pieces auec trois legions entieres par les Allemans. Il en sera encore parlé cy apres.

Pag. 453. lig. 30. Tu m'auras bien tost à tes tallons: & ce qui precede & suit de ce propos: cela est pris des regrets de Didon au 4. de l'Eneid. par ie ne sçay combien de vers, depuis. Nec tibi diua parens. Omnib. vmbra locis adero, dabis improbe pœnas.

CHANT XVII.

Pag. 461. lig. 8. Se faisant appeller Caliphe. *Ce mot sigifie successeur, dont ceux de Mahomet se firent appeller ainsi, tous grands Seigneurs au temporel & spirituel. L'vn d'iceux Mehet, c'est à dire qui fait tout esgal, passa en Affrique, qu'il conquit toute, & fut le premier apres Haly qui prit ce nom là de Caliphe. Puis son nepueu Abuthanim surnommé Ebuthidiualla, subiugua l'Egypte, & y edifia le Caire, il fut appellé le Caliphe d'Egypte, à la difference de celuy de Babylone, où estoit le souuerain siege. Du surplus il en a esté parlé cy dessus sur les IX. & X. Chants.*

Pag. 464. lig. 5. Et ainsi s'est formee peu à peu l'Egypte. *Herodote à ce propos appelle l'Egypte vn don du Nil: car estant toute sablonneuse de soy, elle acquiert du limõ que ce fleuue charrie en ses inondatiõs, vne graisse qui la rend fertile.* Nigra fœcundat arena, *dit le Poëte. Aussi n'est-elle cultiuee qu'en ce delta où sa creuë s'estẽd.*

Pag. 461. lig. 1. Va, recognois les, & mets à vauderoutte. *Allusion à ce braue & magnifique escriteau que*

ANNOTATIONS.

porta Iule Cesar en son triomphe de Pharnaces Roy de Pont. VENI, VIDI, VICI. I'arriuay, ie les recogneus, ie les mis en routte, voulant denoter que la venuë, la recognoissance, & la victoire furent en vn mesme instant, n'y ayant point eu de resistance.

Pag. 478. lig. 16. La nature vous a esleué le visage en haut vers le Ciel.

Os homini sublime dedit, cœlúmque videre
Iussit, & erectos ad sydera tendere vultus.
Prem. des Metamorph. d'Ouide.

Pag. 479. Tout ce qui est icy deduit dans la rondelle qu'on dōne à Renaud, est a l'imitation de celle d'Achille, au 18. de l'Iliade de l'Aspis d'Hesiode, & de celuy d'Enee au 8. de l'Eneide.

Pag. 479. lig. 23. La pluspart des predecesseurs d'Artius ayans vne Coronne de Lauriers en teste, & vne branche de Rameaux au poing. C'est à dire qui auoyent triomphé, ayant eu quelque signalee victoire des ennemis.

Pag. 479. lig. 31. Il luy remarque vn Caius. Du tēps d'Arcadius & Honorius enfās de l'Empereur Theodose, Stilcon l'vn de leurs lieutenās generaux irrité de certain mescontentemēt, attira Alaric Roy des Goths à venir rauager l'Italie, l'ors que Caius Attius gouuerneur du territoire Venitien faisoit sa residēce à Est vne ville des Venitiens, lequel ayant esté esleu pour leur Prince & Seigneur par ceux dudit Est, Mōtsalce, Calaone, Mōtagnana, Cerro, Feltro, & autres lieux circōuoisins, il les garentit valeureusement des assauts, & efforts d'iceux Goths, Vandales, Allans, Sueues, Bourguignons, & autres, & les conserua sains & sauues en paix & repos. Ce fut l'Autheur de la maison d'Est. Au surplus la prise de Rome par les Goths, fut l'an de salut 412. le premier d'Auril, sous

Aurelius, qui auoit succedé à *Caius Attius* l'an precedant.

Pag. 480. lig. 13. Il monstre puis apres Foreste, &c. On dit qu'en la vallee d'Estrech, *Foreste* & *Attila* vindrent à vn dueil ensemble, auquel comme *Foreste* eust du meilleur, sur le point d'obtenir la victoire, les Archers d'*Attila* vindrent troubler tout, & enterompre leur cōbat. *Foreste* se retira depuis dans *Aquilee*, aupres de *Menappe* Seigneur d'icelle, qu'il fut tué.

Pag. mes. lig. 25. *Acarin* succeda à son pere à l'Estat d'*Est*, & de *Montselce*. Cestuy-cy surmonta les *Dalmates*, & tua de sa main leur Roy *Asprec*. Combattit puis apres les *Huns*, & secourut *Altin*: puis se retira auec ses gens à *Chiouse*, *Palestrine* & *Malamoc*, n'y ayant pour l'heure autre eschappatoire que ces marescages marins, & reduit à la parfin *Auantin*, *Trento*, *Antio*, & semblables bourgs & villages de la autour, en forme de ville, les remparans de digues & chaussees encontre les inondations du *Pau*, ce qui fut le commencement de *Ferrare*. Au reste il fut colonel de la caualleric de l'Empereur *Seuerian*, & *Antemie* luy donna le gouuernement de toute ceste estenduë de païs, qui est le long de la riuiere d'*Athesis*, dont il est appellé de nostre Poëte, Presidente adigino. Finablement il fut tué, & son frere *Alforisio* aussi en vne rencontre qu'il eut auec *Odoacre* pres *Loddes*.

Pag. 481. lig. 5. La fortune le desauorise contre *Odoacre*. Cestuy-cy apres s'estre emparé de l'Italie, se mit à poursuyure tous ceux qui luy auoyent esté contraires, si qu'*Azzo* fut priué de sa Seigneurie, comme aussi *Constans* le fils d'*Acarin*, lesquels s'estans retirez en *Allemaigne* apres la mort d'*Odoacre* rentrerent en leurs possessions: car ainsi le voulut *Theodoris*, lequel fit mettre à mort *Erul*.

ANNOTATIONS. 653

Pag. mes. lig. 15. C'est de Boniface que i'entends parler. Boniface fils de Maßime, fils d'Alforise, pour s'estre trouué en quelque entreprise côtre les Goths, eut à luy contraire Otar Capitaine de Vitiges Roy d'iceux Goths, parquoy il se retira au friol, iusqu'à ce qu'il se vint ioindre auec Belisaire, & Narses lieutenans de l'Empereur Iustinian, & assisté de Basile leua le siege de Rimini. Quelque temps apres estant auec ledit Narses, quand il mit à mort Totilas, il eut vn coup de flesche en l'œil, dont il decedda. Le reste est vne allusiō d'Epaminōdas lequel gaigna sur les Lacedemoniens la tant signalee bataille de Leustre, dont ils ne se peurent plus releuer, & ayant en vne autre recontre pres de Mantinee qu'il gaigna aussi, esté blessé à mort, demanda si sa rondelle auoit esté sauuee & les ennemis defaits, côme on luy eut dit que ouy il se presenta pour se faire penser: & expira entre les mains des Chirurgiens.

Pag. mes. lig. 16. Valerian fils de Boniface n'ayant que 14. ans, assista auec ceux d'Est ledit Narses, à la guerre contre les Goths lors que leur Roy Teia fut tué.

Pag. mes. lig. 9. Erneste fut fils d'Heribert, fils de Gondelart, fils de Valerian. Cestuy-cy s'allia aux Lombards contre les Dalmaces & Esclauons. Aldoard fut aussi fils de Valerian, & deffendit vaillamment Montselce contre Agiluf Roy des Lombards.

Pag. mes. lig. 24. Charles fils de Pepin, depuis appellé Charlemaigne, estant descendu en Italie contre Desidere Roy d'iceux Lōbards, assisté des Venitiens sous la cōduite d'Henry d'Est, luy donna Treuis, reduisant en Cōté sa Seigneurie d'Est. Puis en s'en retournant en France, emmena auec luy Berengaire fils dudit Henry, aagé de vingt ans, lequel vengea depuis la mort de sondit pere Henry sur les Treuisans qui l'auoyent tué en vne sedition, & reuolte.

Charlemaigne estant entré la derniere fois en Italie,

& la creé Empereur par le Pape Leon III. fit Pepin son fils Roy d'Italie, auquel succeda son fils Bernard. Apres la mort de Charlemaigne, Loys son fils luy ayant succedé à l'Empire, enuoya Berengaire d'Est contre son nepueu Bernard, qui l'amena prisonnier en France.

Othon fut frere dudit Berengaire, & eut cinq fils, Amizon, Hugon, Hubert, Sigifred, & Marin, auquel Loys second donna Comachie.

D'Amizon fils d'Othon vint Almeric, qui fut appellé des Ferrarois à estre leur Seigneur, & en fut le premier Marquis.

De Sigifred fils du mesme Othon vint Azzo second, qui deffit Adelbert fils de Berengaire, & iceluy Berengaire encore, lequel s'estant depuis associé auec les Hongres, le rompit entre Modene & Rhege. Mais s'estant Azzo ioint auec Lutolf, il defit à son tour Berengaire: & fut de là creé de l'Empereur Othon Vicaire general de toute l'Italie.

Pag. 482. lig. 5. Voyez là son fils Albert aller parmy, &c. Albert estant allé en Allemaigne auec Othon, il le fit general de son armee contre les Dannemarchois, qui à l'instigation du Duc de Bauieres luy faisoyent la guerre, & les contraignit de demander la paix: Dont Othon luy donna en mariage sa fille Adeleide auec Fribourg en Briscoye, Castre en Albanie, Casal Maiour, Buffet, Nocento, Conicella, Pontremolli, Solerie, Campogaiano Rubiere, & autres terres de Lombardie.

Pag. mes. lig. 10. Sçeut fort bien rabaisser l'orgueil des Romains. Gregoire V. creé Pape apres la mort de Iean 17. Crescence consul Romain crea alencontre Iean Euesque de Plaisance: parquoy Othon vint en en Italie, à la requeste dudit Gregoire: & ayant assiegé Rome, y entra auec Hugon d'Est, qui prit Croscece, & l'Antipape au cha-

ANNOTATIONS.

steau sainct Ange. L'Empereur luy ayant confirmé l'Estat de son pere, luy donna par mesme moyen le gouuernement de Thoscane, & le crea Marquis d'Italie.

Boniface eut à femme Beatrix sœur d'Henry second, femme de grand sens, qui fut mere de Matilde la grande.

Robert Guiscard fils de Tancred Conte d'Aute-villa, ayant esté fait du Pape Nicolas second Duc de la Poüille, & grand Vicaire de l'Eglise, deuint si presomptueux qu'il se proposa de deposseder Geoffroy mary de Matilde: mais elle auec les forces qui luy furent enuoyees de sa mere Beatrix, & autres qu'elle trouua moyen d'assembler, mit en routte iceluy Robert. Depuis Henry IIII. ayant assegé Canosse, la mesme Matilde le mit en fuitte, & prit l'estédard Imperial, qu'elle pendit en vne Eglise, C'est celle pres de laquelle nostre Poëte dit que Renaud fut nourry & esleué en sa ieunesse.

Pag. 42. lig. 27. *Le grand Pontife qui a son siege.* C'estoit Candale Antipape, Euesque de Parme, supporté d'Henry IIII. lequel se fit appeller Honorius second.

Pag. 485. lig. 21. *Ie remarquay vn Alphonse &c.* Le Duc de Ferrare à present Alphonse second, dont il a esté parlé cy dessus fils d'Hercule second, & de Madame Renee de France fille du Roy Loys XII. Celuy à qui ce Poëte addresse son œuure, par lequel il ented de le celebrer: si qu'heureuse a esté ceste inclyte maison d'Est, d'auoir eu entre autres choses deux si excellens annōciateurs de leurs loüanges, l'Arioste & cestuy-cy.

Pag. 486. *Il parera sō chef d'vne Guirlāde de chesnes, & de gramigne.* Les anciens Romains auoyent de coustume d'honorer en diuerses sortes ceux qui se portoyēt bie a la guerre, cōme les chefs d'armees qui eussent obtenu quelque signalee victoire, d'vne corone de laurier: ceux qui auoyent sauué la vie à vn leur concitoyen Romain, au combat, vne de rameaux de chesne, auec les glands: mais la plus honorable de toutes estoit celle du gramen, que nous appellons Chiendent quand on leuoit le siege d'vne place, Elle se donnoit de ceste herbe assez commune, toute verte encore prise au lieu propre du siege. Pline.liu.16.chap.5.& liu.22.chap.3.

CHANT XVIII.

Pag.501.lig.5. Guillaume Capitaine de la flotte des Geneuois. L'armee nauale des Geneuois sous la conduite de Guillaume Ebraico arriuee au port de Iaffes, celle des Egyptiens qui estoit à Ascalon partit pour la venir combattre, ce qu'entendu des Geneuois, & ne se sentans pas assez forts pour les attendre, ils mirent le feu à leurs vaisseaux, & transporterent au siege de Ierusalem tout ce qu'ils peurent enleuer mesmemnt leurs machines de batterie, & le marrein le plus commode, dont ils battirent vn grand beffroy ou tour de bois portatiue, qui se desaisoit, & l'ayant couuerte de cuirs de bœufs frais escorchez & baignez, de peur qu'on n'y mist le feu, en firent les efforts qui sont dits cy apres au mesme chant.

Pag.501.lig.21. Catapultes, balistes, &c. de cecy voyez Vitruue.liu.10. Vegece au 4.liu.de son art militaire, & des modernes Valturin. Mais tout cela a esté esteint de l'artillerie depuis inuentee.

Pag.510.lig.10. Vne maniere de tortuë & de mãtellet. Les legionnaires Romains, lesquels portoyent de grandes targues, pour s'approcher d'vne muraille s'en souloyent armer à guise d'vn toict couuert de thuilles, les seconds aduançans les leurs sur les premiers, les troisiesmes sur les seconds, & ainsi du reste. Voyez en Cesar, Tite Liue, Plutarque en la vie de Marc-Antoine, & Ammian Marcellin. Cela s'appelloit Testudo.

Pag.

ANNOTATIONS.

Pag. 512. *lig.* 28. Deux grans faux emmanchées à de longues perches, *Pris de Cesar des 3. & 7. des Commentaires de la Gaule.*

Pag. 514. *lig.* 21. O glorieux & bien fortuné Capitaine, *mot a mot du Panegyricq de Claudian.*

O nimium dilecte Deo, cui militat æther,
Et coniurati veniunt ad classica venti.

Pag. 515. *lig.* 25. Apprenez de là ô mortels. *du 16. de l'Eneid.* Discite iustitiam moniti, & non temnere diuos.

Pag. 516. *lig.* 24. Dresse ta veue &c. *Ce qui est apposé icy que l'Archange Michel fait voir au Duc Godefroy des Anges de la milice celeste qui combattoyent pour les Chrestiens, est a l'imitation de ce qui est dit au 4. des Rois chap. 6. où le Prophete Elisee fait voir a son seruiteur la gendarmerie qui luy est envoyee du ciel pour le secourir.*

Pag. 518. *lig.* 14. Mes amis taillez à mes espaules. *Cela est dit a l'imitation d'Horatius Cocles, au 2. de Tite Liue.*

CHANT XIX.

Pag. 533. *lig.* 24. Lauer de mon sang la Prophanatie. *Allusion a ce qui est dit au 23. de S. Matthieu, de la mort du Prophete Zacharie, & autres.*

Pag. 562. *lig.* 20. Ceux de la Cornette qu'on appelle les immortels. *Il adiouste icy la cause de ceste appellation, pource, dit-il, qu'il n'y auoit iamais de places vacantes, ains y estoit tousiours le nombre parfourny & complet. Cecy est pris d'Herodote, qui met que Darius fils d'Artaxerxes qui auoit ouy racompter les estranges merueilles d'vn Athlete Grec dit Polydamas, desirant en voir quelque preuue, le fit venir deuers luy, la où de plaine arriuee en sa presence il mit a mort de trois coups de poing, trois des plus forts hommes de sa garde, du nombre de ceux*

Tt

ANNOTATIONS.

que pour leur grand-valeur on appelloit immortels: Et encore choisis entre tous.

Pag. 565. lig. 24. Et pource que les estoilles faisans de longues cheuttes & traisnees &c. *Pris du 2. de l'Eneide,* suadentque cadentia sydera somnos.

CHANT XX.

Pag. 567. lig. 10. Tout ainsi que criaillent les Grues. *Pris du 3. de l'Iliade tout au commencement,* ηΰτε περ κλαγγὴ γεράνων πέλει οὐρανόθι πρό.

Il y auroit assez d'autres choses à remarquer, que la memoire, ny le peu de loisir que i'ay ne me permettent pas pour ceste heure.

TABLE DES SOMMAIRES DES vingt Chants de la deliurance de Ierusalem.

CHANT PREMIER.

DIEV enuoye vn Ange à Tortose ville de Surie, là où Godefroy de Buillon assemble les Princes Chrestiens, qui d'vn commun accord le créent leur chef. Et là dessus ayans faict faire vne reueüe & monstre generalle de toutes leurs forces, s'acheminent droit à Ierusalem: Dont le Roy ayant eu les nouuelles, en demeure fort partroublé. Page 1.

Chant second.

L'ENCHANTEVR ISMEN vient offrir au Roy Aladin de faire vn tel charme, que Ierusalem de là en auant n'aura rien plus à craindre d'estre prise par les François, quand bien on lairroit les portes iour & nuict tout arriere ouuertes, sans aucunes gardes: lequel n'estant

point reüssi, le Roy estime que c'ayent esté les
Chrestiens qui l'ont empesché: & se delibere de les
faire tous mourir là dessus. Sophronie meuë de
zele & pitié se va elle mesme accuser d'en estre la
cause, & Olind, vn ieune Gentilhomme qui en e-
stoit desesperement amoureux, tous deux Chrestiens, & tous deux innocens du fait, dit que c'est
luy: sur ceste contestation pitoyable, celle là tendant à sauuer les siens, & cestuy-cy à la garentir de
danger, suruient Clorinde qui les deliure l'vn &
l'autre. Argant voyant que les François ne tiennēt
compte des offres & remonstrances que leur faict
Arete de la part du Soudan d'Egypte, leur denonce guerre mortelle. Pag. 29.

Chant troisiesme.

LE CAMP des Chrestiens arriue deuant Ierusalem, où vne grosse escarmouche se dresse, & y fait
merueilles d'armes. Clorinde, Hermine Princesse
d'Antioche se r'allume de nouueau de l'amour de
Tancred, & luy de celle de Clorinde. Les aduenturiers perdent leur Capitaine Hugon, qui d'vn coup
d'espee est mis à mort par Argant. On luy faict
de fort solemnelles obseques. Le Duc Godefroy
fait abbatre vne ancienne forest pour construire
des machines & engins à battre la ville. Pag. 62.

Chant quatriesme.

LE Prince des tenebres fait venir à luy toutes
les infernales puissances, pour consulter comme ils
pourront porter quelque dommage signalé aux

SOMMAIRES.

Chrestiens: Enquoy il ordonne que chacun desploye toutes ses malices, & ce qu'il sçait de ses artifices damnables. Hidraot aspiré d'eux, tourne son entente à vne cauteleuse machination, dont il veut que sa niepce Armide par ces amorces amoureuses & doux attraicts luy en prepare le chemin : ses beautez puis apres, & astuces assistees de ses enchantemens, parferont le reste. page 86.

Chant cinquiesme.

GERNANT indigné que Renaud aspire au degté où il pretendoit, est cause de sa propre mort pour les outrageux propos qu'il luy tient. Renaud ne voulant endurer d'estre constitué prisonnier, se bannist soy-mesme. Armide s'en reua fort contente d'auoir si bien exploitté. Godefroy a de fascheuses nouuelles du costé de la mer. page 118.

Chant sixiesme.

ARGANT enuoye vn Heraud au camp des Chrestiens deffier les plus vaillans au combat d'homme à homme, là où apres auoir fait de grãds preuues de sa prouësse, Tancred se presente, dont il n'a pas si bon marché que des autres, car ils y demeurent tous deux fort blessez : & la nuict suruenant là dessus, les separe. Hermine Princesse d'Antioche amoureuse extremement de Tancred, s'armant des armes de Clorinde pour se desguiser, se desrobe par les tenebres, pour venir au camp le penser, dont elle est destourbee par vn accident trop estrange. page 147.

TABLE DES

Chant septiesme.

HERMINE fuyant deuant les deux caualliers qui la chassoyent pour la mettre à mort, arriue à vne loge de pasteurs, où elle s'arreste & y est fort reconfortee. Tancred qui va apres cuidant que ce soit Clorinde, tombe dans les aguets d'Armide. Argant vient brauer le camp, & leur reproche leur coüardise, mesmement de Tancred, qui s'est absenté, ce dit-il, de peur de retourner au combat compromis entr'eux: mais le Comte Raymõd de Tholose se presente tout vieil qu'il est pour tenir sa place: & assisté de son bon Ange se maintient valeureusement contre Argant: Dont Belzebuth le voyant auoir le desaduantage, vient tout troubler & entrerompre: & les acharne à vne cruelle & sanglante meslee les vns contre les autres.   Page 183.

Chant huictiesme.

LE DVC Godefroy reçoit de fascheuses nouuelles de la mort & desconfiture du Prince de Dannemarch, lequel venoit à son secours auec vne bône trouppe de gens de guerre, qui sont deffaicts par Solyman: Sur le faux donné à entendre de la mort du Prince Renaud, s'excite vne grosse rumeur au Camp à l'instigation d'Alecto, que le Duc appaise par son authorité & graues remonstrances. page 220.

SOMMAIRES.

Chant neufiesme.

SOLIMAN meu de la furie Alecto, donne vne rude camisade & estrette de nuict au Camp des François, secondée d'vne grosse saillie qui se fait de Ierusalem : Mais Dieu voyant le tout du ciel, enuoye à leur secours le tres-sainct Archange Michel leur protecteur & assistant, à l'ayde duquel les Sarrazins sont rembarrez : Ioint que la dessus ceux qui estoyent allez auec Armide, retournent tout à propos pour acheuer de les mettre en route. page 245.

Chant dixiesme.

SOLIMAN repoussé honteusement du Camp des François, auec grand perte de ses Arabes, se dispose d'aller trouuer le Souldan d'Egypte : mais l'enchanteur Ismen s'estant apparu à luy en chemin, le destourne de ce voyage, & le met secrettement dans Ierusalem, où il r'encourage & r'asseure le Roy. Ceux qui estoyent allez auec Armide estans retournez fort à propos au plus fort du combat susdit : rendent compte au Duc Godefroy de leur voyage : & comme par la prouësse de Renaud qui n'est pas mort comme on cuidoit, ils ont esté deliurez & recoux. Là dessus Pierre l'Hermite rauy en extase predit l'heureuse posterité d'iceluy Renaud, & la gloire où ses successeurs doyuent paruenir. page 276.

Tt iiij

TABLE DES

Chant onziesme.

LE Dvc Godefroy par l'enhortement de Pierre l'Hermite meine l'armee en deuote & solennelle procession au mont d'Oliuet, où l'Euesque d'Orenge chante la Messe: Puis le lendemain donnent l'assaut à Ierusalem, auquel, comme elle estoit sur le poinct d'estre prise, Godefroy est blessé d'vn coup de flesche par Clorinde, mais il en est guery par l'Ange: & voulant retourner au combat, la nuict suruient là dessus qui despart la meslee. page 298.

Chant douziesme.

CLORINDE s'offre au Roy de Ierusalem d'aller de nuict mettre le feu à ceste tour de bois qui les auoit tant molestez à l'assaut; Dont vn Eunuque qui l'auoit esleuee petite la voulant destourner, luy declare tout son affaire depuis l'heure de sa naissance, ce qu'elle auoit ignoré iusqu'alors: mais il ne peut: Argant l'y ayant rencouragee, lequel s'associe auec elle en ceste entreprise, qui heureusement succedee, à leur retour, ils sont de si court tenus des Chrestiens, qu'Argant estant rentré dans la ville, Clorinde demeure renfermee dehors: & comme elle cuide à la desrobee gaigner la porte opposite, Tancred l'ayant apperçeuë, la suit; qui apres vn long & dangereux combat nocturne, la met à mort sans la cognoistre: mais auant que passer le pas, à sa requisition il la baptise. Quand il l'a puis apres cogneuë, tout ce qui se peut imaginer

SOMMAIRES.

de douleurs outrees d'vne mortelle angoisse: de cruelles & vehementes passions: de poignans & amers regrets, & de pitoyables complainctes, est icy fort pathetiquement exprimé. Argant iure de venger sa mort. page 323.

Chant treziesme.

L'ENCHANTEVR Ismen va faire ses coniurations à ce bois dont les Chrestiens souloyent enleuer des materiaux pour leurs machines de batterie, que personne n'y ose plus aller, à cause des illusions & menaces espouuantables qui y apparoissent. Tancred apres plusieurs autres s'en met en aduenture, qui n'y fait non plus qu'eux: trop bien estant plus asseuré, il passe plus auant en dedans: où apres auoir veu de par trop estranges merueilles, il en vient faire son rapport au Duc, qui par l'aduis de Pierre l'Hermite fait suspendre cela, & le remettre au retour de Renaud. Et là dessus est tres-elegamment descripte vne extresme secheresse, & alteration de l'armee: qui transie de soif se dissipe pour la pluspart, & s'escarte de costé & d'autre: mais le Duc finablement par ses prieres impetre la pluye qui restaure tout. page 359.

Chant quatorziesme.

HVGON en son viuant Colonnel des aduanturiers, lequel auoit esté mis à mort par Argant, en vne escarmouche deuant Ierusalem, s'apparoist en songe au Duc Godefroy: & luy declare grand' partie de ce qui luy doit succeder de son entreprise, l'admonnestant au reste d'enuoyer r'appeller Renaud, ce qu'il accorde à l'instance que luy en fait Guelphe. Et la dessus sont despechez deux Caualliers, que Pierre l'Hermite addresse à vn sage Magicien, dont ils apprennent tout le fait d'iceluy Renaud, & comme il est és mains d'Armide, qui l'a deliuré de ses charmes & enchantemens en l'vne des Isles fortunees : leur donnant les expediens comme ils l'en pourront retirer. page 384.

Chant quinziesme.

LES DEVX CAVALLIERS qui vont en queste de Renaud ayant esté instruits du sage Magicien comme ils se deuoyent comporter en leur voyage, s'embarquent en la nef de l'occasion : & faisans voile recognoissent en passant le long de l'Egypte, l'armee du Soudan, qui s'assemble sur le riuage, pour aller au secours de Ierusalem. De là puis apres tirans outre, toute la coste de l'Affrique qu'ils rengent, est fort particulierement descripte icy iusqu'au destroit de Gilbathar, où ils s'engoulphent dans l'Occean, au sortir de la mer Mediterranee, tant que finablement ils arriuent aux Isles fortunees, en l'vne desquelles estoit detenu Renaud par les enchantemens d'Armide, dont ils en mettent la plus part afin, & puis entrent dans le Palais, où ils paracheuent le reste. page 410.

Chant seiziesme.

LES DEVX CAVALLIERS qui vont en queste de Renaud estans abordez aux Isles Fortu-

SOMMAIRES.

nees sous la conduitte de l'occasion, apres auoir passé toutes les difficultez & dangers des monstres illusions & fantosmes, qui s'opposent à eux pour les arrester: finablement ils entrent dedans le Palais enchanté, où ils le trouuent auec Armide menant vne vie voluptueuse, qui est icy delicatement exprimee: mais par le moyen du miroir diamantin, ils se font reuenir à soy: & se recognoistre, si qu'il s'en va auecques eux. Armide le suit iusqu'à la marine, auec des pleurs & gemissemens pitoyables, passionnez ce qui se peut: Et voyant que cela ne luy sert de rien, de rage & despit qu'elle en a, de fait elle mesme ce beau Palais qu'elle auoit basty par ses charmes. Puis se fait conduire par l'air dans vn chariot attelé de cheuaux vollans, à son chasteau de la mer morte, où elle dresse son equippage pour aller trouuer le Soudan à Gaze. page 430

Chant dixseptiesme.

LE SOVDAN d'Egypte ayant assemblé vne grosse armee pour aller au secours de Ierusalem, en fait la monstre generalle à Gaze, & en constituë son lieutenant general Emiren. Armide s'y trouue auec ses forces, en vn fort pompeux appareil: & offre sa personne & son Royaume à qui la voudra venger de Renaud, & luy en apporter la teste: à quoy plusieurs se presentét par emulation les vns des autres. Cepēdant Renaud s'en reuient auec les deux Caualliers qui l'estoyent allez chercher, par la mesme routte qu'ils auoyent tenuë à l'aller querir: & en quatre iours de nauigation abor-

TABLE DES

dent en la coste de la Palestine, là où au desembarquer Renaud trouue vn tres-riche harnois de gendarme attaché à vn arbre: en l'escu duquel est figuree toute sa genealogie, dont le sage Magicien luy explique la plus grand part, mais en obscurs Enigmes, remettant le reste à Pierre l'Hermite pour le luy declarer plus apertement.   page 459.

Chant dixhuictiesme.

RENAVD apres s'estre reconcilié au Duc Godefroy, & à Dieu, ayant repurgé sa conscience, s'en va abatre les enchâtemens de la prohibee forest, qu'il rend accessible comme auparauant, & deliuree des charmes d'Ismen, si qu'on la couppe pour renoueller les engins & machines. L'aduis que le Soudan enuoye aux assiegez du secours qu'il leur va donner, & comme miraculeusement intercept. Le Duc suyuant cela pouruoit fort prudemment à son faict, & enuoye vne espie au Camp ennemi pour luy en apporter de plus certaines nouuelles. L'assaut se dóne là dessus par trois endroits, auquel l'enchanteur Ismen, auec deux sorciers qui luy assistent, est accablé d'vn coup du Ciel. L'Archange Michel apparoist visiblement au Duc Godefroy, & luy fait voir à descouuert la milice d'enhaut qui combat pour luy. Finalement la ville est prise d'assaut, & le Roy Aladin se retire en la forteresse. page 487.

Chant dixneufiesme.

IERVSALEM emportee d'assaut par les Chre-

SOMMAIRES.

ſtiens, Tancred & Argant pourſuyuent leur combat entremis au ſixieſme chant, auquel Argant demeure mort, & Tancred griefuement bleſſé. Le Roy Aladin, & Solyman ſe retirent dans la fortereſſe du temple. La ville cependant ſe ſaccage. D'ailleurs Vaffrin enuoyé pour eſpier l'armee d'Egypte, faict en ceſt endroit brauement ſon deuoir; enquoy eſt fort exactement exprimee toute la charge & deuoir d'vn tres-excellent eſpion. En fin il y rencontra la Princeſſe Hermine qu'il emmeine auec luy: & par les chemins elle luy racompte toute la machination qu'on y a braſſee de tuer le Duc Godefroy. Eſtans arriuez pres Ieruſalem ils trouuent Argant mort, & Tancred aupres qui n'en valloit gueres mieux. Surquoy elle faict de fort piteuſes lamentations, & penſe ſes playes. Vaffrin rend compte au Duc de ce qu'il a veu & eſpionné au camp du Soudan. Et là deſſus on ſe reſoult de donner bataille. page 615.

Chant vingtieſme.

GODEFROY DE BVILLON tire l'armee Chreſtienne dehors pour aller rencontrer celle du Soudan d'Egypte, qui venoit leuer le ſiege de Ieruſalem. La bataille ſe donne aſpre & ſanglante, au plus fort de laquelle Solyman, & le Roy Aladin font vne ſaillie dedans la ville ſur le Conte Raymond de Toloſe, & ceux qu'on auoit laiſſez au ſiege de la forterelle, où ils s'eſtoyent retirez. Solyman apres y auoit faict vn grand deuoir, s'en

TABLE DES SOMMAIRES.

va où les deux armees combattoyent encore, & faict là merueilles de sa personne. Là dessus Tancred qui gisoit au lict de ses playes, ayant ouy le bruict & le cry de ceste saillie, s'y en va, & remet sus tellement les choses, que le Roy Aladin y demeure mort sur la place, ses gens acheuez de deffaire, & Ierusalem de tous poincts conquise, cependant que les Chrestiens obtiennent de tous poincts la victoire dehors.   page 566.

F I N.

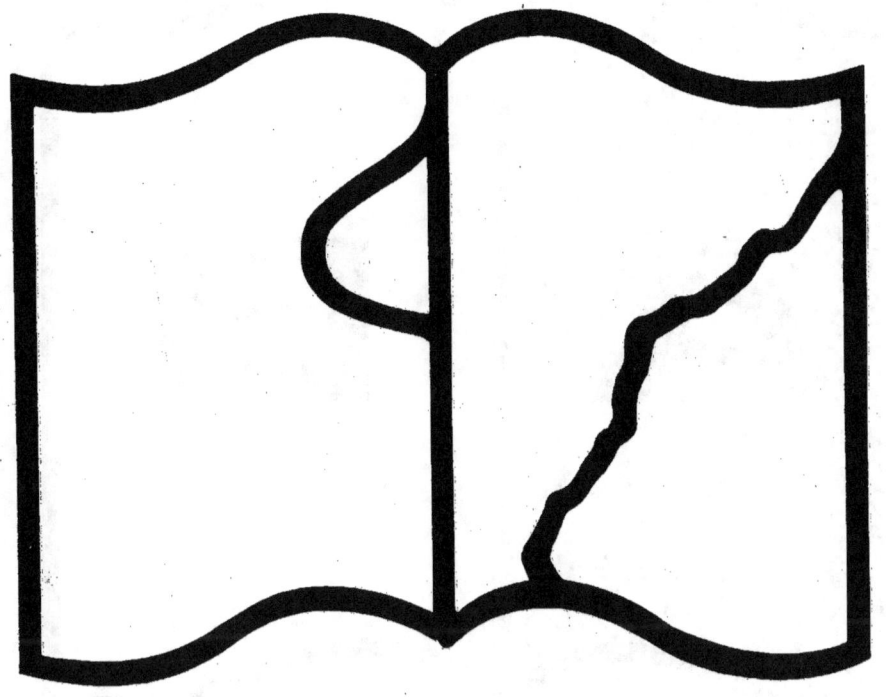

Texte détérioré — reliure défectueuse

NF Z 43-120-11

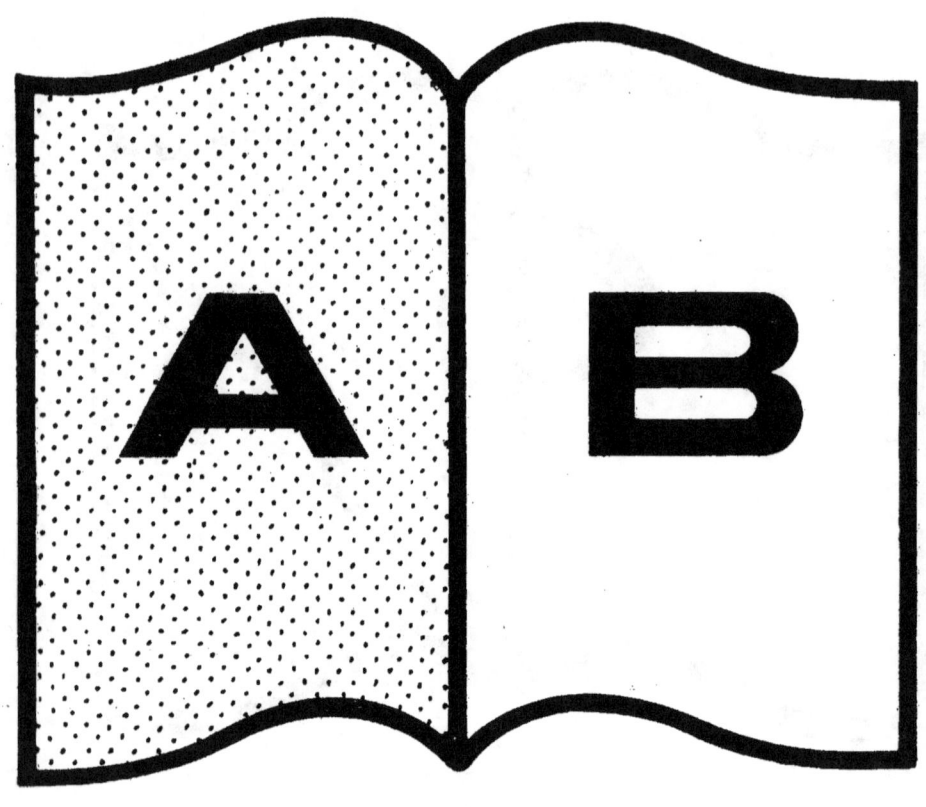

Contraste insuffisant

NF Z 43-120-14